앤드류 머레이의
히브리서 묵상록
: 지성소
The Holiest of all

앤드류 머레이의 히브리서 묵상록
: 지성소 (The Holiest of All)

초판 발행_2001년 11월 30일 | 4판 1쇄_2020년 9월 10일
저자_앤드류 머레이(Andrew Murray) | 번역_정현대
발행인_유병헌 | 발행처_벧엘서원.IMC | 등록번호_제 387-2012-000037 호
420-867 | 경기도 부천시 경인로160번길 73 1F | Tel_032.322.3095 | Fax_0303.3440.3452
홈페이지_www.bethelbook.co.kr | Email_btbook.imc@gmail.com

값 23,000 원
ISBN | 978-89-92014-63-2 Printed in Korea

앤드류 머레이의

히브리서 묵상록

지성소

The Holiest of All

목 차

후편(後篇)
: 실천신앙[實踐信仰] (10:19–13:25) 크신 구원의 능력 안에 있는 생명으로

역자일언(譯者一言)

세상에 수많은 종교와 철학이 있지만 참된 구원과 영생(永生)의 길은 오직 성경 안에만 있다. 유일하신 참 하나님과 그의 보내신 자 예수 그리스도를 아는 것이 영생인 까닭이다. 세상에 수많은 교파와 신자가 있지만 예수 그리스도의 죽음과 부활(復活)에 참여하는 성도만이 새 하늘 새 땅에 들어간다. 오직 죽으시고 부활하신 그분만이 하나님의 나라로 가는 참된 길이요 진리요 생명인 연유이다.

성자 예수께서는 말씀하셨다. "아무든지 나를 따라 오려거든 자기를 부인하고 자기 십자가를 지고 나를 좇을 것이니라"(마 16:24) 만약 어떤 신자의 신앙에 문제가 있다면 대부분의 경우 그것은 그가 십자가(十字架)를 피하기 때문이다. 주의 날이 다가오고 있음을 잊지 말자. 한번 살아간 인생은 다시 살 수 없다. 세상도 지나가고 그 정욕도 지나가는 것이다. 사람이 임종 앞에 서면 하나님과 나 사이에 남는 것을 필요로 한다. 오늘을 살아가는 신앙이 바로 그것이다. 지성소에 이르러 영생이신 하나님과 교제하는 것이 살아있는 신앙이다. 젊어서 창조주를 기억하는 자가 가장 현명한 인생을 영위하는 것이다.

누구라도 진실로 참된 신앙을 찾고자 한다면, 그리고 영생인바 그리스도의 귀한 형상을 옷 입고자 한다면, 본 강해서가 크게 도움이 되리라 믿어 의심치 않는다. 본서는 신앙의 막다른 골목에서 역자에게도 새로운 지평을 열어준 책이었기 때문이다. 원서의 내용 중 중복표현이 있는 문장은 이해를 돕기 위해 단순화했음도 아울러 밝힌다. 만유위에 계신 참 하나님의 은혜 안에서 진정한 복자(福者)가 되시기를 기원한다.

2001년 10월 9일_역자 아룀

역자 약력_**정현대**

충남 공주 출생 (1939)
온양초등학교 졸업 (제 40회)
인창고등학교 졸업 (제 6회)
육군 소위 임관 (갑종 제170기)
육군 정보학교 전략정보반 영어과 수료
미 국방어학원 영어학교 수학 (샌 앤토니오)
육군 종합행정학교 영어교관 (2년)
미 육군 부관학교 수학 (인디애나 폴리스)
육군 군수사령부 근무 (7년, 통역)
5.16 민족상 기념작품상 수상 「그러나 빛은 저 설화에」
미 해군대학원 수학 (몬터레이)
한미연합군사령부 근무 (5년, 통역)
한국방송통신대학 영문학과 졸업 (제 1회)
중령예편 동시 주한미군 사령부 근무 (16년, 통역)
저서 「외어두고 싶은 표현들」, 「군사영어편람」 출간
역서 「앤드류 머레이의 지성소」, 「휴거로 가는 생명」 출간
목사 및 신학교수

| 저자(著者)의 서문

내가 시무하던 곳의 그리스도인들에게 처음 네덜란드어(Dutch)로 본 강해를 쓰기 시작했을 때 나는 히브리서가 정말 그들이 필요로 하는 교훈을 담고 있다고 깊이 확신하였다. 그것을 영어로 다시 쓰는 과정에서 이러한 생각은 새삼스러웠고 나아가 오늘날 기독교 모든 교회의 상태에 대하여 다른 어느 책도 더 이상 적합한 말씀이 될 수 없다는 느낌마저 들었다. 영혼을 돌보는 사람들의 가장 큰 고충은 그리스도인들의 삶에 전력투구와 확고부동과 인내와 전진이 결여되어 있다는 점이다. 진정한 그리스도인으로 보이던 많은 신자들이 그리스도인의 실제적 삶에서 신앙의 초보에 머무른 채 앞으로 나아가지 못한다. 그리고 더 많은 신자들이 현상유지도 못하고는 세속적이며 형식에 치우친 냉담한 신앙생활로 돌아가고 만다. 그러면서 그들은 계속해 묻기를 마지아니한다. 허다한 경우에 저들의 신앙이 서있거나 완전을 지향하여 나아갈 힘을 갖지 못하는 까닭이 무엇이냐는 것이다. 아울러 온갖 역경 속에서 처음 확실한 것을 끝까지 붙들도록 그리스도인의 삶에 활력을 주는 가르침은 또 무엇인가 하는 것이다.

본 히브리서의 가르침이야말로 이러한 질문에 대한 하나님의 해답이다. 충만하고 온전한 그리스도인의 삶으로 우리를 이끄는 것은 '그리스도가 누구시며 우리를 위해 무엇을 하시는가를 충분히, 그리고 온전하게 아는 것 뿐'이라는 진리를 히브리서는 여러 가지 방법으로 우리에게 제시한다. 회심(回心)을 하는 데에 필요한 그리스도 예수를 아는 지식은 성장과 성화(聖化)와 성숙을 위해서는 충분하지 않다. 시대에도 구약시대와 신약시대가 있고 구약시대의 성도들이 하나님께 대한 그들의 모든 믿음과 경외함을 가지고도 신약시대의 보다 완전한 삶을 얻을 수 없었던 것처럼 신자의 개인적인 삶에도 두 단계가 있음을 히브리서는 밝히고 있다. 성숙을 향해 나아가야 할 수많은 사람들이 나태한 가운데 그리스도 안의 어린아이로 머물면서 마음이 강퍅해진 채 은혜에 미치지 못함으로써 항상 떨어져 나갈 위험에 처한다. 오직 처음 확실한 것을 끝까지 굳게 붙들고, 안식에 들어가기를 부지런히 힘쓰며, 완전을 지향하여 나아가는 자들만이 참으로 그리스도 안에서 우리를 위해 준비된 놀라운 새 언약의 축복을 상속받고 즐거워할 수 있다. 그래서 본 히브리서의 원대한 목표는 우리가 오직 주님만을 전심으로 따르고 그분 안에서 하나님이 하시고자 하는 일에 우리 자신을 전적으로 내어드림으로써 우리가 활력과 환희와 최후의 승리의 삶을 위해 필요한 모든 것을 그리스도와 그 복음 안에서 얻게 하는 것이다.

우리들의 모든 실패와 연약함에 대하여 히브리서가 갖고 있는 치유책이자 모든 위험과 병적 상태에 대한 단 하나의 예방책은 예수께 대한 더 높은 차원의 진리를 아는 것, 즉 하늘 제사장직에 계신 그분을 아는 것이다. 이 진리에 관하여 히브리서의 저자는 세 가지의 중한 비밀을 밝히고 있다. 하나는 하늘의 성소(聖所)가 우리를 위하여 열림으로써 우리가 거기에 나아가 주님과 함께 하나님의 임재(臨在) 앞에 설 수 있다는 것이다. 둘째는 예수께서 들어가신 새롭고 산 길, 즉 자기 희생과 하나님께 대한 완전한 순종의 길이 곧 우리가 하나님께 나아갈 수 있는 길이며 필히 걸어야할 길이라는 것이다. 셋째로 우리의 하늘 대제사장이신 예수께서는 하늘 성소의 섬기는 자로서 세상에서마저 우리가 하늘 예루살렘의 성도들처럼 살 수 있도록, 그리고 하늘의 뜻이 우리 모두의 삶의 근본이 되도록, 하늘 성소의 축복인 하늘 삶의 영과 능력을 나눠주시는 분이라는 사실이며, 나아가 하늘 대제사장이신 그분으로 말미암아 하늘은 날마다 우리에게 열리고 우리는 새롭고 산 길을 통하여 그리로 들어감으로써 성령께서 그 하늘을 우리 안에 임하게 하신다는 것이다. 그것이 히브리서가 가져오는 복음이고 그것이 히브리서가 그 길과 활력을 보여주는 삶인 것이다. 그리스도의 인격(人格)과 사역(使役)의 하늘 특성을 아는 지식만이 우리로 하여금 지상의 모든 난관과 유혹의 와중에서 항상 승리하는 하늘 그리스도인들이 되게 하는 것이다.

이제 보다 많은 독자들에게 본 묵상록을 드림에 있어서, 하나님의 자녀들이 하나님을 더 알기를 배우며, 하늘에 간직된바 모든 축복을 바라고 경험토록 자신들을 내어드림에 따라 그들이 복되신 주님 안의 새로운 확신을 얻는 데에 하나님께서 기꺼이 본서를 사용해 주실 것을 기도하는 바이다. 나는 감히 한 가지 사실을 계속 주장하고자 한다. 우리에게 필요한 것은 오직 예수를 더 아는 것이고, 우리의 연약함에 대한 단 하나의 치유책은 하늘 보좌에 앉으신 그분을 바라보며 실제적으로 그분께서 참여하는 하늘 삶을 요구하는 것이다.

지난해 첫째 주간에 내가 네덜란드어 판의 서문을 쓰려던 참에 나는 나의 사랑하는 동역자 한 분으로부터 나의 경험이 되기를 바란다는 새해의 성구(聖句) 한 구절을 선물 받았는데 그것은 "예수께서 베드로와 야고보과 요한을 따로 데리시고 높은 산에 오르셨더니 저희 앞에서 변형 되사"(마 17:1)라는 것이었다. 나는 즉시 그 말씀을 나의 독자들에게 들려주었는데 지금도 역시 같은 심정이다. 복되신 주님께서 우리를 주님과 함께 저 높은 시온 산으로 데려가시고, 능력의 보좌 위에 제사장 되신 왕으로 좌정하사 우리 앞에서 변형되신 주님의 하늘 영광을 볼 수 있는 복된 눈을 허락해 주시기를 기원한다. 그러면서 주님은 여전히 우리가 지금 아는 바로 그 예수로 계시기를 바란다. 아니 더 나아가 우리를 위하여 간직하신 하늘 삶의 영광과 능력으로 빛나는, 그리고 주님을 따르기 위해 모든 것을 버린 사람들과 함께 하기 위해 날마다 기다리시는, 온전하심 안의 주님이 되시기를 원한다.

겸허한 신뢰와 기도로써 그렇게 되기를 바라고 주님의 복되신 가르침과 인도하심에 독자 여러분을 맡긴다.

1894년 9월 13일

앤드류 머레이

| 서론(序論)

히브리서를 배워 나가기 전에 어느 정도 조명(照明)을 해보는 것이 바람직하다고 생각되는 몇 가지의 의문점이 있다. 저자는 누구이며 이 서신의 수신자는 어느 교회이고 저자가 염두에 둔 목표와 그 목표를 달성하기 위해 저자는 어떤 구상(構想)을 하였는가 하는 것이다. 이런 의문에 답을 찾을 때 독자는 자신이 무엇을 기대할 수 있는지를 알고 그 전체를 개관할 수 있는 안목을 갖게 된다.

1. 히브리서의 저자

교회사의 아주 초기로부터 교부(敎父)들 가운데에는 본 서신이 바울의 저작이 아니라는 견해를 가진 사람들도 있었고 반대로 바울의 저작이라는 견해를 가진 사람도 있었지만 저작사실 여부를 입증하기 위해 제시할 만한 결정적 증거는 갖지 못했다. 양측 사람들은 모두 히브리서의 문체(文體)가 바울의 다른 저작물 속에서 발견되는 문체와는 다르다는 것을 인정한다. 그리고 어떤 사람들은 교훈의 내용 역시 다르며 그가 선포하도록 부름을 입은 위대한 진리, 즉 이방인들도 같은 상속자이며 한 몸의 지체라는 논증이 전적으로 결여되어 있다고 말한다. 본 서신은 구원이 마치 유대인만을 위한 것처럼 말하며 그것이 전해진 교회 말고는 그 밖의 이방인이나 기독교계의 존재에 대하여서도 전적으로 입을 다물고 있다는 것이다.

그와는 반대로 본 히브리서는 어느 누구에게보다도 바울에게 특별히 계시된 진리, 즉 율법이 그리스도 안에서 이미 완성되었다는 사실과 하늘 보좌 우편에 앉은 그리스도의 영광이 크다는 것, 그리고 오로지 믿음만이 능력이 된다는 것과 같은 내용을 아주 많이 포함하고 있으며 따라서 본 서신의 교훈 속에서 바울의 정신을 간과한다는 것은 전혀 불가능하다고 말하는 사람들도 있다. 이러한 관점에 특별한 의미를 더해주는 것은 문체로 봤을 때 히브리서는 다른 어떤 성경 기자의 저작도 될 수 없다는 것과 본 서신이 증거하고 있는 특별 계시를 받을 만큼 하나님의 은총을 받은 인물이 교회사에 언급되지 않다는 것은 좀 생각해 볼 일이 아니냐는 것이다.

이러한 난점은 초대교회 시대로부터 바울이 본 서신을 모국어인 히브리어로 기록하고 우리는 그 희랍어(Greek) 역본만을 갖고 있거나 바울이 누군가에게 본서신의 내용을 구술(口述)한 후 그 누군가가 자신의 독특한 문체로 그것을 기록했을 것이라는 추측을 낳게끔 했다. 거명된 사람들은 바나바, 누가(그가 쓴 사도행전의 문체가 아주 많이 닮았다고 볼 수 있다), 아굴라, 알렉산드리아 사람 아볼로(능변이며 성경에 박식하다), 로마의 클레멘트 등이 있다. 그러나 저자의 이름을 알 수 없다고 하는 사실 속에 우리가 계속 지체해야 할 필요는 전혀 없다. 왜냐하면 성령께서 저자 안에서 말씀하셨다는 사실이 해답인 까닭이다. 우리를 위한 구속의 말씀과 성자(聖子)의 영광에 대하여 아주 깊고도 충만한 계시를 본서에 담아주신 분은 바로 성령 하나님이란 사실로 하나님을 찬양하자.

2. 히브리서의 수신자

창세기 14:13에 아브라함이 「히브리인(the Hebrew)」으로 불린 이후로 유대인들은 히브리인이란 이름을 갖고 있었다. 「히브리인 중의 히브리인」이라고 바울이 말한 것을 볼 때 그것은 명예로운 호칭이었음을 알 수 있다. 어떤 이들은 특정 장소와 교회가 언급되지 않은 것을 볼 때 그것이 유대인 중의 모든 그리스도인들을 가리킨다고 생각해 왔다. 그러나 "내가 더 속히 너희에게 돌아가기를 위하여 너희 기도함을 더욱 원하노라”(13:19)든가 “디모데가 속히 오면 내가 저와 함께 가서 너희를 보리라”(13:23)등과 같은 표현들은 우리로 하여금 어떤 특정 공동체를 생각하게 한다. 가장 가능성 있는 관점은 첫째로 그것이 예루살렘에 있는 그리스도인들에게 보내졌을 것이라는 것이다. 사도행전 21:20에서 우리는 그리스도를 믿으면서도 성전(聖殿)과 그 제사(祭祀)에 얽매인 사람이 수천 명이나 있었음을 알 수 있다. 주변 세상의 영에 부합토록 하는 유혹에 점점 더 굴복하면서 그리스도인의 삶의 대담성과 선명성(鮮明性)을 상실할 위험이 예루살렘보다 더 큰 곳이 없었고, 흩어진 유대인들 속에 퍼져 있는 교회들에게 본 히브리서가 보다 널리 읽힐 기회를 부여하는 데에도 거기보다 더 좋은 곳이 없었던 것이다.

3. 히브리서의 목적

저자로 하여금 붓을 들게 한 것은 무엇이었던가? 히브리서 자체가 우리에게 해답을 준다. 히브리서 수신자들의 신앙 상태가 바르지 못했고 만족스럽지 못했던 것이다. 어떤 사람들은 나태했고, 들은 것을 소중히 간직하지 않았으며, 그 큰 구원을 등한히 여기고 있었다. 그들은 더 이상 그들이 고백한 신앙이나 그들의 확신을 굳게 붙잡지 아니하였다. 그리스도인으로서의 삶은 미약하였고 쇠퇴하기에 알맞게 되어 있었다. 어떤 사람들은 뒤로 물러가서 약속에 미치지 못할 위험에 처해 있었으며, 짐짓 죄를 짓는 데까지 굴복함으로써 멸망으로 빠져 들어갈 위기에 처한 상태였다. 심지어 어떤 사람들은 하늘로부터 말씀하시는 분을 거역하고 그리스도 안의 믿음을 포기하는 위험에 직면해 있기도 했다. 위에서 말한 것들과 여타의 표현들은 퇴보하는 현상이 발생한 사실과 교회가 가장 엄중하고도 직접적인 경고를 받아야 마땅함을 명확하게 드러내는 것이었다.

그들이 처해 있는 환경으로부터 마음속에 일어나는 어려움에 대하여 히브리인들은 크게 압박을 받고 있었다. 그들은 그들의 동족들이 하루속히 메시아를 구주로 영접하기를 바라는 한편 그 만큼 실망하고 있었다. 그들은 아직도 구약의 의식(儀式)에 젖어 있었고, 남들에게 의혹을 사고 멸시받는 상태에서 점점 더 편히 실 수 없다는 것을 느꼈다. 그리스도가 다스리실 나라와 그분께서 주실 축복에 대한 예언들은 그들에게 실현될 수 없는 것으로 비쳐졌다. 이러한 난관을 극복하기 위하여 히브리서는 그리스도를 믿는 일의 참된 영광을 계시하고 옛 예배에서 그들이 잃은 모든 것이 하나님께서 이제 마련해주신 「더 좋은 것」가운데서 백배나 회복되었다는 것을 보여 주려했다는 것이다. 그것은 그들을 괴롭힌 문제들을 복음(福音)에 비추어 풀어 주고자 한 것이다.

이러한 관점에는 의심의 여지없이 상당한 진리가 있다. 그러나 본 서신을 연구하면 할수록 이것이 주된 문제는 아니라고 나는 확신하게 된다. 핵심은 그들의 신앙적 성실성(誠實性)이 결여된 데 있었던 것이다. 그들의 문제는 거의 모든 교회가 안고 있던 것들이었고 오늘날 기독교계의 보편적 상태를 대변하는 것이기도 했다. 저자가 붓을 든 것은 퇴보하는 이 영적 상태에 답을 제공하고 병폐와 그 위험성을 경고하며 오류 없는 치유책을 알게 하려는 데 있었다. 모든 연약함과 불신앙은 그리스도와 그 구원이 참으로 무엇인지를 아는 지식과 믿음의 결핍에서 온다고 하는 것을 저자는 보았던 것이다. 그는 하나님의 아들(the Son of God)이 성취해 놓은 구원 안에서 구약의 모든 예언과 모형들이 얼마나 놀랍게 그리고 얼마나 하늘 차원으로 완성되었는가를 보여주기 위해 노력하였다. 그는 그들의 연약함과 그리스도의 인격을 끊임없이 대조시켜 놓은 가운데 그들이 그리스도를 바로 알기만 하면 모든 것은 풀린다는 것을 확신하고 있었던 것이다.

4. 히브리서의 구성

어떤 방법으로 저자는 그의 목적을 달성하고자 했는가? 처음 몇 도입절(導入節)에서 우리는 그의 전체적 논증의 진수를 발견한다. 선지자들로 말미암아 조상들에게 말씀하신 하나님은 이제 아들 안에서 우리에게 말씀하셨다는 것이다. 인간을 향한 하나님의 계시에는 두 가지가 있다. 하나는 사람들을 통하여 말씀하신 계시이고, 또 하나는 아들을 통하여 말씀하신 계시이다. 하나님의 아들이 그 종들보다 탁월하게 영광스러운 것처럼 새로운 계시는 옛적 계시보다 월등한 생명과 영광을 나타내고 있는 것이다. 그는 새로운 계시가 옛적 계시보다 탁월하다는 것을 입증하기 위해 애썼을 뿐만 아니라 특히 그런 탁월함을 주는 본질적인 우월성이 무엇인가를 보여주려 하기도 했다. 이러한 새로운 계시의 탁월성에 관한 지식 안에서 믿음과 경험은 힘을 얻는다. 교리적(教理的)인 면과 실용적(實用的)인 면을 함께 고려할 때 히브리서의 내용은 한마디로 하나님의 아들에 관한 지식 즉 그리스도인의 삶의 능력이라고 요약할 수 있다.

히브리서는 두 부분으로 나누어진다. 전반의 교리논증(히 1:1–10:18)에서 우리는 그리스도의 인격(人格)과 사역(使役)의 영광이 제시됨을 본다. 후반의 실천부문(히 10:19–13:25)에서 저자는 그리스도와 그분의 구원을 아는 지식이 가져다주는 우리의 실제적 삶을 다룬다.

하나님의 말씀을 배우는 신자는 성경의 각 부분과 절에서 깨달음을 얻으려고 애쓸 뿐만 아니라 각각의 책 전체가 그 안에 임재해 계신 성령과 더불어 완전히 살아있는 생명의 유기체임을 아는 일에 힘을 기울여야 한다. 이렇게 하나님의 크신 뜻을 받아들이기 위한 시간과 노력을 경주하면 할수록 우리의 삶은 그 만큼 더 하나님의 목적이 완전히 구현되는 삶으로 이끌려 갈 것이다.

처음 세절은 우리에게 교리편의 요약을 보여준다. 그리고는 열두 부분이 뒤따르고 있다.

1. 하나님의 아들이신 그리스도는 천사들 보다 탁월하시다(1:4-14).
2. 천사보다 탁월하신 자가 천사보다 못하게 되신 이유 (2:5-18)
3. 예수 그리스도는 모세보다 탁월하시다(3:1-6).
4. 우리의 대제사장 되신 예수는 아론보다 탁월하시다(4:14-5:10).
5. 멜기세덱의 반차를 좇는 새로운 제사장직 (7장)
6. 새로운 성소와 새 언약 (8장)
7. 새로운 성소와 새 언약을 세우는 그리스도의 피의 능력 (9장)
8. 지성소로 들어가는 새로운 길 (10:1-18)

여기에서 신자들의 특권에 부응하는 삶으로 우리를 부르는 실용적 삶의 제2편이 시작된다.

9. 지성소에 들어감과 거함 (10:19-25)
10. 온전한 믿음에 대하여 (11:1-40)
11. 소망의 인내에 대하여 (12:1-13)
12. 사랑과 선행에 대하여 (13:1-25)

본 내용의 요약 속에서 나는 히브리서를 특징져주는 엄중한 경고의 구절을 분리하지 않았다. 그 구절들은 각 부분에 그대로 포함되어 있지만 논증에 난제를 일으키지 않는다. 사실 어떤 경우에 그 연관성은 보다 명확하다. 우리가 우리에게 주는 교훈을 철저히 파악하고 다가오는 위험을 충분히 이해하며, 신자들을 허약하게 만들며 훼방하는 것들로부터 구출되는 유일한 길이 예수의 인격과 사역을 충만히 아는데 있는 까닭에 경고를 바로 아는 것은 대단히 긴요하다.

경고들은 다음과 같다.

1. 그리스도께서 천사들보다 탁월하심을 입증한 후에
   : 큰 구원을 등한히 여기지 않도록 (2:1-4)
2. 그리스도께서 모세보다 탁월하심을 증명한 후에
   : 광야의 이스라엘처럼 약속된 안식에 들어가지 못할 수도 있으므로 (3:7-4:13)
3. 그리스도께서 아론보다 탁월하심을 언급한 후에
   : 나태하고 침체되며 떨어져 나가는 것을 막기 위해 (5:2-6:21)
4. 열린 지성소로 들어오라는 부르심 다음에
   : 짐짓 범죄와 멸망으로 빠지는 것을 경고하기 위하여 (10:26-30)
5. 인내에 대한 권고 다음에
   : 하나님의 은혜에 이르지 못하며 말씀하신 분을 거절하는데 대하여 (12:15-29)

현존하는 위험에 대한 인식이 크면 클수록 교회의 강건함과 활력의 유일한 근원이 그리스도 예수를 아는 지식이란 점에 대한 우리의 통찰력이 더욱 분명해질 것이다.

5. 히브리서와 오늘날의 교회

본 서론에서 독자들께 조언하고자 하는 일이 하나 더 남아 있다. 그것은 현 세대에게 특별히 요구되는 것에 대한 히브리서의 관계성을 제시하는 것이다.

오늘날 기독교회에 있어서 사람의 숫자는 대단히 많으나 그 대부분은 바로 히브리서가 지적하면서 답을 주려하는 불행한 상태에 놓여있다. 얼마나 많은 신자들이 그리스도에게 믿음을 고백한 후에도 계속 침체에 빠져 있는가. "들은 것을 더 간절히 삼갈지니"나 "하나님의 안식에 들어가기를 힘쓸지니"나 "인내로서 경주를 경주하며"등은 오늘날 많은 사람들에게 그냥 희망사항일 뿐이다. 참으로 많은 사람들이 그들의 죄가 사해졌다는 생각과 그들은 생명의 길에 있다는 생각에 배불러 있지만 주님 되신 그리스도에게 개인적으로 연합되어 있는 것이나 영(Spirit) 안에서 하나님과 동행하며 살아가는 믿음에 대하여는 아무 것도 알지 못한다. 많은 사람에게 있어서 이것은 자기들의 욕구대로 살려고 힘껏 애쓰다가 실패한 뒤에 오는 절망의 결과이다. 그들은 그들 자신의 힘으로 싸웠고, 그리스도가 힘의 비결이라는 것을 알지 못했으며, 그 결과 용기를 잃고는 뒤로 물러간 것이다. 믿음의 고백을 버리지도 않았고 종교적 습관을 그대로 지켜나가되 그들이 지성소(至聖所)에서 살기 위해 거기에 이미 들어갔거나 들어가기를 힘쓰는 것을 보여주는 것은 없다. 세상의 힘과 세상 학문의 영, 그리고 사업과 쾌락의 유혹이 하나가 되어「현세에서 어찌하든 별 희생 없이 미래에 대한 안락한 희망을 갖게 하는」종교를 세우는 것이다. 히브리서는 그 안에 수록된 경고와 더불어 실로 오늘날의 교회가 그 자화상(自畵像)을 볼 수 있는 거울인 것이다.

그러나 감사하게도 히브리서는 또한 우리의 마음과 삶을 하늘의 것으로 바꿔주는 능력 안에서 하늘 보좌 위의 그리스도의 영광을 우리에게 보여주는 또 하나의 거울도 된다. 히브리인들이 필요로 하는 것은 바로 우리가 필요로 하는 그것이었다. 구원은 우리 자신 안에나 우리의 노력에 있지 않고 그리스도 안에 있다. 치유를 가져오는 것은 하늘에 살아 계신 그리스도를 바라보고 그분을 깊이 생각하며 그분을 앙망하는 것이다. 히브리인들이 구약성경과 그 속에 하나님께서 주신 율법과 성전 예배와 예언을 가지고 있었음에도 불구하고 믿음을 쇠약하게 만들며 정신을 혼미케 하는 유혹을 견디어 내기 어려웠듯이 오늘날의 우리들도「신약과 건전한 교회와 건전한 교리 그리고 거기에서의 예배」를 가지고도 진정한 생명과 경건의 능력을 견지해 나가기가 어려운 것이다. 우리가 더욱 알아야 하는 것은 바로 예수 그리스도이시다. 우리를 하늘의 성소로 인도해 주시고 우리를 그곳에 지켜 주시며 우리의 마음과 삶 속에 하늘나라를 이루어 주실 수 있는 분은 하늘에서 오늘을 살아가시는 그리스도뿐이시다. 우리의 교회와 우리들 자신에게 필요로 하는 것은 하늘 영광과 구원 능력 안에 계신 예수를 아는 일이다. 만약 우리가 히브리서를 우리에게 열어주시도록 그 안에서 말씀하시는 성령께 우리 자신을 비워드린다면 히브리서는 그러한 축복을 우리에게 가져다 줄 것이다.

그러므로 본인은 하나님 안의 안식을 갈망하며 하늘 사랑 지성소 안의 삶을 사모하고 믿음-소망-사랑의 충만을 염원하는 모든 분에게 그리스도와 그분의 구원이 무엇이고 죄와 나태로부터의 해방이 무엇이며 새로운 삶의 기쁨과 힘이 무엇인가를 필히 발견한다는 확신을 가지고 히브리서를 배워 나가기를 기꺼이 권유하는 바이다.

예수께서 큰 소리를 지르시고 숨지시니라
이에 성소 휘장이 위로부터 아래까지 찢어져 둘이 되니라 (막 15:37-38)

| 전 편 (前篇) |

교리논증(敎理論證)(1:1–10:18)

: 더 좋은 언약의 중보자이신 하나님의 아들

The Holiest of All

주제 편 (1:1-3)

인격과 사역(使役)에서의 아들의 영광

1. 하나님은 아들 안에서 말씀하셨다

1:1 옛적에 선지자들로 여러 부분과 여러 모양으로 우리 조상들에게 말씀하신 하나님이
1:2 이 모든 날 마지막에 아들로 우리에게 말씀하셨으니

하나님은 말씀하셨다! 이는 우리가 지존(至尊)하신 하나님께서 그 하나님의 영광(榮光)을 계시하는 성전으로 들어가는 장엄한 문이다! 우리는 즉시 하나님 자신의 임재(臨在) 가운데로 이끌린다. 히브리서의 하나의 목적은 우리를 하나님 앞으로 인도하고 하나님을 계시하며 우리를 하나님 자신과 만나도록 하는데 있다. 사람은 하나님을 위하여 창조되었다. 죄는 하나님으로부터 사람을 분리시켰다. 사람은 그 자신의 궁핍을 느끼고 하나님을 갈구한다. 히브리서는 어디서 어떻게 하나님을 찾을 것인가를 우리에게 가르치기 위하여 구속(救贖)의 복음을 가지고 나온다. 살아 계신 하나님을 갈망하는 자는 모두 가까이 나아가 귀를 기울이자.

하나님은 말씀하셨다! 말하는 것은 교제의 수단인 것이다. 그것은 말씀하시는 자가 듣는 자를 그 자신과의 교제의 대상으로 삼았다는 증거이며 또한 그러한 교제를 원하신다는 증표이다. 사람은 하나님과의 교제를 위하여 창조되었다. 죄는 그것을 방해하였다. 자연(自然)은 하나님과 그 하신 일을 말하지만 하나님 자신과 하나님의 마음, 그리고 죄인인 우리들을 향한 하나님의 사랑을 말

해줄 수는 없다. 처참한 불행 속에서 인류는 하나님을 찾는다. 하지만 어느 면으로든 그것이 얼마나 많은 헛수고였던가! 그러나 하나님을 찬양할지니 끝내 헛수고는 아니었다. 침묵은 깨어졌다. 하나님은 하나님 자신과의 교제로 돌아오도록 인생을 부르신다. 하나님께서 말씀하셨던 것이다!

하나님은 말씀하셨다! 하나님은 보다 완벽한 하나님 자신의 계시를 예비하는 과정에서 한 때 선지자(先知者)를 통하여 부분적으로 그리고 잠정적으로 말씀하셨다. 그러나 이제 마침내 기쁜 소식이 전파되었으니 하나님께서 그 아들 안에서 말씀하신 것이다! 무한하사 우리의 지각을 초월해 계시며 보이지 아니하시는 하나님이 말씀하셨다! 그리고 하나님께서 말씀하신 것은 그 아들 안에서였다! 그 환희와 그 영광을 누가 측량할 수 있으리오! “하늘이여 들으라 땅이여 귀를 기울이라 여호와께서 말씀하셨도다”(사 1:2).

하나님은 말씀하셨다! 사람이 말을 할 때 그것은 그 자신의 드러냄이며 말하지 아니하면 감추어졌을 생각과 그 마음의 의향을 알게 하는 것이다. 가까이 갈 수 없는 빛 가운데 계신(딤전 6:16) 하나님이 말씀하실 때 그것은 하나님의 영광(榮光)의 절정에서 말씀하심이며 하나님 자신을 계시(啓示)하신다는 뜻이기도 하다. 하나님께서는 하나님 자신이 얼마나 우리를 사랑하며 사모하는지, 얼마나 우리를 구원하사 축복해 주시기를 바라시는지, 그리고 얼마나 우리를 하나님께 가까이 이끄시어 하나님 자신과의 교제 가운데 살게 하시기를 원하시는지를 우리가 깨닫도록 하시는 것이다.

하나님은 그 아들 안에서 말씀하셨다! 천사(天使)들과 선지자(先知者)들의 사역은 단지 이 길을 예비하는 것일 뿐, 하나님과 사람의 마음을 만족시킬 수는 없었다. 하나님 생명의 실제적인 능력과 하나님께서 가까이 계신 것에 대한 충만한 경험, 그리고 죄로부터의 진정한 구원(救援)과 마음속 사랑의 충만(充滿)은 피조물의 사역으로는 분여될 수 없기 때문이다. 아들 자신이 인류를 향한 하나님의 말씀(the Word of God)으로 오셔야 했고, 아버지의 생명과 사랑의 전달자로 오셔야 했다. 아들 자신만이 하나님(divine Being)과의 살아있는 교제로 우리를 이끄시며, 자신이 하나님의 마음 안에 거하시듯 우리 마음 가운데 거하시고, 자신이 하나님 안에 계시듯 하나님의 말씀으로 우리 안에 계시기 위해 오셔야 했으며 "하나님께서 우리에게 말씀하신다"는 것이 무엇을 의미하는가에 대한 산 경험을 우리에게 주시기 위해 오셔야만 했다.

하나님은 말씀하셨다! 인간의 말은 말하는 자의 지혜, 성실성, 능력, 그리고 그의 사랑에 대하여 내가 느끼는 만큼 무게를 가진다. 하나님의 말씀! 누가 감히 그것이 어떠한 가치를 지녀야 한다고 말할 수 있는가? 각각의 말씀은 전적인 하나님의 생명과 구원능력과 사랑을 그 자체 안에 갖고 있다. 하나님은 그 아들 안에서 말씀하신다! 실로 하나님을 알기 시작한 사람은 하나님으로부터 듣기 위해 모든 것을 버릴 준비가 된 사람이다.

하나님은 말씀하셨다! 인간들의 말도 종종 놀랍고 위대한 영향을 끼친다. 그러나 하나님의 말씀은 곧 창조(創造)의 행위이며 그 말하는 바를 주시는 말씀이다. "저가 말씀하시매 이루었도다"(시 33:9). 하나님께서 그 아들 안에서 말씀하실 때 하나님은 그 아들을 우리에게 주시되 우리를 위하여 우리와 함께 살도록 주실 뿐만 아니라 우리 안에 계시도록 주신다. 하나님은 하나님의 중심으로부터 우리의 중심 안으로 그 아들을 말씀해 주신다. 인간들의 말은 머리나 의지, 느낌이나 정열에 호소한다. 하나님은 그 모든 것보다 더 깊은 마음속 중심에 말씀하시는 바 거기서 부터가 곧 생명(生命)의 영역이다. 하나님의 말씀이 가져올 강력한 소생(蘇生)의 능력을 신뢰하자.

하나님은 말씀하셨다! 말씀하실 때는 경청(傾聽)해야 한다. 하나님은 오직 한 가지를 요구하신다. 그것은 단순하고도 정당한 것으로서 우리더러 필히 들으라는 것이다. 우리 또한 거룩한 경외와 경배 안에서 온 마음을 다하여 복종하는 가운데 히브리서를 통하여 하나님이 우리에게 무엇을 말씀하시는지 어찌 귀를 기울이지 않으랴. 우리는 마침내 그 아들 안에서 우리에게 말씀하시는 하나님의 능력과 환희가 무엇인가를 알게 될 것이다. 하나님은 영(靈)이시다. 그러하시기에 하나님은 우리의 영 안에 들어오셔서 거기에 거하시고 역사하시는 것 말고는 우리에게 하나님의 생명과 사랑을 분여하실 길이 없으신 것이다. 거기에 하나님은 그리스도를 계시게 하시고 그리스도 안에서 우리에게 생명을 주는 구속의 사랑과 능력의 말씀을 하신다. 하나님께서 우리 안에서 무슨 일을 하시는지를 밝히면서 우리의 마음에 계시되어야 할 것에 우리를 인도하지 못한다면 그리스도의 말씀도 우리에게 유익이 되지 못한다. 하나님이 원하시는 것은 우리의 마음이다. 우리의 온 마음을 열고 귀를 기울이며 사모하자.

하나님은 그 아들 안에서 말씀하셨다! 살아계신 예수께서는 하나님의 거룩하심의 맹렬한 용광로로부터 오셨고 영원한 사랑의 타는 불꽃으로부터 오시되 그분 자신이 살아있는 말씀이시다. 그리스도의 영광이 그렇게도 장엄하게 계시된 본 서신을 배우는 동안, 그분이 우리를 아버지께 인도하시도록 그분과 교제하며 그분을 우리의 중심에 모시고 우리의 생명으로 받아들이자. 태초에 하나님은 말씀하시되, "빛이 있으라 하시매 빛이 있었다!" 지금도 여전히 하나님은 그 아들 안에서 창조의 능력으로 말씀하시고 그리스도의 임재와 빛은 우리 영혼의 생명과 빛이 되신다.

1. 외국어를 배울 때 그 화자(話者)의 생각하는 바를 알기 위해서 사람들은 얼마나 애를 쓰는가. 하나님의 언어와 하나님의 말씀과 하나님의 아들을 이해하는데 어떠한 고충도 큰 문제로 삼지 않도록 하자. 외국어를 배우기 위해서 사람들은 그것을 잘 알고 자기에게 잘 가르쳐 줄 수 있는 사람을 찾는다. 하나님의 언어는 하늘의 언어로서 영적이고 초자연적이며 전체로 하나님의 차원인 것이다. 오직 성령만이 그것을 이해하도록 가르쳐 주시고 하나님의 생각을 알게 하신다. 성령 그분을 나의 선생님으로 모시자.

2. "아브람이 엎드린대 하나님이 또 그에게 일러 가라사대"(창 17:3). 개인적으로 또 직접적으로 그리고 보다 놀랍고도 효과적인 방법으로 하나님은 그 아들 안에서 나에게 말씀하시리라. 그러나 히브리서를 배우면서 복되신 아들에게 경청하는 나의 영적 상태는 깊고 거룩한 경외(敬畏)와 하나님이 무

엇을 말씀하시는지에 대한 강렬한 소망으로 충만해야 한다.

3. “하늘의 진리는 오직 듣는 자 안에 살아 계신 그리스도의 목소리로 말씀되고 그리스도의 능력으로 듣게 된다.” “하나님께 속한 자는 하나님의 말씀을 듣느니라”(요 5:25). 이것은 오직 새로운 성품에 자기를 굴복시킴으로써 그리스도 안에서 하나님이 말씀하시는 것이 무엇인가를 진실로 알 수 있는 자들을 말하는 것이다.

4. 그리스도의 지상생애(地上生涯)를 통하여 하나님의 말씀은 세 번 울려 퍼졌다(마 3:17,17:5, 요 12:28). 각각의 경우마다 그 말씀은 “이는 내 사랑하는 아들이니 그의 말을 들으라”와 “내가 그를 영광스럽게 하였다”였다. 이 말씀들 중의 한 마디, “나의 사랑하는 아들”을 하나님께서 내 마음속에 말씀하시도록 하자. 오, 나의 하나님, 하나님의 아들 안에서 나에게 말씀하시옵소서! 하나님의 마음속 깊이로부터 그 한 마디를 내 중심에 말씀하여 주시옵소서!

2. 선지자보다 탁월하신 아들

1:1 옛적에 선지자들로 여러 부분과 여러 모양으로 우리 조상들에게 말씀하신 하나님이
1:2 이 모든 날 마지막에 아들로 우리에게 말씀하셨으니

우리는 누구나 두 개의 언약, 즉 구약(舊約)과 신약(新約)이 있다는 것을 안다. 이 두 언약은 하나님께서 사람과 교제하시며 사람이 하나님께 가까이 나아가는 두개의 시대적 섭리, 두 형태의 예배, 두 가지의 신앙, 그리고 두 종류의 길(道)을 대표한다. 전자는 잠정적이며 예비적인 것이요, 지나가도록 의도되었던 것이다. 그것이 지향하고 있는 것은 만족한 답을 주는 것이 아니라 다만 보다 나은 것이 오고 있다는 것을 깨우치고 그것을 바라보도록 하려는 것이었다. 후자는 그 자체가 영원한 구속(救贖)과 무궁한 생명의 능력 안에 있는 구원의 온전한 계시로써 약속된 것의 성취였고 영존토록 정해진 것이었다.

구약과 신약 안에서 한결같이 말씀하신 분은 하나님이셨다. 구약의 선지자나

신약의 아들(聖子)은 다 같이 하나님의 사자(使者)였다. 하나님께서는 아들 안에서와 마찬가지로 선지자 안에서도 신실하게 말씀하셨다. 그러나 구약에서는 모든 것이 외형적인 것으로써 사람의 중재를 통해서 된 것이다. 하나님 자신은 아직 사람 안에 들어와서 그를 점유하고 그 안에 내주(內住)하실 수 없으셨다. 신약에 있어서는 모든 것이 내적 능력(能力)과 실재(實在)와 생명(生命) 안에서 주어지는 보다 직접적인 하늘 섭리임에 반하여 구약에서는 다만 이것들의 그림자와 소망만을 가질 수밖에 없었던 것이다. 하나님이신 그 아들이 홀로 하나님의 임재(臨在) 안으로 우리를 이끄시는 것이다.

그러면 하나님께서는 왜 태초부터 아예 아들 안에서 자신을 계시하지 않으셨고 또 하실 수 없으셨던가? 무슨 연유로 하나님을 경배하고 섬기는데 이들 두 길이 있어야만 했던가? 해답은 이중적인 것으로써 만약 사람이 참으로 이성적이며 자원하는 마음으로 하나님의 사랑과 구속을 얻으려 한다면 그는 그 일을 위해 준비되는 과정이 있어야 한다는 것이다. 사람은 무엇보다도 먼저 자기 자신의 전적인 무력(無力)함과 절망적인 비천(卑賤)함을 깨달아야 한다. 그래서 인간은 『오직 하나님께서 주셔야만 하는 것』의 소중함을 깨닫고 영접하도록 그 마음이 진실한 소원과 대망(待望) 안에서 깨어나야 한다.

그리스도 안에서 우리에게 말씀하실 때 하나님께서는 아들 안에 거하시는 『아버지』로서 말씀하시는 것이다. "내가 너희에게 이르는 말이 스스로 하는 것이 아니라 아버지께서 내 안에 계서 그의 일을 하시는 것이라"(요 14:10). 하나님께서 그리스도 안에서 말씀하실 때 그것은 바로 내면적인 생명의 역사이다. 그러므로 하나님께서는 지금 그 방법으로만 우리에게 말씀하신다. 이전 선지자들의 말과 같은 그리스도의 외적인 말씀은, 내적 심령 안에 서 성령이 말씀하시는 것만이 홀로 생명과 능력임을 계시하고 예비토록 하시려는 것이었다. 이러한 사실이 하나님께서 그 아들 안에서 참으로 말씀하시는 것이다.

하나님께서 사람을 다루시는 이들 두 단계를 우리가 필히 올바르게 이해해야 한다는 것은 우리의 영적인 삶을 위하여 더할 나위 없이 중요하다. 하나가 아니라 두 가지 길로, 두 기지 이상이 아니라 오직 두 가지 길로만 하나님께서는 말씀하셨다.

이 두 길은 실제에 있어서 모든 그리스도인을 다루시는 하나님의 방법을 나타낸다. [1]그리스도인이 회심한 후에는 충만한 축복을 받기 위하여 진심으로 모든 것을 기꺼이 희생하는지를 보기 위한 준비와 시험의 기간이 있다. 이 기간을 그가 성실한 노력과 분투로써 견디어 나갈 때 그는 구약성경이 가르쳐 주고자 하는 두 가지 교훈을 배우게 된다. 그는 더욱 깊이 그 자신의 무능을 의식하게 되고 완전히 구원되는 삶, 즉 그리스도의 충만한 계시 안에서 비로소 발견되는 보다 나은 삶을 추구하고 싶은 강한 소원을 갖게 된다. 이들 두 가지 교훈, 즉 자신에 대한 절망(絕望)과 오직 하나님 한 분 안에 있는 소망(所望)을 배우게 될 때 그 영혼은 준비를 갖추는 것이며 그 영혼이 믿음 안에서 그를 인도하시는 성령께 자신을 내어드릴 때 참으로 휘장 안, 즉 히브리서가 제시하는 지성소(至聖所) 안의 신약적 삶으로 들어갈 수가 있는 것이다.

그리스도인들이 잘못된 가르침이나 태만으로 인하여 완전을 지향하는 하나님의 길을 이해하지 못할 때 그들의 삶은 언제나 연약과 실패의 와중에 머무르게 된다. 바로 히브리 그리스도인들이 그랬던 것이다. 그들은 신약에 속해 있었으나 그들의 삶은 그리스도께서 보여주기 위해 오신 능력과 기쁨의 삶이 결코 아니었다. 그들은 많은 구약 성도들의 믿음에도 훨씬 미치지 못하였는데 그것은 그들이 그리스도께서 가져오신 구속(救贖)의 하늘에 속한 성격을 알지 못하였기 때문이었다. 그들은 그리스도께서 섬기시는 하늘의 처소를 알지 못하였고 그분이 나누어주시는 하늘의 축복을 몰랐으며 그분께서 우리로 하여금 이들 축복을 누리도록 해주시는 하늘의 능력을 알지 못했다. 그들은 선지자와 아들의 차이점을 알지 못하였고 그것이 "하나님께서 이제 하나님의 아들 안에서 우리에게 말씀하셨다"는 의미임을 알지 못하였다. 히브리서의 또 하나의 목적은 그리스도의 하늘 대제사장직과 그분께서 하나님의 능력으로 우리에게 열어 주

1 이전에 계시 자체를 특징 지워준 요소들은 이제 그 최종적 계시의 인간적 이해를 특징 지워준다. - Westcott.

고자 하시는 하늘의 삶을 우리 앞에 밝혀주는 것이다. 히브리서가 헤아릴 수 없는 가치를 언제나 갖는 것도 다 그리스도인의 초보적 삶을 떠나서 하나님께 나아가는 충만하고 온전한 길을 우리에게 가르쳐 주기 때문이다.

이 두 단계의 차이점을 파악하고 굳건히 붙들자. 선지자로 말미암아 하나님께서 말씀하시던 구약시대는 사람의 활동이 더욱 두드러졌었다. 그러나 바로 하나님의 생명으로 오셔서 그 생명을 우리에게 주시고 우리를 하나님 자신과의 살아있는 교제로 이끄시는 아들 안에서 하나님이 말씀하시는 신약시대는 하나님의 임재와 능력이 보다 충만하게 나타나는 것이다. 구약시대에는 인간의 말이 우리 마음에 있어서 우리로 하여금 하나님을 갈망하도록 영향력을 행사하고 도와주었으나 신약시대에는 하나님의 내재하는 말씀이 내면세계(內面世界)에서 그 능력을 드러낸다. 구약 안에서는 그 길이 사상과 진리, 그리고 계명과 노력의 복합체였으나 신약 안에서는 그것이 하나님의 독생자(獨生子)와 오직 그분 안에 있는 믿음이 하나로 된 단일체인 것이다.

얼마나 많은 사람들이 성경 말씀을 연구하며 묵상하고 받아들이면서 하나님을 찾다가 실패하고 있는가! 그들은 단지 그러한 것들이 살아계신 아들을 가리키는 손가락에 불과하다는 사실을 알지 못하고 있었던 것이다. 이 아들이야말로 참으로 하나님으로부터 오신 말씀이시며 우리에게 절대로 필요하면서도 유익한 분이시지만, 하나님 자신이 자신의 아들 안에서 말씀하시는 것을 듣도록 우리가 인도되면서 그 참된 축복 앞에 굴복하기 전에는 아직도 우리에게 아무런 유익을 줄 수 없으신 분이시기도 하다.

1. 우리 중에 아무도 초보 단계에서 만족하지 않도록 하자. 성령으로 말미암아 하나님과의 개인적인 교제를 갖는 것이 그리스도께서 주시는 것임을 이해하자. 하나님께서는 그 교제에 우리를 부르시고 그리스도께서는 그것을 이루기 위하여 하늘에 살아 계시며 성령으로 말미암아 하늘로부터 그것을 주신다.

2. 이떤 사림은 싱경을 많이 알면서도 연약함 가운데 머무른다. 그에게 필요한 것은 생명과 능력으로 하나님이 그분 안에서 말씀하시는 살아있는 말씀을 아는 것이다.

3. 모든 선지자는 아들을 참 선지자로 가리킨다. 우리 안에 하나님을 계시하도록 그들을 스승으로 여기자.

4. 누구든 한마디 말을 할 때는 듣는 사람이 그 의미를 알고 새겨듣기를 원한다. 하나님께서는 이 마지막 날에 한 말씀을 가지셨다. 하나님께서는 그 말씀의 전 존재(存在)와 의미(意味)가 우리 안에 들어와서 거하시기를 원하신다. 우리가 마음을 열면 하나님께서는 우리 마음 안에 실로 그분 자신이 우리의 모든 것이 되시는 방법으로 "이는 내 사랑하는 아들이라"는 한 말씀을 하실 것이다.

3. 아들, 그 인격의 영광

1:2 이 모든 날 마지막에 아들로 우리에게 말씀하셨으니 이 아들을 만유의 후사로 세우시고 또 저로 말미암아 모든 세계를 지으셨느니라
1:3 이는 하나님의 영광의 광채시요 그 본체의 형상이시라 그의 능력의 말씀으로 만물을 붙드시며 죄를 정결케 하는 일을 하시고 높은 곳에 계신 위엄의 우편에 앉으셨느니라

사람이 무엇에 마음을 두든지 그것은 그의 삶에 지대한 영향을 끼치고 또한 그 특성을 그 사람의 인격 위에 남긴다. 허영을 따라가는 사람은 일생이 허무로 끝나게 마련이다. 자신의 공상(空想)의 신을 믿는 사람은 그의 종교가 하나의 망상(妄想)이라는 것을 알게 된다. 살아계신 하나님께 마음을 두는 사람은 살아계신 하나님께서 그 마음을 소유하시고 채우시는 것을 발견하게 된다. 이것은 하나님께서 그 안에서 우리에게 말씀하시는 그리스도를 우리가 보편적으로 알게 될 뿐만 아니라 정확히 알고 하나님께서 그분에 대하여 계시하시는 모든 것으로 우리의 마음을 채우게 되는 무한대의 결과를 가져온다. 그리스도에 대한 우리의 지식은 우리 믿음의 양식(糧食)이며 나아가 우리의 믿음 그대로가 그분의 구원하시는 능력과 그분이 인도해 주시는 하나님과의 교제에 대한 우리의

경험이 될 것이다. 이제 하나님이 그 안에서 말씀하시는 아들에 대하여 성경이 가르쳐 주는 바를 들어보자.

하나님께서는 그를 만유(萬有)의 후사로 세우셨다. 창조에 있어서 하나님의 크신 목적과 목표는 그 아들에게 물려 줄 상속물을 마련하는 것이며 그 안에서 하나님은 하나님의 영광을 나타내고 하나님의 복되심을 찾으시는 것이다. 아들은 최후의 원인(原因)이시며 만유의 목적(目的)이시다.

아들은 또한 태초(太初)가 되신다. 하나님께서는 그로 말미암아 모든 세계를 지으셨다. 그분은 존재하는 모든 것의 근원이시며 유효한 원인이시다. "지은 것이 하나도 그가 없이는 된 것이 없느니라"(요 1:3). 신적 실존(實存) 안에서 아들이 가진 위치는 하나님 자신 이외의 모든 것에 대한 하나님의 관계가 오직 그 아들로 말미암아서만 되는 위치이다. 존재하는 만유(萬有)의 시작과 끝은 아들 안에서 만나는 것이다. 그리고 아들은 또한 중심(中心)이 되신다.

그 능력의 말씀으로 만물을 붙드시고 아들은 만물을 붙드시며 "만물은 함께 그분 안에 서있다"(골 1:17). 아들이 없이 피조된 것이 없을진대 아들이 없이 존재할 수 있는 것이 있겠는가. 말씀으로 만물을 창조하셨듯이 그분은 능력의 말씀으로 매 순간 만물을 붙드신다. 이분이 바로 하나님께서 그 안에서 말씀하시는 아들이시다. 그러면 무엇이 아들로 하여금 창조주와 피조물 사이에서 이 높은 지위를 얻게 하였는가? 그것은 가까이 갈 수 없고 전혀 이해를 초월하는 하나님의 영광이 오직 아들 되신 그분 안에서만 밝히 드러나고, 피조 되지 아니한 하나님과 그 손으로 지으신 만물이 오직 중보 되신 그분 안에서만 만남과 교제 속으로 들어올 수 있기 때문이다. 천지만물에 대한 그분의 관계는 아버지에 대한 그분의 관계에 기초를 두고 있다.

그는 하나님의 영광의 광채시요 그 본체의 형상(形狀)이시다. 우리가 오직 태양이 비춰주는 빛을 보고 태양을 알듯이 그리스도는 우리에게 하나님 영광의 광채시요 계시가 되신다. 태양이 비추는 빛이 태양과 같은 성질을 갖고 있듯이 아들도 제1위 하나님이신 아버지와 동일한 성품을 갖고 계신다. 그리고 아들이 아버지로부터 생명과 성품을 받으므로 그 아버지와 닮은 점을 갖고 있는바 하나님의 아들은 하나님 본체의 나타난 형상(形狀)이신 것이다. 아들은 본질적으로 아버지와 하나이시며 그 나타난 형상이 되심으로써 아버지께서 그 자신 안에 생명을 갖고 계심같이 자기 자신 안에도 생명을 갖고 계신다(요 5:26).

어떤 사람은 이러한 사실이 평신도에게는 너무나 심오한 신학적 신비로써 우리 그리스도인의 신앙과 생활에는 그렇게 필요한 것이 아니라고 생각해 버릴지도 모른다. 그리고 그들은 이러한 것들을 다 안다는 것이 보통 신자들에게 뭐 그리 중요하냐고 물을는지도 모른다. 형제들이여, 그렇게 생각하지 마시라. 우리가 예수의 영광을 아는 것은 절대적으로 중요하다. 우리의 영혼이 그리스도의 영광으로 충만하고 그 영광 안에서 그분을 경배하면 할수록 우리의 영혼은 큰 확신 가운데서 더욱 그분을 의지할 것이고, 그분께서는 초자연적인 신성(神聖)의 역사를 우리 안에서 행하시며, 아버지 되시는 하나님과의 실제 살아있는 교제 속으로 우리를 인도하실 것이다. 우리가 아들과 개인적인 친교(親交)를 갖는 데 주의를 기울이지 않으면서도 그분이 우리를 구원하신다는 소망으로 배부를 만큼 이기적이며 천박하게 되지 않도록 유념하자. 우리의 소욕을 위한 것이 아니라 하나님을 위하여, 그리고 무한하신 자비와 은혜를 위하여 아버지께서 우리에게 주신 이 복되신 아들을 바로 알도록 간구하자. 하나님의 영광의 광채이신 그 아들이 우리의 중심을 비추시며, 아버지께서「만유의 창조주와 보존자(保存者)와 상속자로 세우신」그분이 그 자리를 우리와 함께 하시고 우리와 함께「만물의 시작과 중심과 끝이 되실 때까지」이 땅의 차원을 초월하여 그 아들을 묵상하고 바라보고 경배하자.

하나님께서 우리에게 말씀하시는 것은 그 아들로 말미암아서이시다. 아들이 하신 말씀들도 역시 인간의 말로 하셨기 때문에 선지자들의 영감 받은 말씀들처럼 어느 정도의 유익밖에는 가져오지 못한다. 하나님께서 말씀하시는 것은 바로 살아계시며 큰 능력으로 하나님 되시는 아들로 말미암아 직접적으로 말씀하시는 것인데 말씀이 유익이 되는 것은 그 아들과 살아있는 교제를 가질 때뿐이다. 그리고 그 아들은 우리가 피상적으로 생각하는 그런 아들이 아니라 하나님께서 계시하신 실재(實在)의 하나님 되시는 아들이시며 하나님 영광의 광채로 알려지고 경배되며 섬김을 받으시는 분이시다. 그분은 곧 우리의 마음에 들어와서 거기에 내주 하시는 하나님의 아들이시며, 그분 안에서 하나님은 우리에게 말씀하시고, 우리는 하나님께 가까이 나아가게 된다. 그리스도께서는 아버지를 계시하실 때 하나님께 대한 새로운 생각을 우리의 머릿속에가 아니라 마음과 생명 안에 심어주신다. 그럼으로써 하나님께서 사람 안에 거하시고 역사하신다는 사실과 「사람이 위하여 창조되었으나 타락으로 말미암아 상실했던」하나님과의 복된 교제의 즐거움을 회복시키는 하나님의 능력을 우리가 알고 경험하게 하신다. 하늘에 계신 하나님의 위대한 사역 즉 하나님 심중의 주된 생각과 바라심은 그 아들 안에서 하나님이 우리의 중심에 오시고 우리에게 말씀하시는 것이다. 아아, 이 예수를 아는 것이 우리 생애의 최상의 일이며 우리 심중의 최고의 소원이 되게 하자. 그리고 겸허하고 온유한 제자(弟子)로서 그분의 발 앞에 엎드리어 그분께서 우리에게 하나님이 누구이시며 영생(永生)이 무엇인지를 가르치시게 하자. 그렇다, 지금이라도 말씀이 우리 앞에 그분을 보여주는 그 사중적인 영광 속에서 겸허히 무릎을 꿇자. 그분은 하나님께서 가지신 만유의 후사이시다. 그분은 그 만유의 창조자이시다. 그분은 만유를 붙들고 계신다. 그분은 하나님의 영광의 광채시요 그 본체의 완전한 형상이시다. 오, 나의 구세주여! 주님을 더 알게 하시고 주님 안에서 하나님이 나에게 말씀하게 하옵소서!

1. "아버지께서 모든 것을 내게 주셨으니 아버지 외에는 아들을 아는 자가 없고 아들과 아들의 소원대로 계시를 받는 자 외에는 아버지를 아는 자가 없느니라"(마 11:27). 아들을 알기 위해 얼마나 우리는 아버지께 간구하고 아버지를 알기 위해 얼마나 우리는 아들에게 의탁해야 하는가. 깊은 겸손 가운데의 의존(依存)을 마음으로 받아들이고 영혼의 온유함 안에서 하늘 계시를 사모하며 기다리자.

2. 하나님을 알고 싶은 깊은 소원이 영혼 안에 일어날 때가 종종 있다. 외적인 가르침만으로는 충분하지 않다. 우리가 가까이 나아감을 하나님께서 사모하듯이 당신도 그렇게 하나님 사모함을 마음에 품으라. 영혼의 조용한 침묵 가운데 세상에서 돌이켜 예수께서 심중에 부으시는 능력 안에서 믿음

을 행사하라. 예수를 따라가고 예수를 배우는 예수의 제자가 되라.

3. 만유의 후사이시고 창조자이시며 보존자이시고 아버지의 영광의 광채시며 그 본체의 형상이신 주님 예수여, 하나님이 나에게 말씀하심을 알도록 아버지를 나에게 계시하옵소서!

4. 아들, 그 사역의 영광

1:3 죄를 정결케 하는 일을 하시고 높은 곳에 계신 위엄의 우편에 앉으셨느니라

그리스도의 인격의 영광에 대한 설명 다음에는 하나님께서 그 안에서 우리에게 말씀하시는 그 아들의 사역에 대한 설명이 뒤따른다. 하나님의 말씀은 곧 행위이시다. 하나님께서 우리에게 말씀하시는 것은 그분의 그리스도 되심과 그분이 하시는 사역 안에 있다. 그분의 신성(神性)과 성육신(成肉身)에서 우리는 하나님께서 무엇을 우리에게 주셨는지를 본다. 그분의 삶과 죽음과 승천에서 우리는 하나님의 선물이 어떻게 우리의 모든 인간적 삶 안에 들어와 활동하며 우리의 구원(救援)이 얼마나 완전한 것이고 또 이제 하나님께서 우리에게 무엇을 요구하시는가를 본다. 그리스도의 모든 사역(使役)은 그 자체가 우리에게 대한 하나님의 말씀이시다.

그 사역은 두 부분으로 이루어진다. 하나는 지상(地上)에서의 사역이요, 하나는 천상(天上)에서의 사역이다. 전자에 관하여는 "죄를 정결케 하는 일을 하시고"라고 말하고 후자에 관하여는 "그가 높은 곳에 계신 위엄의 우편에 앉으셨느니라"고 말한다. 건전한 그리스도인의 삶에 있어서 우리는 필히 그리스도의 사역의 양면을 알아야하고 견지해야 한다. 그분께서 지상에서 이루신 사역은 단지 하늘에서 하시는 사역의 시작(始作)에 불과하며 하늘의 사역 안에서 그분의 지상사역은 그 완성(完成)과 영광(榮光)을 갖는다. 제사장으로써 그분은 여기 지상에서 죄를 정결케 하는 일을 하셨고, 이제 그 일을 적용하시고자 제사장 되신 왕으로써 보좌의 우편에 앉으시어 하늘 능력 안에서 그 축복을 나누어주시며 우리 안에 하늘 생명을 유지시키신다.

죄를 정결케 하는 일을 하시고 죄를 정결케 하는 것은 그리스도께서 승천하시기 전에 하신 것으로써 그분의 모든 사역의 기초가 된다. 그리스도 안에서 하나님이 우리에게 말씀하실 내용은 죄가 필히 정결케 되어야 한다는 데서부터 시작한다는 것을 우리는 처음부터 배우도록 하자. 이것이 구속(救贖)의 기본 사상이다. 우리가 주로 개인의 안전을 도모하는 선에서 구원을 바라거나 그리스도의 인격과 사역을 참되고 아름답고 선한 것의 계시로서 연구하고자 한다면 우리는 그 능력 안에 충분히 들어 갈 수가 없다. 하나님께서 주장하시는 것은 죄를 정결케 한다는 것이며, 죄를 위해 죽도록 자기의 아들을 내어주시기까지 하셨다는 것이다. 그리스도인의 전 생애를 통하여 그리스도의 구원에 나아가며 들어갈 수 있는 영적 자격이 발견되는 것은 죄가 정결케 되는 것을 추구하는 그 강렬한 열망 안에 있는 것이다. 그것은 모든 것의 뿌리를 이룬다. 그것은 그리스도인의 완전(完全)의 비결이다. 하늘이 예수께 열린 것은 그분께서 죄를 정결케 하는 일을 하셨을 때였다. 그 말의 어구적 뜻은 뒤에 밝혀지겠지만 죄를 정결케 하신 것을 전적으로 받아들였을 때에야 우리들도 역시 하늘의 삶에 들어갈 수 있는 것이다.

죄를 정결케 하는 일을 하셨을 때 그분은 하늘에 계신 위엄의 우편에 앉으셨다. 그분은 거기에 살아 계셔서 우리를 위해 하나님의 임재와 교제 안으로 들어가는 복된 길을 열어놓으시고 그 교제의 즐거움에 우리를 끌어올려 거기에 두시며 충만한 능력 안에서 우리 마음속에 하늘나라를 현실화(現實化)하는 것이다. 우리들의 신뢰의 근거와 소망의 표준으로써, 그리고 그분이 참여하는 내면적 구원의 특성으로써, 그리스도의 하늘 영광을 우리에게 확신시키는 것이 히브리서의 위대한 목표이다. 그리스도께서 우리의 주님이 되시고 앞서 가신 자가 되시어 휘장을 둘로 찢으시어 자신의 피의 능력으로 지성소로 나아가는 길을 여시고 확보해 놓았다는 것은 우리가 죽을 때에 하늘에 들어간다는 것만을 의미하지 않는다. 히브리서 전체의 실제적 교훈은 "우리가 지성소에 들어갈 담력을 얻었으니 가까이 나아가 들어가자"는 한 줄로 요약되고 적용된다. 그리스도께서 하늘 보좌에 앉으셨다는 것은 성령강림으로 공급되는 초자연적 능력 안에서 실제로 하나님의 임재(臨在) 안으로 인도되어 거기에서 우리가 매일매일

사는 것을 뜻하는 것이다. 히브리인들이 그렇게도 드러나게 실패한 것은 그들이 이 사실을 알지 못했고 그들이 믿음과 회개함과 죽어서 천국에 간다는 기초적 진리에 배불렀던 까닭이었다. 하나님 우편에 계신 예수를 아는 것은 참으로 그들이 가진 질병의 치료제이며 하늘의 소명(召命)에 부응하는 삶의 환희와 힘을 회복시키는 요소이다.

오늘날의 교회는 같은 현상(現狀)으로 고통을 당하고 있으며 같은 치료(治療)를 필요로 한다. 지상에서의 그리스도의 사역은 하늘에서의 그분의 사역보다 적용하기가 훨씬 쉽다. 대속(代贖)과 속죄(贖罪), 그리고 회개(悔改)와 용서(容恕)에 대한 교리는 대제사장이 우리를 하나님의 임재 안으로 인도하고 그분과 사랑의 교제를 갖게 하는 것보다 받아들이기 쉽다. 하늘 삶의 능력을 우리에게 가져오는 것은 땅 위에서의 피 흘림 뿐만이 아니라 하늘에서의 피 뿌림과 하늘로부터 마음과 양심에 대한 피 뿌림인 것이다. 우리 그리스도인들로 하여금 지성소로 들어가기를 구하게 할뿐만 아니라 점점 깊이 들어가는 산길을 날마다 걷게 하는 것은 오직 이것뿐이다.

내가 너무 높은 표준을 말한다고 생각하지 말라. 나는 그리스도인 당신이 받을 유산과 당신의 운명(運命)을 말하는 것이다. 당신이 십자가에서 예수와 함께 한 지분(持分)은 바로 당신이 보좌 위에서 예수와 함께 하는 지분이다. 하늘의 삶을 위해 지상의 삶을 희생하고, 그리스도께서 취하신 세상에서의 성별(聖別)과 하나님의 뜻에 대한 순종을 따라 전적으로 그분을 본받을 준비를 갖추라. 그리하면 하늘에 계신 그리스도께서 하늘 대제사장의 실재(實在)와 능력을 당신 안에 증명하실 것이다. 마치 그리스도에게 그러했듯이 죄를 정결케 하는 일이 당신에게 있어서도 지성소에 들어가는 문이 되게 하라. 지상에서 죄를 정결케 하시고 하늘로부터 그것을 친히 적용하시는 분은 자신과 당신을 위하여 열어놓은 축복의 모든 충만 안으로 확실하게 당신을 인도할 것이다.

1. 믿음은 마치 한 집이 그렇듯이 네 개의 대형 초석 위에 그 기초를 두고 있는데 그 초석들은 그리스도의 신성, 성육신, 십자가상의 대속, 보좌로의 승귀

(昇貴) 등이다. 마지막의 승귀가 가장 놀라운 것으로써 전체의 백미(白眉)가 되고, 하나님께서 그리스도를 우리의 무엇으로 삼으셨는가 하는 완전한 계시가 된다. 그렇기 때문에 그리스도인의 삶에 있어서는 그것이 가장 중요하고 앞서 나온 모든 것의 영광스러운 열매가 된다.

2. 성령은 승천 후에 보내심을 받았다. 무슨 연유인가? 하늘의 그리스도를 우리에게 증거하고 하늘나라를 우리의 마음과 삶에 가져오시기 위해서이다.

3. **죄를 정결케 하심** 어떤 사람은 "나는 이제 주께서 주님 자신과 천국의 비밀에 대하여 보여주시고 알게 하시는 것은 무엇이든지 간에 순결과 거룩함을 그 기본으로 하신다는 것을 밝히 깨달았다"고 말했다. 거룩함과 그리스도의 형상을 본받는 것에 대한 하나님 말씀의 드높은 차원으로 나아가는 데는 양면이 있다. 하나는 모든 성경 진리를 전적으로 알고자 하는 바람이며 완전한 교리체계를 흠이 없이 소유하는 것이다. 또 하나는 하나님께서 우리의 삶을 죄로부터 최대한 자유롭게 해 주시기를 깊이 그리고 강렬하게 사모하는 것이다. 그리스도의 하늘 삶에 들어가는 실제적 길은 후자로부터이다.

제 1편 (1:4-14)

천사보다 탁월하신 하나님의 아들

5. 아들, 보다 더 좋은 이름

1:4 저가 천사보다 얼마큼 뛰어남은 저희보다 더욱 아름다운 이름을 기업으로 얻으심이니
1:5 하나님께서 어느 때에 천사 중 누구에게 네가 내 아들이라 오늘날 내가 너를 낳았다 하셨으며 또 다시 나는 그에게 아버지가 되고 그는 내게 아들이 되리라 하셨느뇨

구약을 훨씬 능가하는 신약의 우월성은 바로 하나님께서 그 아들 안에서 우리에게 말씀하셨고 우리를 위해 구원(救援)을 성취하셨다는 점이다. 히브리서 전체는 아들의 인격(人格)과 사역(使役)의 영광을 계시하고 있다. 우리가 이것을 더 완전하게 이해하고 이것으로 마음을 채우면 채울수록 이제 하나님께서 우리에게 제공하신 구원(救援)의 완전성을 우리는 더욱 더 이해하게 될 것이다. 그 영광 속에서 예수 그리스도를 아는 것은 지극히 필요한 일로써 그리스도인의 삶의 유일한 보호수단이며 확실한 성장의 길이 된다.

어떤 것을 아는 데 있어서 열등한 것과 대조시키는 것보다 더 좋은 것이 없는 경우가 종종 있다. 히브리서는 신약의 영광을 우리에게 가르치는 과정에서 구약, 특히 구약의 위대한 중보자(仲保者)들 및 대표자들과 대조시킴으로써 그 영광을 우리에게 밝히 나타내 준다. 본 서신은 그리스도의 탁월성을 천사들과 모세와 여호수아와 아브라함과 레위 및 아론에 비추어 우리에게 보여주고 있다. 히브리서는 천사들로부터 시작한다.

저가 천사보다 얼마큼 뛰어남은 저희보다 더욱 아름다운 이름을 기업으로 얻으심이니 문법적으로 이 말씀은 앞의 절들에 속하지만 실제의 문맥에 있어서는 그 다음 절들의 서두가 된다. 그것은 본 히브리서의 주제로부터 첫 번째 논증, 즉 천사보다 뛰어나신 하나님의 아들 그리스도의 탁월하심으로 넘어가는 단계인 것이다. 유대인들은 하나님의 보좌로부터 직접 내려온 하늘의 영들, 즉 천사들의 중재로 율법(律法)을 받은 것을 그들의 큰 특권중의 하나로 여기고 있었다(히 2:2, 행 7:38,53, 갈 3:19). 하나님의 현시(顯示)는 때때로 천사의 형태를 띠고 있었는데 『주의 천사』는 이스라엘의 인도자였다. 그것이 큰 특권임에는 틀림없었지만 새로운 계시의 특권에 비하면 아무 것도 아니었다. 천사들은 단지 피조물로서 하늘의 능력을 표적으로 보일 수도 있고 천상의 진리를 말로 전할 수도 있으나 피조물인 까닭에 하나님 자신의 생명(生命)을 가져올 수가 없었고 사람의 생명 안에 실제로 들어올 수도 없었다. 천사들은 실로 『하나님의 아들들』이란 존귀한 호칭을 갖고 있었지만(시 29:1, 79:6) "너는 내 아들이라 내가 오늘 너를 낳았도다"라는 말을 들은 자는 오직 하나 뿐이었다. 예수 한 분만이 우리를 바로 그 놀랍고도 무한하신 하나님의 생명에 참여자가 되게 하고, 실로 하나님을 우리 가까이에 오시도록 하며, 우리를 하나님께 가까이 나아가도록 인도하신다.

저자가 구약 성경으로부터 일련의 말씀들을 인용하여 본 장에서 증거하고 있는 것은 아들이 천사보다 뛰어나다는 사실이다. 그러나 우리는 이것을 우리 구세주의 신성(神性)을 입증하는 예문들로 간주할 것이 아니라 구구절절이 그분의 신성의 영광에 대한 하나님의 계시로 받아들여야 한다. 그 논증의 서두에서 저자는 구약이 어떻게 하나님 아들의 영광을 증명해 왔는가 하는 것과, 그것이 인간을 향한 하나님의 계시에 있어서 언제나 하나님 심중의 주된 관심사였다는 것을 말하고 있다.

본문을 계속 배워 나가기 전에 저자가 어떻게 그 말씀들을 사용하는가 하는 것을 주목하는 것은 매우 중요하다. 세상에 계셨을 때의 우리 주님과 바울 같은 사람은 구약을 인용하면서 모세가 말했다거나 다윗이 말했다거나 선지자들이 말했다고 했다. 본 히브리서는 거의 모든 곳에서 그 말씀들이 하나님 자신의 거룩하신 입술로부터 나오는 것으로 인용한다. 본 장의 일곱 인용구절에서도 저자는 항상 "하나님이 말씀하셨다"라고 표현하고 있다. 더 나아가 우리는 "성령께서 말씀하셨다"는 표현도 한 두 차례 발견한다. 성경은 인적(人的) 차원과 신적(神的) 차원의 양면을 갖고 있다. 성경을 인간의 저작으로 보여주는 모든 지식도 그 자체 안에 큰 가치를 갖고 있다. 그러나 무엇보다도 신적 측면을 결코 잊지 아니하는 것이 중요하다. 우리는 성경이 진실로 하나님의 말씀이라는 것과 하나님 자신이 하나님의 성령을 통하여 선지자 안에서 말씀해 오셨다는 것, 그리고 그 말씀 안에는 전능하신 하나님의 능력이 내재한다는 확신으로 충만해야 한다.

이러한 확신은 우리에게 히브리서를 배우는 데 절대적으로 필요한 두 가지 사실을 가르쳐준다.

첫째는 이들 하나님의 말씀이 인간의 머리로서는 도저히 파악하거나 해석할 수 없는 신적 차원의 깊은 의미를 내포하고 있다는 것을 알아야 한다는 것이다. 시편 제2편에서의 하나님 아들, 시편 제8편에서의 예수의 인성(人性), 시편 제95편에서의 하나님의 안식(安息), 시편 제110편에서의 멜기세덱의 제사장직 등에 대한 놀라운 해석은 하나같이 우리에게 미래를 다 알고 계신 그리스도의 영에 의하여 어떻게 그들이 영감을 받았으며 같은 성령에 의하여 어떻게 본 히브리서의 저자가 그 말씀들의 하늘차원의 의미를 이해하고 밝히도록 가르침을 받았는지 증거하고 있다.

둘째는 하나의 씨가 되도록 구약 성경에 감추어진 하나님의 생각은 같은 성령에 의하여 그 근본이 신약 속에서 밝혀졌으며, 더 나아가 그것들이 우리에게 생명과 진리가 되기 위해서는 아직도 성령의 가르침이 있어야 한다는 것이다. 예수 그리스도의 얼굴에 있는 하나님의 영광을 아는 빛을 우리 마음에 비추시는 분은(고후 4:6) 어두운 데서 빛이 비취리라 하시던(창 1:3) 하나님이시다. 그리스도는 하나님께서 그 마음의 깊은 곳으로부터 우리에게 말씀하신바 "태초에 말씀이 계시니라 이 말씀이 하나님과 함께 계셨으니 이 말씀은 곧 하나님이시니라"(요 1:1)는 바로 그 말씀이시며 영원히 살아계신 인격으로써, 성령의 인도하심에 겸허히 자신을 맡긴 영혼만이 그 말씀의 가르침으로부터 유익을 얻고 하늘 차원의 구원능력 안에서 존귀하신 그분을 알게 된다. 그리스도의 아들(聖子) 되심과 신성(神性), 제사장직과 구속에 관한 진리는 성령께 맡겨진 것으로써 오직 그분만이 그것을 우리에게 계시하실 수 있으시고 때를 따라 그것을 나타내 주신다.

기록된 말씀은 누구든지 자유롭게 읽을 수 있고 우리의 마음은 그 것의 요지를 알 수도 있다. 그러나 그 말씀의 생명(生命)과 능력(能力)과 축복(祝福), 그리고 구원 능력으로써의 하나님 아들의 영광은 오로지 성령의 가르침을「죽은 자」가운데서 겸허하게 기다리는 자들에게만 주어지는 것이다.

1. 천사들은 구약 시대에 하나님으로부터의 놀라운 소식을 사람들에게 전달했다. 그러나 이제 하나님은 당신에게 훨씬 가까이 오셔서 영원하신 말씀을 계시하심으로써 더 놀랍고 복되신 방법으로 당신에게 말씀하시기를 기다리고 계신다.

2. 천사는 말씀과 표적들을 가져올 수 있다. 하지만 오직 아들만이 하나님의 생명(生命)과 사랑을 가져와 당신의 마음에 부으실 수 있으시다. 그리고 그분은 그것을 하신다. 그리스도는 그 자신을 현시(顯示)하시고 분여하시는 하나님의 성품이시다. 내가 그리스도와 그분 안에 계신 하나님을 접촉할 수는 없지만, 다만 그리스도를 영접함으로써 그분의 인간으로써의 삶과 성품과 뜻과 인격 안에서 증명되는 하나님의 성품에 참여하는 것이다.

3. 만약 오늘날 내가 천사의 방문을 받는다면 그것이 내게 무슨 특권이 되랴. 그러나 그리스도, 하나님 우편에 계신 그리스도는 오실 뿐만 아니라 내 안에 사시는 것이다. 오, 내 영혼아 그대의 특권을 환호하라. 하나님은 그 아들 안에서 그대에게 말씀하시는 것이다!

6. 아들, 독생자(獨生子)

1:5 하나님께서 어느 때에 천사 중 누구에게 네가 내 아들이라 오늘날 내가 너를 낳았다(시 2:7) 하셨으며 또 다시 나는 그에게 아버지가 되고 그는 내게 아들이 되리라(삼하 7:14) 하셨느뇨
1:6 또 맏아들을 이끌어 세상에 다시 들어오게 하실 때에 하나님의 모든 천사가 저에게 경배할지어다(시 97:7) 말씀하시며

그리스도가 천사보다 탁월하시고 신약이 구약보다 월등한 것은 바로 그분이 하나님의 아들인 까닭이다. 만약 우리가 이 가르침을 파악하고 본서의 축복에 나아가며 참으로 그리스도가 가져온 대속의 내적 능력과 영광에 참여코자 한다면 우리는 여기서 "하나님의 독생자가 우리의 구세주가 되셨다"는 의미를 하나님께서 계시해 주실 때까지 깊은 겸손으로 기다려야 한다. 아들이 천사들보다 무한히 탁월하시다는 것은 그분이 우리의 내면 속에 가져다주시는 하늘 생명(生命)의 탁월함에 대한 척도가 된다. 천사도 하나님에 대하여와 생명에 대하여 말할 수는 있다. 그러나 아들은 하나님의 생명을 가지셨고 하나님의 생명 그 자체이신 까닭에 원하시는 모든 사람에게 생명을 주신다. 아들을 가진 자는 생명을 가진 것이다(요일 5:12).

너는 내 아들이라 오늘 내가 너를 낳았다 이 말씀은 사도행전 13:33에서 그리스도의 부활에 관하여 사용되었다. 마찬가지로 다음 절의 맏아들이란 단어도 역시 부활에 관하여 쓰인 것이다(골 1:18, 계 1:5). 아들은 아버지로부터 영원 안에서 나셨을 뿐만 아니라 부활 안에서 다시 나신 것이다. 성육신(成肉身)은 신성과 인성의 연합의 시작일 뿐이어서 그 연합은 그리스도께서 인간 스스로의 뜻으로 그 자신을 죽기까지 하나님의 뜻에 넘겨줌으로써 온전케 되셔야 했다. 부활 안에서 그는 "능력으로 하나님의 아들로 인정되셨고"(롬 1:4), 신성과의 완전한 교제와 등위(等位)를 갖도록 인성의 완전한 탄생을 성취하셨으니, 인자(人子)는 하나님 아들의 온전한 형상과 영광 안으로 태어나신 것이다. 바울이 바로 그렇게 인용하였다. "곧 하나님이 예수를 일으키사 우리 자녀들에게 이 약속을 이루게 하셨다 함이라 시편 둘째 편에 기록한 바와 같이 너는 내 아들이라 오늘 너를 낳았다 하셨고"(행 13:33). 예수 그리스도는 그리하여 죽음에서 처음 난 자가 되셨던 것이다.

그리고 다시 나는 그에게 아버지가 되고 그는 내게 아들이 되리라 이 말씀은 하나님이 다윗에게 주실 아들에 관하여 말씀하신 것인데 그 의미는 단순한 인간이 할 수 있는 것을 훨씬 초월하고 있다는 것을 시사한다. 부활 안에서 능력으로 일어나사 하나님의 아들로 인정된 인자(人子) 안에서 이 말씀들은 완전히 성취된 것이다.

또 맏아들을 이끌어 세상에 다시 들어오게 하실 때에 하나님의 모든 천사가 저에게 경배할지어다 말씀하시며 시편은 자비로우신 여호와께서 그 백성을 구속하려 오실 것을 말씀하신 것인데 아들은 아버지와 함께 하는 자로서 아버지는 오직 아들을 통하여 역사하시며 그 아들 안에서 계시되시고 또한 그 아들을 통하여서만 경배를 받으시는 것이다. 천사들은 구속자(救贖者)를 여호와로 경배한다.

그리스도는 하나님의 아들이시다. 그 사실은 우리에게 무엇을 의미하고 그 진리가 우리의 신앙에 가져오는 축복은 무엇인가? 그것은 먼저 하나님이 아들을 가지셨다는 엄청난 비밀을 우리에게 지적한다. 이것은 신적(divine) 사랑의 비밀로써 이중적 의미를 갖고 있다. 하나님은 사랑이신 까닭에 아들을 낳으시고, 하나님 자신과 자신이 소유하신 모든 것을 그 사랑하는 아들에게 주시며, 아들과의 교제 안에서 하나님은 생명과 기쁨을 발견하고, 그 아들을 통하여 자신을 계시하시되 모든 피조물의 경배를 그 아들과 함께 받으시는 것이다. 또한 하나님은 사랑이신 까닭에 하나님의 아들이 인자(人子)가 되셨고, 이 인자는 영원히 온전케 되심으로써 죽음과 부활을 통하여 하나님의 아들에게 속한 영광 속으로 들어가셨다. 그리고 이제 이 아들은 우리에게 하나님 실존의 크신 사랑을 계시하고 전달해 주신다. 그 아들 안에서 하나님의 사랑은 우리 안에 거하고 그 아들 안에서 우리는 그 사랑 안에 들어가며 안식한다. 그 아들 안에서 하나님이 우리에게 말씀하실 때 그 말씀은 우리와 함께 하는 하나님의 무한하신 사랑이며 바로 우리 삶의 내적 생명이 된다.

그리고 어떻게 이 일이 가능하냐고 묻는다면 그리스도는 하나님의 아들이라는 진리에 의하여 가르쳐지는 두 번째의 위대한 교훈이 우리들의 답이 된다. 그리스도께서 아들이 되신 것은 하나님의 낳으심에 의한 것이고 신적 출생에 의

한 것이다. 영원에 있어서 그것은 신적 출생(divine birth)이었고 부활에 있어서 그것은 죽음으로부터의 출생이었다. 그리고 하나님의 사랑이신 그 아들이 우리 안에 들어와 우리를 소유하시는 것도 오직 신적 출생에 의한 것이다. 아들이 하나님이신 것은 영원한 출생에 의해서이다. 영원에 있어서는 과거가 없고 하나님의 하나님 되심과 하나님의 역사하심은 모두 영원한 현재의 무궁한 능력 안에 있는 것이다. 마찬가지로 하나님께서 그 아들 안에서 우리를 낳으시는 것과(요일 5:1-18) 우리 안에 그 아들을 낳으시는 것, 즉 아버지께서 영원하신 말씀을 우리에게와 우리 안에 말씀하시는 것은 그 영원한 출생의 능력 안에서이다. 하나님의 말씀은 아버지의 마음에서 나오시어 우리의 마음속에 말씀되어지고 거기에 거하시는 아들이시다. 아들은 하나님의 사랑이시고 그래서 하나님의 사랑은 그 아들로서 우리 안에 출생하사 우리로 하여금 신생(新生)에 의하여 그 자신의 성품과 복되심 속에 참여케 하시는 것이다.

만약 우리가 히브리서의 교훈을 배우고 우리 그리스도인의 삶에서 영원한 구속의 충만한 능력을 경험한다면 우리는 무엇보다도 예수를 더 잘 알게 될 것이다. 이전에 그리고 회심할 때에 가졌던 그분에 대한 지식은 강하고 강건한 성장을 위하여 충분하지 못하다. 하나님께서는 우리들이 그분의 아들과 더 가까이 교제하고 더 친숙해짐으로써 얼마나 철저하게 그분이 우리를 구원하시는지를 증명하는 사랑스런 복자(福者)가 되기를 원하신다. 우리는 그렇게 하자. 천사들과 선지자들이 오직 오실 분을 가리켰다는 것과, 성경의 말씀과 그리스도 자신도 보다 높은 어떤 것에 대한 기대를 일깨워줄 때만이 우리에게 유익하다는 것을 기억하고, 하나님께서 그 아들 안에서 우리에게 말씀해 주시기를 기다리자. 우리 안에 하나님의 말씀하심은 창조 능력의 위대한 활동이요 그분의 사랑이 우리 안에 탄생하는 것이다.

오, 하나님! 완전한 구원의 복된 비결은 바로 우리의 구주 그리스도가 하나님의 아들이라는 사실 속에 있음을 우리에게 가르쳐 주옵소서.

1. 하나님 사랑의 아들은 아버지의 마음에 계시고 또 내 마음에 계신다.

2. “하나님의 모든 천사들이 그를 경배할지어다.” 하나님 보좌 주위의 모든 종들이 하나님을 가리키는 대로 우리는 하나님을 주목하여야 한다. 주목하되 경배하는 가운데 주목하여야 한다. 아들이 해야 할 것은 오직 경배이다. 하나님께서는 오직 하나님을 경배하는 심령에게 자신을 계시하신다. 오로지 경배의 정신으로 무릎 꿇은 가운데 본서로부터 그리스도의 영광을 배우도록 하자.

3. 그 아들은 오직 신적 출생의 능력 안에서의 아들이다. 그리고 영원(永遠)에서와 부활(復活) 안에서뿐만 아니라 우리의 마음 안에서 아들이시다. 이것은 신적 생명의 비밀이니만큼 깊은 겸허와 아는 체 하지 않는 마음으로 경배하고 그 아들을 우리에게 계시하도록 전능하신 하나님의 처분을 기다리자.

4. 하나님의 말씀은 곧 아들이시다. 이는 하나님의 말씀하심이 하나님의 낳으심의 또 다른 면인 까닭이다. 그 아들 안에서 우리에게 말씀하심은 모두 신적 생명의 능력 안에서였다. 말씀하심은 낳으심과 마찬가지로 신적 능력 안에서 우리와 하나가 되시며 우리에게 분여하시는 사랑이다. 하나님께서 우리를 낳으시는 것은 맏아들 안에서 하나님이 우리에게 말씀하심으로써 이다.

7. 아들 자신이 하나님이시다

1:7 또 천사들에 관하여는 그는 그의 천사들을 바람으로 그의 사역자들을 불꽃으로 삼으시느니라 하셨으되(시 104:4)
1:8 아들에 관하여는 하나님이여 주의 보좌가 영영하며 주의 나라의 홀은 공평한 홀이니이다
1:9 네가 의를 사랑하고 불법을 미워하였으니 그러므로 하나님 곧 너희 하나님이 즐거움의 기름을 네게 부어 네 동류들보다 승하게 하셨도다 하였고(시14: 7-8)

종으로서의 천사들에게 말씀하신 것과는 대조적으로 성령께서는 아들에 대하여 말씀하시기를 “하나님이여 주의 보좌가 영영하며”라고 했다. 그리스도는 아들이실 뿐만 아니라 하나님이시다. 그리스도는 하나님과 함께 계시고 아들로서 아버지 자신의 성품과 실존(實存)에 동참자가 되신다.

그리스도는 하나님이시다. 너무나 많은 그리스도인들이 성경의 증거대로 이것을 굳게 붙들었지만 그 영혼에 아무런 산 영향도 끼치지 못한 채 그것은 단지 죽은 믿음의 조문에 불과했다. 참된 신자에게 있어서 그것은 내적 생명을 양육하는 가장 심오하고도 귀중한 진리 중의 하나이다. 그리스도는 하나님이시다. 그리스도를 전능자로 경배하는 영혼은 신적 전능의 능력 안에서 신성에 속한 일을 할 수 있다. 그리스도는 하나님이시다. 하나님께서 전체 자연계(自然界) 안에서 그 내면으로부터 은밀히 일하심과 같이 영혼은 그리스도를 어디든 임재하시며 내주 하시는 자로서 그 영혼의 감추어진 처소 깊이에서 구원사역을 행하시는 분으로 신뢰한다. 그리스도는 하나님이시다. 그리스도 안에서 우리는 하나님 자신의 인격과 생명으로 더불어 산 교제를 가질 수가 있다. 이 진리는 본 히브리서의 토대를 이루고 그리스도인의 삶을 성취한다.

오, 하나님이여, 주의 보좌가 영영하며 그리스도는 하나님이시며 또한 왕이시다. 하늘 보좌는 그리스도께 속한 것이다. 이 땅의 아버지가 아들을 낳았을 때 그들은 장소와 인격에 있어서 서로 멀리 분리되어 더 이상 서로를 알 수 없게 되기도 하지만 신적 존재에 있어서는 그렇지 아니하다. 아버지와 아들은 분리될 수 없고, 생명과 사랑 안에서 하나이시며, 아버지의 전 존재와 모든 소유는 또한 아들의 전 존재(is)와 모든 소유(has)가 된다. 아버지는 영원히 아들 안에 계시고 아들도 영원히 아버지 안에 존재한다. 하나님은 보좌에 계시고 그리스도는 하나님 안에 있어서 보좌와 나라는 또한 그리스도의 것이기도 하다.

영영하시다 그리스도는 영원하신 왕이시다. 그리스도의 다스리심은 영원한 다스림이다. 영원하다는 말의 완전한 의미는 뒤에 가서 분명해질 것이다. 영원하다는 것은 매 순간마다 언제나 충만한 힘 가운데서 동요됨이 없이 불변으로 존재함을 말한다. 우리가 진동치 않을 나라를 받은 것은 우리의 왕이 하나님이시며 그분의 나라가 영원한 까닭이다. 우리의 제사장이자 왕 되신 그리스도의 다스림은 현재에서조차 우리의 영혼 안에서 무궁하고 쇠하지 아니하는 생명의 능력으로 이루어지는 것으로써, 이것을 수용하는 믿음은 그것을 경험할 것이다.

주의 나라의 홀(笏)은 공평한 홀이니이다 그리스도는 의로우신 왕이시다. 그는 의의 왕이신 멜기세덱이시다. 그리스도의 나라에서는 모든 것이 의롭고 거룩하다. 거기에서는 "은혜가 의(義)로 말미암아 왕노릇 한다"(롬 5:21). 그것은 나라로써 그 안에서 하나님의 뜻이 하늘에서 이루어진 것처럼 땅에서도 이루어지는 것이다. 그리고 아버지께서 "너는 의를 사랑하고 불법을 미워하였으니"라고 말씀 하셨을 때 그 의로우심은 신적 속성으로서 그리스도의 것일 뿐만 아니라, 지상에서 그 삶의 열매라는 점에서도 그리스도의 것이다. 이 지상에서 그리스도는 시험받으시고 고난 당하셨으며 온전케 되시어서 하나님의 보좌에 앉을 수 있는 사람으로서의 가치(價値)를 세우셨다. 하나님의 아들로서 만유의 상속자이신 그리스도께 속한 보좌는 인자로서 그가 쟁취해야 했던 것이다. 그리하여 이제 그리스도는 백성을 다스리시되 자신이 보인 본(本)으로써 그들을 가르치시고 그리스도 자신의 성령으로 말미암아 그들로 하여금 모든 의를 이루게 한다. 의의 왕으로서 그리스도는 의로운 백성을 다스리신다.

그러므로 하나님 곧 너희 하나님이 즐거움의 기름을 네게 부어 네 동류들보다 승하게 하셨도다 그리스도는 기름부음을 받은 왕이시다. 그리스도는 의를 사랑하고 불법을 미워하였기 때문에 하나님은 그에게 기름을 부으셨다. 그리스도께서 하늘로 승천하여 하나님 우편에 앉으셨을 때 그분은 인자로서 자기 백성들에게 나눠주기 위해 아버지로부터 새로운 성령의 선물을 한량없이 받으신 것이다(행 2:33). 그 성령은 그리스도에게 즐거움의 기름이었고, 그 앞에 놓인 즐거움이었으며, 그 영혼의 수고한 것을 보는 관 쓰시는 날의 즐거움이었다. 그의 동류보다 승하게 기름 부으심은 그와 같은 자가 없기 때문에 하나님께서 그에게 한량없이 성령을 주신 것이다. 그러나 그리스도께서는 머리로서 자신의 동류들 즉 자신이 구속한 자들을 자기 몸의 지체로 만드신 것이다. 그들은 그리스도의 기름부음과 즐거움에 동참자들이 된 것이다. 그분께서 말씀하셨듯이 "주께서 즐거움의 기름을 나눠주도록 나에게 기름 부으신" 것이다. 우리의 왕이시며 우리의 하나님이신 그리스도는 즐거움의 기름으로 기름부음을 받으시되 즐거움의 기름을 부어주시기 위해서 또한 기름부음을 받으신 것이다. 그리스도의 나라는 영원한 기쁨의 나라요, 말로 다 할 수 없는 희락과 충만한 영광의 나라이다.

그리스도에 의하여 구속된 영혼들이여, 그대들의 하나님을 바라보라. 그 아들 안에서 아버지는 말씀하신다. 당신의 하나님이시며 당신의 왕이신 분을 알고 경배하고 섬기는 것을 당신 생애의 주업(主業)으로 삼으라. 이 아들 안에서 하나님이 당신에게 모든 천상의 비밀을 말씀하시되 하나님 말씀의 특성인 모든 신적인 능력과 축복 안에서 말씀하신다. 우리의 마음 문을 크게 열고 하나님이 우리에게 주신 왕을 모셔 들이자.

그리고 우리가 히브리인들처럼 때때로 태만이나 두려움이나 불신앙의 유혹에 빠질 때마다 "나의 구속자는 하나님이시다"라는 말씀을 우리의 표어와 힘으로 삼자. 이러한 믿음에서 그리스도를 경배토록 하자. 나의 구속자는 하나님이시다! 나의 온 마음을 그분께 열고 마치 꽃들이 햇빛을 받아들이듯 내 안에서 역사하시는 그분의 비밀과 능력과 신적 사역을 받아들이자. 내 안에서 모든 약속을 시행하시고 우리의 간구함이나 지각에 넘치는 능력 안에서 그 의로우신 보좌를 내 영혼 안에 베풀도록 이 전능의 주님을 신뢰하자. 지각에 뛰어난 사랑 안에서 그리스도 자신을 계시하도록 그분의 처분을 기다리고 그분을 신뢰하자. 하나님의 이름이 영원히 복되실 지어다. 나의 구속자는 하나님이시다!

1. 하나님은 누구신가? 그리고 하나님은 우리에게 무엇인가? "우리가 그를 힘입어 살고 기동하며 있느니라"(행 17:28). 그분은 우주(宇宙)의 생명이시다. 그리고 그 생명이 내재하는 모든 것이 얼마나 경이롭고 완전한가. 우리가 이 하나님을 우리의 구속자로 알 때 더 높은 의미에서 "우리는 하나님 안에서 살며 기동하고 있는"것이며 이는 하나님께서 하나님의 새 생명을 우리 안에 경이롭고 완전하게 하신다는 보증인 것이다.

2. "네가 불의를 미워하고 의를 사랑하였으니"는 보좌로 가는 그리스도의 길이었고, 우리에게도 옳게 살며 죄 된 모든 것을 미워하는 유일한 길이다.

8. 아들은 영원하신 창조자

1:10 또 주여 태초에 주께서 땅의 기초를 두셨으며 하늘도 주의 손으로 지으신 바라
1:11 그것들은 멸망할 것이나 오직 주는 영존할 것이요 그것들은 다 옷과 같이 낡아지리니
1:12 의복처럼 갈아입을 것이요 그것들이 옷과 같이 변할 것이나 주는 여전하여 연대가 다함이 없으리라 하였으나(시 102:26-27)

아버지께서 그 안에서 우리에게 말씀하시는 그 아들의 영광에 대하여 하나님의 말씀이 전하고자 하는 바를 다시 한 번 전심으로 경청하라. 얼마나 참으로 그분이 하나님과 하나이시며 하나님의 모든 영광을 하나님과 함께 하는지 와 보라. 우리 주님 예수 그리스도의 참된 신격(神格)과 하나님과의 완전한 일체성(一體性)을 더 깊이 통찰하면 할수록 우리는 그분께서 우리를 신적 차원의 능력으로 그분의 사역과 생명과 내주하심에 동참자가 되게 하신다는 것을 더욱 확신할 수 있게 된다.

우리는 여기에서 그리스도를 만유(萬有)가 그 존재를 빚지고 있는 창조주요, 영존 불변하시는 분으로 언급하며 만유가 낡아지고 사라져갈 때 오직 그분만이 "주는 영존하시겠고 주는 여상(如常)하시며 주의 연대는 무궁하리이다"라고 찬양할 수 있는 분으로 우리 앞에 제시함을 본다. 이사야서에 하나님께서는 그 자신에 대하여 말씀하시기를 "너는 알지 못하였느냐 듣지 못하였느냐, 영원하신 하나님 여호와, 땅 끝까지 창조하신 자는 피곤치 아니하시며 곤비치 않으시며 명철이 한이 없으시며"(사 40:28)라고 하셨다. 이곳 본문에서 우리는 아들이 전능하신 창조주이자 영원토록 변함없으신 분이심을 보는 한편, 하나님께서 그 안에서 우리에게 말씀하시는 분이 누구시며, 하나님이 누구에게 우리의 구원 사역을 의탁하셨는지를 알게 된다.

이 말씀들은 시편 제 102편에서 인용되었다.

평범한 독자라면 그 시편에 구세주이신 아들(聖子)이 언급된다고 생각지 못할 것이다. 그러나 성령의 가르침을 받은 히브리서의 저자는 어떻게 구속이 오직 그 아들을 통하여 이루어졌는지를 깨닫고, 그럼으로써 어떻게 시온(Zion)의 건설과 그 영광중에 나타나심(16절)과 높은 성소에서 하감(下瞰)하심과 죽이기로 정한 자를 해방하심(20절) 모두가 구속주로서의 그 아들에게 초점을 맞추고 있는지를

보는 것이다. 그리고 뒤따라오는 말씀도 그분께 관한 것으로써 역시 참되다. 그것은 "주께서 땅의 기초를 두셨사오며 하늘들도 주의 손으로 지으신 바라 그것들은 없어지려니와 주는 영존하시리라"(시 102:25-26)는 것이다. 하나님은 전능하시며 영존하신다. 그리고 이것이 우리의 구원이 맡겨진 분의 속성인 것이다.

믿는 자여 들으라! 당신의 구속주이신 그리스도는 전능하신 분이시다. 하나님께서는 당신의 필요를 충족시켜주실 분이 자기 아들 외에는 달리 없다는 것을 보셨는데 당신도 역시 당신의 하루하루의 삶을 위하여 그분의 무한한 능력이 요청되고 전용(專用)되고 있음을 보고 있는가? 당신은 그분을 "만물을 없는 것처럼 부르시며 그분이 아니고는 결코 존재할 수 없는 것을 창조하신 분"으로 생각하기를 배웠는가?

당신의 구속주이신 그리스도는 영존(永存)하시며 변함이 없으신 분이신데 당신은 그분께서 "나 여호와는 변역치 아니하나니 그러므로 야곱의 자손들아 너희가 소멸되지 아니하느니라"(말 3:6)고 말씀하시는 것을 들었는가? 또한 당신은 삶의 순간순간 당신의 모든 것이 되시며「변함이나 회전하는 그림자도 없이」(약 1:17) 결코 중단 없는 능력으로 자신의 생명을 당신 안에 유지하시는 분으로 신뢰하기를 배웠는가? 하나님께서는 당신의 마음속에 임하여 영원하신 말씀(eternal Word)의 능력으로 충만케 하실 수 있는 오직 그 아들만을 통하여 당신에게 말씀하셔야 했다는 것을 배우라. 하나님께서 말미암아 만물을 지으신 아들, 능력의 말씀으로 만물을 붙드시며 채우시는 전능자이신 그 아들이 바로 신성(神性)의 능력 안에서 당신의 전 생애와 전 존재를 또한 붙들고 채우시는 분이시다. 당신을 지으신 자가 당신의 구속주이시다! 그리스도인의 삶에서 연약과 타락의 커다란 원인 중의 하나는 주위환경의 힘이다. 우리는 종종 우리 삶의 처지와 생존경쟁의 와중으로부터 오며, 동료들의 행실로부터 오는 시험들이 우리를 하나님으로부터 멀어지게 하고 죄에 빠지도록 하는 원인이라고 말한다. 만일 우리가『우리의 구속주는 우리의 창조주』라는 것을 믿기만 한다면 얼마나 복되랴! 그분은 우리를 아시며 우리의 운명(運命)을 정하시고 명하시되 우리에게 우연히 닥치는 어떤 것으로 하지 않으시고 자신의 손에 가진 것으로 하신다. 그분은 우리의 환경(環境)을 조성하시는 능력을 가지셨으므로 어떠한 난관이든지 그것은 하늘의 연단이며 도움과 축복이 되는 것이다. 예수 그리스도는 구속주로서 우리를 위해 가지신 자신의 영원한 생명(生命) 계획 속에 그 모든 것을 조합하신다. 이것을 믿을진대 어찌 찬미하는 믿음의 경배로써 이 모든 것을 기꺼이 맞지 않으리오. 모든 것을 명하시는 나의 창조주는 모든 것을 복 주시는 나의 구속주이시다.

이제 다시 한 번 독자 여러분에게 본 장이 우리에게 가르치는 교훈(敎訓)과 그것이 바라보는 목표(目標)를 유념토록 강조하련다. 나 역시 오랫동안 그렇게 생각했지만, 아무도 우리 구세주의 신성을 이미 굳게 믿는다는 이유로 본 장 본문의 증거가 우리의 영적 생활을 위해서는 특별한 것이 못 된다고 가볍게 생각하거나, 그렇게 생각함으로써 본 서신이 앞으로 우리에게 더 가르치고자 하는 쪽으로 성급하게 나가지 않도록 유의하자. 아니, 본 장은 초석(礎石)을 놓는 장이라는 것을 기억하자. 그리스도의 신성(神性)은 우리가 서있는 반석이다. 그분께서 죄를 정결케 하사 없이하시며, 우리 안에 하늘 생명(divine life)을 실제로 나누어주시고 유지시키시고, 그분이 우리의 내면에 오셔서 거기에 내주 하실 수 있는 것은, 바로 그분의 신성의 덕이다. 만약 우리가 우리들의 마음을 열고 이 진리의 완전한 영감을 받아들이도록 시간을 허락한다면 우리는 그리스도의 인격과 사역에서 우리가 배워야 하는 모든 것이 "그리스도는 하나님이시라"는 사실로부터 그 가치와 그 능력을 갖는다는 것을 알게 될 것이다. 우리 생명의 근원이 되시는 우리의 창조주께서는 홀로 우리 안에 들어오셔서 새 생명을 주시되 그 존귀한 이름을 찬양할 만큼 지금 바로 그 일을 하시는 분이시다. 하나님으로써 그분은 모든 존재(存在)의 보이지 않는 기초이시며 만유(萬有) 속에 들어오셔서 그 자신으로 그 모든 것을 채울 수 있는 능력자이시다. 그분 사역의 모든 부분은 신적 사역의 특성과 능력을 갖고 있다. 만약 우리가 그리스도 성자(聖子)께서 하나님이시고 여호와이시며 영존자(永存者)이시고 창조주시라는 것을 믿지 않는다면 어떻게 그분이 우리의 내적 생명에서 그분의 전능하심을 입증할 수 있겠는가!

바울은 말하기를 "내가 모든 것을 버림은 내 주 예수 그리스도를 아는 지식이 가장 고상함을 인함이라"(빌 3:8)고 하였다. 우리도 그렇게 하자. 그리스도인의 삶에 있어서 중요하고도 필요한 일은 그리스도를 아는 것이다. 믿음과 그분과의 교제로부터, 그리고 사랑과 순종으로부터 우리가 얻는 것은 진리의 지적(知的) 이해가 아니라 살아있는 심령의 실험적 지식이다. 그것이 우리들의 것이 되게 하라!

1. 하나님은 이해를 초월하는 분이시다. 하나님께 관한 당신의 모든 생각, 그리고 그리스도 안에 계시된 하나님을 알려는 당신의 모든 노력에 있어서 그분에 관한 참된 지식은 지각과 이성을 초월하는 것이라는 사실을 기억하라. 빛을 위하여 지음 받은 눈이 열릴 때 빛이 그 자체를 현시(顯示)하는 것처럼, 하나님은 하나님을 사모하는 마음속에 하나님 자신을 계시하신다. 천사들과 선지자들의 모든 가르침과, 성경 말씀 진리의 모든 가르침은 이 길을 가리키는 것인즉, 하나님께서 그리스도 안에서 당신의 마음에 말씀하시도록 하라. 그러면 당신은 하나님을 알 것이다. 머리를 숙여 경외하며 그리스도를 예배하라. "모든 성도들이여, 그리스도를 예배하라. 우리로 하여금 그리스도를 알도록 예비하는 것은 연구가 아니라 예배이다."

2. "그것들은 사라지고 낡아진다"는 것은 하나님께서 지으셨다 해도 피조물의 모습을 말하는 것이며 하나님께로부터 온다 해도 모든 것이 경험하는 길을 의미하는 것이다. "주는 영존할 것이며 주는 변치 않으신다"는 것은 우리의 안전이며 우리의 기쁨이다. 그리스도 곧 나의 구속주는 변함이 없으시고 어느 순간이나 동일하시며 나의 보존자가 되시고 나의 생명이 되신다.

9. 아들은 하나님 우편에 계신다

1:13 어느 때에 천사 중 누구에게 내가 네 원수로 네 발등상 되게 하기까지 너는 내 우편에 앉았으라 하셨느뇨(시 110)
1:14 모든 천사들은 부리는 영으로서 구원 얻을 후사들을 위하여 섬기라고 보내심이 아니뇨

내가 네 원수로 네 발등상이 되게 하기까지 너는 내 우편에 앉았으라 우리는 이 말씀을 시편 제110편에서 본다. 루터는 그것을 모든 시편의 백미(白眉)라고 불렀다. 첫

째 절과 멜기세덱에 관한 넷째 절은 성령의 해석이 아니고는 우리가 결코 이해할 수 없는 감추어진 비밀을 내포하고 있다. 우리 신앙상의 대 조문 중의 하나인 "하나님 우편에 앉는다"는 표현은 그 시편으로부터 신약에 인용된 것이다. 주님께서도 "다윗이 '여호와께서 내 주께 이르시되'하고 말할 때 그리스도를 주라 칭하였은즉 어찌 그의 자손이 되겠느냐"고 가르치시면서(마 22:41) 본 절을 인용하셨다. 그분께서는 가야바 앞에서 자신에 관해 말씀하실 때에도 "인자가 권능의 우편에 앉은 것을 보리라"(마 26:64)고 간증하셨다. 마가도 승천 기사에서 이 말을 사용하여 "주 예수께서 하늘로 올리우사 하나님 우편에 앉으시니라"(막 16:19)고 기록하였다. 오순절 날(행 2:35) 베드로도 본 내용을 들어 다윗이 메시아에 대하여 예언하였다는 것을 증명하였다. 바울도 주님 예수께서 최후에 모든 원수들을 정복할 것에 대하여 이 말씀을 적용하였다(고전 15:25). 그리고 에베소서에서 그는 그리스도를 죽은 자 가운데서 살리시어 하늘 보좌에 앉히신 하나님의 강력한 권능에 대하여 이 말씀으로 증명하였다(엡 1:20-22). 본 히브리서에서는 다섯 번이나 그 표현을 인용한다. 아주 조금 밖에 이해할 수 없었던 것을 성령으로 말미암아 다윗이 시(詩)로 노래했을 때 그 말씀은 주님과 사도들로 말미암아 주님의 지존무상의 영광이 무엇이며 우리의 믿음과 소망에 가장 큰 힘이 되는 것이 무엇인가를 계시하는 바탕이 되었다.

그 말씀은 두 가지 개념을 제시한다. 그 하나는 인자(人子)로서 그분이 하나님과의 완전한 교제와 동등함에 들어가셨다는 것이고, 또 하나는 그분이 이제 신적이며 우주적인 권위와 능력의 소유자라는 것이다. 우리는 그 내용의 한없는 장려함에 별로 놀라지 않을 만큼 이 진리를 잘 알고 있다. 하나님은 스스로 계신 하나님이시며 자신의 명예에 관하여는 무한히 경계하시는 바, 하나님 자신의 영광은 결코 다른 이에게 주시지 않으신다. 십자가에 죽으신 인자 예수께서 높은 곳에 계신 위엄의 우편에 앉으신 것은 오직 그가 하나님의 아들이시며 또한 하나님이신 까닭이다. 그리고 그것은 이제 그분이 모든 원수들을 발아래 두시고 나라를 아버지 하나님께 바칠 때까지 대속의 사역을 충만한 성취로 이끌도록 하나님 자신의 능력과 섭리가 아들의 손에 있다는 것을 확인해 준다.

저자가 이 내용을 인용할 때 거기에는 하나님께서 어느 때 천사 중의 누구에게 관하여 말씀하셨는가 하는 의문이 있다. 이에 대하여 하나님은 "모든 천사들은 부리는 영으로서 구원 얻을 후사(後嗣)들을 위하여 섬기라고 보내심이 아니뇨"라고 답하신다. 저자는 천사들이 비록 하나님의 보좌로부터 왔고 또 하나님의 능력의 도구라고 하더라도 그 아들과는 전혀 비교할 수 없다는 점을 우리에게 주지시키려는 것이다. 천사들은 죄로부터의 구속, 하나님과의 참된 교제, 그리고 하나님의 생명과 사랑에 참여할 수 없다. 영원한 속죄와 죄로부터의 진정한 내면적 해방, 그리고 완전한 구원을 위해 우리가 필히 바라보아야 할 분은 하나님 우편에 앉으시어 하나님의 능력을 행하시는 그 아들이시다. 반면에 모든 천사들은 지성소 안에 계신 하나님과의 완전한 교제의 회복을 우리에게 증거하고 우리가 거기에 참여하도록 인자로서 보좌에 앉으신 그 아들을 우리에게 지시한다.

이분이 하나님께서 그 안에서 우리에게 말씀하시는 아들이시다. "내 우편에 앉았으라"는 말씀은 우리의 유익을 위하여 말씀된 것이다. 그 말씀 속에 우리는 모든 하나님의 말씀하심을 집약하여 갖는다. "내가 그리스도의 사역을 완전히 받아들이고 나의 임재 가운데에 너희를 완전히 용납하여 모든 하늘 생명의 능력을 즐기게 하며, 너희의 가장 깊은 내면에서 이루어신 천국에 너희가 충만히 참여케 하는 표로써 내가 어떻게 너희의 형제요 너희의 보증이며 너희의 머리되신 그를 높이었는가를 보라"고 말씀하심을 주목하라. "너는 나의 우편에 앉았으라"는 말씀이 우리의 마음과 삶에 들어와 그것들을 주관케 하자. 나는 그것이 히브리서 속에 다섯 번 언급되었다고 말한 바 있다. 이 구절들과 하늘에서의 그리스도의 위치에 대하여 참조된 다른 구절들을(히 1:3 참조) 비교해 보고 얼마나 위대한 진리를 우리가 배우는 것인가를 깨닫고, 예수께서 우리를 위하여 하늘에 들어가시어 하늘의 삶 안에서 우리를 그분 자신에게 연합시키신다는 것을 아는 것이 곧 우리 그리스도인들을 천하고 약한 상태로부터 구원하여 기쁘고 힘찬 삶으로 이끄시는 것임을 주목하자. 아버지의 임재 안에 계시고 만물(萬物)이 복종토록 되어있는 하늘의 그리스도를 주목하는 것은 우리를 항상 하나님의 임재 안에 살며 모든 원수를 이기는 그리스도인들로 변화시켜 줄 것이다. 그렇다, 하나님 우편에 계신 나의 구속주는 내가 단지 그분을 바로 알고 나를 완전히 구원하실 수 있는 분으로 신뢰할 때 이기는 자 그 이상으로 나를 만들어 주신다.

만약 우리가 우리 주님에 대한 복된 지식을 갖게 되고 그 능력의 경험 안에서 복된 삶을 얻는다면 성경은 우리가 드리기에 합당한 기도를 갖고 있다. "우리 주 예수 그리스도의 하나님, 영광의 아버지께서 지혜와 계시의 정신을 우리에게 주사, 하늘에서 그리스도를 하나님 우편에 앉게 하셨을 때 그 안에서 강력으로 역사하심을 따라 믿는 우리에게 베푸신 능력의 지극히 크심이 어떠한 것을 알게 하시기를 구하노라"(엡 1:17-22 참조). 하늘이 밝히신 이 정신을 위하여 기도하고, 그리스도를 보좌로 이끌어 올리신 하나님의 강력을 배우고 찬양하며, 매일매일 우리를 끌어 올리시어 하늘에서 동행하는 자들답게 살게 하시는 그 능력을 신뢰하자. 또 그러한 구세주로 인하여 쉼 없이 하나님을 찬양하자.

1. "이제 하는 말의 중요한 것은 이러한 대제사장이 우리에게 있는 것이라 그가 하늘에서 위엄의 보좌 우편에 앉으셨느니라"(히 8:7). 그렇다, 하늘에 계신 예수는 나를 위하여 그 하늘을 열어 놓으시고 지성소에 들어가도록 나를 이끄시며 그 안에 나를 두시고 그 하늘을 나의 마음속에 내려 보내신다.

2. "내리셨던 그가 곧 모든 하늘 위로 오르신 자니 이는 만물을 충만케 하려 하심이라"(엡 4:10). 지상에서는 모든 것이 공간과 물질에 제한되어 있으나 하늘에서는 모든 것이 하늘 차원인 만유충만(萬有充滿)의 능력 안에 있다. 햇빛이 모든 공간 안에 편만해 있는 것 같이 하늘의 빛과 영은 우리의 마음을 채울 수 있다. 하늘의 그리스도는 만유를 채우신다.

3. 하늘의 보좌에 앉으신 분을 어떻게 그들이 섬기는지를 보고(계 5:8-14, 7:9-12), 보좌 위의 예수께 관한 모든 생각이 경배로 바뀌도록 하라. 그것은 마치 열흘 동안 사도들이 하나님 우편에 앉으신 분을 경배한 후에 성령으로 충만함을 받은 것과 같은 것이다. 오순절의 선물은 우리의 것인바 여기에 우리가 그 선물의 충만한 경험 안으로 들어가는 위치와 자세가 있다.

| 첫 번째 경고 (2:1-4)

아들이 말한 바를 유의하라

10. 그 큰 구원을 등한히 여기면

2:1 그러므로 모든 들은 것을 우리가 더욱 간절히 삼갈지니 혹 흘러 떠내려갈까 염려하노라
2:2 천사들로 하신 말씀이 견고하게 되어 모든 범죄 함과 순종치 아니함이 공변된 보응을 받았거든
2:3 우리가 이같이 큰 구원을 등한히 여기면 어찌 피하리요 이 구원은 처음에 주로 말씀하신 바요 들은 자들이 우리에게 확증한 바니
2:4 하나님도 표적들과 기사들과 여러 가지 능력과 및 자기 뜻을 따라 성령의 나눠주신 것으로써 저희와 함께 증거하셨느니라

제1장은 오늘날 하나님께서 그 안에서 우리에게 말씀하시는 존귀하신 성자(聖子) 그리스도의 신적 영광을 우리 앞에 제시하였다. 제2장은 예수의 인성(人性)과 낮아지심을 보여 준다. 그 인자되심의 가르침에 나아가기 전에 저자는 경고를 주기 위하여 잠시 멈춘다. 그는 그의 독자들에게 큰 특권이 가져오는 보다 큰 책임과 그것에 대한 태만이 가져오는 보다 큰 위험을 상기시키고, 그들에게 하나님께서 그 아들 안에서 말씀하시는 바를 보다 성실하게 그리고 보다 충분히 경청하도록 강조하려는 것이다. '그러므로'라는 말은 제1장의 아들의 신성과 영광에 대한 가르침과 이제 언급되는 경고와의 연결어가 된다. 영존하시는 하나님께서는 그 아들 안에서 우리에게 말씀하시며 우리는 필히 보다 철저하게 귀를 기울이지 않으면 아니 되는 것이다. "보다 철저하게 귀를 기울인다"는 것은 6:17에서 사용된 것과 같은 말이다. "하나님은 약속을 기업으로 받는 자들에게 그 뜻이 변치 아니함을 충분히 나타내시려고 그 일에 맹세로 보증하셨나니." 그

것은 하나님께서 심중에 목적하시는 바가 무엇인가를 하나님의 말씀과 행하심 안에서 보다 충분히, 충만하고도 넘치도록 우리에게 보이시려는 것이다. 하나님께서 바로 그 아들 안에서 말씀하시는 것은 이것을 위함이다. 당연히 하나님은 우리가 하나님의 신실하심에 상응하는 전심전력의 태도로 하나님을 만나고 그분께서 말씀하시는 것을 보다 철저히 유의(留意)토록 우리에게 요구하실 권리를 갖고 계신다. 사람이 보다 철저하게 유의하는 것이 하나님의 보다 충만한 은혜를 받게 하는 까닭에 사물의 본질(本質)에 있어서 하나님을 만족시키는 것보다 더 사람을 만족시키는 것이 없다. 신자들의 삶의 연약과 병적 상태의 뿌리에 놓여있는 것은 바로「보다 성실한 추종(追從)과 보다 강렬한 충심(衷心)의 결여라는 현실이 하나님께와 믿는 일에 우리 삶의 첫째 자리를 드리지 못하게 하고 최선의 능력이 되지 못하게 하는」것이다. 하나님은 그 아들 안에서 우리에게 말씀하시므로 우리는 필히 더욱 더 철저히 경청해야 한다.

우리가 필시 흘러 떠내려가지 않도록 하고 구약 아래에서 죄를 범한 사람들보다 더 확실하고 더 처참하게 멸망하지 않도록 하자. 응보를 조건으로 언급된 말씀은 확고부동한 것이었고 모든 불법은 하나같이 보응을 받았던 것이다. 우리가 그 큰 구원을 등한히 여기면 어찌 피하리요! 복음(福音)은 많은 사람들이 생각하는 것처럼 우리의 위험을 감소시키는 것이 아니라 증가시킨다. 복음은 그것을 등한히 여기는 자의 형벌의 고통을 감소시키는 것이 아니라 가공할 만큼 증가시킨다. 아아, 그 경고를 크게 전파할지니 형벌을 가져오는 것은 긍정적인 적의(敵意)나 드러난 죄만이 아닌 것임을 어찌하랴. 형벌을 피할 수 없게 만드는 것은 단지「성실히 붙들지 않는」것과 무의식중에 세속적인 물결과 냉담한 종교로「떠내려가는」것이며 나아가 구원이 요구하는 주권과 전적인 헌신을「등한히」여기는 것들이다.

왜 그런가? 어떻게 우리는 사람들에게 그것이 당연하고 필경 그래야만 한다는 것을 보여줄 수 있는가? 그리고 무엇이 사람들로 하여금 굳게 붙들도록 동기를 부여할 것인가? 그 대답은 한마디, 곧 이『큰 구원』에 있다. 이 구원의 보다 충만한 영광과 신적이면서 모든 것을 능가하는 위대성에 대한 통찰은 사람들로 하여금 기꺼이 자원하여 이 세상 모든 것을 팔아서 그 비싼 진주(眞珠)를 사게 할 것이다. 그리고 이 구원의 위대성은 어디에 있는가. 구원은 삼위일체(三位一體) 하나님으로부터 나오고 삼위일체 하나님으로 말미암아 우리에게 오는 것이요, 하나님 성삼위(聖三位)께서는 우리를 위하여 구원을 이루시는데 다 함께 역사하신다는 것이다. 들으시라, "이 큰 구원은 처음에 주로 말씀하신 바요 들은 자들이 우리에게 확증한 바인 것이다." 아버지의 영광의 광채시요 그 본체의 형상이신 성자 그리스도는 그 안에서 하나님이 우리에게 말씀하신 분이시자 구속주와 하나님과 왕이 되신 분이시요, 죄를 정결케 하는 일을 하시고 보좌의 우편에 앉음으로 말미암아 그가 세우신 그 나라를 처음으로 우리에게 가르쳐 주신 분이시다.

그 큰 구원! 이는 처음에 주로 말씀하신 바요 또한 하나님께서 표적과 기사(奇事)와 큰 능력으로 증명하신 것이다. 성부 하나님께서 친히 하늘로부터 복음의 전파에 인치셨다. 하나님 교회의 존재 자체가 그분의 항상 있는 표적과 기사이고 그분의 신성한 능력의 증거이다. 그 큰 구원을 붙들지 아니하고 태만히 여기는 것은 바로 하나님 자신을 멸시하는 것이다.

하나님께서는 또한 하나님 자신의 뜻에 따라 성령을 나눠주심으로써 입증하신다. 하나님께서 표적과 기사와 능력으로 그 큰 구원을 증거하셨을 뿐만 아니라 그 모든 것 위에 하늘로부터 성령을 보내주심으로 증명하셨다. 성령은 거하시기 위해 세상에 오신 하나님으로서 사람의 마음 안에서 싸워주시고 변론해 주시며 입증해 주신다. 성자를 통하지 아니하고는 성부 하나님과 교제할 수 없고 우리 안에 계신 성령을 통하지 아니하고는 성자와 그분의 구원에 참여할 수 없다. 이러한 믿음으로 히브리서가 보여주는 그리스도의 인격과 사역을 배우는 일에 나아가자. 그렇다, 이것이 큰 구원의 위대함이며 그것을 주시는 가운데 삼위일체 하나님께서 우리에게 오신다. 성자(聖子)께서는 가르치셨고 성부(聖父)께서는 증거하셨으며 성령(聖靈)께서는 역사하시는 하나님의 능력으로 오셨다. 이 어떤 구원인가! 그것을 등한히 여기는 것이 어떤 죄인가! 우리가 히브리서를 배워나감에 따라 하나님께서 그 큰 구원의 영광을 우리에게 계시하심으로 우리가 진실로 더 충만히 붙들게 하시기를 원한다.

1. 아버지를 말하고 계시하는 아들을 아는 것, 아들이 우리를 인도해 가는 바 그 아버지와 그분의 사랑을 아는 것, 성령과 그분의 은혜와 능력의 놀라우신 선물을 아는 것, 거룩하신 삼위일체의 형상과 교제가 회복되는 것, 이것이 구원이다.

2. 그리스도와 하나님과 그리고 성령과 큰 구원의 영광에 대한 모든 생각을 당신이 들은 바에 대한 철저한 추종으로 바뀌게 하라! 듣고 믿으려는 충만한 바람으로 충만한 하나님의 은혜를 대하라.

3. 그리스도와 사도들의 가르침에 대하여 하나님께서 증명하셨다. 그때에도 이것이 필요하였거든 하물며 하늘의 기쁨과 능력의 날들로부터 오랜 후인 오늘에야 얼마나 더 이것이 필요하랴. 본 서신의 말씀을 배우기 위하여 하나님께서 성령으로 증명해 주시기를 구하라. 그것을 구하고 기다리라. 이것이 없이는 비록 그리스도에 의한 사도들의 가르침이라 해도 별로 유익이 되지 못하리라.

4. 다시 말하거니와 구원의 위대성은 영존하시는 사랑의 아버지께서 그 아들 안에서 나에게 그 자신을 말씀하심 안에 있다. 아들께서는 아버지께서 말씀하시는 모든 것을 나에게 보이시고 가져와 주시며, 나는 아버지께서 아들 안에서 말씀하시고 주시는 모든 것을 듣고 알고 소유하고 즐기도록 해주시는 성령을 내 안에 소유하고 있다. 그 위에 무엇보다도, 하늘로부터 오셔서 내 안에 구원을 분여하시고 유지하시는 성령 이외에는 그리스도께서 이루어 주신 구원에 대한 신적인 증거나 보장이나 경험이 있을 수 없다는 사실을 굳게 붙들자. 그러므로 우리 안에 계신 성령께 더 충만히 청종할지니 그분 안에서 아버지와 아들이 우리 안에 오시고 거하신다.

| 제 2편 (2:5-18)

사람 되신 예수는 천사보다 탁월하시다 - 그분이 낮아지신 이유

11. 만물을 사람에게 주려하심이라

2:5 하나님이 우리의 말한바 장차 오는 세상을 천사들에게는 복종케 하심이 아니라
2:6 오직 누가 어디 증거하여 가로되(시 8:4-6) 사람이 무엇이관대 주께서 저를 생각하시며 인자가 무엇이관대 주께서 저를 권고하시나이까
2:7 저를 잠깐 동안 천사보다 못하게 하시며 영광과 존귀로 관 씌우시며
2:8 만물을 그 발아래 복종케 하셨느니라 하였으니 만물로 저에게 복종케 하셨은즉 복종치 않은 것이 하나도 없으나 지금 우리가 만물이 아직 저에게 복종한 것을 보지 못하고
2:9 오직 우리가 영광과 존귀로 관 쓰신 예수를 보니

하나님의 아들(天子)로서 그리스도는 천사들보다 탁월하시다. 사람의 아들(人子)로서 예수 또한 천사들보다 탁월하시다. 그분은 진실로 사람으로서 잠깐 동안 천사들보다 못하게 되었으나 그리스도의 영이 선지자들로 말미암아 말한바 오는 세상을 사람에게 주시는 까닭에 천사들보다 훨씬 탁월한 존귀와 통치의 자리를 얻으신 것이다. 그리스도의 신성(神性)뿐만 아니라 인성(人性)까지도 새로운 세대가 과거 천사들을 중보로 했던 세대보다 얼마나 무한히 탁월한가 하는 것을 증거할 것이다.

하나님께서 장차 오는 세상을 천사들에게 복종케 하심이 아니라 시편이 내다보았던 그 세상은 메시아의 나라였고 지상에 있는 천국(天國)이었다. 그 시편은 직접적으로 메시아를 말하지 않고 사람과 그 운명(運命)을 말한다. 그러나 그것은 가장 정확하게 메시아를 가리키는데 이는 그분 안에서만 시편과 사람은 약속된 것의

성취를 볼 수 있기 때문이다.

시편 기자는 먼저 사람의 나약함을 말하고 나서 하나님께서 사람을 권고하신다는 놀라움을 말한다. "사람이 무엇이관대 주께서 저를 생각하시며 인자가 무엇이관대 주께서 저를 권고하시나이까?"(시 8:4). 그리고 그는 사람이 차지하는 그 위치가 얼마나 높은가를 지적한다. 사람의 본성은 신성에 버금가는 것이다. "저를 잠깐 동안 천사보다 못하게 하시며 영광과 존귀로 관 씌우시며"(시 8:5). 그리고 그에게 우주적 통치권을 부여하신다. "주의 손으로 만드신 것을 다스리게 하시고 만물을 그 발아래 복종케 하셨으니"(시 8:6). 히브리서는 이 약속이 아직은 사람에게 이루어진 것을 보지 못하나 예수 안에서 그것이 어떻게 성취되었음을 지적한다. **지금 우리가 만물이 아직 저에게 복종한 것을 보지 못하고 오직 영광과 존귀로 관 쓰신 예수를 보니** 우리는 약속 안에서 사람에게 참되었던 것이 예수 안에서 이루어진 것을 보는데 예수 안에서 우리가 보는 것은 사람에게 참이 될 것이다. 시편은 얼마나 놀라운 생각을 제시하고 있는가!

사람의 운명은 얼마나 영광스러운 것인가! 하나님의 형상으로 창조된 사람은 또한 이 형상 안에 하나님의 성품을 나타내되 왕으로서 만물의 통치자가 되어야 했다. 오는 세상(來世) 전체는 사람에게 복종시키기 위하여 만들어졌다. 사람은 하나님 자신의 생명(生命)과 영(Spirit)에 동참할 수 있는 생명과 본성과 영을 하나님께로부터 받았다. 하나님의 뜻과 거룩하심 안에서 하나님을 닮고 그분과 교제하며 하나님의 보좌에 앉고 그분과 함께 만물을 다스리는 것, 이것이 어떤 영광의 운명이란 말인가!

예수 안에서 성취된 이 운명을 우리는 얼마나 영광스럽게 바라보는가! 하나님의 아들로서 사람이 되신 예수 자신이 하나님의 영광을 가지고 이 운명을 성취하는 것을 중하고 가치 있게 여기심은 그러한 운명을 감당할 수 있는 본성(本性)을 가지고 사람이 창조된 까닭이다. 그분은 오셔서 사람의 생명이 무엇을 의미하며, 얼마나 낮아지고 얼마나 하나님께 복종하는 것이 영광(榮光)과 존귀(尊貴)로 가는 확실한 길인가를 보여주셨다. 그분은 오셔서 하나님 우편에 들림

받는 표본으로써 낮아지신 그 생명을 영화롭게 하셨고, 인자(人子)로서 사람의 운명을 그분 안에 성취하셨으며, 하나님의 아들로서 또한 우리를 위해 그것을 성취하셨다.

얼마나 영광스럽고도 확실하게 사람의 운명이 실재(實在)가 될 것인가! 인자이신 예수는 둘째 아담으로 오셨다. 그분은 아담이 그러했던 만큼 우리에게 가깝고도 실제적이며 친숙한 관계 속에 존재하신다. 아담이 철저하게 죄성을 우리에게 나누어 준 것처럼 예수께서도 새로운 그분 자신의 성품을 철저히 우리에게 분여할 것이다. 하나님 아들로서 그리고 만유를 포함하는 만유의 창조자(創造主)와 보존자(保存者)로서 그리스도께서는 원래 그분 스스로의 모든 것과 더불어 우리 안에 사시는 신적 능력을 갖고 계신다. 그분의 인성(人性)은 우리가 돌아 갈 모습의 계시이고, 그분의 신성(神性)도 우리가 입을 모습에 대한 보증이다. "지금 우리가 만물이 아직 저에게 복종한 것을 보지 못하나 우리가 영광과 존귀로 관 쓰신 예수를 보니" 그것이 족한 것이다.

하나님께서 사람에게 약속하신 영광을 예수께서 요구하고 성취하시며 소유하실 수 있었던 것은 그분이 우리 육체 속의 생명 안에서 우리와 연합하시고 우리의 본성과 그분 자신을 동화(同化)시켰기 때문이다. 그분이 우리를 위하여 성취한 것이 실제로 우리의 것이 될 수 있는 것은 우리가 그분의 성품을 받고 여기 지상의 삶에서와 하늘에서 우리를 그분과 동화할 수 있기 때문이다. 여기, 바로 히브리서의 서두에서부터 우리는 그리스도께서 우리의 인도자이자 우리의 제사장이며 우리의 구속주로서 이루신 것이 어떤 외부적인 것이 아니라는 귀한 진리를 굳게 붙들자. 하늘에서나 땅 위에서, 그리고 뭇 별들에게서나 온갖 나무들에게서 하나님이 하시는 사실상의 모든 역사는 그것들의 전 존재 속에 충만한 법칙(法則)에 따라 내면(內面)으로부터 이루어지는 것이다. 옛 아담이 우리 안에서 역사하는 모든 것도 우리의 내적 생명을 지배하는 힘에 의하여 내면으로부터 되는 것이다. 그리고 하나님의 아들로서나 사람의 아들로서 그리스도께서 우리를 위하여 하시는 모든 역사도 동일하게 그리고 전적으로 우리의 내면에서 이루어지는 것이다. 아담과의 경우에서와 마찬가지로 우리의 운명이 얼마나 참되게 그리스도 안에서 실제가 되는지를 아는 것은 그분이 우리와 함께 하시는 분이고 우리가 그분과 함께 한다는 것을 알 때이다. 그리스도께서 우리와 하나 되심은 우리 구속의 보증(保證)이고 우리가 그분과 하나 됨은 우리 구속의 능력(能力)인 것이다.

1. 아아, 사람의 운명은 예수와 함께 그의 보좌에 앉는 것이다. 그것을 준비하는 사람으로 살아가라. 고귀한 정신을 계발(啓發)하라. 예수 안에 살라, 그리하면 그분께서 필히 당신 안에 사실 것이다.

2. 세상은 인간에게 복종토록 만들어 졌다. 인간을 세상에 복종토록 만들어 버린 죄의 파괴가 얼마나 가공한가. 세상의 왕이 세상의 종이 되었는데 그것은 인간이 세상을 잘 지배하는 것처럼 보일 때 그렇게 된 것이다. 그리스도는 우리가 세상을 거부함으로써 그것을 정복하라고 가르치시며 세상의 것이 되지 않음으로써 세상을 복종시키라고 가르치신다. 인간의 운명을 절감할 수 있는 것은 겸손과 자기부인(自己否認)의 길에 있을 때뿐이다.

3. 히브리서는 예수 안에서 불가분한 것으로 두 가지 사실을 우리에게 보여주는데 그것은 그분이 현재 계신 영광의 장소와 그분을 거기에 이르도록 한 겸손의 길이다. 겸손 안에 있는 그리스도를 따를 것을 유념하라, 그리하면 그분께서는 당신을 그분의 영광으로 이끌 것을 유념하시리라.

4. 그 둘 사이의 실제적 통일이 되는 깊은 관계를 보기를 배우라. 그것은 땅위에서 하나님께 복종하는 정신이고 하늘에서 모든 것을 거기에 복종케 하는 정신이다. 지상에서의 낮아짐 안에 있는 영혼은 하나님께서 만유의 주로서 영광 속에 나타나실 때 모든 것이 천국에 합당하도록 해 드린다.

12. 영광과 존귀로 관 쓰신 예수를 보니

2:8 지금 우리가 만물이 아직 저에게 복종한 것을 보지 못하고
2:9 오직 우리가 천사들보다 잠깐 동안 못하게 하심을 입은 자 곧 죽음의 고난받으심을 인하여 영광과 존귀로 관 쓰신 예수를 보니

얼마나 영광스런 대조인가! 우리는 아직도 만물이 사람에게 복종치 못한 것을 본다. 그러나 더 좋은 것은 예수께서 영광과 존귀로 관 쓰신 것을 보는 것이다. 정말이지 우리가 이 세상을 둘러보고 그 모든 죄와 재난을 볼 때 사람이 천사들보다 높게 되어 하나님의 손으로 지으신 모든 것들을 다스리도록 운명 지어진 것 같지 않다. 그러나 예수께서 사람이 되시고 인류를 위하여 죽음을 맛보시며 이제 보좌 위에 앉은 사람으로서 우리의 보증과 우리의 구속주와 우리의 머리로 살아계심을 기억할 때 영광과 존귀로 관 쓰신 그분을 보는 것으로 족한 것이다. 거기에서 우리는 어느 날 그분께서 우리를 그 영광과 존귀로 이끄신다는 보증을 갖는다. 거기에서 우리는 그분께서 모든 영광과 존귀를 지금도 우리의 유익을 위하여 사용하고 계심을 확신한다. 우리는 아직 만물의 복종을 보지 못하지만 예수께서 영광과 존귀로 관 쓰신 것을 본다. 실로 복된 대조이다!

이 대조에 관한 올바른 지식과 사용은 믿음의 생명의 비결이다. 우리는 만물이 아직 그분께 복종함을 보지 못한다. 이것이 얼마나 처음 기쁨과 소망이 사라지려 할 때 신자들이 경험하는 실망을 정확하게 표현하는가. 우리는 죄라는 것이 알고 있던 것보다 강하다는 것을 발견하고 세상과 육체와 자아(自我)의 힘이 아직도 완강히 저항하는 것을 알게 된다. 때때로 우리는 하나님의 약속들과 그로 인한 마음속의 소망들이 물거품이 되는 것처럼 느끼기도 한다. 하나님께서 약속들을 이루시는데 미쁘시다는 것을 받아들이는 경우에도 자기와 같이 연약하고 거친 환경 속에 있는 사람은 그 약속을 이루어 받는 데에 그 길이 너무나 험난하다고 생각한다. 만물(萬物)을 우리에게 복종시키고 우리를 이긴 자 이상으로 만드신다는 하나님의 약속들은 실로 가장 귀중한 것이지만 슬프게도 만물이 아직 사람에게 복종한 것을 보지 못하는 쓰디쓴 경험들이 되풀이될 뿐이다.

그럴 때에 살아있는 믿음 안에서 "우리는 예수께서 영광과 존귀로 관 쓰신 것

을 본다"고 말할 줄 아는 사람은 복되다. 그 자신에게서 발견하는 불완전과 실패에서 눈을 돌려 예수 안에서 발견되는 모든 완전(完全)과 영광을 바라보고 주목할 줄 아는 사람은 복되다! 그렇다, "우리는 예수께서 영광과 존귀로 관 쓰신 것을 보는 것이다." 복된 말씀으로 더불어 모든 실망과 낱낱의 난관을 극복해 가는 데서 즐거움과 생명을 발견하는 자는 복되다. 이것이 내게 필요한 모든 것이요, 영혼을 만족케 하며 그 영혼에게 평강과 환희와 힘을 주는 것이다.

히브리서는 왜 하나님의 아들이 천사보다 조금 못하게 되셨는가 하는 큰 비밀을 우리에게 설명하려 하고 있다. 그것은 하나님의 은혜로 말미암아 그분께서 모든 사람을 위하여 죽음을 맛보고 그럼으로써 하나님의 임재와 은총 속에 들어가는 길을 다시 열어 놓으려는 것이었다. 히브리서는 그리스도의 고난과 죽음의 필요성과 그 의미를 세 가지 다른 국면에서 우리에게 제시한다. 첫째는 고난과 죽음을 통하여 그리스도 자신도 온전케 되셔야 했고 그럼으로써 인도자의 입장에서 완전(完全)으로 가는 길을 우리에게 열어 놓으시어 영광으로 우리가 인도되는 새로운 성품과 삶의 길을 마련하셔야 했다는 사실이다(히 2:10). 둘째는 죽음으로 말미암아 죄를 대속함으로써 마귀와 그의 사망 권세를 멸하고 죽음의 공포로부터 우리를 완전히 건져내셔야 했다는 사실이다(히 2:14-15). 셋째는 그분의 고난 받으심 안에서 자비하고 충성된 대제사장이 되어 우리의 완전한 신뢰를 확보하고 우리에게 필요한 구원을 주셔야 했다는 것이다(히 2:16-18). 그러나 저자는 그렇게 그리스도의 낮아지심(成肉身)의 의미를 밝히기 전에 우선 그분의 영광을 보여 주고자 한다. 신약의 탁월함을 보여 주고 우리의 믿음에 인내와 승리의 힘을 주는 것은 우리가 하나님의 위엄의 우편에 계신 예수를 보는 때이다. 우리를 위하여 고난 받으신 예수, 인도자로서 받으신 그 고난 속에 우리를 위하여 하나님께 가는 길을 열어 놓으신 예수, 그리고 우리를 동정하시는 이 예수가 바로 영광과 존귀(尊貴)로 관 쓰신 분이라는 사실이 히브리서의 주제요, 저들처럼 연약하여 뒤로 물러가는 모든 신자들이 굳게 붙들어야 할 큰 교훈이다. 그리스도를 보는 것은 우리에게 필요한 모든 것을 우리가 가졌음을 아는 것이다.

독자여, 그 큰 구원을 전심으로 유의하는가? 예수께서 얼마나 완전하게 당신을 구원하실 수 있는지를 경험하고자 하는가? 하나님의 사랑과 임재, 거룩하심과 기쁨과 능력이 당신을 위해 예수 안에 있었던 것만큼 지금 당신 안에 있기를 사모하는가? 여기에 그것의 모든 비결(秘訣)이 있다. 모든 죄와 연약, 어두움과 의심, 실패와 혼란의 와중에서라도 "우리가 아직 만물이 사람에게 복종하는 것을 보지 못하나 영광과 존귀로 관 쓰신 예수를 본다"는 이 한 진리를 굳게 붙들고 믿음의 연단에 참여하라. 이것은 평강과 승리와 한없는 희락을 줄 것이다.

그리고 만약 당신이 어떻게 항상 예수께로 돌아선 마음을 가질 수 있는가를 알고자 한다면 자기 백성을 죄에서 구원하시기 위해 그분께서 오셨다는 사실을 기억하라. 자신과 자신의 죄를 따분해 하고, 옛 본성(本性)과 자아(自我)의 전적인 부패와 전적인 절망을 완전히 받아들이며, 이 크신 능력의 구속주에 대한 강렬한 소망으로 이끌리는 자신을 발견하게 되는 것은 바로 이 마음 때문이다. 존귀의 관을 쓰신 예수께서는 원대한 푯대가 되실 뿐만 아니라 성령에 의하여 그러한 마음 안에 내주하신다. 성령강림은 그리스도의 승귀(昇貴)와 불가분의 관계에 있고(요 7:38-39, 16:14, 17:10) 그 존귀에 대한 우리들의 유일한 증거이며 그 영화로우심으로부터 나오는 축복에 대한 단 하나의 실질적인 참여이다. 오순절 성령께서는 예수를 우리 안에서 영화롭게 하셨다. 우리의 전 내적 존재가 그분의 임재로 충만해짐을 믿는 믿음 안에서 영광과 존귀로 관 쓰신 예수께 우리의 한없는 경배를 돌려드리자.

1. 예수는 천사들 보다 조금 못하게 되셨고 죽음을 맛보심으로 말미암아 영광과 존귀로 관 쓰셨다. 영광만을 바라보지 말고 영광이 발원한 곳과 영광이 성취된 길을 자세히 살펴보라. 그것은 당신이 지금 걷고 있는 그 길속에 있다. 영광이 도래하는 씨앗과 능력으로서, 그리고 영광 속의 예수께서 그 영광을 위하여 당신을 준비시키는 길로서의 겸손과 고난을 기꺼이 받아들이기를 배우라.

2. 우리는 예수께서 영광과 존귀로 관 쓰신 것을 본다. 만물이 아직 사람에게

복종치 않았다는 것을 볼 때 그 모든 대조적인 경험이 예수께 돌아서는 소명(召命)이며 동기이자 도움이 되게 하라. 우리의 전 영혼이 믿음으로 충만할 때까지 시간을 갖고 그분을 주목해 보고 경배하자. 이 겸손의 삶은 영구한 영광의 싹인 바, 영광 속의 예수가 바로 그렇게 되신 것의 증거이자 우리도 그렇게 되리라는 보증이 되신다. 죽음의 고난으로 말미암아 영광과 존귀로 관 쓰신 예수를 바라보는 것이 우리의 참된 삶이 되게 하자.

13. 만인을 위하여 죽음을 맛보신 예수

2:9 오직 우리가 천사들보다 잠깐 동안 못하게 하심을 입은 자 곧 죽음의 고난 받으심을 인하여 영광과 존귀로 관 쓰신 예수를 보니 이를 행하심은 하나님의 은혜로 말미암아 모든 사람을 위하여 죽음을 맛보려 하심이라

여기에 우리는 왜 예수께서 천사들보다 잠깐 동안 못하게 하심을 입은 것이 합당한지를 밝히는 하나의 커다란 이유를 갖고 있다. 그것은 그분이 모든 사람을 위하여 죽음을 맛보려 하신 까닭이었다. 신적 은혜의 시혜에 있어서 그리고 구속의 위대한 계획에 있어서 이것은 성육신의 첫 번째 목적 중의 하나였다. 즉 죽기 위하여 출생하신 것이다. 그 놀라운 출생 즉 하나님이셨던 말씀의 성육신 없이는 그 죽음도 우리에게 유익이 되지 못했을 것이다. 그 놀라운 출생 없이는 그 죽음도 우리에게 별 도움이 되지 않는다는 말이다. 하나님께서 연결 지어 놓으신 것을 사람이 나누지 못하게 하자. 한 쪽을 희생해서 다른 한 쪽을 중시하지 않도록 주의하자. 출생(出生)과 죽음은 한 과정의 분리할 수 없는 두 부분으로써 그로 인해 그분은 죽은 자 가운데서 먼저 나사 온전케 되시어 우리의 구속주와 왕이 되셨다. 예수의 인성(人性)과 낮아지심(卑下)은 모든 사람을 위하고 대신하여 죽으신 그분의 죽음에 필수불가결한 것이었다.

그러면 이 죽음의 의미는 무엇인가? 그리고 그 죽음의 효능은 어디에 있는가? 성경에는 우리의 머리되신 그리스도의 죽음이 우리 앞에 제시하는 이중의 국면이 있다. 하나는 「그가 죄를 위하여(for sin) 죽었다」는 것인데 죄의 저주를 지시고 죄에 대한 하나님의 의로우신 심판을 받는 것으로써 죽음의 고통을 당하신

것이다. 예수의 죽음은 우리를 위하여 하나님께 가는 길을 열어 놓으셨다. 그것은 우리가 할 수도 없고 하려고 해서도 안 되는 것을 우리를 위하여 한 것으로서, 우리의 것이지만 우리가 받아들이고 신뢰하여야 할 하나의 『완성된 구원(救援)』을 이루신 것이다. 다른 국면은 「그가 죄에 대하여(to sin) 죽었다」는 것이다. 그분의 죽음은 죄와 그 유혹에 대한 저항의 증거이며 죄에게 항복하기보다는 차라리 생명을 버리겠다는 그분의 마음가짐의 증거였고 또한 육신(肉身)과 그것의 죄와의 연계로부터 완전한 자유(自由)를 얻는 길이 죽음 말고 달리는 없다는 것과 완전히 새로운 생명을 하나님으로부터 새롭게 그리고 직접적으로 받기 위하여 옛 생명을 죽음에 넘겨야 한다는 증거였던 것이다. 이러한 관점에서 그분의 죽음은 무한한 도덕적 및 영적 가치의 행위였고, 하나님께서 고난을 통하여 그 아들을 온전케 하셨을 때 하나님이 이루신 일의 절정이었다.

우리 대신 죄를 위하여 죽었다는 전자의 관점은 그 참된 성격과 능력이 되는 것을 드러낸 후자로부터 그 가치를 받는다. 그리고 또한 죄를 위하여 죽으심을 믿는 믿음은 필히 우리를 죄에 대한 죽음으로 인도한다. 전자의 관점은 내가 할 수 없는 것을 그리스도께서 하셨다는 대속(代贖)의 관점이고 후자의 관점은 내가 그리스도 안에서 보는 것을 그가 내 안에서 이루신다는 교제(交際)의 관점이다. 전자는 완성된 일로써 영 단번에 하나님을 신뢰할 담력(膽力)을 나에게 준다. 후자는 그리스도의 죽음과 생명이 내 안에서 역사할 때 갖는 성결(聖潔)의 능력이 된다.

두 가지의 관점은 히브리서 안에서 완전히 조화를 이룬다. 본 장에서 전자가 얼마나 명확하게 드러나는가를 보라. 예수께서 영광과 존귀로 관 쓰신 것은 죽음의 고난 받으심 때문이다. "그가 천사들 보다 조금 못하게 하심을 입은 것은 모든 사람을 위하여 죽음을 맛보려 하심이라"는 것은 죄의 열매로써의 죽음의 잔을 모든 사람을 위하여 마셨다는 것이다. 어떤 사람들은 죽음의 고통을 맛보지 않고 죽는데 이는 예수께서 죄의 저주인 쓴잔을 철저하게 맛보신 까닭이다. 그 후에 우리는 14절에서 그도 혈육에 속하심은 "사망으로 말미암아 사망의 세력을 잡은 자 곧 마귀를 없이하시며 또 죽기를 무서워하므로 일생(一生)에 매여 종노릇하는 모든 자들을 놓아주려 하심이라"는 말씀을 읽는다. 그의 죽음은 우리가 결코 할 수 없는 일을 우리에게 이루어 주심으로써 이제 우리가 그 일을 할 필요가 없게 만든 것이다. 그리고 17절은 그가 사람이 되심은 "하나님께 관한 일에 대제사장이 되사 백성들의 죄를 구속하려 하심이라"고 말한다. 죽음의 고난을 받았다거나 모든 사람을 위하여 죽음을 맛보았다는 것, 그리고 마귀를 멸했다거나 백성의 죄를 구속하였다는 것 등의 표현들은 그리스도께서 이루신 완성된 사역, 즉 우리의 믿음과 소망이 머무는 확실하고 영원한 기초(基礎)가 되는 사역을 가리킨다.

이어지는 가르침 속에서 히브리서는 그 기초 위에 세워진 집이 무엇이며, 대제사장이시며 우리의 앞서 가신 자이자 주님이 되신 그리스도께서 열어놓으신 길을 통해 그분 자신과의 교제 안에서 우리를 이끄시는 하늘의 능력과 생명, 그리고 하나님께 가까이 나아가는 축복과 섬김이 무엇인가를 보여준다. 그러나 그것은 여기에서 시작하는 것으로써 우리의 대속자 되시는 그리스도께서 갈보리에서 이루신 사역 안으로 우리가 깊이 믿음의 뿌리를 내리게 한다. "그리스도께서 모든 사람을 위하여 죽음을 맛보셨고 그 잔을 비우셨으며 마귀를 없이하시고 죄를 속하셨다"는 말씀들을 주의 깊게 연구하고 잘 기억하며 전심으로 신뢰하자. 사망과 마귀와 죄는 죽었고 멸해졌다. 완전한 구속이 이루어진 것이다. 그리스도의 고난과 죽음은 죄와 상관할 것이 전혀 없도록 해결한 사람들이 더 이상의 두려움이 없이 하나님께 담대히 나갈 수 있을 만큼 하나님의 눈앞에 무한한 가치(價値)와 귀중함을 갖고 있다. 그리스도의 죽음은 하늘과 이 땅과 지옥에서 큰 능력으로 역사하고 있다. 그것은 하나님을 만족하시게 했고 기쁘시게 했으며 죽음과 죄와 지옥(地獄)을 정복했고 인류를 대속하여 구원하셨다. 그의 죽음이 당신의 마음에 살게 하라. 그리하면 그것이 큰 능력의 기적으로 거기에 역사할 것이다. 그리고 당신은 영광과 존귀의 관을 가져온 죽음의 고난을 위하여 예수께서 당신의 마음에 살아 계신 것을 발견하게 될 것이다.

1. 첫 번째 아담은 금단의 열매를 맛보았고 모든 사람을 위하여 죽음을 얻었

다. 둘째 아담은 죽음을 맛보았고 모든 사람을 위하여 생명을 가져왔다. 그분을 영접하는 모든 사람에게 생명의 능력과 내주하심과 능력되심은 죄와 사망이 현실이었던 것과 똑같이 참이며 실재이다. "우리는 죽음의 고난을 당하시고 영광과 존귀로 관 쓰신 예수를 본다."

2. 내 영혼아, 예수께서는 그대가 그분의 생명과 사랑의 감미로움을 맛보도록 그대의 죄와 죽음의 고통을 맛보셨다. 그 주님의 선하심을 맛보고 알라.

3. "하나님의 은혜로 말미암아 모든 사람을 위하여 죽음을 맛보려 하심이라." "죄가 넘친 곳에 은혜가 더욱 넘쳤나니 죄가 사망 안에서 왕노릇한 것 같이 은혜 또한 의(義)와 영생 안에서 왕노릇하려 함이라"(롬 5장 참조).

14. 우리 구원(救援)의 주

2:10 만물이 인하고 만물이 말미암은 자에게는 많은 아들을 이끌어 영광에 들어가게 하시는 일에 저희 구원의 주를 고난으로 말미암아 온전케 하심이 합당하도다

죽음의 고난을 당하시기까지 주 예수께서 낮아지신 데에는 한 가지 이상의 이유가 있음을 우리는 살펴보았다. 여기에서 우리는 첫째로 하나님께서 그 아들들을 영광으로 이끄시기 위한 우리 구원의 주로서 그리스도께서는 우리가 들어가야 할 통로, 즉 생명의 길을 여셔야 했다는 것을 본다. 이를 위해 그분께서는 고난과 죽음을 통하여 온전케 되실 필요가 있으셨다. 그럼으로써 그분만이 진정하고도 충분한 의미에 있어서의 주님이 되신다. 고난 안에서 그분의 뜻은 완전해 지셨고 그분의 인격(人格)은 성취되었으며 하나님께 대한 그 분의 의존과 하나님 뜻 안에서의 즐거움이 확인되고 증명되었다. 고난 속에서 죽기까지 그리스도의 순종하심은 피조물(被造物)이 조물주(造物主)께 갈 수 있는 「단 하나의 산 길」을 여셨는데 그것은 가장 깊은 겸손과 전적인 복종이었다. 인도자로서 그분은 생명의 길, 즉 우리가 따라가야 할 삶과 행동의 하나의 본(原形)을 열어놓으셨다.

그리스도의 죽음의 둘째 국면에 대하여 또 우리가 말한 것은 이것이었다. 죽음은 대속일 뿐만 아니라 교제(交際)이기도 하다. (이런 경우 교제는 참여함을 의미한다. 역자) 우리가 그리스도와 그분의 구원을 아는 것은 오직 고난 안에서 그리스도와 함께 십자가에 못 박히고 죽는 데 있는 것이다. 그리스도께서 고난을 통하여 완전케 되심은 우리의 주가 되시기 위함이며 그분께 순응하고 그분의 정신과 형상에 동참함으로써 우리가 하나님과 그 영광에 이르는 길을 발견토록 하기 위함이었다.

인도자로서의 일은 세 가지를 들 수 있다.

첫째, 그분께서는 그 자신 모든 난관과 위험을 통과한 후 따라오는 제자(弟子)들에게 그 길을 알려주고 보여줌으로써 그 길로 인도하셔야 한다. 둘째, 제자들은 그분의 안내에 자신들을 전적으로 맡긴 후 그분께서 걸으셨던 그 길을 그대로 걸어가야 한다. 셋째, 그분은 필히 모든 장애물이 제거되었나를 살피고 제자들의 모든 필요를 채워주시면서 필히 그들을 책임(責任)지셔야 한다. 얼마나 복되게 이 모든 것들이 그리스도 예수 안에서 이루어졌는지, 그리고 우리 구원의 주라는 이름을 예수께서 가지셨다는 것이 얼마나 위로가 되는 일인지를 주목하자. 인도자는 필히 그의 제자들이 가야 할 바로 그 길을 걸어야 한다. 죄, 즉 하나님께 대한 범죄로써의 죄책(罪責)과 사망(死亡)으로써의 죄의 권세의 지배로부터 구출되어 거룩하고 선한 모든 것에 이르는 길은 우리가 구하되 우리의 힘으로는 얻을 수 없었던 그 길이다. 이 죄와 허물과 사망으로부터 빠져 나오는 길은 오직 하나님의 심판에 항복하는 것과 그 심판을 짐으로써 하나님의 뜻에 완전히 그리고 기꺼이 복종했다는 것을 증명함으로써만이 가능하다. 자아(自我)와 그것을 다스리는 자의(自意)의 힘을 가지고서는 타락한 본성으로부터 빠져나오는 길이 없다. 다만 그것에 대하여 완전히 죽는 것뿐이다. 그것이 맘대로 하게 내버려두기보다는 차라리 어떤 고난일지언정 지고 가는 길만이 있을 뿐이다. 이것이 예수께서 우리를 인도하셔야 하는 그 길이었다. 그리고 그분 자신이 몸소 이 길을 걸으셔야만 했다.

많은 아들을 이끌어 영광에 들어가게 하시는 일에 저희 구원의 주를 고난으로 말미암아 온전케 하심이 합당하도다 그리스도께서는 나시면서 부터 온전하셨고 모든 소원과 성품은 전혀 올바르셨으나 단지 성향(性向)과 능력 면에서는 시련에 의하여 시험되고 숙련되고 보강되어야 했다. 그리스도의 인격을 완전케 함에 있어서 그리스도 안에서 고난과 죽음이 개인적으로 영향을 끼친 것은 우리의 유익을 위하여 영향을 끼쳐야 할 것의 토대였던 것이다. 하나님께서 고난을 통하여 예수를 온전케 하시는 것은 필요한 일로써 고난을 통하여 오는 온전함은 온유와 친절과 인내와 하나님의 뜻에 대한 완전한 복종이었다. 이제 그분께서 보좌 위의 어린양 되신 것은 여기 땅 위에서 하나님의 어린양이 보여준바 마음의 겸손과 온유와 낮아지심 때문이었다. 고난을 통하여 그분은 온전케 되셨고 우리의 대제사장이 되기에 합당한 자가 되었다.

제자들은 필히 인도자를 따라가야 한다. 따라간다는 것은 필히 그가 걸어가시는 그 길을 걸어야만 한다는 뜻이다. 예수께서 오셔서 우리와 같이 되셨으매 우리도 필히 나아와 그분과 같이 되어야 한다. 그분의 고난과 죽음은 단지 대속과 속죄만을 위한 것이 아니다. 하나님께 감사할지니 그것은 대속일 뿐만 아니라 훨씬 그 이상의 것이기도 하다. 그것은 교제와 일치로 초대한다. 대속은 동화(同化)를 근거로 하고 일치(一致)에서 성장과 힘을 얻는다. 하나님의 어린양은 우리에게 줄 구원과 완전을 가진 것이 아니고 하나님께 전적으로 의존하고 절대적으로 복종한 자신의 온유한 영(靈)을 가진 것이다. 하나님께서 그리스도 안에서 온전케 하셔야 하는 온유와 겸손은 우리를 위해서도 온전케 하셔야 하는 것이다. 우리는 필히 고난을 받고 십자가에 못 박히어서 그분과 함께 죽어야 한다. 고난이나 자기부인(自己否認)의 대가로 얻은「자아와 세상에 대한 죽음」은 우리의 구원의 주께서 우리에게 열어 놓으신 영광으로 가는 단 하나의 길이다.

인도자는 제자들을 돌보아 주신다. 그리스도께서는 따라올 수 있는 자는 따르라고 말하지 않으신다. 그분은 아주 연약한 자들 모두를 주목해 보신다. 암흑속의 아프리카에서 스탠리(Stanley)가 낙오자들 가운데서 모임을 갖기 위해 취한 일들이 어떤 것인지 기억하라. 그는 연약한 자들을 캠프에 남겨두고 그들이 일어나기를 기다렸던 것이다. 예수께서는 인도자로서 인정이 넘치시며 동정심이 많으시고 한없이 미쁘시다. 그분 자신이 세상에서 그 길을 걸어가실 때 가지셨던 미쁘심과 불변하심은 오직 그분께 대해 온유한 신뢰와 복종으로 일관하는 모든 사람들이 끝까지 그 길을 걷도록 도우신다.

형제들이여! 당신을 영광으로 인도함에 있어서 아버지께서 예수를「구원의 주」로 삼으신 것이 무엇을 의미하는지 이해하는가? 예수께서는 당신을 책임지신다. 그분을 붙잡고 당신의 인도자로 신뢰하라. 인도자를 따르는 자들에게 가장 필요한 것은 부드럽고도 경청하는 영이다. 아버지의 영광으로 그리스도를 인도했던 것처럼 당신을 틀림없이 인도할 바로 그 복된 길로 이제 당신이 인도되기 위하여, 고난으로 말미암아 온유와 복종 속에 그 자신이 온전케 되신 인도자를 가진 것을 기뻐하라.

그리고 이 인도자가 바로 하나님의 아들(天子)이시며 만유의 창조자이시고 보존자이신 것을 기억하라. 인자(人子)이신 그분은 우리 외부의 인도자가 되실 뿐만 아니라 모범과 교훈으로 마음을 감화하시고 권위와 친절로써 우리를 안내하신다. 아니, 그분의 성령으로 우리 안에 역사하시는 하나님의 아들로서 그분 자신이 우리 안에 내주(內住)하신다. 하나님께서 그분 안에서 역사하시고 그분을 온전케 하신 것처럼 그분은 하나님으로서 우리 안에서 역사하시고 우리를 온전케 하시는 것이다.

1. 그리스도는 새로운 사고와 삶의 방식을 보여주심으로써, 그리고 하늘의 삶은 하나님을 온전히 기쁘시게 해드리기 위해 「죄와 조금이라도 관련이 있는 것은 모두 버리는 것」이라는 것을 가르쳐 주심으로써, 참 생명이 무엇인가 하는 전혀 새로운 개념을 우리에게 주시기 위해 오셨다. 이것이 그 육체의 휘장 가운데로 열어 놓으신 「새롭고 산 길」이다.

2. "하나님께서 그리스도를 온전케 하심은 합당하시다." 그리스도께서 일하신 모든 것, 그리고 그리스도 안에서 역사한 모든 것은 하나님께서 하신 것이

다. 그분은 하나님께 자신을 넘겨주었고 그 자신이 아무 것도 하지 않았으며 그 안에 계신 하나님이 모든 것을 하시도록 허락하였다. 이것이 완전의 길이고 영광으로 가는 길이며 예수께서 우리를 인도하시는 길이다. 그분의 신성은 우리 안에서 그분이 계시고 역사하시기 위해 우리에겐 더 말할 수 없이 귀한 것이다. 그러나 그분이 어떻게 온전해 지셨고 어떻게 하나님께서 그분 안에서 일하셨으며, 우리가 어떤 사람이 되어야 하고 그분으로 말미암아 우리가 어떤 사람이 될 것인가를 우리에게 보여주는 그분의 겸손도 더 말할 수 없이 귀하다.

3. 예수는 단지 인도자로서의 구세주라는 진리를 명확히 알기를 구하라. 구원은 그분에 의하여 인도되는 것을 의미한다.

15. 만물이 인하고 말미암은 자

2:10 만물이 인하고 만물이 말미암은 자에게는 많은 아들을 이끌어 영광에 들어가게 하시는 일에 저희 구원의 주를 고난으로 말미암아 온전케 하심이 합당하도다

만물이 인하신 자 하나님은 존재하는 모든 것의 최초 원인(原因)이시다. 만물은 하나님의 영광을 드러내기 위한 한 가지 목적으로 존재한다. 자연계의 모든 객체(客體)는 하나님의 놀라우신 선하심과 능력을 나타내는데서 단 하나의 존재 이유를 갖는다. 그 위에 사람은 「사랑을 속성으로 가진」 사랑스런 존재로써 하나님 안에서 얼마나 자유롭고 얼마나 충만하게 하나님의 은혜와 영광의 부요하심에 참여하는 가를 입증할 기회를 가질 수 있도록 창조되었다.

만물이 그분으로 인하신 것은 만물 안에서 하나님의 영광과 선하심이 알려지기 위해서이다. "우리 주 하나님이여 영광과 존귀와 능력을 받으시는 것이 합당하오니 주께서 만물을 지으신 지라 만물이 주의 뜻대로 있었고 또 지으심을 받았나이다"(계 4:11).

만물이 말미암은 자 하나님께서는 존재하는 모든 것의 유효한 원인이시다. 하나님께서는 만물의 시작이며 기원(起源)이시기에 또한 만물의 목적이시며 목표이시다. 만물이 하나님께로부터 와서 오직 하나님으로 말미암아 존재하는 까닭에 만물은 하나님께 돌아가야만 한다. 유일한 근원이며 원천이신 하나님께 올라가지 않는 생명이나 선함이나 아름다움은 존재하지 아니한다. "한 하나님 곧 아버지가 계시니 만물이 그로 말미암아 있고 우리도 그로 말미암아 있느니라"(고전 8:6). "하나님은 하나이시니 곧 만유의 아버지시라 만유 위에 계시고 만유를 통일하시고 만유 가운데 계시도다"(엡 4:6).

사도가 "하나님께서 고난으로 말미암아 우리 구원의 주를 온전케 하심이 합당하도다"라고 쓴 것은 정당하다. 충분한 이유가 없이는 「하나님께서 그 아들을 우리 구원의 주로 온전케 하신 특성」을 저자가 여기에 소개하지 아니한다. 사람이 죄를 범하여 하나님으로부터 추방되었을 때에 사람은 절대자이신 하나님과 가졌던 관계성(關係性)의 두 가지 복된 진리를 함께 상실하였다. 이 둘은 만물이 하나님을 위하여 있는바 하나님께 대한 거룩한 충성(忠誠)과, 만물이 하나님으로 말미암아 존재하는바 하나님께 대한 복된 의존성(依存性)인데, 이것들 대신에 사람은 자아(自我)에 대한 자치권과 자아를 위한, 그리고 자아로 말미암는 삶을 갖게 되었던 것이다.

예수께서 오신 것은 바로 이 자아생명(自我生命)으로부터 우리를 구속하여 하나님께 돌아가게 하며 하나님을 「만물이 인하고 만물이 말미암은 하나님과 아버지」로 바로 알고 영광을 돌리게 하려는 것이었다. 이것을 함으로써 예수께서는 영광으로 가는 유일한 길을 다시 열어 놓으셨다. 예수께서는 먼저 한 사람으로서의 자신의 생명 안에서 사람이 어떻게 하나님을 위하여 살고 하나님으로 말미암아 살 것인가를 보여줌으로써 그 일을 하셨다. 그 다음엔 자신의 죽음으로 말미암아 우리를 죄의 지배로부터 구출하시고 우리를 위하여 하늘 생명의 능력을 얻으심으로써 그 일을 하셨다.

만물이 인하고 만물이 말미암은 자 하나님께서 고난으로 말미암아 그리스도를 온전게 하신 것은 바로 이 특성 안에서였다. 그리스도께서 자신의 고난으로 말미암아 하나님을 계시하고 하나님께 영광을 돌린 것도 바로 이 특성이었다. 예수께서 구세주가 되는 것도 이 특성 안에서 승리하여 우리로 하여금 하나님을 알고 사랑하며 섬기게 하기 위한 것이다.

만물이 인한 자 자신의 온 생애를 통하여 예수께서는 아버지의 보내신 자요 종으로서 자신의 뜻을 행하거나 자신의 영광을 구하는 생각을 가짐이 없이 오직 아버지의 기쁨과 영광이 되는 것을 구하고 행하는 것 말고는 그 제자들에게 밝히 보여주려고 했던 것이 달리 없었다. 예수께서는 하늘에 계신 하나님을 위하여 전심전력으로 이 땅에서 살아가는 사람의 본을 우리에게 보여주셨다. 지상에서의 그분의 삶은「만물이 하나님을 위한 것」이라는 하나님의 요구를 인간의 언어로 번역한 여기 육체 가운데의 한 전시(展示)였다. 하나님께 대한 그분의 충성은 절대적인 것이었다. 예수께서는 온전히 하나님을 위하여 사는 것 가운데서만 사람의 정해진 운명(運命)과 복됨과 영원한 영광이 발견된다는 것을 입증하셨던 것이다.

만물이 말미암은 자 그리스도의 삶은 그 자체가 역시 이 사실에 대한 해석이었다. 그리스도께서는 그 자신으로는 아무 것도 하실 수 없고 오직 아버지께서 그에게 보이시거나 말씀하시는 것만을 말하고 행할 뿐이라는 것을 계속해서 말하기를 부끄러워하지 아니하셨다. 예수께서는 자기 스스로 어느 것도 할 수 없고 하나님께서 그의 일을 자기 안에서 하시기를 기다리며 계속 의존하는 것을 자신의 복되심이요 능력으로 여기셨다. 예수께서는 전심으로 하나님께「만물이 인한 하나님」이라고 말한 사람은 역시 진실한 확신을 가지고「만물이 말미암은 하나님」이라고 말할 수 있다는 것을 참으로 아셨고 그렇게 우리에게 가르쳐 주셨다.

「하나님을 위한 만유, 하나님으로 말미암은 만유」예수 그리스도께서는 우리도 이 말씀을 우리의 표어로 삼을 수 있도록 해 주셨다. 하나님과 가까이 동행한 뒤에 오는 모든 영감 안에서, 순결하게 살고 진실하게 살며 고결하게 살려는 모든 노력 안에서, 이 말씀들은 영혼이 활동해야 할 양측 끝의 한계선이 된다. 그것들은 하나님을 온전히 알고 기쁘시게 해드리기 원하는 모든 목이 갈한 영혼에게 매력을 갖는 참된 영적 신비의 확실한 표적이다.

만유(萬有)는 하나님을 위한 것이다. 한 순간이나 한 생각이나 한 말씀이나 한 사람이나 한 소유라도 예외가 없이 절대적으로 전체가 하나님의 것인 까닭에, 이것이 영혼의 간절한 소망이 되는 것은 참으로 합당한 일이다. 하나님은 그럴 만한 가치가 있으시며 하나님은 그것을 요구하시되, 하나님만이 하나님 자신으로 채우실 수 있도록 지으신 인생의 마음을 만물의 그 본성(本性) 안에서 만족하게 하신다.

만유는 하나님으로 말미암았다! 모든 것이 하나님을 위한 방향으로 목적을 분명히 하면 할수록, 그리고 사람으로서는 불가능하다는 확신 아래 영혼이 그 자신의 겸허와 무력함의 의식 속에 잠기면 잠길수록, 더 빨리 믿음은 성장하고, 그 결과 "만유는 하나님으로 말미암았다"고 말할 수 있는 까닭에 "만유가 하나님을 위하여 존재한다"고 말할 수밖에 없게 된다. 하나님께서는 우리 안에서 그것을 행하실 것이다.

이분이 그 아들 안에서 친히 우리에게 자신을 계시하신 하나님이시다. "만물이 인하고 만물이 말미암은 자에게는 고난으로 말미암아 구원의 주를 온전케 하심이 합당하도다." 온 마음으로 그분을 예배하자! 그분을 찬미하자. 만유가 하나님을 위하고 만유가 하나님으로 말미암았으며 하나님이 곧 만유시라는 말씀이 마음과 삶 안에 메아리칠 때 넘치는 충성의 희생과 어린아이 같은 순종을 하나님께 드리자.

1. 하나님의 임재에 나아가는 것은 가장 필요하고 가장 복된 영적 훈련이다. 영혼이 겸허함 가운데 경배하며 침묵 가운데서 예배할 때 그것은 그 자신이 아무 것도 아님을 인식하는 올바른 영성(靈性)으로 들어가서 하나님께서 모든 것이 되시며 모든 것이 하나님을 위해 있고 모든 것이 하나님으로 말미암았음을 알게 해준다.

2. 만물이 하나님을 위해 있는 것, 그것이 성별(聖別)이다. 만물이 하나님으로 말미암아 있는 것, 그것이 믿음이다. 성별과 믿음, 이것이 그리스도께서 하나님께 자신을 드린 정신이었다.

3. 그리스도를 온전케 하신 분은 하나님이셨다. 이러한 특성 안에서 하나님을 알고 영화롭게 하는 것이 완전(完全)의 비결인바 그리스도는 그러한 가운데서 하나님의 일을 하실 수 있으셨다. 많은 아들을 영광으로 인도하시는 분은 하나님이시오, 「하나님을 알고 하나님께 영광을 돌리는 것」이 영광으로 가는 길이다. 이 하나님과 하나님의 요구를 계시하고 「어떻게 하나님을 위하여 모든 것을 포기하는가」를 보여주는 것이 그리스도께서 오신 목적이었다. 이것이 그리스도께서 우리에게 가져온 생명이고 그분께서 열어놓으신 길이며 그분께서 주시는 구원이다.

16. 예수께서 우리를 형제라 부르신다

2:11 거룩하게 하시는 자와 거룩하게 함을 입은 자들이 다 하나에서 난지라 그러므로 형제라 부르시기를 부끄러워 아니하시고
2:12 이르시되 내가 주의 이름을 내 형제들에게 선포하고 내가 주를 교회 중에서 찬송하리라 하셨으며(시 22:22)
2:13 또 다시 내가 그를 의지하리라(사 8:17) 하시고 또 다시 볼지어다 나와 및 하나님께서 내게 주신 자녀라 하셨으니(사 8:18)

우리는 여기에 앞서 나온 사실들의 이유를 갖고 있다. 왜 하나님께서는 많은 아들들을 영광으로 인도하시는 일에 그들의 구원의 주를 고난으로 말미암아 온전케 하셔야 했는가? 또는 어째서 아들을 온전케 함으로써 아들들을 온전케 하시고 그들에게 영원한 구원을 가져 올 수 있었는가? 답은 거룩하게 하시는 자 즉 예수와 거룩함을 입은 자들 즉 하나님의 아들들이 하나에서 즉 한 분 하나님께로부터 나기 때문이다. 이것을 증명하기 위하여 세절의 성경말씀이 인용되었는데 내용은 예수께서 우리를 형제(兄弟)라 부르셨다는 것과, 하나님을 믿는 일에 그분께서 우리와 그 입장(立場)을 함께 하셨다는 것, 그리고 우리를 하나님이 그분께 주신 하나님의 자녀(子女)라고 선포하셨다는 것이다. 예수의 온전(穩全)이 아들들의 구원을 확보하는 것은 만아들이신 예수와 그분께서 영광

으로 인도하는 그 아들들이 하나님으로부터의 출생에 있어서 하나이기 때문이다. 예수께서 구원의 주가 되신 것은 그분께서 우리와 하나 되신 까닭이다. 이 하나 됨은 그 뿌리를 신적 생명의 진리에 두고 있다.

거룩하게 하시는 자와 거룩하게 함을 입은 자들이 다 하나에서 난 지라 예수는 독생자이자 영원하신 아들로서 신성과 위엄에 있어서 아버지와 하나이시다. 우리가 예수로 말미암아 예수 안에서 신적 생명에 동참할 때 우리는 하나님의 아들들이다. 예수께서는 원형(原形)이시되 우리는 파생형(派生形)으로서 그분의 아들 되심과 우리의 아들 됨이 다르다 하더라도 예수와 우리는 그 뿌리가 하나이고 두 갈래의 생명은 한 하나님의 생명에 그 기원(origin)을 두고 있는 것이다. 우리의 인성(人性)에 그리스도께서 하나가 될 수 있었던 것도, 그럼으로써 우리 구원의 주가 되실 수 있었던 것도, 그분이 그 근원에서 우리와 하나이기 때문이다. 이 하나 됨으로 인하여 그리스도께서는 고난으로 말미암아 그분의 인성 안에서 이루어진 완전함과 하나님 뜻 안에서의 온전한 온유와 희락을 우리에게 분여할 수 있으시며, 우리가 필히 함께 거룩해져야할 그분의 거룩함을 우리에게 분여할 수 있는 것이다.

거룩하게 하시는 자와 거룩하게 함을 입은 자들이 다 하나에서 난 지라 예수는 거룩하게 하시는 자요, 우리는 거룩함을 입는 자들이다. 이 거룩함을 위하여 그리스도께서는 우리 구원의 주가 되셨고 우리를 위해 그 큰 사역을 하셔야 했으며, 하나님 아들이신 자신과 하나님의 아들들과의 연합을 보증하고 그 아들들이 자신의 형상과 속성을 갖게 됨을 증거하며, 그래서 그들이 진실로 자신과 하나라는 표증을 보이시는 것이다.

『거룩』이란 단어는 성경에서 가장 의미심장한 것 중의 하나이다. 그것은 하나님을 위해 구분되었다거나 성별 되었다는 것보다 훨씬 그 이상의 것을 의미한다. 삼위일체 하나님은 삼중적인 거룩의 하나님으로서 거룩하심은 하나님 실재(實在)의 가장 심오한 비밀이고 하나님의 의(義)와 사랑의 놀라운 연합이다. 거룩해진다는 것은 하나님과 교제를 나눈다는 것이며 하나님의 소유란 뜻이다. 그러므로 성령께서는 특별히 거룩하신 영이라는 뜻의 이름을 가지고 계신데 하나님의 사랑을 우리에게 전하시는 분으로서 신성(神聖)차원의 교제를 유지하는 것이 그분의 특별한 사역인 까닭이기도 하다. 예수께서는 하나님의 [2]거룩하신 자로서 그분의 성령을 우리에게 부어주심으로써 우리를 거룩하게 하신다. 예수와 우리와의 차이는 큰 것이기에 둘의 하나 됨은 더 큰 것이다. 예수와 우리는 하나에서 나왔고 함께 하나님의 생명과 거룩하심에 동참하는 자들이다. 이 큰 구원을 전심으로 유의하자.

이 하나 됨은 예수께서 우리에게 주신 형제라는 호칭에서 증거된다(요 20:17). **그러므로 형제라 부르시기를 부끄러워 아니하시고 이르시되 내가 주의 이름을 내 형제들에게 선포하리라** 저자는 예수와 우리들의 내면적 하나 됨을 말하였다. 아아, 그러나 실생활에 있어서의 차이, 그분이 우리를 부끄럽게 여길지도 모르는 이 가공할 차이는 어찌됨인가! 그렇다! 천사들과 세상 앞에서 얼마나 자주 그리스도의 성도들은 그분을 낯 뜨겁게 하고 우리와의 관계를 부끄럽게 여길 구실을 드렸던가! 그러나 예수의 이름을 찬양할지니 성육신은 그분께서 자신을 비하(卑下)하신 행위로써 하나님께로부터 나와서 피차에 하나 된다는 의미에서 그분과 우리와의 일체감에 뿌리를 둔 것이고 형님으로서의 사랑에서 힘을 얻는 것이다.

세 개의 인용문은 이러하다. 하나는 시편 22:22로서 "고난 받는 메시아는 그 아버지의 이름을 형제들에게 선포할 것을 약속하는" 것이었고 다른 둘은 이사야 8:17-18로서 예언적 서체로 "메시아는 믿음과 신뢰의 삶 안에서 그의 백성들과 교제를 나눈다"는 것과 "하나님께서 그에게 자녀로 주신자의 머리가 되신다"는 것이다.

얼마나 놀라운 사상인가! 우리는 예수께 있어서처럼 진실로 하나님의 것인 것이다! 예수께서 우리를 살피시고 우리를 사랑하시고 우리를 다루신다는 것은 이 진리의 빛 안에 있다! 우리가 예수를 바라보고 그분을 사랑하며 그분을 따라 살아야 한다는 것은 이 진리를 따른 것이다. 그리고 이 진리의 빛 안에서 우

---

2 이곳과 히브리서 전체를 통하여 「거룩」과 「거룩케 하다」라는 단어는 성화교리가 보편적으로 의미하는 것보다 더 큰 것을 포함한다. "여기의 「거룩케 하다」는, 하나님은 부르시고 의롭다 하시고 영화롭게 하신다는 데서 보는 것처럼, 우리의 회복을 위해 하나님이 하시는 모든 것을 포함한다." - Rieger in Lange

리는 우리 자신을 또한 바라보아야 한다. 예수께서 우리를 보시듯 그분과 우리 자신을 바라보고, 그분이 우리를 생각하듯 우리를 생각하며, 그분의 마음속에 사는 것, 이것이 믿음의 생명이다. 그리하면 그 약속이 우리에게도 이루어져 "내가 주의 이름을 형제에게 선포하고"(시 22:22), "아버지께서 나를 사랑하신 사랑이 저희 안에 있게"(요 17:26)될 것이다. 우리가 그분 앞에서 조용히 기다리며 겸허한 자세로 경배할 때 우리의 영혼은 예수께서 "내 형제여, 내가 그대에게 아버지를 계시하리라"고 말씀하는 것을 들을 것이다. 그리고 내가 "예수께서 나를 형제라고 부르신다"고 말할 수 있을 때에 아버지의 이름과 사랑과 가까이 계심은 새로운 의미를 가질 것이다. 하나님께서는 그 아들 안에서 나에게 말씀하셨다! 그리고 나는 예수와 하나 됨의 불가사의한 실재(實在)가 일상생활에서 내 영혼의 복되고도 확실한 경험이라는 것을 믿음 가운데 이해할 것이다.

1. 하나님으로부터 태어남에 있어서, 거룩함에 있어서, 예수께서 형제라고 부르심에 있어서 예수와 하나 되는 것! 얼마나 복된 생명이며 얼마나 온전한 구원인가!

2. "하나님의 뜻을 행하는 자가 곧 나의 형제라"(마 12:50). 당신을 형제라 부르시는 예수의 거룩한 기쁨을 당신은 알기 원하는가! 그렇다면 당신의 삶을 하나님의 뜻을 행하시던 예수의 삶으로 바꾸라! 그분께서 고난으로 말미암아 온전케 되신 것은 이 사실 안에 있는 것이다. 당신 안에 계신 예수의 영과 생명이 그 자신을 증거하고, 형제라는 호칭이 그분의 긍휼히 여기심의 증표일 뿐만 아니라 성령 안에서 하나이며 하나님의 아들임을 증거하는 행함에서 하나임을 가리키는 표도 된다는 것은 이것을 말함이다.

3. 성결과 거룩은 예수와 연합된 삶에 다름 아니다. 그 이상도 그 이하도 아닌 것이다. 거룩하게 하시는 자와 거룩함을 입은 자들이 다 하나에서 난 것을 기억하라. 그 하나 됨 속에 사는 것, 예수를 우리 안에 살게 하는 것, 그것이 거룩하게 되는 길이다.

4. "그리고 다시 내가 그를 의지하리라." 예수께서는 하나님을 믿는 믿음으로 사셨다. 예수는 믿음의 주님이시요 완성자이시다. 그분은 믿음의 길을 영원히 우리에게 열어 놓으셨고 우리를 그 안으로 인도하신다.

17. 마귀를 없이하시며

2:14 자녀들은 혈육에 함께 속하였으매 그도 또한 한 모양으로 혈육에 함께 속하심은 사망으로 말미암아 사망의 세력을 잡은 자 곧 마귀를 없이하시며
2:15 또 죽기를 무서워하므로 일생에 매여 종노릇하는 모든 자들을 놓아주려 하심이니

앞서의 절들은 예수와 그의 형제들이 신적 차원에서 볼 때 하나이며 그들은 한 분으로부터 나왔다는 사실을 말하였다. 여기에서는 그 사실이 인간적 차원에서 우리에게 제시된다. "자녀들은 혈육에 함께 속하였으매 그도 또한 한 모양으로 혈육에 함께 속하셨다." 그래서 이미 우리는 그리스도의 성육신에는 몇 가지의 이유가 있다고 말한 바 있다. 첫째 이유는 우리의 주님으로서 그분 자신이 온전케 되어 우리를 하나님께 가까이 이끌 수 있는 한 길, 즉 삶과 성품과 생명의 길을 마련코자 함이었다. 둘째 이유는 그분이 우리를 사망권세와 마귀로부터 구출하기 위함이었다. 셋째 이유는 우리를 위해 우리의 내면 속에서 이루시는 그분의 모든 사역으로 말미암아 그분이 하나님께 관한 일에 자비로운 대제사장이 되어 우리를 이해하시고 긍휼히 여기시며 우리를 담당하시고 구원하려 하심이었다. 여기에 제시된 것은 그리스도의 성육신이 가져온 세 가지 국면 중의 두 번째인데 곧 사망권세와 마귀에 맞서 그것을 정복하고 멸하시기 위해 그분이 사람이 되셨다는 것이다.

자녀들은 혈육에 함께 속하였으매 그도 또한 한 모양으로 혈육에 함께 속하심은 얼마나 성육신의 개념을 잘 알고 있든지 간에 우리는 다시 한 번 그것이 의미하는 모든 것을 충분히 이해하기를 구하자. 아담이 우리의 조상이 되지 않고 그 자신의 본성을 우리에게 전해주지 않았다면 그는 우리를 죄와 사망의 권세 아래로 끌어올 수 없었을 것이요, 마찬가지로 그리스도께서도 자신이 우리의 본성을 입고 그 본성 안에서 우리가 했어야할 모든 것을 행하지 않으셨다면 우리를 구원하

실 수 없었을 뿐만 아니라, 우리 안에서 그가 이루신 한 본성의 열매를 새롭고 영원한 생명의 능력이 되도록 우리에게 전달해 주실 수 없었을 것이다. 그것이 아니고는 구원을 가져올 수 없는 신적 당위로써, 그리고 무한하신 사랑과 낮아지심의 한 행위로써, 하나님의 아들은 혈육에 속한 자가 되신 것이다. 그러므로 그분은 홀로 둘째 아담이 되시고 새 인류의 조상이 되신 것이다.

사망으로 말미암아 사망의 세력을 잡은 자 곧 마귀를 없이하려 하시며 사망은 하나님 자신으로부터 재가(裁可)를 받은 하나의 권세이다. 생명의 샘 되신 하나님을 떠나 사탄과 자아(自我)에게 돌아갈 때 사람은 바로 사물의 그 본질 안에서 사망의 권세 아래로 떨어지게 된다. 인간은 그 자신을 사탄에게 넘겨주었고 사탄은 인간 위에 권세를 행사한다. 옥리가 왕의 권세아래 죄수를 가두듯 사탄도 참된『법적 사면』이 없는 한 사망권세 안에 죄인을 억류한다. 사탄과 사망의 권세로부터 해방되는 유일한 길은 사탄과 사망이 권세를 쥐고 있는 타락한 성품을 떠나는 것이고 그 권세에 대하여 죽음으로써 죄 된 삶에서 해방되어, 죽음 안에서 완전히 그것으로부터 구출되는 길뿐이다. 우리는 이것을 할 힘이 없다. 예수께서는 우리의 타락한 인성(人性)의 모든 조건 속에 들어 오셨다. 그분께서는 우리의 죽음 속에 들어오셔서 죄의 형벌로써 그 죽음을 견디셨고 그것을 견딤으로써 하나님의 율법을 만족시키셨다. 그리고 또한 율법이 죄의 권능이었던 까닭에 예수께서는 죄와 마귀로부터 우리 위에 역사하는 사망권세를 빼앗은 것이다. 예수께서는 하나님의 의로우신 심판을 전적으로 받아들이고 자신의 영혼을 아버지께 맡긴 후 육적(肉的) 생명의 끝으로써의 죽음을 견디셨다. 율법의 형벌로써의 사망, 자연(自然) 생명의 끝으로써의 사망, 그리고 인간 위에 군림하는 사탄의 권세로써의 사망은 모두 멸하여졌고 사망권세를 잡은 자도 폐하여 졌다. 그리고 이제 그리스도 위에 사망의 요구와 권세가 없듯이 그리스도 안에 있는 자들, 그리스도의 생명의 능력이 그 안에서 역사하는 자들 위에도 사망의 요구와 권세는 없는 것이다. 그도 또한 한 모양으로 혈육에 함께 속하심은 사망으로 말미암아 사망의 세력을 잡은 자 곧 마귀를 없이하려 하심이다.

또 죽기를 무서워하므로 일생에 매여 종노릇하는 모든 자들을 놓아주려 하심이니 사망과 마귀의 권세는 완전하게 깨어졌고 그럼으로써 많은 사람을 종으로 삼은 사망의 공포로부터 완전한 구출이 가능하게 되었다. 구약 아래에서 생명(生命)과 죽지 아니함(immortality)은 충분히 조명되지 않았다. 옛 성도들이 종종 사망에 매인 바 된 자들처럼 살며 그렇게 말했다는 것은 이상한 일이 아니다. 그러나 예수 그리스도께서 구속한 자 곧 그분의 형제들이 그분의 구원 능력의 실재나 "사망이 이김의 삼킨바 되리라 우리 주 예수로 말미암아 이김을 주시는 하나님께 감사하노니"(고전 15:54)라는 환희의 찬송을 잘 알고 있지 못함을 드러낼 때 얼마나 서글픈 일인가.

내 형제여! 당신은 이 복된 진리의 충만한 경험 속에서 살고 있는가? 당신이 혈과 육을 입었기 때문에 그리스도께서도 혈과 육을 입고 오셨는데 그것은 그분과 당신 사이에 온전한 하나를 이루기 위함이었다. 이 하나 됨 안에서 당신은 살고 있는가? 예수께서 자신의 죽으심으로 마귀를 멸하신 것은 마귀의 권세로부터 당신을 온전히 자유롭게 하시기 위함이었다. 당신의 삶은 이 자유 안에 있는가? 예수께서는 사망의 공포와 그것이 가져오는 속박으로부터 구원하사 그 공포를 영광(榮光)의 소망의 환희로 바꾸셨다. 이 기쁨이 그대의 몫인가? 영광과 존귀로 관 쓰신 예수께서는 실로 모든 것을 우리에게 실재화(實在化) 하실 수 있기 때문에 하나님께로부터 태어나고 혈육으로 태어나 이중으로 그분과 하나 된 자들은 그분께서 속량한 자들이고 그분께서 성결케 한 자들이며 그분의 사랑하는 형제들임을 믿자. 예수 그리스도는 우리를 위하여 온전히 우리와 같이 되시고자 자신을 주셨는데 우리 또한 그분을 위하여 온전히 그분과 같이 되고자 우리 자신을 드려야 하지 않겠는가?

1. "사망으로 말미암아 사망의 세력을 잡은 자를 없이 하셨다." 사망은 그 권능을 율법으로부터 얻었다. 사망의 요구를 이루어 주는 것 외에 사망을 멸할 수 있는 길이 없다. 그리스도께서는 사망으로 말미암아 사망을 멸하셨다. 이것은 우리들에게 있어서도 역시 길이 되는 것이다. 나 자신을 죽음에 넘기고 죄 된 삶을 포기할 때, 그래서 그리스도의 죽음의 권능 안에서 자아에 대하여 죽을 때 그분의 구출능력은 내 안에서 역사할 것이다.

2. 죽음으로 말미암아 생명으로. 이것이 모든 밀알에서 보이는 자연법칙이다. 이것이 부활 안에서 보여준 그리스도의 생명의 법칙이다. 이것이 그리스도께서 죽으신 새로운 죽음과 우리 안에 그분이 사시고 역사하시는 새로운 생명의 권능을 날마다 느끼고 경험하는 믿음의 생명의 법칙이다.

3. 제1장은 우리에게 그리스도의 신성을 복음의 기초로써 계시하였는데, 그것은 「그분의 인성 안에서 그분이 성취한 모든 것」이 신성 안에서 실재가 되어 「신적 창조능력 가운데 우리 안에서 역사한다는 것」을 우리로 알게 하려 함인 것이다.

18. 구원하시는 대제사장

2:16 이는 실로 천사들을 붙들어 주려 하심이 아니요 오직 아브라함의 자손을 붙들어 주려 하심이라
2:17 그러므로 저가 범사에 형제들과 같이 되심이 마땅하도다 이는 하나님의 일에 자비하고 충성된 대제사장이 되어 백성의 죄를 구속하려 하심이라
2:18 자기가 시험을 받아 고난을 당하셨은즉 시험받는 자들을 능히 도우시느니라

제1장에서 우리는 히브리서의 저자가 우리로 하여금 우리 주님의 신성(神性)에 대한 진리와 그 의미를 충분히 이해할 수 있게 하기 위해서 구약으로부터 구구절절을 인용하는 것을 보았다. 본 장에서 저자는 역시 때때로 우리 주님의 인성(人性)을 언급함으로써 우리로 하여금 그것이 의미하는 모든 것을 충분히 이해하는데 실패하지 않도록 해준다. 여기에서도 마찬가지이다. 그는 "자녀들은 혈육에 함께 속하였으매 그도 또한 한 모양으로 혈육에 함께 속하심"을 말한다. 저자는 말로 다 표현할 수 없음을 느꼈음인지 다시 한 번 "이는 실로 천사들을 붙들어 주려 하심이 아니요 오직 아브라함의 자손을 붙들어 주려 하심이라"는 그의 진술을 반복하고 확인하는 것처럼 보인다. 인간은 천사들보다 못하게 창조될 수도 있었지만 하나님이 저들을 붙들어 주신다는 존귀(尊貴), 즉 하나님은 오직 아브라함의 자손을 붙들어 주려 하심이라 했을 때의 그 존귀는 천사들이 갖지 못한 것이다.

그러면 하나님께서 어떻게 붙드시는가? 하나님께서 피조물을 붙들어 주는 길은 오직 하나님의 생명과 영(Spirit)으로 그 피조물 속에 들어가셔서, 하나님 자신의 선하심과 능력으로 내재(內在)하시고, 그 피조물을 자신과 연합시키는 방법 외에는 달리 없다. 마찬가지로 예수께서도 그렇게 사람을 붙드신다. 그분은 인성(人性) 속으로 들어오셔서 그 인성과 하나가 되셨다. 그리고 그분은 또한 각자의 영혼 안에 들어오셔서 개인적인 연합(聯合)과 교제를 가짐으로써 각자를 붙드신다. 이런 연유로 해서 그분에게는 그렇게 사람을 붙들려 하심이 마땅한 것이 된다. 그것은 신성(神性)의 차원에서 옳고 적절한 일이며 사물의 본성(本性) 안에서 그분의 목적에 따라 절대 필요한 일이 되는 것이다. 그가 범사에 형제들과 같이 되셨다는 것은 우주적 필연일 수밖에 없다. 붙든다는 것은 그분 자신을 사람들과 동일시(同一視)하는 것으로써 범사에 저들과 같이 되지 아니하면 그 일은 불가능한 것이다. 그러므로 그분만이 사람들을 구원하실 수 있으시며, 하나님의 일에 자비하고 충성된 대제사장이 되어 백성의 죄를 구속하려 하심은 실로 필수불가결한 길이다.

여기에서 우리는 처음으로 대제사장(大祭司長)이란 단어를 대하는데 이것은 우리 주님 예수께 대하여 신약 어디에서도 사용된 적이 없고 오직 본 히브리서에서만 핵심 주제로써 기록되고 있다. 우리는 다음에 (제 5장) 그분의 성자(聖子) 신분과 제사장 직분이 어떻게 연결되었는지를 살펴 볼 것이다. 우리는 여기서 그분의 실제적 인성이 신성과 똑같이 필수불가결함을 배운다. 히브리서가 우리 주님의 생애 속에서 개인적 발전의 가치를 그렇게도 놀랍게 계시하는 것은 주목할 만한 일 중의 하나이다. 그것은 인격(人格)과 사역(使役)을 불가분의 것으로 연결하고 있다.

여기에서 그 사실을 보라. 예수께서 하셔야 했던 일은 백성의 죄를 구속하는 것이었다. 죄는 하나님의 진노를 일으켰고, 죄가 도말(塗抹)되고 대속되며 없어지기 전에는 하나님의 사랑이 사람들에게 흘러올 수 없었다. 구약의 희생제물 안에서 우리에게 가르쳐진 모든 것을 성취하는 과정에서 그리스도께서는 이 구속사역을 이루시기 위해 오셨다. 그분은 자기를 희생의 제물로 드려 죄를 없이 하셨고 영원한 속죄를 이루셨다. 이것에 관하여 히브리서는 후에 언급한다. 여기에서 강조하고자 하는 것은 그리스도께서 단지 죽으시어 대속하기 위해서만 사람이 되신 것이 아니라 충성되고 자비한 대제사장이 되기 위해 사람이 되셨다는 것이다. 우리에게 대한 그분의 관계는 개인적인 것이다. 그분은 친히 그분이 성취하신 구원을 우리에게 적용시켜야 한다. 모든 것은 그분께서 우리의 신뢰를 얻고 우리의 마음과 사랑을 소유하며 살아있는 인도자로써 하나님께 가는 길로 우리를 인도하는데 달려있다. 이것이 지상에서의 그분의 인자적(人子的) 삶을 그렇게도 값지게 하는 것이다. 그 삶은 그분의 미쁘심을 입증하였기 때문에 우리는 그분을 전적으로 신뢰할 수 있는 것이다. 그분은 자비로움을 보여줌으로써 우리는 그분께 나아오는 것을 두려워할 필요가 없다. 하나님의 일에 자비하고 충성된 대제사장이 되시기 위해 그분께서는 범사에 형제들과 같이 되신 것이다.

자기가 시험을 받아 고난을 당하셨은즉 시험받는 자들을 능히 도우시느니라 우리 대제사장의 사역은 그분의 대속이나 그 대속의 열매인 대언(代言)과 중재(仲裁)만도 아니다. 그것은 무엇보다도 이 모든 것의 결과로서 그분이 떠맡으시는 우리들의 영적 삶의 개인적인 책임과, 모든 시험 가운데에서 그분이 주실 수 있는 끊임없는 도우심으로 구성된다. 이것이 고난과 온전케 되심의 길에 있는 인도자로서 우리를 하나님 앞으로 이끄시는 그분의 사역에서 가장 위대하고 가장 복된 부분이다. 그러므로 그분은 그분 자신의 뜻과 우리 안에 계신 성령의 능력 있는 역사로 말미암아 우리에게 영감을 주시되 도움이 필요한 매 순간마다 도움을 주신다. 우리가 필요로 하는 한 가지 일은 그분을 알고 전적으로 그분을 의지하는 것이다.

그분을 안다는 것은, 우리가 걸어가도록 하나님께 가는 길을 여시고 하늘에서 우리를 위하여 기도하실 뿐만 아니라, 유혹이 우리를 정복하지 못하도록 우리를 그분과의 교제 안에 지키시며 그분의 능력으로 덮으시고, 그분의 완전한 대속을 경험케 하시는 대제사장을 아는 것이다. 그분의 신성은 그분의 확실하고 불변하는 임재를 우리에게 허락하신다. 그분의 인성은 그분의 동정과 긍휼을 우리에게 보장해 주신다. 유혹은 때때로 오는 것이로되 상존하며 능력 있는 그분의 사랑은 언제나 이김을 주실 만큼 가까이 거한다. 그분은 그것을 하실 수 있고 하실 것이다. 우리의 대제사장은 살아 계시며 미쁘신 구원자이시니 전적으로 그분을 신뢰하자. 구원이란 예수께서 그분과 별도로 우리에게 주는 어떤 것이 아니다. 완전한 구원이란 우리의 일상생활에서 가장 자비롭고도 미쁘시게 우리를 지켜주시며 가장 실제적이고도 가장 완전하게 자신의 생명을 주심으로 우리 안에 살아가시는 예수 자신이시다. 도와주실 수 있는 예수의 살아가심 즉 그분의 내주(內住)하심은 그리스도인의 삶의 비결이다. 믿음은 예수께서 그분 자신에 대하여 말씀하신 모든 것이 되시고 모든 것을 하신다는 경험 안으로 우리를 인도할 것이다.

1. 이 어떤 화제인가! 예수께서 영광과 존귀로 관 쓰셨다. 우리의 인도자, 우리를 거룩하게 하시는 자, 우리의 형제는 우리와 같이 되셨으며 자비롭고 충성된 대제사장이 되어 우리와 같이 시험을 받으심으로 우리를 시험 중에 도우신다. 이 어떤 구세주인가!

2. 내 몸의 어떤 지체도 내가 모르거나 감싸려 하지 않은 채 상처를 입을 수 없다. 어떤 유혹도 예수께서 즉시 모르시거나 방치한 채로 올 수 없다. 우리에게 필요한 한 가지는 그분을 더 알며 믿음 안에서 언제나 그분께서 가까이 계신다는 것을 실감하고 그분께 도움을 구하는 것이 아니겠는가?

3. 회개를 위하여 고난 받은 자로 예수를 아는 것은 성결을 위하여만은 충분치 못하다. 영적 생명의 성장을 위하여서는 우리가 예수의 모든 것에 대한 지식 안으로 더 깊숙이 들어가는 것이 필수적이다. 예수는 하늘의 떡이시며 우리 영적 생명의 양식이시고 「그분을 더 아는 것」이 「그분을 먹고사는」 유일한 길이다.

4. 어떤 시험을 당할 때라도 그것을 살아계신 대제사장의 도와주심을 의존하고 실감하는 복된 기회로 여기기를 배우라.

| 제 3편 (3:1-6)

모세보다 탁월하신 예수 그리스도

19. 예수를 깊이 생각하라

3:1 그러므로 함께 하늘의 부르심을 입은 거룩한 형제들아 우리의 믿는 도리의 사도시며 대제사장이신 예수를 깊이 생각하라

예수를 깊이 생각하라 이것이 본 절과 본 절이 속한 문단, 그리고 더 나아가 실로 히브리서 전체의 중심 사상이다. 이것은 히브리인들이 주님 예수를 미쁘시며 자비롭고 전능하신 하늘의 대제사장으로 바로 알 때, 「하나님께서 인도하시고자 하는 생명을 위해 필요한 모든 것」을 바로 그분 안에서 발견할 것이라고 그들에게 권고하는 저자의 한 표어이다. 그들의 삶은 그들의 믿음과 조화를 이루고 그들의 믿음이 이해하는 그리스도의 생명과 조화를 이룰 것이다. 예수를 깊이 생각하라! 본서의 제목으로 채택될 수 있을 만한 이 어구는 실로 히브리서의 요지(要旨)인 것이다.

라틴어로 별이라는 단어에 그 어원을 두고 있는 "깊이 생각하라"는 이 단어는 원래 하늘의 별들을 정관(靜觀)하라는 뜻이다. 그것은 천문학자들이 연구 목표로서의 별들에 대해 알 수 있는 모든 것을 발견하고자 아이디어를 제시하고 조용히 인내하며 끈기 있게 응시하는 것을 말한다. 하나님이시자 사람이신 예수, 자신의 놀라운 고난과 순종의 삶 속에서 우리의 인성(人性)을 온전케 하시고 이

제 하늘에 계셔서 그 생명과 축복을 우리에게 분어하시는 예수, 이 예수를 깊이 생각하라는 것은 그만한 이유가 있는 것이다. 그분을 우러러보고 그분을 응시하라. 별들에 대하여 좀 더 알기 위하여서도 얼마나 종종 헌신과 정열과 희생을 치르는가. 아아, 하나님의 아들을 상고하고 소유함이 우리의 헌신과 정열을 일깨워 줌으로서 예수 안에 어떤 아름다움과 어떤 영광이 있는지를 사람들에게 들려주도록 하자.

거룩한 형제들아 이제 히브리인들은 이렇게 호칭되고 있다. 앞장에서는 형제들이란 단어가 두 번 사용되었다. 그는 저들을 형제라 부르시기를 부끄러워 아니하셨다(히 2:11). 그가 형제들과 같이 되심이 마땅하도다(히 2:17). 거룩한 호칭이 이제 개인적으로 사용되고 있는데 그리스도의 형제들은 곧 그리스도 안에 있는 형제들인 것이다. 그리고 저자는 자신에게 있어서 실로 히브리서의 한 목표가 되는 "예수를 깊이 생각하라"는 말씀을 그들에게 강조하면서 개인적으로 따뜻한 마음을 보내는 것이다.

거룩한 형제들아! 그렇다, 역시 거룩이란 단어가 사용된 것이다. 거룩하게 하는 자가 거룩하게 하고, 거룩함을 입는 자가 거룩함을 입어, 전혀 하나가 되었다는 뜻이다. 우리는 어떻게 거룩함이 그리스도와 그 백성에게 공동의 표지가 되는지를 보았는데 이는 그들을 묶는 끈이요, 그들 쌍방이 바라보는 큰 목표가 되는 것이다. 히브리서가 우리에게 계시하고자 하는 위대한 비밀 중의 하나는 우리의 크신 대제사장께서 우리를 위해 가장 거룩한 장소 즉 지성소(至聖所)로 들어가는 길을 열어 놓았다는 사실이다. 히브리서에서 그것은 거룩 중의 거룩을 의미한다. 거기에 우리가 담대히 나아감이 있고 거기에서 우리는 하나님의 거룩하심 안에 처소(處所)를 갖는다. 우리는 그리스도 안에서 우리가 거룩하다는 사실을 필히 알아야 한다. 이 사실이 우리에게 지성소에 들어갈 담력을 주고 하나님의 거룩하심이 완전히 우리를 소유하게 함으로써 우리의 전 존재를 채우게 한다. 예수는 거룩하게 하시는 자이시고 우리는 거룩함을 입는 자들이다. "거룩한 형제들아"와 "예수를 깊이 생각하라"를 하나로 묶을 때 이것보다 더 자연스러운 것은 없다.

함께 하늘의 부르심을 입은 거룩한 형제들아 예수를 깊이 생각하라 거룩한 부르심을 여기에서는 또한『하늘의 부르심』이라 한다. 그것은 하늘로부터의 부르심이나 그 부르심이 지향하는 하늘로의 부르심만을 의미하지 않는다. 아니, 거기에는 훨씬 큰 뜻이 있다. 하늘은 장소(場所)만을 의미하지 않는데 이는 존재(存在)의 한 상태이자 양식이며 제한 없는 능력 안에서 하나님의 임재가 계시되고 경험되는 삶인 것이다. 그리고 하늘의 부르심은 우리의 삶을 하늘의 삶으로 바꿔주는 하늘 생명의 능력이 역사하는 부르심이기도 하다. 예수께서 지상에 계셨을 때 천국은 가까이에 있었고 그분이 승천하여 아버지로부터 그 나라를 받았을 때 천국은 오순절 성령강림을 통하여 능력으로 이 땅 위에 임하였다. 오순절 날의 신자들은 거듭남으로 말미암아 하늘나라와 하늘 삶의 상태로 들어간 사람들이었다. 그리고 그 나라는 그들 안으로 들어왔던 것이다. 하늘의 영과 생명과 능력이 그들 안에 있음으로서 그들은 하늘의 부르심을 입은 자들이었다.

부르심은 그런 사람들에게 오는 것이다. 함께 하늘의 부르심을 입은 거룩한 형제들아 예수를 깊이 생각하라! 거룩하게 되는 것과 거룩하게 사는 것이 무엇인지 알기를 원한다면 거룩하게 하시는 예수를 깊이 생각하라! 하늘의 부르심을 입은 자로서 당신에게 속한 특권과 능력을 알기 원한다면 예수를 깊이 생각하라! 그가 하나님이시며 하늘의 왕이시다! 그분은 당신의 제사장과 구주로서 승천하신 사람이시며 당신을 위해 그 하늘을 여시고 생명과 축복을 분여하시는 분이시다. 예수를 깊이 생각하라! 당신의 마음을 그분께 두라. 그분께서 당신을 거룩한 하늘의 사람으로 만들어 주실 것이다.

거룩한 하늘 삶을 잘 몰라 슬퍼하는 독자들이 많이 있다. 하나님의 말씀이 당신에게 말하는 바, "함께 하늘의 부르심을 입은 거룩한 형제들아 예수를 깊이 생각하라"는 것을 들으라! 당신이 자신과 자신의 능력을 바라보고 예수를 배우지 않는 것이 곧 당신의 연약함이다. 매일 매시간 예수를 깊이 생각하면 그분 안에서 당신이 필요로 하는 모든 거룩함과 하늘 삶을 발견할 것이다. 이것이 곧 당신의 치유책인 것이다.

1. 본 히브리서의 후반부에 "하늘에 들어가사 하늘을 우리에게 어시고 하늘 성소의 제사장이 되시며 우리를 성부의 임재 가운데로 인도하시는" 예수의 모든 영광이 밝혀질 것이다. 그러나 지금 초반에서부터 하늘 보좌에 앉으신 예수에 대하여 아는 것이 곧 하늘의 소명(召命)과 하늘 삶의 능력이란 진리를 굳게 붙들자.

2. 예수께 대하여 말해질 수 있는 모든 것을 안다고 생각하지 말라. 만약 당신이 그분을 더욱 잘 안다면 하늘 희락의 놀라움, 곧 신적 편재(偏在)와 그분과 당신의 하나 됨이, 당신을 돕고 인도하기 위한 그분의 항상 계신 내주하심이, 당신을 지성소와 성부(聖父)의 임재와 사랑으로 인도하여 거하게 하시는 그분의 능력이, 당신에게 계시될 것이다.

20. 그리스도와 모세

3:1 그러므로 함께 하늘의 부르심을 입은 거룩한 형제들아 우리의 믿는 도리의 사도시며 대제사장이신 예수를 깊이 생각하라
3:2 저가 자기를 세우신 이에게 충성하시기를 모세가 하나님의 온 집에서 한 것과 같으니
3:3 저는 모세보다 더욱 영광을 받을 만한 것이 마치 집 지은 자가 그 집보다 더욱 존귀함 같으니라
3:4 집마다 지은이가 있으니 만물을 지으신 이는 하나님이시라
3:5 또한 모세는 장래에 말할 것을 증거하기 위하여 하나님의 온 집에서 사환으로 충성하였고
3:6 그리스도는 그의 집 맡은 아들로 충성하였으니 우리가 소망의 담대함과 자랑을 끝까지 견고히 잡으면 그의 집이라

저자는 앞서 그리스도에 관하여 자비롭고 충성된 대제사장이라 말했다(히 2:17). 후에 그는 다시 그리스도에 대하여 자비롭다고 말한다(히 4:14-5:7). 그는 여기에서 처음으로 그분의 충성됨을 우리 앞에 보여준다. 이를 위하여 그는 그리스도를 모세와 비교하는데 모세에 대하여는 하나님께서 일찍이 "내 종 모세는 나의 온 집에 충성 되니라"(민 12:7)고 말씀하신 바 있다. 그러나 저자는 동시에 아들이신 그리스도는 종 되는 모세보다 낫다는 것을 증거한다. 우리는 하나님께서 율법(律法)을 주시는데 중보로 삼은 천사(天使)보다 그리스도가 탁월하다는 것을 보았다. 그리고 그리스도는 율법의 제사장이었던 아론보다 탁월하다는 것을 보게 되며 나아가 율법의 중재자요 하나님 집의 종인 모세보다 탁월

하다는 것도 보게 된다. 모든 면에 있어서 신약은 구약보다 더 큰 영광을 갖고 있는 것이다.

모세와 아론은 함께 이스라엘에게 하나님을 대표했다. 전자는 사도(使徒)와 사자(使者)였고, 후자는 대제사장이었던 것이다. 예수의 한 인격 안에 이 두 직분은 연합되어 있다. 대제사장으로서 예수는 아론처럼 자비로우시고, 우리 믿는 도리의 사도로써 예수는 모세처럼 충성스러우시다. 모세는 하나님의 대 사도요 사자였는데 곧 선지자로서의 그리스도의 구약적 모형이었던 것이다. 그는 하나님께 나아가 하나님의 말씀을 백성에게 가져왔다. 그리스도는 새 언약의 대사도요 선지자이시다. 그리스도는 하나님의 보내신 자라고 자신에 대하여 말씀하셨는데(요 6:36) 아들이신 그분 안에서 하나님은 우리에게 말씀하신다. 사도로서 그분은 우리에게 대한 하나님의 대표자가 되시고 하나님을 우리에게 알게 하시며, 대제사장으로서 그분은 하나님께 대한 우리의 대표자가 되시고 우리를 하나님의 임재 가운데로 이끄신다. 대제사장으로서 그분은 그분의 자비와 긍휼로 우리와 함께 서시고 우리를 위하여 죽으시어 이제 유혹과 연약 속에 처한 우리를 도우신다. 사도로서 그분은 우리를 위해 하나님께 간구하시고 그 자신이 하나님께 전적으로 충성되심을 증명하신다. 우리는 예수 그리스도를 자비로우신 대제사장으로 뿐만 아니라 모세가 그 맡은 집에서 충성하였듯이 「자기를 보내신 하나님께 충성스러우신」 우리 믿는 도리의 사도로서 깊이 생각해야 한다. 충성스럽다는 것은 믿을 만하다는 것을 말한다. 예수께서 자신을 보내신 하나님께 충성스러우심을 볼 때 우리의 믿음과 신뢰는 그분께서 정말 신실하게 우리 안에서 하나님의 약속을 성취하실 것과 또한 우리 안에서 아들로서 그 맡은 집에 충성하리라는 것에 대한 온전하고 기쁜 확신으로 고조된다. 예수의 신실하심 안에 있는 것보다 더 우리의 믿음에 힘을 주는 것은 없다. 예수의 영광은 기독교의 영광이자 그리스도인의 삶의 활력소(活力素)이며 영광인 것이다.

모세는 모든 면에서 그리스도의 모형(模型)이었다. 모세가 동족에게서 고난을 받고 배척을 당하였다는 점에서와 하나님을 위해 열심이었으며 모든 것을 희생하였다는 점에서, 그리고 백성을 위해 기꺼이 죽을 뿐만 아니라 하나님과 교제

하였다는 점에서 우리는 한 사도의 표적을 보는데, 그 모든 것은 그리스도 예수 안에서 완전하게 나타날 것들이었다. 환언하면 그 모든 것은 다만 장차 올 것의 그림자요 예언이며 증거였던 것이다.

저는 모세보다 더욱 영광을 받을 만한 것이 마치 집 지은 자가 그 집보다 더욱 존귀함 같으니라 집마다 지은이가 있으니 만물을 지으신 이는 하나님이시라 또한 모세는 장래에 말할 것을 증거하기 위하여 하나님의 온 집에서 사환으로 충성하였고 그리스도는 그의 집 맡은 아들로 충성하였으니 모세 자신은 그 집의 일부였으나 예수 그리스도는 그 집을 지으신 자이다. 모세는 그 집에서 하나의 종이었으나 예수는 자기 집을 맡은 아들이신 것이다.

우리가 그의 집이라 하나님의 참된 집, 참된 처소는 그분의 백성(百姓)이다. 그리스도 안에서 우리는 하나님께서 영(Spirit)으로 계시기 위한 처소로 함께 지어져 간다. 자신의 몸 된 교회와 각자의 영혼에 대하여 그리스도께서는 말씀하시기를 "우리가 와서 거처를 함께 하리라"(요 14:23)고 하셨다. 각 또한 지체(肢體)는 살아있는 전체라고 하는 것이 영적인 일의 특징이다. 집합적으로 그리고 개인적으로 우리는 그리스도의 집이다. 그리스도께서 그의 집에 충성되심을 아는 사람은 필히 자신을 비워 그분의 집이 되게 하고 집을 맡은 아들이신 그분이 집의 주인이 되시게 하며 홀로 열쇠를 가지시고 방해받지 않는 소유와 다스림(統治)을 행하시게 해드려야 한다.

우리가 그의 집이라 후에 우리는 하나님의 집을 맡은 대제사장이신 그리스도의 사역이 어떻게 하나님이 거하시는 지성소(至聖所)와 살아 계신 하나님의 사랑의 임재 가운데로 들어가는 길을 열었는가를 보게 된다. 오늘 우리가 여기서 듣는 말씀은, 지성소란 하나님께서 거하시는 곳일 뿐만 아니라 우리도 필히 들어가야 할 곳이며 우리와 함께 있고 하나님이 우리 안에 오시는 곳이라는 것을 미리 예시하고 있다. 하나님의 마음은 우리의 처소이고 우리의 마음은 하나님의 처소이다. 예수께서 "내 안에 거하라, 나도 너희 안에 거하리라"(요 15:4)고 말씀하셨을 때 그분은 우리에게 그 상관관계를 가르치신 것이다. 내 마음이 예수께 나아가 그분 안에 더 살면 더 살수록 그분도 더욱 더 내 안에 오셔서 거기 사신다.

우리가 그의 집이라 당신은 이 말씀이 의미하고 가져오는 모든 것의 충만한 경험을 갖기 원하는가? 함께 하늘의 부르심을 입은 거룩한 형제들아, 집을 맡은 아들로써 자기를 보내신 이에게 충성하신 예수를 깊이 생각하라. 그분의 집으로써 당신 자신을 그분께 내어 드리고 그분께서 역사하시도록 그분의 충성됨을 신뢰하라. 그리고 히브리서가 구약의 외형적 상징의 영적 의미를 우리에게 가르칠 때 우리는 다른 외형적인 것으로 그것들이 성취되기를 구하지 말 것이며, 얼마나 지고(至高)하고 위대한 것으로 그것들을 상상하든지 간에 그것들은 예수께서 우리를 자신의 집으로 삼고 거하실 때 우리 안에 오는 내면적이며 영적인 경험이라는 것을 기억하라. 선지자의 역할이든 제사장의 역할이든 왕의 역할이든 간에 그리스도의 사역은 그분께서 구주로서 우리 안에 내주 하실 때 행하시는 것이다. 우리는 그분의 집인 것이다.

1. 하나님께 충성된 것은 하나님 집의 정신이고 하나님 권속의 표지이다. 모세도 종으로서 그러하였다. 그리스도도 아들로서 그러하였다. 모든 권속은 그러하여야 한다. 우리도 하나님께 충성하자.

2. **우리는 그의 집이라** 이 집은 그 안의 거주자들과 생명의 연계를 가지고 있지 않은, 돌이나 나무로 지은 집과는 다른 집이다. 아니, 그리스도께서는 삶 안의 생명으로써 우리 안에 거하시고 그 자신의 성품과 성향을 우리 안에 불어넣으신다. 우리의 도덕적 및 영적 존재와 우리의 의지, 생활, 활동의 능력 안에 그분은 오셔서 신적이며 은밀하고도 강한 능력과 역사하심으로 거하신다.

3. 그리스도는 그 집을 맡은 아들로 충성하였다. 그러나 그분은 필히 그 자신의 집에서 주인이 되셔야 한다. 당신이 자기 집의 열쇠를 가지고 돌보면서 그분을 주빈(主賓)으로 모시는 것으로는 부족하다. 많은 그리스도인들이 그렇게 하고 있다. 그래서는 아니 된다. 아니, 집을 맡은 아들로서 그분께 열쇠를 드리고 그분께 전 존재(存在)의 지배권을 드리라. 그리하면 그분은 하나님과 당신에게 얼마나 신실한가를 복되게 입증할 것이다.

4. 그리스도의 충성됨을 깊이 생각하라. 그리하면 당신 안에서 믿음의 충만이 역사할 것이다.

21. 끝까지 담대함을 견고히 잡으라

3:6 그리스도는 그의 집 맡은 아들로 충성하였으니 우리가 소망의 담대함과 자랑을 끝까지 견고히 잡으면 그의 집이라

히브리인들 중에 많은 사람들이 뒤로 물러가 떨어져 나갈 위험에 처해 있었다. 그들은 나태에 빠졌고 처음 믿음의 기쁨과 확신을 잃어버렸다. 저자는 살아계신 하나님으로부터 떨어져 나가는 불신앙의 악심(惡心)을 주의하도록 그들에게 엄중한 경고의 종을 울리려던 참이었다(히 3:7-4:13). 저자는 저들을 돌이키기 위해 우리가 우리의 담대함과 우리 소망의 자랑을 끝까지 견고히 잡으면 우리는 그의 집이라는 구절에 뒤이어 그 경고를 쓰고 있는 것이다.

끝까지 견고히 잡으면 그리스도인의 삶에 있어서 확고부동과 견인(堅忍)은 실로 극히 필요한 것이다. 초대교회 시대나 오늘날에 있어서 신실한 복음의 사역자들은 수많은 신자들로 하여금 믿음이 식고 떨어져 나가게 하는 그 원인에 신경을 쓰는 한편 그들로 하여금 굳게 서서 이겨나가게 하는 요소에도 남다른 관심을 쏟는다. 부흥회 기간이나 특별한 활동의 시간이 지난 뒤에, 그리고 교회의 일상적인 활동에 있어서 잠시 동안 잘 나가다 말고 얼마나 많은 사람들이 사업이나 이생의 쾌락, 학문이나 정치 혹은 세속적 우정에 얽매어 이미 고백한 신앙의 모든 생명과 능력을 잃는 경우에 빠지는지! 그들은 확고부동성이 결여된 채 견인의 고귀한 은혜를 놓치고 마는 것이다.

본분의 말씀은 굳세게 추구해가던 사람들마저 뒤로 물러가게 하는 원인이 무엇이며, 바로 설 수 있는 능력의 결핍이 어디로부터 오는지를 우리에게 가르쳐 준다. 동시에 그 말씀은 회복의 비결과 끝까지 견딜 수 있는 힘이 무엇인가 하는 것도 우리에게 지적해 준다. 우리가 소망의 담대함과 자랑을 끝까지 견고히 잡으면 그의 집이라고 저자는 말한다. 그리고 더 나아가 우리가 시작할 때에 확실

한 것을 끝까지 견고히 잡으면 하고(14절) 말한다. 우리를 소망 가운데 거하게 하며 환난 중에서조차 하나님의 영광을 바라보고 자랑하게 하는 담대함과 확신은 우리로 하여금 저항하며 이겨나가도록 해주는 것이다. 우리로 승자가 되게 하는 것은 하나님께서 하실 일을 소망하는 가운데 기뻐하는 담대하고 낙관적인 심령밖엔 없다.

그렇게도 많은 사람이 실패하는 것은 이 점에 있다. 그들이 처음 평강을 발견할 때 그들은 믿음으로 구원받았다는 것을 배웠다. 그들은 용서와 용납하심과 화평과 생명 등 모든 것이 믿음 하나에 의하여 온다는 것을 이해했다. 그러나 그들은 오직 믿음으로 서고 믿음으로 항상 걸어야 한다는 것을 알지 못했고, 언제나 전향(前向)적인 믿음으로 살아야 한다는 것과, 유일한 성장과 전진의 가능성으로써 하나님의 능력과 역사하심을 믿는 깨끗하며 분명하고도 몸에 밴 믿음 말고는 매일 매시 우리를 도와줄 것이 없다는 현실을 알지 못했던 것이다. 그들은 그들이 발견한 빛과 축복과 기쁨을 굳게 붙들고자 하였으나, 끝까지 굳게 붙드는데 필요한 것들이 그들의 믿음의 담대함과 소망의 자랑, 그리고 확신의 나아감이란 것을 알지 못했다. 그리고 그들이 믿음과 소망의 필요성에 대한 어떤 것들을 배웠을 때마저 그들은 믿음의 담대함과 소망의 자랑이 얼마나 필수불가결한가 하는 것을 알지 못했다. 이기는 자의 정신이 아니고는 누구도 이길 수 없다. 죄와 사탄의 능력과 세상과 육신의 능력은 거대한 것이어서 오직 하나님께서 그를 위해 하실 것에 대한 소망 안에서의 담대함과 자랑을 갖는 자만이 그것들을 대적할 수 있는 힘을 갖는다. 그리고 하나님과 더불어 담대함과 하나님 안에서의 긍지를 배우는 자만이 적을 대적할 담대함을 갖는다. 우리가 이기는 자 이상이 될 수 있는 것은 믿음이 기쁨이 되고 소망이 하나님 안에서 자랑이 될 때이다.

이 교훈은 그리스도인이 배워야 할 가장 중요한 것 중의 하나이다. 우리는 담대함이 확고부동과 견인의 유일한 뿌리이며 그럼으로써 그것이 그리스도인의 삶의 진정한 힘이라는 것을 가르치기 위해 전 히브리서가 어떻게 기록되었는가 하는 것과 더불어, 히브리서가 갖고 있는 또 하나의 목적이 「우리 주님 예수의 사역과 인격과 영광 안에 우리가 갖고 있는 담대함의 근거가 얼마나 풍성한가 하는 것을 알게」하려는 것임을 다음에 보게 될 것이다.

우리가 소망의 담대함과 자랑을 끝까지 견고히 잡으면 그의 집이라 "그리스도는 그의 집 맡은 아들로 충성하였으니 우리는 그의 집이라"는 말씀이 의미하는 그 모든 축복을 알기 원한다면 여기에서 그 열린 문을 보라. 당신 자신을 주위의 모든 적에게 주는 대신 예수 그리스도께 그분의 것으로 담대히 내어드리고, 그분께서 사시도록 당신의 마음을 그분의 처소로 제공하라. 당신 안에서 완전하게 되도록 하나님이 약속하신 모든 것에 대한 소망 안에서 즐거워하라. 시작할 때에 확실한 것을 끝까지 견고히 잡으라. 당신은 아무 것도 아니요 그리스도께서 모든 것 되신다고 처음에 당신은 고백하지 않았는가? 당신은 그분의 한량없는 구원 능력에 당신 자신을 전부 맡기지 않았는가? 이 첫 걸음을 최대의 확신으로 굳게 붙들라. 그분은 매 순간 자신의 집을 보호하고 지킬 것이며 그 안에서 자신의 사역을 계속해 갈 것이다. 모세가 종으로서 그의 집에 충성스러웠듯이 그리스도는 아들로써 자신의 집에 충성스러울 것을 담대히 요구하고 확실히 기대하라. 난(難) 문제가 발생할 때 그리고 어떻게 항상 소망의 담대함과 자랑을 견지할 것인가가 문제가 될 때에 히브리서가 답을 주는 바대로 충성스러우신 예수를 깊이 생각하라. 그렇다. 다만 예수를 깊이 생각하라. 우리를 위하여 행하도록 하나님이 그분께 주신 일에 있어서 예수는 죽기까지 얼마나 하나님께 충성스러우셨던가. 우리가 소망의 담대함과 자랑을 끝까지 견고히 잡을 때에 예수께서는 지금도 같은 주님이시며 이제 우리 안에서 행하시는 모든 복된 사역에 변함없이 충성스러우시다는 것이 우리의 확신이 될 것이다.

1. 믿음은 소망(所望)의 어머니이다. 얼마나 자주 딸은 어머니에게 도움과 힘이 될 수 있는지! 마찬가지로 우리의 소망이 장래에 미치고 그 안에서 자랑할 때 우리의 믿음은 모든 것을 극복할 수 있는 담대함으로 자라날 것이다.

2. 본 장에서 서로 묶어 놓은 예수의 미쁘심과 우리 믿음의 담대함과 확신을

함께 굳게 붙들라. 그분의 미쁘심이 우리의 안전이다.

3. **우리 소망의 자랑** 희락은 그리스도인의 삶에 있어서 사치품도 아니고 단순한 장식품도 아니다. 그것은 실로 우리가 하나님의 놀라운 사랑 안에 살며 그 사랑이 우리를 만족시킨다는 증표이다. "소망의 하나님께서 믿음 안에서 모든 기쁨으로 채우시고 성령의 능력으로 말미암아 소망이 넘치기를 바라노라."

4. 그리스도는 집을 맡은 아들로서 충성스러우시다. 그분께서 자기의 집을 책임져 주시고 다스려 주실 것을 얼마나 확실히 나는 믿을 수 있는가!

| 두 번째 경고 (3:7-4:13)

약속된 안식에 이르지 못할까 주의하라

22. 하나님의 음성을 들을 때에

3:7 그러므로 성령이 이르신 바와 같이 오늘날 너희가 그의 음성을 듣거든
3:8 노하심을 격동하여 광야에서 시험하던 때와 같이 너희 마음을 강퍅케 하지 말라
3:9 거기서 너희 열조가 나를 시험하여 증험하고 사십년 동안에 나의 행사를 보았느니라
3:10 그러므로 내가 이 세대를 노하여 가로되 저희가 항상 마음에 미혹되어 내 길을 알지 못하는도다 하였고
3:11 내가 노하여 맹세한 바와 같이 저희는 내 안식에 들어오지 못하리라 하셨다 하였으니

저자는 히브리인들이 빠져있는 침체된 상태에 대하여 심각하게 느꼈기 때문에 그들이 그들의 조상들처럼 되어 모세보다 탁월하신 분에 대하여 마음이 강퍅해 지는 것을 경고하기 위해 모세의 이름을 거명하고 나서 거기에 진노의 말씀을 부연한다. 시편 제95편에서 그는 광야에서 하나님이 이스라엘에 대하여 말씀하신바 "저들의 마음이 강퍅해짐으로 하나님께서는 저들이 하나님의 안식(安息)에 들어오지 못하도록 맹세하셨다"는 것을 인용하였다. 인용된 말씀은 먼저 우리에게 하나님의 음성을 듣는 것이 하나님 백성의 큰 특권이란 것을 지적하고, 그런 다음 그 음성을 거슬러 마음이 강퍅해지는 것이 심각한 위험이란 것을 말한다. 이 경고의 말씀이 선포된 것은 믿지 않는 히브리인에게가 아니라 기독교 신자가 된 히브리인에게였던 것이다. 오늘날의 그리스도인들도 같은 경고를 필요로 한다. 그러므로 "성령이 이르신 바와 같이 오늘날 너희가 그의 음성을 듣거든 너희 마음을 강퍅케 하지 말라"는 말씀을 더욱 더 유념하자.

하나님께서 이스라엘에게 말씀하셨을 때 그들에게 먼저 요구하신 것은 강퍅해지지 않은 마음, 즉 하나님의 말씀을 듣기에 온유하고 상냥하며 부드럽고 유순한 마음이었다. 이제 그 아들 안에서 말씀하실 때 하나님께서는 얼마나 더욱 그러한 마음을 요구하시랴. 땅이 쟁기로 갈아지고 비가 내려 부드러워져야 하듯이 깨어지고 온유해진 영이야말로 하나님의 말씀에서 축복을 받고 진리 안에서 하나님의 은혜에 동참자가 되기 위하여 필수불가결한 것이다. 이사야서에 말씀하신바 "내가 이 사람을 주의하여 보리니 마음이 가난하여 통회하고 나의 말에 떠는 사람이라" 함과 같다. 이러한 기질이 있고, 갈한 심령이 참으로 신적 가르침을 앙망하며, 할례 받은 귀가 그것을 받기 위해 열릴 때, 하나님의 음성은 참된 생명과 축복을 가져오고 하나님 자신과 산 교제를 나누는 능력이 될 것이다. 그것이 결핍되어 있다면, 머리와 입이 얼마나 성경 진리로 채워져 있든지 간에, 말씀은 열매를 맺지 못하며 끝내 뒤로 물러가게 된다. 성령이 이르신 바와 같이 오늘날 너희가 그의 음성을 듣거든 너희 마음을 강퍅케 하지 말라!

마음을 강퍅하게 하는 것이 무엇인가를 말하기는 어렵지 않다. 길가에 뿌려진 씨는 흙 속으로 들어갈 수가 없는데 이는 지나가는 사람들이 밟고 다녔기 때문이다. 세상이 사업과 흥밋거리를 가지고 당신의 마음을 항상 자유롭게 지나다닐 때 당신의 마음은 부드러움을 잃는다. 우리가 종교상의 지식에 과분히 의존하고 말씀 한마디 한마디를 하나님께로부터 오는 것으로 정성을 다해 마음 및 마음의 생명과 사랑 안으로 받아들이지 않을 때 마음은 살아 계신 하나님의 음성을 들을 수 없게 된다. 머리는 아름다운 사상과 유쾌한 기분으로 만족하지만 마음은 하나님의 음성을 들을 수 없다. 우리가 우리의 종교, 건전한 교리 그리고 기독교인으로써의 종교적 생활에 스스로 만족할 때 무의식중에 마음은 아주 굳어진다. 우리의 삶이 깨달은 바와 발맞추어 나가기를 구하지 아니하고, 우리가 순종하고 행하는 것보다 듣고 아는 것에 더 즐거움을 느낀다면, 우리는 약속이 주어진 온유함을 완전히 상실할 것이며 경건의 모든 기분 좋은 모양 속에서 우리의 마음은 성령의 음성을 구분하기가 어렵게 될 것이다. 그리고 무엇보다도 눈에 보이는 것을 따라 걷고, 자신과 또 이 세상 빛 아래 있는 주위를 바라보는 불신앙이 멋대로 판을 치며, 영혼이 말씀의 계시된 대로 보이지 않는 것 가운데서 어린아이처럼 살기를 구하지 않을 때 마음은 굳어져 하나님의 말씀이 뚫고 들어 갈 수가 없게 된다. 그렇다, 종교적 진리가 꽉 차있는 머리와, 종종 인간의 음성과 말이 요동치는 감정과, 겉의 종교적 행사에 열성적인 삶으로 인하여, 마음은 하나님과의 겸허하고 직접적인 교제로부터 떨어짐으로써 살아있는 말씀이 가져올 수 있는 모든 축복에 대하여 이방인이 된다는 것은 참으로 비참한 일이다. 그러므로 성령이 이르신 바와 같이 오늘날 너희가 그의 음성을 듣거든 너희 마음을 강퍅케 하지 말라!

본 히브리서에 숨겨진 축복을 찾는 사람은 그것을 하늘 차원의 일에 관한 영감 받은 말씀으로 알고 연구하라. 그것을 그 아들 안에서 말씀하시는 하나님의 음성이며, 우리들 각자에 대한 개인적인 서신으로 알고 받아들이자. 모든 신적인 진리 안에 있는 영적 비밀과 영적인 일을 올바로 이해하는데 인간의 머리는 무력하다는 생각 아래, 하나님을 기다리는 큰 온유와 유순함으로 우리의 마음을 활짝 열자. 종교(宗敎)의 전체와 구원의 전부는 바로 마음의 상태에 달려있다. 구속의 축복에 참여함에 있어서 하나님께서는 마음 가운데 역사하시는 것 이외에 아무 것도 하지 않으신다. 하나님 말씀에 대한 우리의 지식은, 하나님께서 자신의 말씀을 우리 안에 채우시도록 하나님 자신을 영접하기 위해 우리의 마음이 열려 있을 때에만 유익이 된다. 우리는 먼저 하나님을 기다리는 온유하고도 낮아진 마음을 갖도록 힘쓰자. 하나님께서는 그 아들 안에서 우리의 내면, 우리의 마음을 향해 말씀하신다. 하나님의 음성과 하나님의 아들은 마음 안에서 듣고 영접되어야 한다. 말씀과 그 음성은 우리가 그 말하는 자를 얼마나 존경하는가에 따라 설득력을 갖는다. 우리가 하나님의 영광과 위엄, 거룩하심과 완전하심, 사랑과 온화하심을 실감할 때 우리는 하나님께서 말씀하시는 것을 듣고 하나님께서 주시는 것을 받기 위해 모든 것을 희생할 준비가 된다. 우리는 우리 주위의 모든 세계와 우리 안의 모든 세계가 침묵하도록 명함으로 사랑의 아들 안에서 우리에게 말씀하시는 하나님의 음성을 바로 듣도록 하자.

1. 구원은 하나님께서 그 아들 안에서 나에게 말씀하신다는 것과 나의 마음

이 그 음성을 듣기 위해 열린다는 두 가지 사실 안에서 발견된다. 하나님께서 말씀하신다는 것은 구원을 위한 것일 뿐만 아니라 보다 높은 목표에 이르는 수단도 된다. 하나님의 말씀하심은 구원을 주시고 구원이 되시며 그 자신을 내 영혼에 계시하는 것이다. 온유하고 부드러운 정신으로 그분께 듣는 자신이 되자.

2. "주께서는 루디아의 마음을 열어 말씀을 청종하게 하셨다"(행 16:14). 이것이 우리에게 필요하다. 하나님 자신이 모든 다른 것으로부터 우리의 마음을 이끄시고, 말씀에 유의토록 마음을 열어주실 것이다. 이 은혜를 신실하게 구하자.

3. 다른 소리를 듣도록 마음이 너무 많이 열리는 것보다 더 하나님의 음성을 듣는 것을 실질적으로 방해하는 것은 없다. 뉴스나 학문, 이 세상 사회에 너무 관심을 기울이는 것은 하나님의 음성을 듣지 못하게 하는 것이다. 하나님이 요구하는바 하나님께 마음을 두는 것은 평온과 은거와 집중을 필요로 한다.

23. 성령이 이르실 때

3:7 그러므로 성령이 이르신 바와 같이 오늘날 너희가 그의 음성을 듣거든

시편 제95편의 말씀을 인용하면서 저자는 "성령이 이르신 바와 같이"라는 표현을 사용하였다. 저자는 시편을 그냥 성령의 언어로 간주하였다. 그는 사람들이 성령에 감동되어 하나님으로부터 받아 말하기 때문에(벧후 1:21) 성경을 참으로 하나님에 의해 영감 된 말씀으로 바라본 것이다. 그는 말씀들을 바로 하나님의 음성으로 간주하였고, 신적 권위의 전 비중을 그 말씀에 두었으며, 그 속에는 하나님의 크신 뜻이 충만해 있는 것으로 보았다. 저자가 그 말씀들 안에서 우리가 보는 것보다 더 깊은 의미를 보고, "내 안식에 들어오라"는 말씀에서 주님이 가져오실 깊은 영적 비밀과 예언에 대한 계시를 발견하도록 우리를 가르쳐 주는 것은 이 때문이다. 구약에 처음 그 말씀을 주신 분도 성령이었기 때문에 제4장에 나타

나는 그 영적 의미와 교훈을 우리 앞에 밝히도록 사도를 가르쳐 준 분도 역시 같은 성령인 것이다. 그리고 지금도 우리 안에서 영적으로 그 진리를 계시하며 우리의 경험을 통하여 그것이 생명과 능력이 되도록 역사하시는 분도 동일한 성령, 오직 그분이시다. "성령이 이르신 바와 같이"라는 말씀을 묵상하면서 그분을 기다리자. 성령의 말씀은 성령의 해석을 필요로 한다. 그리고 성령께서는 그분 자신이 내주(內住)하시며 다스리는 자들에게만 말씀을 해석해 주신다.

히브리서의 서두에서 우리는 선지자들로 말미암아 조상들에게 말씀하신 하나님은 바로 지금 그 아들 안에서 우리에게 말씀하시는 하나님이라는 것을 들었다. 구약성경의 열등성은 그 말씀이 신약 성경만큼 하나님의 말씀이 아니라는데 있지 아니하다. 신구약은 똑 같이 성령의 말씀이다. 그러나 신약, 즉 새 시대의 우월성은 그리스도께서 성취하신 큰 구속의 은총으로 말미암아 하나님과 우리 사이에 있는 휘장이 걷히고 우리의 눈과 마음에 덮인 수건이 벗겨짐으로써(사 25:7, 고후 3:16) 말씀이 보다 충만히 우리 안에 들어와 생명을 주는 능력이 되기 때문이다. 하나님의 아들은 성령으로 말미암아 살아있는 말씀으로 우리 안에 거하시고 그 말씀의 진리와 능력을 우리의 산 경험 안에 신석 실재(實在)로 가져오신다. 구약은 하나의 봉오리였고 신약 안에서 꽃으로 피어난 것이다. '성령이 이르신 바와 같이'라는 말씀은 구약의 말씀 속에 성령께서 감추어 놓으신 것을 신약 안에서 그분 자신이 우리에게 계시하시는 경륜을 확실하게 보여준다.

이것은 "성령께서 말씀하신 것은 오직 성령만이 풀어줄 수 있다"는 대단히 심오한 교훈을 우리의 영적 삶에 주고 있다. 성령께서는 인간의 언어와 사상을 사용하시고 인간의 이성은 그것들을 인간의 안목으로 이해하고 해석한다. 그러나 이것은 진실한 신자에게 있어서도 초보단계인 구약 성경의 "선지자들이 연구하고 부지런히 살펴서 어떠한 때를 지시하시는지 상고하니라"(벧전 1:11)라는 말씀보다 더 깊이 들어갈 수가 없다. 그들은 그들이 선포한 구속의 진정한 소유와 경험에 아직 이르지 못한 것이다. 신적 의미와 능력을 알 수 있는 것은 오직 그리스도께서 영광을 받으시고 성령께서 내주 하시는 빛과 생명의 샘으로 오실 때이다. 그것은 우리들에게 있어서도 마찬가지인데 "성령의 말씀을 이해하기 위해서는 나 자신을 성령의 인도에 맡기고 내가 필히 성령 안에서 살아야 한다"는 것을 조건으로 한다. 오직 히브리어를 아는 자가 히브리 문서를 해석할 수 있듯이 오직 하나님의 마음을 아는 성령만이 그것을 우리에게 계시하신다. 예를 들어 하나님의 안식에 들어가라는 말씀이 무엇을 의미하는가를 생각할 때 고통을 감수하며 그것을 깊이 연구하는 사람은 그것이 무엇을 의미하는지에 대한 개념을 어느 정도 가질 수가 있다. 그러나 하나님의 안식을 진정으로 알고 그 안에 들어가며 생명의 능력 안에서 그것을 누리는 것은 오직 성령께서 그것을 우리에게 가르쳐 주실 때뿐이다.

그러므로 성령이 이르신 바와 같이 오늘날 너희가 그의 음성을 듣거든 너희 마음을 강퍅케 하지 말라 여기에 성령께서 가르치시는 첫 번째 교훈이 있다. 성령께서는 우리가 마음을 강퍅케 하거나 닫지 말고 하나님의 음성에 귀를 기울이도록 우리를 부르신다. 우리가 전심으로 그 음성을 경청하기 전에는 성령께서 우리를 하나님 말씀의 능력과 축복 안으로 인도하실 수가 없으시다. 성령께서는 오직 듣고 순종하기로 자신을 포기한 마음에게만 가르치실 수가 있는 것이다. 아들께서 세상에 들어오셨을 때 "보시옵소서 당신의 뜻을 행하러 왔나이다"라고 말하였다. 아들 안에 성령이 계신 증거와, 영원하신 성령의 능력 안에서 드린 제사와, 성령의 유출(流出)로 가는 길은 듣고 순종하는 길이었다. 성령의 전체적 가르침의 조건은 항상 그의 음성을 들을 때에 너희 마음을 강퍅케 하지 말라는 것이었다. 하나님께서는 그 아들의 영을 우리 마음에 보내시고 아들의 인도하심에 전적으로 순응할 것을 우리에게 요구하시는데 하나님의 음성을 듣도록 우리를 부르시고 또 깨닫게 해주시는 것은 내주하시는 성령으로 인해서이다.

우리가 히브리서를 배우기 시작하였지만 그 주제는 하나님께서 그 아들 안에서 우리에게 말씀하신다는 것이었다. 우리 주 예수의 놀라우신 하늘 제사장직과, 그 피로 말미암아 우리가 지성소(至聖所)에 들어가고 그곳에 거하며 예배하는 것, 그리고 거기 하나님의 임재(臨在) 가운데서 그리스도와의 완전한 연합에 동참자가 된다는 진리는 추후에 밝혀질 것이다. 우리 안에 계신 성령의 가르침의 필요성과 확실성을 절감하도록 기도하고 아버지께서 그리스도를 아는 지혜와 계시의 영을 우리에게 주시기를 간구하자. 마음의 온유와 유순함 속에서 하나님의 음성을 듣자. 깊은 겸손 안에서 성령의 인도에 우리 자신을 넘겨드리자. 우리는 「영으로 감동된 구약의 시편에서 처음 말씀하시고 본 히브리서에서 그 충만한 의미를 밝히신」 오직 한 분 성령께서 능력으로 우리에게 「믿는 마음 안에 가져오기로 된 모든 빛과 진리」를 계시해 주실 것을 의탁할 수 있는 것이다.

1. 하나님께서 그분의 말씀(Word) 안에서 말씀하시고 또한 아들 안에서 말씀하시는 것은 성령으로 말미암아서이다. 모든 것은 성령께 대한 우리의 올바른 관계에 달려있다. 말씀으로 하여금 하나님의 생명이 내주 하는 씨가 되게 하라. 성령께서 믿는 우리 안에서 말씀을 열어 주시고 그 말씀이 강력하게 역사하게 하신다는 사실을 믿는 가운데 말씀을 받아들이자.

2. 성령께서 말씀을 열어 주시도록 기다릴 때, 말씀 안의 믿음에 대한 하나님의 인 치심으로써 우리는 말씀으로 하늘의 정신에 인도되고 그것을 받는다.

3. 우리도 성령의 능력 안에서 이 말씀을 말하도록 배우게 될 것이다. 사도들이 얼마나 교제와 가르침을 통하여 예수를 알고, 그분의 죽음과 부활의 증인이 되었든지 간에, 위로부터 성령을 받을 때까지 나가서 예수 그리스도를 전하도록 허락되지 않았다. 성령이 호흡하신 말씀, 성령이 열어주신 말씀은 또한 성령께서 말씀하신 말씀이어야 하고, 우리도 영광 받으신 그리스도의 보좌로부터 나오신 성령과의 살아있는 교제로 말미암아 필히 그 말씀을 말할 수 있어야 한다. 처음부터 끝까지, 하나님의 말씀은 필히 성령의 능력 안에서 역사해야 한다.

24. 오늘날

3:7 그러므로 성령이 이르신 바와 같이 오늘날 너희가 그의 음성을 듣거든

이들 단어는 통상 불신자들에게 적용되지만 이 말씀들이 나타나는 시편과 이들 단어가 포함되어 있는 본 히브리서의 문맥에는 둘 다 하나님의 백성을 의미하는 것으로 되어있다. 신자들을 다루심에 있어서 그들이 연약하여 죄에 잘 빠지든지 또는 강하여 즐거움 가운데 살든지 간에 성령께서 그들에게 말씀하시는 중요한 단어는「오늘날」인 것이다.

성령께서는 오늘날이라 이르신다. 이것은 무엇을 가리키는가? 하나님은 영원하신 분이시다. 그분께는 어제도 없고 내일도 없다. 우리가 과거나 미래라고 부르는 것도 하나님께는 항구적인 현재일 뿐이요, 하나님의 사심은 항상 복되시며 결코 끝이 없는 오늘날인 것이다. 그리스도와 그분의 구원에 대한 본 히브리서의 가장 비중 있는 단어 중의 하나는 영원한 또는 영원히 이다. 그리스도는 영원한 구원의 근원이 되셨는데, 구원이란 영원성을 특성으로 하고 있으며, 구원의 중요한 특징은 상존하는 현재(現在)로써, 항상 살아 계셔서 우리를 위해 기도하시는 그리스도께서 무궁한 생명의 능력으로 우리를 그 구원 안에 다스리지 못하시는 때는 단 한 순간도 없다는 놀라운 사실이다.

인간(人間)은 순간에 매인 피조물(被造物)이다. 과거는 그로부터 가버린 것이며 미래는 손을 댈 수가 없는 것이다. 인간의 것이라면 오직 현재(現在)의 순간밖엔 없다. 그러므로 인간이 영원한 대제사장이신 그리스도의 동참자가 되고 그리스도가 함께 하는 영원한 구원에 동참자가 될 때에 인간에 대한 하나님의 크신 말씀은 오늘날인 것이다. 그리스도 안에서 위대한 영원(永遠)의 모든 축복이 상존하는 현재로 집약되는데, 신자에게 필요한 한 가지는 그 사실을 알고 그것에 순응하는 것이며, "내 자녀야, 오늘날뿐이요, 현재뿐이니라!" 하시는 하나님의 은혜를 바로 그 오늘날에 "그렇습니다, 나의 아버지여, 오늘날뿐이요, 오직 현재뿐입니다!" 하고 수용하는 것이다.

만약 당신이 이 하나님 차원의 오늘날의 의미를 이해하고자 한다면 그 자체의 놀라운 위상 안에서 그것을 바라보라. 성령께서도 오늘날이라 이르신다. 사탄이 속삭이는 말은 항상 내일이고 사람들이 선호하는 말도 역시 내일이다. 하나님의 자녀에게 있어서도 불신앙의 말은 너무나 자주 내일이다. 오늘날에 대한 하나님의 요구는 너무 크고 하나님의 약속이 너무도 벅찬 감이 들어서 우리는 그러한 것들이 이다음에 보다 쉽게 오기를 희망한다. 성령께서는 오늘날이라 말씀하신다. 그것은 하나님의 크신 능력이신 성령께서 하나님이 뜻하시고 요구하시는 모든 것을 그분 스스로 우리 안에서 이루어 주실 준비가 되어 있음을 말한다. 성령께서는 현재적 구원의 능력을 자신이 소유하고 계신 까닭에 현재적 신뢰를 위한 매 순간의 즉각적인 복종을 우리에게 호소하고 계신다.

오늘날 그것은 놀라우신 약속(約束)의 말씀이다. 그것은 오늘날이 당신을 위한 하나님의 놀라우신 사랑의 순간이며 그 사랑은 이제 당신의 마음속에 부어지기를 기다리고 있는 한편, 그리스도께서 이루신 모든 것과 현재 하늘에서 이루시는 모든 것, 그리고 당신 안에서 이루시고자 하는 모든 것이 바로 오늘 당신의 손닿는 곳에 있다는 것을 말한다. 성부(聖父)와 성자(聖子)께서 주시기 원하는 모든 것을 이해하고 요구하고 누릴 수 있는 능력을 소유하신 성령께서 오늘날 당신 안에 계셔서 모든 필요를 충족하시고 모든 위험에 확실한 답이 되신다. 성경 안에서 우리가 발견하는바 충분하고도 완전한 복종을 요구하는 모든 부르심(召命)에는, 우리가 읽는바 그때그때의 영적 필요를 채워주기 위한 은혜의 모든 약속에는, 그리고 우리가 호흡하는 모든 기도와 더불어 우리의 마음을 다스리는 모든 열망 속에는, 오늘날이라고 속삭이는 약속의 성령이 계신다. 성령께서는 "오늘날"이라 이르신다.

오늘날! 그것은 엄숙한 명령의 말씀이다. 이제 그것은 당신이 맘대로 받거나 거절할 수 있는 어떤 사치스런 특권의 문제가 아니다. 아아, 믿는 자여! 성령이 주시는 충만한 축복을 받든지 말든지 하는 것은 당신에게 맡겨진 선택이 아님을 알라. 성령의 그 오늘날은 하나님의 부르심에 대하여 "예, 주님, 주님의 모든 뜻에 오늘 즉시 완전히 순종하겠습니다"라고 응답해야 하는 가장 장엄한 의무아래 당신을 끌고 오는 것이며, 주님의 모든 은혜 안에서 현재적이고도 온전한 신뢰를 드려야 하는 바로 그 오늘날인 것이다. 성령께서는 오늘날이라 이르신다.

오늘날! 이것은 또한 신실하신 경고의 말씀이다. **성령이 이르신 바와 같이 오늘날 너희가 그의 음성을 듣거든 너희 마음을 강퍅케 하지 말라 너희는 내 안식에 들어오지 못하리라** 미루는 것처럼 강퍅하게 하는 것은 없다. 하나님께서 우리에게 말씀하실 때는 하나님의 사랑의 음성의 속삭임을 듣도록 온유한 마음을 열 것을 요구하고 계신 것이다. 성령의 요구인 오늘날에 대하여 보다 더 자기에게 편리한 때인 내일로 응답하는 신자는 그가 어떻게 마음을 강퍅하게 하고 있는지도 모르는 채, 뒤로 미루는 그것으로 인하여 복종과 순종과 믿음을 쉽게 하기보다는 오히려 어렵게 만들고 있는 것이다. 그것은 오늘 보혜사(保惠師)에 대해 마음을 닫는 것이며 성장의 모든 소망과 능력을 잘라버리는 것이다. 신자여, 성령께서 오늘날이라 이르신 바와 같이 그분의 음성을 들을 때에, 듣고 순종하기 위하여 큰 온유함으로 마음을 열고, 성령의 오늘날에 대한 순종이 바로 능력과 축복의 단 하나의 확신이 되게 하라.

나약하고 실패하는 삶을 살며 믿음의 안식, 나아가 하나님 자신의 안식에 아직도 들어가지 못한 모든 신자들에게 오늘날이라는 이 단어는 그들의 모든 실망과 모든 실패를 해결하는 열쇠가 된다. 당신은 쉽게 순종할 수 있는 힘을 기다렸고 희생의 아픔을 경감하기 위한 감정을 기다렸다. 당신은 낱낱의 말씀을 통하여 당신에게 들려주는 하나님의 음성을 듣지 않았다. 하나님께서는 살아계신 말씀이신 예수 그리스도로 말미암아 그 놀라운 소망의 말씀인 「오늘날」을 말씀하셨다. 당신은 그것이 즉시 회개하라고 죄인을 부르시는 의미를 가진 것으로 생각하였을 뿐, 그것이 신자를 향한 것이라는 것을 알지 못하였고, 신자가 그 음성을 들을 때마다 즉시 하나님께서 말씀하시는 모든 것에 대하여 전심으로 복종하며 하나님이 주시는 모든 것을 즉시 믿음으로 받아야 한다는 것임을 알지 못하였다. 그리고 아직도 그렇게 생각하고 있다.

히브리인들에게 쓴 본 히브리서에서 우리는 하나님 우편에 대제사장으로 계신 예수 그리스도께서 무궁한 생명의 능력으로 우리를 위해 무엇을 하실 수 있는가 하는 것에 대한 대단히 놀라운 예증을 보고 있다. 하나님의 안식에 들어가는 것, 예수께서 하나님의 임재 안에 들어갈 수 있었던 그 피에 양심을 온전히 깨끗케 하는 것, 휘장 안의 하나님의 임재 가운데 우리가 나아가는 것, 바로 하나님의 그 마음에 이끌리는 것, 하나님의 사랑에 인도되어 그리스도 안에 거하는 것, 이 모두가 우리의 축복인 것이다. 그리고 그 각각의 축복에 지금이 바로 받을만한 때라는 말씀이 부가되어 있다. 성령께서 오늘날이라 이르신다.

1. 형제여, "성령께서 오늘날, 오늘날이라고 속삭인다"는 놀라운 메시지를 듣기 위해 아주 잠잠한 가운데 우리 함께 하나님께 경배하자. 그 말씀을 받아들이도록 우리의 온 마음을 열어드리자. 오늘날을 말씀하시면서 힘을 주시고 은혜를 나누어주시며 예수를 계시하는 분은 바로 성령 자신이라는 것을 기억하고 모든 근심과 불신앙을 떨쳐버리자.

2. 날마다 그리고 하루 내내 하나님의 음성이 우리 영혼에 울려 퍼질 때까지 우리의 믿음이 오직 하나님의 음성을 듣도록 하자. 오늘날이라는 하나님의 말씀을 받아서 우리의 것으로 만들자. 우리는 하나님 사랑의 놀라운 오늘날을 우리 믿음의 확신의 오늘날로 맞아들이자. 그러면 그것은 하나님께서 거하시는 영원한 현재의 증험이 될 것이다.

3. 영접하여 살아드린 성령의 오늘날은 우리 안에서 무궁한 생명의 능력이 될 것이며 상존하는 실재로서 영원한 구원의 경험이 될 것이다. 성령께서 오늘날이라 이르신다.

4. 바로 어제 나는 한 하나님의 종이, "회심할 때 나는 '하나님의 뜻을 내일로 미루지 않고 오늘 행하겠습니다.'라고 말하게 되었는데 그 결과 말로 다 할 수 없는 축복을 받았다"고 간증하는 것을 들었다. 오늘 하루 하나님의 은혜로 말미암아 온 마음을 다한 삶을 살도록 하자. 그렇게 할 때 내일은 더 좋은 오늘 이 될 것이다.

25. 믿지 아니하는 악심(惡心)

3:12 형제들아 너희가 삼가 혹 너희 중에 누가 믿지 아니하는 악심을 품고 살아 계신 하나님에게서 떨어질까 염려할 것이요

본 히브리서의 위대한 실제적 목적은 우리를 믿음으로 부르는 것이다. 이러한 관점에서 히브리서는 우리가 하나님의 말씀과 맹세 안에 그리고 우리 하늘 대제사장의 인격과 능력 안에 얼마나 확실한 토대를 갖고 있는가를 우리에게 보여주고 있다. 그것은 어떻게 불신앙(不信仰)이 하나님으로부터 떨어져 나가는 모든 경우의 원인이 되었으며 하나님의 약속과 안식을 누리는데 실패하는 원인이 되었는가 하는 것과 아울러 모든 세대에 있어서 믿음은 하나님의 성도들이 그 안에서 살며 역사한 단 하나의 능력이었다는 것을 우리에게 상기시키는 것이다. 히브리서는 이미 "우리가 소망의 담대함과 자랑을 끝까지 견고히 잡으면"(히 3:6)이라 말한 바 있는데, 여기에서 처음으로 믿지 아니하는 악심을 주의하라는 부르심과 더불어 『믿는다』란 단어가 사용되었다.

믿지 아니하는 악심 이 표현이 의미하는 바가 무엇인지 잠시 생각해 보자. 그리고 우선 신앙에서 마음이 차지하는 위치를 주목해 보자. 우리는 마음을 강팍케 하지 말라는 경고를 들은 바 있다(히 3:7). 하나님께서 말씀하시는 곳도 마음이요 하늘 축복을 주시기 원하는 곳도 마음이다. 거기에는 "저희는 마음이 미혹된 백성이라 내 도를 알지 못한다 하였도다"(시 95:10)라고 하는 하나님의 불만이 뒤따르기도 한다. 하나님의 길을 알 수 없도록 잘못되어 가는 것도 마음이다. 그리고 여기에 다시 믿지 못하며 살아계신 하나님으로부터 떨어져 나가게 되는 것도 악한 마음임을 말한다. 본 히브리서 연구와 전체 믿음의 생활에 있어서, 마음이 그 모든 욕망과 의지와 사랑을 전적으로 하나님께 복종시키지 못한 채 아름다운 사상과 행복한 감정을 즐기는 것을 우리는 참으로 주의하자. 하나님과의 교제에 있어서 모든 것은 마음에 달려 있는 것이다. 사람이 하나님의 구원을 믿고 받아들이는 것은 마음에 의해서이다.

믿지 아니하는 악심(惡心) 많은 사람들이 불신앙을 연약함으로 생각하고 또 그렇

게들 말한다. 믿기를 원하지만 그럴 수 있을 것 같지 않고 그래서 그들은 그들의 믿음이 약하다고 말하는 것이다. 그리고 당연히 그들은 거기에 대하여 죄책이나 부끄러움을 느끼지 않는다. 그들은 할 수 없었던 것을 하지 않은 것이므로 충분한 구실을 갖고 있다고 자위하는 것이다. 하나님은 달리 생각하신다. 성령께서는 불신앙을 악심이라 말씀하시는 것이다. 마음은 사람이 하나님과 교제를 갖도록 하나님께서 사람 안에 창조해 놓으신 기관이다. 믿음은 마음의 첫째가는 자연적 기능이고 믿음과 사랑으로 마음은 하나님 안에 거한다. 마음은 하나님의 음성을 듣는 귀이고, 하나님과 보이지 아니하는 세계를 볼 수 있는 눈이며, 하나님께서 분여해주실 수 있는 모든 것을 알고 수용하는 역량이다. 그것은 말씀되어진 말씀을 신뢰하는 데서 출발하여 말씀하는 인격과의 교제에서 성장하고, 그 결과 하나님께서 주시고자 하는 모든 것을 받는다. 죄는 보이지 않는 것에서 보이는 것으로, 그리고 하나님께로부터 자아(自我)에게로 마음을 돌려놓았고, 하나님께 대한 믿음은 가져야 할 처소를 상실했으며, 그 결과 가시세계(可視世界)와 그 소산에 대한 믿음이 되어버린 것이다. 그리고 이제 불신앙은 공언된 것이든 명확한 것이든 또는 보다 은밀한 것이든 무의식중의 것이든 악심의 큰 증표요, 죄의 큰 증거이며 영원한 어둠과 저주의 큰 원인인 것이다. 신앙을 고백하는 모든 교회가 히브리인들에 대한 아래의 말씀보다 더 크게 외쳐야 할 경고가 따로 없다. "삼가 혹 너희 중에 누가 믿지 아니하는 악심을 품고 살아 계신 하나님에게서 떨어질까 염려할 것이라."

살아 계신 하나님으로부터 떨어질까 염려하라 이것은 가공할 불신앙의 악으로써, 사람으로 하여금 살아계신 하나님과 교제하는 것을 불가능하게 함을 말한다. 『살아계신 하나님』이란 표현이 본 히브리서에는 네 번이나 나온다. 구약 성경에서 이 표현은 듣지도 말하지도 도와주지도 못하는 것, 즉 죽은 우상(偶像)과 대조적으로 쓰였다. 슬프다, 얼마나 자주 신앙을 고백하는 신자들이 새겨 만든 형상보다도 더 위험스러운 상상 속의 우상 즉 생각 속의 망상(妄想)에게 예배를 드리는가! 살아계신 하나님은 그 아들 안에서 말씀하시며 그들이 말할 때 그것을 들으시고, 그들 안에 하나님의 큰 구원 즉 그들이 몰랐던, 사랑하시며 사랑받는 하나님을 보여 주신다. 그들의 「모든 신자로서의 고백과 종교적 행사」에도 불구하고 살아계신 하나님으로부터 떨어져 나가는 것은 믿지 아니하는 악심(惡心) 때문이다.

이 경고를 받아들이자. 히브리서에서 우리가 배우지 아니하면 안 되는 더 깊은 진리에 이르기 전에 우리들의 첫 번째 교훈을 잘 배우도록 하자. 하나님께서 바라시는 한 가지, 또 우리가 받아야할 한 가지는 우리의 크신 대제사장께서 우리를 위해 소유하시고 우리에게 주시고자 하시는 충만한 축복으로서 믿음의 마음 즉 충만한 믿음 속에서 하나님께 가까이 이끌리는 참된 마음인 것이다. 우리는 우리 중 누구라도 비록 한 순간이나마 믿지 아니하는 악심을 품지 않도록 주의하고 또 주의하자. 악심의 원인이 되거나 조장하는 것이라면 어떤 것이든, 그것이 세속성이거나 의식주의(儀式主義)이거나 간에, 하나님의 말씀에 대한 무지이거나 너무 많이 머리로 아는 지식이거나 간에, 그리고 너무 적에 우리 마음의 상태에 기대하는 것이거나 너무 많이 자아에게 마음을 빼앗기는 것이거나 간에 모두 내어버리고, 언제라도 우리 안에 믿지 아니하는 악심이 생기지 않도록 유의하자. 하나님의 음성에 귀를 기울이는 동시에 하나님의 말씀을 듣고 신뢰하는 유순한 마음이 우리가 언제나 하나님께 드리는 제물이 되게 하자.

사람은 하나님이든 세상이든 마음으로 믿는다. 마음의 어떠함이 우리 믿음의 어떠함이며 우리 삶의 어떠함이다. 우리가 그리스도를 즐거워하는 것과 우리의 영적 능력과 열매 맺음, 그리고 우리의 하나님께 가까이 나아감과 그리고 우리 안에서 하나님의 역사하심을 경험하는 것은 다 개별적인 믿음의 행사가 아니라 전체적 마음의 상태에 달려있는 것이다. 그러므로 하나님께서는 우리에게 믿음의 성령을 불어 넣어 주시므로 우리의 마음을 온유하게 하시고 하나님을 향하여 항상 열려있게 하신다. 아아, 무엇보다도 믿지 아니하는 악심을 경계하자.

그리고 만약 우리가 어떻게 살아있는 믿음을 얻고 그 믿음을 자라게 할 것인가를 알고자 한다면 믿음의 상관관계를 유의하라. 불신앙은 살아계신 하나님으로부터 우리를 떨어져 나가게 만들고, 신앙은 우리를 하나님께 가까이 이끌어 그 임재 안에서 먹고 자라게 한다. 깊은 겸손과 마음의 평온에서 하나님의 임재를 익히라. 살아계신 하나님을 목마르게 찾으라. "나의 영혼아 잠잠히 하나님만 바라라, 대저 나의 소망이 저로 좇아 나는도다"(시 62:5). 그분은 살아계신 하나님이시다. 하나님은 보시고 들으시며 느끼시고 사랑하신다. 하나님은 말씀하시고 은혜를 베푸시며 역사하시고 자신을 계시하신다. 하나님의 임재는 믿음을 깨우고 힘을 주며 만족하게 한다. 살아계신 하나님 앞에서 겸손한 묵상과 예배로 경배하라, 그리하면 믿음은 깨어나 담대함과 소망의 자랑으로 자랄 것이다. 가까이 오는 자들에게 자신의 생명을 주시어 살아있게 하시는 분은 살아계신 하나님이시다. 하나님의 임재 가운데 머무는 것만이 가장 확실하게 믿지 아니하는 악심으로부터 당신을 해방할 것이다.

1. 불신앙과 살아계신 하나님으로부터 떨어져 나가는 것, 경외심을 가지고 이것들의 상관관계를 기억하라. 이것들은 서로 작용과 반작용을 한다.

2. 예수의 미쁘심이 믿음의 충만을 마음에 채운다. 당신은 이 교훈을 기억하는가? 여기에 같은 것이 있다. 살아계신 하나님께 가까이 이끌림은 살아있는 믿음으로 마음을 채울 것이다. 그리고 히브리서는 어떻게 예수 안에서 하나님이 우리에게 가까이 오시고 어떻게 예수 안에서 우리가 하나님께 가까이 가는가를 가르쳐 준다.

3. 불신앙을 나약함으로 말하거나 생각지 말라. 항상 그것을 죄들 중의 죄요 모든 죄를 맺는 어미로 생각하라.

4. 하늘에 살아계신 하나님과 땅 위의 믿는 마음, 이 둘은 서로 만나 서로를 만족시키는 두 능력이다. 당신의 믿음이 살아계신 하나님 외에 다른 어떤 방책이나 한계를 알지 않게 하라. 살아계신 하나님 안에 살아있는 믿음이 되게 하라.

26. 매일 피차 권면(勸勉)하라

3:13 오직 오늘이라 일컫는 동안에 매일 피차 권면하여 너희 중에 누구든지 죄의 유혹으로 강퍅케 됨을 면하라

앞 절에서 우리는 "너희 중에 누가 믿지 아니하는 악심(惡心)을 품을까 염려하라"는 말씀을 읽었다. 이것은 단지 각자가 자기 자신을 돌아보라는 것만이 아니라, 모든 사람이 누구라도 믿지 아니하는 악심을 품는 자가 있을까 살펴보라는 말도 된다. 교회는 한 몸이다. 한 지체의 병은 온 몸의 위험이 된다. 각자는 주위의 이웃들을 염두에 두고 살아야 한다. 각 지체는 그리스도로부터 그 형제들의 사랑과 보살핌에 맡기어 졌고 도움을 받도록 되어 있다. 한 집에, 한 이웃에, 한 교회에 함께 하는 신자들은 서로 간에 책임이 있고 누가 믿지 아니하는 악심으로 말미암아 하나님으로부터 떨어져 나가지 않도록 주의해야 한다. 신자들은 모두가 항상 굳은 믿음 안에 서서 서로 돕고 권면하도록 부르심을 받은 것이다.

6절을 묵상하는 가운데서 우리는 너무나도 많은 신자들이 처음 소망의 담대함과 기쁨을 끝까지 견고히 붙잡지 못한다는 아픈 현실을 말한바 있다. 여기에 하나의 원인이 있다. 주님께서 명하신 대로 서로 염려하고 도와주지 못한다는 것이다. 나 자신만을 돌보는 데서 형제가 고통을 당할 뿐만 아니라 나 자신도 많은 것을 잃는다. 각 지체의 건전한 삶은 그 주위의 삶에 영향을 받고 그가 동참하는 모임에 영향을 받는다. "너희 중에 누가 믿지 아니하는 악심을 품을까 염려하라"는 경고의 말씀은 우리가 생각하는 것보다 더 깊은 중요성을 갖고 있다.

이러한 배려에서 본문은 매일 피차 권면하여 너희 중에 누구든지 죄의 유혹으로 강퍅케 됨을 면하라는 것을 강조한다. 그리스도인은 서로 권면하도록 되어 있는데 이것은 그들의 의무이자 권리인 것이다. 지체(肢體)들이 서로를 염려한다는 것은 그리스도의 몸 전체에 적용되는 말씀이다. 몸의 생명은 전혀 자신을 기쁘게 하지 않은 그리스도의 영에 달려 있으며, 그 성령은 자기의 유익을 구하지 아니하며 남을 사랑하고 축복하는데서 존재이유를 갖는 사랑이시다. 각 지체가 다른 지체를 돕는 한편 도움 받기 위해 겸손히 자신을 내어드릴 때 모든 지

체의 안전과 활력이 확보된다. 우리의 전제 교계에서의 성도들의 교제는 서로 섬겨 사랑하고 염려하는 실행의 수련으로 입증되어야 한다.

오직 오늘이라 일컫는 동안에 매일 피차 권면하라 우리는 "오늘날 그의 음성을 듣거든"이란 성령의 부르심 안에 장엄한 의미가 있다는 것을 앞서 살펴보았다. 우리는 그것을 개인적으로 적용한 바 있다. 여기에서 우리는 그러한 부르심이 해당하는 모는 경우는 필히 우리 각자에 의해 그것이 우리들 자신에게와 마찬가지로 우리 이웃에게도 적용되어야 한다는 것을 배운다. 우리는 필히 오늘날을 잊고 사는 우리 주위의 사람들에게 오늘날이 더 이상 오늘날이 될 수 없게 되는 시간의 위험, 즉 지체지연의 위험을 생각하고 매일 권면해야 한다. 오늘날! 해야 할 일은 시급한 것이며 필히 즉시 행해져야 한다. 그것은 어려운 일일 수도 있으며 그것을 명하신 분만이 하실 수 있는 일일 수도 있다. 우리의 부적합성을 절감할 때 그것은 필히 필요한 사랑과 담대함과 지혜로 우리에게 채우실 수 있는 분에게 우리를 이끌어 가야 한다. 날마다! 일은 더디지만 오늘날이라 일컫는 동안에 끊임없이 이루어져야 한다. 예수의 영은 참고 견디도록 은혜와 인내와 믿음을 주신다. "우리가 피곤하지 아니하면 때가 이르매 거두리라"(갈 6:9).

날마다 성령의 이 말씀은 오늘날의 상호보완어이다. 성령의 오늘날을 매일 새롭게 받아들이고 순종하라. 우리의 생명이 성장할 수 있는 것은 우리가 날마다 하나님의 음성에 온전히 순종하여 살 준비가 되어 있을 때뿐이다. 일단 사용된 것은 다시 쓸 수 없기 때문에 주님과의 교제, 그분께 대한 성별(聖別), 그분을 위한 섬김은 날마다 새로워져야 한다. 또한 내 몸처럼 다른 사람을 염려하는 가운데 우리는 담대함을 끝까지 굳게 잡아야 한다.

피차 권면하여 너희 중에 누구든지 죄의 유혹으로 강퍅케 됨을 면하라 우리는 마음을 강퍅케 말라는 경고를 들었다. 여기에서는 죄의 유혹으로 강퍅케 된다고 말씀하신다. 모든 죄는 속이는 것으로써 죄가 약속하는 쾌락은 거짓인 것이다. 어떤 죄들은 명백히 드러나는 것도 있다. 어떤 죄들은 아주 기만적이기도 하다. 기독교계의 묵인된 습관이나 풍속의 힘이, 또는 우리가 하는 일의 사소함이 죄를 가볍게 생각하도록 할 때 그것은 신앙을 고백하는 신자를 속이는 가공할 위력을 갖는다. 그리고 이 죄의 속임수로 말미암아 속되거나 무정하거나 자만하거나 부실하거나 간에 마음은 강퍅해지고 하나님의 음성을 들을 수 없게 된다. "피차 권면하여 너희 중에 누구든지 죄의 유혹으로 강퍅케 됨을 면하라." 이 얼마나 위험을 살펴야할 모두에게 들려주는 절실한 깨우침인가!

주위에 있는 사람들 즉 교회 밖의 사람들뿐만 아니라 교회 내의 교제 속에 함께 하는 사람들, 특히 죄의 유혹으로 말미암아 마음이 강퍅해질 위험에 처한 사람들을 염려토록 지워진 숙연한 의무를 나는 본 히브리서를 공부하는 모든 이에게 강조하고 싶다. 모든 면에서 우리가 지향하여 성장해 가는 목표가 되신 그리스도는 "그에게서 온몸이 각 마디를 통하여 도움을 입음으로 연락하고 상합하여 각 지체의 분량대로 역사하여 그 몸을 자라게 하며 사랑 안에서 스스로 세우는"(엡 4:16) 그리스도이시다. 머리에 대한 우리의 연결, 모든 것 안에서 우리가 그리스도를 향해 자라는 능력은 얼마나 그것이 연약하고 뒤떨어진 것이든지 간에 주위에 있는 주님의 몸의 지체에 대한 우리의 사랑 안에 유지되어야 한다.

그리고 만약 우리가 이 일을 위한 은혜를 어디서 구할 것인가를 묻는다면 답은 멀리 있지 않다. 그것은 우리의 머리되신 예수 그리스도 안에 있고 우리의 마음에 부어진 그분의 사랑 안에 있다. 본 히브리서에서 우리의 대제사장과 인도자 되신 예수의 긍휼을 우리가 배워감에 따라 그분은 우리를 그분의 성령에 동참자가 되게 하신다는 것을 의심치 말자. 주님은 우리를 자신의 형상(形狀)으로 빚으시며, 자신의 발자취를 따라 우리를 걷게 하시고, 주위의 이웃을 위해 살고 죽을 수 있는 제사장의 심령을 주어 우리 각자를 제사장 곧 주님 자신의 그 모습으로 바꾸신다. **그러므로 형제들아 날마다 피차에 권면하라**

1. 권면하는 일은 아주 어렵다. 그러나 그것을 할 수 있는 힘이 다른 일을 할 때처럼 올 것이다. 무엇보다도 명령을 받아들이고 마음을 의무감으로 채우며 비록 그것을 행할 전망이 조금도 보이지 않는다 하더라도 자원하는 순

종으로 주님께 자신을 맡기고 어떻게 시작할 것인가 하는 지혜와, 사랑 안에서 진리를 말할 수 있는 담대함을 위해 빛과 힘을 주시도록 주님께 바라라. 죽음에서 살아난 자같이 자신을 하나님께 드리고 각 지체를 의의 병기로써 하나님의 손에 드리라. 마음속의 불이 계속 타도록 하라, 순종의 은혜는 지체하지 않을 것이다.

2. 히브리서는 내적 생명 즉, 믿음의 생명에 대한 해설이다. 그러나 일한다는 것은 변명이 필요 없는 당연지사로 간주된다. 다른 사람을 돌보는데 있어서 그리스도인 각자는 자신을 주님께 드리되 주위의 사람들을 섬기기 전에 모든 새로운 은혜와 예수께 대한 깊은 지식을 구하라. 날마다 서로 권면하라.

27. 그리스도와 함께 참여한 자

3:14 우리가 시작할 때에 확실한 것을 끝까지 견고히 잡으면 그리스도와 함께 참여한 자가 되리라
3:15 성경에 일렀으되 오늘날 너희가 그의 음성을 듣거든 노하심을 격동할 때와 같이 너희 마음을 강퍅케 하지 말라 하였으니

제 2장에서 우리 주님 예수와 그분의 백성 사이에 이중의 하나 됨이 우리 앞에 제시되었다. 신적인 측면에서 그 둘은 하나였는데 거룩하게 하는 자와 거룩함을 입는 자가 다 하나에서 난지라, 즉 하나님께로부터 났다는 것이다. 그러므로 예수께서는 그분의 백성을 형제(兄弟)라고 부르신다. 또 하나는 인간적인 측면으로써 주님께서 사람이 되시어 우리의 본성을 입으셨기 때문에 둘은 하나인 것이다. **자녀들은 혈육에 함께 속하였기 때문에 그도 또한 한 모양으로 혈육에 함께 속하셨다** 거기에 우리는 본 내용의 강해에서 보는 것과 같은 말씀을 갖는다. 그리스도께서 혈육의 동참자가 되신 것처럼 참으로 우리도 그리스도의 동참자가 된 것이다. 우리와 함께 혈육에 참여하심으로써 그리스도는 우리 자연인(自然人)과의 완전한 교제 속에 들어오셨고 우리의 생명과 우리의 죽음은 바로 그분께서 맡으신바 되었다. 우리가 그리스도의 동참자가 될 때 우리는 모든 과거와 현재의 그분 안에서 그분과의 완전한 교제에 들어간다. 그분의 죽음 과 그분의 생명은 우리의 것이 되는 것이다.

우리는 그리스도의 동참자가 되었다! 이 어떤 신비인가! 이 어떤 보화인가! 이 어떤 축복인가! 히브리서의 전체적 목적은 우리의 동참자가 된 그리스도 안에 무엇이 있고 또 그분이 우리를 위해 무엇을 하실 수 있는가를 보여주는 것이다. 그러나 여기 초반에서, 태만이나 불신앙에 빠지는데 대한 충고로 필요한 말씀 가운데 신자들은 그들의 소유와 지분(持分)이 무엇인가를 다시 듣게 되는데 그것이 그리스도의 동참자가 되었다는 것이다. 그리스도를 외관상의 사람으로 보아서 대제사장으로 말하고, 그분의 사역을 하늘에서 우리를 위해 외형적으로 이루어진 어떤 것으로 말하는 성경에 대한 가르침을 우리가 들을 때에 거기에는 종종 위험이 내재하여 있다. 이 귀중한 말씀은 우리의 구원이 그리스도 자신을 소유하고, 그분과 한 생명(生命)이 되며, 그분 자신을 우리의 것으로 하는데 있다는 것을 우리에게 상기시켜 주는 것이다. 그리스도는 우리에게 다른 것이 아니라 내면적 구세주가 되신다. 그리스도 자신이 우리의 생명이 되시며 개인적으로 우리 안에 계셔서 역사하신다. 그리스도께서 혈육에 함께 속하셨을 때 그분은 실로 충분하게 자신의 신성을 영원히 사람과 전적인 하나로 만드셨으며, 그럼으로써 그분과 인성은 한 생명 안에 불가분하게 연합되었고, 우리가 그리스도의 동참자가 되었을 때 확실히 우리는 불가분하게 그분과 하나가 된 것이다. 그리스도께서 혈육에 함께 속한 자가 되시므로 그분은 보좌 위에서까지 인자(人子)로서 세세토록 알려지는 것이다. 마찬가지로 우리가 진실로 그리스도의 동참자가 될 때에 지금부터 영원까지 영광의 보좌 위에서 영원히 그리스도와 함께 하는 자로 알려진다. 아아, 그리스도와의 동참자로 하나님이 우리를 아시듯 우리도 그렇게 우리 자신을 알자.

그것은 하나님께서 요망하시는 한 가지 일이다. 하나님께서 하나님의 독생자(獨生子)를 하나님께 나아가는 오직 한 길로 세우셨을 때 그것은 그 속에 독생자의 형상이 없는 자와는 기쁨을 나누거나 교제를 가질 수 없으시다는 의미이다. 하나님께서 우리 안에서 그리스도 자신을 보시는 것 말고는 하나님의 은혜나 선하신 기쁨 속에 우리가 더 들어갈 수 있는 방법이 없다. 만약 하나님께서 우리를 그 아들과의 교제 속으로 부르셨다면, 그리고 그리스도 안에 있는 모든 것 즉 아들 됨과 그 사랑과 아버지의 성령의 동참자로 우리를 삼으셨다면, 우리의 특권에 합당하게 그 풍성하신 은혜로 말미암은 그리스도의 동참자로서 살아가자!

그러면 우리가 어떻게 전적인 확신 안에서 그것이 사실임을 알고, 그 사실이 적용되는 모든 복된 자각 속에서 항상 기뻐할 수 있을까? 바로 앞서 그리스도에 대한 우리의 복된 관계가 '우리가 담대함과 소망의 자랑을 끝까지 굳게 잡으면 우리는 그의 집이라'고 다른 각도에서 언급되었듯이 여기서도 '우리가 처음 시작한 것을 끝까지 굳게 잡으면 우리는 그리스도와 함께 한 자라'는 대답을 다시 갖는다. 우리는 필히 우리의 처음 확신(確信)을 굳게 잡아야 한다. 많은 사람들이 생각하듯이 우리는 믿음으로 시작해서 일하는 것으로 유지되어서는 아니 된다. 우리가 처음 시작한 확신은 끝까지 확신으로 굳게 붙들어야 한다. 우리는 필히 우리가 그리스도의 동참자가 되었을 때 그 사실이 모든 것을 포함하며, 그것은 처음부터 끝까지 변함이 없고, 우리는 오직 믿음에 의하여 믿음을 따라 그리스도를 영접할 수 있을 뿐이라는 것을 배워야 한다. 믿음을 떠나서는 그리스도의 능력을 받을 수도 없고 우리의 일함도 있을 수 없다. 하나님께서는 다른 누가 아닌 그리스도를 통하여 역사하시며, 우리는 믿음으로 하나님이 우리를 위하여 간직하신 모든 것을 이루시는 그리스도의 부요함 안에 사는 것이다. 이 믿음이 바로 하나님께서 그 모든 역사를 우리를 위해 우리 안에서 이루시는 믿음인 것이다.

우리가 끝까지 굳게 잡으면 우리는 그리스도와 함께 참여한 자가 되리라 (참여한 자가 되어야 할 것이니라가 아님을 주목하라). 우리의 인내는 우리가 그리스도와 함께 한 자가 되는 인침이 될 것이다. 처음 믿을 때 우리는 믿음으로 단번에 우리가 그리스도를 소유한 것을 알고, 우리가 끝까지 그 믿음을 굳게 붙듦에 따라 그 사실은 더욱 밝아지고 명확해지며, 그리스도의 보화를 여는데 있어서 믿음은 보다 힘 있게 역사한다. 인내하는 믿음을 통하여 그리스도께서 보호하고 온전케 하시는 능력을 행사하시기 때문에 그 믿음 자체가 우리가 그리스도를 가졌다는 증거가 된다.

믿는 자여! 당신은 당신이 그리스도와 함께 한 자라는 사실의 충분한 보증과 충만한 경험을 누리고자 하는가? 그것은 오직 날마다 그리스도와의 살아있는 교제 안에 사는 데서 얻어진다. 그리스도는 살아있는 인격(人格)이시며 그분만이 살아있는 개인적 교제 안에 알려지고 누려질 수 있으신 것이다. 그리스도는 우리의 인도자이시므로 우리는 그분을 굳게 잡고 그분의 인도하심을 따라가야 한다. 그리스도는 우리의 대제사장이시므로 우리는 그분이 우리를 하나님의 임재 속에 이끌어 올리시도록 맡겨야 한다. 그리스도는 살아계신 하나님의 아들이시며 우리의 생명이시기에 나는 필히 그분을 살아드려야 한다. 나는 그분의 집인 까닭에 내가 나 자신을 그분의 내주하심에 내어드릴 때 그분을 하나님의 아들(天子)로 알 수 있는 것이다.

그러나 전적으로 그리고 오직 믿음으로 우리가 처음 시작한 것을 끝까지 굳게 잡으면 우리는 그리스도와 함께 한 자가 된다. 예수를 처음 만났을 때 당신이 예수 안에서 누린 확신을 날마다 새롭게 함으로써 모든 난관을 극복하라. 온전한 날을 비추는 그 밝음으로 그리스도와 함께 한 자가 됨으로써 누리는 한량없는 축복이 무엇인가를 당신은 알게 될 것이다.

1. 그리스도가 인성(人性)의 동참자가 되었을 때 모든 사람이 보고 알 수 있도록 얼마나 그분은 철저하게 자신이 그 인성과 하나가 되셨던가. 우리는 그리스도의 동참자가 되었으니 우리의 전 생애가 그러한 징표가 되도록 그분과 하나가 되자. 그럴 때 모든 사람이 우리를 보고 우리가 예수 그리스도의 동참자임을 알 것이다.

2. 어떻게 그리스도는 우리 본성의 동참자가 되시었는가? 그분은 그 자신의 생명 차원을 떠나서 모든 것을 버리고 우리의 생명 차원 안으로 들어오셨다. 어떻게 나는 그리스도의 동참자가 되어야 하는가? 내 생명 차원을 벗어나 모든 것을 버리고 나 자신을 전부 그분의 소유로 드려서 그분의 삶을 살아야 한다.

3. 만약 우리가 시작한 것을 굳게 잡으면. 그리스도께서는 복종하사 인간이 되신 것을 끝까지, 아니 심지어는 죽기까지 지속하셨다. 그리스도께 대한 나의 복종을 지속하고 어떤 일이 있어도 그리스도와의 한 삶을 살도록 하자.

4. 그리스도의 동참자는 그분의 생명, 그분의 인간적 성향, 그리고 그분의 심적 온유와 겸손에의 동참자이다. 살아계신 그리스도의 동참자는 자기 안에서 그분의 삶을 살아 낼 것이다.

28. 가나안의 안식(安息)

3:16 듣고 격노케 하던 자가 누구뇨 모세를 좇아 애굽에서 나온 모든 이가 아니냐
3:17 또 하나님이 사십년 동안에 누구에게 노하셨느뇨 범죄 하여 그 시체가 광야에 엎드러진 자에게가 아니냐
3:18 또 하나님이 누구에게 맹세하사 그의 안식에 들어오지 못하리라 하셨느뇨 곧 순종치 아니하던 자에게가 아니냐
3:19 이로 보건대 저희가 믿지 아니하므로 능히 들어가지 못한 것이라

히브리서의 처음 몇 절에서 우리는 하나님께서 사람을 다루시는 데 있어서 두 개의 세대(世代) 혹은 두 개의 길을 갖고 계심을 보았고, 그리고 이 두 난계는 그리스도인의 삶에서 같은 양상을 띤다는 것도 알았다. 항상 구약의 여명 아래에서 멍에(束縛)의 길을 걷는 성도들이 있는가 하면 반면에 신약의 즐거움과 능력을 바로 앎으로써 선지자들을 통해서가 아니라 참으로 직접 아들 자신을 통해서 하나님과 교제를 나누는 사람들도 있다.

이제 묵상하려는 말씀에서 우리는 다른 관점에서 같은 진리를 갖는다. 저자는 그리스도가 모세보다 탁월하심을 말하였다. 여기서 저자는 애굽에서 탈출한 이스라엘 백성에 관하여 엄숙한 경고의 어조로 말하고 있다. 그들 모두는 가나안(Canaan)에 들어가지 못하였다. 하나님께서 애굽으로부터 구속한 사람들은 둘로 나뉘어 졌는데 어떤 사람들은 광야에서 멸망하였고 어떤 사람들은 실제로 약속된 땅에 들어가 그것을 차지하였다. 가나안에 들어가기에 실패한 원인은 불신앙으로 말미암은 불순종이라고 우리는 듣는다. 하나님께서 그 땅에 올라가 그곳을 차지하라고 그들에게 명하셨을 때 그들은 두려움에 빠져버렸다. 그들은

하나님의 약속을 믿지 아니하였고 그 결과 불순종하였다. 불신앙은 언제나 불순종의 원인이다. 그들은 불신앙과 불순종 때문에 들어갈 수 없었던 것이다.

이 이야기는 깊은 영적 중요성을 지니고 있으며 대단히 숙연한 교훈을 준다. 본 장에서 우리는 이미 두 번씩이나 시작이 좋다 해서 다가 아니라는 것을 들었다. 우리는 필히 끝까지 굳게 붙들어야 한다. 이스라엘 백성에 관하여 우리는 "믿음으로 저희는 유월절(逾越節)과 피 뿌리는 예를 정하였으며 믿음으로 저희는 홍해를 건넜다"는 것을 읽는다. 거기에는 출애굽 할 수 있었던 초기의 믿음이 있었다. 그러나 그들이 처음 확실한 것을 끝까지 굳게 잡을 것인지를 시험받았을 때 대다수는 실패하고 말았다. 그들의 믿음은 일시적인 것이었다. 그들에겐 애굽을 떠날 믿음은 있었으나 가나안에 들어갈 믿음은 없었던 것이다.

히브리인들 중에는 같은 상태의 그리스도인들이 있었다. 그들은 시작은 잘하였으나 저항에 부닥치게 되었다. 어떤 사람들은 멈추어 섰고 어떤 사람들은 이미 되돌아갔다. 그리고 오늘날의 교회 속에도 처음 회심의 믿음보다 조금도 더 나아가지 못하는 신자들이 많다. 그들은 하나님께서 그들을 애굽으로부터 구해주신 것을 안다고 말한다. 그들은 회심했다고 하는 생각에 만족한다. 거기에는 진심으로 갖는 바람이 없고, 거룩한 삶으로 힘써 나가려는 참된 목적도 없으며, 어떤 희생을 치르고서라도 약속된 안식과 승리의 땅에 들어갈 준비도 되어 있지 않다.

이스라엘 백성들이 가나안에 들어가려할 즈음에 모세는 종종 "여호와께서 애굽으로부터 우리를 인도하여 내셨으니 이는 가나안 땅을 우리에게 주시려 하심이라"는 말을 하였다. 하나님께서 하나로 묶은 것을 갈라놓는 신자들이 많다는 것은 두려운 일이다. 그들은 종 되었던 땅에서 기꺼이 이끌려 나왔으나 끝까지 하나님과 동행하며 가나안에 들어가서 모든 원수를 정복할 준비를 하지 못했다. 그들은 즐거이 종살이에서 해방되었으나 성별과 봉사의 삶에서 거룩해지기를 바라지는 않았다. 하나님의 안식에 들어오라는 부르심의 음성을 그들은 듣지 아니한 대신 그들의 마음을 강퍅케 하였다. 하나님께서 구원하기 시작한 사람들이 그들의 마음을 강퍅케 한 것은 애굽에서가 아니라 바로 가나안 접경(接境)에서였다는 것을 우리는 깊이 유념하자. 회심(回心)을 고백하고 신자의 삶을 시작했을 뿐만 아니라 얼마간의 전진을 이룩한 신자들에게서도 아직도 강퍅한 마음이 많이 발견된다. 거룩함에 대한 부르심, 방황과 주저의 삶을 그치고 하나님의 안식에 들어오라는 부르심, 모든 원수를 이기는 삶과 약속의 땅에서 하나님을 섬기라는 부르심은 순종되지 않았다. 그들은 말하기를 그것은 너무 높고 너무 어렵다고 한다. 그들은 "우리가 그 땅을 쉽사리 빼앗을 수 있다"(민 14:8)는 갈렙의 말을 믿지 않았고, 희생을 겁내는 가운데 육신적인 삶에 집착하였으며, 하나님의 음성을 듣지 않음으로서 그들의 마음은 강퍅하게 되었다. 하나님은 맹세하시되 그들이 하나님의 안식에 들어오지 못하리라 하셨던 것이다(시 95:11).

나는 독자에게 "신자의 삶에는 두 단계가 있다는 것을 잘 배워야 한다"는 것을 아무리 강조해도 다 강조할 수가 없다. 육신적인 사람도 있고 영적인 사람도 있으며 어린아이로 머무는 사람이 있는가 하면 충분히 성장한 사람도 있다. 애굽을 나왔으나 광야에서 세속적 삶에 머무는 사람도 있고, 주님을 충분히 따름으로써 안식과 승리의 삶에 들어간 사람도 있다. 우리 각자는 우리가 지금 어디에 서 있는가를 알아보고, 하나님의 경고를 성실히 유의함으로써, 하나님의 모든 뜻에 온전하고 완전히 서기를 구하며 전심으로 예수를 따라 끝까지 앞으로 나아가자.

본 히브리서가 특히 하늘의 삶과 능력, 그리고 우리 대제사장의 완전한 구원을 밝히는데 있어서 주는 모든 경고의 뜻은 무엇인가? 그것은 우리의 마음이 진심으로 그리스도를 따르려는 소원과 준비가 되어 있지 않는 한 그리스도께서 우리에게 유익을 줄 수 있는 가르침은 없다는 것이다. 히브리서는 지성소와 하나님의 안식에 들어오라는 부르심으로 그 모든 가르침을 요약한다. 그러나 그것은 역시, 믿음과 전적인 순종의 길 말고는, 십자가를 지신 분을 따르기 위하여 그 자신의 모든 뜻을 포기하기로 준비된 경우 말고는, 또한 하나님께서 주시고자 하는 모든 것이 아니면 마음이 만족할 수 없다는 사실 말고는, 거기에 달리 들어갈 수가 없다는 사실을 우리는 깊이 새겨야 할 것이다.

1. 저들은 불신앙 때문에 들어갈 수가 없었다. 믿지 아니하는 악심을 품지 않도록 주의하라. 모든 것은 믿음에 달려 있다. 본 히브리서 가르침의 각 계단마다 믿음을 행사하라. 우리에게 말씀하시는 하나님을 믿고, 복되신 아들을 믿으며, 그 아들이 역사하는 하늘 능력과 충만한 친밀성을 믿고, 그분의 참된 인성과 우리를 위해 그분이 완전케 하사 하늘로부터 임하시는 하늘 생명을 믿으라. 우리 안에 내주하시는 성령을 믿으며, 우리 안에서 역사하는 하나님의 능력을 믿으라. 믿음이 우리 영혼의 관습이며 우리 삶의 호흡이 되게 하라.

2. 모든 것이 불신앙 때문이다. 왜 그러냐고 우리가 묻는다면 너희의 불신앙 때문이라고(마 17:19-20) 예수께서는 대답하신다. 모든 불순종과 실패의 뿌리가, 영적 생활에서의 모든 연약과 고통의 뿌리가 불신앙임을 깊이 생각하자. 우리의 기도가 응답되지 않는 것을 불가사의한 일로 여기지 말자. 그 원인은 다만 하나님을 신뢰하지 못하게 하고, 하나님께 전적으로 내어드리지 못하게 하며, 하나님께서 자신의 약속을 지키지 못하시게 하는 불신앙인 것이다. 하나님, 우리를 불신앙에서 구하여 주옵소서.

29. 믿음의 안식

4:1 그러므로 우리는 두려워할지니 그의 안식에 들어갈 약속이 남아있을지라도 너희 중에 혹 미치지 못할 자가 있을까 함이라
4:2 저희와 같이 우리도 복음 전함을 받은 자이나 그러나 그 들은바 말씀이 저희에게 유익되지 못한 것은 듣는 자가 믿음을 화합치 아니함이라
4:3 이미 믿는 우리들은 저 안식에 들어가는도다 그 말씀하신 바와 같으니 내가 노하여 맹세한 바와 같이 저희가 내 안식에 들어오지 못하리라 하셨다 하였으나 세상을 창조할 때부터 그 일이 이루었느니라

우리는 출애굽 이후에 이스라엘에게 두 단계가 있음을 고찰하였다. 하나는 광야(曠野)의 생활로써 방황과 궁핍, 불신앙과 불평불만, 하나님을 격노케 함과 약속된 안식에서의 탈락 등으로 점철된 삶이었다. 다른 하나는 약속된 땅의 생활로써 사막의 방황 대신에 안식이, 궁핍 대신에 풍요가, 패배 대신에 모든 적에 대한 승리가 있는 삶이었는데 이 둘은 신자의 신앙생활의 두 단계를 상징하는 것들이었다. 그 하나는 그리스도를 오직 출애굽(出埃及)의 구세주로 아는 것

으로써 속죄와 용서를 위한 십자가상의 사역을 아는 단계이다. 또 하나는 하늘에 계신 영광의 제사장이시며 왕 되신 분으로서 그리스도를 알고 영접한 단계로써, 그분께서는 우리를 무궁한 생명의 능력으로 거룩하게 하시고 완전히 구원하시며, 하나님의 법을 우리 마음에 기록하시고 하나님 임재 안의 지성소(至聖所)에서 우리의 집을 발견토록 우리를 인도하신다. 이 대목 전체를 통한 저자의 목적은 전반의 예비단계에서 만족하지 않고 후반의 두 번째 단계를 향하여 전심전력을 보이며 완전한 구원의 약속된 안식에 들어가도록 우리에게 경고하려는 것이다. **그러므로 우리는 두려워할지니 그의 안식에 들어갈 약속이 남아 있을지라도 너희 중에 혹 미치지 못할 자가 있을까 함이라**

어떤 사람들은 가나안의 안식(安息)은 하늘의 모형이라고 생각한다. 그러나 그것은 하늘의 모형일 수가 없다. 왜냐하면 가나안 생활의 큰 특징은 그 땅이 정복(征服)되어야 한다는 것이며, 하나님께서 적에 대한 영광스러운 승리(勝利)를 주시는 것이기 때문이다. 가나안의 안식은 승리를 위한 것이었고 승리로 말미암은 것이었다. 마찬가지로 한 영혼이 안식에 들어가는 것은 그가 죄에 대한 승리를 위하여 하나님을 의뢰하는 법을 배우고, 어떤 환경에 저하거나 어떤 의무에 임하여서도 하나님의 뜻을 따라 살도록 자신을 완전히 하나님께 내어드릴 때 그 믿음의 삶에 있는 것이다. 그때의 영혼은 하나님의 약속과 뜻과 능력 안에서 산다. 이것은 죽음을 인해서가 아니라 바로 믿음으로 말미암아서, 아니, 육체의 죽음을 통해서가 아니라 그리스도의 죽음 안에서 믿음으로 말미암은 자아(自我)의 죽음을 통해서 들어가는 영혼의 안식이다. **저희와 같이 우리도 복음 전함을 받은 자이나 그러나 그 들은 바 말씀이 저희에게 유익되지 못한 것은 듣는 자가 믿음을 화합치 아니함이라** 그들이 가나안에 들어가지 못한 하나의 이유는 그들의 불신앙(不信仰)이었다. 땅은 기다리고 있었고 안식은 제공되었으며 하나님께서는 그들을 그 곳에 인도하여 안식을 주시려 던 참이었다. 한 가지 부족한 일은 그들이 믿지 않음으로써 그들 자신을 하나님께 맡기지 못했고, 하나님께서 약속하신 것을 하시지 못하게 한 것이다. 불신앙은 하나님을 향해 마음을 닫고, 하나님의 능력으로부터 삶을 철회시키며, 바로 사물의 원리 그 안에서 약속의 말씀을 무력하게 만든다. 그들이 가르침을 받았듯이 안식의 복음은 우리에게도 전해진 것이다. 성경에서 우리는 영혼의 안식에 대한 아주 귀중한 확신을 예수의 멍에 아래에서 발견하는데, 이는 또한 모든 지각에 뛰어난 하나님의 평강(平康)과, 그 무엇도 빼앗아 갈 수 없는 영혼의 평화와 기쁨의 확신이다. 그러나 그 확신도 믿지 않으면 누릴 수 없는 것이다. 믿음은 본질상 약속자이신 하나님께서 그것을 우리 안에 이루시기까지 그 약속과 그 하나님 안에 쉬는 것이다. 오직 믿음만이 안식에 들어갈 수 있다. 믿음의 충만은 약속의 충만 안에 들어가는 것이다.

이미 믿는 우리들은 저 안식에 들어가는도다 "안식에 들어가게 될 것이다"가 아니다. 아니, 오늘날, 성령께서 말씀하시는 그 오늘날, 지금 그리고 여기 지상에서 이미 믿는 우리는 안식에 바로 들어가는 것이다. 그것은 우리가 처음 확실한 것을 끝까지 굳게 잡을 때 축복을 누리는 것으로써, 곧 그리스도와 함께 참여한 자가 되어 안식하는 것과 같이 여기 현재(現在)에서 믿음의 안식에 들어가는 것을 말한다. 홍해(Red Sea)를 건너 애굽을 나온 처음 믿음은 굳게 잡은바 되어 요단(Jordan)을 건너 약속의 땅에 들어가는 믿음의 충만에 이르러야 한다.

히브리서를 배우는 모든 사람은 하나님의 말씀을 다루는 데 필요한 일로써 그 어조(語調)가 얼마나 강렬하고 개인적이며, 믿음을 위해 이 서신이 얼마나 다급하게 우리에게 호소하는가를 절감해야 한다. 이러한 것이 없이는 말씀이 우리에게 유익을 가져다 줄 수가 없다. 우리는 사유(思惟)와 연구(研究)로 약속의 의미 속에 들어가려고 노력할지도 모른다. 그러나 하나님께서는 믿음이 아니고는 절대로 하나님의 안식에 들어갈 수도 없고 약속을 이룰 수도 없다는 것을 우리에게 보여 주셨다. 우리가 하나님과 교제하고 하나님의 말씀과 교제할 때 하나님께서 요구하시는 한 가지 일은 하나님을 향하여 항상 우리의 마음을 열고 하나님의 안식에 들어가 거기에 머물기를 사모하는 믿음의 관행이다. "대제사장 되신 예수께서 어떻게 우리를 하나님의 임재 가운데로 인도하는가" 하는 계시를 받을 수 있는 영적 능력은, 바로 하나님, 즉 살아계신 하나님을 목마르게 사모하는 영혼에게 주어진다. 지성소에 들어감에 대하여 우리가 앞으로 배우는 것은, 지금 여기에서 안식에 들어가도록 부르심을 받은 것을 더욱 명확하게 아는 것에 다름없다. 히브리서를 배우면서 우리는 모든 것 위에 믿음을 갖도록 하자.

당신은 안식(安息)에 들어가기를 원하는가? 믿음의 두 단계에 대하여 우리가 무엇을 배웠는가를 기억하라. 그것은 모세와 여호수아로 대표되었다. 모세는 이스라엘의 믿음의 인도자였고 여호수아는 그 믿음을 온전케 하는 자, 즉 완성하는 자였다. 모세는 애굽으로부터 백성을 인도해 내었고 여호수아는 가나안으로 백성을 인도해 들였다. 예수를 당신의 여호수아로 영접하라. 과거의 실패와 방황과 죄가 당신의 현재에 절망(絕望)도 되지 않고 만족(滿足)도 되지 않게 하라. 결정적으로 당신을 그 가나안의 안식에 인도하기 위하여 자신의 피 뿌림으로 말미암아 당신을 애굽으로부터 구해내신 분으로 예수를 신뢰하라. 믿음은 언제나 그 안에서 타인이 나에게 제공하는 휴양(休養)인 것이다. 믿음은 믿음 그 자체 안에서나 자신의 노력으로 헤쳐 나가기를 그치고, 그 자체의 결핍이나 연약으로 괴로워하는 것마저 그친 후에 모든 것을 맡으시는 전능하신 분의 충족성(充足性) 안에 평안히 거하는 것이다. 예수를 신뢰하라. 광야를 포기하고 버리라. 예수를 전적으로 따라 가라. 그분이 곧 안식이신 것이다.

1. 아무도 믿음의 안식 속에 거하는 이 땅 위의 삶이 오직 은혜 입은 소수만의 어떤 것이라고 상상하지 말자. 하나님께서 그 안식에 들어오도록 부르시는 대상이 바로 독자 당신이라는 것을 아무리 강조한들 지나침이 있으랴. 하나님께서는 온전한 성별(聖別)의 삶으로 당신을 부르신다. 만약 당신이 이미 회심했다는 생각으로 만족해 버린다면 당신은 영혼의 파멸에 직면해 있는 것이며 이스라엘처럼 광야에서 멸망할 것이다. "내가 노하여 맹세한 바와 같이 저희는 내 안식에 들어오지 못하리라 하였노라"(히 3:11).

2. 만약 하나님이 참으로 모든 선함과 축복의 근원이 되신다면 그것은 우리가 하나님께 더 가까이 가는 것과 우리가 하나님을 더 소유하는 것을 전제로 한 것이며 그럴 때 우리의 기쁨은 더 깊고 더 충만할 것이다. 그리스도께서 우리를 하나님의 안식으로 인도하시고자 할 때에 어떤 값을 치르더라도 그 분께 기꺼이 자신을 드리려 하지 않는 사람은 그의 모든 종교가 단지 형벌을 피하려는 이기심(利己心)이요, 지금은 하나님께 대하여 만족할 수 없지만 훗날엔 하늘에 들어간다는 것으로 만족하는 사람이다.

30. 하나님의 안식

4:4 제 칠일에 관하여는 어디 이렇게 일렀으되 하나님은 제 칠일에 그의 모든 일을 쉬셨다 하였으며
4:5 또 다시 거기 저희가 내 안식에 들어오지 못하리라 하였으니
4:6 그러면 거기 들어갈 자들이 남아 있거니와 복음 전함을 먼저 받은 자들은 순종치 아니함을 인하여 들어가지 못하였으므로
4:7 오랜 후에 다윗의 글에 다시 어느 날을 정하여 오늘날이라고 미리 이같이 일렀으되 오늘날 너희가 그의 음성을 듣거든 너희 마음을 강퍅케 말라 하였나니
4:8 만일 여호수아가 저희에게 안식을 주었더면 그 후에 다른 날을 말씀하지 아니하셨으리라

성경과 더불어 우리는 믿음의 안식(安息)에 관하여 말한다. 하지만 믿음은 오직 하나님 안에서 안식하는 까닭에 안식을 줄 수 있는 것이며, 하나님께서 모든 것을 하시도록 하는 까닭에 믿음은 안식한다. 안식은 하나님 자신 안에 존재한다. 우리가 믿음으로 들어가는 안식은 하나님 자신의 신적 안식이다. 성령께서 "내 안식"이라든가 "그의 안식" 또는 "하나님은 쉬셨다"고 말씀하실 때 그것은 우리에게 그것이 하나님 자신의 안식으로써 우리가 바로 그 안식에 들어가며 참여하도록 되어 있다는 것을 가르쳐 주는 것이다. 그것은 오직 조물주(造物主) 안에서만 안식을 찾을 수 있는 것이 피조물(被造物)의 운명이며, 하나님과 하나님의 뜻 그리고 하나님의 역사하심에 완전히 복종할 때 피조물은 완전한 안식을 가질 수 있고, 하나님께 자신을 다 맡긴 후에야 근심걱정을 떠날 수 있다는 것을 믿음이 깨달을 때 이루어지는 것이다. 믿음은 또한 하나님께서는 모든 운동과 변화의 원인이 되시나 그분 자신은 동요되지 않으시고 변하지 않으시는 분이시며, 하나님의 복된 안식도 하나님 자신이나 다른 어떤 존재가 행한 일로서는 절대 깨어지지 않는다는 것을 본다. 사랑의 부르심을 경청함으로써 믿음은 하나님 안에 있는 처소(處所)와 하나님의 사랑을 찾기 위해 모든 것을 버린다. 믿음은 하나님의 안식이 무엇인가를 발견하고, 믿음은 하나님의 안식에 이르러 거기에 참여할 것을 믿는다. 믿음은 안식에 들어가 쉬며, 믿음은 그 안식에 인도되어 동참자가 되도록 자신을 예수께 내어드린다. 믿음이 하나님을 경외하고 모든 것을 하나님께 의탁하는 까닭에, 하나님께서는 믿음을 귀히 여기시고 문을 여시며 영혼은 하나님 안에 인도되어 안식하게 된다.

이 믿음이 바로 예수 안에 있는 믿음이다. 그것은 예수께서 완성하신 사역과 예수께서 주시는 완전한 구원과 예수 안에서 개인적으로 이루어지는 완전(完

全)과 그 안에서 우리가 예수와 함께 하는 자가 되는 것에 대한 통찰인 것이다. 한 가지 일을 완성하는 것과 거기에 따라오는 안식과의 관계는 창세기 첫머리에 기록된 창조의 기사에서 명확하게 보여준다. **제 칠일에 관하여는 어디 이렇게 일렀으되 하나님은 제 칠일에 그의 모든 일을 쉬셨다. 이미 그의 안식에 들어간 자는 하나님이 자기 일을 쉬심과 같이 자기 일을 쉬느니라** 하나님의 안식은 창조로써 완성하신 것 안에서 하나님이 기뻐하시는 자기만족이신 바, "하나님께서 이루신 것을 마음에 두시고 완전으로 이끄시는" 섭리의 복된 역사(役事)의 시작인 것이다. 그리고 또한 우리가 가까이 나아가고 들어가서 안식하도록 우리 믿음의 초석으로써 그리고 충만한 믿음으로의 부르심으로써 본 히브리서가 항상 우리 앞에 제시하는 것은 완성된 예수의 사역이다. 예수께서 죄를 없이하시고 휘장을 찢으신 뒤 보좌 우편에 앉으신 까닭에, 그리고 모든 것이 완성되고 온전케 되었으며 영광 받으신 그리스도와 함께 하는 자가 되도록 하늘로부터 우리 마음속에 성령을 받은 까닭에, 우리는 우리 안에 그분의 사역을 유지하고 완전케 하기 위해 확신과 담대함으로 그분 안에 머무를 수 있다. 그리고 그분 안에 안식함으로써 예수는 우리의 여호수아가 되시고, 우리의 믿음을 온전케 하시며, 하나님과 함께 하는 하나님 안식 안의 처소로 우리를 이끌어 주심으로써, 다시는 우리가 그 밖으로 나갈 일이 없게 하신다.

왜 이 안식을 즐기는 신자가 그렇게도 적은가를 당신이 알고자 한다면 그것은 그들이 예수를 그들의 여호수아로 알지 못하기 때문이라고 말할 수 있다. 우리는 다음에 어떻게 아론이 오직 지상사역에 있어서의 그리스도의 모형이었는지를 다루게 될 것이다. 멜기세덱은 하늘에 있는 하늘 생명의 능력과 희락 속의 그리스도의 사역의 모형으로 필요하였다. 모세와 아론은 둘 다 그리스도의 사역의 시작, 즉 지상 사역에 대한 그림자였고 멜기세덱과 여호수아는 천상에서의 그분의 사역에 대한 그림자였다. 그들은 하나님께서 지정하신 모형으로서 실제로 신자의 지식과 경험에 어떻게 두 신앙의 단계가 있는가 하는 것을 명확하게 우리에게 보여준다. 우리 그리스도인들의 삶의 모든 연약함은 한 가지 일 즉 하늘에 계신 그리스도를 모르기 때문이며, 예수께서 우리를 위해 하늘에 들어가셨음과(히 6:20, 9:12,14) 이것이 우리에게 하늘차원의 생명으로 들어가는 담대함과 능력을 확보해 준다는 것과 그리스도께서 보좌에 앉으시어 대제사장으로서 우리 안에 그분 자신의 하늘 생명을 유지시키신다는 것을 모르기 때문이며, 우리로 하여금 살아 계신 하나님과 개인적인 교제를 갖게 한다는 것, 그리고 그로인해 그리스도로 말미암아 우리도 하나님의 안식에 들어간다는 사실을 모르기 때문이다. 우리의 삶이 연약한 것은 우리가 하늘 생명과 능력 속에 계신 그리스도를 모르는 까닭인데 만약 우리가 본 히브리서에 계시된 대로 그리스도를 천상(天上)의 여호수아로 알며, 우리와 우리의 내적 성품을 실제로 하나님의 안식에 이끄시는 분으로 안다면 우리는 그 안식에 들어갈 수밖에 없다. 여호수아가 앞서 갈 때에 백성들은 그와의 교제 속에서 즉시 그를 따라갔다. 하나님의 안식에 들어가는 것은 믿음 안에서 보좌 위의 예수를 영접하는 까닭에 그것은 살아있는 믿음 가운데서 말씀을 받는 영혼의 개인적이고도 실제적인 경험이 될 것이다.

요단강을 건너갈 때에 이스라엘 백성이 한 것을 우리도 수행하자. 그들은 여호수아가 그들을 인도하게 하였고 그의 뒤를 따라갔다. 예수께서 걸어가신 그 길을 우리도 따라가자. 하늘에서는 하나님의 뜻이 모든 것이 된다. 예수께서는 지상에서도 하나님의 뜻이 모든 것이 되게 하셨다. 예수께서는 하나님의 뜻 안에서 사셨고 고난 가운데서 그 뜻을 실천하셨으며, 시험을 당하시고 아버지의 인도하심을 기다리며 아버지의 뜻에 모든 것을 맡기고 사는 가운데에, 하나님의 뜻이 자신의 길이었음을 증거하셨다. 그분을 따라가자. 자아(自我)의 죽음 안에서 당신 자신을 하나님의 뜻에 내어드리며, 보좌에 앉으셔서 당신의 머리와 생명이 되시는 예수 안에서, 그분이 당신을 안식으로 인도하셨으며 당신의 경험 속에서 그것이 참이 되도록 하신다는 것을 믿으라. 예수의 성품과 생명에 동참하는 자로서 하나님께서 원하시는 모든 것을 당신 안에서 이루시도록 그분을 신뢰하라, 그리하면 하나님의 안식에 들어가는 것이 얼마나 복된 일인가 하는 것을 당신은 알게 될 것이다.

1. 외적인 활동에 구애됨이 없이 깊은 안식(安息)에 충만한 것은 믿음의 삶의 가장 아름다운 증표요 조력자가 된다. 하나님의 임재 안에 거하기를 구하

는 거룩한 평온을 추구하고 주위의 사물에 너무 마음을 빼앗기지 말라.

2. 이 안식은 하나님의 안식이고 하나님과의 교제 속에서 발견된다. 하나님께서 보시는 모든 것과 느끼시는 모든 것을 생각하고, 인내하지 않으면 아니 되는 모든 것을 생각하라. 모든 사람을 인도하는 하나님의 평강과 참으심을 생각하고, 참고 신뢰하며, 하나님 안에서 안식하기를 배우라. 모든 것을 전체로 역사하시며 보시기에 좋은 것을 당신 안에서 일하시는 한 분 창조주로서 하나님을 믿으라. 그리하면 하나님께서 당신 안에서 당신을 위해 모든 것을 하시는 가운데 당신은 완전한 안식을 누리게 될 것이다.

3. 하나님은 초자연적이시고 이해를 초월하는 분이시므로 우리는 이성과 감각을 넘어서 하나님을 알도록 배우지 아니하면 아니 된다. 그 길은 믿음으로 사모함이며 순종에의 깊은 겸손이다. 이것을 통해서 성령께서는 우리 안에서 하나님의 일을 행하신다.

4. 온전한 들어감은 전에 우리가 있던 불완전에서 나옴을 의미한다. 모든 것을 버리고 예수를 따라 하나님의 임재 가운데로 들어가라.

5. 오, 내 영혼아, "오늘 내 안식에 들어오라"는 크신 하나님의 말씀을 듣고 그분의 말로 다할 수 없는 사랑이 그대를 이끌게 하라.

31. 일로부터의 안식

4:9 그런즉 안식할 때가 하나님의 백성에게 남아 있도다
4:10 이미 그의 안식에 들어간 자는 하나님이 자기 일을 쉬심과 같이 자기 일을 쉬느니라

그러므로 하나님의 백성에게는 안식할 때가 남아 있도다 제 칠일 혹은 안식일(安息日)에 관하여 앞 장들과 연결시켜 생각할 때 여기에서의 안식은 '안식일엄수주의(安息日嚴守主義)' 또는 '안식일 안식'이라 부를 수 있다. 그것은 가나안에 있는 안식을 염두에 두고 있기 때문에 남아 있는 것으로 말해지고 있다. 그것은 그림자요 상징이었다. 실제의 안식일 안식은 남아 있어서 참 여호수아인 그리스도께

서 오셔서 그분 자신이 그 안식에 들어가심으로 그것을 우리에게 열어주시기까지 때를 기다리고 있는 것이다.

10절에서 우리는 그 안식이 천국을 가리키지 않는다는 또 다른 증거를 갖고 있다. '이미 그의 안식에 들어간 자는 하나님이 자기 일을 쉬심과 같이 자기 일을 쉬느니라'고 할 때에 어찌 이미 세상을 떠난 사람들의 경우를 말할 필요가 있겠는가. 그러한 견해는 말이 되지 않는다. 반대로 금생(今生)에서의 믿음의 안식과 관련하여 그 말씀이 갖고 있는 힘은 그 안식으로 들어가는 큰 비결을 우리에게 보여 주는바 곧 하나님이 일을 쉬신 것처럼 자기 일을 쉬라는 것이다.

하나님의 일에 관한 하나님의 계시에서 우리는 두개의 뚜렷한 단계를 본다고 말할 수 있다. 첫째는 창조의 단계로서 하나님께서 창조하시고 만드시는 모든 일을 마치셨을 때까지를 말한다. 둘째 단계는 창조가 완성되었을 때 하나님께서 안식하신 것으로서, 하나님께서는 그 지으신 것 안에서 기뻐하셨고, 이제 자신이 피조물에게 위탁한 생명의 성장을 감찰하시고 그 생명의 성화(聖化)와 완전(完全)을 도모하는 높은 차원의 역사를 시작하신 때이다. 그것은 끝난 일로부터의 안식이라 말할 수 있는데 왜냐하면 높은 차원의 역사가 곧 수행되어야 하기 때문이다. 마찬가지로 신자의 삶에도 두 단계가 있다. 첫째는 신자가 회심 후에 하나님께서 그에게 하기를 바라시는 일을 찾는 단계다. 둘째는 많은 고통스런 실패 후에 자기의 일을 그치고 하나님의 안식에 들어가며, 하나님께서 자기 안에서 일하시도록 허락하는 가운데 일을 위한 능력을 발견하는 단계다.

많은 신자들이 그들 자신의 일로부터 쉬는 이 안식을 이해하지 못한다. 그들은 그 안식을 수동적이며 이기적인 즐김의 상태로 생각하고, 삶의 의무를 태만하게 만들며 성경이 요구하는 경성(警醒)과 싸움에서 후퇴하는 고요한 명상으로 생각한다. 이 얼마나 참으로 안식하도록 부르시는 하나님의 소명에 대한 전적인 몰이해인가. 전능자로서 하나님은 유일하신 능력의 근원이시다. 자연 안에서 하나님은 모든 일을 하신다. 은혜 안에서 하나님은 사람이 순종할 경우 역시 모든 일을 하실 수 있기를 기다리신다. 진실로 하나님 안에서 안식하는 것은 최상의 역사하심에 당신 자신을 맡기는 것이다. 하나님께서 우리 안에서 우리가 기꺼이 일하도록 역사하시기 때문에 우리는 일한다. 바울이 스스로 말했듯이 "내 속에서 능력으로 역사하시는 이의 역사를 따라 힘을 다하여 수고하노라"(골 1:29). (문자적으로는 "내 안에서 권능으로 힘주시는 분의 능력을 따라 나는 수고하노라.") 하나님의 안식에 들어가는 것은 자신의 노력을 그치는 것이며 하나님의 일하심에 대한 온전한 믿음의 복종 속에 자신을 양보하는 것이다.

이 말씀을 올바르게 이해조차 할 수 없는 신자들이 얼마나 많은가. 그들의 삶은 신실한 노력(努力)과 끊임없는 투쟁(鬪爭)의 삶이다. 그들은 하나님의 뜻을 사모하고 하나님의 영광을 위해 살려한다. 그들은 계속적인 실패와 쓰디쓴 실망을 너무나 자주 경험한다. 그 일들이 그들에게 주는 결과는 너무도 빈번한 좌절이요, 그 좌절의 끊임없는 연속이다. 그들의 삶은 절망스런 광야의 삶이요 하나님의 안식에 들어가지 못한 상태일 뿐이다. 하나님께서 저들의 눈을 열어주시어, 우리의 여호수아이신 그리스도를 보여 주실 지어다! 하나님의 임재 안으로 들어가서 대제사장이 되시어 하늘 보좌 위에 앉으시고, 그분은 우리와 그 자신과의 살아 있는 연합 안에서 안식과 사랑의 처소로 우리를 이끄시며, 우리 안에 계신 그분의 성령으로 말미암아 우리가 천국의 삶을 살며 경험하게 하시는 분이시다.

이미 그의 안식에 들어간 자는 하나님이 자기 일을 쉬심같이 자기 일을 쉬느니라 그러면 어떻게 사람이 자기 일을 그치고 쉴 수 있는가? 그것은 자아(自我)로부터의 해방에 의해서다. 항상 자신의 선행과 능력을 입증하기를 주장하고 하나님의 일을 하기 위해 밀고 나가는 것은 바로 옛 자아의 생명이다. 우리가 우리의 일로부터 쉬는 것은 오직 죽음 안에서이다. 예수는 죽음을 통하여 그의 안식에 들어가셨다. 예수가 안식으로 인도하는 각자는 필히 죽음을 통과하여야 한다. '너희 자신을 죄에 대하여는 죽은 자요 그리스도 예수 안에서 하나님을 대하여는 산 자로 여길지어다'(롬 6:11). 그리스도의 죽음은 완성된 사실로서 그것이 의미하고 그것이 이루신 모든 것을 가지고 그 모든 능력으로 당신 안에서 역사한다는 것을 믿으라. 당신은 예수와 함께 죽었고 예수 안에서 죽었다. 이것에 동의하고 죽은 일들을 그치라.

지금 이후로 주 안에서 죽은 자들은 복이 있도다 하시매 성령이 가라사대 그러하다 저희 수고를 그치고 쉬리니(계 14:13) 몸이 죽는 것이 사실인 것같이 그리스도와 함께 영적으로 죽는 것도 사실이다. 죄 된 성품에 대하여 죽기 전에는 일로부터의 안식이 있을 수 없는 것이다.

그의 안식에 들어간 자는 그의 일을 쉬느니라 우리의 일을 쉬는 것과 하나님의 안식에 들어가는 것은 동시적인 일이다. 여호수아 제1장을 읽고, 안식에 들어가고자 하는 모든 자들에게 힘이 되도록 격려하시는 하나님의 말씀을 들으라. 당신 자신의 일에 몰두한 광야의 생활을 하나님께서 역사하시는 안식의 삶으로 바꾸라. 예수께서는 그것을 주시기 위해 오셨고 그것은 곧 당신을 위한 것임을 주저하지 말고 믿으라.

1. 내가 아니라 그리스도이다. 이것이 사람이 그의 일로부터 쉬는 믿음의 안식이다. 불신자에게는 「그리스도가 아니요 나」이다. 연약하고 나태한 그리스도인에게는 「나와 그리스도」인데 내가 먼저이고 그리스도는 나의 부족한 것을 채워주는 분이다. 믿음의 자세가 더 성실해질수록 「그리스도와 나」가 되는데 그리스도가 제일(第一)이고 아직도 나는 제이(第二)이다. 그리스도와 함께 죽은 사람에게는 「내가 아니요 그리스도」인데 그리스도 한 분 뿐이고 그리스도가 전부가 된다. 그 사람은 그의 일을 그친 자요 그리스도가 그 안에 사시는 자이다.

2. 하나님께서는 자신의 백성 가운데 거하심에 대하여 말씀하시기를 "이것이 내 안식이라 내가 여기에 거하리라"고 하셨다. 당신도 이렇게 말하기를 두려워하지 마라. 그것은 그 아들의 사역 안에서 기뻐하고 즐거워하는 하나님의 안식이요, 예수와 예수께 속한 모든 사람을 사랑하는 사랑 안에서의 하나님의 안식이다. 그것은 완성된 사역 속에 있는 예수의 안식이고 보좌에 앉아 아버지의 사랑 안에 안식하는 예수의 안식이다.

32. 저 안식에 들어가기를 힘쓸지니

4:11 그러므로 우리가 저 안식에 들어가기를 힘쓸지니 이는 누구든지 저 순종치 아니하는 본에 빠지지 않게 하려 함이라

본 히브리서는 아주 실제적이다. 히브리서는 우리를 권면하되, 그 서신이 주는 지식이나 그 가르침에 대한 경이로움에 만족하지 않고, 그 서신으로 말미암아 하나님께로부터 성령이 가져오는 메시지에 개인적으로 귀를 기울이며, 하나님께서 우리에게 하라고 하시는 바 하나님의 안식에 참으로 들어가도록 우리를 이끌어 준다.

저 안식에 들어가기를 힘쓸지니라 이 말씀은 서두르라는 의미로서 성실한 자세로 전력투구하며 자신이 하는 바를 살피고 안식에 들어가는 것을 의미한다. **이는 누구든지 저 순종치 아니하는 본에 빠지지 않게 하려 함이라** 위험이 임박해 있어서 잃어버린 자가 되는 것은 가공할 일인 것이다. 하나님께서 진노하사 맹세하시되, 우리가 듣고 순종하지 않는 한 결코 하나님의 안식에 들어가지 못하리라 말씀하셨다. 우리 모두 안식에 들어가기를 힘쓰자. 히브리서는 놀랍게도 우리가 하나님의 안식에 들어가 거할 처소로서 지성소(至聖所)가 열려 있다는 사실과, 지성소로 가는 길을 여시고 앞서 들어가셔서 우리를 인도하시기 위해 거기에 살아계신 대제사장을 우리들의 여호수아라고 말해주기까지 하지만, 사실 들어가기 위한 성실한 바람과 자발적인 준비, 그리고 굳건한 결의가 없는 한 우리에게는 아무런 유익이 되지 못한다. 본 히브리서가 열어주는 하늘의 비밀을 사람이 영적으로 이해할 수 있게 해주는 것은 오직 이러한 성향뿐이다.

그럴진대 우리로 하여금 순종토록 촉구하는 별도의 동기를 부여하는 것은 불필요한 것이다. 하나님의 안식에 들어가는 문을 나에게 열어주시고자 하나님이 허락하신 이 큰 특권이 이미 충분한 것이다. 이 상상을 초월한 큰 선물을 필설로는 다 표현할 수가 없다. 하나님의 사랑 안에서 내가 하나님과 함께 살기를 원하시기 때문에, 하나님께서는 그 아들 안에서 내게 말씀하시되 내가 하나님의 형상대로 창조되었고, 하나님 자신과 교제를 나눌 수 있으며, 이를 위해 죄

와 사망의 가공할 속박으로부터 이미 구속되었음을 선포하신다. 그리스도 안에서의 내면적 삶과 더불어 육체 안에서 외향적 삶을 살 수 있도록 하나님께서 지으신 자가 들림을 받아 하나님의 안식 안에서 지성소에 보호되게 하셨다는 것, 이를 믿는 자가 어찌 상응하는 반응을 보이지 않으랴? 모두 한마음으로 "복되신 하나님, 이 안식 속에 제가 들어가 거기 거하게 하소서"라고 고하자.

우리는 넘어지고 죄짓는 광야의 삶에 익숙해져 있고, 그러한 삶에 대해 "저들이 항상 그 마음에 미혹을 받는도다"라고 하신 하나님의 말씀을 신자의 일상적 경험일 수밖에 없다는 뜻으로 받아들이며, 그 안식에 들어갈 실제적인 가능성이 우리에겐 희박한 것으로 생각해 버린다. 그래서 참으로 그 안식에 들어가고자 해도 그 길은 어둡고 불가해한 것으로 보인다. 그렇다면 안식에 들어가는 길에 대하여 하신 말씀들을 다시 한 번 모아보자. 결국 하나님께서는 크신 자비로써 한 발짝씩 인도하신다는 것을 알게 될 것이다. 교훈은 단순한 것이다. 먼저, 오늘날 그러한 안식이 있다고 하는 것을 전심으로 믿으라는 말씀을 유념하라. 그것은 하나님께서 거하시는 하나님의 안식이요 당신의 여호수아로서 예수께서 앞서 들어가신 안식이다. 그것은 당신을 위해 예비한 당신의 안식이요, 당신을 위한 약속의 땅이며, 예수의 것이었고 당신의 것인 삶의 영적 상태로서, 주님께서는 당신을 인도하여 거기에 거하게 하실 것이다. 그것은 매순간 당신이 근심과 걱정으로부터, 그리고 염려와 방황으로부터 자유롭게 살 수 있는 안식이고, 하나님이 모든 것 되시는 평강의 안식이다. 이것을 믿으라.

그리고는 당신 자신의 일을 그치라. 하나님의 안식에 들어가기 전에 당신이 무엇을 완전히 이루지 아니하면 안 되는 것처럼 하지 마라. 아니, 반대로 모든 자아의 노력은 필히 끝나야 한다는 것을 동의하고 양보하고 자원하라. 자아를 끊으라. 생명이 있는 곳에 활동이 있다. 당신이 그리스도의 죽음 안으로 자아를 포기하지 않는 한 자아의 생명은 일하기를 구할 것이다. 당신은 예수와 함께 장사되었고 예수 안에서 살리심을 받았다. 그리스도께서 말씀하셨듯이 당신 자신의 생명을 미워하고 잃으라. 당신 자신의 일을 그치고 깊은 겸손과 모든 선행의 무익함을 아는 가운데서 하나님 앞에 아무 것도 아닌 것으로 여기며 경배하라.

지금도 당신을 안식으로 인도해 들이시는 예수를 당신의 여호수아로 신뢰하라. 이스라엘은 단순히 여호수아를 믿고 순종하며 따랐어야 했다. 우리를 위해 하나님 앞에 나타나기 위하여 하늘에 들어가신 예수께 마음을 두라. 십자가와 죽음과 부활뿐만 아니라 그 위에 거룩하심과 하늘 안식을 소유하신 사실 안에서 예수를 당신의 것으로 요구하라. 그리스도를 요구하고 그분 자신이 복되신 일을 하도록 맡기라. 당신이 모든 것을 이해하지 못해도 좋다. 당신의 느낌은 당신이 바라던 것이 아닐지도 모른다. 지상과 천상에서 당신을 위하여 모든 것을 하신 분이 모든 것을 또한 당신의 마음 안에서 하시도록 신뢰하라.

그리고는 믿음과 인내로 약속을 이루어 받은 자들을 따라가는 사람이 되라. 이스라엘 백성들은 하루 만에 요단을 건너 가나안에 들어갔으나 하루 만에 완전한 안식에 이르지는 못하였다. 여호수아의 생애가 끝날 무렵에 가서야 "여호와께서 너희 형제에게 안식을 주셨다"(수 22:4 참조)고 말씀하신 것을 우리는 읽는다. 오늘 안식에 들어가라. 모든 것이 단번에 밝아지지 않더라도 당신의 여호수아이신 예수를 바라보고 모든 것을 그분 손에 맡기라. 자아로부터 탈피하여 그리스도 안에 살라. 무엇이 일어나든 하나님 안에 안식하라. 하나님의 안식을 생각하고 당신의 이름으로 그 안식에 들어간 예수를 생각하며 그 안식으로부터 성령을 당신에게 채우되 두려워하지 마라. 오늘날 그의 음성을 듣거든 곧 들어가라.

1. **"나는 마음이 온유하고 겸손하니 내 멍에를 메고 내게 배우라 그리하면 너의 마음이 쉼을 얻으리니"(마 11:29)**라고 예수께서 말씀하셨다. 예수께서 하나님 안에서 자신의 안식을 발견한 것은 마음의 온유와 낮아지심으로 말미암아서였다. 예수는 하나님께서 모든 것이 되게 하셨으며 전적으로 하나님을 신뢰함으로써 하나님의 안식이 그의 처소가 되게 하셨다. 예수는 자신의 안식에 참여토록 우리를 부르시고 그 비결을 우리에게 말씀하신다. 예수의 온유와 낮아지심 안에 안식으로 가는 참된 길이 있다.

2. 이스라엘은 가나안에 들어가지 못했다. 왜인가? 두 번은 불순종(민 14장 참조) 때문이고 세 번은 불신앙(민 11장 참조) 때문이었다. 이 둘은 언제나 동행한다. 모든 일에 순종하기 위하여 당신 자신을 양보하라. 이것이 하나님께서 하시기로 약속하신 모든 것을 신뢰하도록 당신에게 힘을 주실 것이다.

3. 안식은 승리를 포함한다. "하나님께서 네 주위의 모든 원수로부터 네게 안식을 주실 것이요, 너는 안전하게 거하리라." "주께서는 그들 주위에 안식을 주었고 주의 모든 적들을 그들의 손에 붙이셨더라."

33. 마음을 감찰하는 하나님의 말씀

4:12 하나님의 말씀은 살았고 운동력이 있어 좌우에 날선 어떤 검보다도 예리하여 혼과 영과 및 관절과 골수를 찔러 쪼개기까지 하며 또 마음의 생각과 뜻을 감찰하나니
4:13 지으신 것이 하나라도 그 앞에 나타나지 않음이 없고 오직 만물이 우리를 상관하시는 자의 눈앞에 벌거벗은 것같이 드러나느니라

저자가 히브리인들의 불신앙과 불순종, 마음을 강퍅케 함과 하나님을 떠남, 그리고 약속된 안식에 이르지 못함을 경고하는 데 사용한 말씀들은 신실한 것들이었다. '그러므로 내가 노하여 맹세하기를 저희가 내 안식에 들어오지 못하리라 하였도다' 하신 시편 95:11의 준엄하신 하나님의 맹세는 누구라도 같은 불신앙의 본에 빠지지 않도록 모든 사람에게 근면한 신앙을 깨우쳐 주기 위해 몇 번씩 반복되었다. 저자는 이제 경고의 말씀을 닫으려 한다. 그리하여 그는 전능자시요 우리를 상관하시는 자이시며, 그 눈앞에 만물(萬物)과 사람의 마음과 삶이 벌거벗은 것처럼 드러나는 분이신 하나님과 그 말씀의 능력을 그들에게 상기시킨다. 히브리서를 배우는 우리 각자는 이 말씀들을 아주 개인적으로 적용하자. 하나님의 안식에 대한 하나님의 맹세와 우리가 들어가도록 힘쓰라는 명령을 가슴에 새기고, 우리의 마음으로 돌아가며 우리는 참으로 그 안식에 들어갔는지를 말해보자. 만약 그렇지 않다면 우리를 감찰하고 시험하도록 우리 자신을 더욱 말씀에 맡겨 버리자. 그리하면 말씀은 틀림없이 복된 사역을 우리 안에 이루고, 우리 주님 예수에 관한 가르침을 더 알고 나가도록 우리를 인도할 것이다.

하나님의 말씀은 살았고 운동력이 있다. 종종 말씀은 효력이 별로 없는 것처럼 보인다. 말씀은 씨와 같은 것이어서 모든 것은 그 말씀을 어떻게 대하느냐에 달려 있다. 어떤 사람은 말씀을 이해하는 선에서 적당히 넘어가는데 이때 말씀은 소생할 수가 없다. 말씀은 마음과 의지와 애착을 위한 것이다. 말씀은 필히 신자가 복종하고 살아주고 행위로 나타내야 한다. 이것이 이뤄질 때 말씀은 살아 있는 능력과 소생시키는 능력을 나타낼 것이다. 말씀을 살게 하는 것은 우리가 아니다. 말씀 속의 생명과 능력 안에서 믿음과 복종으로 마음이 말씀의 효력을 겸손히 앙망할 때 말씀은 그 자체가 생명이요 능력임을 입증할 것이다.

좌우에 날선 어떤 검보다도 예리하여 혼과 영과 및 관절과 골수를 찔러 쪼개기까지 하며 또 마음의 생각과 뜻을 감찰하나니 하나님 말씀의 제 일차적 활동은 상처를 주며 자르고 나누는 것이다. 혼(魂)에는 자연적 생명이 자리를 잡고 있고, 영(靈)에는 영적이며 신적인 생명이 자리를 잡고 있다. 죄는 혼돈과 무질서를 가져왔고, 영은 자연적 생명인 혼의 지배 아래로 떨어졌다. 하나님의 말씀은 나누고 분리시키되, 영에게는 보이지 않는 것과 영원한 것을 위한 기능으로서의 그 운명에 대한 직감을 깨우치고, 혼에게는 그 자체가 죄의 힘의 포로라는 것을 알도록 한다. 쪼갬은 깊고 확실하여 죄의 심각한 부패를 발견하게 한다. 필요시 관절과 골수를 찔러 쪼개어 치료하고자 하는 외과의사의 칼처럼 말씀은 모든 것에 침투하되 내면적 존재의 어느 부분도 그 칼끝이 통과하지 않는 곳이 없다.

또 마음의 생각과 뜻을 감찰하나니 하나님의 말씀이 특별히 다루는 것은 마음이다. 제 3장에서 우리는 강퍅해진 마음과, 믿지 않는 악심과 미혹되는 마음에 관하여 읽는다. 이후 히브리서에 나오는 마음이란 단어는 모두 바뀐 의미에서 사용된다. 우리는 하나님의 법이 기록된 마음, 참 마음, 피 뿌린 마음, 은혜로 고르게 한 마음 등을 발견한다(히 8:10, 10:22, 13:9). 우리는 여기에 하나에서 다른 것으로 변천하는 과정을 본다. 하나님의 호소는 오늘날 그 음성을 듣거든 너희 마음을 강퍅케 말라는 것이었다. 은밀한 생각과 의도가 조사되고 판단을 받기 위하여 하나님의 말씀에 감찰을 받도록 자신을 드린 마음은, 미혹됨과 불신앙에서 해방되어 소생되고 정하게 되며, 하나님께서 친히 그 말씀을 기록하는 살아있는 서판(書板)이 된다. 아! 말씀의 심판에 우리의 마음을 드리는 것이 얼마나 필요하고도 복된 일인가.

지으신 것이 하나라도 그 앞에 나타나지 않음이 없고 하나님의 말씀은 하나님 자신의 특성을 지니고 있다. 하나님은 모든 것을 아시고 모든 것에 침투하시는 까닭에 아무 것도 하나님 말씀의 심판으로부터 자체를 숨길 수 없다. 만약 우리가 지금 그 말씀이 우리를 심판토록 하지 않는다면 이후에 그것은 우리를 저주할 것이다. **오직 만물이 우리를 상관하시는 자의 눈앞에 벌거벗은 것같이 드러나느니라** 그렇다. 우리를 상관하시는 하나님은 후에 우리가 읽게 될 "하나님의 손에 빠져들어 가는 것이 무서울진저"가 되시는 하나님이시다. 그리고 다시 "우리의 하나님은 소멸하는 불이심이라"고 선고하신다. 이 하나님은 이제 더불어 하나님의 안식에 들어가기를 우리에게 간청하고 계신다.

우리 모두 하나님께서 상관하시도록 기꺼이 우리 자신을 하나님께 내어 드리자. 모든 것이 옳지 않고 또 우리가 그 안식에 들어가도록 힘쓰지 않는다는 은밀한 의식이 있다면 그러한 의식을 겸허한 마음으로 유의하자. 그것은 우리 안에 있는 살아 있는 말씀의 씨앗이 처음으로 부풀어 오르는 상태이다. 그러한 생각이 당신 자신이나 하나님의 말씀을 전하는 사람으로부터 온다고 생각지 말라. 그것은 하나님께서 당신을 잠에서 깨우시는 것이다. 하나님과 상관하라. 그 말씀이 무엇이 잘못인가를 당신에게 보여주는 것을 기쁘게 여기라. 말씀이 당신의 죄와 악을 당신에게 알려주는 것을 두려워하지 마라. 의사의 칼은 치료하기 위해 쪼개는 것이다. 당신의 죄와 허물을 보여주는 빛은 필히 당신을 그것들로부터 구출해 낼 것이다. 하나님의 말씀은 살았고 당신에게 생명을 줄 것이다.

1. 하나님께서는 그 아들 안에서 우리에게 말씀하셨다. 이것이 히브리서의 주제이다. "오늘날 너희가 그의 음성을 듣거든 너희 마음을 강퍅케 하지 말라." 이것은 길고도 엄숙한 경고의 주제이다. 말씀을 귀 기울여 듣고 말씀에 자신을 내어 드리자. 우리가 말씀을 대하는 것이 곧 하나님을 대하는 것

이다. 그리고 하나님도 같은 방법으로 우리를 대하신다.

2. 당신의 마음이 느끼는 바나 교회 또는 소위 기독교계가 말하는 바에 따라 당신의 삶을 판단하지 말고 하나님의 말씀이 의미하는 바에 따라 당신의 삶을 판단하라. 말씀이 당신과 함께 가게 하라. 말씀은 당신을 크게 축복할 것이다.

3. 만물은 그 상관하시는 자의 눈에 벌거벗은 것같이 드러나느니라. 그렇다면 왜 당신은 무관심이나 낙담 속에 하나님을 향하여 당신의 눈을 감고 있는가? 아, 원하든 원치 않던 우리가 상관해야 할 하나님 앞에 모든 것을 펼쳐 보이자.

4. 말씀은 살아 있고 운동력이 있다. 말씀의 능력에 큰 믿음을 가지라. 성령께서, 살아있는 말씀이, 하나님 자신이, 말씀 안에서 역사하도록 하라. 말씀은 항상 살아계신 하나님을 지향하는 한편, 하나님은 말씀 안에 계시어 생명과 하나님을 찾는 마음 안에서 그 말씀을 살아 있는 말씀이 되게 하신다.

| 제 4편 (4:14-5:10)

아론보다 나은 우리의 대제사장 예수

34. 큰 대제사장

4:14 그러므로 우리에게 큰 대제사장이 있으니 승천하신 자 곧 하나님 아들 예수시라 우리가 믿는 도리를 굳게 잡을지어다

모세시대에 그들의 조상들이 그랬던 것처럼 불신앙으로 말미암아 마음이 강퍅해져서는 아니 된다는 경고를 히브리인들에게 보낸 뒤에 저자는 그의 본론으로 돌아간다. 그는 이미 대제사장이란 단어를 두 번이나 사용하였고(히 2:16, 3:1) 본 히브리서의 대 주제인 주님 예수의 하늘 대제사장직과 그로 말미암아 우리를 위해 완수하신 사역을 우리에게 해석해주기 위한 길을 열고 있다. 본 문단(히 4:14-5:10)에서 그는 우선 아론에 의하여 모형화된 대사장직의 일반적 특성을 설명한 뒤 우리 주님의 지상에서의 삶을 보여준다. 제 1장과 제 2장에서 그는 구세주의 신성과 인성 안에 있는 인격(人格)에 대한 기초를 놓았고, 여기에서 처음으로 큰 대제사장으로서 승천하신 예수에 대하여 말하면서, 우리처럼 시험받은 자로서 동정과 연민의 정을 가진 그분을 소개하는 것이다.

그러므로 우리에게 큰 대제사장이 있으니 "그러므로"라는 단어는 그리스도의 위대하심이 제시된 후 그가 경고해 온 위험에 비추어 독자들이 처음의 신앙을 굳게 붙드는 가운데 요지부동(搖之不動)해야 한다는 앞서의 논증을 연결하는 말이

다. 그 문장의 호소력은 "있으니"라는 단어에 있다. 우리는 땅 위에 있는 사물들 속에서 그 단어의 뜻을 아주 잘 알고 있다. 재산의 소유감(所有感)처럼 사람의 가슴을 뿌듯하게 해주는 것은 없다. 나는 아버지가 계시고 돈이 있으며 가정이 있다고 할 때 그런 생각들과 연계하여 이해관계의 세상은 얼마나 잘 거기에 촉각을 모으는가. 그런데 하나님의 말씀은 여기에서 "너는 모든 소유 중에서도 가장 좋고 가장 놀라우신 대제사장을 가졌다"고 알려준다. 당신은 그분을 갖는다. 그분은 당신의 것이며, 바로 당신의 소유이고, 그 전부가 당신의 것이다. 그분 자신의 전부와 그분 소유의 전부를 당신은 사용할 수 있다. 당신은 당신에게 필요한 모든 것을 위하여 그분을 신뢰할 수 있으며, 당신을 하나님 앞으로 인도해 주시도록 실로 대제사장이신 그분께 요구할 수 있다. 당신의 모든 삶이 위대한 대제사장을 가진 자로서의 삶인 것을 간증하도록 하라.

큰 대제사장이 있으니 승천하신 자라 예수의 위대성과 영광을 아는 것이 힘차고 거룩한 삶의 비결이라는 것이 본 히브리서가 우리에게 가르쳐 온 위대한 교훈 중의 하나이다. 히브리서의 첫 장은 예수 그리스도의 신성과 영광을 계시하고 있다. 그리스도의 제사장직과 사역을 우리에게 가르치지 않으면 안 되는 그 모든 것의 뿌리에는 찬양 받기에 합당한 그리스도의 전능적 신성에 대하여 우리가 보기를 원하는 소원이 있다. 그 안에서 우리의 믿음은 힘을 얻고 그 소망을 헤아릴 수 있다. 그것으로 우리의 행실은 인도된다. 그것은 우리가 하나님을 구세주로 가졌다는 우리 삶의 표적이다. 승천하신 큰 대제사장! 후에 우리는 그러한 대제사장은 우리와 같이 되시고 하늘보다 높이 되신 자라는 것을 읽게 된다(히 7:26). 그렇게 높고 찬란하고 영광이 넘치는 하늘이 어떤 곳인가 하는 개념을 그려보는 것은 우리에게 어려운 일이다. 그러나 우리가 생각할 수 있는 전체로서의 하늘은, 그 모든 것 건너 저편에 있는 가까이 가지 못할 빛과 하나님의 생명과 임재로 그리스도가 들어가신 현관이다. 그리고 그 말씀은 우리가 사색 안에서, 사색이 아니면 믿음과 경배와 사랑으로, 우리의 큰 대제사장을 따라 모든 하늘 너머 그 위에 있는 이 영광으로 들어가서, 그분을 우리의 것으로 소유하고 우리의 삶이 그분의 것이 되며, 그분이 역사하신 완전한 대속과 그분이 거기에서 이루신 것의 산 경험을 누리도록 우리를 부르신다.

크신 대제사장이며 하나님의 아들 되신 예수 예수라는 이름은 그분의 인성과 속죄주로서 그분의 사역을 말한다. 죄를 깨끗케 하고 없이하는 것이 제사장의 첫 번째 사역이었다. 하나님의 아들이란 이름은 그분의 신성과, 실제로 우리를 하나님께 인도하여 거룩하신 분의 생명과 교제 안에 들어가게 하는 대제사장으로서의 그분의 능력을 말한다. 하나님께서 우리에게 말씀하시는 것은 그 아들 안에서이고, 우리의 위대하신 대제사장이 하늘 위에 오르셔서 우리를 위해 실제로 가져오는 것은 영원히 복되신 하나님과의 온전한 교제와 축복이다.

그러므로 크신 대제사장이 우리에게 있으니 우리가 믿는 도리를 굳게 잡을지어다 그리스도 예수는 사도이시며(히3:1) 우리가 믿는 도리의 대제사장이시다. 그분이 누구신가를 아는 것이 우리가 믿는 도리를 굳게 붙드는 힘인 것이다. 두 번이나 히브리서는 얼마나 우리가 이것에 의존해야 하는가를 말하고 있다(히 3:6, 14). "우리가 견고히 잡으면 곧 그의 집이라." "우리가 굳게 잡으면 그리스도와 함께한 자가 되리라." 그리스도 안에 있는 우리의 믿음은 필히 시인되어야 한다. 우리가 그분을 대제사장으로 갖고 있다면 그분은 그만한 가치를 갖고 계시는 것이며 우리의 영혼은 그분께 그만한 경의를 표명함이 마땅하다. 그렇지 않으면 실패(失敗)가 달려올 것이며 그것이 없이는 확고부동과 인내의 은혜가 유지될 수 없게 될 것이다.

하늘 위에 오르신 큰 대제사장을 가진 형제들아, 우리의 믿는 도리를 굳게 붙들자. 우리를 위해 하늘에 계신 예수께 대한 우리의 사모함으로 온전히 그분을 위해 살며 모든 면에서 그분이 우리의 주님 되심을 고백하자.

1. 우리의 마음을 경배와 신뢰, 무궁한 사랑, 그리고 이 놀라운 비밀, 곧 우리가 도움을 받을 수 있도록 하나님의 아들이 사람이 되시고 사람의 아들이 이제 보좌 위의 하나님이란 비밀로 채워야 하지 않겠는가?

2. 우리는 하늘들을 통과하였다. 공간과 장소의 모든 사상(事象)을 지나서 하

늘 영광과 능력의 비경(祕境)에 이르렀다. 무슨 연유에서인가? 그것은 그리스도께서 신성 능력 안에서 하늘 생명을 우리 마음에 불어넣으시기 위함이다. 그리스도의 온전한 제사장직은 그것의 큰 특성의 하나로서 천국다움을 갖고 있다. 그리스도는 천국의 순결과 능력과 생명을 우리에게 분여하신다. 우리는 그분과 함께 천국에 살고 그분은 우리 안에서 천국을 사신다. 우리 마음에 계신 그분과 더불어 우리는 천국을 소유하고 그 안에서 하나님의 뜻이 하늘에서 이루어진 것같이 땅에서도 이루어지는 것을 본다. 정말 그대로 이루어지는 믿음을 갖자.

3. 광야에서 떨어져 나가는 것과 안식에 들어오지 못한다는 준엄한 경고 뒤에 이제 당신은 당신의 안전과 능력을 보게 된다. "그러므로 함께 하늘의 부르심을 입은 거룩한 형제들아, 우리 믿음의 대 사도시며 대제사장이신 예수를 깊이 생각하라." 예수를 가졌으면 굳게 붙들 일이다.

35. 체휼하시는 대제사장

4:15 우리에게 있는 대제사장은 우리 연약함을 체휼하지 아니하는 자가 아니요 모든 일에 우리와 한결같이 시험을 받은 자로되 죄는 없으시니라

하나님이 크신 자비로써 본문에 대한 참된 통찰력을 주시어 "하늘에 계신 우리의 대제사장께서 자신의 경험으로 말미암아 우리의 감정을 정확히 아시는 까닭에 우리의 연약함을 체휼(體恤)하실 수 있다"는 그 영광을 보게 하여 주시기를 바란다. 그렇다. 하나님께서는 하나님께 가까이 갈 수 있는 용기를 우리에게 주시기 위하여 바로 우리들 가운데서 한 사람을 들어 올려 하늘 보좌 위에 두셨는데, 우리가 그분에 대하여 확신하는 것은 그분 자신이 이 땅 위에서 사람으로 사셨기 때문에 그분이 우리를 완전히 이해하시며, 우리의 연약함을 참아주시고, 오직 우리가 필요로 하는 도움을 우리에게 주시도록 준비하고 계시다는 것이다. 하나님께서 그 아들을 보내셔서 사람이 되게 하시고 고난을 통하여 사람이신 그를 완전케 하신 것은 이것을 이루려 하심이었다. 이것이 바로 하나

의 연약한 영혼이 그 크신 하나님께 가까이 나아감을 두려워해서도 아니 되며, "하나님은 너무 위대하시고 거룩하신 분이어서 인간의 연약함을 지거나 충분히 이해할 수 없지는 않을까" 하는 의구심을 가져서도 아니 되는 까닭이다. 고난을 당하시고 시험을 받으신 예수는 우리의 대제사장으로서 보좌 위에 앉으셨다. 하나님께서는 우리에게 인정스러운 대제사장의 마음을 일별하게 하신다.

우리에게 있는 대제사장은 우리 연약함을 체휼하지 아니하는 자가 아니요 저자는 싸워 나가기를 바라는 바가 얼마나 현실적인가를 보이기 위해 두개의 부정어(否定語)를 사용한다. 날마다 연락하는 부자 왕이 오랜 세월 어디에서 호구지책을 구할지도 모르는 가난한 병자의 사정을 듣는다 해서 그것이 그에게 무엇을 의미하는지 알 수 있겠는가? 알 수가 없는 것이다. 그러면 영화로우시고 영원히 복되신 하나님이 육체의 연약과 시험 속에서 매일 고군분투하는 가련한 죄인의 사정을 참으로 아실 수 있을까? 하나님을 찬양하라! 모든 일에 우리와 한결같이 시험을 받은 자로되 죄가 없으신 예수는 이미 다 아시며 공감하신다.

만사에 그러하시다! 통찰하시는 대제사장 예수에 관한 소식은 원래 시험과 고난의 와중에 있는 자들에게 적용되는 것이다. 그러나 이 진리는 훨씬 더 깊은 뜻과 기능을 갖고 있다. 그것은 특히 전적으로 하나님을 위해 살려는 영혼들이 당면하는 시험을 지적하는 것이다. 예수는 고난 받았고 시험 받으셨다. 예수께 가장 심각한 고통이 된 것은 아버지의 뜻을 거부하라는 유혹이었다. 하나님의 뜻에 따라 모든 것을 행하려는 신자에게는 동행해주시는 대제사장에 관한 진리가 무엇보다 귀하다는 사실을 이해하라.

전심전력으로 하나님을 위하여 살고자 하는 사람들의 일상적인 경험은 무엇인가? 그것은 종종 그들이 얼마나 큰 죄인인가 하는 것을 발견하기 시작한다는 것이다. 그들은 하나님의 뜻에 순종하려는 그들의 목적 안에서 계속 실망한다. 그들은 일들이 가볍고 쉽다고 느끼는 때라도 선한 양심을 갖고 하나님을 기쁘시게 하고자 하는 일이 얼마나 자주 깡그리 실패하는가 하는 생각에 부끄러워한다. 종종 하나님의 안식과 믿음의 삶에 관하여 들으면 들을수록 그것을 이룰 수 있는 소망은 점점 더 희미해져 가는 것 같을 때가 있다. 종종 그들은 절망 가운데서 모든 것을 포기하면서 하나님의 안식 안에 있는 삶은 그들을 위한 것이 아니라고 생각해버린다.

예수께서 자신이 그렇게 시험받았기 때문에 우리의 처지를 공감하시며 도울 수 있다는 것을 보는 것이 위난(危難)의 시간, 한 영혼에게 얼마나 위로와 힘이 되는가. "만약 하실 수 있거든"하고 또 "어찌하여 나를 버리시나이까?"라고 울부짖으며 씨름하지 않으면 안 되었을 때 주님의 영혼은 처참하게 어두워지지 않았던가. 예수 역시 어두운 시간에 하나님을 신뢰하여야 했다. 예수 또한 죽음의 시간, 어두움 속에서 자신의 영혼을 떠나보내며 그것을 하나님의 지켜주심에 맡겨야 했다. 예수는 어둠 속을 걸으며 빛을 보지 못한다는 것이 무엇인지를 알았다. 그래서 사람이 어두운 절망 속에 처할 때에도 예수는 그 처지를 통찰할 수 있으시다. 이는 그분이 모든 면에서 우리처럼 시험을 받으신 까닭이다. "예수께서 모든 것을 이해하시며, 하나님의 무한 사랑으로 하나 된 자가 고난 속에 있을 때 연민을 품으시고 그를 도와줄 수 있다"는 확신 안에 거하는 자는 곧 하나님의 안식에 이를 것이다. 예수를 신뢰함이 우리를 안식으로 인도할 것이다.

함께 하늘의 부르심을 입은 거룩한 형제들아! 믿는 도리를 굳게 붙들 만큼 강건하며 구속자 하나님의 구원하는 능력을 충분히 알고자 한다면, 오늘날 "예수께서 모든 일에 너희와 같은 시험을 받았다"고 증거하시는 성령의 음성을 들으라. 어째서인가? 이는 그분께서 당신을 돕도록 하기 위함이다. 그분께서 우리를 통찰하실 수 있다는 것은 우리를 돕는다는 것 외에 다른 목적이 있을 수 없다. 체휼하신다는 말씀을 믿음의 양식으로 삼으라. 그리하면 도우신다는 사실이 당신의 복된 경험이 될 것이다. 하나님께서 독생자를 보내시어 당신의 처지를 공감할 수 있도록 당신이 당하는 것과 같은 시험을 모두 받게 하셨고, 당신을 돕기 위해 그분을 높이 드심으로 전능의 보좌에 앉게 하셨음을 생각하고, 그분을 전적으로 신뢰하지 못할 이유가 없음을 고하라. 무한하며 온유한 체휼의 복되신 대제사장을 믿는 믿음은 우리를 온전히 구원하신다는 것을 경험하는 우정과 교제의 기초가 될 것이다.

1. 얼마 전에 나는 케스위크로부터 온 젊은 부인을 만나 그녀가 몇 년간 행복한 그리스도인으로 살았던 것에 대하여 얘기를 나누면서 그녀가 참으로 놀라운 변화를 경험하고 있었음을 발견했는데, 나는 그때 그녀에게, 과거 그녀가 알았던 것과 현재 즐기는 것의 차이점을 어떻게 설명하겠느냐고 물었다. 그녀는 즉시 대답하기를 "아, 그것은 예수와의 개인적인 교제입니다"라고 말했다. 그런데 여기에 이 복된 교제로 인도하는 문중에 하나가 있다. 그것은 내가 그분의 온유하신 체휼하심을 신뢰할 수 있도록 예수께서 사람이 되셨다는 사실이다.

2. 본 히브리서에 나와 있는 세 가지 "하실 수 있다(able)"를 배우라. 예수는 통찰하실 수 있으시고, 도와주실 수 있으시며, 온전히 구원하실 수 있으시다. 배웠거든 이 세 가지 다를 요구하라.

3. 예수는 우리들처럼 시험을 받으셨다. 주님 예수는 우리가 그분처럼 승리하게 하기 위하여 시험을 받는 일에 우리와 같이 되셨다. 이것을 예수께서는 우리 안에서 완수하실 것이다. 아아, 예수를 깊이 생각하자. 그분은 시험에서 고난을 받으셨고 시험이 무엇인지를 경험하셨으며, 시험에 맞서 극복하심으로 시험자를 멸하셨으며, 이제 대제사장으로 살아 계시어 시험받는 자를 도우시고 이기게 하신다. 항상 함께 하시는 구원자이신 예수를 깊이 생각하자. 그분은 모든 원수들 가운데에서 우리를 승리로 이끄신다.

36. 담대히 나아가자

4:16 그러므로 우리가 긍휼하심을 받고 때를 따라 돕는 은혜를 얻기 위하여 은혜의 보좌 앞에 담대히 나아갈 것이니라

처음 두 장에는 바로 우리의 믿음과 삶의 기초로서 우리 구세주의 참된 신성(神性)과 인성(人性)이 우리 앞에 제시되었다. 앞의 두 절에서 우리는 이들 두 진리가 그리스도의 제사장직에 적용되었음을 생각해 보았다. 승천하신 대제사

장을 가졌고 체휼하시는 대제사장을 가졌으니 우리는 하나님께 가까이 나아가야 한다. 대제사장의 한 가지 일은 우리를 하나님께 가까이 이끄는 것이다. 그리스도의 인격과 사역을 우리에게 계시하는 하나의 목적은 하나님께 가까이 감에 대한 온전한 확신을 주려는 것이다. 하나님께 가까이 나아가는 척도는 우리들이 그리스도를 아는 지식의 척도이다.

그러므로 그러한 대제사장과 더불어 은혜의 보좌에 담대히 나아가자. "가까이 나아가다"란 단어는 구약시대의 제사장들에게 사용되었다. 히브리서가 강조하는 것은 우리가 실제로 영적 실재(實在) 안에서 하나님께 나아가 가까이에 머물며 종일 하나님과의 교제 속에 살 수 있다는 하나의 진리이다. 우리들의 대제사장으로서 그리스도의 사역은 아주 완벽하고, 하늘 속의 그분의 능력은 참으로 신묘하여, 우리에게 하나님께 가까이 갈 수 있는 권리와 자유를 줄 뿐만 아니라, 행위와 진리로써 그분이 수행하시는 제사장적 조치는 「우리의 생명이 하나님의 임재 가운데서 살도록」 우리의 속사람과 내면적 생명을 붙잡는다.

가까이 나아가자 이 표현은 본 서신에서 이곳과 뒤의 10:21에 두 번 나온다. 반복함은 의미심장한 것이다. 이 표현이 두 번째 나오는 문단에서 그 말은, 참 장막과 찢어진 휘장과 지성소의 열림에 대한 깊은 진리가 해석된 뒤에, 그리스도의 하늘 제사장직의 능력 아래 하나님의 임재 가운데서 보내는 생명의 충만한 축복으로 신자들이 들어감을 말한다. 이 모든 가르침이 아직 주어지지 않은 여기에서 그것은 아주 연약한 신자들이 이해할 수 있는 수준으로 은혜의 보좌에 더 가까이 나아가도록 기도하라는 단순한 뜻으로 쓰였다. 그것은 우리가 보다 낮은 것 즉, 은혜의 보좌 앞에 머무는 일에 신실할 때 우리보다 앞서 그리로 들어가신 자의 충만한 능력 안에서 보다 나은 것 즉, 휘장(揮帳) 안의 생명으로 가는 길을 발견토록 하려는 것이다.

우리가 긍휼하심을 얻도록 가까이 나아가자 이것은 죄와 허물과 쓸모없음의 자책감이 우리를 짓누를 때 우리가 필요로 하는 불쌍히 여기심을 가리킨다. 기도로써 은혜의 보좌 즉 시은좌(施恩座)에 나아갈 때 우리는 먼저 긍휼을 입고, 하나님께서 용서하시고 용납하시며 사랑하신다는 것을 경험한다. 그리고는 때를 따라 돕는 은혜를 발견한다. 이것은 모든 일에 우리와 같이 시험을 받으신 예수께서 우리로 하여금 유혹을 정복하게 하시는 내적 생명의 강화를 의미한다. 은혜는 우리 안에서 역사하는 신적인 힘이다. "내 은혜가 네게 족하도다 이는 내 능력이 약한 데서 온전하여짐이라"(고후 12:9). 성령께서는 은혜의 영이시다. 은혜의 보좌 앞에서 탄원하는 믿음은 긍휼을 입고 용납과 은총을 받을 뿐만 아니라 하나님께서 항상 주시기를 기뻐하시는 성령의 역사 안에서 은혜를 발견하게 하신다. 그 은혜는 때를 따라 돕는 것으로서, 문자적으로는 때를 맞춘 도움이고, 필요한 순간의 특별한 도움인 것이다. 우리 위에 머무는 하나님 사랑의 무궁한 자비와 우리 안에서 역사하시는 하나님 성령의 전능적인 은혜는 우리가 예수만을 의지하고 담대히 나아갈 때 언제나 은혜의 보좌에서 발견할 수 있는 것들이다.

이제 주절(主節)인 그러므로 담대히 나아가자는 말씀을 살펴보자. 우리는 이미 우리의 담대함을 굳게 붙들라는 것을 배웠다. 우리는 다음에 우리의 담대함을 버리지 말라는 경고를 듣는다. 그리고 본 히브리서의 요점은 "그리스도의 대속사역의 큰 열매가 바로 우리가 들어감에 담력을 갖는 것"임을 말해 주는 것이다. 그것은 방해할 것이 없다고 보는 주저 없는 확신과 이러한 확신에 상응하는 행위 안에서 최상의 신뢰를 표현한다. 그것은 두려움과 의심과 별다른 감정이 없이 다만 아빠에게 말하고 있는 어린이가 느끼는 어린아이다운 자유(自由)로써 하나님의 보좌에 가까이 감을 말한다.

이 담대함은 그리스도의 피가 그 무궁한 가치로써 우리를 위해 확보한 것이며 그분의 하늘 제사장직이 우리 안에 역사하고 유지하는 것이다. 이 담대함은 보좌 위에 계신 우리의 크신 대제사장을 바라보는 흠모와 신뢰의 자연적이고도 필수적인 결과이다. 이 담대함은 그리스도께서 아버지의 임재 안에 들어가신 그 사실 안으로의 내적 참여로서 성령께서 우리 안에서 역사하시는 것이다. 이 담대함은 강건한 그리스도인의 삶의 요체이다. 만약 신자가 필히 유의하고 주목해야 할 것이 하나 있다면 그것은 이 담대히 나아감의 살아 있는 확신과 성향을 끊임없이 분명하게 유지하는 것이다.

그러므로 담대히 나아가자! 성자(聖子) 하나님 예수는 우리의 대제사장이시다. 우리가 가까이 나아가는 담대함은 우리의 묵상이나 노력으로 우리가 우리 자신 안에 만들어 내는 정신적 상태가 아니다. 그것은 함께 체휼하시며 때를 따라 은혜를 주시는, 자비롭고 살아 계신 대제사장이 그분 안에서 목숨을 버리고자 하는 영혼에게 불어 넣어주고 역사하시는 그 담대함인 것이다. 우리의 마음 안에서 믿음으로 발견되고 느껴지는 예수가 우리의 담대함이다. 우리가 그의 집이 되는 아들로서 예수는 우리 안에 거하시고 성령의 역사하심으로 말미암아 그분 자신은 하나님께 나아가는 우리의 담대함과 우리의 문이 되신다. 그러므로 우리는 담대히 나아가자.

1. 본 히브리서의 전체적 가르침이, 우리가 완전한 담대함과 의심 없는 확신을 가지고 하나님의 임재에 들어가 거하도록, 그리스도와 그분의 모든 것에 동참자가 되고 우리의 대제사장으로 그분을 모셔야 한다는 것에 초점을 맞추고 있다는 사실을 굳게 붙들자. 우리가 그리스도 안에 동참하고 그리스도를 소유하는 것은 마음 안에서이다. 마음 안에 거하심을 알게 하며 우리의 담대함을 온전케 하시는 분은 그리스도시다.

2. 기도할 때마다 담대하기를 힘쓰라. 예수의 공로의 척도, 더 나아가 당신 안에서 일하며 당신을 하나님께로 인도하는 예수의 능력의 척도를 당신의 담대함의 척도가 되게 하라.

3. 우리의 마음이 우리를 저주하게 하는 어떤 것을 용납하지 않도록, 그래서 우리가 하나님 앞에서 자유를 잃지 않도록, 어떤 양심의 변명이나 염려나 질투나 겸손이나 이 담대함은 해결할 것이다. 그러면 더 이상 가까이 갈 수 없을 만큼 우리가 하나님께 가까이 있다는 사실이 진실로 우리의 경험이 될 것이다.

37. 무식한 자를 용납하는 대제사장

5:1 대제사장마다 사람 가운데서 취한 자이므로 하나님께 속한 일에 사람을 위하여 예물과 속죄하는 제사를 드리게 하나니
5:2 저가 무식하고 미혹한 자를 능히 용납할 수 있는 것은 자기도 연약에 싸여 있음이니라
5:3 이러므로 백성을 위하여 속죄제를 드림과 같이 또한 자기를 위하여 드리는 것이 마땅하니라

우리는 본 히브리서가 주님 예수의 참된 인성(人性)과 체휼하심을 자주 말해 왔다는 것을 이미 알고 있다. 제 2장에서 우리는 '자녀들은 혈육에 함께 속하였으매 그도 또한 한 모양으로 혈육에 속하셨으니 하나님이 고난으로 말미암아 그를 온전케 하심이 합당하도다 저가 범사에 형제들과 같이되심이 마땅하도다 자기가 시험을 받아 고난을 당하셨은즉 시험받는 자들을 능히 도우시느니라'고 말씀하신 것을 읽는다. 그리고 제 4장에서 우리는 '우리에게 있는 대제사장은 우리의 연약함을 체휼하지 아니하는 자가 아니요 모든 일에 우리와 한결같이 시험을 받은 자로되'라고 기록된 것을 본다. 이 진리는 아주 중요하여 다시 한 번 여기에서 우리의 주의를 끈다. 우리가 이 말씀 속의 진리를 일반적으로 확신하는 것 가지고는 충분하지 않다. 예수께서 인자하사 우리들의 연약함과 무지함에 대하여 사랑으로 염려하시는 까닭에, 예수를 향한 일체의 생각이 모든 연약함에서 오는 불안감을 이내 만사형통의 안도감으로 바꾸어 주는 그 체휼하심에의 신뢰로 바뀔 때까지, 우리의 마음과 생명 속에 그 진리를 소중히 간직해야 한다.

그 말씀이 가르치는 것을 다시 한 번 들어보자. **대제사장마다 사람 가운데서 취한 자이므로 하나님께 속한 일에 사람을 위하여 예물과 속죄하는 제사를 드리게 하나니** 여기에 우리는 대제사장의 사역과 그 사역을 위한 첫 번째 필수 요소를 본다. 대제사장의 사역은 하나님께 속한 일인 고로 그는 하나님께 나아가는 모든 것 즉 그의 예배와 봉사에 대한 책임을 지고 있으며 이를 위하여 예물과 희생을 드려야 한다. 그리고 필수요소란 그분이 사람들을 위해 일을 해야 하기 때문에 그분 자신도 반드시 사람이어야 한다는 것이다. 그리고 이 큰 이유 때문에 그는 자기도 연약에 싸여 있음으로 해서 무식하고 미혹한 자를 능히 용납할 수 있는 것이며, 이러므로 백성을 위하여 속죄제를 드림과 같이 또한 자기를 위하여 드리는 것

이 마땅한 것이다. 제사장직의 뿌리에는 연약과 더불어 도움의 필요성에 따른 완전한 일체감이 있게 마련이다. 제사장적 행위에 있어서 이것은, 백성을 위한 것임과 동시에 자기 자신을 위한 것이 되는 희생제사 안에서 그 직임(職任) 자체를 증명하기 위한 것이다. 그리고 제사장직의 정신은 연약한 자와 도움이 필요한 자의 위로와 확신을 위하여 항상 살아있어야 하는 것으로서 그는 필히 무식하고 미혹한 자를 용납할 수 있어야 한다는 것이다.

우리 주님 예수께서 어떤 분이신가에 대한 놀라운 예시(豫示)로 말미암아 하나님께 영광을 돌리자. 제사장은 필히 사람들에 대한 하나님의 대표자가 되어야 한다. 그러나 그 자신이 사람이 되어 연약에 싸이고 그것이 증거가 되며 하나님을 향한 사람들의 대표자가 되기 전에는 그분도 사람들에 대한 하나님의 대표자가 될 수 없으셨다. 이것이 예수께서 천사들보다 조금 못하게 되신 이유이다. 대제사장은 백성을 위하고 또 자기 자신을 위하여 드려야 한다. 자신을 위한 드림은 백성들과 연합되도록 되어 있다. 복되신 주님 예수께서도 이렇게 드렸는바(히 5:7) 심한 통곡과 눈물로 기도와 탄원을 올렸고 그 모든 것 가운데서 하나님께 자신을 드렸던 것이다. 그리고 이 모든 것과 더불어 그분은 무식하고 미혹한 자를 용납할 수 있는 자로서 우리들의 마음과 확신을 살 수 있었던 것이다. 하나님께서는 어떤 무식과 미혹도 우리가 하나님과 그 사랑에 나아가는 길을 발견하는 데에 두려움을 주지 않도록 하기 위해 그러한 대제사장으로 말미암아 실로 모든 것을 행하셨다. 예수께서는 우리를 돌보실 것인데 그분은 무식하고 미혹한 자를 담당하시는 것이다.

그리스도의 제사장직에 대한 우리의 믿음에 있어서 그분의 마음(中心)보다 그분의 사역(使役)을 더 바라보는 습관을 우리가 갖고 있지는 않은지! 우리는 너무나 배타적으로 우리의 죄들에 대한 생각을 전면에 내세운 채 우리의 연약과 우리의 무식과 미혹됨을 충분히 실감하지 못하며, 더 나아가 자비롭고 충성된 대제사장으로서 이러한 무식하고 미혹한 자를 용납하기 위하여 우리와 같은 사람이 되사 그 자신이 연약에 싸이셨던 예수 안에서 특별한 대책이 마련된 것을 충분히 실감하지 못하는 것은 아닌지! 아아, 예수께서는 개인적인 경험을 통하여 가장 연약한 자를 동정하고 용납하는 것을 먼저 배우시기까지 제사장으로서 하늘 보좌에 오르실 수 없었다는 놀라운 메시지를 충분히 생각하고 우리 자신에게 도움이 되게 하자. 그리고 이후로는 우리의 연약과 무식이 우리를 의기소침하게 하고 뒤로 물러가게 하는 대신 무식한 자와 미혹된 자를 용납하시는 예수께 도움을 구하기 위하여 담대히 나가는 동기와 소원이 되게 하자. 거룩함을 추구하는 과정에서 종종 우리의 무식은 실패의 가장 큰 원인이 되어왔다. 우리는 하나님의 안식과 믿음의 능력과 휘장 안에 거하는 것과 우리 마음 안의 그리스도의 내주(內住)하심에 관하여 무엇이 가르쳐지는지 충분히 이해할 수 없었다. 그러한 것들은 우리에게 너무 높아 전혀 우리들이 이해할 수 없는 것처럼 보인다. 만약 우리가 예수를 우리의 죄를 대속하신 분으로서만 신뢰할 것이 아니라, 우리의 모든 연약을 용납하는 가운데 무식한 자와 미혹된 자의 인도자가 되시기 위하여 특별히 선택되고 준비된 후 하나님의 보좌에 오르신 분으로서 신뢰할 줄 알았다면 얼마나 큰 축복이 되었을까! 오늘 우리는 하나님께서 본문에 계시해 주신 대로 이 구세주를 새롭게 영접하고, 주님 예수께서 우리의 모든 무식을 담당하심으로 그것이 더 이상 우리가 하나님께 나아가는 길에 걸림돌이 될 수 없다는 것을 찬양하도록 하자.

1. 우리의 연약한 마음이 신뢰하고 확신하도록 하나님께서 치르신 그 고통! 이 계시를 받아들이고, 어떠한 난국에 처하더라도 우리의 첫 번째 생각이 항상 주님 예수의 동정과 도우심의 확실성과 복스러움에 머물도록 그분의 헤아려주심과 온유로 우리의 마음을 채우자.

2. 죄를 슬퍼만 할 뿐 모든 무지와 연약을 가지고 주님 예수께 담대히 나가지 않음으로써 죄를 더하고 더 강퍅하게 한다는 것을 생각지 않는 영혼들이 얼마나 많은가.

3. 예수 그리스도의 전체 제사장직은 오직 당신을 담대하고 기꺼이 하나님께 인도하여 하나님과의 교제 속에 살게 하는 오직 하나의 목적을 갖고 있다는 교훈을 깊이 배우라.

38. 하나님의 부르심을 입은 대제사장

5:4 이 존귀는 아무나 스스로 취하지 못하고 오직 아론과 같이 하나님의 부르심을 입은 자라야 할 것이니라
5:5 또한 이와 같이 그리스도께서 대제사장 되심도 스스로 영광을 취하심이 아니요 오직 말씀하신 이가
저더러 이르시되 너는 내 아들이니 내가 오늘날 너를 낳았다 하셨고
5:6 또한 이와 같이 다른 데 말씀하시되 네가 영원히 멜기세덱의 반차를 좇는 제사장이라 하셨으니

제사장은 이중의 관계성을 갖고 있는데 곧 하나님께와 사람에게 상관된 위치에 서있는 것이다. 모든 대제사장은 하나님께 관한 일에 사람을 위하여 임명된다. 우리는 바로 앞에서 사람에 관련된 대제사장의 큰 특성을 살펴보았다. 그는 필히 그 자신이 사람이어야 하고 지극히 연약한 사람에 대한 온유와 동정이 넘치는 마음으로 사람과 함께하며 그들 중의 하나가 되어야 했다. 제사장의 하나님과의 관계성에 있어서 본서가 여기에 밝히는 요점은 그가 그 직임을 하나님께로부터 받아야 한다는 것이다. 제사장은 그 존귀를 스스로 취할 것이 아니라 필히 하나님의 부르심을 따라야 한다. 이 모든 것이 그리스도에게 있어서는 참이었다.

그리스도께서 그분의 직임을 하나님께로부터 받았다는 진리는 기독교가 최고의 신적 권리를 가졌다는 것을 히브리인들에게 납득시키는 데 중요할 뿐만 아니라, 우리에게도 역시 깊은 관심사이다. "그 사실이 바로 우리 신앙의 실체적 영광(榮光)과 능력을 구성한다"는 통찰력을 갖게 해준다. 우리들의 신앙은 양식을 먹고 힘을 얻어야 하는데 이것은 우리가 대속(代贖)의 신적 기원과 성격에 더 깊이 들어갈 때 가능한 것이다.

이 존귀는 아무나 스스로 취하지 못하고 오직 하나님의 부르심을 입은 자라야 할 것이니라 우리가 죄를 짓는 것은 하나님께 대해서이며 그로 인해 우리는 하나님으로부터 분리되어 죄의 권세 아래 떨어진다. 우리가 필요로 하는 것은 하나님이시며 길(道)은 필히 하나님과 하나님의 사랑에 대하여 열려야 한다. 하나님만이 홀로 어느 것이 그 길인가를 말씀하실 수 있으시고, 그 길을 열어 놓을 수 있으셨다. 이것이 이제 복음과 그리스도 안에 있는 우리의 믿음에 "만사가 하나님께로부터"라는 안전성과 충분성을 주는 것이다. 그리스도는 하나님으로부터 대제사

장으로 부름 받았다. 우리를 지으시되 우리의 범죄로 상하신 그 하나님이 자기 아들을 우리의 대속자로 주신 것이다.

또한 이와 같이 그리스도께서 대제사장 되심도 스스로 영광을 취하심이 아니요 오직 말씀하신 이가 저더러 이르시되 너는 내 아들이니 내가 오늘날 너를 낳았다 하셨고 또한 이와 같이 다른 데 말씀하시되 네가 영원히 멜기세덱의 반차를 좇는 제사장이라 하셨으니 여기에서 우리는 그리스도께서 단순히 하나님께로부터 대제사장으로 부름 받았다는 사실만이 아니라 그분이 선택된 그 근거에 특별한 주의를 기울여야 한다. 인용된 두 절은 "그분이 대제사장으로 임명되었다는 것은 하나님 아들로서 그렇게 되었다"는 것을 우리에게 가르쳐 준다. 이것은 제사장직의 참된 성격과 자격을 우리에게 열어 보여준다. 그것은 제사장직이 아들 됨에 그 뿌리를 두고 있다는 것과 제사장직의 사역은 아들로서의 복된 생명(生命)을 계시하고 나누어주고자 하는 것임을 보여준다.

아들로서 그리스도만이 홀로 하나님께서 가지신 모든 것의 후사이셨다. 아버지의 생명은 아들 안에 있었다. 하나님께서는 오직 자신의 사랑하는 아들로 말미암아서만, 그리고 그 안에 아들의 생명(生命)과 영(靈)과 형상(形狀)이 보이는 데까지만, 피조물(被造物)과 더불어 연합하거나 교제할 수 있으시다. 그러므로 하나님의 아들 외에는 누구도 대제사장이 될 수 없었다. 우리들의 구원이 단순히 법적인 것, 즉 외향적인 것과 인위적인 것이 아니요, 낙원(樂園)에서 상실한 신적 성품의 회복과 더불어 바로 하나님의 그 생명 안에 새롭게 들어가는 것인 까닭에 우리로 하여금 그것에 참여케 할 수 있는 분은 오직 하나님의 아들뿐인 것이다. 그리스도께서는 나누어줄 하나님의 생명을 가지셨고, 그분은 그것을 주실 수 있었으며, 그분만이 우리를 그 자신과의 살아 있는 교제로 이끄시어 그것을 주실 수 있으시다. 그리스도의 제사장직은 하나님께서 친히 제정하신 길이다. 그것을 통하여 영원히 복되신 아들은 우리를 하나님께로부터 받은바 하나님 안에 있는 모든 생명과 영광에 동참자가 되게 하신다.

그리고 그 아들을 대제사장으로 임명하신 분은 바로 아버지였다는 사실이 이제 우리의 확신과 안심이 된다. 우리에게 아들을 주신 것은 우리가 대적하여 죄를 지은 하나님의 사랑이다. 그 큰 구원(救援)을 설계하시고 성취하신 것은 하나님의 뜻과 능력이다. 우리의 구원은 하나님 자신 안에 기원(起源)과 생명과 능력을 두고 있다. 하나님은 그 아들 안에서 우리가 하나님 자신과 교제하도록 우리를 인도하신다.

그리스도께서 대제사장 되심도 스스로 영광을 취하심이 아니요 이 영광을 그리스도에게 주신 분은 하나님이시다. 이것이 무엇을 의미하는지 한번 생각해 보라. 하나님께서는 가련한 죄인들의 제사장이 되는 것을 그 아들의 한 존귀로 여기신다. 예수께서는 이제 그분이 최고의 영광으로 여기는 바 죄인들을 하나님께로 인도하는 이 존귀(尊貴), 이 새로운 영광을 위하여 자신의 영원한 영광을 포기하셨다. 자비를 구하는 회심자의 울부짖음과 더 큰 은혜로 하나님께 더 나아가기 위한 구속된 영혼의 모든 기도를 그리스도는 자신의 최고의 존귀로 생각하며, 하나님으로부터 아들 됨의 영광 위에 받은 영광의 증거로 생각하시고, 더 나아가 그 아들 됨의 영광 안에 포함된 영광의 충만한 계시로 생각하신다.

아아, 의심하며 방황하는 영혼이여! 주님 예수는 자기에게 돌아온 궁핍한 자 안에서 자신의 일을 하시는 것을 최고의 존귀로 여기신다는 것을 아직도 믿지 못하겠는가? 자신의 영광 안에서 하나님의 아들은 그 제사장직의 능력이 우리를 그분과 함께 하는 형제로서 아버지의 생명과 사랑에 참여하는 자가 되게 할 때 그것을 자신의 최고의 영광으로 여기신다. 그리스도가 당신의 확신이 되게 하라. 그리스도에게는 자신의 일을 하시는 것보다 더 큰 기쁨이 없다는 것을 확실히 알라. 당신도 하나님께서 하신 일을 하라. 그것은 예수 그리스도를 당신의 대제사장으로 영화롭게 하는 것이다. 당신이 자기 자신과 인간적인 도움으로부터 돌아서서 하나님의 아들을 신뢰할 때 그분은 스스로 대제사장이 무엇인가를 당신에게 증명해 보이시고 아들로써 당신을 아버지의 생명과 사랑으로 인도할 것이다.

1. 그 아들을 우리의 대제사장으로 주신 것보다 더 놀라우신 은혜를 하나님

께서 우리에게 주실 수 있을까? 그 아들이 바로 제사장이라는 것보다 더 중한 믿음과 소망의 확실한 기초를 하나님께서 우리에게 주신 바 있을까? 그런데도 우리가 예수를 신뢰하지 않고, 그 아들을 우리에게 주신 하나님께 영광을 돌리지 않겠는가?

2. "예수는 영원한 아들이시며, 아버지에 의하여 우리를 아버지의 임재 가운데로 인도하여 거기 거하도록 하시는 우리들의 제사장으로 임명되었다"는 복된 진리를 받아들임에 있어서 믿음을 행사하는 것이 우리에겐 필요하다. 예수는 자신이 그렇게도 연약에 싸여 있었고 시험을 당하셨기에 우리가 오직 그분을 신뢰하기만 하면 우리의 어떤 무식함이나 연약함을 맡으시고 자신의 복된 사역을 능히 이루어 주신다. 아, 예수를 경배하고 그분께 존귀를 돌리자. 예수를 신뢰하자. 하나님께서 임명하신 우리의 대제사장 예수께 그분이 하실 수 있고 해주시기 원하시는 모든 것을 믿음으로 요구하자.

3. 믿음은 마음을 연다. 믿음으로 말미암아 이 신적 현존은 온 마음을 채우고 넘치며 거기 거한다. 그분이 당신의 마음을 자신에게 가까이 이끌기 전에는 당신을 하나님께 가까이 이끌 수 없으시다. 그분이 당신의 마음속에 거하시기 전에는 당신의 마음을 그분께 가까이 이끌 수 없으시다. 당신이 믿기 전에는 그분은 당신의 마음 안에 거할 수 없으시다. 당신의 온 마음이 그분 안에 있는 믿음이 되고 그분이 당신 안에 살아 계신 분이되기까지 예수를 깊이 생각하라.

39. 순종을 배우시는 대제사장

5:7 그는 육체에 계실 때에 자기를 죽음에서 능히 구원하실 이에게 심한 통곡과 눈물로 간구와 소원을 올렸고 그의 경외하심을 인하여 들으심을 얻었느니라
5:8 그가 아들이시라도 받으신 고난으로 순종함을 배워서

우리는 이미 본서의 저자가 그리스도의 인성(人性)의 확실한 실재, 즉 자신의 형제들과 같이 되신 것과 우리와 같은 혈육을 취하신 것, 그리고 우리처럼 모

든 일에 시험을 받으신 사실을 우리에게 인식시키려 애써왔다는 것을 알게 되었다. 본 장의 서두에서 저자는 그 자신이 연약에 싸였던 진정한 대제사장을 우리 앞에 다시 제시하였다. 그는 이제 다시 한 번 그 주제로 돌아간다. 앞의 5:6에서 그는 더 깊은 가르침의 말씀으로 멜기세덱의 반차에 관련된 약속을 인용하였으나 잠시 다른 것을 말할 필요를 느끼고, 5:11에서 그것을 반복 인용할 때까지 하나님 아들의 낮아지심의 전체적 의미가 무엇인지를 충만히 밝히고 있다. 그는 우리를 영적으로 겟세마네로 인도하고 그 고뇌의 놀라운 비밀을 우리에게 말하되, 성취할 사역을 위한 대제사장으로서 온전케 되는 과정의 마지막 단계로서 그 비밀을 말한다. 우리의 무지를 자각하는 마음으로 이 거룩한 장소에 들어가되 하나님의 아들이 우리를 위해 육체가 되신 믿음의 큰 비밀을 더 알기 원하는 목마름으로 들어가자.

육체에 계실 때에 "육체"라는 단어는 타락한 상태의 증표인 연약함 속에 있는 인간 본성(本性)을 가리킨다. 그 어두운 밤에 예수께서 그의 제자들에게 "깨어 기도하라, 마음엔 원이로되 육신이 약하도다" 하고 말씀하셨을 때 그분은 자신의 경험을 따라 말씀하신 것이다. 그분은 옳은 목적을 가진 것만으로는 충분하지 않았다. 기도하는 가운데 위로부터 받은 능력에 의하여 육체의 연약이 다스려지고 정복되지 않는 한, 그 연약은 쉽사리 유혹에 빠지고 그 결과는 죄가 된다는 사실을 아셨던 것이다. 연약에 싸여 육체에 계시던 날들은 그분에게 있어서 가공할 실제(實際)였던 것이다. 그분이 깨어 기도한 것은 이것에 지지 않기 위한 것이었다.

그는 육체에 계실 때에 자기를 죽음에서 능히 구원하실 이에게 심한 통곡과 눈물로 간구와 소원을 올렸고 그의 경외하심을 인하여 들으심을 얻었으며, 자신의 뜻을 꺾고 아버지의 뜻을 전적으로 받아들일 힘을 받음과 동시에 그 자신이 죽음으로부터 구원되고 부활로 나올 수 있다는 것을 새로이 확신하였다. 아들이시라도 받으신 고난으로 순종함을 배우셨던 것이다. (이 표현은 누구라도 이제 말하는 바를 하나님 아들에게서 기대할 수 없었다는 것을 암시한다.) 겟세마네는 모든 일에 우리와 같이 되신 우리의 대제사장께서 그의 고난으로 말미암아 가장 처절하게 순종을 배우신 마지막 훈련장이었다.

아들이시라도 하나님의 아들로서 하늘로부터 오신 그분이 순종을 배워야 한다는 것은 말이 안 된다고 생각하는 사람도 있다. 그러나 실제적으로 그분은 영광스런 생명인 자신을 비우시고 철저하게 우리 본성의 조건과 동질성 안으로 들어오셨기 때문에 실로 순종을 배워야 했던 것이다. 이것이 바로 이성적(理性的) 피조물인 인간의 생명의 요체(要諦)로서, 하나님으로부터 받은 인간의 생명과 의지는 자결(自決) 능력이 없이는, 그리고 희생의 원리로서 하나님의 뜻에 자발적으로 복종하지 않고는, 발전할 수 없다는 것이다. 피조물은 성장과 시험과 발전의 법칙 아래에서 하나님의 뜻을 거역하는 것을 극복하고 그 뜻이 계시하는 바에 동화(同化)됨으로써만 자신의 완전을 이룰 수 있는 것이다.

예수에 관하여 성경은 "아이가 자라며 강하여지고 지혜가 충족하며"(눅 2:40)라고 기록하고 있다. 그분의 소년기에 참된 것은 그분의 성년기에도 참되다. 생애의 각 단계마다 그분은 시험을 만났고 그것을 이기셨으며, 이길 때마다 의지가 힘을 얻고, 육체의 연약과 세속적인 선(善)의 욕망에 양보하려는 위험과 속세의 사악에 대한 공포를 극복하는 능력이 강화되었다. 겟세마네에서 그분의 시험과 순종은 그 극치에 달했던 것이다.

받으신 고난으로 순종함을 배워서 고난은 비자연적인 것으로서 죄의 열매이다. 하나님은 희락(喜樂)을 위하여 우리를 창조하셨다. 하나님은 우리를 재능을 겸비시켜 창조하셨을 뿐만 아니라 행복의 능력도 함께 주어 창조하심으로써 모든 호흡과 건강한 활동은 즐거움이 되어야 했다. 고난을 두려워하고 피하려는 것은 우리에게도 아주 자연스러운 것이고 하나님의 아들에게도 역시 자연스러운 것이다. 이런 욕망에는 죄가 될 것이 없다. 다만 하나님께서 우리에게 복종하여 고난을 받으라고 명하실 때 거부하는 것이 죄가 된다. 잔을 거부하라는 것은 겟세마네에서 예수께 온 흑암 권세의 시험이었다. 통곡과 눈물로 올린 그분의 기도와 간구에서 예수는 십자가의 죽음을 무릅쓰고 하나님의 뜻에 대한 자신의 충성을 견지하셨다. 가장 처절한 고난은 가장 높은 순종의 교훈을 그분께 가르쳐 주었고 그분 자신의 뜻과 목숨을 내어드렸을 때 그분의 순종은 완성되었으며 그분 자신은 영원히 온전케 된 것이다.

이 예수가 우리의 대제사장이시다. 그분은 육체의 연약이 무엇인지 아신다. 그분은 그것을 정복하는 데 드는 대가가 무엇인지 아시며 우리가 얼마나 그 일에 무력한지도 아신다. 예수께서는 하늘에 살아계시고 우리를 도우실 수 있으시며, 우리의 연약함을 동정하시고 무식한 자와 미혹된 자를 용납하시되, 때를 따라 돕는 은혜를 얻기 위하여 우리가 담대히 나아갈 그 보좌 위에 계신 대제사장이시다. 그분은 하늘과 우리 마음에 살아계시어 자신의 순종의 영을 우리에게 주시고, 그럼으로써 그분의 제사장직은 그분 되심의 모든 것과 소유하신 모든 것의 충만한 즐거움으로 우리를 인도해 주신다.

1. 경외하심을 인하여 예수는 들으심을 얻었다. 그렇다면 나도 그분의 영 안에서 기도하고 그분의 경외하심을 인하여 들으심을 입도록 겸손과 거룩한 경외 속에서 기도해야 하지 않겠는가. 이것이 바로 그분이 기도하고 순종한 정신이다.

2. 예수는 고난으로 순종을 배우셨다. 순종을 가르치는 하나님의 메시지로 모든 고난을 바라보고 받아들이기를 배우라.

3. 그분은 순종을 배우셨다. 이것은 자신의 제사장직을 위하여 그리스도께서 훈련을 받으신 길이다. 이것은 영광의 보좌를 위하여 그분에게 채워진 영과 능력이었고, 우리를 그곳에 끌어올릴 유일한 영과 능력이었으며, 우리의 대제사장이 우리 안에 나누어주실 영과 능력이다. 순종은 바로 구원의 진수이다. 우리가 그리스도가 개인적으로 완전케 된 것을 보거나 그분의 죽음에 가치와 구원의 능력을 부여한 공로를 보거나, 우리 안에서 이루신 사역을 볼 때, 순종 그것이 바로 하나님 뜻 안으로 들어가는 문이며 구원의 핵심임을 우리는 안다.

4. 예수께서는 순종을 배우셨다. 예수는 몸을 입은 순종이시고 성육신한 순종이시다. 나는 다만 내 안에 순종의 영을 갖는 만큼 예수를 소유할 수 있다.

40. 순종으로 온전케 되신 대제사장

5:8 그가 아들이시라도 받으신 고난으로 순종함을 배워서
5:9 온전하게 되었은즉 자기를 순종하는 모든 자에게 영원한 구원의 근원이 되시고

우리의 주님 예수는 받으신 고난으로 순종함을 배우셨다. 이 순종(順從)으로 말미암아 그분은 온전케 되셨고 자기를 순종하는 모든 자에게 영원한 구원의 근원이 되셨다. 그분은 우리의 대제사장과 영원히 온전케 되신 아들로서 하늘에 들어 가셨던 것이다.

『온전(穩全)』이란 말은 히브리서의 핵심이 되는 단어이다. 그것은 열세 번이나 나온다. 네 번은 구약과 관련되어 나왔는데 아무 것도 온전케 할 수 없다는 뜻으로 사용되었다. "율법은 아무 것도 온전케 못할지라(히 7:19). 예물과 제사가 섬기는 자로 그 양심상으로 온전케 할 수 없나니(히 9:9). 율법은 나아오는 자들을 언제든지 온전케 할 수 없느니라(히 10:1). 우리가 아니면 저희로 온전함을 이루지 못하게 하려 하심이니라(히 11:40)." 약속과 그 성취, 소망과 그 결과, 그리고 그림자와 그 실체간의 차이의 크기는 바로 구약과 신약간의 차이의 크기이다. 율법(律法)은 아무 것도 온전케 할 수 없었다. 그것은 다만 보다 나은 어떤 것, 즉 예수 그리스도께서 가져올 온전을 가리키기 위한 것일 뿐이었다. 온전은 신약과 더불어 오는 것이다. 세 번은 그 단어가 그 자신 안에서 온전을 예비하고 성취하시고자 세상에 오신 우리 주님 예수에 관하여 사용되었다. "하나님께는 고난으로 말미암아 구원의 주를 온전케 하심이 합당하도다(히 2:11). 순종함을 배워서 온전케 되셨은즉 영원한 구원의 근원이 되셨느니라(히 5:9). 영원히 온전케 되신 아들을 대제사장으로 세우셨느니라(히 7:28)." 그리스도께서 가져오신 온전은 그분 자신의 개인적 삶에서 계시된 것이었다. 그분은 우리가 잃어버린 하나님의 생명, 즉 하나님의 뜻과 사랑 안에 있는 생명을 회복시켜 주시기 위해 오셨다. 이것만이 홀로 구원(救援)이다. 하나님께서는 고난으로 말미암아 예수를

온전케 하셨는데 곧 예수 안에서 온전한 인격을 성취하사 그 인격 안에서 신적 생명과 인간적 의지가 완전히 연합되게 하신 것이다. 예수 그리스도는 고난으로 말미암아 순종을 배웠고 인간에게 있어서 의무이자 축복이 되는 겸손과 하나님께 대한 복종과 내어드림을 온전하게 입증하셨다. 그럼으로써 온전케 되셨을 때 그분은 자기를 순종하는 모든 사람에게 영원한 구원의 근원이 되셨는데 이는 저들에게 분여할 수 있는 완전한 인성(人性)을 가지셨던 까닭이었다. 그리고 영원히 온전케 되신 아들로서 예수 그리스도는 영원하신 대제사장으로 임명되신 것이다. 하나님의 아들로서 예수는 우리를 바로 하나님의 생명 안으로 인도하시고, 대제사장으로서 그분은 우리를 참된 영적 실재(實在) 안에서 하나님의 교제와 뜻과 임재 안으로 이끄신다. 순종으로 말미암아 그분 자신이 온전케 되신 그 길은 그분이 우리를 인도하실 산 길(道)이었다. 순종으로 말미암아 온전케 되신 아들께서는 하나님께 가는 길로서 순종의 길을 찾아내시고 여셨으며 그리로 들어가시어 우리도 역시 그분 자신의 성령으로 말미암아 그렇게 걷도록 우리를 살려주심으로써, 온전하신 자 그분 홀로 우리의 구원이 되실 수 있으셨다.

그 다음에 우리는 그리스도께서 우리를 위해 하신 일에 관하여 이 단어가 두 번 사용됨을 본다. '저가 한 제물로 거룩케 된 자들을 영원히 온전케 하셨느니라'(히 10:14) '우리 믿음의 주요 온전케 하시는 이'(히 12:2). 그리스도께서 우리를 영원히 온전케 하셨다는 것은 다만 그분의 영단번의 제사로 말미암아 우리를 구속하셨다는 뜻인데 이는 온전케 되신 자신을 우리의 생명으로서 완전히 소유하도록 하기 위함이었다. 예수의 죽음은 죄에 대한 우리의 죽음이고, 온전하신 자로서 그분의 부활은 우리의 삶이며, 그분의 의(義)와 생명은 우리들의 것이고, 나아가 우리는 아버지께서 고난과 순종으로 말미암아 아들 안에서 이루신 그 모든 온전을 소유하게 되었다. 일단 그리스도에 의하여 영적 성소가 열렸을 때 그것은 손으로 짓지 아니한 더 크고 온전한 장막으로 말해졌던 것이다.

또한 그 단어는 세 번 신자의 인격(人格)에 대하여 나타나는데 '온전한 자들을 위한 단단한 음식'(히 5:14), '완전한데 나아가자'(히 6:1), '평강의 하나님이 모든 선한 일에 너를 온전케 하시기를 원하노라'(히 8:21) 등이다. 단단한 음식을 먹을 수 있는 온전한 자라 함은 신자의 삶의 초보(初步)로는 만족할 수 없어서 온전케 되신 주를 영접하고 따르기 위해 전적으로 그 자신을 버린 사람들을 가리킨다. 이들은 온전으로 나아가는 자들인데 그 온전은 하나님이 사람에게 요구하시는 것으로 그리스도께서 성취하셨고 보여주신 것이며 따르는 자들에게도 가능케 하신 것이다.

예수는 순종을 배우시고 온전케 되셨으며 영원한 구원의 근원이 되셨다. 하나님의 온전은 하나님의 뜻이다. 사람에게는 하나님의 뜻과 연합하는 것 외에 달리 온전이 없다. 하나님의 선하고 온전하신 뜻에 순종하는 것은 전 성품을 변화시켜 영광 안에서 하나님과의 연합을 가능케 한다. 지상에서의 하나님의 뜻에 대한 순종은 하늘에 있는 하나님의 뜻의 영광에 이르는 길이다. 하늘의 영구한 온전은 다만 변화되고 영화로워진 지상에서의 순종 그것이다. 순종은 그리스도의 온전과 우리들의 온전의 씨(核)요, 능력이요, 생명(生命)이다.

우리는 본 히브리서가 멜기세덱의 반차를 좇아 하늘 제사장이 되신 분의 영역으로 지성소를 열어줌에 따라 그 거룩한 곳의 문턱으로 접근하고 있다. 거기에 우리가 더 나아가기 전에 한 가지 가르침을 깊이 배우자. 우리 대제사장의 지상의 삶을 구별해 주는 표적과, 그분의 하늘 영광과 그분의 영원한 구원의 근원되심과, 우리의 불순종에 대한 그분의 대속의 능력과, 우리가 인도자로서의 그분을 따라갈 산 길의 열림과, 그분이 주신 생명의 내적 성향과 정신 등 이 모든 것의 비결은 바로 순종(順從)인 것이다. 순종으로 말미암아 예수는 온전케 되셨고 그분의 희생도 온전케 되었으며, 순종으로 말미암아 그분은 우리를 영원히 온전케 하셨고 그분은 우리를 온전으로 인도하신다.

1. 주님 예수의 완전한 하늘 생명이 하늘로부터 우리의 마음에 왔을 때 그것은 어떤 형체가 아니라 그분 안에 있던 순종이 온 것이다.

2. 하나님은 순종을 받으셔야 한다. 순종이란 그 한 단어 안에서 당신은 복음 전체와 더불어 예수의 삶과 죽음, 그분의 하나님 우편에 앉으심, 그분의 대

제사장직, 그분의 우리 마음속에 내주하심에 대한 열쇠를 갖는다. 하나님은 순종을 받으셔야하는 것이다.

3. 그리스도, 즉 순종하신 자는 죽음을 통한 순종의 새 길을 하나님께 가는 길로 열어 놓으셨다. 이 그리스도가 당신이 사랑하고 의뢰하는 그리스도인가? 이제 그분이 당신을 불순종에서 구하심으로 말미암아 그분 안에 있는 당신의 기쁨이며, 오직 하나님과 그분께 순종하며 살도록 당신을 강하게 함으로써 그분 안에서 당신이 얻은 당신의 기쁨인가? 당신은 구원이 바로 순종으로의 회복인 까닭에 그리스도를 존귀하게 여기고 있는가?

41. 순종하는 자를 구원하시는 대제사장

5:8 그가 아들이시라도 받으신 고난으로 순종함을 배워서
5:9 온전하게 되었은즉 자기를 순종하는 모든 자에게 영원한 구원의 근원이 되시고

예수의 죽음은 그분의 순종과 마찬가지로 우리들의 순종 안에 그 가치와 효능을 갖는다. 예수와 그 고난에 있어서 순종은 하나님의 큰 목적이었고 그분의 온전과 영광의 뿌리와 능력이었으며 우리들의 영원한 구원의 실질적인 유효원인인 것이었다. 우리에게 있어서 순종의 필요성은 그야말로 절대적이다. 순종으로의 인간 회복은 구속(救贖)의 위대한 목적이었다. 순종은 우리의 행복이 걸려있는 하나님과의 연합으로 가는 단 하나의 길이다. 순종으로 말미암아서만 하나님은 하나님의 생명과 능력을 우리 안에 나타낼 수 있으시다. 예수의 죽음과 순종은 우리들의 순종 안에만 그 가치와 효능을 갖는다. 예수는 순종을 배우셨고 온전케 되심으로 자기를 순종하는 모든 자에게 영원한 구원의 근원이 되셨다. 우리의 순종은 그분의 순종처럼 필수불가결한 것이다. 순종이 없이 예수께서 구원을 이루실 수 없었던 것처럼 순종이 없이 우리는 구원을 누릴 수 없다. 그분 안에 있어서처럼 우리 안에 있어서도 순종은 바로 구원의 요체이다.

우리는 힘써 이것을 바로 알자. 하나님은 피조물의 축복이시다. 하나님이 피조물의 모든 것이 되실 때, 피조물의 겸손과 신뢰 안에서 하나님이 모든 역사를 하실 수 있으실 때, 그리고 감사와 봉사로 모든 것이 하나님께 돌아갈 때, 하나

님의 사랑과 기쁨이 들어와 피조물을 충만케 하는 것을 막을 것은 아무 것도 없다. 피조물이 해야 할 것은 다만 그 자신의 소욕이나 뜻을 하나님께로 지향하고 하나님께 자유로운 활동 영역을 드림으로써 하늘이나 땅 위의 어느 것도 그 영혼을 채우시는 하나님의 빛과 즐거움을 방해하지 못하게 하는 것이다. 하나님의 모든 완전하심이 함께하는 살아 있는 중심부, 그 모든 완전하심이 각각의 일을 수행하는 원동력(energy)은 하나님의 뜻이다. 하나님의 뜻은 우주(宇宙)의 생명이고, 우주의 현상은 하나님께서 그렇게 뜻하셨기에 그러한 것이며, 하나님의 뜻은 우주를 존재(存在) 안에 유지하는 살아 있는 힘이다. 피조물은 그 안에서 역사하는 하나님의 뜻 이상 하나님에 관한 것을 가질 수 없다. 하나님을 찾고 만나고자 하는 자는 필히 하나님의 뜻 안에서 하나님을 구할 것이다. 이는 하나님의 뜻과의 연합이 곧 하나님 자신과의 연합이 되는 까닭이다. 그러므로 주님 예수께서 이 세상에 오셨을 때 그분은 항상 그분이 오신 것이 오직 한 가지 일, 즉 하늘 아버지의 뜻을 행하려 함이라고 말씀하셨던 것이다. 이것만이 우리의 구원을 이룰 수 있었다. 죄는 우리를 하나님의 뜻으로부터 분리시켰다. 하나님의 뜻을 행함으로써 예수는 죄의 힘을 꺾어버렸다. 예수께서는 하나님께 대한 봉사와 진정한 축복이 어디에 있는지를 증거하고, 인생에게 분여해 줄 새로운 성품과 새로운 삶의 길을 자신 안에 성취하며, 어떤 대가를 치르고서라도 하나님의 뜻을 행하는 것이 영구한 축복과 영광이라는 것을 보여주셨다. 하나님께서 예수를 높이신 것은 죽기까지 순종하심으로써 그 뜻을 행하신 까닭이다. 예수께서 하나님과 더불어 하늘 보좌 위에 앉기에 합당하게 된 것은 바로 순종으로 말미암아서였다. 하나님의 뜻과의 연합이 바로 하나님 자신과의 연합인 까닭에 그것만이 오직 하나님의 영광으로 인도한다.

이것은 예수께 있어서나 우리에게 있어서나 같은 진리이다. 많은 신자들이 구원을 찾되 구원을 구성하는 개념을 모르고 있다는 것은 두려워할 일이다. 구원이란 자기 자신의 뜻으로부터 구원되는 것이며, 오직 하나님의 뜻을 행하도록 회복되는 것이다. 저들이 그리스도를 구하고 신뢰하나 그것은 참 그리스도가 아니요 그들 자신의 형상대로 그들이 만든 그리스도일 뿐이다. 참 그리스도는 성육신 하신 하나님의 뜻이요 성육신 하신 순종이며 하나님이 자신 안에서 하신 역사를 우리 안에서 하시는 분이시다. 그리스도께서 아들로 오신 것은 이 땅에서 그분을 살게 하신 바로 그 생명과 성향을 분여 하시려는 것이었다. 그리스도께서 대제사장으로 오신 것은 자신이 하나님께 가까이 나아간 바로 그 순종과 희생의 길로 우리를 인도하시려 함이었다. 아들과 제사장으로서 그리스도는 우리의 인도자이시며 앞서가신 자이시고 우리가 하늘에서 그분의 영광에 참여한다는 희망을 가질 수 있는 것도 오직 이 땅에서 그분께서 걸어가신 길을 따라갈 때뿐이다. 그는 자기를 순종하는 모든 자에게 영원한 구원의 근원이 되셨다.

"믿음으로 구원 얻는다"는 말에 대한 잘못되고 편향적인 관점이 우리를 오도하지 않도록 주의하자. 세상에는 믿음으로 구원받는 것이 전부이지 순종은 별것이 아니라고 생각하는 사람들도 있다. 이것은 가공할 착각이다. 지난날 우리들의 칭의(稱義)에 있어서는 정말 순종의 개념이 결여되어 있었다. 하나님은 죄 많은 자를 의롭다 하셨다. 그러나 회개(悔改)는 순종으로 돌아감을 말한다. 회개가 없이 참 믿음은 있을 수 없다. 믿음으로 의롭다함을 얻는 것은 목적에 대한 수단으로서 오직 순종을 가져오기 위한 것이다. 그것들은 우리에게 그리스도를 가리키고 그분과의 연합에서 발견되는 구원을 가리킨다. 그리스도는 자신에게 순종하는 자들에게만 주실 구원을 갖고 계신다. 하나님의 뜻과 생명을 받아들이는 길인 순종은 구원을 위한 단 하나의 우리들의 일이다. 충만한 구원을 찾아 누릴 수 없다고 불평하는 사람이 그렇게도 많은 이유는 다 이러한 연유에서이다. 우리는 그것을 잘못된 길에서 구하고 있다. 아버지께서는 순종하는 자들에게 하늘 그리스도 안에 있는 온전한 구원 즉 성령을 주신다고 예수께서 말씀하셨다. 그들에게 그리스도는 자신을 나타내시고 그들에게 아버지와 아들이 함께 거하신다. 그리스도의 구원은 오직 순종으로 성취되었고, 순종이 구원의 요체와 성격이며, 오직 순종으로 우리도 구원을 소유한다. 순종으로 온전케 되신 그리스도는 자기를 순종하는 자들에게 영원한 구원의 근원이 되신다.

예수의 순종과 그 원천적 겸손이 예수의 인격의 아름다움과 대속의 참된 능력으로서, 그분과 제자들 간의 연합과 동질성의 결속으로서, 그리고 순종하는 자들에게 주시는 실질적인 구원으로서, 우리에게 보이길 하나님은 바라신다.

1. **순종으로의 구원** 구원을 행복이라고만 보는 지나치게 배타적인 생각으로부터 눈과 생각을 돌려 구원의 실체인 순종에 더 고정시키자. 그리스도는 완전한 구원이 순종하는 자에게 온다는 것을 배려하신다.

2. 우리들의 죄인 됨과 무능에 대한 잘못된 생각이 우리들로 하여금 온전한 순종에 헌신하는 것으로부터 낙오하게 하지 않도록 하자. 우리는 그리스도를 구세주가 되게 하는 생명과 순종의 영으로 말미암아 그리스도와 함께 하는 자로 부름 받았다. 하나님의 아들은 순종을 가르치고 요구할 뿐만 아니라 순종을 주시고 행하게 하시기 위하여 오셨다. 이 주님 예수 안에 있는 믿음은 순종의 은총을 요구하고 받을 것이며 나아가 그리스도 자신을 받게 될 것이다.

3. 예수는 개인적으로 순종을 배우시고 행하셨다. 그분은 그분과의 교제 가운데서 개인적으로 그것을 분여하신다. 그것은 그분 자신과 그분께 순종하는 자들 간의 개별적인 연결점이 된다.

| 세 번째 경고 (5:11-6:20)

나태와 침체와 배도(背道)에 대하여

42. 전진하지 않는 죄에 대하여

5:10 하나님께 멜기세덱의 반차를 좇은 대제사장이라 칭하심을 받았느니라
5:11 멜기세덱에 관하여는 우리가 할 말이 많으나 너희의 듣는 것이 둔하므로 해석하기 어려우니라
5:12 때가 오래므로 너희가 마땅히 선생이 될 터인데 너희가 다시 하나님의 말씀의 초보가 무엇인지 누구에게 가르침을 받아야 할 것이니 젖이나 먹고 단단한 식물을 못 먹을 자가 되었도다
5:13 대저 젖을 먹는 자마다 어린아이니 의의 말씀을 경험하지 못한 자요

우리는 지금 히브리서에 나타난 다섯 번의 경고 중에서 세 번째 경고의 말씀을 본다. 첫 번째 것은 냉랭함과 태만에 대한 것이었고 두 번째 것은 불신앙과 불순종에 대한 것이었으며 세 번째 경고는 특히 때때로 타락으로 이끄는 나태를 다룬다. 그것은 그리스도인의 삶에 있어서 모든 전진을 방해하며 영혼이 복음 진리의 충만한 축복에 들어갈 수 없게 만든다. 본 히브리서의 서두에서 저자는 구세주의 신성(神性)과 인성(人性), 그리고 우리를 위해 하실 사역을 위한 자비롭고 충성스런 대제사장으로서의 적합성 등, 보다 초보적인 진리를 다루고 있다. 저자는 이제 그리스도의 하늘 대제사장직에 관하여(히 7:1-10:18) 우리들에게 깨우쳐 줄 보다 높은 차원의 가르침에 들어가려 하고 있다. 여기에서 그는 많은 독자들이 그러한 영적 진리를 따라오거나 이해할 수 없을지도 모른다고 느끼는 것이다. 그는 먼저 신실한 경책과 훈계의 말씀으로 그들을 일깨우는 것이 바람직하다고 보는데 이는 어떠한 가르침도 마음이 눈을 떠서 말씀을 필요한 양식으로 갈구하지 않는 한 별로 도움이 되지 않기 때문이다.

기독교계에 있어서 슬프게도 너무나 많은 사람들이 신자라고 할 수도 없는 나태한 삶을 살아가고 있다. 그들은 죄 사함의 교리와 천국의 소망에 배불렀고, 그들은 그들의 정통성과 교회에 대한 소속감과 봉사, 그리고 그들의 올바른 품행에 안주(安住)한다. 그러나 하나님 말씀의 깊은 진리에 대한 강렬한 소원의 결여로 인해 하나님의 말씀이 진정으로 의미하는 개념도 없고 왜 그것이 필요한가 하는 깨달음도 없다. 히브리서의 저자는 하늘에서의 예수의 피의 능력과 지성소의 열림과 우리가 거기에 살기 위하여 들어가는 것과 그래서 우리가 영문 밖으로 그에게 나아가야 한다는 것을 외치지만 그 말씀들이 그들 영혼의 갈급함을 채워주지 못할 때 그들은 반응을 보이지 않는다. 이러한 상태에 대하여 하나님께서 무엇이라 말씀하시는지 독자 여러분은 신실하게 들어보라.

우리가 할 말이 많으나 너희의 듣는 것이 둔하므로 해석하기 어려우니라 저자의 불평은 그가 말하는 것을 이해하는 데에 충분한 교육을 못 받았다거나 지(知)적 능력이 결여되어 있다는 것을 말하는 것이 아니다. 전혀 그렇지 않다. 오직 영적인 일은 영적으로라야 분별할 수 있는 것이다. 영적 진리는 오직 영적인 생각과, 하나님을 갈망하며 보이지 아니하시는 그 한 분을 알고 즐거워하기 위해 이 세상을 포기하는 마음에 의해서만 받아들여지는 것이다. 그들은 십자가에 못 박힌 그리스도를 아는 지식에 배불러서 하늘에 계신 그리스도와 세상으로부터 그들을 끌어내어 가까이 이끄시며 그들의 마음 안에 천국을 이루시는 그리스도의 능력에는 별로 흥미를 느끼지 못한다.

저자는 '때가 오래므로 너희가 마땅히 선생이 될 터인데'라고 부연한다. 그리스도인의 삶에 있어서 실제적인 전진을 이루는 사람들은 다른 사람을 인도하고 싶은 갈증을 느낀다. 마음속에 있는 그리스도의 사랑은 주위의 사람들에게 흘러 넘쳐야 하기 때문이다. 히브리 사람들은 때가 오래므로 이미 선생들이 되어 있어야 했다. 그러나 실제는 정반대였다. **너희가 다시 하나님의 말씀의 초보가 무엇인지 누구에게 가르침을 받아야 할 것이니** 참으로 많은 신자들이 항상 배워야만 하는 상태에서 살아가고 있다. 설교와 책들은 좋은 양식이지만 그들은 결코 초보 이상으로 성장할 수 없으며 다른 사람을 먹이는 것이 무엇인지조차 모르고 산다. 다른 사람들에게 나누어 줄 만큼 강건하게 하나님의 말씀을 전용(專用)하려는 노력도 없고 죄의 권세로부터 구원되고 싶은 진정한 바람도 없으며 예수와 그분의 하늘 능력을 알고 싶어 하는 목마름도 별로 없는 것이다.

너희가 젖이나 먹고 단단한 식물을 못 먹을 자가 되었도다 단단한 음식(그리스도의 하늘 제사장직에 대한 더 깊은 진리)에 대한 배고픔이 없거나 받은 것을 타인을 돕는데 사용코자 하는 의도가 없다면, 영적 기능은 난쟁이가 되고 연약해져서 그 신자는 우유나 먹는 어린아이 수준을 결코 벗어나지 못한다. 신자의 삶에도 자연계에서처럼 두 단계가 있는데 하나는 유아기이고 다른 하나는 성년기이다. 자연계에서는 한 단계에서 다른 단계로의 성장이 자연적으로 온다. 은혜에 있어서는 그렇지 않다. 어떤 신자는 평생 동안 병약한 유아기에 머무를 수도 있고 타인에게 도움이 되기보다는 항상 도움을 청하는 입장에 서기도 한다. 이것의 원인은 태만이요, 전진을 위해 필요한 희생을 싫어하는 것이며, 모든 것을 버리고 예수를 따르려는 뜻이 없는 것이다. 이것은 아주 치명적인 오류, 즉 종교에 있어서 신자의 외골수적인 성향은 어떤 교리적 확신이 주어지면 끝까지 거기에 만족하여 자신은 안전하나고 믿는 어리석음 때문이다. 저들은 예수와의 일치 및 하나님과의 살아 있는 교제와 사람들에게 생명과 축복을 가져오는 하늘 특권과 하늘 축복에 별로 신경을 쓰지 아니한다.

대부분의 신자들이 살고 있는 연약하고 병적인 상태와, 온전으로 나아가는 건강한 삶이 무엇으로 구성되느냐 하는 점에 대하여 밝은 통찰력을 가져야 한다는 것은 우리시대의 교회에서 교사들에게 필수적인 일 중의 하나이다. 교사들 자신이 그리스도의 제사장적 능력을 충만히 경험함에 따라, 그리고 성령께서 마음속에 그것을 분여함에 따라, 그들은 권위 있게 훈계할 수 있고 올바른 영혼들이 그리스도의 충만한 구원에 들어가는 것을 효율적으로 도울 수가 있는 것이다. 하나님은 하나님의 교회에게 그런 선생들을 주시고자 하신다.

1. 거룩함을 추구하는 데 있어서 그렇게도 성실성이 결여되어 있다는 이유를

우리는 여기에 갖고 있지 아니한가? 타인(他人)을 축복하는 삶에 대한 참된 헌신이 그렇게도 없는 이유는 무엇인가? 교회생활에 있어서 성령의 능력이 그렇게도 결여된 이유는 무엇인가? 우리는 그 악을 발견하고 하나님의 교회를 축복하도록 하나님께 간구하자. 예수께 대한 전심전력의 열정적 헌신으로 만족하도록 날마다 피차 권면하자.

2. 뒤에 나오는(제 7-10장) 내적 성소에 관한 연구를 계속해 나감에 있어서 우리가 참으로 의(義)에 목마르고 예수와의 친밀한 교제를 사모하지 않는 한 우리가 히브리서를 더 배워나간다 해도 별로 도움이 안 된다는 것을 기정사실로 수용하자. 우리의 나태, 우리의 은혜의 초보에 대한 만족을 우리가 자복하고, 하나님을 향한 목마름으로 가슴을 태우도록 하나님께 기도하자

43. 온전한 자의 단단한 음식

5:13 대저 젖을 먹는 자마다 어린아이니 의의 말씀을 경험하지 못한 자요
5:14 단단한 식물은 장성한 자의 것이니 저희는 지각을 사용하므로 연단을 받아 선악을 분별하는 자들이니라

우리는 여기에서 신자의 삶의 두 단계간의 대조(對照)를 본다. 첫째 단계에 대하여는 우리가 이미 살펴보았다. 두 번째 단계는 성년의 단계로서 충분히 성장하고 성숙되고 온전해진 사람에 관한 것이다. 이것은 자연계(自然界)에서처럼 세월과 더불어 오는 것이 아니라, 신자가 하나님을 위한 모든 것이 되기 위해 그 자신을 내어드리는 전심전력으로 말미암아 온다. 온전한 사람을 만드는 것은 온전한 마음이다. 이십여 년이면 어린아이가 자라서 어른이 된다는 자연법칙은 결코 천국에서의 법칙이 될 수 없다. 거기에는 실로 해를 거듭하는 경험과 더불어 오는, 보다 잘 여문 성숙과 인격적 원숙이 있다. 그러나 젊은 신자라도 보다 깊고 영적인 진리를 전적으로 갈망하는 마음과, 끝내는 참으로 죄를 단절하려는 의지와, 예수 그리스도를 온전히 아는 것을 위해 모든 것을 분토로 여기는 자세로 인하여, 본 히브리서가 말하는 온전한 자가 되기도 한다.

이 대조는 의의 말씀을 경험하지 못한 자가 어린아이라는 말로 표현되었다. 어

린아이는 말씀이 요구하고 가져오는 훈련에 자신을 맡기지 않았고 실질적인 순종의 투쟁에서 감찰하고 정결케 하며 힘을 주고 축복하는 말씀의 역사를 경험하지 못하였다. 그의 종교적 생활은 어린아이의 그것이어서 받아먹는 것만 즐기고 있는 것이다. 그는 의(義)의 말씀을 실질적으로 경험하지 못한 자이다.

충분히 성장하고 온전해진 자들에게 있어서는 그것이 정반대여서 지각을 사용하므로 선악을 분별한다. 자연계에서 모든 감각과 기관을 많이 단련시키면서 사지(四肢)를 사용하는 것이 건강한 성장의 가장 확실한 조건 중 하나인 것처럼 신자들에게도 그것은 마찬가지이다. 우리가 연약한 어린아이 상태에서 성숙으로 나아가는 것은 하나님이 영적 생명 안에서 우리에게 주신 재능이 그분의 의도대로 사용되며 우리들의 영적 감각이 충분히 훈련될 때이다. 감각의 훈련은 우리 구원의 목표인 순종과 거룩한 삶에 특별한 연관을 갖고 있는데 그것이 "선악을 분별하는" 것이다. 눈은 하나님의 길과 그 가운데로 인도하는 분을 보고 알도록 단련되고, 귀는 하나님의 음성을 들으며, 양심은 하나님을 기쁘시게 하지 못하거나 못할지도 모르는 모든 것을 거부하고, 의지는 하나님의 뜻인 것만을 선택하게 되어야 한다.

이것을 우리가 깊이 주의하는 것은 아주 중요하다. 계시되는 보다 깊은 진리로 들어가는 자격은 재능이나 연구, 총명이나 천부적 소질에 있지 않고 일상생활에서 선악을 구분하며 스스로를 단련시킨 영혼의 온유에 의존한다. 그리스도 안의 구속은 우리를 죄로부터 구원하여 하나님께 대한 순종과 하나님과의 자유로운 교제로 인도하기 위한 것이다. 본 히브리서의 영적인 가르침이 고맙게 느껴지는 것은 죄짓지 않으려는 욕망이 더욱 강해지고, 내주하시는 죄로부터의 구원자로 예수를 영접함이 더욱 완전하며, 그 뜻을 우리 안에서 이루시는 하나님의 섭리에 우리가 더 완전히 복종할 때이다. 온전한 사람의 증표는 영적 진리를 위한 영적 감각이나 기관이 빛이 있는 한 성실하게 활동하고 단련하는 데로부터 우러나는, 아주 작은 죄에 대한 거룩한 감지력(感知力)이다. 하나님의 일에 있어서 부드러운 양심과 순종하는 의지는 가장 높은 지능보다 낫다.

온전한 자는 그러하다. 여기에서의 그 말의 의미는 몇 절 앞에서 예수께 대하여 사용된 경우와 같은 것이다. 예수의 온전은 순종으로 말미암아 왔다. 우리들의 온전도 다른 어떤 방법이 아니라 지각을 사용하므로 선악을 분별하는 데서 온다. 시험을 받으실 때 예수 자신도 선악을 분별토록 지각을 사용하셨고 광야와 겟세마네에서 그분은 자신의 인성(人性)의 합법적인 욕구가 죄로 이끌리지 않도록 금식하시며 깨어 있으셔서 기도하셨다. 그리해서 온전케 되신 것이다. 그리스도인의 온전은 또한 내주하시는 성령으로 말미암아 그리스도의 순종 안에서 그리스도와 교제하는 것이다.

단단한 식물은 온전한 자의 것이다. 그러면 단단한 식물이란 무엇인가? 문맥을 보면 답에 의문의 여지가 없다. 그것은 이제 그 해석이 나오는바 그리스도를 멜기세덱에 비추어 아는 지식이다. 그리스도를 아론에 비추어 알고 지상에서의 그의 대속과 그 피를 인한 죄 사함을 믿는 정도는 다만 어린아이로 머무는 데 만족하여 아주 나태하고 침체된 신자들에게서 종종 발견된다. 그러나 그리스도를 무궁한 생명의 능력을 따라 우리 안에서 역사하시는 하늘 제사장 되신 멜기세덱으로 알며, 완전히 구원하실 수 있는 구세주로 알고, 지성소를 여시고 우리를 그곳에 인도하사 거하게 하시는 성소의 섬기는 자로 알며, 실질적으로 새 언약의 약속을 성취하시며 살아 있는 능력으로 하나님의 법을 우리 마음에 기록하시는 중재자로 아는 것이 바로 온전한 자를 위한 단단한 식물이다. 말씀 속의 가르침은 공개되었고 누구나 접할 수 있지만, 온전케 되고자 헌신한 자들만이 그것에 대한 필요성과 갈증을 느끼며 그것을 받고 그것에 동화(同化)된다. 이는 그들만이 오직 그리스도가 해주시는 것으로 만족할 수 있고, 이 값비싼 진주를 얻기 위하여 모든 것을 분토로 여기기로 결심한 까닭이다. 선지자들과 그리스도의 모든 외향적 가르침은 성령에 의한 영혼 안에서의 그리스도의 내면적 가르침에 필히 양보해야 한다. 그리스도 예수 안에서 온전케 되는 자들은 바로 그 알곡, 즉 그리스도 안에 있는 하나님의 생명으로 살기를 원해서 껍질을 부수는 영혼들이다.

1. 이들 히브리 그리스도인들은 온전치 못한 데 대하여 책망을 받았다. 그들이 훌륭한 신자가 되느냐의 여부는 그들의 의지에 맡겨지지 않았다. 하나님

께서는 하나님의 모든 자녀들이 그리스도께서 이루어 주시는 만큼 은혜와 충성에 있어서 훌륭한 자녀가 되기를 바라신다.

2. "그리스도의 장성한 분량에 이르러 우리 모두가 온전한 사람을 이룰 때까지"가 우리의 목표가 되게 하자. 이것을 구하는 동기와 능력을 우리는 우리의 주님 예수 안에 가지고 있다.

3. 온전히 그리스도를 위해 사는 것 외엔 무엇에도 만족하지 말자. 그분은 그럴 만한 가치가 있으시다.

44. 완전(完全)한 데 나아가자

6:1 그러므로 우리가 그리스도 도의 초보를 버리고 죽은 행실을 회개함과 하나님께 대한 신앙과
6:2 세례들과 안수와 죽은 자의 부활과 영원한 심판에 관한 교훈의 터를 다시 닦지 말고 완전한 데 나아갈지니라
6:3 하나님께서 허락하시면 우리가 이것을 하리라

우리는 히브리인들 가운데에 어떻게 두 종류의 신자들이 있었는가 하는 것을 살펴보았다. 그런 사람들은 어느 교회에서든 발견되는데 어떤 이들은 신앙이 자라서 다른 사람들의 선생이 되거나 섬기는 자가 되지 못하고 누군가가 하나님의 말씀의 초보들을 다시 가르쳐 주어야 하는 어린아이로 항상 머물고 있다. 다른 사람들은 온전해지고 충분히 성장하여 선악을 분별하는 데에 그들의 영적 지각을 사용하고 그리스도와 그 사역의 온전성에 대한 지식의 단단한 식물을 받게 된다. 말씀이 모든 태만과 연약으로부터 벗어나 그리스도께서 주시고자 하시는 그 온전으로 나아오라고 부르실 때 그 음성에 귀를 기울이자.

먼저 우리는 우리가 포기해야 할 것이 무엇인가를 듣게 된다. 그리스도에 관한 초보의 말씀을 떠나자. 본 서신의 3:14에서 우리는 '처음 시작할 때에 확실한 것을 끝까지 견고히 잡으면'이라는 말씀을 들었다. 이들 두 표현은 모순되지 않는다. 초보(初步)는 씨 또는 기본 원리로서 거기서부터 생명이 자라고 확장되어 완전(完全)에 이르러야 한다. 뒤따라오는 모든 것의 뿌리로서의 이 초보는 필히

끝까지 견고히 붙들어야 한다. 그러나 단지 보다 나은 것의 시작으로서의 초보는 반드시 떠나야 한다. 우리가 이미 가진 것을 오로지 보존하기만 하면 된다고 생각하는 것은 '네가 가진 것을 견고히 잡으라'는 말을 치명적으로 오해하는 것이다. 그래서는 절대로 안 되는 것이다. 우리는 필히 우리가 회심할 때 받은 그리스도에 관한 지식과 은혜의 척도가 우리의 온전한 삶을 위해서 충분치 않다는 것을 실감해야 한다. 우리는 매일 그리스도를 더 배우며 순종하는 가운데 새롭게 전진하며 하늘 생명의 능력을 더욱 더 경험해야 한다. 성장과 전진이 없이 건강한 삶이 있을 수 없다. 그리스도의 도의 초보를 초월해야 하는 것이다.

터를 다시 닦지 말지니라 건축자는 터를 닦았을 때 그 일을 되풀이하지 아니하고 그 위에 건물을 세운다. 세상에는 터(基礎)닦는 것을 결코 초월하지 못하고, 터의 유일한 존재 목적인 집이 무엇인지를 모르며, 성령으로 말미암아 하나님께서 거하시는 것이 어떠한 것이며 하나님의 사랑과 능력 안에 거하는 것이 무엇인지를 모르는 신자들이 많다. 저자는 초심자(初心者)들이 가르침을 받아야 하는 기본 진리를 세 쌍과 여섯 가지로 말한다. 죽은 행실을 회개함과 하나님께 대한 신앙은 단지 그리스도의 초보의 말씀이다. 세례들과 안수(按手)는 공중 앞에서 믿음을 간증하는 것과 교회와의 관계에 대한 말씀이다. 그 다음의 죽은 자의 부활과 영원한 심판은 장래의 삶에 관한 것이다. 이러한 초보적인 진리가 없이 사람은 신자가 될 수 없다. 그러나 이들 초보에 만족하고 더 알려하지 않는 자는 하나님께서 원하시는 신자가 될 수 없고 그가 정말 신자인지 아닌지 의심해볼 필요가 있다.

그러므로 우리가 그리스도 도의 초보를 버리고 완전한 데 나아갈지니라 여기서 『완전』이 의미하는 바를 아는 것은 어렵지 않다. 완전은 그리스도 도의 이상(理想)과 상응하는 것으로서, 필연적으로 그래야 하는 바, 창조주의 의도에 화답(和答)하는 것을 말한다. 자녀가 항상 어린아이로 남는 것을 기뻐할 부모도 없고 자녀가 장성한 사람이 되도록 가르치지 않을 사람도 없다. 하나님께서는 하나님이 바라는 바 실제로 우리가 살아주기 원하는 생명의 말씀을 우리 앞에 제시하시고, 하나님의 진정한 자녀들이 초보를 버리도록 부르시며, 하나님께서 약속하신 의미상 우리들이 되도록 더 나아가라 명하신다. 우리 스스로를 기만하지 않으려면 초보에 만족하지 않도록 유의하라.

그리스도 예수와 그분의 지상 생애 안에서 우리는, 하나님의 뜻에 순종하기 위해 포기한 생명으로 이루어진 그 완전에의 화신(化身)을 갖는다. 그것은 진정한 사람에게는 하늘 아버지를 기쁘시게 하는 삶을 사는 것이 가능하다는 증거이며, 하늘 보좌로부터 이제 그분이 우리 안에 참여하시고 역사하신다는 약속인 것이다. 예수는 하나님께서 완전케 해주시도록 고난 가운데서 그 자신을 하나님께 맡기셨다. 고난 가운데서 예수는 순종을 배우셨고 온전케 되셨으며 그럼으로써 우리에게 영원한 구원의 근원이 되셨다. 이제 예수는 영원히 온전케 된 아들로서 멜기세덱이 되시고, 우리의 인도자로서 영광으로 가는 길을 연 완전, 곧 하늘 생명의 능력으로 우리 안에서 역사하신다. 우리의 완전은 다름 아닌 그리스도의 완전 바로 그것이고, 그리스도의 완전은 우리 완전의 모형으로서 우리의 생명과 힘이 된다. 하나님께서는 우리 안에서 오직 고난과 순종으로 온전케 되신 아들의 모습을 보시기를 바라고 그것으로 만족해하신다.

그러므로 우리가 그리스도 도의 초보를 버리고 완전한 데 나아갈지니라 하나님께서 허락하시면 우리가 이것을 하리라 여기서 저자는 "다음에 오는 장들은 그리스도인의 완전을 가르치는데, 우리는 당신과 함께 나아가며 완전한 자의 영양과 힘이 되는 단단한 식물, 즉 무궁한 생명의 능력으로 역사하시는 그리스도의 하늘 제사장직을 밝힘으로써 당신을 도울 것이다"라고 말하는 것 같다. 새 언약의 중보(仲保)로서 그리스도의 영광과 능력, 우리들의 마음에 하나님의 법을 기록함, 우리에게 지성소를 열어주는 보혈의 무궁한 효력, 지성소에 들어가 하나님을 섬기도록 우리를 깨끗케 하심 등의 진리는 그리스도께서 그분의 인간 생명 안에서 성취하신 완전과 그분의 신적 능력 안에서 이루실 우리의 향상을 계시하는데 이것들이 온전한 자를 위한 단단한 식물을 구성한다. 진리가 밝히듯이 그리스도의 완전은, 예수를 주님으로 아는 고상한 지식을 위하여 모든 것을 배설물로 여기는 사람들에게 경험된 생명으로 신자의 완전함이 된다.

1. 기초 교리와 완전 교리와의 차이점을 견고히 붙들자. 본 히브리서의 전반에 우리가 가진 바 그리스도의 초보의 도가 있는데 이는 그분의 신성과 인성, 모든 사람을 위하여 죽음을 맛보심, 그분의 승천하심 등으로서 이는 아론이 그 모형이었다. 후반에 우리는 그리스도인의 삶의 완성을 위해 필요한 것을 읽을 것인데 이는 하늘 제사장직과 하늘 성소 안에 확보된 하늘 삶의 능력이다. 그러므로 힘써 온전한 데 나아가자.

2. 완전한 데 나아가자. 이것을 그 아들 안에서 우리에게 말씀하시는 하나님의 명확한 명령(命令)으로 받들자. 하나님의 음성을 듣고 초보에 만족하지 말 것이며 완전과, 온전한 사람과, 그리스도의 장성한 분량에까지 나아가자.

3. 바울과 비교해 보라. "오직 내가 그리스도 예수께 잡힌 바 된 그것을 잡으려고 좇아가노라. 뒤에 있는 것은 잊어버리고 푯대를 향하여 나아가노라. 그러므로 누구든지 우리 온전히 이룬 자들은 그렇게 생각할지니라"(빌 3:13-15). 온전한 데 나아가자.

45. 타락의 위험

6:4 한번 비췸을 얻고 하늘의 은사를 맛보고 성령에 참례한 바 되고
6:5 하나님의 선한 말씀과 내세의 능력을 맛보고
6:6 타락한 자들은 다시 새롭게 하여 회개케 할 수 없나니 이는 자기가 하나님의 아들을 다시 십자가에 못 박아 현저히 욕을 보임이라
6:7 땅이 그 위에 자주 내리는 비를 흡수하여 밭가는 자들의 쓰기에 합당한 채소를 내면 하나님께 복을 받고
6:8 만일 가시와 엉겅퀴를 내면 버림을 당하고 저주함에 가까와 그 마지막은 불사름이 되리라

완전한 데 나아가자. **한번 비췸을 얻고 타락한 자들은 다시 새롭게 하여 회개케 할 수 없나니** 이 논증은 말할 수 없이 준엄한 것 중의 하나이다. 그것은 난관의 와중에서 전진해 가는 그리스도인의 삶 속에 있는 것이다. 상업에서나 학업에서나 전쟁에서 종종 전진하는 것이 곧 최선의 안전이라는 금언이 있다. 조용히 머무는 것은 뒤로 가는 것이다. 노력을 그치는 것은 근거를 잃는 일이다. 목표에 도달하기 전에 걸음을 늦추는 것은 경기에 지는 처사이다. 우리가 참된 그리스도인이며 우

리가 참으로 그리스도를 사랑한다는 하나의 확실한 증표는 그리스도를 더 알려는 깊은 소원과 쉬지 않는 노력이다. 수많은 사람들이 잘 시작하였다는 것에 만족하다가 거기서부터 뒤로 물러갔으며 끝내 모든 것을 잃고 말았다. 타락한 자들의 경우로부터 나온 논증의 전체적 요점은 '완전(完全)한 데 나아가자'이다.

타락하게 하는 세력을 실감하기 원하거든 타락한 사람들에 대하여 두 가지 사실을 특별히 주의해 보라. 곧 그들이 도달했던 믿음의 수준과 그들이 빠진 회복 불능의 깊이이다. 전자의 경우 다섯 가지의 표현이 사용되었다. **한번 비췸을 얻고 하늘의 은사를 맛보고 성령에 참례한 바 되고 하나님의 선한 말씀과 내세의 능력을 맛보고** 후자의 경우는 자기가 하나님의 아들을 다시 십자가에 못 박아 현저히 욕을 보임이라고 말해지고 있는데 이럴 경우 다시는 그들을 새롭게 하여 회개케 할 수 없다는 것이다.

여기에서 언제나 필연적으로 대두되는 성경진리에 대한 의문점은 수많은 하나님의 성도들이 힘과 기쁨을 발견했던 성도의 견인(堅忍)에 관한 것이다. 주님 예수께서도 자신의 양(羊)에 대하여 말씀하셨다. "내가 저희에게 영생을 주노니 영원히 멸망치 아니할 것이요 또 저희를 내 손에서 빼앗을 자가 없느니라. 저희를 주신 내 아버지는 만유보다 크시매 아무도 아버지 손에서 빼앗을 수 없느니라"(요 10:28). 하나님께서 한 영혼에게 영생을 주실 때 그것은 잃어버릴 수 없는 생명인 것이다.

이것은 진리의 신적 측면이다. 모든 진리는 양면이 있다. 이 진리를 충분히 이해하는 단 하나의 길은 양 측면을 전체로 묶어 살펴보는 것이며 그 전체적 효력에 우리의 편견을 양보하는 것이다. 거기에는 인간적인 측면도 있다. 성경은 잘 시작한 뒤에 은혜로부터 타락하는 경우 하나님의 은혜를 헛되이 받는 것에 대하여 가장 엄중한 경고의 말씀을 보낸다(고후 6:1, 갈 5:4). 주님께서도 말씀을 즐겁게 받으나 그 자체의 뿌리가 없어 잠시 동안만 믿는 사람들에 관하여 몇 번 말씀하셨다. 고린도나 갈라디아에서 그러했듯이 부흥(復興)의 기간 중에 강력한 영적 영향력이 행사될 때 많은 사람들이 영향을 받고 변화된 간증을 했지만 그 뒤에 그들은 진실로 거듭난 적이 없으며 영생을 받지도 못했다는 점을 보여

주기도 했다. 여기에서 본문이 말하는 것은 그런 것들이다. 마음이 진정으로 새로워짐이 없이 감정이 동하고 의지가 영향을 입을 수도 있다. 성령의 은사(恩賜)는 하나님의 은혜(恩惠)를 빼놓고 받을 수도 있다. 지(知)적인 빛의 즐거움을 영혼의 생명으로 착각할 때도 있다. 사람에 의하여 참된 신자라고 여겨지던 사람들이 희망을 가질 수 없게 타락할 수도 있었던 것이다.

그러면 우리는 누가 진실로 영생을 얻었는지를 어떻게 알 수 있는가? 그리고 그 믿음이 겉치레만의 변화가 아니며 일시적인 변화가 아니라는 것을 말하는 증표는 무엇인가? 사람이 결정할 수 있는 증표는 없다. 우리의 것이 될 수 있는 성도의 견인을 보여주는 단 하나 확실한 증표는 성도다움, 즉 성화(聖化)와 순종 안에 있는 것이다. **우리가 끝까지 굳게 잡으면 그리스도와 함께 참여한 자요 그의 집이라** 나의 구원의 확증은 필요시 사용하도록 가지고 다닐 수 있는 기차표(汽車票)나 은행권(銀行券) 같은 것이 아니다. 아니, 내 영혼에 대한 하나님의 인치심은 다만 성령이시다. 나의 안전은 성령 안에서의 삶에 있다. 성령께서 내 영과 더불어 증거하시며 내가 하나님을 아바(Abba) 아버지라 부를 수 있는 것은 오직 내가 성령에 인도될 때뿐이다(롬 8:14-16). 예수는 우리에게 생명을 주실 뿐만 아니라 그 자신이 우리의 생명이시다. 내 구원의 확증은 오직 사랑과 순종 안에서 살아 계신 예수와의 살아있는 교제 속에서 발견된다.

이것이 우리가 7절과 8절에서 보는 것이다. 땅이 그 위에 자주 내리는 비를 흡수하여 밭가는 자들의 쓰기에 합당한 채소를 내면 하나님께 복을 받고 만일 가시와 엉겅퀴를 내면 버림을 당하리라. 비에 젖는 것으로만 만족하고 자기 자신의 행복만을 추구하되 열매를 맺지 못하는 영혼은 두려워할 모든 이유를 갖고 있다. 우리가 영생을 가졌음을 알 수 있는 것은 자라며 열매를 맺는 데 있고, 선악을 분별하는 지각을 사용하며 완전한 데 나아가는 것에 있으며, 앞서가신 자이신 예수께서 온전케 되신 그 길을 하나님의 뜻에 대한 순종으로 따라가는 데 있는 것이다.

하나님의 말씀은 어느 두 날선 검보다도 예리하다. 우리 각자가 그 감찰하시는 능력 앞에 자신을 드리자. 태만이나 초보에 만족하는 것은 말할 수 없이 위험하다. 보다 충분히 유의하여 안식에 들어가도록 힘쓰고 전심으로 완전한 데 나아가는 것밖에는 길이 없는 것이다.

1. 자기기만은 하나의 중차대한 불행으로 있을 수 있는 일이다. 우리의 유일한 보호자는 하나님이시며, 나아가 감찰하시는 하나님의 빛에 내어드리는 것이고, 하나님의 충만하심을 신뢰하는 것이며, 하나님의 뜻에 나를 포기하는 것이다. 보좌의 발등상에서 멸망하는 영혼은 없다.

2. 완전한 데 나아가라는 것은 선택된 몇 사람에게만이 아니라 모든 사람에게 주신 명령이며 특히 뒤로 물러가는 연약한 자에게 주신 명령이다. 이 명령의 힘과 이 명령에 대한 즉각적인 순종을 피하려는 어떤 핑계도 주의하라. "아멘, 주님이시여!" 이것이 당신의 단 하나의 대답이 되게 하라. 당신 주위에서 태만하게 쉬고 있으며 뒷걸음질 치는 모든 사람의 상태에 당신의 눈과 마음을 열고 그들을 도우라. 시간으로 보아서 당신은 선생이 이미 되어야 마땅한 게 아닐 런지?

46. 부지런함과 오래 참음으로

6:9 사랑하는 자들아 우리가 이같이 말하나 너희에게는 이보다 나은 것과 구원에 가까운 것을 확신하노라
6:10 하나님이 불의치 아니 하사 너희 행위와 그의 이름을 위하여 나타낸 사랑으로 이미 성도를 섬긴 것과 이제도 섬기는 것을 잊어버리지 아니하시느니라
6:11 우리가 간절히 원하는 것은 너희 각 사람이 동일한 부지런을 나타내어 끝까지 소망의 풍성함에 이르러
6:12 게으르지 아니하고 믿음과 오래 참음으로 말미암아 약속들을 기업으로 받는 자들을 본받는 자 되게 하려는 것이니라

기독교 공동체에는 두 부류의 신자가 있다. 어떤 이들은 전심으로 하나님을 구하고 섬기면서 자신을 포기하는 삶을 살아간다. 대부분의 경우 사람들은 이스라엘처럼 출애굽에만 만족하여 약속의 전적인 성취와 약속된 땅에서의 안식을 향한 싸움이 없이 태만에 빠져 세월만 보낸다. 그러한 상태의 교회를 말할 때 두 부류를 나누어 언급할 수도 있다. 또는 전체를 묶어 한번은 이러한 관점

에서 말하고 다음에는 저러한 관점에서 말하기도 한다. 후자가 히브리서가 취하는 방식이다. 히브리서가 경고를 줄 때는 마치 모두가 위험에 빠진 듯이 말한다. 또한 훈계와 권고를 말할 때는 모든 사람이 잘 가고 있는 듯이 말한다.

사랑하는 자들아 우리가 타락과 회복불능을 말하나 너희에게는 이보다 나은 것과 구원에 가까운 것을 확신하노라 우리는 우리의 경고의 말씀이 열매를 맺고 이미 당신 안에 역사하신 하나님의 은혜로 말미암아 당신이 태만과 불신앙으로부터 깨어 일어나 앞으로 나가기를 바란다. 우리는 하나님께서 하나님의 일을 당신 안에서 온전하게 하시도록 하나님을 앙망한다.

하나님이 불의치 아니 하사 너희 행위와 그의 이름을 위하여 나타낸 사랑으로 이미 성도를 섬긴 것과 이제도 섬기는 것을 잊어버리지 아니하시느니라 그들의 현재 상태에 우려할 만한 것이 많이 있을 때 저자는 그들의 과거를 상기시킴으로써 자신도 힘을 얻고 그들에게도 용기를 준다. 복음이 그들 가운데 전파되었을 때 그들은 기쁨으로 사도(使徒)들을 영접하였고 그리스도의 이름을 위하여 사도들과 함께 비난과 박해를 참아내었다. 아직 그들 중엔 하나님의 백성을 향한 사랑이 남아 있었다. 그리고 하나님은 불의치 아니 하사 하나님의 이름과 백성들을 섬긴 일들을 잊지 아니하시며 누가 냉수 한 그릇 준 것이라도 기억하사 그의 신앙이 냉랭해질 때라도 다시 회복되는 축복 안에 인도하시기도 한다. 하나님께서는 죄는 기억하지 않으시되 사랑의 행위는 배나 기억하신다.

우리가 간절히 원하는 것은 너희 각 사람이 동일한 부지런을 나타내어 끝까지 소망의 풍성함에 이르러 세상 모든 사업에서 근면은 성공의 비결이다. 주의를 기울이고 고통을 감수하며 전력투구하지 않는 한 우리는 번성하는 사업을 기대할 수 없다. 그럼에도 불구하고 많은 신자들은 만사가 저절로 잘 되리라 상상한다. 그들은 예수께서 모든 것을 맡으신다는 말을 쉽게 사는 길로 착각한다. 진실로 그렇지 않다. 예수는 모든 것을 하신다. 그러나 그분께서 모든 것을 맡으신다는 그 의미는 하나님의 뜻에 대한 그분 자신의 희생과 헌신의 정신을 주시며, 하나님과 사람을 기쁘게 하기 위해 모든 안위와 평안을 버린 자신의 자세를 입히시고, 아직

낮이 지속되는 동안에 일하도록 그 자신의 지치지 않는 근면성을 주시는 것을 말한다. 본 히브리서의 저자는 독자들이 소망의 풍성함에 이르게 하기 위해 전에 보여주었던 근면성을 끝까지 보여주도록 간청하고 있는 것이다.

우리는 여기에 두 번째 경고에 나왔던 것과 같은 세 개의 어구를 본다. "그러므로 우리가 저 안식에 들어가기를 힘쓸지니(히 4:11). 우리가 소망의 담대함과 자랑을 끝까지 견고히 잡으면(히 3:6). 우리가 시작할 때에 확실한 것을 끝까지 견고히 잡으면(히 3:14)." 견인(堅忍)의 주요 증표가 다시 한 번 여기에 다 함께 나온다. 소망은 앞을 바라보고 약속 안에 살며, 소망이 성취될 확실성 안에서 미리 자랑한다. 밝은 소망이 넘치는 것은 강건한 그리스도인의 기본 요소로서 뒤로 물러감에 대한 가장 확실한 예방책이다. 소망은 필히 고양되어야 하고 근면은 풍성한 소망에 더해져야 하는데 이 소망이 하나님 약속의 모든 충만을 환영하여 온 마음에 채운다. 이 모든 것은 지칠 줄 모르는 인내와 오래 참음으로 끝까지 하나님의 시간을 기다리며 차분하게 그 성취를 앙망하는 길이다.

게으르지 아니하고 게으름은 많은 해악을 끼친 문제로서 그들은 듣는 데 태만했던 것이다(히 5:11). 이것은 아직도 상존하는 위험이다. **믿음과 오래 참음으로 말미암아 약속들을 기업으로 받는 자들을 본받는 자 되게 하려는 것이니라** 저자는 광야에 있던 조상들의 예를 들어 경고를 발한 뒤 믿음과 오래 참음으로 약속을 기업으로 받는 자들을 상기시킴으로써 저들을 권고하고 있다. 오래 참음은 믿음의 견인 (堅忍)이다. 믿음은 단번에 하나님의 모든 약속을 붙들 수 있지만 그것을 놓을 위험도 있다. 오래 참음은 어떻게 믿음이 매일매일 새로워지며 영혼에 힘을 주고 약속이 늦어질 때에도 끝까지 견고히 붙드는가를 말한다. 이것이 히브리서의 실제적 교훈의 하나요, 젊은 신자들에게 특별히 필요한 말씀인 것이다. 입교(入教)는 다만 하나의 시작이며 첫 걸음인 까닭에 신자는 매일 새롭게 복종하며, 믿음으로 그리스도를 새롭게 영접하고 그분 안에서 활력을 발견해야 한다. 믿음과 오래 참음으로 말미암아 우리는 약속을 상속받고 약속을 이루어 받는다. 구원은 예수께서 우리에게 무엇이시며 우리 안에서 무엇을 하시는가에 달려있다. 만약 예수께서 참으로 우리의 생명이 되시려면 매일 그분과 나누는 개인적 교제가 있어야 하고 그분의 가르침에 대한 명확한 복종이 있어야 한다. 은혜를 즐거워하는 것이나 우리가 가진 것에 무의식적으로 안주하거나 신뢰하는 것을 주의하자. 하늘 생명이 새로움과 능력 안에서 유지될 수 있는 것은 오직 믿음과 오래 참음으로, 그리고 사랑하는 주님과의 조용한 시간 안에서 우리의 성별(聖別)과 믿음을 날마다 새롭게 함으로써만 가능한 것이다.

1. 하나님은 당신의 행위를 망각할 만큼 불의하지 않으시다. 얼마나 자주 하나님은 이스라엘에게 저들의 첫사랑을 말씀하셨는가. 냉랭해진 사람들이 믿음을 회복하도록 하나님께 돌아와 하나님을 신뢰하라는 것이 얼마나 고무적인가. 하나님은 그분과 당신 사이를 지나간 것은 결코 잊지 않으신다.

2. 당신은 단 하루도 태만하지 말라. 일 년 걸려 얻은 것을 부주의함으로써 우리는 단 한 시간에 잃을 수도 있다. 그리스도와 그분의 역사하심은 당신에게 온전하고 쉬지 않는 주의를 요구한다.

3. 하나님의 길이 너무 더디거나 너무 어렵다고 보지 마라. 인내가 온전히 역사하게 하라. 씨를 뿌린 농부가 오래 참고 기다리듯 하나님께서는 당신을 참고 기다리신다. 하나님과 더불어 인내하라. 이 단순한 교훈을 기억하라. 날마다 예수께 대한 복종을 새롭게 하고, 하나님 안에서 당신의 소망이 되는 예수 안의 믿음을 새롭게 하라. 믿음과 인내는 약속을 상속한다.

47. 약속을 상속받음

6:13 하나님이 아브라함에게 약속하실 때에 가리켜 맹세할 자가 자기보다 더 큰이가 없으므로 자기를 가리켜 맹세하여
6:14 가라사대 내가 반드시 너를 복주고 복주며 너를 번성케 하고 번성케 하리라 하셨더니 6:15 저가 이같이 오래 참아 약속을 받았느니라

히브리서는 신자들의 영적 생활에 있어서 가장 큰 위험 중의 하나를 다루어 나간다. 모든 경험으로부터 우리는 초대교회에서 보여준 것, 즉 많은 사람들이

처음에는 잘 시작하였지만 점점 침체되어가다가 곧 뒤로 물러간다는 것을 뼈저리게 알게 된다. 그리스도인의 삶은 하나의 경주(競走)이다. 우리가 끝까지 달려서 목표에 도달하지 않는 한 시작을 잘했다는 것은 별로 유익을 주지 못한다. 믿음은 약속을 받을 수도 있지만 오래 참음만이 약속한 바를 상속한다. 날마다 중단 없이 계속 성장하는 열심과 근면으로 우리의 인도자 되시는 그리스도 예수께 대한 우리의 충절이 유지되지 못하는 한 뒤로 물러감은 필연적으로 오게 마련이다. 그래서 교회는 정직히 말해서 첫사랑의 즐거움을 가지고 전적으로 하나님을 위해 살기로 했다가 점점 형식적이고도 연약한 삶으로 빠져 들어가며 뒤로 물러가는 신자들의 병원이라고도 말할 수 있다. 성장과 강건(强健)의 필수불가결한 요소로써 일상적인 근면과 견인(堅忍)을 가르치는 것보다 더 교회에 필요한 것은 없다. 본 서신으로부터 이러한 덕목(德目)이 어떻게 우리 자신과 다른 사람들에게 배양되는지를 배우자. 본 서신은 믿음과 오래 참음으로 약속을 상속한 사람들에 관해 말하고 있다. 그것은 이제 아브라함을 예로 들어서 그것이 무엇을 의미하는지를 보여준다. 그것은 언제나처럼 먼저 하나님께서 우리에게 약속하신 것이 무엇인지 밝혀주고 그 다음에 이 약속이 요망하고 역사하는 사람 안에 있는 반응을 말해준다.

하나님이 아브라함에게 약속하실 때에 가리켜 맹세할 자가 자기보다 더 큰이가 없으므로 자기를 가리켜 맹세하여 가라사대 내가 반드시 너를 복주고 복주며 너를 번성케 하고 번성케 하리라 하셨더니 우리가 하나님이 주시는 축복의 확실성과 충만함을 더욱 통찰하면 할수록 우리의 마음은 그만큼 믿음과 인내로 분발하게 된다. 하나님의 말씀은 우리가 바라는 것에 대한 보증이다. 그 말씀이 하나의 맹세일 때 우리의 확신은 얼마나 큰 것인가! 이에 관하여 후속 절들이 잘 말해주고 있다. 여기에 아브라함에게 준 약속 안에서 하나님 축복의 충족성이 제시되는데 그것은 우리가 아브라함의 씨로서 그의 상속자라는 것과 하나님께서 그에게 약속하신 것은 우리들을 위한 것이라는 사실을 말한다. 우리는 그 약속 안에서 만족할 필요가 있다. 그 약속은 믿음과 인내 속에 순례의 길을 걸었던 아브라함의 삶으로 우리를 일깨울 것이다.

가라사대 내가 반드시 너를 복주고 복주며 너를 번성케 하고 번성케 하리라 하셨더니 히브리어에서 동사(動詞)를 반복하는 것은 말하는 내용에 힘을 주기 위한 것이며 주장하는 바의 확실성과 위대성을 나타내는 것이다. 하나님의 입에서 반복되는 '내가 너를 복주고 복주며 너를 번성케 하고 번성케 하리라'는 말씀은 그 축복이 실로 놀라운 것이며 하나님 편에도 가치가 있다는 것과, 그 축복이 신적 능력과 충만 안에 있다는 확신으로 아브라함의 마음을 깨우쳐 주려는 것이었다. 그 축복이 어떠한 것인가는 너를 번성케 하고 번성케 하리라는 그 문장의 하반절에서 보여준다. 하나님이 주실 수 있고, 우리를 참으로 하나님의 형상으로 만들 수 있는 최상의 축복이 바로 우리 자신을 번성케 하는 능력이며 하나님처럼 다른 생명에 대한 축복의 근원이 되게 하는 것이라고 성경은 말한다. 그래서 생육과 번성이란 두 단어는 창세기 제1장과 제9장 같은 데서 함께 짝을 지어 나오는 것이다.

생물에 대하여 말씀하시기를 '하나님이 그들을 복주시되 생육하고 번성하라(창 1:22)'고 하셨다. 그리고 사람에게는 하나님이 그들에게 복주시며 하나님이 그들에게 가라사대 생육하며 번성하라(창 1:28)고 하셨고 노아에게도 이같이 말씀하시되 하나님이 노아와 그 아들들에게 복주시며 가라사대 생육하고 번성하라(창 9:1)고 하신 것이다. 생명의 분여자(分與者)로서 자신의 피조물 속에 하나님 자신의 생명과 축복을 충만케 하시는 것이 하나님의 영광이다. 그리고 하나님께서 하나님의 사역을 위해 선택한 사람들에게 증식의 능력을 나누어주신 것은 최고의 축복 중의 하나이다. 아담에게 주신 하나님의 축복의 능력은 그에게서 난 인류 속에 보이는데, 씨 안에서 아브라함에게 하신 하나님의 축복은 예수 그리스도 자신 안에서도 보이는 것이다. 그리고 아브라함의 후손들, 즉 참된 신자들에게는 아직도 '내가 너를 복주고 복주며 너를 번성케 하고 번성케 하리라'는 말씀이 참이 된다는 것이다. 우리까지도 그리스도처럼 제사장이 되어서 하나님을 모르는 사람들에게 하나님의 축복을 줄 수 있는 것이다.

한 영혼이 기꺼이 모든 것을 희생하고 약속을 이루어 받기까지 오래 참음으로 견디는 것은, 신적 능력 안에서의 축복의 충만인 '내가 너를 복주고 복주며'라는 말씀이 이해되기 시작하는 한편, 그 영혼이 진노하심으로부터 단순히 구원되었다는 것 이상으로 다른 사람을 위한 생명과 축복의 수용자가 되고, 통로가 되며 분여자가 되는 사실을 깨달을 때이다.

그리스도인이여! 당신이 아브라함의 후예가 되기를 원하고 그에게 말씀하신 하나님께서 당신에게도 말씀하시기를 원하는가? 이 약속을 요구하고 받는 것은 그렇게 쉬운 일이 아니라는 것을 기억하라. 아브라함은 믿음과 순종과 자기 희생의 길을 통해 그것을 받았고 하나님의 뜻과 인도하심에 전적인 복종을 함으로써 그것을 받았다. 이 약속이 맹세와 더불어 그에게 주어진 것은 그가 이삭을 제물로 드렸을 때이며 더 나아가 그렇게 함으로써 그가 자기 자신을 희생했을 때였다. 하나님은 아브라함에게 말씀하실 때처럼 진지하게 당신에게 말씀하실 것이다. 아브라함에게서 본토(本土)와 고향을 떠나기를 배우고 당신 자신을 하나님의 인도하심에 맡기며 모든 것을 희생할 준비를 하라. 하나님께서는 당신을 자신의 다중적(多重的) 축복과 더불어 만나주실 것이다. 그리고 당신의 마음은 "내가 너를 복주고 복주며 너를 번성케 하고 번성케 하리라"는 하나님의 음성을 들을 만큼 강해질 것이다. 그리고 그 축복은 아브라함에게 사실이었듯이 당신에게도 사실이 될 것이다. 그렇게 인내로서 견디며 아브라함은 약속을 받았다. 우리는 약속에 참여한 자가 될 뿐만 아니라 약속의 실제적인 상속자가 될 것이다.

1. 이 약속이 온 것은 가장 엄중한 경고 다음이다. 나태한 신자들이 분발할 때까지 가장 귀중한 약속은 그 입구를 찾지 못한다. 그가 분발할 때 충만한 약속의 가르침은 그에게 용기와 힘을 줄 것이다.

2. 당신의 마음이 당신을 저주하며 당신이 하나님의 밝고 거룩하며 성숙한 자녀가 될 수 없는 한편 복 받고 복주는 소망이 없다고 두려워하는가? 아브라함에게 와서 그 비결을 배우라. 하나님은 "나에게 들으라"고 그에게 말씀하셨다! 하나님이 당신에게 말씀하도록 하고 하나님이 인도하시는 곳으로 따

라가며 하나님이 명하는 것을 순종하라. 하나님은 당신을 하나님 자신을 계시하시는 축복의 장소로 데려갈 것이다.

3. 그리고 오늘날 이런 교훈을 즉시 실천하라. 당신이 연약하고 냉랭한 가운데 앞으로 나아가는 삶이 없는 것처럼 보일 때에도 실망하지 마라. “내가 너를 복주겠다”고 하시는 하나님의 축복의 말씀을 들으라. 하나님의 말씀을 양식으로 삼으라. 그리고 하나님께서 당신이 필요로 하는 모든 것을 당신 안에 이루시게 하라.

4. 당신은 하나님의 일에 함께 하는 봉사자인가? “내가 너를 번성케 하고 번성케 하리라”는 말씀을 당신에게 하시기까지 기다리라. 하나님은 당신마저도 많은 사람의 축복이 되게 하신다. 그러나 그러한 축복은 마음으로 들어가는 입구를 찾아주는 맹세를 필요로 한다. 하나님의 맹세를 받아들이고 그것과 함께 살라.

48. 하나님의 맹세(盟誓)

6:16 사람들은 자기보다 더 큰 자를 가리켜 맹세하나니 맹세는 저희 모든 다투는 일에 최후 확정이니라
6:17 하나님은 약속을 기업으로 받는 자들에게 그 뜻이 변치 아니함을 충분히 나타내시려고 그 일에 맹세로 보증하셨나니
6:18 이는 하나님이 거짓말을 하실 수 없는 이 두 가지 변치 못할 사실을 인하여 앞에 있는 소망을 얻으려고 피하여 가는 우리로 큰 안위를 받게 하려 하심이라

진지한 사람에게 있어서는 전지자(全知者)이신 하나님께서 말씀하시는 진리에 대하여 맹세하고 호소하는 것이 언제나 엄숙한 일이다. 그러나 하나님 앞에서 맹세를 하는 것보다 더욱 엄숙한 일이 있는데 그것은 하나님께서 사람 앞에서 맹세를 하시는 일이다. 그리고 이것이 본 히브리서의 저자가 이제 언급하고자 하는 내용이다. 저자는 이미 하나님께서 진노하사 저들은 내 안식에 들어오지 못하리라고 맹세하셨음을 말했다. 저자는 다음 장에서 그리스도께서 맹세에 따라 대제사장으로 임명되신 사실의 깊은 중요성을 지적한다. 이곳에서 저자는 약속의 성취를 가장 확실하게 기대함에 있어서 하나님의 맹세로 말미암아

얼마나 강렬한 용기를 신자들이 가질 수 있는가를 그들에게 보여주려 하고 있다. 신자가 참고 이겨나갈 수 있는 것은 오직 이 확신 때문인 것이다.

한 번 더 이것을 깊이 생각해 보자. 하나님의 맹세는 하나님께서 그 무엇보다 더 원하시는 것이 믿음이라는 것을 명확하게 증거 하는 것으로서, 하나님께서는 신자들이 하나님을 신뢰하기를 바라신다. 믿음이란 우리가 할 수 없는 것, 즉 하나님께서 하시기로 맡으신 것을 해주시도록 하나님을 의뢰하는 것이다. 우리와 관련된 하나님의 목적은 무한하며 상상을 초월한 축복의 어떤 것이다. 하나님은 준비를 끝내시고 염원하시는 가운데 하나님으로서 그 자신이 약속하신 모든 것을 우리 안에서 이루고 계신다. 우리가 우리의 마음을 열고 하나님께서 자신의 일을 하시도록 침착하게 복종하는 가운데 우리 자신을 양보하지 않는 한 하나님은 하나님의 일을 하실 수가 없으시다. 이 믿음을 우리가 가질 때까지 우리는 항상 우리가 하나님의 일을 한다고 하면서 하나님을 방해한다. 믿음은 깊은 겸손과 신뢰 그리고 온유와 인내 가운데 우리 자신을 하나님의 손에 맡김으로써 하나님께 일하실 길을 열어드리고 하나님의 시간을 기다리도록 우리자신을 가르친다. 믿음은 온 마음과 삶을 기대와 소망 가운데 열어놓는다. 그러면 하나님께서는 자유롭게 일하시고, 믿음은 하나님으로서의 자리를 하나님께 드리며 하나님을 존귀하게 해드리고, 하나님은 약속을 이루시되 "나를 경외하는 자를 내가 높이리라"고 하신 대로 하신다. 아아, 하나님께서 처음이자 마지막으로 우리에게 요구하시는 한 가지는 "하나님께서 일하시도록 하나님을 신뢰하는 것이라"는 교훈을 깊이 배우자.

하나님께서 맹세로 중재하시고 화해시키는 것은 이것을 위해서이다. 여기에 사용된 표현들을 유의하라. 그들은 하나님의 이름에 대한 사랑을 보였고 충만한 소망으로 인한 근면성을 보이고자 했는데, 여기에서 그들은 하나님이 보다 풍성하게 하나님 계획의 불변성을 구원의 상속자들에게 보여주실 것에 대하여 듣는다. 우리가 하나님께 자리를 내어드리고 전심으로 오직 하나님을 신뢰하며 그 신뢰함으로 하나님께서 일하시게만 한다면, 우리에게 복 주시려는 하나님의 목적이 얼마나 변할 수 없는 것인가를 하나님은 우리에게 증거 하실 것이다. 더 나아가 하나님은 우리에게 보다 풍성히 증거 하여 주시기를 원하신다. 하나님은 히브리서 2:1에 기록된 것처럼 하나님께서 그리 하신다는 것을 우리가 더 전심으로 유의하고 거기에 의심의 여지가 없다는 것을 발견하도록, 우리가 그러한 사실에 대한 증거를 더 풍성히 갖기를 원하신다. 하나님이 맹세로 약속을 확인하시는 것은 이 때문이다.

이는 하나님이 거짓말을 하실 수 없는 이 두 가지 변치 못할 사실, 즉 하나님의 약속과 하나님의 맹세를 인하여 앞에 있는 소망을 얻으려고 피하여가는 우리로 큰 안위를 받게 하려 하심이라. "하나님은 거짓말 할 수 없으시다"는 표현을 유의하라. 이것은 마치 우리가 하나님의 말씀을 충분히 생각하지 않으면서 "신실하시며 불변하시는 하나님께서도 거짓말을 하실 수 있으시다"고 생각하는 것처럼 하나님께서 물으시는 것만 같다. 하나님께서는 우리의 어두워진 마음이 얼마나 하나님을 신뢰하지 못하는지를 아신다. 하나님의 약속들은 그렇게도 크고 신적차원이어서 우리가 받아들이기가 벅찬 것이다. 하나님께서는 우리를 깨우치고 우리의 불신앙을 부끄럽게 하기 위하여 마치 하나님께서도 거짓말을 하는 것이 있을 수 있다는 듯이 말씀 하였는바 내가 너를 복주고 복주며 너를 번성케 하고 번성케 하리라는 약속을 반드시 지키시기로 맹세하셨음을 우리가 듣도록 우리를 부르시고 계신다. 또한 이것은 구원의 후사인 우리 모두가 큰 안위를 받게 하려는 것이다. 확실히 우리에게서 두려움과 의심의 모든 흔적은 사라져야 하고 우리의 온 영혼은 하나님 앞에 엎드리어 "하나님이여, 우리가 하나님을 신뢰하옵니다. 절대로 저는 다시 하나님의 말씀을 의심하지 않겠습니다"라고 외쳐야 한다.

하나님이 가리켜 맹세할 자가 자기보다 더 큰 이가 없으므로 자기를 가리켜 맹세하여 그렇다. 하나님은 스스로를 가리켜 맹세하셨다. 이 사실 안에 그 맹세의 능력이 있고, 우리의 맹세 안에서 우리 믿음은 힘을 갖는다. 하나님께서는 스스로, 즉 하나님의 신적 존재, 하나님의 영광, 하나님의 능력을 가리켜 스스로 맹세하시고, 하나님의 살아계심을 두고 하나님의 약속을 확실히 이루신다는 사실에 자신을 보증과 담보로 주신다. 아, 우리가 만일 이러하신 하나님의 임재 앞에 머무는 시간을 가졌다면, 하나님 자신이 신실하시겠다고 스스로 맹세하시는 말씀을 우리가 들었다면, 필히 우리는 "하나님께서 진실하지 않으셔서 그분의 말씀을 지키지 않을지도 모른다"고 한 순간이라도 의심치 않았는지 자성하며 두 무릎을 꿇어야 할 것이다. 또 다시 하나님을 거짓말하는 자로 만들기보다는 차라리 하나님의 은혜로 죽는 편이 낫다고 무릎 꿇고 고개 숙여야 하지 않겠는가?

이제 우리는 잠시 축복과 하나님의 맹세에 관한 이 모든 논증이 무엇을 의미하는가를 살펴보자. 신자의 삶에는 많은 경우 견실(堅實)과 근면과 견인의 결핍이 있다. 이 모든 원인은 단순히 믿음의 결핍이다. 그리고 다시 이것의 원인은 하나님께서 무엇을 뜻하시며 하나님은 누구이시고, 너무나도 놀랍게 복 주시는 하나님의 목적과 능력은 어떠한 것이며, 그 목적을 완수하시는 하나님의 신실하심은 어떠한 것인가에 대한 지식의 결핍이다. 하나님께서 미쁘심의 맹세를 하셨다는 것은 이러한 악함을 고치시고 하나님의 백성에게 "하나님은 저들의 신뢰를 얻기 위해 무엇이든지 하시며 저들이 하나님을 신뢰하면 저들을 위해 하나님께서 무엇이든지 하신다"는 것을 말씀하시려는 것이다. 오늘날 우리가 하나님을 믿고 하나님의 넘치는 축복을 신뢰하지 않겠는가? 충만하고 완전한 신뢰의 삶으로 날마다 하나님을 영화롭게 하는 것이 우리들의 가장 신성한 의무이자 복된 특권임을 우리는 알아야 할 것이다.

1. **확정의 맹세** 이는 히브리서 3:7,14 및 6:19의 견고함과 같은 단어이다. 하나님의 약속과 하나님께서 우리에게 주시는 소망이 얼마나 견고하고 흔들림이 없는가를 볼수록 우리의 확신도 보다 견고하게 자란다. 내 믿음의 충만은 내가 하나님의 신실하심에 붙들려 있는가에 달려 있다.

2. **믿음과 오랜 고난으로** 오래 고난 받음. 하나님은 종종 아주 더디시다. "하나님은 하나님이 선택한 자들을 오래 참으신다." 하나님으로 하여금 하나님의 시간을 가지시게 하며 모든 일에 언제나 하나님을 의뢰하는 것이 성도들의 인내이다.

3. 당신들이 나태해지지 않도록 해주는 것은 하나님께서 모든 것을 하도록 하시고 하나님을 기다리며 하나님의 뜻을 행함에 있어서 부지런하도록 깨워주는 그 믿음이다.

49. 휘장 안에 앞서 가신 자

6:18 이는 하나님이 거짓말을 하실 수 없는 이 두 가지 변치 못할 사실을 인하여 앞에 있는 소망을 얻으려고 피하여 가는 우리로 큰 안위를 받게 하려 하심이라
6:19 우리가 이 소망이 있는 것은 영혼의 닻 같아서 튼튼하고 견고하여 휘장 안에 들어가나니
6:20 그리로 앞서 가신 예수께서 멜기세덱의 반차를 좇아 영원히 대제사장이 되어 우리를 위하여 들어가셨느니라

예수의 제사장직을 말하고 있는 제 5장에서 저자는 멜기세덱의 반차를 좇는 제사장의 예언에 관하여 두 번이나 시편 제 90편을 인용하였다. 그러나 그는 히브리인들이 태만으로 인하여 이 높은 가르침을 수용하기에는 너무나 신자의 삶에서 뒤로 물러가 있다는 것을 우려하였다. 그가 견책과 경고의 말씀을 바로 앞에 삽입한 까닭은 이런 연유에서이다. 이 경고들로부터 그는 권면과 격려로 나아갔고 이제 그 자신이 본 서신의 중심 되는 가르침을 말하기에 이른 것이다. 그에게는 특히 밝혀야 할 두 가지의 하늘 비밀(秘密)이 있었다. 하나는 그리스도의 하늘 대제사장직의 비밀이고 또 하나는 그리스도께서 우리에게 들어가는 길을 열어주신 하늘 성소(聖所)의 비밀이다. 본 제 6장의 마지막 두절에서 우리는 새로운 논제(論題)로 넘어가는 것을 보는데 거기에 이들 두 비밀이 우리 앞에 놓인 소망으로 언급되고 있다. 소망은 곧 휘장 안으로 들어가서 우리들을 위해 멜기세덱의 반차를 좇아 그리로 앞서 가신 대제사장 예수를 발견하게 한다.

앞에 있는 소망을 얻으려고 피하여 가는 우리로 소망은 하나님께서 우리 앞에 두신 목표를 의미하거나 우리들의 마음속에 있는 주관적인 은혜나 성향을 말한다. 여기에서는 특별히 전자를 의미한다. 그 소망이 무엇이냐 하는 것은 다음 장에서 '더 좋은 소망이 생기니 이것으로 우리가 하나님께 가까이 가느니라'고 하는 말씀으로 아주 명확해진다. 이 더 좋은 소망은 비록 우리가 땅에 살아도 하늘에 계신 대제사장께서 우리에게 주시는 바 하나님의 임재 가운데로 나아가며

하나님과의 교제와 축복으로 들어가는 것을 말한다.

우리가 이 소망이 있는 것은 영혼의 닻 같아서 튼튼하고 견고하여 휘장 안에 들어가나니 소망(所望)은 하나의 닻이다. 배는 닻에 의하여 보지 못하는 바다 속 깊이에 매인다. 마찬가지로 휘장 안에 있는 삶에 대하여 하나님께서 우리에게 주신 소망은 우리를 그 처소에 굳게 매어 준다. 그리고 우리의 마음이 거기에 매일 때 소망은 주관적인 은혜로써 힘을 얻고 휘장 안으로 인도된다. 소망이 사는 곳에 마음이 산다. 거기에 바로 우리의 참된 자아(自我) 역시 사는 것이다.

그리로 앞서 가신 자가 우리를 위하여 들어 가셨느니라. 여기에서 우리는 히브리서의 또 다른 키워드를 발견하게 되는데 그것은 그것을 올바로 이해하지 않고서는 대제사장으로서의 예수의 사역을 정확히 볼 수 없는 열쇠인 것이다. 그것은 길을 열기 위해 그리스도께서 하신 사역과, 그분 자신이 그 길을 걸으셨다는 것과, 그 분께서 들어가신 곳을 향해 우리도 그분을 따라간다는 것과, 이제 우리가 그 성소에 들어갈 권리를 가졌다는 것을 우리에게 지적한다. 우리는 지금껏 그분을 인도자로 불렀다. 이제 곧 우리는 그분께서 열어 놓으신 새롭고 산 길을 갖게 된다(히 10:21). 우리는 십자가를 참으시고 앞서 가시어 지금은 하나님 우편에 앉으신 예수를 바라보며 우리가 달려야 할 경주에 대하여 들을 것이다(히 12:1). 아들과 대제사장으로서 예수께서 하신 사역을 이해하는 데에는 그분을 인도자와 앞서 가신 자로서 우리를 아버지의 임재 가운데로 인도하시는 분으로 받아들이는 것보다 더 좋은 일은 없다.

우리를 위하여 들어 가셨느니라 십자가(十字架)상의 그리스도에 관하여 생각할 때 "우리를 위하여"라는 어구의 모든 복된 의미를 우리는 잘 알고 있다. 그분이 십자가에서 하신 일은 모두 우리를 위한 것으로서 우리는 그분의 못 박힘에 의하여 그분의 죽음 안에 살고 있다. 그리스도께서 휘장 안에 계신다는 것도 전혀 같은 진리이다. 그것은 모두 우리를 위한 것이다. 거기 그분의 실존과 모든 소유는 우리를 위한 것이다. 그것은 우리의 현재적 소유로서 그것으로 말미암아 우리는 그리스도와 함께 살고 그리스도 안에 사는 것이다. 휘장은 우리를 위해 길을 열도록 찢어졌고, 그 휘장 안에 있는 거룩한 곳에 대한 나아감을 얻도록 열렸으며, 우리가 새로운 세계, 즉 하나님과의 긴밀하고 친숙한 교제 가운데서 전혀 새롭고 산 길을 걷도록 열린 것이다. 대제사장은 그가 섬기는 성소를 가져야 한다. 열려진 성소의 비밀은 우리도 또한 거기에 들어갈 수 있다는 것이기도 하다. 하나님의 임재이시며 지성소인 내면적 성소는 그리스도의 섬김과 우리의 삶과 그리고 봉사의 나라이다.

앞서 가신 자 예수! 저자는 우리의 구세주가 인자로서 갖고 있는 이 이름을 기꺼이 반복한다. 하늘 영광 속에서조차 그분은 우리의 형제이신 예수시다.

멜기세덱의 반차를 좇아 영원히 대제사장이 되어 우리는 아직도 멜기세덱의 제사장직을 더 배워야 한다. 무궁한 생명의 능력으로 예수는 영원한 대제사장이 되셨고, 먼저 들어가신 그 생명을 우리에게 여시어 우리를 이끄셔서 우리의 가슴속에 영생을 가지고 이 땅에서 살도록 하였다. 이것이 그 직임의 대표적인 영광이다.

독자들이여! 우리를 위하여 앞서 가신 예수께서 계신 그 휘장 안에 들어가는 소망의 능력을 당신은 알고 있는가? 예수께서는 당신이 하늘의 능력과 기쁨으로 땅 위에 살며, 하늘에서 하나님의 뜻이 이루어진 것처럼 땅에서도 이루어지게 하시는 성령으로 말미암아 당신 안에 천국을 이루도록, 당신을 위하여 지금 하늘에 계신다. 예수의 실존과 모든 소유는 하늘 차원의 것이다. 예수께서 주시고자 하는 모든 것도 하늘 차원의 것이다. 하나님 우편의 대제사장으로서 예수는 모든 하늘에 속한 복으로 복 주신다. 하늘 처소에 계신 그분의 인격과 섬김의 영광이 이제 당신에게 열려질 때 당신 자신이 그것을 바라보고 그 모든 것을 활용하며 그것을 당신의 개인적인 소유로 삼도록 예비하라. 또한 예수의 하늘 대제사장직은 당신을 위해 당신이 아직 알지 못하는 하늘 축복을 쌓아놓았을 뿐만 아니라, 당신을 그 충만한 경험과 희락 안으로 인도하신다는 것을 믿으라.

1. 하나님께서 거하시는 성소가 있다. 거기에는 사람을 하나님으로부터 분리시키는 휘장이 있다. 예수는 휘장 밖에서 살기 위해 휘장 안에서 오셨고 그

것을 찢으셨으며 우리를 위하여 한 길을 열어 놓으셨다. 그분은 이제 앞서 가신 자로서 우리를 위해 거기 계신다. 우리는 이제 성령의 능력으로 말미암아 거기에 들어가 거기서 살 수 있다. 이것이 히브리서가 전하는 복음(福音)이다.

2. 소망은 휘장 안으로 들어가 거기에서 발견되는 모든 것을 즐거워하고, 우리를 위해 거기에 예비 된 모든 것에 대하여 마음에 계시되는 바로 인하여 산다.

3. 예수는 앞서 가신 자이시니 그분을 따르자. 당신이 모든 것을 이해할 수 없다 하더라도 그분이 걸어가신 겸손과 온유와 순종의 길을 따르라. 그리하면 그분이 당신을 인도해 들이시리라. 이것이 금생(今生)에서도 인내와 오랜 고난을 통하여 당신이 상속할 약속이다.

| 제 5편 (7:1-28)
멜기세덱의 반차를 좇는 새로운 제사장직

50. 하나님 아들과 방불한 멜기세덱

7:1 이 멜기세덱은 살렘 왕이요 지극히 높으신 하나님의 제사장이라 여러 임금을 쳐서 죽이고 돌아오는 아브라함을 만나 복을 빈 자라
7:2 아브라함이 일체 십분의 일을 그에게 나눠 주니라 그 이름을 번역한즉 첫째 의의 왕이요 또 살렘 왕이니 곧 평강의 왕이요
7:3 아비도 없고 어미도 없고 족보도 없고 시작한 날도 없고 생명의 끝도 없어 하나님 아들과 방불하여 항상 제사장으로 있느니라

제 5장에서 우리는 예수가 아론처럼 하나님의 부르심을 입었음을 읽는다. 여러 면에서 아론은 그리스도의 모형이었다. 그러나 그리스도의 제사장직에는 아론의 제사장직이 전혀 예시할 수 없었던 다른 면모가 있었다. 그래서 하나님의 특별 섭리를 따라 다른 이름이 나오는데 그 안에서 아론이 표상 할 수 없던 모형이 나타난 것이다. 아론과 멜기세덱의 제사장직의 차이는 근본적인 것이다. 그 차이점이 무엇인가에 대한 바른 이해와 멜기세덱이 하나님의 아들과 방불하였다는 것에 관한 지식 속에 본 히브리서의 열쇠가 있고 능력과 온전한 삶의 비결이 있다. 한마디로 그것은 영원하신 제사장이다.

거룩한 역사에서 멜기세덱이 서있는 전체적 위치는 성령의 초자연적 인도 아래 성경이 기록되었다는 그 영감성과 일관성의 가장 현저한 증거 중의 하나이다. 창세기에서 우리가 멜기세덱의 모든 것에 관하여 알 수 있는 것은 짧고 단순한 세 절 뿐이다. 일천 년 뒤에 우리는 시편에서 단 한 절을 발견하게 되는데 그

것은 하나님 아들이 멜기세덱의 반차를 좇아 대제사장이 될 것을 맹세하시는 하나님의 모습을 보여준다. 그리고 다시 일천 년이 지난 뒤에 그 한 구절은 놀라운 해석의 씨가 되어 본 히브리서에서 예수로 말미암은 전체적 구속 사역을 말해주고 있다. 그 제사장직의 가장 현저한 특징은 그 놀라운 모형(模型) 속에 감추어져 있다. 우리가 그것을 연구하면 할수록 우리는 더욱 감탄하게 되는데 "이는 여호와의 행하신 것이요 우리 눈에 기이한 바로다"(시 118:23)란 말씀과 같다. 우리는 참으로 하나님 아들에게서 이천 년 후에 무엇이 일어날 것인가를 보이도록 멜기세덱과 아브라함을 출연시키시고, 하늘에 있는 아들에게 하신 약속 안에 감추어진 하나님 뜻의 은밀한 목적을 시편 기자에게 계시하시며, 그 후 동일한 성령으로 말미암아 본 히브리서 기자에게 영감 된 해석을 쓰게 하신 하늘 지혜의 기적을 본다. 믿는 마음에게는 이보다 강한 영감의 증거를 보일 수가 없다. 실로 그리스도 자신의 영이신 성령께서 모든 것을 이루시며 때를 따라 기록하신 것이다.

본 장의 첫 세절에서 우리는 멜기세덱에 관한 이야기를 다시 듣고 그의 이름과 내력에 대한 해석을 듣는다. 그 이름의 뜻은 '의의 왕'이다. 또 그가 다스렸던 도시 이름 살렘이 평화를 의미하는 까닭에 그는 '평강의 왕'이라고도 불린다. 이 두 이름을 종합하면 멜기세덱이 어떻게 하나님 아들의 모습을 보이도록 하나님께로부터 운명 지워 졌는지를 알게 된다. 의와 평강은 둘 다 구약에서 언급되었는데 신약에서는 그리스도의 나라의 특징을 나타내는 축복으로 말해진다. 의는 평강의 유일한 기초이고, 평강은 의의 확실하고 복된 결과이다. 하나님의 나라는 의와 평강이요, 이것들의 확실한 열매로서 성령 안에서의 희락(喜樂)이다.

멜기세덱은 제사장이며 왕이었지만 이스라엘은 역사 안에서 그것을 알지 못했다. 하나님의 예정에 따라 오래 동안 하나님의 백성 안에 나뉘어 보존된 것이 하나님의 아들과 방불했던 사람 안에서 하나로 연합되었다. 본 히브리서가 특별히 계시하는 것은 제사장적 왕으로서의 그리스도의 영광이다.

멜기세덱의 족보와 출생과 사망에 관한 성경의 침묵은 그의 제사장직이 아론이나 세습에 의한 이스라엘의 제사장직과 얼마나 다른가 하는 증거로서 해석된다. 하나님께서는 그 사람 안에서 하나님의 아들에 관한 놀라운 예언을 준비하셨는데, 그 제사장직의 권리는 지상에서의 출생에 의한 것이 아니요, 영원에서 영원까지 그가 하나님의 아들 되심에 기인한 것이다. 하나님의 아들과 방불한 멜기세덱은 계속 제사장으로 존재하는 것이다.

멜기세덱의 반차를 좇은 영원한 제사장 이 하나님의 말씀은 창세기와 본 히브리서를 연결하는 시편에 나온다. 그것을 처음 영감하신 성령께서는 그것을 해석하셨고 우리를 산 경험으로써 그 영광의 비밀로 인도하기 위해 기다리신다. 우리가 이 표현에서 만나는『영원한』이란 단어는 영원한 제사장, 영원한 구원, 영원한 속죄, 영원히 온전케 됨을 말하는 것으로서 끝이 없음을 의미할 뿐만 아니라 무궁히 더해간다는 것도 의미한다. 하나님은 영원한 분이시고 그분의 생명은 영원한 생명이다. 영원한 것은 하나님이 그 안에 계시기 때문에 신적인 것이요, 그 안에는 변함이나 쇠함이 없고 영원한 젊음(靑春)과 활력이 있다. 그리스도의 영원한 대제사장직은 마치 그분이 하나님과 하늘 안에서 사시는 것과 같이 영원한 생명의 능력으로 우리 안에서 역사하심을 의미한다. 그리스도는 영원히 사시는 까닭에 완전히 구원하실 수가 있는 것이다.

그리스도가 우리의 멜기세덱이요 영원한 제사장이란 말씀이 무엇을 의미하는지 하나님께서 가르쳐 주시기를 기원한다. 우리의 내적 경험을 수고와 무상(無常)과 실패의 영역에서 끌어올려 하나님의 안식에 들어가게 함으로써 불변하는 그리스도의 중재하심이 우리들의 믿음과 소망의 척도가 되게 하는 것은, 여기 지상에서조차 영원하고 변함없는 생명을 분여하사 유지시키는 이 영원한 제사장직에 대한 영적 이해이다.

1. 본 장에서 우리는 온전한 자가 아니고는 이해하기 어려운 것이 시작되는 것을 본다. 영원한 제사장직의 계시를 내면에 간직할 수 있는 사람은 그리스도로 말미암아 하나님이 자기 안에 역사하심을 바라는 가운데 온전으로 나아가는 사람이다. 우리가 하나님께 나아가는 이 가르침을 이해할 수 있

는 것은 재능이나 천성이 아니라 살아 계신 하나님을 갈망하는 마음이다.

2. 역사를 기록하고 아들에 관한 맹세를 계시하며 그 뜻을 알게 하는 성령만이 우리를 여기에 계시된 영적 능력과 축복으로 인도하신다. 성령만을 내주하시는 분으로 배우고 깊은 겸손 가운데 그분을 기다리며 온유한 인종 안에서 그분께 복종하라. 이 온전함의 진리를 소유하고 경험토록 우리를 인도하는 하나님의 성령을 믿는 것이 얼마나 장엄하고 거룩하고 복된 일인가.

3. 그는 항상 거하신다. 그리스도와 방불한 멜기세덱과 하늘 제사장직에 있는 그리스도, 그리고 바르게 그분을 알고 신뢰하는 신자의 특성인 불변의 무궁한 생명으로 그분은 계속 거하신다.

51. 멜기세덱과 아브라함

7:4 이 사람이 어떻게 높은 것을 생각하리 조상 아브라함이 노략물 중 좋은 것으로 십분의 일을 저에게 주었느니라
7:5 레위의 아들들 가운데 제사장의 직분을 받는 자들이 율법을 좇아 아브라함의 허리에서 난 자라도 자기 형제인 백성에게서 십분의 일을 취하라는 명령을 가졌으나
7:6 레위 족보에 들지 아니한 멜기세덱은 아브라함에게 십분의 일을 취하고 그 약속 얻은 자를 위하여 복을 빌었나니
7:7 폐일언하고 낮은 자가 높은 자에게 복 빎을 받느니라
7:8 또 여기는 죽을 자들이 십분의 일을 받으나 저기는 산다고 증거를 얻은 자가 받았느니라
7:9 또한 십분의 일을 받는 레위도 아브라함으로 말미암아 십분의 일을 바쳤다 할 수 있나니
7:10 이는 멜기세덱이 아브라함을 만날 때에 레위는 아직 자기 조상의 허리에 있었음이니라

이 사람의 어떻게 높은 것을 생각하라 멜기세덱의 위대성을 바로 이해하는 것은 우리가 크신 대제사장 되신 그리스도의 위대성을 바로 이해하는 데 도움을 준다. 히브리 사람들은 선택된 백성의 조상으로서 아브라함을 자랑으로 여겼고, 하나님의 대표자와 하나님께 대한 예배의 대표자로서 대제사장인 아론을 자랑으로 여겼으며, 하나님께서 자기 백성과 언약(言約)을 맺은 증표로서 하늘로부터 율법을 주셨음을 자랑으로 여겼다. 이 모든 점에 있어서 멜기세덱의 우월성은 입증되었다. 그는 아브라함보다 우월하고(히 7:4-10), 아론보다 우월하며(히 7:11-14), 율법보다 우월하다(히 7:11-19).

멜기세덱이 아브라함보다 우월하다는 사실에 대하여는 이중적인 증거가 주어졌다. 아브라함은 멜기세덱에게 십일조를 드렸고 멜기세덱은 아브라함을 축복하였다. 율법에 의하면 제사장들이 형제들로부터 십일조를 받았으나 여기에서는 낯선 자가 온 민족의 아버지인 아브라함으로부터 십일조를 받았다. 또 이스라엘에서는 죽는 자들이 십일조를 받았으나 여기서는 성경이 말하는바 항상 살아 있는 자가 받았던 것이다. 그리고 십일조를 받은 레위까지도 아브라함 안에서 십일조를 드렸다는 것이다. 모든 것은 하나님의 뜻에 따라 우리들의 대제사장이신 그리스도의 위대성이 제때에 밝혀지도록 감추어진 예언의 흐름이었던 것이다.

이 사람의 어떻게 높은 것을 생각하라 멜기세덱의 위대성에 대한 두 번째 증거는 그가 아브라함을 축복했다는 사실이다. **폐일언하고 낮은 자가 높은 자에게 복 빎을 받느니라** 아브라함은 이미 하나님으로부터 축복을 받았다(창 12:2). 그는 여기에서 멜기세덱으로부터 복 빎을 받고 그 자신의 열등함을 인정했으며, 무의식중에 자신과 이스라엘 전체 제사장직을 높으신 하나님의 제사장에게 복종시켰던 것이다. 신적으로 제정된 이 모형의 계시는 레위 계통의 제사장직에 대한 그리스도의 탁월성을 밝혀줄 뿐만 아니라 제사장으로서의 그리스도에 대한 우리들의 두 관계성을 가장 암시적으로 우리 앞에 제시한다. 우리는 그분으로부터 축복을 받고 그분은 우리로부터 십일조를 받는다.

그리스도는 하나님의 축복을 우리에게 주시기 위해 오신다. 우리는 히브리서 6:14에서 하나님의 축복이 무엇인지를 보았다. 축복이 확증되고 분여되는 것은 그리스도 안에서이다. 우리가 그리스도께서 주시는 축복을 충분히 알고자 한다면 다만 이스라엘 제사장직의 축복을 생각하면 된다.

이것은 실로 그리스도 안에서 하나님이 우리를 축복하신 바요 대제사장 예수께서 우리에게 나누어주시는 거룩하심 안에서의 영적 축복이다. 그리스도께서는 우리를 아버지께 인도하시고 우리는 그분께서 우리를 축복하시고 지켜주신다는 것을 알게 된다. 그 아들 안에서 하나님의 얼굴빛은 우리를 비추시고 우리 주님 예수 그리스도의 은혜는 우리의 몫이 된다. 그리스도 안에서 하나님은 그 얼굴을 우리에게 드시고 성령으로 말미암아 하나님의 평강을 우리 마음에 부으신다. 대제사장 예수는 이 축복의 하나하나를 신적 실재로 바꾸시며 계속 거하는 생명의 능력 안에서 산 경험이 되게 하신다.

그리스도는 우리에게 축복을 주시고 우리는 그 분께 십일조를 드린다. 하나님께 드리는 십일조는 모든 것에 대한 하나님의 권리를 인정하는 것이다. 우리의 대제사장은 당연히 우리가 드리는 모든 복종을 받으실 권리를 가지고 계시며 그 분의 다스림을 위해 필요로 하는 모든 자원적(自願的) 희생에 대하여도 권리를 가지신다. 십일조와 축복간의 관계는 우리가 아는 것보다 긴밀하다. 우리가 갖고 있는 모든 것을 보다 서슴없이 그분의 처분에 맡기고 모든 것을 그분을 위해 참으로 포기하면 할수록, 그만큼 우리의 경험은 우리의 대제사장께서 주시는 축복의 능력과 충만으로 넘칠 것이다.

폐일언하고 낮은 자가 높은 자에게 복 빎을 받느니라 이것은 참된 관계이다. 우리가 예수께서 받으신 너 좋은 이름을 더 알고 우리의 마음을 그분의 영광으로 채우면 채울수록 우리는 더욱 겸손히 경배하며 더욱 낮아져 축복을 받기에 더 합당한 자들이 된다. 또한 십일조뿐만 아니라 우리자신과 소유 전부를 그분께 드리게 된다. 우리의 영적 삶에 있어서 크신 대제사장과의 이 이중적 관계가 유지되고, 그분께서 주시는 하늘 축복의 충만함에 대한 신뢰가 고양될 때, 그분의 다스림에 대한 절대 복종과 더불어 그 제사장직의 크신 능력이 우리 마음에 계시될 것이다. 두 섭리 즉 축복하시는 그분께 대한 믿음과 그분의 다스림에 대한 성별(聖別)은 겸손이란 기본적 도덕에 뿌리를 두게 되고 우리 눈에도 우리가 점점 작아져서 자아의 죽음인 무(無)로 돌아가 그분께서 모든 것이 되시는 여지를 만든다는 것이 점점 명확하게 될 것이다. 그리고 그 말씀은 새로운 의미로 우리 안에 충만케 될 것이다. **폐일언하고 낮은 자가 높은 자에게 복 빎을 받느니라**

1. 멜기세덱은 아브라함을 축복했다. 대제사장이 하시는 일은 전혀 축복하는

것이다. 예수께 생각할 때 이 사실을 배우고, 그분은 축복해 주시기를 기뻐하신다는 확신을 가지라. 그 분은 바로 축복의 샘이시다.

2. 하늘에 계신 멜기세덱의 전체적 축복은 하늘로부터 당신 마음에 오시는 성령이시다. 기록된 바 "그리스도 예수 안에서 아브라함의 복이 이방인에게 미치게 하고 또 우리로 하여금 믿음으로 말미암아 성령의 약속을 받게 하려 함"(갈 3:14)인 것이다. 성령께서 마음에 내주하심이 대제사장적 축복이다.

3. 오늘날 예수 그리스도는 마치 전장에서 돌아오는 자같이 지치고 약한 당신을 만나러 오신다. 그분 앞에 절하고 그분께서 당신을 축복하게 하라. "성령께서 오늘날이라 이르실 때" 예수께서 당신의 모든 것임을 기억하라.

52. 아론과 율법보다 우월한 멜기세덱

7:11 레위 계통의 제사 직분으로 말미암아 온전함을 얻을 수 있었으면 (백성이 그 아래서 율법을 받았으니) 어찌하여 아론의 반차를 좇지 않고 멜기세덱의 반차를 좇는 별다른 한 제사장을 세울 필요가 있느뇨
7:12 제사 직분을 변역한즉 율법도 반드시 변역하리니
7:13 이것은 한 사람도 제단 일을 받들지 않는 다른 지파에 속한 자를 가리켜 말한 것이라
7:14 우리 주께서 유다로 좇아 나신 것이 분명하도다 이 지파에는 모세가 제사장들에 관하여 말한 것이 하나도 없고

시편 제110편에서 하나님께서 멜기세덱의 반차(班次)를 좇는 제사장에 관하여 맹세로 말씀하셨을 때 그것은 깊은 영적 의미가 있는 예언이었다. 왜 하나님 자신이 부르시고 하나님과 성경의 목적을 이루기 위해 그렇게도 넓은 영역에서 역사해온 아론의 반차가 단지 한 가지 활동 말고는 전혀 알려지지 않은 다른 반차에게 자리를 내주어야 하는가? 아론의 반차 대신 멜기세덱의 반차를 좇아 다른 제사장이 일어나야 할 필요성은 무엇인가? 그 대답은 아론의 반차가 다만 예수의 지상 사역의 그림자인 까닭에 그분의 영원하고 전능적인 하늘 제사장직을 위해서는 보다 나은 것이 필요했다는 것이다.

우리는 이 의미를 깨닫고 붙들자. 아론의 사역은 희생과 피 흘림과 속죄와 하나님과의 화해(和解)에 관한 그리스도의 지상사역의 그림자였다. 하나님께서

속죄와 더불어 백성을 받으시는 표로서 아론은 피를 가지고 휘장 안에 들어갔던 것이다. 그러나 그는 거기에 머무를 수 없었다. 그는 거기에 일 년에 한번 들어가 잠시 동안 봉사하였는데 이는 우리가 제 7장 및 8장에서 보는 것같이 백성들에게 지성소(至聖所)로 가는 길이 아직 열리지 않았으며 이를 위해서는 그들이 다른 세대(世代)가 올 때까지 기다려야 한다는 것을 보이기 위한 것이었다. 지성소에 있는 삶과, 하나님의 임재 안에 거하며 하나님과 교제하는 것과 휘장 안 생명의 능력을 백성들에게 분여하는 것 등에 관하여는 알려진 것이 없었다. 그리스도의 제사장직의 영광은 휘장을 열고 우리를 위해 앞서가신 것과, 하나님의 성령과 하늘 생명의 능력을 받아 나누어 주기 위해 하나님 우편에 앉으신 것과, 하나님께 가까이 갈 수 있도록 우리를 그 지성소 안으로 인도하시는 것과, 무궁한 생명의 능력 안에 있는 끊임없는 중재와 섬김으로 하늘 생명을 우리 안에 유지시키는 것 등이었는데, 아론의 직임은 이러한 것에 대하여 아무런 약속도 해줄 수가 없었다.

멜기세덱이 하나님 아들과 방불하다는 것은 이러한 것들 때문이었다. 지극히 높은 하나님의 제사장으로서 그는 또한 왕이었고 영광과 능력으로 옷 입고 있었다. 마찬가지로 그의 축복도 능력 안에 있었다. 나아가 성경이 그의 죽음과 직임의 끝남에 대하여 침묵하는바, 항상 살아있는 자로서 그는 무궁한 생명의 능력으로 영원히 하늘에서 역사하는 영원한 대제사장의 표상이었던 것이다.

주님 예수의 멜기세덱 제사장직의 비밀과 영광을 계시하는 것이 히브리서의 큰 목적이다. 따라서 나는 아론과 멜기세덱의 두 반차와 두 사역의 무한한 차이점을 충분히 깨닫도록 독자에게 호소하지만, 더 어떻게 진술하게 말해야 좋은지를 모른다. 아주 단순한 질문, 즉 '어찌하여 멜기세덱의 반차를 좇는 다른 제사장을 세울 필요가 있느뇨' 하는 것은 우리의 영적 생활에 있어서 우리가 생각하는 것보다 더 심오한 경지를 갖고 있는 것이다.

히브리서의 처음 몇 절에서 우리는 그리스도의 사역이 둘로 나누어짐을 보았다. 그리스도께서 아론의 반차를 좇아 죄를 정결케 하셨을 때 그분은 멜기세덱의 반차를 좇아 높은 곳에 계신 위엄의 우측에 앉으셨다. 너무나 많은 신자들이 그리스도에게서 아론이 표상한 것의 성취만을 본다. 그리스도의 죽음과 피는 그들에게 아주 중요한 것으로서 그들은 거기에 그들의 신앙이 안주하기를 구한다. 그러면서도 그들은 구세주가 허락하신바, 그리스도 안에 있는 믿음의 보답인 평강과 희락과 순결과 능력을 소유하지 못하는 데 대하여 의아하게 생각한다. 그 이유는 간단하다. 그리스도가 오직 그들의 아론일 뿐 그들의 멜기세덱이 되지 못하기 때문인 것이다. 실로 그들은 예수 그리스도가 하늘에 오르셔서 하나님의 보좌에 앉으신 것을 믿는다. 그러나 그들의 일상생활은 그 사실과 직접적인 관계를 맺지 못한다. 그들은 하늘 생명의 능력으로 그들 가운데서 역사하시는 예수를 의뢰하지 않고, 그것을 그들과 함께 나누신다는 것을 의뢰하지 않는다. 그들은 그들에 대한 하늘의 부르심을 알지 못하며 그 부르심의 성취를 위한 절대 만족이 왕 되신 제사장의 하늘 생명 안에서 온다는 것을 알지 못한다. 그 결과 그들은 세상을 포기하고 그들의 삶을 하늘에 두어야 할 필요성에 눈이 멀어 있는 것이다.

대속 사역이 연약함 가운데 지상에서 완수되었지만(고후 8:4) 그것은 부활과 승천의 능력 안에서 하늘로부터 분여되고 있다. 십자가는 죄의 용서를 선포하고 하늘 보좌는 죄를 이길 수 있는 능력을 준다. 십자가와 그 피 뿌림은 애굽으로부터의 구출이고, 보좌와 거기 살아 계신 왕 되신 제사장은 하나님 안의 안식과 승리의 삶을 의미한다. 아론만을 안다면 속죄와 용납하심을 얻지만 왕의 다스림과 능력은 얻지 못한다. 상존하는 능력과 축복의 충만은 오직 멜기세덱을 통하여 오는 것이다. 한 영혼이 자신의 연약으로부터 구출되고 하늘 생명의 능력을 아는 것은, 그가 초보를 다시 구하지 않고 오직 그 기초 위에 서서 온전케 되시고 영화로워지신 그리스도 예수로 지어질 때뿐이다. 우리가 우리의 복되신 제사장적 왕이시며 우리의 멜기세덱이신 분을 생각하고 흠모하면 할수록, 하늘 보좌 위의 예수 그리스도께서 구속의 모든 복된 열매를 우리에게 나타내 주시며 하나님의 임재 안에 나아간 삶을 우리가 매일 경험토록 하신다는 것이 더욱 확실해진다.

1. 우리의 아론을 위하여 하나님을 찬양하자! 죽임을 당한 어린양에게 영광이 있으리니, 예수께서 우리의 죄를 정결케 하는 일을 하셨을 때 그분은 높은 위엄의 우편에 앉으셨다. 이제 우리의 멜기세덱을 인하여 하나님을 찬양하자! 보좌 가운데 계신 어린양에게 영광을 돌리리니, 지성소가 이제 열렸고 우리의 크신 대제사장은 우리를 이끌어 거기에 거하게 하신다.

2. 예수의 "죄를 정결케 하심"은 "보좌 위에 앉으심"으로 연결된다. 다음은 능력으로 우리 안에서 적용되는 차례이다. 이것이 왜 우리가 먼저 여기에서 하늘에 계신 대제사장에 대하여 배우고 다음 제 8장에서 하늘 성소에 대하여 배우며 그 다음 제 9장에서 하늘에 있는 피의 능력과 하늘로부터 우리 안에 오는 피의 능력에 대하여 배우는가 하는 이유이다. 정결케 하는 피의 전적인 능력을 배우는 것은 오직 하늘에 계신 예수를 알 때뿐이다.

3. 그러므로 함께 하늘의 부르심을 입은 거룩한 형제들아, 하늘 보좌에 앉으신 예수를 깊이 생각하라. 하늘에 계신 그리스도를 경배하고 그분과 교제하는 것은 하늘에 사는 그리스도인들을 만들어 준다.

53. 무궁한 생명의 영원한 제사장

7:15 멜기세덱과 같은 별다른 한 제사장이 일어난 것을 보니 더욱 분명하도다
7:16 그는 육체에 상관된 계명의 법을 좇지 아니하고 오직 무궁한 생명의 능력을 좇아 된 것이니
7:17 증거하기를 네가 영원히 멜기세덱의 반차를 좇는 제사장이라 하였도다

시편 제110편의 말씀에서 각각의 표현은 참으로 의미가 심장하다. '너는 제사장이다'(4-6)란 말씀에서 우리는 그리스도가 제사장이 되기 위하여 스스로 자신을 영화롭게 한 것이 아니라 하나님으로부터 임명되었다는 증거를 본다. 우리는 '멜기세덱의 반차를 좇아라'는 말의 심오한 중요성을 보았다. 우리는 이제 너는 영원한 제사장이라는 말씀에 함축된 내용을 살펴보고자 한다.

'항상' 또는 '영원한'이란 단어는 히브리서에서 가장 중요한 단어 중의 하나이

다. 그것은 열일곱 번이나 나타난다. 그것은 신약을 구약으로부터 구분하는 모든 것과, 온전한 그리스도인의 건전한 삶을 신앙적 어린아이들의 나약하고 병적인 성장으로부터 구분해 주는 모든 것을 포함한다. 그것이 무엇을 의미하는지를 알기 위해서 우리는 필히 그것을 하나님, 즉 영원하신 분과 연결시켜 보아야 한다. 영원은 신성(神性)과 신적 생명의 속성이고, 영원한 것의 참된 실재(實在)는 오직 신적 생명과의 교제 속에만 있다. 하나님께는 변화가 없으며, 늙는 것이나 낡아지는 것이 없고, 하나님께서는 스스로 계신 자로서 영원히 새로우시며, 절대 불변이시고, 무궁히 젊으시다. 어떤 사람이 말한 바와 같이 "그는 옛적부터 항상 계시되 무엇보다도 젊으시오니 이는 지나감을 모르는 영원한 힘의 새로움 속에서 항상 사시는" 연고이다. 영원한 생명은 항상 하나님 안에 거함으로써 언제나 동일하게 존재하는 것이다. 그리고 하나님께서 그 아들에게 너는 영원한 제사장이라 말씀하실 때에 그것은 제사장 직분이 끝나지 않는다는 것만을 의미하지 않을 뿐만 아니라 이것의 뿌리와 원인, 즉 그것이 하나님의 생명과 힘에 뿌리를 두고 있다는 것을 지적한다. 그리스도는 무궁한 생명의 능력을 따라 제사장이 되셨다. 단 한 순간도 중단 없는 지속성 안에서 그분은 신적 생명의 능력 속에 계속 사시고 역사하신다.

대조해 보면 그 의미는 뚜렷해진다. 그분은 아론처럼 육적인 계율의 법을 따라 제사장이 된 것이 아니라, 언제나 제사장으로 거하는 멜기세덱처럼 무궁한 생명의 능력을 따라 제사장이 되셨다. 계명(戒命)과 생명(生命)은 대조를 이룬다. 모든 피조물은 외부로부터의 법이나 충동을 따라서가 아니라 자연적으로 그 안에 있는 생명을 따라 행동한다. 새가 날거나 고기가 헤엄을 칠 때에는 율법을 필요로 하는 것이 아니라 저들의 생명이 저들을 살아 있게 해주는 것이다. 율법은 생명의 결여(缺如)에 대한 증거이다. 도둑질을 금하는 율법은 그 법이 목표로 하고 있는 자의 생명에 잘못된 것이 있다는 증거이다. 그리고 율법은 바른 생명의 결핍을 의미할 뿐만 아니라 또한 바른 생명을 생산할 수 없음을 보여주는 증거도 된다. 그것은 억제하고 속박하지만 고무시키지는 못한다. 그것은 요구하지만 줄 수는 없다. 그것은 명령할 수 있는 힘은 있지만 그것이 구하는 바를 창조하지는 못한다. 아론은 아무 것도 온전하게 하지 못하고, 연약한 자를 위해서는 쓸모가 없어져 아무런 유익도 줄 수 없는 육적 계율(戒律)의 법을 따라 제사장이 되었으나, 그리스도는 무궁한 생명의 능력을 따라 제사장이 되셨다. 그분의 거룩하고 복되신 제사장직의 모든 행위와, 영원한 대속의 열매들의 모든 역사는 무궁한 생명의 능력 안에서 이루어지는 것이다.

이 두 원리는 두 가지의 종교체계와 하나님을 섬기는 두 가지의 길과 내적 생명의 두 가지 경험을 말한다. 하나는 율법에 의한 것으로서 아론에게서 모형화한 속죄와 하나님께 열납(悅納)됨을 뜻한다. 신자들은 그리스도를 구속주로 믿고 감사의 큰 동기로 그 자신 사랑과 순종에 나가기를 구한다. 그의 생명은 쉼 없는 노력에서 나온다. 그러나 그는 처절하게 실패를 맛보고 순종은 그의 생명과 즐거움이 되지 못한다. 신약은 더 나은 생명을 제공한다. 하지만 불신앙과 나태함으로 말미암아 대부분의 신자들은 이것을 알지 못한다. 그러나 여기에 성령으로 말미암아 멜기세덱의 비밀이 밝혀졌다.

예수 그리스도는 무궁한 생명의 능력을 따라 제사장이 되신 것이다. 이 귀중한 단어들은 더 높은 생명에의 열쇠가 된다. 예수께서는 무궁한 생명의 능력 안에서 대제사장으로 하늘에 살아 계신다. 그리고 그 능력 안에서 사시듯 그분은 그 능력 안에서 역사하신다. 이것이 그분이 영원한 제사장이라는 의미이다. 그리스도 예수의 사역은 아론의 사역처럼 항상 그칠 때가 있고 언제나 새로워져야만 하는 일련의 연속적인 활동으로 구성되는 것이 아니다. 반대로 그분이 우리를 위하여 하시는 모든 일은 무궁한 생명의 능력 안에서 하시는 것이다. 그분께서는 그것을 우리 안에서 마치 우리들 자신의 생명으로 행하듯 생명으로 역사하심으로써 하나님 안에서와 하나님의 뜻 안에서 기뻐하는 것이 우리의 본성(本性)이 되게 하신다. 그분의 제사장직은 우리 안에서 내적 생명으로 작용하고, 사상이 아니라 영과 진리 안에서 우리를 하나님과의 사활적(死活的)인 교제로 이끌어 올린다. 그분은 그분 자신의 생명을 우리 안에서 나타내신다. 그분은 생명의 능력으로써 강하고 건전한 생명 안에서 그것을 행하시는데 이는 그것이 하늘로부터 온 그분 자신의 생명인 까닭이다. 그리고 그분은 무궁하고도 확고한 생명 안에서 그 일을 하시는데, 그 생명은 영원하며 또한 영원히 계시는 제사장께서 우리 안에 유지시키는 생명인 까닭에 단 한 순간도 중단되거나 방해받지 않는 생명이다.

그러면 왜 그 많은 신자들이 계속 거하는 무궁하고 불변하는 이 생명의 능력을 경험하지 못하고 입증하지 못하는가? 어떤 사람은 그것을 전혀 알지 못하고 오직 그리스도를 아론으로만 알고 있다. 또 어떤 사람은 그것을 알되 이 큰 값의 진주(眞珠)를 사기 위해 모든 것을 포기하며, 이 하늘 생명을 사기 위해 세상을 포기하려 하지 않는다. 그리고 어떤 사람들은 기꺼이 모든 것을 버릴 수 있으면서도 그리스도를 참으로 영원하신 대제사장, 다시 말해 영원한 생명의 능력으로써 모든 것을 하시는 제사장으로 믿으려 하지도 않고 믿지도 않는다.

그리스도는 계속 제사장으로 계신다. 그분의 제사장직의 계속성은 결코 방해되거나 중단되지 않고 그분의 제사장직의 활동도 끊어지지 않으며 그 활동의 경험도 그치지 않는다. 하늘 대제사장으로서 그리스도께서 우리를 위해 하시는 모든 것은 무궁한 생명의 능력 안에서 계속 거하시는 대제사장으로서 하시는 것이요 그분께서 행하시는 사역도 역시 계속 거하는 것이다. 영원하신 대제사장, 무궁한 생명의 능력을 따라 제사장 되신 그리스도 예수를 깊이 생각하고 알며 신뢰하는 믿음을 주소서!

1. **무궁한 생명의 능력** 본 서신 전체에서 이보다 더 의미 있고 중요한 표현은 없다. 그것은 우리가 필요로 하는 생명이고 강한 생명이며 결코 죽지 않는 생명이다. 여기에 우리는 그 풍성한 생명을 갖고 있는 것이다.

2. 우리는 종종 이들 단어를 언급하는 기회를 갖게 될 것이다. 우리는 제사장을 내가 아닌 다른 사람들을 위해 어떤 일을 하는 사람으로 생각하는 데 익숙해져 있다. 이러한 사고방식을 우리는 주님 예수를 향하여도 갖고 있다. 그리스도는 외부적 구세주도 아니며, 외부적인 어떤 일로써 우리에게 구원을 주실 수도 없다. 우리를 위하여 그분이 하시는 모든 것은 바로 우리에게

하신 것이다. 예수는 우리의 마음에 들어오셔서 그 자신이 우리의 생명이 되신다. 예수는 대제사장으로서 하늘에서 우리를 위해 모든 것을 하신다는 것을 우리는 알 필요가 있다. 그분은 또한 우리 안에서 역사하시되 근본적으로 생명을 주시는 역사를 하신다. 예수는 제사장이시요 무궁한 생명의 능력을 따라서만 우리를 구원하실 수 있으시다. 그분의 제사장직이 그 목적을 달성할 수 있는 것은 오직 우리 안에 생명(永生)이 있게 함으로써 이다.

3. 예수께서는 연약에 싸여 십자가에 못 박히셨으나 하나님의 능력으로 다시 살아나셨다. 예수는 연약 안에서 죽기까지 모든 것을 희생하심으로 능력을 얻으셨다. 무궁한 생명의 능력 안에서 예수를 알고자 하는 사람은 모두 그분의 죽음의 교제 안에 들어가서 깊은 겸손과 연약과 하나님을 신뢰하는 가운데 그분이 보좌에 이른 그 길을 걸으라.

54. 더 좋은 소망(所望)

7:18 전엣 계명이 연약하며 무익하므로 폐하고
7:19 (율법은 아무 것도 온전케 못할지라) 이에 더 좋은 소망이 생기니 이것으로 우리가 하나님께 가까이 가느니라

앞의 7:12절에서 우리는 제사직분이 변역(變易)한즉 율법도 반드시 변역하리니라는 것을 읽는다. 아론의 반차가 멜기세덱의 반차에 길을 내어줄 때에 아론의 사역의 근거였던 율법(律法)도 새로운 반차 즉 계율의 법이 아니라 무궁한 생명의 능력의 법에 길을 내주어야 한다. 여기에서 그 이유를 읽어보자. 전엣 계명이 연약하고 무익하여 폐하고 율법은 아무 것도 온전케 못함이라. 온전은 하나님과 인간이 죄(罪)와 그 결과로부터의 구출, 즉 온전한 회복과 온전한 교제를 위해 추구하는 목표이다. 율법은 양심이나 섬기는 자나 아무 것도 온전케 할 수 없다. 율법이 단지 예시하는 데 그친 그 온전을 성취하고 계시하며 분여하시기 위해 구주 예수께서 이 땅에 오셨던 것이다.

다음으로 우리는 이 온전이 무엇인지를 읽게 된다. **계명은 폐하고 이에 더 좋은 소**

망이 생기니 이것으로 우리가 하나님께 가까이 가느니라 사람을 하나님께 가까이 이끌어 실제적 교제의 충만한 은혜에 들어가게 하는 것이 모든 제사장의 목표이다. 아론은 그것을 할 수 없었던 반면 예수는 그것을 완수하셨다. 이것이 신약의 영광이다. 이것은 더 나은 소망 즉 살아계신 하나님께 실질적으로 나아가는 것과 하나님과 함께 하는 성령의 친교 안에 들어가는 소망을 가져온다. 이것이 율법은 줄 수 없지만 예수께서 주시는 온전이다. 제 6장에 이미 소망이 언급되었는데 소망으로 말미암아 우리도 앞서가신 자를 따라 휘장 안으로 들어간다 하였다. 무궁한 생명의 능력 안에서 예수는 휘장을 여셨고 영생으로 가는 길을 여셨으며, 우리가 하나님께 더 가까이 나아가는 소망을 우리에게 주셨다.

하나님께 가까이 나아가라! 이 표현은 앞으로 있을 보다 높은 가르침으로 나가는 길의 방향표이다. 그것은 그리스도의 사역의 주요 목적을 제시하는 것으로 우리로 하여금 하나님과 가까워진 삶을 살게 한다. 오직 자신들과 자신들의 행복만을 생각하며 구원을 찾는 신자들이 많은데 그들에게는 그리스도가 단순히 그들의 목적에 이르는 수단(手段)일 뿐이다. 또한 더 깊이 나아간 신자들도 있는데 그들은 그리스도와 개인적인 관계를 감사하고 그분을 보다 잘 알고 섬기기를 바란다. 그러나 이들에게마저도 온전하고 열성적인 그리스도인의 인격에 필수적인 어떤 것이 결여되어 있는 것을 본다. 그들은 그리스도가 아버지께 가는 단 하나의 길이며 문이라는 것을 알지 못하고, 그리스도의 크신 소원이 우리로 하여금 실제로 그 자신을 통하고 그 자신을 지나서 하나님께 나아가게 하는 것임을 알지 못한다. 예수는 우리가 그분이 지상에서 사셨던 그 삶을 살기를 원하시는데 그분은 항상 위를 바라보고, 위에 계신 하늘의 하나님을 의지하며, 하나님께 영광을 돌리셨던 것이다.

하나님께 가까이 나아가라! 이것 외에 하나님과 하나님의 사랑을 만족시킬 수 있는 것은 이 세상에 없다. 하나님은 하나님의 자녀들이 와서 그 사랑 안에 살며 하나님의 임재 안에서 기뻐하기를 바라신다. 하나님은 우리를 하나님께 인도하시도록 그 아들을 보내셨다. 이것이 온전한 구원을 형성한다. 우리를 존재하게 하신 자로서 하나님은 우리 안에서 하나님이 자신의 일을 하시도록 우리가 우리 자신을 하나님께 내어드리고 기다리기를 원하신다. 의로우시고 거룩하신 분으로서 하나님은 우리가 전적으로 우리 자신을 하나님의 뜻과 지혜에 맡기기를 구하신다. 보이지 아니하며 감추어진 분으로서 하나님은 우리가 필히 눈에 보이는 것으로부터 물러나 하나님과의 교제를 갖기를 요구하신다. 사람은 하나님의 임재를 위하여 창조되었다. 하나님의 가까우심은 원래 인간의 자연출생적인 존재 상황이어야 했다. 그것은 하나님께서 우리들 각자에게 기꺼이 허락해 주시는 것이고, 하늘 제사장직이 가능케 하는 것이며, 하나님께서 우리가 구하도록 명하시는 것이다. 하나님은 외적(外的) 존재가 아니시므로 하나님께 나아간다는 것은 외적이거나 의식적(儀式的)인 어떤 것이 아니요 내적 성향의 영적 조화이며 하나의 교제이고 거룩한 뜻의 연합이다. 하나님의 영이 우리에게 보다 풍성한 신적 성품을 줄 때, 그리고 하나님이 하나님의 뜻을 보다 자유롭고 충만하게 우리 안에 이루실 때, 우리는 하나님께 가까이 가는 것이며 진실로 그분과 연합하게 되는 것이다.

하나님께 가까이 나아가라! 이것보다 더 그리스도의 속죄(贖罪)가 우리를 위해 성취하고 열어놓은 것은 없다. 이 점이 율법의 약점이었다. 율법은 하나님의 백성에게 하나님의 성소와 하나님의 직접적인 임재에 들어가는 길을 만들어 주지 못했던 것이다. 지성소로 가는 길은 홀로 예수께서 열어 놓으셨다. 우리는 담대히 들어가서 하나님 앞에 설 수 있다. 보좌에 앉으신 우리의 대제사장께서는 그의 성령으로 말미암아 우리가 하나님께 가까이 나아가는 것을 우리의 지속적인 거주의 경험으로 만드는 힘을 갖고 계신다. 그분은 무궁한 생명의 능력으로 이것을 하신다. 생명은 절대로 외부로부터 역사하지 아니하고 항상 내면 깊이로부터 역사한다. 우리의 대제사장은 그분의 생명 능력으로 우리의 생명 안에 들어오셔서 우리의 생명을 새롭게 하시고 그것을 고양(高揚)하시며, 그 결과 그분의 하늘 삶은 우리의 실제적 삶이 되고 하나님의 임재는 마치 햇빛이 우리의 몸을 비추듯이 우리를 감싸며 우리 위에 비춘다. 그리스도는 하나님의 사랑을 우리의 마음에 넓게 비춤으로써 하나님의 임재가 항상 우리의 기쁨이 되게 하시는 것이다.

하나님께 가까이 나아가라! 이것보다 더 우리의 믿음이 요구할 것이 있을 수 없다. 그리스도 안의 대속은 완전하고 전적으로 유효하며, 그리스도의 구원은 완전하고, 우리 안에 있는 그리스도의 생명 능력은 신성하고 확고하며, 그리스도의 제사장직은 지속적이고도 그침이 없고, 그리스도의 영의 사역은 확실하고 신적이어서, 실로 우리가 종일토록 하나님의 사랑과 교제를 즐거워하게 할 수 있는 것이다. 그것은 그리스도께서 들어가신 생명현상으로서, 우리를 위해 열어 놓으신 길이며, 우리를 그 안에 보전하는 생명이다. 그것을 믿자. 그렇다. 인간에게는 불가능하되 오직 하나님께만 가능한 일이지만 우리의 마음이 종일토록 휘장 안의 하나님의 현존(現存)에 있게 해줄 것을 예수께 기대하며, 보좌에 앉으시어 거룩한 왕이시며 제사장이 되시는 그분께 영광을 돌리는 그 귀한 믿음이, 우리 영혼의 한 관습이 되도록 하자.

그리스도는 문이시다. 무슨 문이란 말인가? 하나님의 마음의 문이시다. 그분으로 말미암아 나는 하나님의 사랑 안에 들어가 거기 거하며, 나는 하나님 안에 살고 하나님은 내 안에 사신다. 그리스도는 살아있는 문이라서 나를 들어 올려 하나님께 이끄신다. 그리스도는 무궁한 생명의 능력 가운데 계신 대제사장이시기에 그분은 가장 확실하게 그것을 하실 수 있으시다.

1. 하나님께 가까이 있는 생명. 이것이 더 나은 소망이며, 이 소망은 휘장 안에 있는 것을 지향한다. 이 소망의 자랑을 굳게 잡으라. 힘써 소망의 풍성함을 찾으라. 소망은 부끄럽게 아니한다.

2. 하나님이 가까우면 세상이 멀고 세상이 가까우면 하나님이 멀어진다. 예수께서는 그분이 우리를 위해 열어놓으신 그 길로 하나님의 임재에 들어가셨다. 그 길은 겸손과 온유와 순종과 죽음이었다. 그 길을 열고 그리로 들어가기 위하여 예수께서는 전적으로 철저하게 복종을 하셨다. 그분은 우리를 위하여 우리가 그분을 따를 수 있는 능력을 확보하셨고, 무궁한 생명의 능력 안에서 모든 올바른 영혼에게 그것을 분여하신다.

3. 하나님께 가까이! 이것이 당신의 삶인가? 이것이 당신의 소망인가? 이것이 당신의 기대하는 바인가? 이것이 바로 그리스도께서 당신을 위해 준비하시고 당신에게 주려고 기다리는 구원(救援)이다.

55. 더 좋은 언약의 보증

7:20 또 예수께서 제사장된 것은 맹세 없이 된 것이 아니니
7:21 (저희는 맹세 없이 제사장이 되었으되 오직 예수는 자기에게 말씀하신 자로 말미암아 맹세로 되신 것이라 주께서 맹세하시고 뉘우치지 아니하시리니 네가 영원히 제사장이라 하셨도다)
7:22 이와 같이 예수는 더 좋은 언약의 보증이 되셨느니라

제 6장에 하나님의 맹세(盟誓)의 깊은 뜻이 우리 앞에 제시되었다. 하나님 편에서 볼 때 그것은 충실하게 수행하기로 자신을 결부시킨 하나님 자신의 불변의 목적(目的)을 입증하시는 것이다. 우리 편에서 볼 때 그것은 하나님께서 그 약속을 성취하실 것에 대하여 특별한 믿음이 필요함과 아울러 전적이며 주저하지 않는 신뢰를 행사하도록 우리가 부름 받았다는 것을 가리킨다. 그리스도를 대제사장으로 세우셨다는 말씀 속에서 우리는 이미 세 가지의 의미 있는 표현을 살펴보았는데 이제 그 네 번째의 표현을 보기로 하자.

주께서 맹세하시고 뉘우치지 아니하시리라 이 하나님의 맹세는 그리스도의 제사장직의 영광과 옛 제사장직에 대한 우월성을 새롭게 증명하는 것이다. 하나님께서는 아브라함에 대한 하나님의 축복이 영원하고 변경될 수 없음을 맹세로 확증하셨다. 아론은 맹세 없이 제사장이 되었는데 그의 제사장직은 다만 일시적인 것이어서 앞으로 올 것의 그림자일 뿐이었다. 새로운 반차에 따른 제사장을 처음 공표하셨을 때 하나님께서는 다시 맹세를 하시되 '그것은 맹세 없이 된 것이 아니니 이와 같이 예수는 더 좋은 언약의 보증이 되셨느니라'고 하셨다. 맹세는 우리에게 언약(言約)을 가리키고 그 언약이 더 좋은 것임을 가리키며, 예수께서 그것의 보증이심과 더불어 그 언약과 보증이 힘을 갖는 제사장직을 가리킨다.

더 좋은 언약 언약(言約)의 목적은 그 언약을 맺은 두 당사자 간의 관계를 정의

하고 정립하는 것이며, 서로 간에 계약의 신실한 이행을 위한 안전장치를 갖추는 것이다. 하나님께서 이스라엘과 맺은 옛 언약은 실패를 입증하였다. 약속을 세울 때 이스라엘은 그 약속에 대하여 아주 준비가 잘 되어있는 상태여서 '여호와의 명하신 모든 말씀을 우리가 준행하리이다'(출 24:3)라고 하였다. 그러나 얼마나 빨리 언약은 망각되고 약속은 깨어졌던가! 그들은 그들이 실천할 수 없는 것을 떠맡았고 그들의 장담과 그 내용은 힘이 없어 아무 쓸모가 없었다. 세월이 지나자 하나님께서는 새로운 언약을 세우시고 그 안에서 이전에 없던 것을 제공하시되 약속을 지키게 하는 복종의 능력을 주셨다. 그것은 마음에 새로운 생명을 줌으로써 자연히 순종(順從)이 되는 생명의 언약이었다. 더 좋은 약속 위에 세워진 이 더 좋은 언약에 대하여 우리는 다음 장에서 듣게 된다.

더 좋은 언약의 보증 그리스도 예수께서 오신 것은 그 언약을 보증하고 그 약속을 실제로 성취시키고자 함이었다. 그리스도는 언약의 쌍방을 위한 보증이시다. 우리에게 대한 보증은 하나님께서 자신의 약속을 지키신다는 것이며 우리의 마음속에 하나님의 생명과 법과 성령을 주신다는 것이고, 하나님께 대한 보증은 우리가 그 언약을 순종하고 지킬 것이라는 것이다.

맹세로 제사장이 되셨다 언약과 보증이 힘을 갖는 것은 예수의 제사장직 안에서이다. 영원하신 제사장은 무궁한 생명의 능력 안에서 죄를 처리하고 제거하셨다. 영원하신 제사장이자 하나님의 아들로서 영원히 온전케 되신 자는 새롭고 산 길과 새로운 생명의 상태를 여시고 무궁한 생명의 능력으로 모든 역사를 이루시며, 그 안에서 더 좋은 언약에 대한 모든 약속과 의무가 하나님과 우리에 의해서 이루어진다는 신적 보증을 갖게 한다.

하늘로부터의 맹세로 말미암아 예수께서 제사장으로 세우심을 입었다고 선언된 것은 우리에게 모든 것이 그대로 되리라는 살아있고 가장 완전한 보증을 주시고자 함이다. 하나님께서는 우리가 꼭 그 아들이 성취한 영원한 대속의 완전한 동참자가 되도록 하기 위해 오래 일하시는 한편, 믿음과 소망 안에서 우리의 마음이 그분께 열려지기 전에는 하나님 자신이 우리 안에서 역사하실 수 없는 까닭에 우리의 신뢰를 깨우치고 우리가 그분을 완전히 믿도록 하기 위해 무엇이든 하실 준비를 갖추고 계신다. 또한 하나님의 영은 예수의 제사장직과 무궁한 생명의 능력 안에서 그것으로부터 오는 모든 축복이 절대적으로 확실하다는 것을 우리에게 상기시킨다. 예수 그리스도는 하나님의 아들(天子)로서 전능자이시며, 사람의 아들(人子)로서 자비롭고 충성스런 대제사장이시고, 높임을 받으신 자요 하나님 보좌 위의 왕이시라는 사실을 우리가 아는 것으로는 부족하기라도 한 것처럼, 하나님께서는 하나님께서 맹세하셨다는 것을 깊이 생각하도록 우리를 부르신다. 하나님은 자기 자신으로 맹세하셨다. 하나님은 영원한 전능자로서의 자신과, 하나님으로서의 명예(名譽)를 담보로 주셨는데, 그분이 우리에게 주신 이 영원한 제사장은 실로 영속적인 구원으로 구원하시며 영원한 능력이 역사하는 구원으로 구원하신다는 것을 믿도록 우리에게 촉구하신다.

하나님께서 아브라함에게 축복의 약속을 맹세로 확증하셨을 때 아브라함은 그 축복이 무엇인지는 잘 몰랐지만 하나님을 믿었고 믿음 안에서 강하여졌으며 하나님께 영광을 돌렸다. 하물며 그 안에서 하나님이 자신을 계시하신 아들을 알며 우리를 위한 그 사역의 유효성과 영원한 생명에 관하여 하나님께서 맹세까지 해주신 마당에 우리가 의심하거나 주저할 수 있겠는가? 하나님은 그럴 수 없다 하신다. 아아, 우리의 마음이 이것을 이해할 수 있도록 눈을 뜬다면 얼마나 좋으랴! 하나님께서 우리에게 요구하시는 한 가지는 하나님이 무엇을 하시기로 약속하셨는가를 보고 그분이 맡으신 것을 그분이 하시도록 그분 앞에 낮아지는 믿음이다. 본 히브리서가 열어주는 길로 내적 성소에까지 나아갈 때 우리가 추구해야할 한 가지는, 우리의 믿음이 인간의 지혜 위에 서지 않고 하나님께서 그분의 약속을 성취하시는 길이나 방법에 관한 우리들 자신의 편견에 서지 않는 대신 오직 전적으로 하나님의 능력을 믿는 것이다. 보증으로서 하나님의 약속을 필요로 하는 것은 그 성취를 위하여 필요로 하는 능력을 하나님께서 항상 갖고 계신 까닭이다.

1. 이 두 가지 일을 굳게 잡으라. 믿음은 하나님께서 약속하신 것을 필히 보아야 하고 하나님께서 우리 안에서 그것을 이루시도록 해드려야 한다. 우리

의 대제사장이 우리 안에서 역사하실 수 있는 것에 대한 부분적이고도 불완전한 관점에서 해방되도록 하나님께 기도하며, 당신이 할 수 있는 최상의 일이 하나님을 앙망하며 경외하는 신뢰 속에서 하나님의 역사에 당신 자신을 맡기는 것임을 바로 알도록 하라.

2. 하나님의 맹세의 내용과 실체는 아들과 제사장으로 살아있는 사람이신 그리스도시며, 제사장으로서 자신이 분여하는 신적이며 영원한 생명의 능력 안에 계신 그리스도시다. 그리스도에게 매달리는 자는 필히 그분 안에서 하나님이 약속하신 모든 것을 알도록 인도될 것이다.

56. 온전히 구원하시는 제사장

7:23 저희 제사장 된 자의 수효가 많은 것은 죽음을 인하여 항상 있지 못함이로되
7:24 예수는 영원히 계시므로 그 제사 직분도 갈리지 아니하나니
7:25 그러므로 자기를 힘입어 하나님께 나아가는 자들을 온전히 구원하실 수 있으니 이는 그가 항상 살아서 저희를 위하여 간구하심이니라

아론의 반차에 있어서는 한 사람이 죽으면 다른 사람이 그를 대신하는 제사장직의 승계가 계속되어야 했다. 그것은 그 제사제도의 전체적 특징으로서 변역과 연약과 죽음을 상징한다. 그것은 영원한 생명은 고사하고 실존으로 지속되는 어느 것에든 효력을 미칠 수가 없었다. 신자들의 전체 내적 생명은 그들이 신봉하는 제도와 같은 성질의 것이어서 변하고 쇠하게 되어 있었다. 그러나 예수는 영원히 계시므로 그 제사 직분도 갈리지 아니하나니. 그리스도는 그 자신이 영원하신 분으로서 무궁히 제사장으로 살아 계신다. 그분의 제사장직은 변치 않으며, 그분이 행하시는 능력 안의 생명이자 그분이 분여하는 그 생명은 불변으로 존재한다. 그분의 제사장직은 영속적인 것으로서 영원히 살아있고 무궁히 활동적인 것이다.

그러므로 자기를 힘입어 하나님께 나아가는 자들을 온전히 구원하실 수 있으니 "그러므로"란 말은 그리스도께서 항상 살아계신 까닭에 쓰는 단어이고, 그분의 제사장적 활동과 우리를 권고하심, 그분의 아가페적인 안위하심과 무궁한 생명의 능력으

로 우리 안에서 역사하심이 단 한 순간도 쉬지 않는 까닭에 하는 말이다. 따라서 그리스도가 온전히 구원하실 수가 있다함은 그분의 구원하는 경험적 능력이 중단되거나 그분이 성취하신 구원이 역사하지 않는 순간이 있을 수 없음을 말한다. 이를 확증하기 위하여 '이는 그가 항상 살아서 저희를 위하여 간구하심이니라'는 말이 추가되어 있다. 그리스도가 아버지께 올리는바 제자들 각자와 그들의 모든 필요에 대한 한결같은 사랑의 기도는 그치지 않으며, 자신이 형제라 부르는 자들과 그렇게도 긴밀하고 그렇게도 불가분하게 하나가 된 까닭에, 그 기도는 바로 그분 자신이며 그분의 임재가 되는 것이다. 그리고 아버지의 기뻐하시는 응답은 그것을 가져오는 성령의 능력 안에서 끊임없이 아버지께로부터 그리스도에게 흘러내린다. 그 결과 그리스도로부터 그 몸의 각 지체로 때를 따라 돕는 은혜의 강이 흘러내린다. 그리스도께서 중보로서 무궁히 살아계신 까닭에 그분은 온전히 구원하실 수 있으신 것이다.

그리스도께서는 온전히 구원하실 수 있으시다. 이 약속이 그리스도의 인격과 사역에 근거하고 있다는 것은 그것이 무엇을 의미하는지를 우리에게 보여준다. 신자들의 실방은 그늘의 경험이 너무나 변덕스럽다는 데 있다. 하나님의 사랑과 은혜를 보는 복된 감명, 그리스도의 붙드심과 정결케 하는 능력에 대한 인식, 하나님의 가까이 계심에 대한 느낌 등이 오래 가지 못한다는 것이다. 그래서 모든 것의 상실이 필연적인 것처럼 보인다. 상황의 변화에 따라 슬프게도 하나님의 임재하심과 구원하는 능력은 너무나 자주 변한다. 때때로 그들을 위해 그리스도의 역사하심이 지속적으로 유지되고 항상 함께할 수만 있다면 그들의 기쁨은 충만하고 그들의 구원은 완전할 터이다. 그런데 우리는 여기서 그러한 신자들에게 필요한 약속을 갖는다. 그리스도께서 영원히 살아계시고 항상 저희를 위하여 간구하시는 까닭에, 그리고 그분이 무궁한 생명의 능력 안에서 잠시도 중단 없이 직임의 모든 기능을 수행하시는 영원한 제사장인 까닭에, 그분은 온전히 구원하실 수 있으신 것이다. 자신 안에서 그리스도는 영원히 온전케 되셨고, 자신이 거룩케 한 자들을 영원히 온전케 하셨다. 그리스도께서 성취하신 구원은 하나님의 성령의 능력 안에서 하나님 임재의 열린 성소 안에 있는 생명이므로, 필요한 모든 것은 신자들이 예수께서 열어놓으신 이 구원 생명 안에 영원히 살도록 보존되는 것이다. 그리고 그리스도께서 영원히 살아서 신자들을 위해 간구하고 계시는 것을 아는 까닭에 신자가 그것을 위해 예수를 신뢰할 줄만 배운다면 이것은 가능한 일이다. 그리스도는 베드로가 믿음이 떨어지지 않기를 기도하셨다. 그리스도의 간구하심이 결코 중단되거나 끝나지 않기 때문에 그 간구의 능력에 대한 우리의 믿음과 경험은 결코 실패하지 않는다. 그분은 온전히 구원하실 수 있으시다.

자기를 힘입어 하나님께 가까이 나아가는 자들 본 서 7:19에서 우리는 하나님께 나아가게 하는 것이 복음이 가져다주는 더 좋은 소망이요, 그리스도의 제사장직의 한 목표라는 것을 보았다. 여기에 우리는 다시 그것을 갖는다. 그렇게도 많은 사람들이 그리스도께서 온전히 구원하실 수 있다는 개념을 갖지 못하는 한 가지 이유는 그들이 구원 자체를 충분히 이해하지 못하기 때문이다. 다음 장은 그것을 우리에게 계시하는데 성령께서 참으로 그것을 열어 주시기를 바란다. 그리스도로 말미암아 하나님께 가까이 나아간다는 것은 곧 지성소에 들어가 매일 거기에 살며 거기에서 우리의 생애를 보내는 것을 의미한다. 오직 그것이 가능하다고 믿는 신자들은 자신을 거기에 드릴 것이다. 그것을 위하여 모든 것을 버리는 자들에게만은 그것이 그대로 될 것이다. 오직 그리스도로 말미암아 하나님께 나아오는 자들에게 약속은 참되다. 그리스도는 영원히 살아 계시고 온전히 구원하실 수 있으시다.

하늘에 계신 우리의 멜기세덱이시며 능력의 보좌 위의 왕 되신 제사장으로서 부단히 간구하고 계신 예수께 우리의 눈과 마음을 고정시키자. 또한 자신과 자신의 삶을 두고 맹세하신 하나님은 우리가 구하고 알 수 있는 모든 것 이상을 우리를 위해 하신다는 사실을 믿는 믿음을 갖도록 하자.

1. **온전히 구원하실 수 있으시다** 이것은 오직 참으로 성별된 영혼만이 이해할 수 있는 온전한 자를 위한 단단한 식물이다. 이것은 "해석하기 어려운 것이요 너희가 듣기에 둔한 것"이다.

2. **그 제사장에 그 백성** 제사장의 성격은 자신이 인도하는 백성의 속성을 결정한다. 그리스도의 제사장직의 성격은 그리스도인들의 성격을 결정한다. 그 제사장 직분이 효력을 미치는 것에 대한 우리의 관점은 우리의 신앙적 성격을 결정한다. 온전히 구원하실 수 있는 분으로 그분을 예배하고 신뢰하는 것은 한없이 중요하다. 그것은 우리의 인격과 삶을 결정한다.

3. 이 어떤 중보의 위치와 능력에 관한 말씀인가! 그리스도의 전 생애는 이것을 위하여 드려졌다. 보좌 위의 제사장 되신 왕의 능력은 달리 행사되지 아니한다. 다른 사람을 구원하기를 사모하며 헌신하라. 이웃을 위한 희생제물로서, 하나님의 성령으로 채워지고 하나님의 불로 살라지는 예물로서, 당신 자신을 하나님 앞에 세우라. 중보 됨을 하늘 축복의 비결로 여기라. 부단한 기도와 그리스도 안에서 완전히 구원하는 능력은 불가분한 것이다.

57. 영원히 온전케 되신 아들

7:26 이러한 대 제사장은 우리에게 합당하니 거룩하고 악이 없고 더러움이 없고 죄인에게서 떠나 계시고 하늘보다 높이 되신 자라
7:27 저가 저 대제사장들이 먼저 자기 죄를 위하고 다음에 백성의 죄를 위하여 날마다 제사 드리는 것과 같이 할 필요가 없으니 이는 저가 단번에 자기를 드려 이루셨음이니라
7:28 율법은 약점을 가진 사람들을 제사장으로 세웠거니와 율법 후에 하신 맹세의 말씀은 영원히 온전케 되신 아들을 세우셨느니라

'이러한 대제사장은 우리에게 합당하니'라는 것은 우리에게 필요하고도 적합한 일이다. 이 말씀은 제 7장 전체를 가리키지만 특히 방금 앞에 나온 '그러한 대제사장은 항상 살아있어 온전히 구원하실 수 있느니라'를 가리킨다. 그것은 또한 이제 뒤따라 나오는 주님의 개인적 특성이 요약된 구절도 가리킨다. 예수 그리스도는 하나님과의 교제와 조화에서 거룩하시며, 그 인격적 성향의 순수성에서 악이 없으시고, 죄와 세상의 모든 시험을 이기신 점에서 더러움이 없으시며, 사람 가운데 계신 참사람이면서 저들의 죄에서 떠나 계심으로써 죄인들에게서 떠나 계시고, 하나님의 영광 가운데 들림 받으시고 생명과 축복을 우리에게 분여하심으로써 하늘보다 높이 되신 자이신 것이다.

저가 저 대제사장들이 먼저 자기 죄를 위하고 다음에 백성의 죄를 위하여 날마다 제사 드리는

것과 같이 할 필요가 없으니 이는 저가 단번에 자기를 드려 이루셨음이니라 죽음으로 인하여 대대로 승계해야했던 많은 제사장들에 비하여 그리스도는 항상 계심으로써 그분만이 참 제사장이었다는 그 영광을 우리는 살펴보았다. 여기서 우리는 다른 관점에서 '항상 반복되는 제사 대신 단번에 자신을 드리신 제사는 모든 것을 성취하셨다'는 같은 진리를 본다. 반복되어야 하는 것은 불완전한 것이요 한 번만으로 족한 것은 완전한 것이며 영속되는 것이다. 뒤에 가서 우리는 영원하신 그분의 제사장직에 관련된 것으로서 그분의 희생에 대해 같은 의미를 갖고 있는 '단번에'라는 단어를 배울 것이다.

저가 자기를 드렸느니라 우리는 여기에서 그리스도의 희생에 대한 첫 번째 언급을 보게 된다. 제 2장에서 우리는 그분의 죽음에 대하여 언급하는 것을 들었는데 여기에서 그것이 제단 위의 죽음이었음을 본다. 그리스도는 제사장이시면서 또한 제물이셨다. 천상에서 수행하는 그분의 하늘 제사장직은 그분이 땅위에서 드린 자기희생의 피와 공덕의 적용인 것이다. 희생제물의 영단번은 하늘 보좌위에서의 이후로 '영원히'로 이어진다.

'율법은 약점을 가진 사람들을 제사장으로 세웠거니와 율법 후에 하신 맹세의 말씀은 영원히 온전케 되신 아들을 세우셨느니라'는 말씀은 전체의 결론이다. 율법은 소원이나 말로써가 아니라 영원한 생명의 능력으로 이루어질 초자연적이며 하늘차원인 하나님과의 참된 교제에 대한 필요성과 소망을 일깨우기 위한 준비과정이다. 영원히 온전케 되신 아들을 대제사장으로 세우심으로써 율법이 할 수 없는 것을 하나님은 하셨던 것이다.

마지막 어귀에서 우리는 앞서 나온 히브리서의 모든 가르침이 요약된 것을 갖게 된다. 제 1장에서는 하나님의 아들(天子)과 그 영광이 언급되었다. 그분은 하나님께로부터 오신 하나님이셨고 그분 안에 하나님의 생명이 있었으며, 그러므로 우리를 하나님께 이끌어 바로 하나님의 그 생명을 참으로 소유하고 누리도록 하실 수 있다는 내용이었다. 제 2장으로부터 제 5장까지에서 우리는 그분의 인성(人性)과 그것이 고난과 순종으로 말미암아 온전케 되신 것을 들었다. 그분은 새로운 인성을 완성하셨고 성령의 능력 안에서 하늘로부터 우리에게 그것을 분여하신다. 제 7장에서 우리는 이제 그리스도가 멜기세덱의 반차를 따른 영원한 제사장이란 말의 의미를 배웠는데, 그분의 인격과 제사장직과 사역이 다 무궁한 생명의 능력 안에 있으며, 그분은 영원히 살아 계시어 무한히 중재하시는 까닭에 온전히 구원할 수 있으시고, 우리를 영원히 살아계신 하나님의 생명으로 이끄신다. 영원히 온전케 되신 아들이신 대제사장은 우리에게 합당하시다.

그러한 대제사장이 우리에게 합당하시다면 그분을 향한 우리의 무엇이 우리에게 합당하단 말인가? 그것은 우리가 전심으로 그분의 구원하는 능력을 신뢰하며 경험하기를 구하는 것이다. 당신의 마음이 진실로 죄로부터 구출되며 하나님과 가까이 교제하는 것을 사모하고, 온전한 구원과 하나님의 아들을 닮는 것과 그 능력 안의 생명을 사모하며, 우리의 인도자시요 휘장 안에 앞서가신 자를 사모한다면, 당신은 필히 하나님의 아들과 대제사장으로서의 예수를 배워야 한다. 당신은 필히 지혜와 계시의 성령께 기도하되, 하나님이 그리스도를 죽은 자 가운데서 살리시고 하늘 우편에 앉히셨을 때 그리스도 안에서 역사하신 그 크신 능력을 보고 우리를 향하신 하나님의 능력의 크심을 절감하도록 기도해야 한다. 당신은 필히 영원히 온전케 되시고 하나님 우편에 앉으신 분의 능력이 당신 안에서 역사한다는 것을 믿어야 한다. 그리스도 안에서의 이 크신 역사에 믿음으로 당신 자신을 내어드리고 당신 안에서 역사하사 하나님께 당신을 인도하여 거기 살게 하시는 그리스도의 영원한 생명의 능력 앞에 자신을 양보하라. 당신이 이것을 믿고 예수를 신뢰할 때 그분 자신이 이것을 당신의 경험이 되게 할 것이다. 아아, 이것은 성경이 말하는 아름다운 모습이며 하루하루의 삶과 동행을 위한 가장 실제적인 실재임을 유념하라. 하나님께서는 당신의 힘으로는 살 수 없는 삶을 당신이 살도록 대제사장을 주시되, 그 아들의 능력 안에서 지각과 이성에 뛰어나는 초자연적 생명을 주신다. 그리스도께서 보좌에 오르셨을 때 당시의 제자들은 그들을 위해 예비 된 그 하늘 삶의 영과 능력을 분여받기 위하여 하늘의 그리스도를 기다려야만 했다. 본 히브리서에 계시된 복음 진리를 우리 안에서 산 실재가 되게 하실 분은 오직 오순절의 능력으로 우리 안에 거하시는 바로 그 성령이시다.

1. 우리가 본 장을 떠나기 전에 실제적인 가르침으로 계속 살아계신 우리들의 멜기세덱이 우리에게 어떤 분이신가를 의미하는 세 단어를 깊이 유념하자. 그분의 사역의 법칙은 무궁한 생명의 능력을 따라 일하신다는 것이다. 그분의 사역의 목적은 우리로 하여금 하나님께 더 가까이 나아가게 하는 더 좋은 소망에 있다. 그분의 사역의 기량은 온전히 구원하실 수 있다는 것이다. 영원한 생명의 능력, 하나님의 임재, 그리고 완전한 구원은 그분만이 주실 수 있는 것이다.

2. 그리스도의 영원한 제사장직은 우리를 온전한 삶으로 인도하는 온전에 관한 첫 번째 진리이다. 영원히 온전케 되신 아들은 우리의 대제사장이 되셨고, 그분으로 말미암아 그분 안에서 우리가 살아야할 삶을 우리 자신에게 주신다.

3. 여기 하나님의 말씀 속에 있는 하나님의 일념(一念)은 구세주와 더불어 완전한 구원이 있다는 게 얼마나 대단한 일인가를 느끼게 해준다. 하나님께서는 그 아들 안에서 우리에게 말씀하시고 그 아들 안에서 하나님 자신의 생명을 우리에게 주신다.

| 제 6편 (8:1-18)

새로운 성소와 새 언약

58. 보좌 위의 제사장 되신 왕

8:1 이제 하는 말의 중요한 것은 이러한 대제사장이 우리에게 있는 것이라 그가 하늘에서 위엄의 보좌 우편에 앉으셨으니

모든 연구에 있어서는 핵심적인 사항에 주안점을 두고 여타의 부수적인 사항은 그것에 종속시키는 것이 항상 중요하다. 신자들은 성경에서 자기 앞에 제시된 지엽적인 진리나 의무로 말미암아 종종 당혹감을 느끼는데 중심 사상이 무엇인가 하는 것을 명확히 찾는 것은 마치 한 사람이 어떤 건물의 입구를 찾느라 여기저기 헤매다가 마침내 열쇠를 발견하는 것과 같다. 여기에서 본서의 저자도 지금껏 해온 말씀을 주의 깊게 요약하여 이러한 대제사장이 우리에게 있다는 핵심 진리로 우리의 초점을 맞추는데 이미 제시된 대로 그리스도는 하나님의 아들이시며, 하나님께 대한 순종과 우리를 향한 동정에 있어서 참사람이시고, 멜기세덱의 반차를 좇아 제사장이 되셨으며, 무궁한 생명의 능력 안에 계신 분이심을 하나로 천명한다. 그래서 우리는 그분을 하늘 위엄의 보좌 우편에 앉으신 분으로 받아들인다. 우리가 지상에 거하면서도 하늘의 삶으로 들어가는 열쇠를 갖는 것은 우리의 믿음이 이 진리를 이해하고 붙들 때이다.

예수는 하늘 보좌 위에 계신 우리의 제사장 되신 왕이시다. 이것이 무엇을 의미하고 무엇을 가르치며 무엇을 주고 있는가? 그것은 무엇보다도 그리스도께

서 제사장일 뿐만 아니라 왕이라는 것을 상기시켜 준다. 그것은 멜기세덱의 반차를 좇아 이루어진 그분의 직임에 포함된 것인데 멜기세덱이란 이름은 의(義)의 왕을 의미하였고 멜기세덱 자신은 살렘 왕 즉 평강(平康)의 왕이었다. 맹세의 말씀이 언급된 시편에는 주께서 내 주께 말씀하시되 너는 내 우편에 앉았으라 하셨도다(시 110:1)라는 구절로 시작된다. 이스라엘에 있어서 왕의 직분과 제사장직은 언제나 분리되어 있었는데 그리스도가 보좌 위의 제사장이 될 것을 예언한 사람은 말기 제사장 중의 하나였다(슥 6:13). 종교적 삶을 대표하는 제사장의 기능이 백성의 시민적 생활을 인도하는 왕의 기능과 그렇게도 구분되어야 했던 것은 과거 예비적 세대(世代)의 인격상의 결함 때문이었다. 제사장은 순결을 대표하고 왕은 힘을 대표하는데 죄를 정결케 하고 하나님께 가까이 가는 길을 열어주는 것은 제사장적 왕의 전 생애를 일관하는 능력의 역사로서 새로운 세대의 영광이 된다. 신앙은 더 이상 시간과 절기(節氣)와 정서상의 특별 활동의 문제가 아니요 모든 것을 다스리는 왕적 능력 안에 있다. 이것이 핵심 사항이요 이것이 모든 것이라는 사실을 보도록 이끌린 사람은 참으로 복되다.

그리스도는 왕이신 까닭에 하늘 위엄의 보좌 우편에 앉으셨다. 하나님의 아들은 우리의 대제사장이 되사 무궁한 생명의 능력, 곧 하늘 삶의 능력으로 우리를 돕고 인도하기 위해 사람이 되시되, 자신과 우리를 위하여 그리고 자신의 인성과 우리들의 인성을 위하여 창세전에 아버지와 함께 가졌던 능력을 구비하신 것이다. 그리스도는 하늘 보좌 우편에 앉으셨다. 그분의 위치는 이제 아무 것도 방해할 수 없는 하나님의 곁으로 하늘과 땅의 모든 권세를 완전히 소유하고 다스릴 수 있는 등위(等位), 즉 하나님과의 완전한 교제의 위치이다. 이것이 우리가 이러한 대제사장을 가졌다는 말씀 안에서 믿음으로 알아야 할 핵심 사항인 것이다.

하늘 위엄의 보좌 우리의 제사장 되신 왕의 위대한 특성과 그분의 생명과 구원의 위대한 특성은 바로 하늘 속성이라는 것을 우리는 이미 말한 바 있다. 그것은 독자로 하여금 매일매시 그 주제를 생각하고 그 말씀을 묵상하며 그 말씀의 능력 아래 충분히 들어오도록 해줄 것이다. 예수는 우리에게 하나님의 나라를 열어주기 위해서 하늘을 통하여 하늘보다 높이 오르시어 하늘 보좌에 앉으셨다. 앞서도 언급했지만 하늘은 장소뿐만이 아니라 삶의 상태이기도 한 까닭에 하나님의 나라는 능력으로 이 땅위의 여기 우리에게 임하여 우리의 마음에 이루어지는 것이다. 하나님의 뜻은 하늘에서 이루어진 것처럼 땅에서도 이루어질 수 있다. 예수의 모든 것은 하늘 차원의 것이기에 그분이 주시는 모든 선물, 그분이 하시는 모든 사역, 그분이 분여하는 모든 생명, 그분이 행사하는 모든 능력은 오직 홀로 하늘 차원의 것이다. 이것이 온전한 자를 위한 단단한 식물로서 우리의 믿음이 이것을 받아들이고 이것에 의해 양육될 때 그 믿음은 바로 이 하늘 영의 참여자가 되며 무궁한 생명의 능력 안에 있게 된다. 예수 안에 있는 속죄와 생명의 하늘 속성이 성령에 의하여 우리 마음에 계시될 때, 그 순결, 그 능력, 그 사랑, 그 예배, 그 축복의 하늘 속성은 우리 신앙의 특성이 될 것이다.

그리스도는 하늘 위엄의 보좌 우편에 앉으셨다. 우리는 어떻게 이 복된 진리가 초대 교회의 제자들에게 계시되고 인침이 되었는지를 보는데 그것은 하늘로부터의 성령강림에 의해서였다. 하늘의 성령은 천사들이 하나님의 뜻을 행하는 바 그 능력의 영이시다. 하늘의 성령은 열린 하늘로부터 인자(人子) 위에 임하셨던 그 영이시다. 하늘의 성령은 인자께서 하늘 보좌 우편에 앉으셨을 때 그분의 승귀(昇貴)에 참여하는 제자들의 몫으로 보내심을 받았는데, 회심의 영이 아니라 그들의 믿음을 인치는 영으로, 인자의 영광 속에 그분과 함께하는 그들의 경험으로, 하늘 삶의 희락과 거룩함으로의 참여로, 그리고 세상과 죄를 이기는 그들의 능력으로 인자에 의해 저들에게 보내심을 받은 것이다. 주께 나아와 세상에서 구별되고 이 세상을 완전히 버리고자 하는 자에게 하늘의 성령은 우리의 하늘 제사장 되신 왕의 선물로서 오신다. 우리는 말씀을 믿고 주님께 매달려 하늘 보좌에 앉으신 분으로 주님을 경배하자. 그리하면 그것은 이러한 대제사장이 우리에게 합당하다는 핵심 사상에서뿐만 아니라, 진실로 우리에게 생각과 선물 이상으로 살아있는 희락으로서 하늘에서 위엄의 보좌 우편에 앉으신 대제사장이 우리에게 있다는 관점에서 복된 마음의 경험이 될 것이다.

1. 왕의 정신은 자신의 백성에게 분여된다. 왕이 전쟁이나 평화에 몰두하거나,

고상한 연구나 사치와 쾌락에 몰두할 때 그의 솔선수범은 그의 백성들을 닮게 만든다. 온전한 거룩, 거룩한 온전은 우리 왕의 표상이며 또한 그분의 백성의 표상이란 뜻도 된다. 거룩한 그리스도를 참으로 아는 것은 거룩한 신자들을 만들어 준다.

2. 우리의 앞서가신 자는 우리의 마음도 함께 가져가셨다. 우리의 마음은 그분 외에 누구에게도 남아 있지 않으며 그분이 아니시거나 그분이 계시지 않은 휘장 안팎의 어느 곳에도 남아 있지 않다.

3. 그리스도께서 하늘 삶에 들어가신 것과 그분이 보좌로 승천하신 것을 사도들의 삶으로 성령께서 강림하신 것과 항상 연결하라. 그리고 제사장 되신 왕 안에서의 우리의 모든 지식과 믿음은 성령께서 그리스도를 계시하고 그분을 우리 마음에 계시도록 하는 참된 축복의 문임을 기억하라. 승천과 오순절은 분리할 수 없는 것이다.

59. 참 장막에 섬기는 자

8:1 이제 하는 말의 중요한 것은 이러한 대제사장이 우리에게 있는 것이라 그가 하늘에서 위엄의 보좌 우편에 앉으셨으니
8:2 성소와 참 장막에 부리는 자라 이 장막은 주께서 베푸신 것이요 사람이 한 것이 아니니라
8:3 대제사장마다 예물과 제사 드림을 위하여 세운 자니 이러므로 저도 무슨 드릴 것이 있어야 할지니라
8:4 예수께서 만일 땅에 계셨더면 제사장이 되지 아니하셨을 것이니 이는 율법을 좇아 예물을 드리는 제사장이 있음이라
8:5 저희가 섬기는 것은 하늘에 있는 것의 모형과 그림자라 모세가 장막을 지으려 할 때에 지시하심을 얻음과 같으니 가라사대 삼가 모든 것을 산에서 네게 보이던 본을 좇아 지으라 하셨느니라

이제 하는 말의 중요한 것은 이러한 대제사장이 우리에게 있는 것이라 그가 하늘에서 위엄의 보좌 우편에 앉으셨느니라 이렇게 저자는 그의 가르침을 요약했다. 이제 그는 한 가지 더할 것이 있는데 곧 그리스도께서 하늘에서 우리를 위해 하시는 사역을 보다 명확하고 보다 충분히 보여주는 것이다. **그는 성소와 참 장막에 부리는 자라 이 장막은 주께서 베푸신 것이요 사람이 한 것이 아니니라** 그리스도의 하늘 삶이 있는 하늘이 모세가 지은 장막의 원형(原形)으로서 여기에 나오는데 보좌 위에 계신 그리스도는 제사장 되신 왕으로서 성소, 즉 사람의 손으로 짓지 아니한 참 장막의

섬기는 자로서 계시된다.

저자는 그런 후 더 나아가 모든 대제사장이 예물과 제사드림을 위하여 세움을 입은 것처럼 그리스도도 드릴 무엇이 있어야만 했다고 말한다. **예수께서 만일 땅에 계셨더면 제사장이 되지 아니하셨을 것이니 이는 율법을 좇아 예물을 드리는 제사장이 있음이라** 그리스도는 전혀 다른 세계에 속하신다. 지상에서 그분이 드린 몸과 그분이 흘린 피로써 그분은 보이는 세계를 지나 영적 예배와 생명의 보이지 않는 영역에 들어가신 것이다. 하늘은 그분의 섬김의 영역이다. 하나님께서 모세에게 산에서 보여준 본을 좇아 그 모든 것을 지으며 하늘에 있는 것들의 모형으로서의 역할을 하도록 말씀하셨을 때, 바로 그 장막의 설계 속에 그것이 하늘 성소를 가진 참 장막의 정확한 모형이며 약속이란 사실이 예시되었던 것이다. 그리스도께서 보좌에 앉아있는 하늘들은 참 장막이며 보좌 위의 대제사장은 동시에 성소의 섬기는 자이신 것이다.

성소의 섬기는 자 왕은 아직도 하나의 종이다. 성막 안에서의 모든 제사장들의 봉사는 그리스도 안에서 그 완성을 갖는다. 매일 성막에서 섬기던 제사장들은 하나님의 뜻에 따라 하나님을 섬기기 위하여 모든 것을 명하되, 하나님의 은총을 보장받고 그 축복으로 인도되는 백성들의 대표자로서 일했던 것이다. 예수는 하늘 성소의 섬기는 자이시다. 그분은 거기에서 우리를 대표한다. 예수께서는 그 길을 여시고 우리를 인도해 들이시며, 참 성소의 생명과 영을 우리 마음에 보내신다. 쉬지 않고 그분은 우리의 양심을 자신의 보배로운 피로 정결케 하시며 무궁한 생명의 능력 안에서 우리가 영과 진리로 예배하게 하고, 지상에서의 삶을 하나님의 임재와 은총 가운데서 살게 하신다. 승귀되신 제사장적 왕으로서 그분은 무한한 신적 능력으로 모든 것을 하신다. 성소의 섬기는 자로서 그분은, 모든 면에서 그 형제들과 같이 되신 결과 온갖 동정과 인내로 일하신다.

제사장은 필히 하나님께 구하러 오는 모든 사람을 영접하기 위하여 자신이 거주할 성소를 갖고 있어야 한다. 우리의 큰 대제사장은 자신의 성소를 하늘에 갖고 계신데, 거기에서 우리는 그분을 찾을 수 있고, 거기에서 그분은 우리를 영접하여 우리가 하나님을 만나도록 중재하고, 거기에서 그분은 자신이 계속 거하는 제사장이란 사실을 증거하며 자기로 말미암아 하나님께 나아오는 자들에게도 하나님의 임재 안에 계속 거할 수 있는 힘을 주신다. 하나님께 가까이 나아감과 하나님과의 교제는 내 마음을 통해서만 내가 참여할 수 있다. 내 마음은 나의 생명이고 나 자신이며, 나의 유일한 복됨은 내 마음의 상태 안에 있다. 그러므로 대제사장 되신 예수께서는 성령의 능력으로 내 마음에 거주하시기 전에는 나를 하나님께 가까이 이끄는 자신의 제사장직을 수행할 수가 없다. 하늘에 계신 예수 그리스도께 대한 우리의 모든 생각과 믿음과 흠모는 우리 안에 계신 비밀, 즉 그리스도의 영광의 부요에 이르게 한다. 그분은 무궁한 생명의 능력을 따른 제사장으로서 그분의 임재와 능력은 마음의 생명 안에서 알려지고 경험되는 것이다.

이것은 실로 영적 비밀로서 나태와 세속화로 듣기에 둔하게 된 자들은 알기 어려운 것이라고 하는 그것이다. 아, 이런 것들을 이성(理性)으로 파악하거나 붙잡을 수 있는 것으로 상상하지 말자. 그것은 주님의 성령으로부터 받기 전에는 아무도 받을 수 없는 초자연적인 지혜요 하늘의 계시인 것이다. 성막을 세우신 분은 바로 하나님이시며, 그것은 하나님 아들의 겸손과 고난의 삶을 대가로 요구하였고, 그것을 우리에게 열어주기 위해서는 그 아들의 죽음과 피를 필요로 하였으며, 그 아들이 부활하여 거기에 승천하는 데에는 하나님의 전능하신 능력이 투입된 한편, 이 대제사장이 휘장 안의 생명의 능력을 자신이 선택한 무리에게 분여하기 위하여 십일간의 기도와 오순절날 복되신 성령의 강림을 수반했다는 사실을 기억하자. 그리고 잠시 멈추어, 대부분의 신자들이 아론에 의하여 모형화된 보다 편하고 보다 외형적인 예배에 만족한 채, 우리의 멜기세덱과 그분이 인도하는 삶의 비밀을 충만히 깨닫는 온전을 향하여 힘써 나아가지 않는다는 사실도 생각해보자. 또 무엇보다도 예수께서 우리가 따라갈 한 길을 열어놓으시고 그리로 들어가신 것도 자신의 죽음과 자신을 완전히 드림으로 말미암았음을 기억하자. 거기에 들어간다는 것은 바로 세상과 자아의 전적인 포기와 그리스도의 겸비(謙卑)와 그분의 죄에 대한 죽음인 십자가에 죽기까지의 순종에 실제적이고도 참된 참여를 필요로 한다. 그리고 그것은 바로 그리스도를 죽은 자 가운데서 살리시고 그 오른편에 두신 하나님의 크신 역사를 실질적으로 경험할 것을 요구한다. 그러나 또한 하나님을 찬양할지니 우리를 온전히 구원하실 수 있는 전능의 제사장적 왕께서는 진실로 원하는 모든 영혼에게 그것을 분명하게 허락하신다.

1. 얼마나 많은 신자들이 천국을 그리스도가 계신 장소로, 그들이 소유권을 가진 장소로, 그리고 그들이 죽을 때 가기를 소망하는 곳으로 생각하고 있는가! 그래서 그들은 천국을 하나의 생명(生命)으로 생각지 않고, 우리의 일상생활에서 매 시간 경험하는 하나님의 임재(臨在)로 알지 아니한다. 그리고 그리스도를 칭의(稱義)를 주시는 복되신 분으로 생각해서 그들이 그분 안에 있다고 믿는 많은 신자들이 그리스도를 알되, 그들과 그들의 전체적 삶을 천국 안으로 이끌고 성령에 의하여 그들 가운데에 천국을 가져오는 분으로 알지 못한다.

2. 모든 제사장은 성전을 갖고 있는바 거기서 그는 예배자들을 맞아들이고 그들이 구하는 하나님을 찾게 해준다. 그리스도께서도 역시 성전을 갖고 계셔야 한다. 하늘들은 진정한 성소이다. 제사장과 그의 처소를 분리시키려 들지 말라. 천국에 있는 그분의 생명이 우리 마음속에 있는 생명일 때 우리는 그분의 제사장직의 능력을 알게 될 것이다.

60. 새 언약의 중보자

8:6 그러나 이제 그가 더 아름다운 직분을 얻으셨으니 이는 더 좋은 약속으로 세우신 더 좋은 언약의 중보시라
8:7 저 첫 언약이 무흠하였더면 둘째 것을 요구할 일이 없었으려니와
8:8 저희를 허물하여 일렀으되 주께서 가라사대 볼지어다 날이 이르리니 내가 이스라엘 집과 유다 집으로 새 언약을 세우리라
8:9 또 주께서 가라사대 내가 저희 열조들의 손을 잡고 애굽 땅에서 인도하여 내던 날에 저희와 세운 언약과 같지 아니하도다 저희는 내 언약 안에 머물러 있지 아니하므로 내가 저희를 돌아보지 아니하였노라

본 장에서는 우리의 제사장 되신 왕께서 수행하시는 두 기능에 대하여 두 개의 직함이 그분께 주어진다. 하나는 장막에 부리는 자이고 다른 하나는 더 좋

은 언약의 중보라고 하는 것이다. 그리스도께서 섬기는 성소를 본 장에 언급한 후에 히브리서는 그리스도께서 자신의 피로 그 성소를 열고 들어가신 사역을 설명하는 다음 장으로 나아간다. 새 언약에 참여하는 지체들과 그 중보로써의 그리스도의 사역을 저자가 먼저 이곳에 끼워놓는 것은 합당한 일이다. 두 가지 직함 즉, 장막에 부리는 자와 새 언약의 중보는 상호 보완하는, 그래서 상대 개념을 바로 이해하는 데 필요한, 그리스도의 사역의 두 국면을 대표한다. 장막은 하나님의 처소로서 장막에 부리는 자는 특히 우리를 하나님께 가까이 인도하고 거기에서 축복을 발견토록 한다. 언약(言約)은 하나님을 향한 우리의 관계와 의무를 다루고 언약의 중보는 특히 우리가 장막에 들어가도록 예비시키며 하나님을 뵈옵기에 합당하게 한다.

제7장에서 우리는 예수가 더 좋은 언약의 보증이란 말을 들었다. 우리는 거기서 언약이라는 것이 두 계약 당사자 간에 상호관계를 정립하고, 서로 간에 의무의 이행을 보장하는 의미를 갖는다고 말하였다. 예레미야서로부터 본 장에 인용한 구절에서 우리는 하나님께서 이스라엘을 애굽으로부터 불러낼 때 그들과 맺은 언약이 무흠하지 않았으며 그럼으로써 두 번째 언약이 필요했다는 것을 듣는다. 첫 번째 언약의 흠이요 불충분성이 되는바 그 언약의 연약성과 무익성(히 7:18)은 새 언약에서는 다시없어야 하는 것이었다. 다른 조건이 만들어져야 한다는 말이다. 그래서 옛 언약의 결함이 언급되어야 했는데(히 8:9) '그것은 저희가 내 언약 안에 머물러 있지 아니하므로 내가 저희를 돌아보지 아니하였노라'는 말씀이었다. 이스라엘은 시작은 잘하였고 언약을 받아들였으며 순종을 약속하였다(출 24:3). 그러나 그들은 머물러 있지 아니하였다. 그들에겐 머무를 힘이 없었고 유혹이나 악심을 이길 수도 없었으며 믿음을 지킬 힘이 없었다. 이에 반하여 새 언약은 그 해답이 될 수가 있는데 이는 그것이 더 좋은 것이며 더 좋은 약속 안에서 제정된 것이기 때문이다. 그것은 그리스도의 피로 말미암아 하나님께서 정말 다시는 기억치 아니할 만큼 실제로 죄를 없이하시고 깨끗케 하실 수 있는 것이었다. 이로 말미암아 하나님께서는 저들이 그것을 기꺼이 행할 수 있는 하나님의 법을 성령으로 말미암아 그들의 마음에 기록하신다. 하나님께서는 친히 저들이 뜻을 세우고 행하게 하신다. 그런 뒤에 그들은 그리스도

의 피의 능력과 성령의 새롭게 하심으로 말미암아 하나님을 아는 일에 더 이상 사람으로 말미암지 않고 하나님께 직접 나아가며 직접 교제하게 된다. 영적 실제에서 그들은 지성소 안의 하나님께 가까이 나아가는 것이다.

이것이 예수께서 중보가 되셔야만 했던 새롭고 더 좋은 언약이다. 히브리서가 새 언약의 중보로서 우리의 복되신 주님의 이름과 직능을 여기에 소개하는 그 중요성을 우리는 이해할 수 있다. 하나님의 임재에 나아가며 지성소에 들어가 거기 거하라는 말씀이 나올 때 얼른 떠오르는 생각은 죄성(罪性)으로 얼룩진 우리의 믿음 없는 마음으로는 그것이 불가능하다는 것이다. 만약 우리가 하루 종일 영적인 일에 사로잡혀 있을 수 있다면 종일 의식적으로 하나님의 임재 안에 거하는 것은 아주 쉽고도 복된 일일 것이라고 우리는 말한다. 그러나 우리는 할 수 없다. 우리의 세상일이 하나님과의 방해받지 않는 친교를 불가능하게 하는 까닭이다. 만약 우리가 "이것을 예수께 의뢰한다면 우리가 비록 세상일에 매어있을지라도 그분이 우리를 위해 그것을 맡아 주실 거야"라고 말한다면 답은 역시 "아, 죄에 젖은 우리의 마음이여!"라는 탄식일 수밖에 없다. 우리가 눈치 채기도 전에 유혹자와 우리의 성향이 먼저 검은 구름을 가져오는 까닭에 하나님의 빛에 거하는 것, 즉 하나님의 임재 가운데 들어가 계속 거기에 사는 것은 불가능한 것이다.

잠자코 들으라. **그러나 저희는 내 언약 안에 머물러 있지 아니하였다** 이것은 옛 언약의 경험으로써 이제 끝나야 하는 것이다. 새 언약의 전체적 조건은 우리가 그 안에 계속 거하고 머물러 있도록 우리를 적응시키는 것이다. 장막이 거룩하신 자의 거처이자 지성소이며 범죄는 하나님의 임재를 가린다는 것은 사실이다. 성소 및 거기 거하시는 하나님과 신자 사이에는 교통과 조화가 있어야 한다. 바로 이 목적 때문에 참 장막의 부리는 자이신 예수께서 또한 새 언약의 중보가 되신 것이다. 예수께서는 그분 자신의 피의 능력과 그것이 당신에게 주는바 담대히 하나님께 나아감을 계시하고, 모든 제사장적 사역을 수행하는 무궁한 생명의 능력으로 당신의 마음에 하나님의 법을 기록하며, 바로 진리 안에서 당신으로 하여금 지성소에 들어가 거기 거하게 하는 자로서 그분을 알기에 합당하게 하신다. 하늘 성소 안에서 예수께서 하신 사역은 그 성소에 들어갈 마음 가운데에 그 대역(代役)을 갖고 있어야 한다. 그리고 새로운 장막의 부리는 자와 새 언약의 중보가 오직 한 분 예수인 까닭에 그분께서는 하늘에서 이룬 것 같이 우리 마음 가운데에서도 효과적으로 그분의 일을 하실 것을 확신할 수 있다. 그러므로 우리가 하늘에서의 그분의 사역의 완전성을 깊이 통찰하면 할수록 우리는 우리의 내면적 생명 안의 온전함에 대한 기대를 확실히 가질 수가 있는 것이다.

1. 우리가 새롭게 더 좋은 언약의 더 좋은 약속을 배워나감에 따라 우리의 마음이 그 진리를 충만하게 받아들일 수 있게 열리도록 아주 진지하게 하나님께 기도하자.

2. "이 외향적 세계의 생명으로 당신 자신이 생물적 존재 안에 태어나기 전에는 어떤 전능의 힘도 당신 자신을 외향적 세계의 생명에 참여하는 자가 되게 할 수 없다. 따라서 지복(至福)의 하나님 생명이 당신 밖에서와 마찬가지로 당신 안에서 같은 삼위(三位)의 상태로 존재하지 않는 한 어떤 전능의 힘도 당신을 거룩한 삼위의 임재 안에서 지복의 생명에 참여하는 자가 되게 할 수는 없다."

3. 하늘 성소와 하늘 대제사장은 하늘에 속한 신자와 하늘에 속한 마음을 요구한다. 이것이 바로 새 언약이 약속하는 것이요, 새 언약의 중보자가 실제로 주시는 것이다.

61. 법이 마음에 기록되다

8:10 또 주께서 가라사대 그날 후에 내가 이스라엘 집으로 세울 언약이 이것이니 내 법을 저희 생각에 두고 저희 마음에 이것을 기록하리라 나는 저희에게 하나님이 되고 저희는 내게 백성이 되리라

우리는 옛 언약의 흠이 무엇인가를 보았는데 그것은 그들이 내 언약 안에 머물지 아니한 것이라는 것이었다. 우리는 새 언약의 한 목적이 옛 언약의 흠을 고치

려는 것임을 본다. 이제 머물지 아니하였다는 말은 하지 않아도 된다. 새 언약의 한 가지 탁월한 특성은 그 안에 들어가는 사람에게 머물 수 있는 은혜를 주는 것이기 때문이다. 멜기세덱의 반차를 좇은 제사장의 큰 증표는 그가 계속 살아 있다는 것이다. 그의 백성의 큰 증표도 그가 계속 거한다는 것이다.

그러나 어떤 사람은 아직도 모든 사람이 새 언약 아래서 사는 것이 아니며 지금껏 신자들의 일상 경험이 옛 언약의 그것으로써 그들은 언약 안에 머물지 아니하였다는 상태라고 말한다. 슬프게도 그것은 사실이다. 그렇다면 언약의 조건은 어찌 되었는가? 참으로 그것을 문자적으로 받아들여야 하는가? 그렇다면 새 언약도 옛 언약처럼 하나님께서 요구하시는 지속적인 순종(順從)을 확보하는 데 실패한 것은 아닌가? 그 답은 우리가 여러 번 지적한 바와 같다. 히브리 사람들은 새 언약 아래의 신자들이었지만 옛 언약 안의 삶을 살고 있었던 것이다. 새 언약은 사람의 의지를 강제로 꺾지 않는다. 어떤 축복이 실제가 되는 것은 오직 마음이 하나님의 약속하신 바를 보고 믿으며 어떤 대가를 치르더라도 그것을 구하고 소유할 준비가 되어 있을 때뿐인 것이다. 대부분의 신자들은 하나님께서 그 약속을 문자적 의미대로 이루신다는 것을 머리로조차 믿지 않고 있다. 그들은 인간의 죄악성과 항상 죄를 지을 수밖에 없다는 데 대한 그들의 견해가 옳다는 것을 너무도 확신하는 나머지 그들이 머무르지 않았다는 것을 끝내는 것이 하나님의 목적이라는 그 가르침을 마음에 수용할 수 없는 것이다. 어떤 사람들은 이 말씀을 진리로 받아들이기는 하지만 불신앙으로 말미암아 그것을 충분히 소유하는 상태로 가지 못한다. 기독교회의 전반적인 현상은 단지 소수의 사람만이 그 언약이 의미하는 바를 충만하게 경험할 뿐이다.

우리가 그 약속을 묵상하되 새 언약의 중보로서 모든 말씀의 성취를 보증하는 보좌 위의 대제사장을 흠모하는 믿음 안에서 특히 그 약속의 핵심적 축복인 내 법을 저희 생각에 두고 저희 마음에 이것을 기록하리라는 말씀을 묵상하자. 그 날 후에 내가 이스라엘 집으로 세울 언약이 이것이니 내 법을 저희 생각에 두고 저희 마음에 이것을 기록하리라고 하나님께서 말씀하신 것은 무궁한 생명의 능력 안에서 맹세로 세우신 그리스도 안에서였다. 제7장에서 우리는 언약간의 차이점이 바로 외적 율법(律法)이냐 내적 생명(生命)이냐 임을 보았다. 전자는 무력하고 후자는 강력하다. 또 우리는 마음이 바르지 못한 연고로 하나님의 율법조차 순종을 확보하는 데 실패했다는 것을 보았다. 새 언약의 약속은 외적 율법을 내적 생명으로 바꾸고 그것을 마음에 기록함으로써 그것이 가장 깊은 내면의 생명이 되게 하며, 그럼으로써 우리가 이 세상에 살아갈 때 우리 마음은 하나님의 뜻을 살고 행하게 한다.

어째서 한 톨의 상수리는 스스로 한 그루의 참나무로 자라나는가? 그것은 참나무의 법이 상수리의 중심에 기록되어 있기 때문이다. 모든 피조물의 생명은 그 창조주의 법, 즉 그 내적 본성에 따라 자연히 활동한다. 하나님과 거룩하심, 그리고 그리스도와 성령께서 우리에게 속하신다면, 일체 하나님은 틀림없이 우리에게 임하시고 필연적으로 우리 안에 거하시며 참으로 우리 자신의 생명에 동화되어 우리 자신의 생각과 뜻과 느낌이 되실 것이다. 그러므로 하나님께서는 그 법을 우리 생각에 두고 우리 마음에 기록할 것과 그것이 우리의 본성과 생명이 되어 자연스럽게 우리가 그것으로 말미암아 살게 하실 것을 약속하신다. 그렇다, 하나님은 그리 하신다. 그럴 때 우리는 성자(聖子)의 고백처럼 "하나님이여 내가 주의 뜻 행하기를 즐기오니 주의 법이 나의 심중에 있나이다"(시 40:8)라고 말하게 될 것이다.

주께서 가라사대 내가 세울 언약이 이것이니 이렇게 말씀하신 하나님께서는 그 언약의 보증으로 그 아들을 맹세와 더불어 우리에게 주셨다. 따라서 보좌 위에 계신 대제사장께서는 그 언약의 중보로 계신다. 아아, 당신 생각은 어떠한가? 하나님께서 이루시고자 언약하신 일을 실패하실 것 같은가? 새 언약이 옛 언약보다 좋은 것이 되는 일을 우리가 경험으로 배울 때 하나님께서 우리를 실망시키실 것 같은가? 우리의 일생동안 의(義)와 거룩함으로 하나님을 섬기고자 할 때 하나님의 마음과 우리의 마음이 바라는 그 한 가지 일을 우리가 이룰 수 없단 말인가? 하나님은 그렇지 않다 하신다. 하나님께서는 내가 세울 언약이 이것이라 하셨고 필히 그것을 행하신다.

하늘 보좌 위의 대제사장, 그 언약의 중보자를 우러러보자. 그리스도께서 지상에 계셨을 때 그 법(法)은 아직 제자들의 마음에 기록되지 않았다. 얼마나 자주 그들은 겸손과 사랑과 담대함에 실패하였던가. 그러나 그리스도께서 보좌 위에 앉으시고 성령을 하늘로부터 그들의 마음에 보내셨을 때 모든 것은 새로워졌다. 그들은 겸손과 사랑과 큰 담력으로 충만했다. 하나님의 법은 하나님의 뜻을 알고 사랑하고 행하는 생명의 능력으로 그들의 마음에 임하였다. 그리스도는 믿음으로 그들의 마음에 계셨다. 하나님의 보좌로부터의 무궁한 생명의 능력이 그들을 사로잡은 것이다. 아아, 의심을 버리자. 새로운 언약을 세우리라는 하나님의 약속을 간청하자. 언약의 보증이신 하나님의 아들을 신뢰하고 하나님의 성령을 받자. 우리는 약속과 성소에 인도되고 계속 거하는 은혜를 입을 것이다.

1. 위에 성소가 있는 것이 참인 것처럼 우리 안에도 성소가 있다. 옛 성소의 지성소 안에 있었던 주요 성물은 피가 뿌려진 시은좌(施恩座)로 덮여진 법궤 안의 율법이었다. 마음을 성소로 만드는 것은 피가 뿌려진 마음 안에 기록된 법이다. 참 성소에 들어가는 것은 그렇게 성소로 지어진 마음이다.

2. 성실히 구하던 자가 축복에서 떨어지는 것은 그들이 그들 자신의 힘으로 그것을 붙들려 하고, 그들 안에서 역사하시도록 성령께 자신을 양보하지 않은 까닭이다. "언약을 세우리라"고 말씀하시는 분은 하나님이시다. 성령께서는 그 크신 역사로 각자의 마음 안에 그것을 이루신다. 우리는 그분의 크신 능력에 깊이 의존하고 인내로써 기다리며 무조건적으로 신뢰해야 한다.

3. 새 언약의 중보로서 그분이 하셔야 하는 모든 것은 그분이 참 성소의 부리는 자이시기 때문에 하신다는 것을 기억하라. 그분은 그 성소로부터 하늘의 영을 우리 마음에 보내신다. 우리 마음에 하나님의 법을 기록하는 것은 이것이다.

4. “온 율법은 네 이웃을 사랑하라는 한 말씀 속에 다 이루었다.” 하나님의 사랑이 성령에 의하여 마음에 부어질 때 사랑의 법이 마음에 기록되는 것이다.

5. 사람의 영혼이 하나님과 가깝다 멀다 하는 것은 그것이 하나님의 뜻과 연합되었고 그것으로 말미암아 살아가느냐 하는 문제이다.

62. 하나님과의 교제

8:10 또 주께서 가라사대 그날 후에 내가 이스라엘 집으로 세울 언약이 이것이니 내 법을 저희 생각에 두고 저희 마음에 이것을 기록하리라 나는 저희에게 하나님이 되고 저희는 내게 백성이 되리라
8:11 또 각각 자기 나라 사람과 각각 자기 형제를 가르쳐 이르기를 주를 알라 하지 아니할 것은 저희가 작은 자로부터 큰 자까지 다 나를 앎이니라

하나님께서는 하나님 자신 안에 있는 하나님의 축복을 발견하도록 사람을 창조하셨다. 사람이 하나님과 교제할 수 있는 마음, 즉 하나님 이외의 다른 어느 것으로도 만족할 수 없는 큰마음을 가졌다는 것이 곧 사람의 고귀성과 위대성이다. 이것은 영원(永遠)을 통한 최상의 축복으로 사람에게 제시되었다.

세상에 이 교제를 방해하는 것이 하나 있는데 그것이 곧 죄이다. 죄가 없는 곳에서 피조물은 마치 공중의 새와 물속의 고기들처럼 자연스럽게 조물주 안에서 살아간다. 이러한 소치로 인하여 새 언약에는 원인과 결과로써의 두 가지 약속이 함께 나오는데 내 법을 저희 마음에 기록하고 내가 저희에게 하나님이 되리니 저희가 나를 알리라고 하신 것이다. 악하고 방황하는 마음으로부터 구원해 주는 것은 개인적으로 하나님께 가까이 나아가는 것 다음에 온다. **저희가 각각 자기 형제를 가르쳐 하나님을 알라 하지 아니할 것은 저희가 작은 자로부터 큰 자까지 다 나를 앎이니라**

하나님과의 개인적이며 직접적인 교제는 새 언약 최상의 축복으로써 히브리서는 특히 축복으로 가는 그 길을 보여주고 있다. 이스라엘에서는 오직 제사장들만이 성소에 들어갈 수 있었고 거기에서 다시 나와 백성들을 가르쳤다. 지성소에는 오직 대제사장만이 들어갈 수 있었다. 그리스도 안에서 모든 신자는 지성소에 나아갈 권리를 갖는다. 그리스도는 그 자신에게가 아니라 하나님께 인

도하기 위하여 우리를 구속하셨다. 그리스도는 우리가 그 안에 머무르기 위한 문이 아니라 그로 말미암아 하나님과 하나님의 마음에 들어가기 위한 문이시다. 옛적에 하나님께서는 선지자들로 말미암아 말씀하셨으나 지금은 아들 안에서 말씀하신다. 그 아들 안에 살아계신 하나님과의 직접적이고도 산 교제가 있는 것이다. 휘장의 찢어짐과 피 안에서의 우리의 담대함, 그리고 지성소에 들어가는 것에 대하여 히브리서가 가르치고자 하는 모든 것은 살아계신 하나님과의 개인적이고도 직접적인 산 교제와 관련된 것이다. 참 성소의 부리는 자로서 예수께서는 그곳으로부터 성령을 보내셔서 언약의 중보로서 그분이 우리 마음에 이루셔야 하는 일을 하게 하시고 우리로 하여금 그 성소에 들어가도록 준비시키신다. 그러면 언약의 중보 되신 예수는 성소의 부리는 자로서 자신을 우리에게 더욱 계시하여 우리가 참으로 하나님께 가까이 가도록 이끄신다.

그러면 어떻게 그분은 이 일을 하시는가? 그분 자신이 들어가신 길, 곧 순종의 길로 말미암아서이다. **내가 내 법을 저희 마음에 기록하리니 저희가 나를 알리라** 마음에 기록된 그 법은 하나님과의 교제의 조건이다. "거룩함이 없이는 아무도 주를 보지 못하리라"(히 12:14). "마음이 청결한 자는 복이 있나니 저희가 하나님을 볼 것임이요"(마 5:8). "하늘에서 뜻이 이루어진 것 같이 땅에서도 이루어지이다"(마 6:10). 하늘 대제사장으로 말미암아 휘장 안에 들어가 하나님 면전에서 살기 위해서는 하늘에서 그 뜻이 이루어진 것처럼 땅에서도 행하기를 배워야 한다. 우리가 하늘의 하나님과 교제할 수 있는 것은 참으로 하늘의 마음을 가졌기 때문이다. 하나님 뜻과의 연합은 그리스도께서 들어가신 길이요 그분께서 우리를 아버지의 사랑과 기쁨 속에 이끄시는 길인 것이다.

그러면 다시 우리는 어떻게 그 법이 마음에 기록되고 예수 안에서 하나님의 임재 가운데 들어가는 이 이중의 축복을 얻을 수 있는가? 그 일은 필히 하나님께서 하셔야만 하는 것이다. 하나님께서는 아브라함에게 내가 복으로 복주리라고 말씀하셨다. 하나님은 또한 우리 대제사장에게 너는 영원한 제사장이라고 맹세하셨다. 그 하나님의 맹세를 이루시는 분은 바로 하나님 자신이시다. 예수는 하나님의 자리를 차지하거나 하나님이 되시고자 지금 보좌 위에 계신 것이 아니다. 진실로 그렇지 않다. 오직 우리를 하나님께 이끄시기 위한 것이다. 하나님께서 예수의 사역을 우리 안에서 온전케 하시도록 우리는 그분을 통하여 하나님께 나아간다. 죄 사함 안에서 우리가 먼저 하나님께 나아가는 것은 우리가 아직 거주(居住)하는 교제의 길을 알기 전에라도 하나님께서 그 아들을 우리 안에 계시하사 그 아들이 그랬듯이 하나님을 사모하고 사랑하며 섬기게 하는 단 하나의 목적 때문이다. 다만 한 가지 우리에게 요망되는 일은 우리가 고개 숙인 채 깊은 신뢰와 겸손으로 하나님 앞에 거하며 사는 것이다. 얼마나 명확히 우리가 새 언약의 약속에 관한 복된 진리를 깨닫고 얼마나 우리가 그것을 사모하며 얼마나 우리가 믿음으로 그것을 굳게 붙들었든지 간에 우리는 그 모든 것을 자력으로 가질 수 없다. 오직 하나님께서 그것을 해주셔야 하는 것이다. 하나님 자신만이 그 자신의 임재 가운데로 나오시고 그 얼굴을 우리에게 비추신다. 그리고 이렇게 하실 때 하나님께서는 하나님의 법을 우리 마음에 기록하여 그 뜻을 우리가 바라고 행하도록 성령의 능력으로 우리에게 새 성품을 주신다. 하나님 자신만이 성령으로 말미암아 무궁한 사랑을 우리 마음에 부으시고 마치 비둘기가 천성적으로 양순하듯 사랑이 우리의 자연적 삶이 되게 하신다. 하나님께서는 새 언약의 보증이신 예수 안에서 우리를 위해 이 일을 하시기로 맹세하시고 약속하셨다. 성령으로 말미암아 우리에게 힘주시고 믿음으로 그리스도가 우리 마음 가운데 계시게 하시는 분은 하나님이시다. 우리는 하나님 안에서 사랑에 뿌리를 두고 나서 하나님의 모든 충만으로 채워지게 되는데 그것이 지성소 안에 계신 하나님의 임재 가운데로 충만히 들어가는 것이다.

다시 한 번, 어떻게 우리는 하나님의 법이 우리 마음에 기록되고 하나님의 임재하심이 우리의 삶을 채우는 이중적 축복을 얻을 수 있는가? 우리 자신을 완전히 끊고 자아에 대하여 죽으며 하나님께 대한 완전한 신뢰와 깊은 겸손으로 기다리는 것 외에 달리는 길이 없다. 그리스도의 제사장직은 땅에 속한 것이 아니요 하늘에 속한 것이다. 사람 안에 있는 모든 방법과 수단, 모든 생각과 목적은 하늘 일들의 그림자일 뿐이다. 하늘의 삶이 오는 것은 필히 하늘의 하나님께로부터 이며 우리를 하나님께로 이끄시는 그리스도로 말미암아서이다. 그리스도께서는 우리 마음 안에 하나님을 기쁘시게 하는 믿음과 사랑과 순종을 이루어 주심으로써만 우리를 하나님께 가까이 이끄시며 우리의 나아감을 받으시게 하는데 이것이 새 언약의 중보로서 우리 안에서 그 약속을 성취하는 것이다. 이것이 우리로 하여금 참된 하나님의 지식에 이르게 한다.

1. 만약 당신이 하나님께 대한 절대 의존과 하나님의 직접적인 역사하심의 필요성을 알고자 한다면 하나님께 가는 유일한 길로서 윌리엄 로우가 하나님의 뜻에 대한 겸손, 온유, 인내 및 인종에 관하여 말한 것을 읽는 것이 좋을 것으로 나는 생각한다. (제 3 대화편 제 2부의 "사랑의 성령"을 참조하라.)

2. 죄를 정결케 하는 일을 하셨을 때 그리스도께서는 높은 위엄의 우편에 앉으셨다. 죄의 제거는 그리스도와 우리에게 있어서 바로 하나님께 가는 길이다.

63. 새 언약 안의 죄 사함

8:12 내가 저희 불의를 긍휼히 여기고 저희 죄를 다시 기억하지 아니하리라 하셨느니라
8:13 새 언약이라 말씀하셨으매 첫 것은 낡아지게 하신 것이니 낡아지고 쇠하는 것은 없어져가는 것이니라

새 언약의 축복 중에서 여기에 마지막으로 언급되는 것이 실제에 있어서는 첫 번째의 것이다. **내가 긍휼히 여기리라** 이것이 앞서가는 것으로서 마음을 새롭게 함과 하나님과 교제를 갖는 일의 기초가 된다. 죄 사함은 문이 되고, 마음과 삶의 거룩함은 길이 되며, 하나님의 임재는 신자의 삶에서 축복이 된다. 첫 번째 축복은 두 번째의 축복으로 인도하고 첫 번째와 두 번째의 축복은 세 번째의 축복으로 인도한다. 하나님의 임재와 하나님과의 교제 안에 살기 위해서는 두 가지 일이 확실해야 하는데 죄에 대해 생각나는 것이 하나님의 마음에서 사라져야 하고 죄에 대한 호감(好感)이 우리의 마음에서 제거되어야 하는 것이다. 이들 두 가지의 축복이 다 새 언약 안에 확보되어 있다. 먼저 죄의 용서는 완벽하여 하나님은 영원히 그것을 기억치 않으시며 다시는 마음에 품지 않으신다. 다음으로 우리 마음과 의지의 새로워짐은 완전하여 성령으로 말미암아 하나님의 법이 거기 기록됨으로써 하나님의 뜻이 곧 우리의 뜻이 되어 있다.

세 가지의 축복, 즉 죄 사함(赦罪)과 마음의 청결과 하나님의 임재가 하나 되는 까닭에 어느 하나에 대한 우리의 관점과 수용이 연약할 때 나머지 두 축복에 대한 우리의 견지(堅持)가 수난을 겪게 된다. 새 언약의 중보이신 예수 안에서 이 세 가지 축복은 무궁한 생명의 능력으로 충만하게 제공되고 확보된다. 그러나 이 축복들에 대한 우리의 경험은 우리의 지식과 믿음과 복종에 좌우된다. 우리의 첫 두 축복에 대한 이해와 수용과 경험이 충분하지 못할 때는 하나님과의 교제와 지성소에 들어감과 그 천국에 거함이 여전히 구약시대의 그것과 같아서 저들이 내 안에 거하지 않았다는 말씀처럼 되는 것이다. 우리는 힘써 이 현실을 직시하자.

내가 저희 불의를 긍휼히 여기고 저희 죄를 다시 기억하지 아니하리라 하신 새 언약의 첫 번째 축복을 생각해 보자. 몇 가지 관점에서 이 용서가 무엇인가 하는 신자들의 이해에 결함이 있을 수 있다. 어떤 신자들에게 있어서 그것은 다만 형벌의 면제에 불과하다. 그들은 오직 무죄방면만을 생각할 뿐 그것이 하늘 아버지의 은총과 그 마음, 그리고 하늘 집에 대한 용납과 관계성의 완전한 회복이란 사실을 알지 못한다. 그들은 용서를 큰 위험으로부터의 도피로 아는 것에 배부른 나머지 용서한 사랑에 순종하여 그 안에 사는 삶에 대하여는 너무나 무지하다. 또 어떤 사람들에게는 사죄의 범주가 주로 낱낱의 죄나 일상적인 생활 속의 죄에 관련되어 있다. 그들은 저희 죄를 다시 기억하지 아니하리라는 말씀 속에 확증된바 하나님의 시선과 마음에서 죄가 완전히 그리고 영원히 사해진 개념을 갖지 못하고 있다. 또 어떤 사람들은 좀 더 정확한 관점을 갖고 있기는 하지만 하나님의 용서를 마음으로 받아들이지 않고 머리로 받아들임으로써 그것이 별로 힘이 되지 못한다. 그들은 하나님의 말씀이 사죄에 대하여 말하는 바를 동의하고 또 그렇게 주장하지만, 대부분이 죄에 대한 심각한 의식의 결여나 성령의 능력 있는 사역에 대한 인식의 결여로 인하여, 그들이 자신들의 죄의 용서를 직접 하나님의 입으로부터 듣기 위해 하나님께 나아올 때에도 그 사랑이 넘치는 영광을 결코 실감하지 못한다. 이 모든 경우에 있어서 더 충만한 축복은 이해되지도 못하고 찾지도 않아서, 구한다 하더라도 그 충만한 의미와 능력은 결코 알지 못하게 되는 것이다.

그것은 언약의 두 번째 축복에서도 마찬가지이다. 많은 사람이 하나님의 용서의 사랑이 얼마나 큰가를 참으로 알면서도 앞서와 같은 연유로 하나님의 거룩케 하는 그 크신 은혜를 구하지 않는다. 그들은 매일매일 죄를 지을 수밖에 없다는 것과 실제적인 범과(犯過) 없이 단 하루도 살 수 없다는 것이 뿌리 깊은 신념이 되고 하나님의 말씀도 그렇게 가르친다고 믿는 까닭에, 새 언약의 관점에서 성경이 말하는 구약과 신약의 근본적 차이를 나타내는 수준으로 한 순간도 들어갈 수 없는 것이다. 죄악적인 성향으로부터의 자유와 그런 성향이 계속 남아있을지라도 내주하시는 그리스도의 능력으로 얻는 실제적 범죄로부터의 자유를 혼동하는 것은 아주 보편적인 것이어서 마음에 기록된 법의 약속을 끝까지 추구하는 모든 시도가 구약적인 삶에 비추어 위험한 발상으로 간주된다. 이 놀라운 약속은 보통 신자의 보편적인 경험으로 인하여 부질없는 것이 되어버린다. '저희가 각각 자기 형제를 가르쳐 이르기를 주를 알라하지 아니 할 것이라'는 말씀이 성령의 직접적인 가르침 안에서 성령에 의한 하나님과의 직접적인 교제와 더불어 주어지는 최상의 약속임에도 불구하고 사람들이 그것을 존중하거나 추구하지 않는 까닭에 열린 휘장을 통해 지성소에 들어가는 것과 충만한 하나님의 임재는 이다음 저 세상에 가서나 가능한 것으로 미루어지고 마는 것이다.

주님께서 우리의 마음의 눈을 밝혀주셔서 하나님의 사랑과 뜻 안에 있는 삶에 대한 그 부르심의 소망이 무엇이고, 하나님의 임재와 하나님과의 교제에 바로 온전히 나아가는 성도들에게 분여하는 그 영광의 부요함이 어떠하며, 그리스도를 죽은 자 가운데서 살리시어 하나님 우편에 앉게 하실 때 그리스도 안에서 역사하신 지극히 큰 능력에 따라 우리 믿는 자 안에 있는 하나님의 넘치는 역사가 무엇인가를 보여주시도록 하나님께 간구하자. 그리스도를 죽은 자 가운데서 살리셔서 그의 보좌에 앉게 하신 것과 바로 그 능력이 우리 안에서 역사하신다는 것은 이 지상에서마저 하늘의 능력과 희락을 가진 삶이며, 인간의 상상을 초월한 거룩함과 행복한 삶을 의미한다. 예수께서는 보좌 위에 제사장 되신 왕이시며 그 언약의 보증이시다. 하나님께서 그분을 다시 살리셨으니 그분처럼 우리도 죄와 자아에 대한 죽음에 우리 자신을 내어주자. 우리도 공허와 무가치함과 절망의 죽음에 빠져 들어가 죽은 자로서 하나님의 능력 있는 수술을 기다리자.

예수를 새 계약의 중보와 언약의 보증으로 주신 하나님이 그리스도를 계시하고 우리 안에 그 약속을 이루시며 휘장 안의 하나님 자신에게 우리를 이끄시고 자신의 복된 임재의 비밀 가운데서 우리에게 영원한 생명을 주실 것이다.

1. 죄 사함(赦罪)은 아버지의 집으로 들어가는 문이다. 마음에 기록된 법은 생명이며 지성소로 향한 걸음이고 하나님께 가까이 나아가는 적합성이다. 하나님과의 직접적인 교제는 하나님의 임재 안에서 발견되는 축복인 것이다.

2. 예수 안에 있는 세 가지의 축복은 모두 언약의 성취이다. 그분 안에 우리의 칭의가 있고 우리의 모든 죄가 다시는 하나님 앞에 드러나지 않는다는 보장이 있다. 성령께서 우리의 마음에 하나님의 뜻을 심어 주실 때 그분 안에 우리의 성화 (聖化)가 있다. 그분 안에 우리가 하나님의 임재 가운데 영원히 살 수 있게 하는 우리의 완전한 구속이 있다.

| 제 7편 (9:1-28)

새 언약을 여는 보혈(寶血)의 능력

64. 성소와 지성소

9:1 첫 언약에도 섬기는 예법과 세상에 속한 성소가 있더라
9:2 예비한 첫 장막이 있고 그 안에 등대와 상과 진설병이 있으니 이는 성소라 일컫고
9:3 또 둘째 휘장 뒤에 있는 장막을 지성소라 일컫나니
9:4 금향로와 사면을 금으로 싼 언약궤가 있고 그 안에 만나를 담은 금항아리와 아론의 싹난 지팡이와 언약의 비석들이 있고
9:5 그 위에 속죄소를 덮는 영광의 그룹들이 있으니 이것들에 관하여는 이제 낱낱이 말할 수 없노라
9:6 이 모든 것을 이같이 예비하였으니 제사장들이 항상 첫 장막에 들어가 섬기는 예를 행하고
9:7 오직 둘째 장막은 대제사장이 홀로 일년 일차씩 들어가되 피 없이는 아니하나니 이 피는 자기와 백성의 허물을 위하여 드리는 것이라

제 7장에서 예수의 영원하신 제사장 직이 우리에게 계시되었다. 제8장에서 우리는 하늘 보좌 위에 앉으신 제사장으로서의 이중적 사역을 수행하는 예수를 보았다. 그분은 하늘 성소의 섬기는 자이시다. 그분은 또한 땅위에 있는 인간의 마음속에서 언약의 중보로 계신다. 이미 우리는 제사장과 그가 섬기는 성소를 배웠고 이제 본 장에서 그분이 제시하는 보혈과 그 효능을 보게 되었다. 『피』라는 단어는 지금껏 사용되지 않았으나 본 장에 들어와서 우리는 그것을 열 두 번이나 대하게 된다. 서두에서(히 9:1-14) 우리는 지성소를 열고나서 우리가 거기에 들어가도록 우리의 양심에 뿌려지는 그 피의 효능을 보고, 다음에(히 9:15-22) 언약을 봉헌하고 거기에 관련된 모든 것을 깨끗케 하는 피의 효능과, 그 다음 다시(히 9:23-28) 하늘을 열고 죄를 정결케 하는 피의 효능을 본다.

첫 번째 부분은 땅위에 있는 성소 즉 성막과 그 기구(器具)에 대한 설명으로

시작하는데 저자는 그것에 대하여 이제 낱낱이 말할 수 없다고 말한다. 히브리서 8:1에서 "중요한 것은 그러한 대제사장을 우리가 가지고 있는 것이라"고 말한 그는 여기에서 성소를 언급하는데 역시 그는 기꺼이 논증하고자 하는 하나의 위대한 개념을 갖고 있는 것이다. 성막은 특히 하나의 대 진리를 그림자와 같이 보여주도록 하늘의 모형을 따라 모세에 의하여 지어졌다. 그 진리 안에 신약의 비밀과 영광이 들어있고 그리스도인의 삶의 능력과 희락이 들어있다. 그것은 지성소로 들어가는 길의 열림이요 하나님의 임재 가운데 들어가는 길의 열림인 것이다.

우리는 '장막이 있는데 성소라 일컫는 첫 장막이 있고 또 둘째 휘장 뒤에 있는 장막을 지성소라 일컫나니 제사장들이 항상 첫 장막에 들어가 섬기는 예를 행하고 오직 둘째 장막은 대제사장이 홀로 일년 일차씩 들어가되 피 없이는 아니하느니라'는 것을 읽는다. 저자가 우리의 주의를 끌고자 하는 한 가지 가르침은 장막을 나눈 두 부분의 차이점과 상관관계, 그리고 그것들을 나눈 휘장의 의미인 것이다.

내적 성소를 지성소라 일컫는데 히브리어로는 '지극히 거룩한 곳'이라는 의미이다. 그것은 거룩함의 최고의 체현(體現)으로써 지극히 거룩하신 하나님이 거하시는 장소인 것이다. 하나님의 거룩하신 임재가 그것을 채운다. 아무도 죽음을 무릅쓰고 그곳에 들어갈 수가 없었으나 오직 대제사장만이 일 년에 일차씩 거기에 들어갈 수가 있었다. 지성소로부터 두꺼운 휘장으로 분리된 성소에는 제사장들이 들어가서 봉사한다. 하늘의 모형을 따라 지은 집에 나타난 진리들은 매우 간단하다. 지성소에 하나님이 계시지만 사람은 들어갈 수가 없다는 것이다. 사람은 하나님을 섬기려 성소 안에 들어가지만 하나님께서는 거기 계시지 않았다. 휘장은 거룩하신 하나님과 죄 있는 사람을 가르는 상징이었는데 하나님과 사람은 함께 거할 수가 없었던 것이다. 그렇게 장막은 명확히 상충하는 두 명제를 하나로 표현한다. 하나님께서는 사람을 하나님께 와서 경배하고 하나님을 섬기도록 부르셨지만 휘장이 하나님과 사람을 떼어놓는 까닭에 사람은 하나님께 너무 가까이 가서는 안 되는 것이었다. 장막 안에서 사람이 섬기는 것은 그가 낙원에서 잃어버린 하나님과의 교제를 갈망하는 증거이기도 했지만 다른 한편으로 사람은 그곳에 부적합하고 또 자력으로 그곳에 갈 수 없다는 증거이기도 했다. 이 두 명제는 신적 실재의 최고 속성인 하나님의 거룩함 안에서 성막의 구조가 그래야만 하는 사유(事由)와 조화를 구성한다. 그 안에서 의(義)와 사랑이 연합되는 것이다. 사랑은 죄인을 가까이 오라 부르지만 의는 죄인을 물러나 서있게 한다. 거룩하신 자는 이스라엘에게 자신이 거할 집을 짓도록 명하셨으나 그분의 임재 안으로 들어오는 것은 허락지 않았다. 대제사장이 일 년에 한번 잠시 동안 지성소에 들어가는 것은 그곳에 들어갈 때가 앞으로 온다는 의미의 희미한 그림자였다. 때가 차면 그리스도 안에서 의와 사랑이 완전한 조화로 드러나게 되었는데 그리스도 안에서 이러한 모형과 그림자(投影)는 그 성취를 보게 된다.

첫 번째와 두 번째 장막은 신적 접근의 두 정도에 대한 표상이고, 하나님의 임재로 나아가는 두 단계의 표상이며 하나님과 나누는 교제의 두 양상과 하나님을 섬기는 두 방법의 예표이다. 대제사장이 일 년에 한번 들어가는 지성소는 어느 날 그리스도 안에서 성취될 약속으로써 하나님의 임재와 교제로 들어가는 더 친근하고 보다 직접적이며 즉시적인 나아감을 표상한다. 다른 하나는 하나님의 얼굴의 충만한 빛을 보지 못하면서 휘장을 사이에 두고 얼마간 떨어진 거리에서 하나님을 섬기는 것의 상징이다. 저자가 우리에게 배우기를 원하는 한 가지는 두 단계 사이의 차이점이요 하나님께서 저차원으로부터 고차원으로 우리를 이끄시는 길인 것이다.

1. 사물을 말할 때에 우리는 한꺼번에 묶어 말할 수 없다. 하나하나 말할 뿐이다. 이것을 하는 데는 시간이 필요하다. 그러나 영혼이 그리스도의 온전과 사역에 이끌려 들어갈 때 우리는 진리의 다양성에서 돌이켜 그리스도께서 하늘을 여셨다는 한 진리의 단순성과 단일성에 이른다. 하늘 대제사장이 나를 위해 하신 것이 무엇인가 하는 한 가지를 깊이 생각하라.

2. 나는 그리스도께서 하신 것이 무엇인지 안다. 나는 그분께서 무엇을 하셔야 했는지를 알 필요가 있다. 사람이 들어가도 좋은 성소가 있었다. 사람이 들어가서는 아니 되는 지성소도 있었다. 그리고 그리스도의 그 한 사역은 휘장을 열고 우리에게 거기에 들어갈 수 있는 권리와 적합성을 주는 것이었으며 이전에는 접근불능의 처소에 우리가 항상 살게 하기 위한 것이었다. 지성소로 가는 문이 열린 휘장의 비밀은 우리가 배워야 할 귀중한 진리이다.

65. 성령과 지성소로 가는 길

9:8 성령이 이로써 보이신 것은 첫 장막이 서 있을 동안에 성소에 들어가는 길이 아직 나타나지 아니한 것이라
9:9 이 장막은 현재까지의 비유니 이에 의지하여 드리는 예물과 제사가 섬기는 자로 그 양심상으로 온전케 할 수 없나니
9:10 이런 것은 먹고 마시는 것과 여러 가지 씻는 것과 함께 육체의 예법만 되어 개혁할 때까지 맡겨 둔 것이니라

우리는 지성소 즉 문자적으로 성소 중의 성소가 바로 하나님의 거룩하심의 체현이며 하나님의 임재의 처소라는 것을 말하였다. 성령께서는 특별히 신성(神聖)의 칭호를 갖고 계시는데 이는 그분이 거룩함의 영으로서 사람에게 주는 거룩함의 분배자가 되시는 까닭이다. 신성의 계시로써의 성소와 계시자로써의 성령 간에 긴밀한 관계가 있어야 한다는 것은 아주 자연스러운 것이다. 우리는 여기에서 이 사실을 배우는데, 성막의 전체적인 구조와 일 년 일차 대제사장의 출입 허가는 휘장이 가로막고 있는 한 지성소에 들어가는 길이 아직 열리지 않았다는 진리를 가르치기 위한 거대한 객관적 교훈으로서 성령께서 그렇게 제정하신 것이다.

성령이 이로써 보이신 것은 첫 장막이 서 있을 동안에 성소에 들어가는 길이 아직 나타나지 아니한 것이라 이 말씀은 우리에게 지성소로 들어가는 길이 전적으로 성령의 몫이라는 진리를 가르쳐 준다. 하늘의 모형을 고안하시고 모세에게 계시하신 분은 바로 성령이시다. 길이 아직 열리지 않았다는 증표로서 휘장을 명하신 분도 바로 그분이시다. 대제사장이 일 년에 한 번씩 들어가게 함으로써 어느 날 그것이 열린다는 예언을 주신 것도 그분이시다. 성자(聖子) 그리스도를 위하여 한 몸

을 예비하시고 후일 새롭고 산 길의 개척자가 되실 그분을 충만케 하신 것도 그분이시다. 그리스도께서 자기 피를 가지고 들어가도록 자신을 희생으로 드리게 한 것도 바로 영원하신 성령 그분이시다. 그리스도가 죽은 자 가운데서 일어나사 하나님의 보좌로 높여진 것도 바로 그 거룩의 영에 의해서이다(롬 1:4). 그 길이 열렸을 때 오순절날 지성소로부터 강림하여 영화로워진 그리스도의 생명과 능력을 사람들에게 분여하신 분도 바로 그 성령이시다. 오늘날까지 지성소에 가서 살기를 원하는 모든 사람을 인도하며 지성소로 들어가는 길을 주관하는 것도 바로 그분 성령이시다.

우리의 영적 삶을 위한 이 교훈은 의미심장한 것 중의 하나이다. 성령께서는 지성소로 가는 길이 아직 입증되지 아니한 때나 열렸을 때나 공히 그 길을 책임지신다. 그분 홀로 이 신비에 대하여 알고 계시고 그것을 계시할 능력을 갖고 계신다. 그러므로 그것은 아직도 영적인 신비이다. 성경이 밝혀 주는 모든 것은 지성적인 사람이면 누구나 연구하고 이해하며 명확한 개념을 형성하고 그 의미를 말할 수 있지만 그 진리의 살아 있는 능력 즉 열려진 휘장을 통하여 하나님의 임재로 들어가는 실제적 경험은 성령에 의한 내면적 생명 안에서만 분여되고 역사할 수 있는 것이다. 성령께서만이 마음 안에 열리든지 열리지 않든지 간에 그 길이 무엇을 의미하는지 계시할 수 있으시다. 성령만이 인간 안에 본인이 알든 모르든 깊은 신념 즉 인간 자신의 경험 안에 하나님의 참된 임재(臨在)를 이루시는 것이다.

우리는 성막의 두 부분이 하나님께 나아가는 친근함의 두 정도를 대표하고 하나님의 은혜의 두 세대(世代)를 말하며 신자의 삶의 두 차원(次元)을 의미한다는 것을 보았다. 성소에는 모든 제사장이 매일 들어와서 하나님이 명하신 일을 행할 수 있다. 지성소에는 그리스도께서 모든 성도를 위하여 휘장을 열어 놓을 때까지 제사장은 들어가서 안 되는 것이었다. 많은 신자들은 보다 온전하고 하나님께 가까이 거하는 이 내적 성소의 삶으로 들어가는 경험을 결코 가지지 못한다. 바깥뜰에서 그들은 제단(altar)을 보았고 죄의 용서를 받았으며, 하나님을 섬기는 일에 들어갔고 하나님의 뜻을 행하기를 구했으나, 그들은 거함에 있어서 하나님 임재의 기쁨을 알지 못한다. 그리고 흔히 그들은 거기에 더 나은 삶이 있다는 것과 휘장 안에 들어감으로써 하나님 임재의 비밀 안에 참으로 사는 것이 있음을 알지 못한 채, 성령께서 "그들에게 지성소에 들어가는 길이 아직 증거되지 않았다는 사실을 심어주고 밝혀야할" 필요성조차 이해하지 못한다. 아아, 우리도 아직 들어가지 못하였다면 성심껏 기도해야 하겠지만, 우리는 거기에 내실(內室)이 있다는 것을 발견해야 하고, 아직도 육신적인 신자의 삶에 육체의 장막이 있어서 가까이 나아감을 방해하고 있다는 것을 알아야 하며, 오직 예수께서 휘장을 열었을 때 성령께서 보좌로부터 강림하사 예수를 저들에게 계시하고 연합시킨 오순절 축복의 소유만이 우리를 지성소 안으로 인도한다는 것을 깨달을 필요가 있다.

성령께서 이것을 우리에게 의미화(意味化)시키며 우리가 아직도 휘장밖에 있다는 신념에 우리자신을 전적으로 양보하고, 어떤 대가를 치르더라도 거기에 들어가겠다는 강한 열망을 가질 때, 우리의 대제사장께서 자기 피를 가지고 지성소에 들어가심과 동시에 지성소로부터 오순절에 강림하신 바로 그 성령께서 능력으로 우리를 찾아오신 우리를 그곳에 인도하실 것이다. 예수께서 우리를 위하여 앞서 가신 것을 성령이 계시할 때, 그리고 그분이 하나님과의 직접적이고도 지속적인 교제로 우리를 만족하게 할 수 있는 온전한 복종을 우리로 하여금 소원하도록 이끌 때, 사람은 할 수 없으나 하나님은 하시는 일로써 값없는 은혜와 크신 능력으로 이제라도 그리스도 안에서 하나님과의 지속적인 교제 안에 살도록, 우리의 마음은 하나님께서 그 자녀들에게 허락하신 이 놀라운 신비(神秘)를 향해 열리게 될 것이다.

오, 하나님! 아직 지성소로 들어가는 길이 증명되지 않은 독자들에게는 성령으로 말미암아 그것을 계시해 주시고, 그것을 위해 준비가 되어 있는 독자들에게는 그리스도 안에서 지성소로 가는 그 길이 참으로 열려있음을 경탄하게 하옵소서. 오순절에 강림하신바 영화로워진 예수의 영에 참여하는 것은 그 성령의 역사로 말미암아 참된 기독교를 열어 놓았다. 하늘 삶의 분여와 영화로워진 예수의 내주하심이었던 오순절의 선물은 오순절의 모든 신선함과 충만 속에서 지성소로 가는 길이 이제 열렸다는 산 경험과 더불어 우리로 하여금 휘장 안에서 살게 하는 유일한 능력이다. 하나님의 임재 안에 거하도록 우리를 바꾸어 주는 것은 우리 안에 거하는 성령이시다.

1. 우리가 더 이상 두려워하거나 의심해야 할 이유가 있는가? 하늘에 계신 아버지께서는 우리를 그분의 임재 가운데로 인도해 들이신다. 그 아들께서는 우리의 형제요 선지자이며 제사장이요 왕으로서 우리를 위해 자신이 열어 놓으신 길을 지시해주고 우리 안에 계신 성령께서는 우리에게 빛과 힘이 되시어서 우리가 그 길을 걷게 해주시는데, 그래도 우리가 두려워해야 하는가? 아니다, 능력을 주시는 음성을 들어보자. "일어나 걸어가라, 들어가라!"

2. 성소의 두 구분은 신앙과 예배와 봉사의 두 단계라는 것을 분명히 이해하자. 한 단계는 휘장을 열어놓은 능력이 아직 이해되지 않았을 때이고 다른 단계는 성령께서 우리를 그 안으로 인도했을 때를 말한다.

66. 지성소를 여심

9:11 그리스도께서 장래 좋은 일의 대제사장으로 오사 손으로 짓지 아니한 곧 이 창조에 속하지 아니한 더 크고 온전한 장막으로 말미암아
9:12 염소와 송아지의 피로 아니하고 오직 자기피로 영원한 속죄를 이루사 단번에 성소에 들어 가셨느니라

모세 의식(儀式)의 의미를 연구하면 거기에는 특히 성령께서 우리에게 예시하는 구속의 비밀과 이스라엘이 갈망하던 새 세대의 좋은 것들 네 가지가 있음을 본다. 제사장(the Priest), 성소(the Sanctuary), 피(the Blood), 그리고 지성소로 들어가는 길(the Way into the Holiest)이 바로 그것이다. 우리는 본문 속에 이들 네 가지를 함께 가지고 있다. 장래 좋은 일의 대제사장이신 그리스도께서 계시고 더 크고 온전한 장막이 있으며 그분의 자기 피가 있고 그분의 성소에 들어가심이 있는 것이다. 이런 것들의 능력을 이해할 때 우리는 그분의 영원한 속죄의 의미를 알 수 있다. 이제 지성소를 여심에 대하여, 그리고 그리로 가는 놀

라운 길에 대하여 성령께서 무엇이라 말씀하시는지 들어보자.

저자는 대단히 주목할 만한 표현을 사용하는데 그것은 그리스도께서 더 크고 온전한 장막으로 말미암아 성소에 들어가셨다는 것이다. 성막의 두 장소는 삶의 두 단계와 하나님과의 교제의 두 수준에 대한 상징이다. 히브리서는 그리스도께서 그 자신의 삶의 경험을 통하여 이 차이점을 아셨으며 더 높은 차원에 들어가 우리를 위하여 그것을 열기 위해 낮은 차원을 통과하셨다고 말한다. 그분께서는 더 크고 온전한 장막으로 말미암아 지성소에 들어가셨는데 그 장막이 묵시하는 영적 실재의 경험을 통하여 들어가신 것이다. 지성소는 하나님의 직접적인 임재요 성소는 휘장을 통하여 하나님께 가까이 나아가는 곳이다. 휘장은 육체 즉 연약함과 죄의 모든 영향력에 노출된 사람의 타락한 본성(本性)을 말한다. 그리스도께서는 휘장 즉 자기 육체를 통한 새롭고 산 길을 우리를 위하여 열어 놓으셨다. 예수께서 죄 있는 육체의 모습으로 세상에 오셨을 때 육체 안의 그 생명은, 유혹에 대한 감수성(感受性)과 연약성, 고난과 죽음의 가능성, 믿음과 기도와 눈물의 생애, 순종을 배워 온전케 되어야할 필요성, 율법과 그 저주에 대한 복종등과 더불어, 성소 즉 첫째 장막이었고, 하나님께 나아가기 위해서는 그분 자신의 죽음 가운데서 이 휘장을 열어야 했던 것이다. 그리스도는 옛 언약 속에서 그 백성과 함께 사셨고 완전한 실재(實在) 속의 영적 경험으로서 첫째 장막을 지나가셨던 것이며, 오직 자신의 부활과 승천으로 새 언약을 여셨다.

그렇다, 그리스도는 성소를 지나 지성소에 들어가셨다. 그분이 죽었을 때 휘장은 둘로 갈라져 두 장소는 하나로 통일된 것이다. 성소에 있던 제사장은 지성소를 볼 수 있었고 들어갈 수 있었다. 지성소에 있던 충만, 즉 그룹(Cherubim) 사이의 하나님 임재의 빛은 제한 없이 성소를 비추게 되었다. 그리스도 안에서 육체의 휘장은 둘로 찢어져 사라졌다. 하나님께 자유롭게 나아가는 길이 사죄에 따른 우리의 권리와 명목으로써만 아니라 능력과 생명의 실재로서 열린 것이다. 만약 하나님의 영이 너희 안에 거하면 너희가 육신에 있지 아니하고 영에 있나니(롬 8:9). 휘장이 열리고 그리스도께서 그리로 들어가셨을 때 하나님께서 계시던 곳과 제사장이 거하던 이 두 곳은 하나가 되어버린 것이다. 사람들의 눈과 마음은 자유롭고 담대하게 그들의 아버지 되신 하나님을 앙망하고 예배드릴 수 있게 되었다. 그리스도 안에서 그들은 하나님 임재 안에 처소를 갖게 된 것이다. 지극히 거룩하신 자의 모든 빛과 사랑과 거룩하심은 이제 성소를 비춘다. 그리스도께서 승천하여 하나님 아버지로부터 하나님의 영을 받았을 때 그 성령은 신자들 안에 부어 진 것이다. 오순절의 선물은 복되신 아들께서 들어가신 더 높은 생명을 위로부터 부어주었고 성령께서는 내면적 성소의 빛과 사랑과 거룩함을 하나의 표적이나 계시만이 아니라 소유와 경험이 되게 하셨다.

육체의 휘장이 열리자 그리스도께서는 영원한 속죄를 이루셔서 영단번에 지성소에 들어가셨고, 하나님과 사람의 삶은 하나가 되었으며, 하늘의 영은 지성소에 들어가는 길이 열렸음을 증명하는 산 경험을 주기 위해 부어졌다. 하나님의 빛과 거룩하심 가운데 그 임재 안에 들어가 사는 것은 영적 실체(實體)이고 하늘차원의 실재(實在)이다. 그것은 오직 지각을 사용하여 선악을 분별하는 온전한 자만이 온전한 구원을 위하여 모든 것을 기꺼이 포기하는 자에게 성령이 주시는 부드러움과 온전한 양심을 따라 이해할 수 있다. 따라서 열린 그리스도의 육체의 휘장을 통하여 들어가기를 간구하며 그리스도의 죽음에 함께 죽고 그분의 부활에 함께 살고자 하는 자 모두에게 성령은 지성소로 가는 길이 열렸음을 보여 주신다.

그리스도께서는 오셔서 영단번에 들어 가셨다. 사람이 낙원에서 하나님과의 교제를 잃어버린 지 사천 년이 지나야 했다. 천오백 년 동안이나 휘장은 가까이 오지 말라는 무서운 금령(禁令)과 함께 걸려 있었다. 삼십 삼 년 동안을 하나님 아들 자신도 휘장 이쪽 편에서 사셔야 했다. 그러나 결국 그 길은 영단번에 열린 것이다. 이러한 일이 너무나 높아 보인다 할지라도 믿는 자여 두려워 말라. 신실할지니 믿음과 오래 참음을 통하여 우리는 약속을 상속한다. 그리스도께서 영단번에 이루신 것을 믿는 믿음 안에서 견인하라. 둘째 아담이시며 그 안에 우리의 생명이 있고 우리가 그의 지체가 되는 그리스도께서 이미 들어가신 것이다. 그 크신 화해의 무한한 의미를 믿음으로 붙들라. 그러면 당신에게도 경험적으로 지성소에 들어가 영원히 거하는 날이 올 것이다.

1. 지성소의 열림과 들어감은 오로지 그리고 전적으로 우리를 위한 것으로써 우리로 하여금 거기에서 살며 하나님을 섬기게 하려 함이다. 그러므로 히브리서의 실용편이 시작될 때 담대함을 가지고 지성소에 들어가도록 우리는 나아가자. 이것이 전체 서신의 요약이다. 하나님께서는 우리가 휘장을 가운데 두고 섬기는 것에 만족치 않으신다. 우리는 신자로서 휘장 안팎의 두 위치 중 어디에 서있는 가를 명확히 하자.

2. "13년 동안 나는 성소 안에 살면서 하나님을 섬기기를 구했는데 그것이 그룹사이에 계신 하나님을 기쁘시게 한지라, 휘장을 통하여 오되 예수의 피로 말미암아 지성소로 들어오라 하셨도다."

67. 지성소를 여는 보혈

9:12 그리스도는 오직 자기피로 영원한 속죄를 이루사 단번에 성소에 들어 가셨느니라

자기 피로 우리는 무궁한 생명의 능력 안에서 멜기세덱의 반차를 따른 제사장으로써 하나님의 보좌 위에 계신 우리의 대제사장을 보았다. 그분이 죽은 자 가운데서 일어나 하늘에 올랐을 때 그것은 그분을 죽은 자 가운데서 살리시고 하나님 우편에 앉히신 하나님의 크신 능력의 역사에 의한 것이었다. 보라, 그리스도는 죽었다가 다시 사신 자로서 하나님의 임재 가운데로 들어가셨고 이제 영원히 살아 계신다. 그러나 불가시한 일이지만 그리스도께서 사망과 음부의 정복자로서 하늘 문에 그냥 나타나 들어감을 요구한다는 것은 마땅치 않았다. 그리스도는 이 땅 위에서 자신의 피를 흘려야 했고 그 피를 가지고 하늘로 가셔야 했는데, 죄인들의 영생에 대한 보증으로써 오직 그 피의 능력으로 그분은 하나님의 임재로 나아가는 길을 요구할 수 있었던 것이다. 자기피로 그리스도는 지성소에 들어가신 것이다.

그러면 '자기 피로'라는 말이 무엇을 의미하는가? 하나님께서는 모세에게 "내가 이 피를 주어 단에 뿌려 속하게 하였나니 피에 생명이 있으므로 피가 죄를 속하느니라"고 말씀하셨다. 즉 몸 안에 살아 있는 피가 곧 생명인 것이다. 그러

면 흘린 피는 무엇인가? 그것은 죽음을 표상한다. 더 나아가 그것은 자연적이 아닌 폭력에 의한 죽음을 의미한다. 비자연적인 피 흘림에는 오직 두 가지 방법이 있는데 하나는 악의에 의해서이고 하나는 정의를 위해서이다. 우리는 이 두 가지를 다 말씀 안에서 보는데 "사람의 피를 흘린 자는 자기 피를 흘려야 한다"(창 9:6)는 것이다. 그리스도의 죽음에서 인간의 악의(惡意)는 하나님의 정의(正義)를 만났다. 그리스도는 피 흘려 죽기까지 죄에 항거하였기 때문에 사람들의 악한 혈기의 희생이 되어 죽임을 당했다. 그리스도는 세상 죄를 지고 가는 하나님의 어린양이기 때문에 하나님께 희생이 되어 죽임을 당했다. 죽음은 죄와 하나님께서 죄 위에 선고한 저주와 불가분하게 연결되어 있다. 예수께서 둘째 아담으로써 모든 사람을 위하여 죽음을 맛보았을 때, 겟세마네 동산에서 심한 통곡과 눈물로 아버지께 그 잔이 지나가기를 기도했을 때, 그리고 십자가상에서 "나의 하나님, 나의 하나님, 어찌하여 나를 버리시나이까"하고 울부짖었을 때, 그분은 죄의 가공할 열매를 맛보았고 본질에 있어서 죄가 무엇인가 하는 쓴맛을 보았으며, 하나님께서 그러한 죄에 부과한 벌이 어떤 것인가를 맛보았다. 그분은 성경이 말한 대로 의로운 자가 불의한 자를 대신하여 우리들의 죄를 지셨으며 그분의 피는 우리를 위해 흘려졌고 그분의 목숨은 많은 사람의 속전으로 지불된 것이다. 그리고 히브리서에서 피라고 하는 단어는 그리스도의 죽음이 의미하는 모든 것을 포함하고 있는데 피는 곧 죽기까지 드린 그분의 순종과 우리 죄를 위한 그분의 죽음과 우리의 대속물로 제단 위에 드려진 희생제물로써 성취한 구속(救贖)의 표현이요 체현인 것이다.

본 히브리서가 그렇게도 놀랍도록 그 능력을 말하는 것은 바로 이 피에 대하여서이다. 하나님께서 주님 예수를 죽은 자 가운데서 다시 일으킨 것은 영원한 언약의 피 안에서 한 것으로써 그 피는 부활의 능력이었다. 그리스도께서 하늘에 있는 것들을 정결케 하고 우리를 위하여 지성소에 들어간 것은 자기 피로 말미암아서였다. 하늘 처소에서 우리들의 죄는 하나님의 책 안에 있었고 하나님의 영광을 가린 짙은 구름이었으나 그 피로 말미암아 죄는 도말 되었고 그분에게는 길이 열렸으며 그분 안에서 우리에게도 길이 열려 바로 하나님께 나아가게 되었다. 본 히브리서의 후반에서 언급되겠지만 이제 우리는 가까이 갈 길을 얻은 하늘 영광의 현시 안에서 하늘 안에 만유의 재판장 되신 하나님과 새 언약의 중보 되신 그리스도를 발견할 뿐만 아니라 아벨의 피보다 낫게 말하는 뿌려진 피를 발견하게 된다. 보이는 곳이면 어디든지 우리는 부활과 승천 안에서 보좌 위에 살아계신 예수 그리스도와 더불어 혹은 독자적 실존으로 우리의 속전과 대속이 되며 그 죽음의 표상이 되는『피』와 그 능력을 보는 것이다.

자기 피로 피가 어떻게 그리스도의 하늘 제사장직과 연결되었는지 특별히 유의하자. 우리는 너무 쉽게 지상에서의 피 흘림, 즉 아론이 표상하는 모형의 성취만을 생각하는 버릇이 있다. 히브리서는 그것을 말하고 있는 것이 아니다. 히브리서가 피를 말할 때 그것은 부활과 승천에 대하여 말하며 무궁한 생명의 능력으로 역사함을 말한다. 단번에 우리가 하나님의 임재 안으로 들어가는 참되고 실제적인 산 길을 우리에게 주기 위해 성령의 능력 안에서 하늘로부터 우리에게 뿌려진 피가 가지고 있는 힘이 무엇인지를 우리가 볼 수 있는 것은, 하늘 성소의 섬기는 자이신 우리의 멜기세덱께서 다루시는 피의 하늘 효능을 성령께서 영혼에게 계시하실 때이다.

자기 피로 성경 안에서나 인간의 언어 가운데 그렇게 신비로운 단어를 나는 알지 못한다! 그 피 안에 우리 하나님이 혈육을 입으신 성육신과, 피를 흘린 죽기까지의 순종과, 그 자신의 피로 우리를 사신 그 지각을 초월하는 사랑과, 모든 적에 대한 승리로써의 영원한 속죄와, 부활승천과, 그 피로 말미암아 온 대속과 화해와 칭의와, 양심을 씻고 온전케 하며 마음에 뿌려지고 백성을 거룩케 하는 모든 비밀들이 집중되어 있다. 그 피로 말미암아 그리스도는 영단번에 하늘에 들어가셨고 그 피로 말미암아 우리도 지성소 안에 들어가며 우리의 처소를 갖는다. 성령께서는 하늘로부터 오셔서 우리 안에 거하시며 그 피가 주는 담대함을 분여하시고 그 피가 길을 연 사랑으로 인도하실 때 우리의 모든 내적 존재는 그 능력 안에 이끌리고 우리는 피의 정결케 함을 충만히 경험하게 될 것이다.

1. "하늘에서 이룬 것 같이 땅에서도." 그 피가 하늘에서 무엇을 이루었는지

를 알기 위해 당신이 생각하는 것보다 더 관심을 가지라. 당신이 성령에 의하여 하늘 능력 안에 들어갈 때 당신의 믿음은 당신 안에 그 능력을 받을 것이다.

2. 내적 성소는 하나님께 더 깊이 더 가까이 있다. 이것을 추구하는 자는 하나님 안에 열린 성소를 갖는다. 그러한 사람은 영혼 안에 거하는 하나님의 생명의 심오한 지각인 내적 생명과 마음에 기록된 법을 그 속에 가질 것이다.

3. 성경에는 그리스도의 죽음의 두 국면인 속죄와 교제가 있다. 그분은 우리가 멸망하지 않게 하기 위하여 우리와 우리의 죄를 위하여 죽으셨다. 죄의 저주를 지고 우리의 대속주가 한 것은 우리가 할 수도 없고 할 필요도 없는 일이다. 그리스도는 죄에 대하여 죽었고 우리도 그분과 함께 그분 안에서 죽었다. 피는 속죄에 대한 신적 표현이다. 예수의 피는 하나님 앞에 제시된 후 그 능력과 효능으로 영원히 보존된 그분의 죽음의 능력과 가치이다. 피 뿌림은 두 번째 국면으로의 전환을 포함한다. 그 피가 성령으로 말미암아 하늘의 실재로써 우리 안에서 역사하면 피를 흘릴 때 예수를 인도한 그 섭리가 우리 안에 함께 할 것이다.

4. 그리스도는 그 자신이 지성소로 들어갈 수 있었던 자기피로 말미암아서만 우리를 그리로 인도할 수 있다. 그리스도의 피의 능력을 알기를 갈망하라.

68. 양심을 깨끗케 하는 피의 능력

9:13 염소와 황소의 피와 및 암송아지의 재로 부정한 자에게 뿌려 그 육체를 정결케 하여 거룩케 하거든
9:14 하물며 영원하신 성령으로 말미암아 흠 없는 자기를 하나님께 드린 그리스도의 피가 어찌 너희 양심으로 죽은 행실에서 깨끗하게 하고 살아 계신 하나님을 섬기게 못하겠느뇨

대제사장은 일 년에 일차 지성소에 들어가되 피 없이는 아니하였다. 그리스도는 좋은 일의 대제사장으로 오사 자기 피로 말미암아 더 크고 온전한 지성소에 들어가시되 그로 인하여 우리에게도 하나님의 임재 가운데로 들어가는 문을 열

어 놓으셨다. 예루살렘 성전에서 대제사장이 지성소에 들어가는 것은 어느 정도의 외형적이고 일시적인 씻음과 하나님께 나아가는 권리를 가져다주었다. 하늘을 여는 능력을 가진 그리스도의 피는 그 하늘의 영원한 능력으로 마음속에 하늘차원의 신적 성결을 이룰 수 있다.

이것을 예증하기 위해서는 민수기 제 19장을 읽고 암소의 재로 씻는 것을 살펴보아야 한다. 누구든 시신을 만진 자는 부정한 자로써 무리로부터 나가 있어야만 했다. 이러한 요구를 충족시키기 위하여 제물로 드려진 암소의 피는 성막을 향하여 뿌려지고 그 재는 물에 타서 부정케 된 자에게 뿌려졌다. 재 뿌림은 그 뿌린 자에게 주거지와 거주권을 회복시켜 주었는데 깨끗해진 양심으로 그는 이제 하나님 백성의 삶과 예배에 참여할 수가 있었다. 거기에 저자는 질문을 던졌다. 만약 짐승의 피가 그런 능력을 가지고 있다면 하물며 그리스도의 피가 너희로 살아 계신 하나님을 섬기게 못하겠느냐는 것이다. 그리스도의 피의 무한한 효능은 그 피가 역사하는 씻음의 무한한 축복과 더불어 실로 그 피의 가치에 의해서만 측량될 수 있다.

그리스도의 피의 능력은 두 가지의 요소로 구성되어 있다. 하나는 그 피에 가치를 부여하는 것으로써 그 피 흘림이 증거가 되는 거룩한 순종인데, 이는 흠 없는 자신을 하나님께 드렸음을 표상하는 그리스도의 피라는 것이다. 그리스도는 성육신 하실 때에 어떻게 살아야 하는가를 하나님께서 정해주신 대로 그 삶을 살기 위해 오셨다. 예수는 하나님을 향해 자신의 뜻을 포기하였고, 자기 자신을 즐겁게 하는 대신 하나님께서 기뻐하시는 것을 구했으며, 하나님의 기쁘신 뜻대로 자신 안에서 하나님이 하나님을 충분히 계시하시도록 온 생애를 양보하였는데, 한 마디로 그 자신을 하나님께 드렸던 것이다. 그분은 피조물이 채우도록 마련된 자리를 차지하시고 채우셨다. 또한 거기에는 흠이 없었다. 그분의 자기희생은 완벽하고 완전하여 그의 피는 사람의 피지만 하나님의 눈에는 말할 수 없이 귀중한 것이었다. 그것은 완전한 순종의 체현(體現)이었다. 두 번째 요소는 영원하신 성령이 그 피의 생명 안에 계신다는 것이다. 그리스도께서 자신을 드린 것은 영원하신 성령으로 말미암아서였다. 육신이 되신 것은 말씀이었으며, 또한 사람 되신 영원하신 하나님의 아들이었다. 그 예수 안에 거한 것은 하나님의 생명이었다. 그 생명은 그 피 한 방울 한 방울에 무한한 가치를 부여했다. 사람의 피는 양의 피보다 더 가치가 있다. 왕이나 위대한 장군의 피는 수백 명의 병사들의 피보다 더 가치 있는 것으로 여겨진다. 하나님 아들의 피! 그 가치를 수치로 표현하려 한다는 것은 헛수고일 뿐이다. 우리가 말할 수 있는 모든 것은 그것이 그리스도 자신의 피요, 하나님 아들의 보배로운 피라는 것이다.

그렇게 큰 능력을 주는 것은 그 피의 이 이중적인 무한 가치로써 먼저는 무덤을 여는데 있어서였고 다음은 하늘을 여는데 있어서였다. 사망과 음부의 모든 권세를 이기고 그리스도에게 승자의 위치를 하나님 보좌 위에 준 것은 이것이었다. 그렇다면 이제 하늘 대제사장이 하늘 성소로부터 그 피를 가지고 나와서 양심에 뿌릴 때 얼마나 더 무궁한 효능의 씻음으로 우리의 양심이 깨끗해지겠는가!

우리는 양심이 무엇인지 안다. 그것은 우리에게 우리의 상태를 말해준다. 양심은 과거의 공과(功過)를 다룰 뿐만 아니라 특히 현재의 성실성이나 거짓됨을 다룬다. 그리스도의 피로 충분히 씻어져서 그 성결 능력을 충분히 의식하는 양심은 죄와 허물이 무한한 거리로 옮겨졌음을 느낀다. 그리고 역시 그 씻음은 담대히 하나님께 나아가는 것을 방해하는 끈질긴 부실성과 위선으로부터 양심을 멀리 옮긴다. 그것은 어두운 구름 없이 하나님을 바라보게 한다. 예수의 피가 우리에게 나아감을 보장하는 저 하나님의 얼굴에 있는 빛은 양심을 밝게 비추고 양심을 통하여 마음을 비춘다. 양심은 우리의 마음이나 내적 본성의 독립된 한 부분이 아니요 전심(全心)과 별도로 다른 상태가 될 수 있는 것도 아니다. 전혀 그렇지 않다. 몸의 나쁜 감각이 온 몸을 지배하듯이 양심도 우리의 전체 영적 성격을 지배하는 감각이며 순간순간 우리 자신의 옳고 그른 점을 유의하고 알게 하는 기능이다. 그러므로 양심이 깨끗해지고 온전해졌을 때 마음도 깨끗해지고 온전해 진다. 피가 하늘에 갖고 있는 능력이 여기 땅위에서 분여되는 것은 우리의 마음 안에서이다. 그리스도를 하나님의 임재 가운데로 인도한 피는 우리를 하나님께 인도하고 우리의 내적 존재 전부를 그곳에 데려간다.

아아, 그것을 실감토록 하자. 그리스도로 하여금 하늘에 들어가게 한 피의 능력은 또한 그분을 우리의 마음에 들어오게 하는 바로 그 피의 능력이다. 하나님의 거룩한 요구를 만족시키는 그 피의 충족성은 곧 우리의 마음과 삶의 요구를 채워주는 충족성이다. 그것이 언약의 피다. 그 피가 주는 세 가지 큰 약속은 하나님의 사죄 안에 있는 용서와 평안이고, 생명의 법을 우리 마음 안에 갖게 하는 순결과 능력이며, 우리에게 열린 하나님의 임재인데, 이것들은 피로 말미암아 우리를 위해 확보되었을 뿐만 아니라 그것을 분여하는 데에도 피가 한 몫을 하고 있다. 성령의 능력 안에서 그 피는 하늘 생명과 능력의 충만 가운데 강력한 신적 청결을 이루어 준다. 그리스도 안에 계신 성령은 그리스도께서 우리를 위해 피를 흘릴 때 우리를 그 능력의 동참자로 만든다. 그 피의 능력 안에서의 씻음을 충분히 아는 영혼은 죄에 대한 그리스도의 승리, 그분의 완전한 순종, 그분의 승귀(昇貴) 등의 축복도 잘 알 것이다.

1. 내 양심을 깨끗케 하는 피는 그리스도를 지성소에 들어가게 한 피다. 내가 지성소에 가기를 진실로 원하는 가운데 내가 그 피를 알고 존중하며 신뢰한다면 그 피는 내게도 지성소에 나아감을 줄 것이다.

2. 이 귀중한 피의 대속 능력으로 얼마나 완전하게 악한 양심의 모든 형적(形迹)이 지워지고 사라질 수 있는지! 그 피의 능력 안에서 지성소에 들어가셨고 거기서 다스리시는 우리의 대제사장은 그것을 우리에게도 참이 되게 하신다는 것을 믿자.

3. 다른 데서는 이 씻음을 "그리스도께서 그의 피로 우리를 씻는다"고 말하고 있다. 세탁할 빨랫감은 모든 때가 빠질 때까지 깊이 잠기고 적셔진다. 믿음과 인내로 우리의 전 내적 존재가 피에 잠기게 될 때 눈보다 더 희게 씻는다는 뜻을 알게 될 것이다.

69. 영원하신 성령으로 말미암아

9:14 하물며 영원하신 성령으로 말미암아 흠 없는 자기를 하나님께 드린 그리스도의 피가 어찌 너희 양심으로 죽은 행실에서 깨끗하게 하고 살아 계신 하나님을 섬기게 못하겠느뇨

사람들은 왜 무궁한 능력으로 죄와 사망을 정복하고 그리스도와 우리에게 하늘을 열어준 그리스도의 피가 성실한 신자에게 있어서까지 그 마음을 정결케 하고 하나님 임재의 기쁨 안에 있는 삶으로 그들을 끌어올리는데 큰 영향을 행사하지 못하는가 하고 의문을 제기할 것이다. 우선적인 대답은 우리가 그 피의 신적이며 무한한 가치를 실제적으로 통찰하는데 너무 소홀히 하고 있다는 것이다. 영원하신 성령의 능력으로 말미암아 흘려진 성자의 피는 필연적으로 다시 하늘을 향해 돌아가는 까닭에, 성령의 인도하심 안에서 믿음으로 말미암아 하늘에 있는 그 능력을 주목하며 전체 하늘에서 그 능력이 어떻게 증거되는가 하는 것을 볼 때, 우리는 그 피가 인간의 모든 상상을 초월한 능력 안에서 우리를 하나님의 임재 안에 지켜줄 것을 구하고 받을 것이다. 피 흘림을 주관했던 바로 그 영원하신 성령께서는 그 피 뿌림이 우리 안에 있게 할 것이며, 실로 우리로 하여금 그 피가 하나님의 하늘 임재 안에서 성취한 것에 동참자가 되게 할 것이다.

이것이 피의 숭고한 효력에 대한 가르침이다. 만약 그 피가 영원하신 성령으로 말미암아 자신을 하나님께 드린 분의 것이라면, 그리고 그 피가 그것을 하늘로 가져가신 성령의 능력과 생명 안에 있고 이제 하늘에 간직되었다면, 우리는 그 성령께서 피를 가지고 그 피 안에서 역사하신다는 것을 확신할 수 있다. 땅위에 "증거하는 이가 셋이니 성령과 물과 피라"(요일 5:8). 성령과 피는 언제나 함께 간다. 우리는 그 피의 능력에 대한 믿음을 우리가 이해할 수 있는 범위로 우리의 마음속에서 제한하여서는 아니 된다. 성령의 은밀하면서도 능력 있는 역사하심으로 말미암아 우리의 지각을 초월하는 차원에서 그 피의 하늘 효능이 유지되기를 바랄 수 있도록 우리의 믿음은 폭이 넓어져야 한다. 마치 그리스도가 지상과 천상에서 볼 수 없는 하나님의 가시적 계시인 것처럼, 성령께서는 또한 보이지 않는 그리스도의 생명과 대속의 분여자가 되신다. 성령께서는 내적 생명의 능력이시다. 우리 안에서, 아니, 우리가 가까이 갈 수 없는 우리 존재의 깊은 곳

에서 영존자이신 성령께서는 자기에게 몸을 드린 자들 안에 죄를 정결케 하며 하나님의 임재로 나아가는 삶을 주는 하늘 능력을 유지하신다. 성령 안에서 매 순간 그 피가 가져오는 강력하고도 신적이며 말로 다 할 수 없는 능력과 축복을 충만히 알 만한 사람에게는 그 피 흘림이 영원하신 성령으로 말미암아 왔음을 기억하게 하신다.

이와 관련하여 더 배울 교훈이 아직 남아 있다. 성령께서는 피의 능력을 적용하실 뿐만 아니라 동시에 그 피의 영적 의미를 계시하신다. 그 피는 단순히 육체적인 고난과 죽음의 행위로부터 만이 아니라 피를 흘릴 때 그리스도의 힘이 되어준 내적 생명과 성향으로부터도 그 가치를 갖는다. 그 피는 흠 없는 자신을 하나님께 드린 어린양의 피로써 그 피로 말미암아 우리의 마음은 하늘의 살아있는 교제로 이끌린다. 자신을 드림과 자기희생은 그 피가 표상하는 그분의 성향이었고 이로 인하여 그 피는 가치를 갖는다. 영원하신 성령께서는 그 피의 능력을 분여하는 곳에 이 성향을 분여한다. 그리스도는 자신을 낮추셨고 죽기까지 순종하셨다. 자신의 피를 흘린 하나님의 어린양으로서 그리스도는 온유와 겸손과 하나님의 뜻에 대한 자원하는 복종의 화신이었던 것이다. 우리 속에 있는 죄의 뿌리와 자연 생명은 바로 우리의 자만이요 자의(自意)인데, 영원하신 성령으로 말미암아 그리스도의 피가 흘려졌고 우리 마음에 그 피 안의 본성이 적용되기 때문에 우리가 그 어린양의 피에 씻길 때에는 바로 온유와 유순과 순종의 그 성령께서 역사하시는 것이다. 우리는 옷을 빨 때 물이 모든 때를 씻어줄 때까지 어떻게 그 옷들이 물에 담가지는지를 알고 있다. 영원하신 성령께서 보배로운 피 흘림을 가져오고, 열매를 맺는 그 생명과 능력 안에서 역사하시는 까닭에 예수 그리스도의 피는 모든 죄를 씻는다. 이것이 우리 양심의 죽은 행실을 씻고 살아 계신 하나님을 섬기게 하는 능력이다. 그 피는 죄 사함을 위한 우리 믿음의 첫 번째 대상으로써 땅 위에 흘려졌을 뿐만 아니라 영원하신 성령으로 말미암아 하늘의 영적 생명 안에 영화롭게 되어서, 우리를 참으로 내적 성소 안으로 이끌며 우리로 하여금 하나님을 살아계신 하나님으로 섬기게 한다. 그리스도께서 우리의 타락한 본성을 짊어지셨을 때 오직 영원하신 성령만이 그 본성을 정복하고 대속할 수 있었던 것처럼, 아담 후손의 타락한 영혼과 몸도 오직 그 정복과 대속의 성령만이 그리스도의 인성 안에서 역사하셨던 것처럼 그 안에 실제로 사시고 활동하시면서 그것을 정복하고 대속할 수 있으시다.

우리는 이것을 우리 마음에 이루기 위하여 보내심을 받은 성령 즉 하나님 아들의 영의 시대에 살고 있다. 그것은 내면적 생명의 시대로써 거기서 우리는 하나님 임재의 비밀인 내적 성소로 이끌려 가고, 내적 성소는 우리 안에서 발견되는데 그 은밀한 내면적 장소는 하나님의 성령만이 통달할 수 있으시다. 그 감추어진 깊음 속에 하나님께서 자신을 위해 준비하신 처소가 있고, 그 속사람 안에서 성령께서는 감정과 이성을 초월하여 우리를 정결케 하며 하나님께 가까이 이끄는 그리스도의 피의 능력을 나타낸다. 아아, 우주의 이 무한한 신비를 신뢰하자. 그리고 무엇보다도 하나님의 어린양 되신 그리스도의 피가 우리 안에서 영원하신 성령으로 말미암아 우리를 깨끗케 하고 우리 안에 하나님의 임재를 계시하는 충만한 역사를 계속 이룬다는 신비의 사실도 신뢰하자.

1. 하나님 아들의 피가 뿌려진 마음, 우리 위에 있는 그 아들의 피와 더불어 날마다 하나님 앞으로 걸어가는 것, 그리고 하나님의 어린양이 자신의 피로 씻어진 우리를 보고 계신다는 것을 아는 것이 이 어떤 축복인가! 아아, 영원하신 성령께서 이 모든 것을 우리에게 분명히 가르쳐 주시는 것이야말로 우리에게 필요한 것이다.

2. 만약 우리의 믿음이 우리가 이성으로 알 수 있는 것만을 믿는다면 당연히 그 피의 능력은 아주 적게 역사한다. 우리가 이해하는 것 안에서만 믿음을 갖지 말고 하나님을 믿으며 그리스도의 피와 그리스도의 영이 가져오는 무궁한 하늘 영광의 실재를 믿자.

3. 얼마나 부드럽고 주의 깊고 거룩한 경외함이 어린양의 피로 뿌려진 마음, 즉 복된 실재의 충만하고 살아있는 자각 속에 사는 영혼 위에 오는가!

4. 그 피가 의미하는 모든 것을 이해하기 위해 노력하기를 유념하든지 그렇지 않으면 그러기를 실패했을 때 오는 절망을 각오하라. 하늘에 있는 그 피는 신적이며 불가사의한 신비이므로 그 효능을 믿는 믿음으로 만족하라. 성령께서 능력으로 마음속에 오실 때 그분은 우리의 지각을 훨씬 초월하는 능력 가운데서 그 귀한 피를 우리에게 적용하신다.

70. 살아계신 하나님을 섬기게 하는 피의 능력

9:14 하물며 영원하신 성령으로 말미암아 흠 없는 자기를 하나님께 드린 그리스도의 피가 어찌 너희 양심으로 죽은 행실에서 깨끗하게 하고 살아 계신 하나님을 섬기게 못하겠느뇨

우리는 그리스도의 피에 씻음을 구속의 완성이며 구속의 최종 목적으로 간주해서는 결코 아니 된다. 그것은 단지 보다 높은 목표, 즉 살아 계신 하나님을 섬길 수 있도록 변화시키는 역사의 시작이요 수단일 뿐이다. 그것은 영원한 생명을 소유하시고 분여하시는 하나님과의 교제를 회복시키는 것이다. 피는 그 자체의 효능으로써 죽은 행실과 율법의 일과 자아(自我)의 일로부터 씻음을 주고 살아 계신 하나님과의 살아있는 관계로 이끌어 준다. 하나님과 그 하나님과의 교제, 하나님의 사랑 안에 있는 생명과 봉사, 살아계신 하나님과 그 임재하심의 즐거움, 이것이 구속의 목적인 것이다.

살아계신 하나님! 이 명칭은 구약 성경에서 이방인들의 죽은 우상과 대조적으로 사용되었다. 신약에 있어서 그것은 우리가 하나님의 형상을 만드는 위험을 우리에게 지적해 주는데 그 우상은 나무나 돌로 만든 것이 아니요 우리의 마음과 생각 속에 생명도 없고 진리도 없는 상상만의 모형인 것이다. 종교에 있어서 먼저 필요로 하는 것은 우리가 무궁한 생명과 힘의 능력 안에서 스스로 계신 하나님을 믿는 일이며 우리의 믿음이 그분을 살아계신 하나님으로 실제로 아는 것이다. 그분은 살아계신 하나님이시다. 그분은 말씀하시고 들으신다. 그분은 느끼시고 행동하신다. 하나님은 자신이 우리에게 가까이 계시고 우리가 가까이 나아갈 때 우리를 받으시는 분이심을 우리에게 알게 하시는 능력을 갖고 계신

다. 살아계신 하나님에 대한 지식은 살아있는 믿음, 살아있는 교제, 산 봉사의 기초가 된다. 살아계신 하나님으로서 그분은 모든 것이 되시며, 모든 것을 하시고 모든 것을 채우시며 영원히 계셔서 영원히 일하시는 하나님이시다.

살아계신 하나님을 섬기는 것! 피조물(被造物)의 영광은 하나님을 섬기는 것이요, 하나님께서 자신의 충만을 부어주는 그릇이 되는 것이며, 하나님께서 하나님의 영광을 보여주는 통로가 되는 것이고, 하나님의 목적을 이루시는 수단이 되는 것이다. 이것이 곧 사람이 하나님의 형상으로 창조되었다는 뜻이다. 구속의 전체적인 목적은 하나님께 대한 살아있는 봉사의 생명으로 우리를 회복시켜 주는 것이다. 지성소가 피에 의하여 섬김의 처소로 우리에게 열린 것은 다 이를 위한 것이다. 우리의 양심이 섬김을 위해 적합토록 피에 씻긴 것도 모두 이것을 위한 것이다. 지성소 안의 삶은 모든 것이 하나님의 영광과 임재를 지각하는 가운데 하나님의 영광을 향하여 행해지는 삶이고 하나님께 대한 섬김만을 목적하는 삶이다.

이스라엘의 제사장들도 마찬가지였다. 그들은 피 뿌림으로 말미암아 구별되었다(출 29:19,20). 이렇게 하는 목적은 그들로 하여금 하나님 앞에 모셔서며 하나님을 섬기고 하나님의 이름을 복되게 하려는 것이었다(신 10:8). 많은 신자들이 구속의 충만한 기쁨과 능력 속에 들어가지 못하고 휘장 안의 삶에 이르지 못하는 하나의 큰 이유는 그들이 그것을 구하되 자신들을 위하여 구한다는데 있다. 지성소에 나아감을 구하고 하나님과의 정결한 교제의 기쁨을 구하며 정결케 하는 피의 능력을 구하되 다만 거룩함이나 행복 안으로 가기만을 위해서 구하지 않도록 주의하자. 성소와 제사장의 전체적인 제정은 하나님 앞에 나아가 하나님을 섬기고 밖에 나와 백성에게 축복이 되는 것이다. 그리스도께서는 섬기기 위해 자기 피로 휘장 안에 들어가셨고, 그 피의 능력으로 성소의 섬기는 자가 되셨으며, 그 피로 말미암아 사람들을 깨끗케 하사 그들로 휘장 안에 들어가게 하셨다. 정결케 하며 휘장 안에 들어가게 하고 사람들을 축복하는 제사장직에 참여케 하는 피의 능력을 아는 것은 우리가 합당하게 그것을 구할 때 살아계신 하나님을 섬기도록 할 것이다.

하물며 그리스도의 피가 어찌 너희 양심으로 죽은 행실에서 깨끗하게 하고 살아 계신 하나님을 섬기게 못하겠느뇨 정결케 함은 섬김을 위한 것이다. 바깥뜰에 있는 백성과 성막 안에 있는 제사장 사이에는 커다란 차이점이 있었다. 전자는 피가 제단 위에 뿌려지는 것을 보았고 죄 사함을 믿었으나 피는 그들의 인격에 적용되지 않았다. 제사장들은 피 뿌림을 받았는데 그것은 저들이 성소에 들어가 거기서 하나님을 섬기게 하기 위한 것이었다. 우리는 아직도 바깥뜰 신자들을 보게 되는데 그들은 갈보리를 바라보고 죄 사함은 믿으나, 성령으로 말미암아 하늘로부터 보다 직접적이며 능력 있는 피의 효용을 주는 것, 즉 하나님께 나아가는 것은 알지 못한다. 아아, 하나님께서 우리 안에서 우리로 말미암아 멸망하는 사람들에게 필요한 것을 이루시도록 하나님을 섬기기 위하여 온전히 구별되고 하나님께 전적으로 드려진 제사장으로서 우리들 자신을 내어드리자. 이 섬김을 위한 우리들의 성별은 하나님의 임재 가운데 충만히 들어가 참으로 거기 거하는 것만이 하나님의 일을 하기에 합당하게 되는 것이라는 사실을 깨닫게 되는 까닭에 우리로 하여금 보다 강력한 보혈의 경험을 간절히 요구하게 할 것이다. 정결케 함의 목적이 오직 섬김을 위한 것이라는 사실을 우리가 알고 인정하면 인정할수록 섬김의 능력이 오직 자신을 정결케 함에 있다는 것을 우리가 더 알고 경험하게 된다.[3]

하물며 그 피가 어찌 죽은 행실에서 깨끗하게 하고 살아계신 하나님을 섬기게 못하겠느뇨! 만약 우리가 우리 자신 안에서나 주위에서 우리들의 믿음생활에 살아계신 하나님의 능력과 임재를 경험상 조금밖에 알지 못한다면 바로 여기에 그 이유가 있는 것이다. 만약 우리의 신앙생활에 죽은 행실이 여전히 성행하고 기도나 말씀을 가르침에 있어서나 가정생활과 주변 사회의 일에 있어서 신앙적 삶의 본분이 하나님의 생명과 성령의 능력이 없이 이루어진다면 그 원인이 되는 교훈을 배우자. 즉 살아계신 하나님을 섬길 수 있도록 우리를 바꿔 주는 것은 영원하신 성령에 의하여 지성소에 가지고 간 피의 효과적인 씻음(聖潔)에 달려

---

3 "그 피는 희게 하는 요소를 포함한다 (계 7:14). 사람뿐만이 아니라 그 옷까지도 희게 한다. 이것은 씻음 이상이다. 그것은 그리스도의 변형시의 옷(마 17:2)과 천사들의 긴 옷(마 28:3), 하늘의 옷(계 4:4), 심판의 보좌와(계 20:2) 및 눈보다 흰 것과 관련하여 쓰인 단어이다. 어떤 권세와 어떤 탁월성과 어떤 가치를 이 피가 가지고 있는가! 참으로 영광스러운 것이다." - H. Bonar

있는 것이다. 성령에 의하여 입증된 그 피는 우리를 지성소로 이끌어 하나님이 우리에게 살아계신 하나님이 되시게 한다. 지성소의 생명을 우리 마음 안에 가져오는 그 피는, 모든 죽은 행실과, 우리 자신의 힘으로 어떤 것을 하려는 온갖 시도와, 모든 소망으로부터 우리의 양심을 깨끗케 하고, 하늘로부터 오는 생명의 능력 가운데 하늘의 하나님을 섬기도록 우리는 이제 구속이 되었으며, 자유를 얻었고, 하늘로부터 능력을 입히운 바 되었다는 것을 자각하게 한다. 그리스도의 피는 실로 우리가 살아계신 하나님을 섬기도록 우리를 씻어주는 것이다.

1. 만약 제사장이 직무를 수행하려는 것이 아니라면 피에 의한 제사장적 성별과 성소에 들어가기를 구하는 것이 얼마나 헛된 일일까. 그 헛된 시도를 포기하자. 우리들의 이웃을 위한 하나님의 종으로서 살아계신 하나님을 섬기기 위한 피의 능력을 구하자. 우리에게 분여하시는 우리 대제사장의 내적 생명 전체는 두 가지 요소로 구성되어 있는데 한편으로는 하나님 뜻 안에 있는 생명이고 또 한편으로는 사람들을 향한 자기희생의 사랑 안에 있는 생명이다.

2. 제사장들은 성막에 담대히 들어감으로써 자기들에게 뿌려진 피를 존귀하게 했다. 우리도 그 피가 지성소에 있고 살아계신 하나님을 섬기는 삶의 능력을 준다는 것을 믿음으로 어린양의 피를 존귀하게 하자.

3. 양심은 내가 어떻게 나 자신을 생각해야 하는지를 나에게 말해준다. 피는 하나님께서 나를 어떻게 생각하는지를 말해준다. 그 피로 씻어진 양심은 피 안에서 자랑하는 양심이고 하나님의 거룩하심과 성실하심 안에서 우리가 세상을 살아가는 양심이다.

4. 그리스도께서는 자신을 위해서가 아니라 우리를 위하여 지성소에 들어가셨음을 실제로 배우라. 그러면 우리도 우리를 위해서 뿐만 아니라 다른 사람들을 위해서 그리스도의 피와 성령 안에서 지성소에 들어가게 될 것이다.

71. 언약을 확증하는 예수 그리스도의 죽음의 능력

9:15 이를 인하여 그는 새 언약의 중보니 이는 첫 언약 때에 범한 죄를 속하려고 죽으사 부르심을 입은 자로 하여금 영원한 기업의 약속을 얻게 하려 하심이니라
9:16 유언은 유언한 자가 죽어야 되나니
9:17 유언은 그 사람이 죽은 후에야 견고한즉 유언한 자가 살았을 때에는 언제든지 효력이 없느니라

제 8장에서 우리는 하늘에 계신 하나님께 대하여와 지상의 우리 마음에 대하여 우리 주님 예수께서 행하시는 이중 사역을 표상하는 두 가지 이름이 그분께 주어진 것을 기억한다. 성소의 부리는 자로서 그분은 하나님의 임재 가운데 계시어 우리를 향한 성소의 은혜를 주관하시고 우리로 하여금 그 임재를 즐기게 하신다. 새 언약의 중보로써 그분은 이 땅 위에 있는 우리 마음에 역사하시어 하나님의 법, 즉 그분 자신의 생명의 성령의 법을 우리 마음에 주시고 우리를 성소에서의 예배와 교제에 합당하게 하신다. 본 장의 전반에서 우리는 어떻게 그리스도께서 성소의 부리는 자로서 자기 피로 말미암아 성소를 여시고 거기에서 영원한 구속을 주관하시는지를 알아보았다. 그분은 우리의 양심을 깨끗케 하심으로 그것을 행하시되, 하늘을 능히 열고 살아계신 하나님을 섬기도록 그리로 들어가게 하는 그 피의 능력 안에서 하신다. 본 장의 후반에서 이제 하나님께서는 그리스도를 새 언약의 중보로서 말씀해 주신다. 그리스도께서는 성소에 봉헌한 그 피로 또한 새 언약을 세우셨다.

이를 인하여 그는 새 언약의 중보니 부르심을 입은 자로 하여금 영원한 기업의 약속을 얻게 하려 하심이니라 약속이란 단어는 더 좋은 약속들을 위해 맺어진 더 좋은 언약에 관하여 언급된 것을 상기시킨다. 후사(後嗣)라는 단어는 하나님의 맹세와 믿음을 통하여 약속을 상속받는 것을 상기시킨다. '영원한'이란 단어는 무궁한 생명의 능력으로 모든 일을 행하시는 영원하신 제사장으로써 우리의 멜기세덱에 대하여 우리가 들은 모든 것을 생각나게 한다. 그리스도께서는 이 새 언약의 중보가 되셨는데, 그것은 마음에 기록된 법과 하나님과의 충만한 인격적 교제의 약속 안에서 지금도 증거되는 영원한 후사의 약속과 영원한 생명의 축복을 상속받게 하려는 것이요, 그 약속을 반드시 이루어 받는다는 것을 확증하는 것이다. 그러나 이것은 첫 언약 때에 범한 죄를 속하는 죽음이 있기 전에는 그럴 수

없는 것이었다. 첫 번째 언약은 하나님의 천명(天命) 안에서 구속력을 갖는 것인 까닭에 그것이 요구하는 바가 전적으로 충족되기 전에는 새 언약은 시행될 수 없는 것이다. 첫 언약을 만족시키는 것, 즉 그것이 보고 정죄한 죄에서의 구속은 죽음이 아니고는 달리 방법이 없었다. 저자가 피에 관한 말에서 의미하던 모든 것은 이제 죽음이라는 표현에 다 포함된다. 표제어의 변경은 어떻게 두 단어가 하나인지를 우리에게 상기시켜 준다. 피는 죽음으로 말미암아 흘려진 것이고 죽음은 피 흘림을 위한 것이었다. 피 흘림과 죽음은 죄를 담당하고 속함으로써 죄와 그 권세로부터 해방하기 위한 구속이요 속전인 것이다. 옛 언약에 관계된 모든 죄는 정당하게 처리되었는데 옛 언약이 할 수 있는 모든 요구는 그리스도의 죽음이 만족케 함으로서 해소된 것이다. 그럼으로써 새 언약의 중보자는 자신의 희생으로 죄를 없이하고 하나님의 은총과 능력 안에서 새로운 삶이 시작되는 길을 엶으로써 전혀 새로운 질서를 창시한 것이다.

이제 작지 않은 어려움을 안겨주는 두 절을 따라가 보자. 희랍어 한 단어에 대하여 영어는 뜻이 전혀 다른 두 단어를 갖고 있다. 양 당사자 간의 계약인 언약(Covenant)이란 단어와 한 쪽에서 그의 재산을 다른 쪽에 넘겨주는 계약인 유언(Testament)이란 단어는 희랍어에서는 같은 단어이다. 전체 성경을 통해서 그 단어는 언약으로 번역되었는데 아래의 두 절에서만 예외였다. 여기에서 그 요지는 유서 또는 유언(will)을 의미하는 것이 필요하다. **유언은 유언한 자가 죽어야 되나니 유언은 그 사람이 죽은 후에야 견고한즉 유언한 자가 살았을 때에는 언제든지 효력이 없느니라** 그것은 마치 저자가 영원한 상속을 받는 자들에 대하여 방금 말한 것으로부터 시작하여 모든 면에서 그 죽음이 어떻게 불가피하다는 것을 증명하기 위해 그 희랍어의 다른 뜻을 사용하고자 잠시 예외의 장으로 나아간 것처럼 보인다. 그는 그리스도의 죽음을 그 언약이 비준된 제물로 말하였다. 이 사상을 확인하기 위하여 그는 "유언한 자가 죽을 때 그는 가버리고 그 상속자가 그 자리를 차지하는데 예수도 이와 같이 만유의 상속자로되 그의 죽음으로 모든 것을 포기함으로써 우리가 그분의 자리를 차지하며 모든 것을 상속받게 되는 것이다"라고 말하는 것이다.

하나님께서 우리의 마음이 그것을 받아들이도록 해주시기를 바란다. 그 죽음이 이루어진 것이다! 이제 그 계약은 유효하다. 지난날의 죄의 구속은 성취되었고, 우리는 영원한 상속에 관한 약속을 이행하도록 요구하고 받게 되었다. 그 죽음이 이루어진 것이다! 이제 그 계약은 유효하게 된 것이다. 그 계약을 체결한 자는 그가 가졌던 모든 것과 그가 우리를 위해 성취하신 모든 것을 완전히 우리의 것으로 하기 위해 죽으신 것이다. 그리고 하나님을 찬양할지니, 다른 어떤 계약의 당사자로써가 아니라 우리를 상속물의 완전한 소유자로 만들고 그 자신 최고의 상속물이자 기쁨이 되시기 위하여, 하나님의 임재 가운데 우리를 보전하기 위한 성소의 부리는 자로서, 그리고 우리의 마음이 그 모든 축복을 충만히 누리도록 하는 새 언약의 중보로서, 그분은 다시 살아계시는 것이다.

1. 모든 사람은 어떻게 유언이나 유서가 절대적으로 죽음을 요구하는지를 이해할 수 있다. 이것은 우리가 죄의 구속을 위해서는 더 더욱 준엄한 계약이 죽음을 요구한다는 것을 믿는 데에 도움을 준다. 계약 당사자의 죽음이 상속자로 하여금 약속된 것을 온전히 소유케 하는 것과 같이 중보자의 죽음은 모든 죄로부터 완전한 구속을 이루었다.

2. 그리스도의 죽음으로 인하여 옛 언약은 마무리되었고 그리스도의 피로 인하여 새 언약은 굳게 세워졌다는 사실을 굳게 붙들자. 두 번째 언약은 성소에 들어가서 거기에 살 수 있는 올바른 상태로 우리의 마음과 삶을 보전하는 것과 전적으로 관련되어 있다. 그 새 언약이 이루어질 수 있으며 또한 이루어질 것을 믿자.

72. 첫 언약도 피 이는 아니하나니

9:18 이러므로 첫 언약도 피 없이 세운 것이 아니니
9:19 모세가 율법대로 모든 계명을 온 백성에게 말한 후에 송아지와 염소의 피와 및 물과 붉은 양털과 우슬초를 취하여 그 책과 온 백성에게 뿌려
9:20 이르되 이는 하나님이 너희에게 명하신 언약의 피라 하고

9:21 또한 이와 같이 피로써 장막과 섬기는 일에 쓰는 모든 그릇에 뿌렸느니라
9:22 율법을 좇아 거의 모든 물건이 피로써 정결케 되나니 피 흘림이 없은즉 사함이 없느니라

저자는 여기서 15절의 언약(言約)에 대한 주제로 돌아간다. 거기서 그는 상속자들로 하여금 약속을 받게 하기 전에 첫 언약 아래에서 범한 죄를 속하기 위하여 새 언약의 중보 되신 그리스도에게 죽음이 필요하다는 것을 말했다. 이 필요성을 확증하는 과정에서 저자는 우리에게 어떻게 첫 언약도 피 없이는 아니하는가를 상기시킨다.

하나님께서는 사람과 여러 언약을 맺으셨지만 언제나 피 없이는 아니 하셨다. 그렇다면 그것은 무엇 때문인가? 우리는 그 답을 레위기 17:11에서 찾는다. "육체의 생명은 피에 있음이라 내가 이 피를 너희에게 주어 단에 뿌려 너희 생명을 위하여 속하게 하였나니 생명이 피에 있으므로 피가 죄를 속하느니라." 생명은 피에 있다. 피 흘림은 죽음의 표현이요, 생명을 취해 가는 것의 증표이다. 죄에 대한 하나님의 심판이 있는 곳에는 언제나 사망이 있다. 사망의 쏘는 것은 죄이다(고전 15:56). 제단 위에나 사람에게 뿌려진 흘린 피는 죽음을 당하였다는 증거요 속죄가 된 그 범죄에 대한 형벌을 이미 받았다는 증거이다. 어떤 경우에 있어서는 희생제물의 머리 위에 손을 얹고 대속 받을 죄를 자복한 후 그 죄를 전가시킨다. 제단 위에 흘려진 피는 대속물의 죽음을 하나님이 받으셨다는 보증이었고, 죄들은 피로 가려졌으며 죄인은 하나님의 은총 안으로 회복된 것을 증명한다. 피 흘림이 없은즉 사함이 없는 까닭에 피 흘림 안에서 완전하고 영원한 사함이 있는 것이다.

피 없이는 아니하신다! 이것은 낙원의 문전에서 있었던 아벨의 제사로부터 계시록의 구속함을 받은 자들의 노래에 이르기까지 전체 성경을 통하여 울리는 놀라운 선율(旋律)이다. 하나님께서는 타락한 인간을 다시 하나님 자신과의 교제 가운데로 인도하여 인간이 하나님 자신의 마음과 사랑 가운데 구원되도록 하시고 그와 언약을 맺으시며 이 모든 것을 완전히 보증하시되 피 없이는 아니하신다. 하나님 자신의 아들이시며 전능하시고 전혀 완전하신 자이시며 하나님의 영원한 사랑의 선물이신 그리스도마저도 피 없이는 아니하신다는 말씀을 따라서만 우리를 구속하시고 하나님의 임재 가운데로 들어가실 수가 있었다. 그

러나 하나님을 찬양할지니 영원하신 성령의 생명이 내재하는 하나님 아들의 피가 드려짐으로써 이제 영원한 속죄가 이루어진 것이다! 그분은 실로 우리의 죄를 지시고 가져 가셨다. 그분은 그 자신을 제물로 드림으로써 죄를 없이 하셨다. 자신의 피 흘림 속에 그리스도께서 부어넣은 생명은 죄를 정복하고 완전한 순종을 주었다. 하나님과 사람에게 복종하는 가운데 그 생명의 완성으로서의 피 흘림은 죄를 도말하고 없이하는 완전한 속죄를 이루었다. 그러므로 하나님께서 그 안에서 우리의 죄를 다시 기억치 아니하시는 새 언약의 피는 하나님의 법이 기록되도록 우리의 마음을 씻어주고, 그 법의 영(Spirit)이 우리의 생명의 영이 되며, 우리로 하여금 하나님과의 충만하고도 직접적인 교제를 가질 수 있도록 한다. 하나님께서 우리 주님 예수를 죽은 자 가운데서 다시 살리신 것도 이 영원한 언약의 피 안에서였는데, 피는 죄를 속하고 죄를 끝냄으로써 그 능력 안에서 그리스도께서 다시 부활하신 것이다. 그 피는 그분에게도 새 생명의 능력이 되었고 우리에게도 새 생명의 능력이 되었다. 피로 말미암아 그리스도께서는 우리를 위하여 지성소로 가는 길을 여셨고 그분 자신을 위하여 우리 마음 안으로 들어오는 길을 여셨다.

피 없이는 아니하신다! 천상천하에서 우리 삶의 매 순간마다 예배의 모든 상념(想念)과 행위(行爲)에 대하여 이 말은 최고의 지배적인 위치를 갖는다. 하나님의 복되신 아들의 피와 죽음 안에서가 아니라면 하나님과의 교제는 존재하지 아니한다. 그러므로 하나님을 찬양하자! 그 피 안에 지각을 초월하는 하나님께 나아감과 교제가 있고 생명과 축복이 있으며 친밀과 사랑이 있다는 것이다. 그 피가 한 것과 할 수 있는 것에 대한 넓은 시각을 갖도록 노력하자. 어떤 사람들은 때때로 그 말씀을 거부하는데 그들의 주장은 누추하고 보다 세속화한 문화적 변형의 아류(亞流)일 뿐이다. 다른 사람들은 그것을 거부하지는 않지만 그것에 공감하지도 않고 그것이 신학이나 헌신의 문제로 나올 때 설자리를 주지 않는다. 그러나 이상한 매력, 즉 그 말씀이 갖는 저항할 수 없는 인력은 다 이유가 있기 때문이다. 성경에는 모든 신학을 이것처럼 쉽게 요약할 수 있는 단어가 없다. 죄와 죽음에 대하여, 그리스도의 성육신과 사랑에 대하여, 속죄와 구원에 대하여, 정복된 죄와 사망에 대하여, 열린 하늘과 성령을 부으심에 대하여, 새 언약의 축복과 온전한 양심과 정결케 된 마음에 대하여, 하나님께 나아감과 하나님을 섬기는 능력에 대하여, 그리고 예수와의 개인적인 연합과 영생의 기쁨에 대하여 성경이 가르치는 모든 것은 오직 하나 고귀한 그리스도의 피, 즉 영원한 언약의 피에 그 뿌리와 열매를 갖고 있는 것이다.

1. 스타인하퍼(Steinhofer)가 하는 말을 들어보자:
   "그 피 한 방울은 성소로부터 나와서 마음에 뿌려져, 온 마음을 변화시키고 양심을 온전케 하며, 영혼을 거룩하게 하고 옷을 눈과 같이 깨끗케 함으로써, 우리로 하여금 하나님과의 교제를 갖게 하고 하나님의 사랑가운데서 살도록 한다. 예수의 피가 뿌려져 정결케 된 마음은 새 언약의 모든 은총과 하늘의 모든 은사와 모든 신적 사랑의 거룩한 경륜과 하늘 처소의 모든 영적 축복을 받기에 합당하다. 어린양의 피는 실로 죄인을 순결하고 거룩케 하여 내적 성소가 갖고 있는 모든 것에 동참하고 하나님 안에서 살기에 그만한 가치가 있고 합당하게 한다. 그러므로 사도는 "우리가 피뿌림을 받아 악한 양심으로부터 마음을 깨끗케 하였으니 하나님 앞에 담대히 나아가자"라고 말하였다(히 10:22 참조). 피 뿌림을 받는다는 것, 즉 살아있어 정결케 하며 모든 것에 침투하는 예수의 피의 능력을 마음속에 갖는다는 것은 의문(儀文)의 묵은 것으로가 아니라 영(靈)의 새로운 것으로 하나님을 섬기기에 합당하게 한다."

73. 피로서 정결케 된 하늘

9:23 그러므로 하늘에 있는 것들의 모형은 이런 것들로써 정결케 할 필요가 있었으나 하늘에 있는 그것들은 이런 것들보다 더 좋은 제물로 할지니라
9:24 그리스도께서는 참 것의 그림자인 손으로 만든 성소에 들어가지 아니하시고 오직 참 하늘에 들어가사 이제 우리를 위하여 하나님 앞에 나타나시고

앞의 절들에서 우리는 첫 언약을 피로 봉헌할 때 어떻게 그 피가 책과 백성에게, 그리고 다음에 장막과 섬기는 일에 쓰는 모든 그릇에 뿌려지는지를 보았다. 하지만 저자는 우리에게 땅 위에서의 피 흘림은 충분하지 못하며 하늘에 있는

그것들 자체는 하늘이 우리에게 열리기 전에 그리고 우리가 하나님의 임재 안에 있는 생명으로 나아감을 얻기 전에 더 좋은 제물의 피로 씻을 필요가 있다는 것을 말한다. 거기에는 우리를 송사하여 피어오를 죄의 흔적이나 표시가 남아 있어서는 아니 된다. 하늘에 있는 것들 자체는 더 좋은 제물과 그 피의 능력으로 씻어야 했기 때문에 우리의 보증이신 그리스도께서는 자기 피로 하늘 자체에 들어가시어 이제 우리를 위하여 하나님 앞에 나타나셨다. 그리스도께서는 우리를 위하여 하늘에 들어가셨고 하늘에 있는 것들 자체는 씻어졌던 것이다. 이것이 여기에서 우리에게 제시된 영원한 속죄의 두 국면이다.

하늘에 있는 것들 자체가 씻어졌다. 이것이 무엇을 의미하는가? 우리는 하늘이 구름에 가리어져 있을 때 어둡고 캄캄한 것으로 말한다. 거기엔 햇빛이 비치고 있지만 구름이 가리고 있다. 구름이 사라지면 하늘은 광명으로 밝아진다. 하나님의 말씀은 구름처럼 피어오르는 우리들의 죄를 하나님 앞의 연기(사 65:5)라고 표현한다. 우리의 죄는 하나님 앞에 올라가 하나님의 임재 가운데 있으며 하나님의 기념책에 기록되어 복수를 부르짖고 있다. 하나님께서는 "내가 네 허물을 빽빽한 구름의 사라짐 같이 네 죄를 안개의 사라짐 같이 도말 하였으니"(사 44:22)라고 이스라엘에게 말씀하셨다. 장막에 피가 뿌려져 이스라엘 자손의 모든 더러움으로부터 장막을 씻어주고 깨끗케 하듯이 하늘에 있는 것들 자체는 그리스도의 피로 씻어야 한다. 피를 가지고 들어갔을 때 죄악 된 생각의 모든 흔적은 하나님의 임재 밖으로 옮겨졌고 하늘은 정결케 되었으며 맑고 밝은 가운데 하나님의 사랑은 한 낮의 영광으로 비치게 되었다.

이것은 그리스도께서 손으로 만든 장막이 아니라 하늘 그 자체에 들어가 이제 우리를 위하여 하나님 앞에 나타나셨기 때문이다. 이것이 그리스도의 하늘 대제사장직과 참 성소와 언약의 피에 대한 모든 가르침이 인도해 가는 대 강령이다. 이제 하늘은 우리에게 열렸다. 그리스도께서는 단순히 자신을 위해서가 아니라 전적으로 우리를 위해 하나님 앞에 서기 위하여 들어 가셨다. 그렇다, 우리를 위하여, 우리로 하여금 거기에 들어갈 담력을 얻게 하기 위하여 들어가신 것이다. 그리스도의 들어가심은 열린 휘장을 통하여서였으나 이제 하나님과 우리 사이에는 휘장이 없다. 우리는 충만한 믿음으로 하나님께 가까이 나아가도록 부름 받는다. 우리는 너희는 하늘의 예루살렘과 하나님께 나아오라는 가르침을 받는다. 하나님 면전에, 하나님의 임재 가운데, 이제 영혼의 처소가 있다. 천국은 범위를 가진 위치일 뿐만 아니라 생명의 상태, 즉 그리스도께서 들어가신 하나님의 사랑과 교제의 충만한 희락 가운데 존재하는 영적 존재의 상태이기도 하다. 그리스도는 하늘을 통과하여 하늘보다 높이 되셨다. "그리스도가 곧 모든 하늘 위에 오르신 자니 이는 만물을 충만케 하려 하심이니라"(엡 4:10). 그리스도께서 들어가신 하늘 자체인 지성소와 하나님의 임재가 이제 그리스도께서 하늘 섬김을 행하시는 영역인데 그분은 실제적 삶과 경험으로써 우리를 그곳에 인도하여 거기서 우리가 참으로 살아계신 하나님을 섬기게 하신다.

여기에 의문이 하나 있는데, 그러면 어째서 하나님의 임재 가운데 들어가 바로 거기에 사는 기쁨을 간증할 수 있는 자녀들의 수가 그렇게 적으냐 하는 것이다. 하나의 해답은 약속의 후사가 되는 것과 약속을 실제로 상속받는 데에는 큰 차이가 있다는 것이다. 히브리서의 모든 위대한 말씀은 하나님의 각 자녀에게 주는 선물로서 그 안에 무한량의 의미와 축복과 능력을 갖고 있다. 영원한 대제사장이신 그리스도와 무궁한 생명의 능력이라든가, 그분은 체휼하시고 구원하시되 완전하게 구원하실 수 있으시다는 것이라던가, 참 장막과 새 언약, 그리고 하늘들과 양심을 깨끗케 하는 피라든가 하는 말씀은 사람의 마음이 사유할 수 없는 능력과 영광을 가진 신적 실재이다. 우리가 약속을 상속받는 것은 믿음과 오래 참음으로 말미암아서이다. 지성소 안의 이 삶이 우리의 것이 되는 것은 하나님께서 그리스도 안에서 주시고 이루시는 것을 바라보고 사모하며 찬양하고 믿는 가운데 받는 믿음의 한 행동으로써 우리의 모든 마음과 생명을 하나님 앞에 포기하는데 있다. 무궁히 계속 거하는 것이 그리스도 안에서 영단번에 우리의 것이 되었다는 것과, 그리스도께서 하신 것처럼 우리가 휘장 안에 분명히 들어감으로써 그 영주(永住)함이 우리의 것이 된다는 사실을 우리가 담대히 믿을 수 있는 것은, 우리의 믿음이 '영 단번'과 '영원히'라는 신적 통일성을 볼 때이다. 이 믿음은 오래 참음으로 그 자체를 증명한다. 먼저는 우리가 성실하고 끈기 있게 믿는 바를 굳게 잡고 하나님께서 우리를 휘장 안으로 이끄시도록 하나님을 바라보고 가까이 나아가며 기다릴 때이고, 그 다음엔 휘장 안에서 하나님께 대한 깊은 겸손과 온유와 인내와 인종으로써 우리가 하나님의 임재 안으로 부름 받은 일에 온전해지고자 하나님 섬기기를 기다릴 때이다.

그러나 어디에서 이 모든 것이 시작되며 어디에 그것들이 구성되어 있는가를 기억하라. 피 없이는 아니하나니! 자기 피로! 하물며 그리스도의 피가 어찌 살아 계신 하나님을 섬기게 못하겠느뇨! 이러한 말씀들은 지성소를 우리에게 열어주는 이 복된 장(章)의 열쇠이다. 우리가 영원하신 영, 즉 성령께 "어떻게 지성소로 가는 길이 증거되었고, 그 길을 열어놓은 피가 어떤 것이며, 우리가 지성소에 들어가 살아계신 하나님을 섬기도록 우리의 양심을 그 피에 씻는 것이 무엇인가"를 증명해 주시도록 우리 자신을 내어드릴 때 우리는 충만한 믿음 속에서 담대히 나아가고 들어가며 거기에 거할 것이다.

1. 언제나 마음을 하늘 높이에 두고 산다는 게 너무 어렵다고 생각지 말라. 태양이 당신 위에 비칠 때 당신은 그 거리를 따지지 아니하고 그 따스함을 즐긴다. 태양은 당신에게 그렇게 가까워 당신은 그 안에 들어가고 그것은 당신 안에 들어온다. 예수와 하늘의 생명도 마찬가지다. 하늘은 내려온다. 하나님의 나라는 능력으로 임하고 성령께서는 그것을 당신 안에 주시고 유지시킨다. 휘장은 열렸고 하늘의 빛과 생명은 우리가 섬기는 여기 성소에 내려온다.

2. 하늘과 하나님께 가는 길을 열기 위해 예수는 죄에 대하여 죽었다. 자기 목숨을 미워하여 잃는 자는 하나님의 생명에 가는 길을 발견할 것이다.

3. 성막을 깨끗케 하는 것이 첫 언약의 봉헌의 일부이었던 것처럼 새 언약의 피로 하늘 성소에 뿌려 하늘을 정결케 하는 것은 그 성소가 우리에게 열리고 그 언약이 확실히 우리에게 이루어진다는 사실을 우리에게 확증하는 것이다.

74. 그리스도 자신의 제물로 죄가 정결케 되다

9:25 대제사장이 해마다 다른 것의 피로써 성소에 들어가는 것같이 자주 자기를 드리려고 아니하실지니
9:26 그리하면 그가 세상을 창조할 때부터 자주 고난을 받았어야 할 것이로되 이제 자기를 단번에 제사로 드려 죄를 없게 하시려고 세상 끝에 나타나셨느니라
9:27 한번 죽는 것은 사람에게 정하신 것이요 그 후에는 심판이 있으리니
9:28 이와 같이 그리스도도 많은 사람의 죄를 담당하시려고 단번에 드리신 바 되셨고 구원에 이르게 하기 위하여 죄와 상관없이 자기를 바라는 자들에게 두 번째 나타나시리라

앞의 절들에서는 그리스도께서 이루신 사역의 영적이며 하늘에 속한 특성이 옛 예배의 의식적이며 땅에 속한 모형들과 대조되었다. 여기서는 옛 제사의 끝없는 반복과 새로운 제사의 영단번이 대조된다. 반복해야 한다는 것은 그것이 불완전하다는 증거인 반면 단 한번만 할 필요가 있다는 것은 그것이 완전하고 영원한 것임을 나타낸다. **이제 자기를 단번에 제사로 드려 죄를 없게 하시려고 세상 끝에 나타나셨느니라 한번 죽는 것은 사람에게 정하신 것이요 그 후에는 심판이 있으리니**(죽음과 더불어 한 생애는 끝나고 완결되는 것이며 심판을 받게 되고 그 결과 그 죽음이 어떠한 것이었는지 완전히 드러나게 되는데) **이와 같이 그리스도도 많은 사람의 죄를 담당하시려고 단번에 드리신바 되셨고**(그 죽음이 무엇을 이루었는가에 대한 완전한 증거로써) **구원에 이르게 하기 위하여 죄와 상관없이 자기를 바라는 자들에게 두 번째 나타나시리라** 단번에 이룬 것은 영원히 이룬 것이어서 그것이 기다리는 모든 것은 이제 이미 온전케 되고 완성된 것에 대한 영원한 확증일 뿐이다.

그리스도도 자기를 제사로 드려 이제 죄를 없게 하시려고 나타나셨다는 것은 여기 본문의 큰 교훈이다. 그리스도 자신이 한번 죽음으로써 이루신 것은 영원한 것이다. 그분이 이루신 것은 곧 자기를 제사로 드려 죄를 없게 하신 것이다. 그리스도는 하나님의 임재와 하나님의 기념책과 하나님의 기억으로부터 죄를 없게 하신 것을 드러내었는데 그것은 우리에게서도 죄를 없게 하기 위한 것이며, 그럼으로써 죄는 더 이상 우리 위에 군림하지 못하고 그 죄는 제거된 채 하나님의 법이 우리 마음에 기록되어 우리가 전혀 새로운 생명의 상태로 들어가게 하기 위한 것이다.

여기에 그 표현이 너무나 강경하지 않느냐는 의문이 일어난다. 교회에서 경험하는 일들이야말로 문자적으로 그것을 의미할 수 없다는 증거가 아니냐는 것이

다. 이 난제에 대한 해답은 우리를 영적 생명의 가장 깊은 신비 중의 하나로 인도하는 진리 속에서 발견된다. 우리가 바로 앞의 강해에서 보았듯이 하나님의 말씀은 신적이며 무한히 충만한 의미를 담고 있다. 그 말씀들은 무궁한 생명의 능력 안에서 실제적 사실이며, 신적인 실재이고, 영적인 진리인 것을 우리 앞에 제시한다. 그러나 신자들이 이 진리를 충분히 이해하고 받아들이는 경우는 흔하지 않다. 그리고 신자들의 지식이 그들의 믿음을 제한하고 믿음은 경험을 제한하는 까닭에 하나님께서 뜻하신 것에 대한 인간의 해석과 증거는 그 말씀이 내포하고 있는 것의 충만에까지 이르기가 어려운 것이다. 우리는 하나님의 말씀이 의미하는 모든 것을 우리의 사고방식에 맞추어서 알고 있다고 생각하며 붙들기 때문에 우리가 하나님을 따른다고 생각하는 대부분의 경우에도 그 이스라엘의 거룩한 자를 제한한다. 신적 의미에 있어서 말씀은 우리의 이해를 무한히 초월하는 까닭에 우리로 하여금 온전으로 나아가도록 항상 권고하며, 전부터 잘 알고 있다는 말씀 속에도 보다 깊고 보다 높은 진리가 아직도 감추어져 있음을 말해준다. 자신을 제물로 드려 죄를 없게 하셨다는 그 모든 신적 중요성에 있어서 우리가 이 약속을 상속토록 인도되는 것은 저 피의 능력과 지성소로 들어가는 길의 열림을 계시하는 성령께 우리 자신을 맡길 때뿐이다.

자기를 제사로 드려 이 말씀은 그리스도의 죽음의 가장 깊은 의미를 계시하는데 그것은 자기희생이었다. 죄는 그 뿌리 깊은 근원을 따져볼 때 하나님으로부터 자아(自我)로 돌아서는 것이며 자아를 기쁘게 하기 위하여 하나님을 거절하는 것이다. 광야로부터 겟세마네 동산에 이르기까지 이것은 예수를 미혹하기 위해 사탄이 끈질기게 던지던 하나의 시험이었다. 자신의 뜻을 행치 아니하고 아버지의 뜻을 행함으로써, 다시 말해 하나님과 그 뜻에 자기를 희생함으로써 예수는 그 자신의 사람 되심 안에서 죄를 정복하였고 죄가 영원히 극복되고 멸해지는 죄에 대한 승리를 얻으셨다. 예수는 유혹에 지기보다는 차라리 죄가 극악을 행하도록 자신을 내어줌으로써 자신을 죽음 앞에 포기하였다. 그분은 죄에 대한 하나님의 의로우신 심판에 스스로 복종하는 표로써 죽음 앞에 자신을 포기한 것이다. 여기에서 순종자로써의 죄에 대한 그분의 죽음과 대속자로써의 우리 죄를 위한 그분의 죽음은 능력을 얻고 그분의 구속은 효력을 갖게 되었다. 머리되신 예수께 있어서 죽음은 개인적인 영적 승리이며 나아가 승리의 속죄였던 것이다. 두 관점에서 그분은 죄를 끝내었고 우리는 두 관점의 동참자가 된 것이다.

그러면 어떻게 그러한가? 자기를 제사로 드려 죄를 없이한 것이다. 그리고 이제 그분은 죄의 자리를 메우도록 우리에게 자신을 주신다. 예수는 우리 안에서도 또한 죄를 없게 하기 위해, 제물로 드려져 죄를 속한 자신을 주신다. 그분이 대제사장인 것은 살아있는 아들로서 이고, 그분이 우리를 하나님께 인도하는 것은 영원한 생명의 능력 안에 역사하는 생명으로 말미암아서이다. 마찬가지로 성령에 의하여 그분은 자기가 드린 희생 안에서 우리 속에 사시고, 참된 제자들 각자의 경험 안에서 자아 희생에 의해 죄가 없게 되었다는 사실이 참이 되게 하신다. 머리를 위한 법칙은 모든 지체를 위한 법칙도 되는 것이다.

이제 양자택일이 우리 앞에 놓여있다. 죄와 나 자신인가, 그리스도와 그 생명인가의 선택이다. 그리스도께서는 우리를 위하여 죄가 없어진 하나님 임재의 성소 즉 하늘 삶의 영역을 열어 놓으셨다. 다시 말해 우리의 선택은 자아의 만족이냐 자아의 희생이냐 이며, 자아 안에 있는 생명이냐 그리스도 안에 있는 생명이냐가 된다. 그리스도의 사역의 의미를 우리가 항상 충분히 주시할 수 없거나 그것이 가져오는 축복의 모든 부요를 실감하지 못한다 하더라도 그 모든 것을 함축한, 따르기에 어렵지 않은 한 단어가 있다. 그 단어는 그분 자신(Himself)이다. 그분은 그 자신을 죄를 위한 희생으로 주셨고, 죄를 정복하고 없게 하는 것으로 주셨으며, 그 자신을 우리가 바라고 필요로 하는 모든 것이 되게 하신다. 오직 그분 자신 안에 거하는 영혼은 복이 있다.

1. 죄는 자아를 하나님께 희생으로 드리기를 거절하는 것이다. 예수의 영 안에서 자아를 희생하는 것이 하나님을 지향하여 죄로부터 구출되는 길이다.

2. 우리의 머리되신 그리스도는 우리의 대속자이시다. 대속자로서 그분의 사역의 가치는 그분의 인격과 순종에 있다. 이 둘은 그분께 있어서나 우리에

게 있어서 필수불가결한 것이다. 우리는 그분께 인도되고 그분을 영접하는 가운데 대속자이신 그분에 의하여 즉시 구원된다. 그때에 우리는 곧 그분과 하나 되고 그분으로 하여금 구원을 성취하게 하신 성령이 우리 안에 함께 하신다. 그러면 자기를 희생으로 드려 죄를 없게 한 그 구원이 우리의 전체를 다스린다.

| 제 8편 (10:1-18)

지성소로 가는 새로운 길

75. 율법의 제사로는 온전케 할 수 없다

10:1 율법은 장차 오는 좋은 일의 그림자요 참 형상이 아니므로 해마다 늘 드리는 바 같은 제사로는 나아오는 자들을 언제든지 온전케 할 수 없느니라
10:2 그렇지 아니하면 섬기는 자들이 단번에 정결케 되어 다시 죄를 깨닫는 일이 없으리니 어찌 드리는 일을 그치지 아니하였으리요
10:3 그러나 이 제사들은 해마다 죄를 생각하게 하는 것이 있나니
10:4 이는 황소와 염소의 피가 능히 죄를 없이하지 못함이라

우리는 지금껏 온전히 구원하실 수 있는 영원하신 제사장을 보았고(7장), 그 분이 섬기시는 참 성소를 보았으며(8장), 성소를 열고 거기에 들어가도록 우리를 씻어준 피를 보았다(9장). 이미 언급이 되었으나 아직 해석이 되지 않은 진리가 남아 있는데 그것은 그리스도께서 걸어가신, 지성소로 들어가는 길이 어떤 길이냐 하는 것이다. 그리스도께서 피 흘리기 위해 걸어가신 그 길은 무엇이며 하나님 앞으로 들어가서 그 앞에 나타나셨을 때 그 휘장 가운데로 열린 그 길은 무엇인가? 다른 말로 하면 그리스도의 제사에 그 가치를 부여한 것이 무엇이며 그 분을 우리의 대제사장으로 용납한 그 중재의 성격과 내적 본질이 무엇이냐 하는 것이다. 본 장의 처음 열여덟 절에서 얻는 답이 히브리서의 교리적 부분의 결론이 될 것이며 특히 온전한 자를 위한 차원 높은 가르침이 될 것이다.

그 해답을 도출하기 위하여 본 장은 다시 한 번 우리에게 율법의 무력함을 상기시키는 것으로부터 시작한다. 율법은 장차 오는 좋은 일의 그림자요 참 형상

이 아니므로. 율법은 그림자만을 가지고 있을 뿐이요 실체는 아닌 것이다. 복음은 우리에게 참 형상을 준다. 사람의 창조에 본이 된 하나님의 형상은 실제적인 영적 실체이다. 아들 자신이 아버지의 형상으로써 바로 아버지의 생명과 영광을 소유한 아버지의 참된 모습이었다.

사람이 어떤 형상을 만들 때 언제나 그것은 단지 죽은 것일 뿐이다. 하나님께서 어떤 형상을 주실 때 그것은 창조주(創造主) 하나님의 생명과 속성을 공유하는 산 실체이다. 마찬가지로 복음은 우리에게 그림자나 그림이나 정신적 개념을 주는 것이 아니라 하늘에 있는 것들의 참 형상을 가져오게 하고 그럼으로써 우리가 그것들을 알고 얻으며 참으로 경험하고 소유하게 한다. 우선 그림자는 하나의 그림이요 외적인 형태로써 장차 오는 좋은 일에 대한 희미한 이해를 준다. 그리고는 외적인 것이 지나갈 때에 보는 것은 믿음으로 바뀌고 신적이며 하늘 차원의 축복에 대한 보다 명확한 개념이 따라온다. 그러면 믿음은 소유와 경험으로 바뀌고 성령께서는 그리스도의 구속의 능력과 하늘 생명을 우리 안에 있는 실재(實在)로 바꾸신다. 어떤 신자들은 모형과 그림자 차원 이상으로 나가지 못하고, 어떤 신자들은 영적 좋은 일의 믿음으로 나아가는데, 믿음이 내포하는 것의 충만한 소유로 나아가는 신자들은 복되다.

율법이 할 수 없는 것을 해석하는 과정에서 저자는 네 개의 중요한 표현을 사용하는데 그림자라는 것과 아울러 율법의 약점을 말하고, 장차 오는 좋은 일로써 그리스도께서 우리에게 가져오는 참 형상, 즉 신적 경험을 지적해 준다.

제사장들은 나아오는 자들을 결코 온전케 할 수 없다. 온전케 하는 일은 그리스도께서만 하실 수 있는 것이다. 그리스도께서는 양심을 온전케 하신다. 그분은 우리를 영원히 온전케 하셨다. 이 말씀들은 율법이 할 수 있는 것들과 그리스도께서 참으로 가져온 것들의 무한한 차이점을 제시한다. 하나님의 마음속에서 그것들이 무엇을 의미하는지와 우리의 대제사장이신 그리스도께서 무궁한 생명의 능력 안에서 그것들이 우리에게 무엇이 되게 하실 지는 성령께서 계시하실 것이다. 알기 쉬운 인간의 해석에 만족하지 말고(그로 인해 우리들은 나태한 신자의 일상적인 초보적 경험, 즉 죄 사함의 소망을 온전한 양심의 약속 안에 있는 하나님의 뜻의 합당한 성취로 착각하지만) 저 하늘 능력 안의 축복을 알기를 구하자.

일단 정결케 된 신자는 더 이상 죄의식을 갖지 아니한다. 더 이상 죄에 매인 양심이 아닐 때에 이것이 온전한 양심이요, 영단번 피 흘림이 있을 때 거기에 역사한 같은 능력으로 말미암아 일단 씻어진 양심으로써, 그 양심이 나아갈 길을 발견한 하나님과의 영적 교제의 영역에서 어떻게 죄가 없게 되었는지를 아는 양심이다.

그러나 이 제사들은 해마다 죄를 생각하게 하는 것이 있나니 하지만 하늘을 정결케 함과 죄를 없이함은 완전한 것이어서 하나님은 우리의 죄를 더 이상 기억치 아니하신다. 그것은, 온전히 지성소에 들어가 영원하신 대제사장의 능력으로 그곳에 보호되는 영혼에겐, 그분의 실존과 역사하심과 역사하실 것 외에 아무 것도 기억함이 없는, 그분의 영원하고 상존하며 무궁히 역사하는 구속의 경험만이 있다는 것을 의미한다. 우리가 지성소 안의 하늘 처소에 살 때 우리는 더 이상 죄를 기억하지 아니하는 곳에서 사는 것이다.

이는 황소와 염소의 피가 능히 죄를 없이하지 못함이라 율법이 할 수 없는 그것이 바로 그리스도께서 하신 것이다. 그리스도는 죄책(guilt) 뿐만이 아니라 죄들(sins) 자체도 없이 하셨는데 그것은 나아오는 자들을 온전케 한, 죄의식이 더 있지 아니한, 죄를 다시 기억하지 아니하는, 무궁한 생명의 능력 안에서 그렇게 하신 것이다.

얼마나 많은 신자들에게 다시 죄들을 생각나게 함으로써 십자가와 그리스도의 죽음마저도 별 볼일 없게 되었는가. 성령으로 말미암아 하나님의 능력으로 우리에게 지성소로 가는 길을 계시하는 까닭은 그 길이 다시는 죄의 양심이 아닌 온전한 양심으로 하나님과 함께 걷는 생명의 능력이 되게 하려 함인 것이다.

1. 우리는 여기에 다시 두 체계의 대조를 본다. 한 체계 안에서 하나님께서는 선지자들로 말미암아 장래 오는 좋은 일의 그림자인 사상과 개념을 주신다. 그러나 이제 하나님께서는 하나님의 모습인 그 아들 안에서 우리에게 말씀하시고 그 아들은 하늘에 있는 것들을 우리가 경험하는 과정 속에서 참 형상과 실재적 모습으로 우리에게 주신다.

2. 온전한 양심. 이는 더 이상 죄책을 가진 양심이 아니다. 두려움 없이 "예"라고 말할 수 있는 것, 이것이 예수께서 주시는 양심이다. 그러나 나의 힘으로는 그것을 영원히 간직하거나 그 축복을 누릴 수가 없다. 항상 살아서 기도하시며 매순간 그의 피와 사랑과 능력이 전적으로 역사하는 까닭에 완전히 구원할 수 있으신, 무궁한 생명의 능력을 따라 나의 제사장이 되신 예수를 신뢰하자. 영원히 온전케 되신 제사장 예수께서 나를 위해 하늘에 계신 까닭에 나는 온전한 양심을 가질 수 있는 것이다.

76. 나를 위해 한 몸을 예비하셨도다

10:5 그러므로 세상에 임하실 때에 가라사대 하나님이 제사와 예물을 원치 아니하시고 오직 나를 위하여 한 몸을 예비하셨도다
10:6 전체로 번제함과 속죄제는 기뻐하지 아니하시나니
10:7 이에 내가 말하기를 하나님이여 보시옵소서 두루마리 책에 나를 가리켜 기록한 것과 같이 하나님의 뜻을 행하러 왔나이다 하시니라

저자는 죄를 없이하거나 믿는 자를 온전케 하기 위한 율법의 제사가 전혀 불충분했음을 우리에게 상기시켰다. 이것과 대조하여 그는 이제 그리스도의 희생의 내면적 의미와 실질적인 성격 및 가치를 우리에게 계시한다. 제 9장에서 피에 관하여 말하면서 저자는 피의 무궁한 능력과 효험에 대하여 우리에게 가르쳐 주었다. 그러나 아직도 우리가 알아야 할 것이 있다. 하나님께 가는 길을 우리에게 열어주는 큰 능력의 역사에 있어서 무엇이 그 피에게 무궁한 효험을 주었고, 무엇이 그 피의 영적 특성이며 무엇이 그 피의 필수적 성격이냐 하는 것이다. 우리가 그리스도의 죽음을 믿을 때에도 우리는 그 죽음의 신적 요체가 되는 참 형상과 그 의미상의 실체가 능력으로 우리 안에 들어옴이 없이, 그림자적인

것에 불과한, 그 죽음의 단순한 교리적 개념에만 만족해할 위험을 안고 있다.

우리의 저자는 다시 그가 해석하고자 하는 것을 구약 성경에서 찾아낸다. 그는 시편 제 40편에서 인용하는데, 시편기자에게 있어서는 경험적 사실이지만 메시야가 왔을 때에야 비로소 그 모든 의미가 밝혀지는 말씀들을 사용하였다. 우리의 저자는 두 가지 중요한 표현을 특별하게 사용하였는데 오직 나를 위하여 한 몸을 예비하셨도다라고 하는 것과 보시옵소서 내가 하나님의 뜻을 행하러 왔나이다라고 하는 구절이다. 구약의 제사(祭祀)를 언급하면서 시편기자는 그 제사들이 참으로 하나님께서 뜻하신 것이 아니요, 이제 그리스도 안에서 계시된 것에 대한 신적 예표로써 단지 더 나은 것, 즉 하나의 영적 실재이자 하나님의 뜻에 드려진 몸 안의 삶을 가리키는 그림자에 불과하다는 것을 말하였다.

나를 위하여 한 몸을 예비하셨도다 제사대신 하나님께서는 그리스도를 위하여 한 몸을 예비하셨는데 그 몸을 단번에 드리심으로 우리가 거룩함을 얻도록 그리스도께서는 그것을 하나님께 제물로 드렸던 것이다. 그리스도 자신과 몸과의 관계는 보통 사람과 마찬가지여서 그것은 영혼의 처소요 기관이었고, 외부 세계와 교통하는 통로이었으며, 기쁨과 고통의 인상을 수용하는 곳으로써 첫 번째 유혹의 기회가 거기 있었다. 그분의 몸은 그분의 인성과 생명의 일부분이었다. 마치 우리가 그렇듯이 그분도 그 몸을 자아를 만족시키는 수단으로써 자신을 섬기고 즐기기 위해 사용할 위험에 처해 있었다. 그러나 결코 그렇게 하시지 않았다. 예수는 한 가지 생각으로 충만해 있었는데 하나님께서 나에게 이 몸을 예비해 주셨으니 나는 이 몸을 하나님의 뜻과 영광을 위해 쓰도록 하나님의 처분에 맡기며, 언제든지 그분께 희생으로 드리겠다는 각오가 되어 있었다. 그 몸은 하나님으로부터 왔기에 하나님께 속한 것이었고, 하나님을 기쁘시게 해드리는 것 말고는 존재 목적이 달리 있을 수 없었다. 우리의 몸이 가진 참된 가치도 그것을 하나님께 희생으로 드릴 수 있다는 데 있는 것이다.

신자들에게 이 섭리를 깨우쳐 주고자 한 것이 구약시대 제사의 목적이었다. 제사제도, 특히 속죄제에는 제물이 나대신 죽어서 나는 죽을 필요가 없다는 개념만 있지 아니하다. 특히 번제는 더 깊은 개념을 상징하는데 그것은 어린양의 생명을 하나님께 희생으로 드리는 것이 곧 내 생명을 드리는 것의 상징이라는 개념도 있다는 것이다. 나는 내 자신을 제물로 하나님께 드린다는 표로써 하나님께 희생을 드린다. 대속과 성별은 제단 위에서 같이 상징화된 것이다.

이것은 그 시편을 쓸 때 다윗이 느꼈던 점이다. 그가 단지 부분적으로 이해하고 성취할 수 있었던 것은 훗날 그리스도 안에서 실제가 되었다. 그리스도께서 우리를 위해 성취한 것은 그것이 우리 안에서 역사할 때 우리가 온전한 동참자가 되는 것으로서 그리스도와 생명의 교제 안에 있게 되는 것이다. 그 말씀은 우리에게 너희 몸을 하나님께 산 제사로 드리라(롬 12:1)는 표현으로 온다. 그리스도의 희생의 핵심적 성격, 즉 그것에 가치와 효험을 주는 것은, 하나님께서 그에게 몸을 예비해 주셨고 그는 그것을 하나님께 드렸다는 사실이다. 그리고 그리스도가 오시기 이전에 그리스도의 영으로 말미암아 다윗이 그 자신에게 이 말씀을 했듯이 그리스도 이후의 모든 신자들도 그리스도의 영과 능력 안에서 자신에게 나를 위해 주께서 한 몸을 예비하여 주셨도다라고 말해야 한다. 이것이 그리스도께서 열어 놓으신 새롭고 산 길이다. 다윗은 그 길을 내다보고 걸었지만 우리의 주님이시요, 앞서 가신 자이신 그리스도께서는 몸소 그 길을 걸으셨고 그 길을 완전히 열어 놓으셨다. 우리가 지성소로 나아가는 길을 찾는 것은 그리스도와 함께 그 길을 걸을 때이다.

우리의 외부에서 이루어지는 어떤 것을 믿으면서 우리 자신을 변화시키지 못하는 구약의 종교로부터 온전히 해방되길 원하고 그리스도의 몸을 한번 드림으로 우리가 거룩함과 온점함을 얻었노라는 것이 무슨 의미인지를 충분히 알고자 하는 자는 주께서 나를 위해 한 몸을 예비하셨다는 것이 그리스도 자신에게 참이듯이 그리스도의 몸 된 지체에게도 참이라는 사실을 충분히 수용하도록 연구할 필요가 있다. 낙원에서 죄가 들어온 것은 몸을 통해서였고 죄는 몸 안에 살며 그 권세를 과시한다. 금단의 열매에 대한 탐욕에 있어서, 벗은 것을 부끄럽게 여기는 감성(感性)에 있어서, 그리고 티끌로 다시 돌아감에 있어서, 죄는 몸에 대한 승리를 거두었다. 은혜도 역시 몸 안에서 왕 노릇하고 이길 것이다.

몸은 구속되고, 성령의 전과 그리스도의 지체가 되며, 끝내 그리스도의 영광의 몸을 닮을 것이다. 주께서 나를 위해 한 몸을 예비하셨도다. 그리스도와 그분 안에서 성별된 자들은 모두 몸으로 말미암아 온전에 이르는 길을 갖는다.

하지만 얼마나 많은 신자들에게 몸이 신앙생활에 가장 큰 장애가 되는가. 그것은 단지 그들이 몸을 가장 보람 있게 사용하는 법, 즉 그 몸을 하나님께 드리는 것을 그리스도로부터 배우지 못했기 때문이다. 지체를 하나님께 드리고 영으로써 몸의 행실을 죽이는 대신 그들은 몸을 제멋대로 하게 내버려둠으로써 죄의 속박을 받는 것이다. 아아, 하나님으로부터 받고 하나님께 드려진 몸으로 말미암아 우리의 실제적인 구속의 참된 성격을 통찰할 수 있기를 바란다.

1. 영혼은 몸 안에 거한다. 몸은 한 도시의 성벽에 비할 수 있다. 전시에는 도시와 그 거민들뿐만 아니라 특히 성벽도 필히 왕의 통제 안에 있어야 한다.

2. 성육신의 신비는 신성이 한 몸 안에 거한다는 것이다. 속죄의 신비는 그리스도의 몸의 한 제물에 있다. 완전한 구속의 신비는 성령께서 몸에 거하셔서 그 몸을 온전히 거룩하게 하시는데 있다.

3. "너희 몸은 너희 가운데 계신 성령의 전인줄을 알지 못하느냐? 그런즉 너희 몸으로 하나님께 영광을 돌리라"(고전 6:19-20). 성령을 주신 것은 특별히 몸을 위한 것이요, 그 기능을 조절하고 그것을 전적으로 거룩하게 하려 함인 것을 당신은 정말 알고 있었는가?

77. 내가 당신의 뜻을 행하러 왔나이다

10:8 위에 말씀하시기를 제사와 예물과 전체로 번제함과 속죄제는 원치도 아니하고 기뻐하지도 아니하신다 하고(이는 다 율법을 따라 드리는 것이라)
10:9 그 후에 말씀하시기를 보시옵소서 내가 하나님의 뜻을 행하러 왔나이다 하셨으니 그 첫 것을 폐하심은 둘째 것을 세우려 하심이니라
10:10 이 뜻을 좇아 예수 그리스도의 몸을 단번에 드리심으로 말미암아 우리가 거룩함을 얻었노라

하나님의 섭리에 관한 한 표현인 주께서 나를 위하여 한 몸을 예비하셨도다라는 말씀에 대하여 시편에는 거기에 복종으로 부응하는 다른 말씀, 즉 보시옵소서 내가 당신의 뜻을 행하러 왔나이다하는 말씀이 뒤따른다. 이 하나님의 뜻을 행하는 것 안에서 우리는 피조물의 운명을 보고 하늘의 축복과 대속의 가장 깊은 비밀을 갖는다. 여기에 그리스도의 희생의 가치가 내재하는데 이것만이 왜 그리스도의 피가 모든 것을 이기게 하는가 하는 이유이다. 당신의 뜻을 행하기 위하여 내가 왔나이다라는 말씀은 그리스도께서 열어 놓으신 하나님께 가는 길이요, 지성소로 들어가기 위해 그분이 걸어 가셨고 우리도 걸어가야 하는 길이다. 우리가 하나님 자신 안에 들어가는 것은 오직 하나님의 뜻을 통해서이다. 새 언약의 중보 되신 예수께서 그 자신을 우리에게 주실 때 그 중심적 축복은 바로 그 안에 하나님의 뜻이 사는 마음이다.

우리는 몇 번이나 그리스도의 죽음의 이중 국면 즉, 그것이 성취한 구속으로서의 대속(代贖)과 그것이 가져오는 하나 됨의 교제(交際)에 대하여 말했다. 이 두 가지는 불가분하게 관련되어 있다. 우리가 대속을 단순히 우리의 밖에서 이루어진 것으로 보고 그것의 내적 성격과 의미를 알기를 구하지 않는 한 그리스도의 죽음 안에서의 교제와 일치는 불가능한 것이다. 그러나 우리가 우리를 위하고 우리를 대신한 그 죽음, 즉 신적 생명과 능력을 구성하고 있는 그 죽음의 실질적 의미 안으로 들어갈 때 우리는 그 죽음에서 나온 죽음과 생명이 참으로 우리의 것이 되고, 우리는 진리에 잡힌바 되어 우리의 복되신 주님이시며 앞서 가신 자이신 그리스도와의 참된 생명의 교제로 나아가며, 그분께서 지성소에 들어가신 길이 곧 우리에게 있어서도 지성소로 가는 오직 하나의 확실하고 산 길인 것을 배우고 체험하게 된다.

보시옵소서 내가 당신의 뜻을 행하려 왔나이다. "그가 자기를 낮추시고 죽기까지 복종하셨으니 이러므로 하나님이 그를 지극히 높여"(빌 2:8-9). 하나님은 전혀 완전하신 생명과 지선(至善)과 축복의 샘이시므로 오직 그분의 뜻을 떠나서는 생명도 지선도 축복도 있을 수 없다. 죄의 전체적인 사악과 파멸은 사람이 자신의 뜻을 행하기 위해 하나님의 뜻에 등을 돌린 데 있다. 사람이 하나님의 뜻을 행하도록 회복시키는 것을 떠나서라면 그리스도의 구속은 있어야할 이유도 없고 목적도 없으며 성공 가능성도 없는 것이다. 예수께서 죽으신 것은 이것을 위한 것이다. 그분은 자신의 뜻을 포기하였고 자신의 뜻을 행하기보다는 차라리 자신의 생명을 포기하였다. 예수께서 우리의 죄를 지시고 그 죄의 저주와 그 삯을 지신 것에, 그리고 모든 사람을 위하여 죽음을 맛보신 것에 가치를 부여하는 것은 바로 이것이었다. 예수의 피에 무한한 가치를 부여한 것 또한 이것이었다. 예수를 세상 죄를 위한 실제적 화목제물로 세운 것도 이것이었다. 우리로 하여금 먼저 「우리가 의롭다 함을 얻은바」의 목적인 순종(順從)에 동참자가 되게 하고, 더 나아가 그분께서 하나님의 임재 가운데 들어갈 수 있었던 바로 그 「죽음과 생명의 영」과의 교제 속에 동참자가 되게 하는 것도 바로 이것이었다. "내가 당신의 뜻을 행하러 왔나이다"는 예수께 있어서나 우리를 위하여나 지성소에 들어가는 유일한 길인 것이다.

그 뜻을 좇아 우리가 거룩함을 얻었노라. "그 뜻을 좇아"란 말은 하나님께서 뜻하신 대로를 말하며, 그리스도께서 그 자신의 희생으로 행하시고 이루신 것을 뜻하고, 우리가 믿음으로 받아들인 것을 의미한다. 우리가 그리스도를 영접할 때 우리는 우리를 위하여 그리스도 안에서 성취된 하나님의 뜻을 받아들이는 것이고, 그것이 성령에 의하여 우리의 삶을 다스리는 능력이 되는 것이다. "그 뜻을 좇아"는 죽은 과거의 거래가 아니며 행해야 할 어떤 일의 단순한 기계적 수행이 아니라, 살아있는 능력 안에서 사람을 하나님의 뜻 안으로 회복시키는 살아있는 영원의 실재(實在)이고, 그 안에서 우리가 하나님께 나아가는 새롭고 산 길이다.

이 뜻을 좇아 우리가 거룩함을 얻었노라 히브리서에서의 『거룩함』이란 단어는 그것이 보통 교회의 교리 속에서 의미하는 것보다 큰 뜻을 갖고 있다. 그것은 지존하신 하나님과의 살아있는 교제로 우리를 인도하는 것이 의미하는 모든 것을 포함한다. 하나님은 거룩하신 분이시다. 하나님의 생명은 그분의 거룩하심이다. 우리가 들어가는 내적 성소는 바로 지성소(至聖所)이다. 제2장에서 우리는 "거룩하게 하는 자와 거룩함을 입은 자들이 다 하나에서 난지라"는 말씀을 읽는다. 우리의 거룩은 우리가 예수와 하나 되는 것에 뿌리를 두고 있다. 이 뜻을 좇아 우리가 거룩함을 얻었고, 죄와 이 악한 세상의 권세로부터 구원되었으며, 거룩하신 분과의 교제 안에 이끌렸고 지성소에 들어가기에 합당하게 되는 것이다.

이 뜻을 좇아 예수 그리스도의 몸을 단번에 드리심으로 말미암아 우리가 거룩함을 얻었노라

그분의 희생은 충만한 능력을 가지고 있는데 그 이유는 그것이 하나님의 뜻을 행하는 것이며, 하나님의 뜻 안에 들어가는 것이고, 그로 말미암아 하나님의 거룩함에 들어가는 길인 한편, 그것이 바로 지성소에 들어가는 길이기도 한 까닭이다. 그리고 이제 오직 그리스도 자신만이 "보시옵소서 내가 당신의 뜻을 행하러 왔나이다"라고 말할 수 있었던 것처럼, 그리스도의 신성이 내 안에서 참으로 태어나고 형상화하면서 나의 생명의 생명이 되며 나의 영의 영이 된 사람만이 그렇게 말할 수 있고 그렇게 살아갈 수 있는 것이다. 이런 연유로 그리스도의 제사장직은 우리를 하나님께 가까이 이끄는 그 능력을 증거하고도 남는다.

믿는 자여! 당신은 예수께서 그러했듯이 하나님의 뜻을 따라 당신 자신이 거룩해지고 거룩하신 분과의 교제에 들어갔다는 것을 믿고 여기기를 배웠는가? 당신이 휘장 안의 하나님의 안식에 아직 들어가지 못하였다면 당신이 그리스도를 영접하면서도 참으로 그분을 그리스도가 되게 한 것을 영접하지 않았기 때문은 아닐는지? 예수는 하나님의 뜻을 행하기 위하여 오신 그리스도시요, 또한 이것이 그분을 구세주가 되게 한 것이다. 아아, 이것이 당신도 그렇게 행할 수 있도록 하기 위해 예수께서 당신을 위하고 당신을 대신하여 하신 일이란 사실을 깨닫고 믿으라. 주님이시며 앞서가신 자이신 예수께서 열어 놓으신 새롭고 산 길은 나를 위하여 하나님이 예비하신 몸의 길이고 하나님께 드려진 몸의 길이며 하나님의 뜻을 행하기 위하여 드려진 생명의 길이다. 예수와 더불어 "내가 당신의 뜻을 행하러 왔나이다"라고 말할 때 내 생애는 어떤 다른 목적도 없으며 이 한 가지를 위하여 내가 살고 예수와 더불어 하나님의 임재 안에 내가 살게 될 것이다.

1. 하나님께 가는 단 하나의 길은 하나님의 뜻을 통해서이다. 이것은 간단하고

자명한 진리이지만 온전히 이해하는 사람이 없을 만큼 깊고 영적인 것이기도 하다. 그렇다, 이것이 길이요, 단 하나의 길이며 예수께서 열어 놓으신 지성소로 가는 새롭고 산 길이다. 우리도 우리의 주님이시며 앞서 가신 자이신 예수를 따라 하나님의 뜻 안에서 그 발자취를 걸어가자.

2. "예, 나의 하나님, 하나님의 뜻을 행하기 위해 모든 것에서 자신을 포기한 제가 여기 있사오니 하나님의 은혜와 성령으로서 저의 전부를 하나님의 뜻을 행하도록 인도하여 주옵소서"라고 말하기를 두려워하지 마라.

3. 회개한 초심자에게는 그리스도의 도의 초보, 즉 그리스도의 순종이 나를 구속하고 나에게 의를 이루어 주었다는 것을 아는 것으로 충분하다. 성장하여 아들의 형상을 입기를 구하는 신자는 더 구하고 찾게 된다. 하늘에서 제물에게 능력을 입힌 순종은 그 능력을 마음속에서 행사한다. 놀라우신 구속자는 하나님의 뜻 안에서 우리를 인도하고 지키심으로써 우리를 하나님께 이끄시는 하늘 생명의 능력 가운데서 사랑하는 주님이요 형제이며 대제사장이 되신다.

78. 영단번(永單番)에

10:11 제사장마다 매일 서서 섬기며 자주 같은 제사를 드리되 이 제사는 언제든지 죄를 없게 하지 못하거니와
10:12 오직 그리스도는 죄를 위하여 한 영원한 제사를 드리시고 하나님 우편에 앉으사
10:13 그 후에 자기 원수들로 자기 발등상이 되게 하실 때까지 기다리시나니
10:14 저가 한 제물로 거룩하게 된 자들을 영원히 온전케 하셨느니라

예수의 영원한 제사장직이 제시된 제7장 마지막 절에서 그분은 영원히 온전케 된 아들로서 자기를 드렸을 때 영단번에 제사를 드리심으로 말미암아 매일 제사드릴 필요가 없게 하신 분으로 언급되었다. 마찬가지로 제9장의 그 피의 효험에 대한 가르침에서 우리는 그리스도께서 영단번에 들어가셨다는 내용을 반복해서 듣는다. 그리스도께서 자주 자기를 드리셔야 했다면 자주 고난을 받았어야 할 것이로되 이제 한번 드려지고 증거되사 그분은 두 번째 나타나시기를 기

다리고 계신다. 항상 반복되는 제사와 그리스도께서 영단번에 드린 제사는 아주 강하게 대조된다. 마찬가지로 본 장의 첫머리에서 죄를 계속 생각나게 할뿐인 해마다 계속 드리는 제사의 무능성이, 한번 깨끗해진 양심은 새로운 제사를 필요로 하지 않는다는 사실로 대조되었다. 그리고 이제 이 논증을 마감하는 절에서 그 진술은 새롭게 요약되고 더 비약한다. 제사장은 날마다 서서 자주 제사를 드렸으나 그리스도는 한 제사를 영원히 드리셨다. 한 제물로 거룩하게 된 자들을 그분은 영원히 온전케 하신 것이다. 그리스도의 사역의 단번에는 그것이 영원하게 된 비결로써 그 하늘차원의 영단번을 보다 더 명확히 받아들이면 받아들일수록 그 하늘차원의 영원, 즉 무궁한 생명의 능력이 계속적으로 내주하는 역사를 보다 확실히 경험하게 된다.

"영원히 단번에"에서 어떻게 그리스도의 사역 중에 이 두 단어의 주요한 표현이 함께 가는 지를 보라. 그분의 죽음에서, 그분의 희생에서, 그분의 피 흘림에서, 그것은 영단번이었다. 죄를 위한 화목과 죄를 지심으로 이룬 속죄는 완전한 것이어서 그분이 다시 고난을 받는다거나 그 자신을 다시 제물로 드린다는 것은 상상도 못할 일이었다. 하나님께서는 이제 죄를 영원히 기억치 않으신다. 그분은 한 제사를 영원히 드리셨고 그분은 우리를 영원히 온전케 하셨다. 그분의 부활과 승천에 있어서도 그것은 마찬가지였다. 그분은 자기피로 영단번에 지성소에 들어가셨다. 그분이 한 제사를 영원히 드렸을 때 그분은 하나님의 오른편에 앉으셨다. 그분의 죽음에서의 영단번은 그분의 희생에서의 영원한 능력의 비결이다. 그분의 피로 말미암은 들어가심의 영단번은 그분의 보좌 위에 앉으심의 영원한 능력이다.

그리스도에게 참(眞)인 것은 그분의 백성에게도 참이다. 그리스도의 생명의 법은 곧 그 백성들의 생명의 법이다. 그들의 삶과 영적 경험은 그리스도의 지상 및 천상 사역의 영단번의 영원한 특성으로 인하여 능력을 얻고 증거를 가질 것이다. 이것을 반대로 생각해 보라. 얼마나 많은 사람들이 단지 그리스도의 구속의 영단번적 특성을 이해하지 못함으로써 오랫동안 의심과 두려움에 시달려야만 했던가. 그들은 한 죄인이 영단번에 믿고 구원받는 것이 어떻게 가능한지를 이해할 수 없었다. 영단번에 형벌은 집행되었고 빚이 갚아졌다는 사실이 풀어지자마자 모든 것은 명확해졌고 그들은 곧 그렇게도 확실히 끝나버린 사실을 받아들이는 것이 그들의 의무요 기쁨이라 여긴 것이다. 그리고 그들은 또한 어떻게 단번에 영원히 즉 무궁한 생명의 능력이 그들을 영원히 하나님의 임재 가운데로 이끌어 가는지를 볼 수 있었다.

그것 말고 신자들에게는 휘장 안의 빛 가운데에 깨어짐이 없는 교제의 생명으로 들어가는 길이 달리는 없는 것이다. 우리는 그리스도의 사역 가운데서 단번에와 영원히 등 두 표현을 보았다. 그것은 죽음과 피 흘림에 관한 것일 뿐만 아니라 지성소 안에 들어감과 하늘에서의 피 뿌림에도 해당되는 것이다. 참으로 많은 사람들에게 있어서 영단번에 휘장 안에 들어가야 한다는 것은 성장과 발전의 법칙에 따라 다양한 것처럼 보인다. 그러나 한편으론 그리스도의 영단번에 들어가심이 무한한 능력 가운데서 그들을 위한 것이라고 계시될 때, 모든 의심이 사라지고 하나님께 가까이 나아가는 데에 담대함과 힘이 주어져서, 전에 생각지도 못한 하늘 제사장직의 영원하고 변함없는 능력과, 성령에 의하여 마음속에 세워지고 보존되는 하늘나라(天國)에 대한 경험을 간증하는 사람들이 많다. 그리고 그 영단번이 있는 곳에 예수의 제사장직이 보증하는 영속하는 의미의 영원히가 있는 것이다.

오직 그리스도는 죄를 위하여 한 영원한 제사를 드리시고 하나님 우편에 앉으사 그 후에 자기 원수들로 자기 발등상이 되게 하실 때까지 기다리시나니 전에 우리는 히브리서가 하늘의 그리스도에 대한 생각으로 우리를 채워주며 그 지식이 우리로 하여금 하늘의 부르심에 호응하여 살게 할 것이라고 말한 바 있다. 여기에서 다시 우리의 눈을 왕이신 그리스도에게 고정시키자. 그 우주적 희생과 죽음의 "단번"은 "영원히"안에서 하나님의 가까이 계심과 능력을 밝힌다. 그리스도의 죽음과 생명 안에 우리가 단번에 들어가는 것은 우리를 하늘에 계신 아버지의 사랑과 능력 안에 있는 그리스도 예수와의 교제로 나아가게 한다. 그분의 영원히는 승리의 영원히이고 모든 원수를 정복한 가운데 그 충만을 꽃피울 복된 소망의 영원히이다. 휘장 안에 있는 우리의 생명은 역시 현재의 소유와 미래의 기대가 하나된 것으로써 힘에서 힘으로 나아가며 모든 원수를 정복하는 생명이 된다. 한 쪽의 영단번이란 기둥과 다른 쪽의 영원히란 기둥 사이에 지성소로 가는 길이 열려있고 그 길은 우리를 하나님과 어린양의 보좌로 이끌어 준다.

1. 이 『영단번』안에서 긴 인내에의 준비가 완성된 시간은 하나님의 손안에 있었다. 그리스도는 아버지를 기다리셨다. 마찬가지로 그 경륜에 대한 우리의 전적인 참여는 우리가 헤아리며 파악할 수 있는 성질의 것이 아니다. 그것을 믿는 믿음 안에서 우리는 하나님의 시간을 참으며 살고 영원히 온전케 된 구속 안에 살기를 매일매일 구한다. 믿음과 오래 참음으로 말미암아 우리는 약속을 상속한다.

2. **영단번** 그것은 나의 과거, 죄책만의 과거가 아니라 죄와 그 모든 결과까지의 과거를 처리한다. 영원히. 그것은 나의 장래와 거기에 필요한 모든 것을 담당한다. 이들 둘 사이에 이 순간, 내가 영원한 구원으로 구원되는 일상생활의 이제가 있다. 성령께서 오늘날이라고 이르실 때 그 영원하신 성령의 오늘은 영단번에 나날의 현재적 실재를 만든다.

79. 영원히 거룩하고 온전케 된 자

10:14 저가 한 제물로 거룩하게 된 자들을 영원히 온전케 하셨느니라

본 절은 실제에 있어서 교리편의 결론이다. 뒤에 나오는 네 절은 단지 성령께서 증거하신 새 언약의 말씀을 인용할 뿐이다. 저자는 이 대목에서 지성소로 가는 길이 무엇인가 하는 것을 보여주며 그리스도께서 드린 제사의 성격을 해석하는 가운데 '저가 한 제물로 거룩하게 된 자들을 영원히 온전케 하셨느니라'는 말씀 속에 있는 제사의 가치와 효험을 요약한다. 우리는 여기에서 히브리서에 나오는 가장 중요한 단어 다섯을 발견한다.

거룩하게 된. 이것은 제2장에서처럼 그리스도께서 오신 위대한 목적을 돌아

보게 한다. 거룩하게 되었다는 것은 죄로부터 정결케 되고, 세상과 죄의 영역과 권세로부터 구출됨으로써 지성소에서 하나님의 거룩한 나라와 권세 안에 살도록 이끌린 것을 말한다. 이것은 또한 '이 뜻을 좇아 예수 그리스도의 몸을 단번에 드리심으로 말미암아 우리가 거룩함을 얻었노라'는 앞의 10절을 상기시킨다.

그리스도는 거룩케 된 자들을 온전케 하셨느니라. 이것은 그리스도께서 신자들에게 필요한 모든 것을 완성하셨다는 것만을 의미하지 아니한다. 이 말씀은 그리스도 자신이 온전케 되셨다고 말씀하신 것과 연계가 된다. 그분 자신의 모든 것은 다 우리를 위한 것이다. 그리스도는 자신의 한 제사로 자신이 온전케 되셨을 뿐만 아니라 우리를 온전케 하셨고, 우리로 하여금 그분 자신의 온전과 교제를 갖게 함과 동시에 그 자신의 온전한 삶을 우리 안에 분여해 주셨으며, 우리가 입고 살아야할 그분의 온전한 인성(人性)을 우리에게 허락하신 것이다.

영원히 예수는 우리를 영원히 단번에 온전케 하셨다. 그분의 온전은 우리들의 것이고 우리들의 전 생명은 그분의 손으로부터 받도록 예비되었다.

재물로 그리스도의 죽음과 피와 희생은 우리까지도 거룩케 하고 온전케 하신 능력이다. 그것은 그분께서 열어 놓으신 길이요 그 길을 통하여 그분은 영원히 온전케 되신 자신과 자신이 하신 사역과 지성소 안으로 우리를 이끄신다.

한 제물로 그분께나 우리에게 다른 어떤 것도 필요치 않기 때문에 홀로 한 제물이시고, 신적 차원의 하나이기에 그것은 충분하며 영원하다.

이 문단의 요절은 저가 한 제물로 거룩하게 된 자들을 영원히 온전케 하셨느니라이다. 10절의 말씀은 그 안에서 우리가 거룩함을 얻었노라인데 이루어진 사실로써의 우리의 거룩함을 말하며, 그리스도와의 실제적인 연합과 우리 존재의 중심에 심어진 그분의 거룩한 생명으로 인하여 우리가 그분 안에서 성도요 거룩한 자임을 말한다. 여기에서 우리는 거룩하게 함을 입는다고 듣는다. 여기에 그리스도 안에 있는 우리의 새 생명이 거룩함을 체득하고 우리들의 전 존재로 말미암아 그 거룩함을 완전케 해야 할 과정이 있다. 아울러 점진적인 성화는 그 뿌리와 보증을 그리스도의 사역의 영단번 안에 두고 있다. 저가 거룩하게 된 자들을 영원히 온전케 하셨느니라.

본 서신의 9:9과 10:1에서 우리는 옛 제사들이 더 이상 죄의식을 갖지 않도록 '섬기는 자의 양심으로 온전케 할 수 없으며(히 9:9) 나아오는 자들을 언제든지 온전케 할 수 없다'는(히 10:1) 것을 읽는다. 양심은 하나님 앞에서 우리 스스로를 어떻게 보아야 하는가를 결정하는데 그리스도께서는 섬기는 자를 그 양심으로 온전케 하시고 다시는 죄의식을 갖지 않게 하신다. **저가 거룩하게 된 자들을 영원히 온전케 하셨느니라** 그리스도의 제사장직을 논증하는 장을 끝내는 곳에서(히 7:28) 우리는 그분에 관한 것을 읽는다. 그리스도는 대제사장이요 아들이시며 영원히 온전케 되신 자이시다. 여기에 그리스도의 사역에 대한 논증을 마감하면서 성도들에 대하여는 영원히 온전케 하셨다라고 말한다. 두 경우의 온전함은 하나이며 같은 것이다. 인자(人子)로서 그리고 둘째 아담으로서 그분은 자신의 모든 사람들 안에 사시며 그들을 위해 자신을 온전케 하셨고 그들을 자신 안에 살게 하신다. 그분과 신자들의 온전은 전혀 하나이다.

나아가 어떻게 그분의 온전이 구성되어 있는지도 우리는 읽을 수 있다(히 2:10,10:9 참조). 영광의 길에서 하나님께서는 주님 예수를 고난으로 말미암아 온전케 하셨고, 그분 안에서 어린양의 증표인 겸손과 온유와 인종(忍從)이 온전케 되었는데 그것은 하나님께서 사람에게 요망하는 것이요 하나님과 함께 살기 위한 사람의 유일한 적성이 되는 것이다. **그는 소원을 올렸고 그의 경외하심을 인하여 들으심을 얻었느니라 그가 아들이시라도 받으신 고난으로 순종함을 배워서 온전하게 되었은즉(히 5:7-9)** 그의 경외하심과, 그 자신의 뜻을 완전히 버림으로 하나님의 처분을 기다린 것과, 순종을 배우기 위하여 죽기까지 자신을 드린 것으로 말미암아 사람으로서의 예수는 온전케 되셨고 그 인성(人性)을 온전케 하였으며 또한 그분의 백성을 온전케 하셨다. 자신의 죽음 안에서 그분은 삼중 사역을 완수하셨다. 그분은 그 자신을 온전케 하셨고 그 자신의 인성과 인격을 온전케 하셨다. 그분은 우리의 구속을 온전케 하셨고, 하늘의 처소와(히 9:23) 우리 마음에서 죄를 온전히 제거 하셨다. 그분은 자신의 온전함 속에 우리를 이끌어 온전케 하셨고,

우리를 그 온전한 인성(人性)의 동참자로 만드셨는데 그 인성은 고난과 순종 속에서와 그분을 위해 준비된 몸 안에서, 그리고 그 안에서 이루어진 하나님의 뜻 안에서 우리를 위해 그분께서 성취하신 것이다. 그리스도 자신이 우리의 온전이시고 그분 안에 그것이 완성된 까닭에 그분 안에 계속 거하는 것이 온전이다.

온전한 데로 나아갈지니라는 우리를 히브리서의 더 높은 가르침으로 나아가도록 하는 부르심이다. 여기에 우리의 목표가 있다. 그리스도께서는 한번 드리심으로 영원히 우리를 온전케 하셨다. 우리는 그분을 영원하신 대제사장이며 새로운 성소의 섬기는 자요 자기 피로 지성소에 들어가신 새 언약의 중보자로 앙망하는 한편 그분은 거기 무궁한 생명의 능력 안에 영원히 살아 계셔서 우리로 하여금 그분의 온전한 생명에 참여케 하시며 그 생명을 우리 안에 분여하신다. 그것이 우리 주님께서 하나님의 뜻을 행함으로써 열어놓으신 지성소로 가는 새롭고 산 길을 온전히 걷는 것이다.

1. 그리스도의 사역은 완전하고 온전케 된 사역이다. 모든 것은 끝났고 온전케 되었다. 그리고 우리는 다만 믿음으로 바라보고 들어가며, 구하고 즐거워하며, 그분의 충만으로부터 은혜 위에 은혜를 받는다. 당신 앞에 있는 갖가지 축복들을 이해하거나 요구하거나 연결시키는 데서 오는 모든 난관의 답은 한 가지, "그리스도께서는 우리들을 영원히 온전케 하셨으니 그분을 신뢰하고 그분께 간구하면 그분께서 모든 것을 해주실 것이다"라는 신념 속에서 찾으라.

2. 하나의 영원한 제사. 우리는 영원히 온전케 되었다. 그리고 그 모든 것을 행하신 분은 영원히 보좌 위에 앉아 계신다. 우리의 복스러운 제사장 되신 왕께서는 그 모든 것을 우리들의 것으로 만들기 위해 살아계신다. 자신을 하나님께 드린 후 지성소에 나아가게 한 무궁한 생명의 능력 안에서 그분은 이제 그분이 완성하신 모든 것을 우리에게 주시고 우리의 마음 안에 있게 하기 위해 살아 계신다. 우리는 무엇이 더 필요한가? 그러므로 하늘의 부르심을 입은 거룩한 형제들아 예수를 깊이 생각하라!

80. 성령(聖靈)의 증거

10:15 또한 성령이 우리에게 증거하시되
10:16 주께서 가라사대 그날 후로는 저희와 세울 언약이 이것이라 하시고 내 법을 저희 마음에 두고 저희 생각에 기록하리라 하시고
10:17 또 저희 죄와 저희 불법을 내가 다시 기억치 아니하리라 하셨으니
10:18 이것을 사하셨은즉 다시 죄를 위하여 제사 드릴 것이 없느니라

저자는 그의 논증을 끝냈다. 그는 그리스도의 희생은 하나님의 뜻에 대한 자기 몸을 드림으로써 우리를 위해 지성소로 가는 새로운 길을 열어 놓았음을 천명하였다. 예수 그리스도의 몸을 드리심으로 말미암아 우리가 거룩함을 얻었노라 그리스도는 한 영원한 제사를 드리시고 하나님 우편에 앉으사 저가 한 제물로 온전케 된 자들을 영원히 온전케 하셨느니라(히 10:10-14). 그리스도의 희생은 끝났고 그분은 영원한 능력을 가지셨으며, 그로 말미암아 그분은 보좌에 앉으시어 최후의 승리를 내다보고 계신다. 거룩함을 입은 자들이 영원히 온전케 된 것이다. 그것은 무한 가치의 희생이어서 완전한 상태와 영구한 거룩함과 영광에 이르는 문을 열어 놓았다. 이제 우리에게는 보좌 위에 계신 왕께서 그분의 완성된 사역의 능력을 베푸시어 나타내시는 것을 기쁨으로 바라보는 것만이 필요하다.

저자는 자신이 말한 것을 증빙하기 위해 새 언약을 세우신 말씀에(히 8:6-13) 호소한다. 저자는 또한 성령이 우리에게 증거하시되라는 말씀으로 증명하는 것이다. 예레미야서의 그 말씀은 그에게 있어서 성령의 말씀이었다. 그는 직관(直觀)을 믿었다. 처음부터 끝까지 모든 것을 아시는 분도 하나님이시요, 구속을 예정하실 때 지극히 작은 것에서부터 지극히 큰 것에 이르기까지 모든 것을 계획하신 분도 하나님이시며, 수백 년 후에 제정될 새 언약을 예레미야에게 계시하신 분도 하나님이셨다. 멜기세덱에 관한 첫 기사(記事)를 창세기에 기록하시고 하나님의 맹세와 더불어 그것을 시편에 인용하신 분도 성령이시요, 지성소로 가는 길이 아직 열리지 않았음을 상징하기 위해 성막과 휘장을 짓도록 명하시고 역시 피 없이는 아니하는 첫 언약의 봉헌을 지켜보신 분도 성령이시요, 새 언약의 약속을 발표하고 기록하신 분도 성령이셨다. 우리의 저자는 성령과 그 증거에 호소한다.

저자는 자신이 그러하신 성령의 가르침을 받은 자로서 말한다. 언약과 그리스도의 죽음에 대한 말씀을 누구나 읽을 수는 있지만, 그것을 기록하신 성령으로부터 가르침을 받은 자가 아니면 그 말씀들의 신적 조화와 영구한 의미를 연결하거나 해석할 수 없다. 사람들은 하늘로부터 보내심을 받은 성령으로 더불어 복음을 전했는데, 보좌 위에 앉으신 왕으로부터 오신 성령께서는 그들 속에 지성소로 가는 길을 열기 위한 하나님의 뜻과 한 희생의 영원한 능력을 계시하셨던 것이다.

그러면 이제 새 언약에서의 성령의 증거는 무엇인가? 그 증거는 신적 불가분의 통일성 안에 있는 새 언약의 두 가지 축복에 대한 것이다. **내 법을 저희 마음에 두고 또 저희 죄를 내가 다시 기억치 아니하리라** 완전한 죄 사함(赦罪), 즉 하나님의 시야와 기억에서 죄를 영원히 옮기는 것이 약속되었다. 이제 우리 저자의 논증은 죄 사함이 있는 곳에 다시는 죄를 위한 제사가 필요 없다는 것이다. 이 한 제사는 거룩하게 된 자들을 영원히 온전케 하였다. 그리스도의 죽음은 하나님과의 관계, 즉 하나님 앞에서 살 수 있는 생명의 상태를 열고 우리를 그리로 인도하는데, 거기에 궁극적으로 죄가 사라지고, 하나님께서는 그리스도 안에서 거룩케 된 자들로 우리를 그 교제 속에 받으신다. 하나님은 피로 말미암아 우리를 지성소로 영접하신다. 시은좌(施恩座)에 뿌려진 피는 또한 우리의 양심에 뿌려지고 그 양심을 정결케 함으로써 죄와 그 권세로부터의 완전한 사함과 해방을 우리의 내면 안에 가져오며, 우리의 마음이 피와 더불어 증명하는 하늘의 영을, 그 법을 우리의 생명의 법으로 우리 안에 기록하는 생명의 성령으로 받는데 합당하게 한다.

그러면 우리는 그리스도의 완성된 사역과 그 안에 있는 하나님의 안식 속으로 들어가고, 그분 자신이 영원히 온전케 되시고 우리를 영원히 온전케 하신 그 온전 안으로 들어가며, 하나님께서 '나는 저희에게 하나님이 되고 저희는 내게 백성이 되리라'(히 8:10)는 약속을 실현하시는 지성소에 들어간다. 그러면 영원한 하나의 제물로써 그리스도의 몸을 영단번에 드리심은 바로 무한히 충만해 가는 축복 속에서 신자의 한 생각, 한 믿음, 한 기쁨, 한 생명이 된다. 그분의 구원과 구속은 영원한 실재(實在)요 그분의 온전케 하심과 거룩하게 하심도 역시 영원한 실재이다. 우리에게 필요한 한 가지는 보좌 위에 계신 우리의 제사장 되신 왕께서 그분의 성령으로 말미암아 분여하는 것을 믿고 받으며 그 안에 거하는 것이고, 우리의 영원하신 대제사장의 인격과 승귀(昇貴)와 사역 안에서 더 이상 죄를 위한 제사가 필요 없는 상태와 그 모든 영향 안으로 완전히 들어가는 것인데, 이것이 지성소에 들어가는 것이다.

또한 성령이 우리에게 증거하시되 본 서 6:1에서 우리가 보았듯이 초보적인 기초 진리의 하나로써 죄의 용서에 대한 말씀을 이해하는 것은 그리 어렵지 않다. 그러나 우리가 온전으로 나아가려 할 때 그리고 그것이 이끄는 충만한 구원이 무엇인가를 알고자 할 때 우리는 우리의 내적 생명 안에 성령께서 그것을 계시해 주시고 증거해 주시기를 간구할 수밖에 없다. 성령께서는 그것을 머리에 계시하거나 자기 노력에 의한 연구의 보상으로 주시지 아니하시고 심령이 가난하며 마음이 낮아진 자에게만 계시하신다. 더 이상 죄를 위하여 제사드릴 것이 없다는 것이 참으로 지성소가 열리는 것이라는 성령의 증거를 받는 것은 하나님께서 그 아들의 영을 보내시는 마음이며 하나님과의 완전한 교제의 삶을 그 어떤 기쁨보다도 더 바라고 선택하고 사랑하고 기다리는 마음이다. 하늘로부터 오신 성령께서는 하늘에 있는 것을 증거한다. 우리는 하늘에서 무엇이 일어나는지 아무 것도 알지 못하지만 성령께서는 우리의 마음에 그것을 알게 하신다. 성령께서는 우리 마음에 계심으로써 하나님의 임재 안에 있는 그리스도의 속죄와 승귀(昇貴)의 효험을 우리의 내적 생명 안에 주신다.

1. 성령께서 증거하는 하나의 중심적인 진리는 하나님을 섬기며 사는 옛 방법이 이제 완전히 그리고 영원히 끝났다는 것이다. 사망과 마귀는 멸하였고, 휘장은 찢어졌으며, 죄는 없이 되었고, 옛 언약은 취소되었다. 새로운 체계, 새로운 길, 새롭고 영원한 생명은 예수 그리스도의 능력 안에서 열렸다. 아아, 우리의 눈과 마음이 열려서 "그것이 단순한 하나의 사상이나 머리를 위한 진리가 아니고 성령께서 우리 안에 가져오는 영적 존재 양상"이라는 것을 볼 수 있다면 얼마나 좋으랴!

2. 성령은 증거를 주신다. 이를 위하여 그분은 승귀하사 제사장 되신 왕에 의해 하늘 성소로부터 오순절(五旬節)날 강림하셨고, 제자들에게 하늘 생명과 하늘나라를 가져와 저들의 마음 안에서 저들이 발견하고 느끼는 일로써 실재가 되게 하신다. 우리 각자는 오순절과 같은 능력 안의 성령을 필요로 하고 간구할 수 있다. 그러면 새롭고 영원한 하늘 생명이 또한 우리를 채워주실 것이다.

그러므로 형제들아 우리가 예수의 피를 힘입어 성소에 들어갈 담력을 얻었나니 참 마음과 온전한 믿음으로 하나님께 나아가자 (히 10:19,22)

| 후 편 (後篇) |

실천신앙(實踐信仰)(10:19-13:25)

: 크신 구원의 능력 안에 있는 생명으로

The Holiest of All

| 제 9편 (10:19-25)

새로운 예배(禮拜)

81. 지성소(至聖所)에 들어감

10:19 그러므로 형제들아 우리가 예수의 피를 힘입어 성소에 들어갈 담력을 얻었나니
10:22 참 마음과 온전한 믿음으로 하나님께 나아가자

지성소로 들어가라! 이 말씀과 더불어 히브리서의 후반부가 시작된다. 여기까지의 가르침은 주로 교리적인 것이었다. 그리스도의 인격과 제사장직의 영광, 우리를 위하여 그리스도께서 자기 피로 열어 놓으시고 정결케 하신 하늘 성소의 영광, 그리고 하늘 보좌에까지 연결된 순종과 자아희생의 산 길의 영광이 거기에 계시되었다. 이제 실용편(實用篇)으로 들어가는데, 주어진 큰 구원을 온전히 소유하기 위한 우리의 할 일이 한 강령으로 요약된다. 그것은 성소에 들어갈 담력을 얻었나니 가까이 나아가자는 것이다. 하나님의 임재와 교제로 나가는 길과 그 임재와 교제를 우리의 처소로 만들고 거기에서 우리가 살게 하는 권리와 능력이 그리스도 안에서 제공되었다. 가까이 나아가 거기에 거하자!

지성소로 들어가라! 이것은 히브리인들에게 대한 "살아계신 하나님을 떠나게 만드는 불신앙과 나태의 삶을 헤어 나와 약속의 땅과 하나님의 안식과 은총과 교제 안의 삶으로 들어가라"는 부르심이었다. 그것은 모든 뜨뜻미지근하고 냉담한 신자들이 더 이상 그들의 죄가 용서된다는 소망으로 만족하면서 성막의 바깥뜰에서 머무르지 말라는 부르심이다. 또한 아직도 휘장이 살아계신 하나님

과 그 사랑 안에서의 온전한 교제를 가로막고 있는데도 성소에 들어가 거기에서 봉사하는 것으로 만족하지 말라는 부르심이기도 하다. 그것은 아버지의 임재 가운데서 항상 살고 걷고 봉사하기 위해, 열려진 휘장으로 말미암아 대제사장이 피를 가지고 들어가신 그 처소에 들어가라는 부르심이다. 그것은 이제껏 아는 것보다 더 좋은 삶을 사모하면서 의심을 가지고 목말라하는 신자들에게, 의심을 떨쳐버리고 그리스도께서 지성소로 가는 길을 열어놓으셨다는 사실이 우리를 위해 성취되어 우리 모두의 손닿는 곳에 놓여있다는 것을 믿으라는 부르심이다. 이것이 예수께서 완성하신 구원이요, 그럼으로써 우리는 하나님 얼굴에 있는 충만한 빛 가운데 거할 수 있는 것이다.

지성소로 들어가라! 한 마디로 이것은 예수께서 하신 일의 열매이자 히브리서의 주요 교훈이며, 우리 신자들의 삶에서 하나의 필수 사항이고, 그리스도 안에서 하나님이 우리에게 주사 누리게 하시는 완성되고 온전한 구원이다.

지성소로 들어가라! 지성소란 무엇인가? 지금껏 히브리서를 함께 배워온 독자들은 잘 알겠지만 그리스도께서 자신의 죽음으로 휘장을 여셨을 때 우리를 위해 하나님의 앞에 나아가기 위하여 자기 피로 들어가셨던 바로 그 지성소인 것이다. 지성소는 하늘 차원의 처소이다. 그러나 보통 사람들이 알고 있듯이 이 지상을 떠나 별도로 존재하는 위치상의 장소가 아니다. 하나님의 나라는 땅 위의 어떤 장소마냥 공간의 제한을 받지 아니한다. 우리 위에는 하늘이 있는데 이는 하나님의 특별한 자기계시의 장소이다. 또한 영적 하늘도 있는데 그것은 하나님 자신의 편재(偏在)하심과 같은 것이다. 하나님 계신 곳이 하늘이고 하나님 임재의 하늘은 지상도 역시 포함한다. 그리스도께서 들어가셔서 우리를 위하여 길을 열어 놓으신 지성소는 본질상 하나님의 거룩한 임재와 사랑의 가까이 갈 수 없는 광명이며(딤전 6:16) 하나님과의 충만한 연합과 교제이다. 사람의 영혼은 그 지성소에 우리를 그리스도와 연합시키는 믿음으로 들어갈 수 있다. 성령께서는 처음 그 지성소에 이르는 길이 아직 열리지 않았음을 의미 있게 알려주셨고, 예수께서 그 길을 열기 위해 피를 흘리도록 인도했으며, 오순절날 제자들의 마음속에 그 길이 실제로 열렸음을 보여주셨고, 거기에 우리가 들어가는 것과 그것이 우리 안에 오는 것이 무엇을 의미하는지를 보여주기 위해 지금도 기다리고 계신다. 성령께서는 영혼을 지성소 안으로 들어 올리시고 그 지성소를 영혼 안으로 가져오신다.

지성소로 들어가라! 이 말씀의 영광이여! 무려 천오백년 동안이나 이스라엘은, 들어가면 죽기 때문에 아무도 들어갈 수 없는 그 지성소를 그들의 성막 안에 갖고 있었다. 그것은 사람이 하나님의 임재 안에 살 수 없었고 하나님과의 교제 안에 머무를 수 없었다는 하나의 증거이다. 그러나 이제 그 모든 것이 얼마나 변하였는가! 그 당시 경고의 말씀은 "들어가지 말라"였다. 그러나 이제 부르심의 말씀은 "들어가라"인 것이다! 휘장은 찢어졌고 지성소는 열렸으며 하나님께서는 당신이 하나님의 품으로 오는 것을 기다리고 계신다. 이제부터 당신은 하나님과 함께 사는 것이다. "자녀여! 아버지께서는 그대가 들어와 함께 살며 다시는 영영 나가지 않기를 바라신다"는 것이 히브리서의 복음이다.

아아, 지성소 안에서의 복된 삶이여! 여기에서 아버지의 얼굴을 뵈옵고 그분의 사랑을 맛본다. 여기에서 하나님의 거룩하심이 계시되고 영혼이 거기에 동참한다. 여기에서 사랑과 경배와 예찬의 제사인 기도와 탄원의 향기가 능력 안에서 드려진다. 여기에 하나님과 어린양의 보좌로부터 항상 흘러넘치는 강으로 알려진 성령의 분출이 있다(요 7:38 참조). 여기에서 하나님의 임재 안에 있는 영혼은 그리스도와의 보다 완벽한 하나 됨으로 자라고, 그리고 더욱 그분의 형상에 온전한 일치를 이룬다. 여기에서 그리스도와의 연합과 그분의 끊임없는 중재 가운데 우리는 하나님과 더불어 능력과 이김을 갖는 중재자로서의 우리들의 위치를 담대히 찾는다. 여기에서 영혼은 독수리의 날개를 얻어 새로운 힘으로 축복과 능력과 사랑에 동참하며, 그것으로 죽어가는 세상을 축복하기 위해 나갈 수 있다. 여기에서 우리는 우리의 복되신 왕의 완전하고 최종적인 승리를 쟁취하는 살아있는 도구로써 하나님의 구원을 사람에게 주기 위한 분여자와 증인과 통로가 되어 세상에 나가도록 날마다 새로운 기름부음을 경험한다. 아아, 우리의 크신 대제사장 예수시여! 주님은 곧 영생이시옵니다!

1. "내가 주께 바라며 내가 추구해 나갈 한 가지 일은 주의 아름다움을 보며 성전 안에서 주님께 문안키 위해 내가 내 생애 모든 날 동안 주의 집에 거하는 것이다." 여기에서 기도는 실행된다.

2. "나는 양 우리의 문이다"라고 예수께서는 말하지 않았던가? 사랑하는 자녀들이여, 우리에게 이 양 우리는 무엇인가? 그것은 하나님의 마음이고 그리스도는 거기에 들어가는 미문(美門)이라는 문이시다. 아, 사랑하는 자녀들이여, 얼마나 달콤하고 얼마나 기쁘게 그분은 하나님의 마음으로 가는 문을 열었으며 하나님의 보물창고로 들어가는 문을 열었는가! 그 안에서 그분은 감추어진 부요를 계시하고 그분 자신의 친밀과 동반의 즐거움을 우리에게 계시한다. -Tauler.

3. 우리는 부모나 친구가 결혼 선물로 집을 사서 가구까지 마련해 주는 것을 읽는다. 그들은 신랑을 거기에 데리고 가 열쇠를 주면서 "이제 이것이 너의 집이라"고 말한다. 하나님의 자녀여! 하나님께서는 당신을 위하여 지성소를 여시고 "이제 이것이 너의 집이다"라고 말씀하신다. 당신은 어떻게 할 것인가?

82. 예수의 피안의 담대함

10:19 그러므로 형제들아 우리가 예수의 피를 힘입어 성소에 들어갈 담력을 얻었나니
10:22 참 마음과 온전한 믿음으로 하나님께 나아가자

지성소로 들어가라. 이 말씀은 우리에게 히브리서의 기본 정신을 보여준다. 그리스도께서는 참으로 우리가 지성소에 들어가 거기에 거하도록 하기 위해 그곳을 열어 놓으셨다. 아버지께서는 그분의 자녀들이 사랑과 교제의 거룩한 천국에 함께 있어 항상 거기 거하게 하시려는 것이다. 히브리서는 모두 함께 모이기를 구한다. 들어갈 담력을 가지고 가까이 나아가자!

어떤 사람들은 히브리서를 연구하는 가운데 지성소로 가는 길이 열렸다는 놀라운 비밀이 계시되자 그곳에 들어가서는 믿음으로 "주 하나님, 내가 왔나이다"

라고 말하기도 한다. "이제부터 지성소 안, 주의 감추어진 처소에 살겠습니다"라는 것이다. 하지만 아직도 그들은 두려워한다. 그 크신 대제사장께서 그들을 참으로 그곳에 인도해 들어갔는지가 불확실한 것이다. 그들은 또 그들이 항상 신실하여 휘장 안에 살 것인지도 확신할 수 없는 것이다. 그들은 아직도 담대함을 가지고 들어가라는 것이 무슨 뜻인지 모르는 것이다.

또 어떤 사람들은 사모하고 동경하던 마음으로 지성소에 들어오라는 부르심을 들었지만 그냥 망설이기만 한다. 그들의 생각은 "하나의 죄 많은 벌레가 매일 한결같이 지성소 안에 거한다는 것이 과분하지 않느냐"는 것이다. 연약과 실패에 대한 의식이 너무나도 강하고, 개인적인 부실감이 너무나도 예리하며, 세상과 환경의 완력에 대한 경험이나 육신과 그 노력의 허약성에 대한 감상이 너무나도 새삼스러워, 그들은 그러한 삶에 대한 소망이 없다고 느낀다. 다른 사람들은 지성소 안에서 행복해 하는데 그들은 지성소 밖에서 만족하지 않으면 안 된다. 따라서 아직도 그들의 마음에는 참 만족이 없는 것이다.

들어갔지만 아직도 두려움이 가득한 사람들과 두려움 때문에 망설이는 사람들에게 성령께서는 "오늘날 너희가 그의 음성을 듣거든 마음을 강퍅케 하지 말고 예수의 피 안에서 담대하게 지성소를 향하여 가까이 나아가라"고 말씀하신다. 우리가 지성소에 들어가는 담대함이란 의식적인 확신의 느낌이 아니라 하나님이 주시는 바 예수의 피가 보증하는 객관적 입국(入國)의 권리이며 자유이다. 우리의 담대함의 크기는 하나님께서 예수의 피에 붙여주신 가치와 일치한다. 우리의 마음이 단순한 믿음으로 그 사실 위에 신뢰를 둘 때 우리 편에서 신뢰감과 기쁨이 우러나오고 우리는 찬송과 기쁨 가운데 거기에 들어가게 될 것이다.

예수의 피안에서의 담대함 모든 것은 피가 무엇을 의미하는지에 대한 우리의 이해에 달려 있다. 만약 그 피가 하나님께 어떠하듯 우리에게도 그러하다면 하나님께서 뜻하시는 바 그 피가 주는 담력이 우리의 마음을 채울 것이다. 우리가 제9장에서 보듯이 휘장을 열고 성소를 정결케 하며 인자(人子) 예수로 하여금 하나님께 승천하게 한 것만큼 그 피는 우리 안에서 역사하여 우리의 마음을 하나님의 성소로 만들고 우리로 하여금 거룩하신 분과의 온전한 교제에 합당하게 해 준다. 우리가 그 피의 무한 가치를 존중하면 할수록 그 피는 우리에게 하늘을 열고 우리 안에 하늘을 열 것이며, 신적 능력 안에서 지성소에 들어가는 것이 무엇인지를 실제로 경험하게 하는 일에 큰 능력과 효능을 입증할 것이다.

예수의 피 생명은 피인 것이다. 그러므로 생명은 피의 가치만큼 가치를 갖고 있다. 그리스도 안에 하나님의 생명이 있었고 하나님의 생명이 무한하듯 그 피의 가치와 능력도 무한하다. 그리스도 안에 완전으로써의 사람의 생명이 있었는데, 겸손과 순종 안에서 드린 그분의 자기희생은 그리스도로 하여금 말할 수 없이 아버지를 기쁘시게 해드렸던 것이다. 하나님이시며 사람이신 예수의 피는 하나님의 뜻을 완전히 이루는 죄와 자아의 모든 유혹에 대한 완벽한 승리의 죽음 안에서 쏟아짐으로써 죄에 대한 영원한 속죄를 이루었고 사망과 그 권세 잡은 자를 멸함으로써 죄를 영구히 제거하였다. 그 결과 영원한 언약의 피 안에서 예수는 죽은 자 가운데서 부활하셨고, 우리의 머리와 중보로써 자기 피로 하늘에 들어가셨으며, 그 피는 이제 하늘의 심판주이신 하나님과 중보 되신 예수에 버금하는(히 12:24) 존귀의 자리에 영원히 함께 있는 것이다. 이 피는 이제 하나님 앞에 있어서 지성소에 들어가기까지 우리의 담대함이 된다.

성도들이여! 어린양 예수의 피가 무엇을 의미하는지 생각하라! 하나님은 그것을 당신의 속전으로 주셨다. 하나님께서는 그 아들이 하늘에 들어가서 그것을 당신의 속전으로 지불했을 때 그것을 받으셨다. 하나님께서는 그것을 그 아들이 죽기까지 순종한 열매로써, 다시 말해 자신을 무한히 기쁘게 한 증표로써 언제나 보고 계신다. 하나님께서는 당신에게 그것을 가리키시며, 그것이 하나님께 드린 신적인 만족과 그것의 전능한 힘과 영원한 충족성을 믿으라고 요구하신다. 아아, 당신은 오늘 그 피가 죄성(罪性)을 가진 채 연약에 싸인 당신에게도 나아가 지성소에 들어가는 자유와 확신과 담력을 준다는 것을 믿지 않으려는가? 그렇다, 그 피가, 오직 그 피만이 영존하시는 하나님의 임재와 살아있고 영속적인 교제 안으로 당신을 인도한다. 그 피를 증거하고 그 피가 주는 담대함을 입증하는 하나님의 말씀에 대한 당신의 반응이 곧 이 순간 더 없는 확신으로 하나님과의 가장 친밀한 교제 가운데에 당신의 처소를 정하도록 하게 하라. 당신의 마음이 당신을 비난하고, 냉담이나 불신이 참으로 지성소에 들어가는 것을 방해한다 하더라도 피의 능력이 당신을 하나님께 가까이 인도한다는 것을 충분히 믿고 간증할 때까지 나아가기를 쉬지 말라. 예수의 피로 가까이 나아가자.

1. 당신의 죄와 예수의 피, 둘 중에 어느 것이 지금 당신에겐 크게 보이는가? 답은 오직 하나이다. 그러면 가까이 나아가 지성소로 들어가라. 당신의 죄가 당신을 뒤로 물러하게 할 때 그 피가 당신을 가까이 나아가게 하도록 하라. 그리하면 그 피는 당신에게 지성소에 거할 수 있는 담력과 능력을 줄 것이다.

2. 지성소로부터 영혼 위에 떨어지는 그 피 한 방울은 양심을 온전케 하고 다시는 죄책이 없게 하며 우리를 하나님과 그 아들과의 교제 안에 살게 한다. 그 피가 뿌려진 영혼은 하늘 보화를 즐길 수 있고 살아 계신 하나님을 향한 하늘의 섬김을 다하게 한다.

3. 그리고 그 피는 하늘의 정결케 하는 능력으로써 영혼을 깨끗하게 지킨다. "저가 빛 가운데 계신 것 같이 우리도 빛 가운데 행하면," 즉 우리가 지성소 안에, 그분의 얼굴의 빛 가운데 거하면, 우리가 서로 사귐이 있고 그 아들 예수 그리스도의 피가 우리를 모든 죄에서 깨끗케 하실 것이요(요일 1:7), 어떤 죄도 우리와 아버지와의 교제를 상실토록 하지는 못할 것이다.

4. 아버지께서 얼마나 그 자녀들이 그분께 담대히 나아오기를 바라시는지 이해하라. 하나님은 그것을 이루기 위하여 그 아들의 피를 주셨다. 큰 담대함으로 지성소에 들어감으로써 하나님의 뜻을 이루고 그 피를 유효하게 하자.

83. 새롭고 산 길

10:19 그러므로 형제들아 우리가 예수의 피를 힘입어 성소에 들어갈 담력을 얻었나니
10:21 그 길은 우리를 위하여 휘장 가운데로 열어 놓으신 새롭고 산 길이요 휘장은 곧 저의 육체니라
10:22 하나님께 나아가자

지성소는 우리를 위해 열렸다. 거기에 들어가 하나님을 뵙고 하나님의 임재 가운데서 살며 하나님을 섬길 수 있도록 하기 위해서이다. 영원히 죄를 씻기 위하여 하늘로 가져간 영원한 희생제사의 피는 곧 우리가 들어가기 위한 우리의 권리이며 담력이 된다. 여기에 의문이 하나 있다. 열린 문까지 나아가며 그 문을 통하여 들어가고자 할 때 우리가 필히 걸어가야 할 그 길은 과연 어떤 길이냐는 것이다. 이 길은 유일한 영생의 길이요 절대 확실한 신앙의 길이며 새롭고 산 길로서 예수께서 우리를 위하여 열어놓은 휘장 즉 육체 가운데로 난 길이다. 피로 말미암아 우리가 갖는 담력은 우리가 그분의 죽음을 우리로서는 결코 할 수 없는 것을 하시므로 허물을 속하고 영원히 죄를 없이하신 우리의 대속자의 죽음으로 여길 때 예수께서 우리를 위해 이루어주신 들어감의 권리이며 특전이 된다. 휘장 즉 그분의 육체 가운데로 열린 새롭고 산 길은 두말할 나위 없이 하나님께 가는 길을 여시고 그리로 자신이 먼저 걸어가시어 그 자취를 우리가 따르도록 이끄시는 우리의 주님이시며 앞서가신 자의 죽음과 관련된 것이다. 예수의 죽음은 새로운 성소의 봉헌이요 새로운 언약의 발효일 뿐만 아니라 하나님의 거룩한 임재와 교제 안으로 가는 새로운 길이기도 했던 것이다. 누구든 믿음 안에서 그분이 흘린 피를 지성소에 들어가는 담력으로 받아들이는 자는 또한 그분이 여신 그 길을 자신도 걸어야 할 길로 받아들여야만 한다.

그러면 그 길은 무엇인가? **휘장 가운데로 난 길이니 이는 저의 육체니라** 휘장은 육신(肉身)이다. 사람을 하나님으로부터 갈라놓은 휘장은 죄의 권세아래 있는 육체요 인성(人性)이다. 그리스도는 죄 있는 육신의 모양으로 와서 여기 이 세상의 그 휘장 밖에서 우리와 함께 머무셨다. 말씀이 육신이 되셨다(요 1:14). 그도 또한 한 모양으로 혈육에 함께 속하셨다(히 2:14). 육신에 계실 때에 그분은 우리처럼 시험을 받으셨고 심한 통곡과 눈물로 간구와 소원을 올렸다(히 5:7). 그분

은 죽기까지 순종을 배우셨다. 죽음 안에서 하나님께 넘겨드린 그분 자신의 육체와 자신의 뜻과 자신의 생명의 찢어진 휘장을 통하여 그분은 지성소로 들어가셨다. "사람의 모양으로 나타나셨으매 자기를 낮추시고 죽기까지 복종하셨으니 그러므로 하나님이 그를 지극히 높이셨느니라"(빌 2:8-9). 열린 휘장을 통하여 그분은 하나님의 보좌에까지 오르셨다. 그리고 이것이 그분께서 우리를 위해 열어놓으신 길이다. 그분이 우리의 대속자로서 구속을 이루신 바로 그 길이 죽기까지 순종하신 길로서 우리가 걸어가도록 우리를 위해 열린 그 길이다. "그리스도도 너희를 위하여 고난을 받으사 너희에게 본을 끼쳐 그 자취를 따라오게 하셨느니라"(벧전 2:21). 우리의 대제사장 되신 그리스도는 대속자와 구속주로서 명실공히 우리의 주님이시요 앞서가신 자이시다.

그리스도의 길은 그 제자들의 길이다. 그분의 길은 우리들의 길이다. 그분의 고난과 순종과 자기희생의 길이 아니고는 그분이 지성소를 열고 우리를 위해 들어갈 수 없었듯이 우리가 같은 길을 걷지 않는 한 우리도 들어 갈 수 없는 것이 현실이다. 예수께서는 그 자신에게와 마찬가지로 그 제자들에게도 말씀하셨다. "밀 한 알이 땅에 떨어져 죽지 아니하면 한 알 그대로 있을 것이요 이 세상에서 자기 목숨을 미워하는 자는 영생하도록 보존하리라"(요 12:24-25). 바울의 생명의 법은 모든 신자들에게도 해당되는 생명의 법으로써 "우리가 예수 죽인 것을 몸에 짊어짐은 예수의 생명이 또한 우리 몸에 나타나게 하려 함이라"(고후 4:10)인 것이다. 지성소로 들어가는 길은 찢어진 휘장 가운데의 길이요, 희생과 죽음의 길이다. 우리에게서 죄를 없이하는 길은 예수의 길 이외에는 없다. 그분의 완성된 사역을 받아들이는 자는 곧 그 영과 능력을 구성하는 것을 받아들이는 것이요, 그것은 그 주님께 있어서와 마찬가지로 그 자신에게 있어서도 자아(自我)의 산 제사로 죄를 벗어버리는 길인 것이다. 그리스도의 죽음은 전적으로 그리고 필수적으로 새로운 죽음이었고 그분의 부활생명 역시 전에는 결코 알려지지 않았던 오직 죽음을 통과한 생명이었다. 이 새로운 죽음과 새로운 생명은 새롭고 산 길, 즉 그 안에서 우리가 하나님께 가까이 나아가는 삶의 새로운 길인 것이다.

그리스도께서 자신의 육체를 들어 일용할 양식으로 말씀하셨을 때처럼(요 6:54) 여기에서 성령께서 찢어진 그리스도의 육체의 휘장을 들어 우리의 나날의 생명으로 말할 때 많은 사람들은 "이 말씀은 어렵도다 누가 들을 수 있으며(요 6:60), 그런즉 누가 구원받을 수 있느냐"라고 말할지도 모른다. 기꺼이 순종하고 믿는 자에게는 모든 것이 가능한데 이는 그것이 새롭고 산 길인 까닭이다. 새로운 길이란 말은 항상 신선하며 결코 쇠하거나 낡아지지 아니하고(히 8:13), 항상 그 처음의 온전함과 새로움을 유지하는 길이다. 산 길은 산 자가 언제나 그 위를 걸어야 할 길이로되 그냥 생명이나 힘을 분여하는 것은 아니다. 이 길은 순종과 고난과 자기희생과 죽음의 길로써 그것이 얼마나 어렵게 보이든, 또 본성으로 절대 불가능한 것이라 해도 산 길인 것이다. 그것은 진로를 열어 줄뿐만 아니라 경주자가 따라갈 힘을 공급한다. 그것은 그리스도를 대제사장으로 세운 무궁한 생명의 능력 안에서 역사한다. 우리는 어떻게 성령께서 지성소로 들어가는 그 길을 지켜보시며, 어떻게 영원하신 성령으로서 그리스도로 하여금 흠 없는 자기를 하나님께 드려 그 길을 열게 하셨는지를 보았고 그분이 바로 이 길에서 크신 힘을 공급하고 신적 생명으로 그 길을 고취하는 분이라는 것을 보았다. 우리가 그리스도와 함께 참여하는 자가 될 때, 그리고 우리가 그분으로 말미암아 하나님께 나아올 때, 그분의 생명, 즉 그리스도 안에 있는 생명의 성령의 법은 우리를 붙들고 우리는 그분의 능력 안에서 그리스도 예수의 발자취를 따라가는 것이다. 지성소로 들어가는 길은 그리스도의 영이 우리 안에서 역사하는 예수와의 완전한 일치의 살아있는 길이다.

열린 휘장으로 말미암아 지성소로 들어가는 새롭고 산 길 우리는 이제 그것이 무엇인지 아는데 그것은 죽음의 길이다. 그렇다, 죽음의 길이 곧 생명의 길인 것이다. 타락한 본성(本性)과 그 위에 있는 죄의 저주와 권세로부터 해방되는 유일한 길은 그 죄에 대하여 죽는 것이다. 예수께서는 자신을 부인하셨고, 자신 안에 있었으나 죄가 없었던 그 본성을 기쁘게 하기 위하여서는 아무 것도 하시지 않았다. 그분은 그 본성을 부인하였고 그것에 대하여 죽었다. 이것은 그분에게 있어서 생명의 길이었다. 그리고 이것은 우리에게 있어서도 산 길이다. 우리가 그리스도를 그 부활의 능력 안에서 알 때 그 분은 우리를 자신의 죽음과의 일치 가운데로 이끄신다. 그분은 그것을 성령의 능력으로 행하신다. 예수의 죽음과 생명은 죄로부터 해방된 새로운 죽음과 새로운 생명의 길이고 그분께서 시작하사 우리 안에서 역사하는 하나님과의 교제의 길로써, 그분께서 지금 계신 곳에 그분께서 나아가셨던 것처럼 우리도 인도되어 가는 것이다. 그러므로 새롭고 산 길로 들어갈 담력을 얻었나니 가까이 나아가자!

1. 신자가 처음으로 피 안에서 그가 가진 담력으로 지성소에 들어갈 때 그는 그것이 새롭고 산 길이 의미하는 모든 것이란 사실을 이해하지 못한다. 그의 마음이 올바르며 자신을 부인하고 십자가를 질 준비만 되어 있다면 그것으로 충분하다. 때가 되면 주께서 열어놓으신「죽기까지의 순종의 길」에서 그분과의 완전한 교제가 무엇인지 계시될 것이다.

2. 새롭고 산 길은 한번 들어가는 길일뿐만 아니라 날마다 걸어야 하고 언제나 하나님의 사랑과 뜻 안에 더 깊이 들어가는 길이기도 하다.

3. 생명의 길은 죽음의 길이다. 타락한 생명과 이 자아는 너무나도 죄에 매인 채 끈질겨서 죽음 말고는 우리가 달리 구출될 길이 없다. 그러나 하나님을 찬양할지니 죽음의 길이 곧 생명의 길인지라 그리스도의 부활과 내주하심의 능력 안에서 우리는 담대히 그 길을 걸어가게 되는 것이다.

84. 하나님 집 다스리는 대제사장

10:21 또 하나님 집 다스리는 큰 제사장이 계시매 가까이 나아가자

우리는 앞서 모세에 따른 예배의 표상들 중 특히 네 가지가 신약에 감추어진 구속의 모형으로써 중요하다는 것을 말하였다. 그것은 **성소와 피와 지성소로 들어가는 길과 제사장**이었다. 처음 셋은 모두 하늘의 것들로써 이미 살펴보았고 이제는 네 번째 것을 배울 차례인데 이는 가장 중요하고 복된 것으로써 살아있는 인

격이신 예수시며 하나님의 집을 다스리는 큰 대제사장인 것이다. 그분이 나를 위해 성취하신 지성소에 들어감과 그 길을 열기 위해 역사하신 피 흘림과 지성소의 삶을 향유하기 위해 내가 걸어가는 그 길에 대한 지식은 모두 참으로 소중한 것이다. 그러나 더 좋은 것이 남아 있는데 그것은 살아계신 하나님의 아들이 지성소에 계시어 개인적으로 나를 영접하여 하나님이 나를 위해 마련하신 모든 축복의 동참자가 되게 하신다는 것이다. "이제 한 말에 중요한 것은 하늘에서 위엄의 보좌 우편에 앉으신 대제사장이 우리에게 있는 것이라(히 8:1), 그러므로 형제들아 하나님 집 다스리는 큰 제사장이 계시매 가까이 나아가자."

그러면 이제 예수께서 우리를 위해 해주실 일이 무엇인가? 모든 것은 이미 완성되지 않았는가? 지성소는 열렸다. 피로 말미암아 담대히 나아갈 수도 있게 되었다. 산 길이 우리를 인도하기 위해 봉헌되었다. 그렇다면 예수께서 우리를 위해 더 해야 할 일은 무엇인가? 없다. 모든 것은 이미 영단번에 성취된 것이다. 그러면 왜 성령께서는 우리에게 그분을 하나님의 집을 다스리는 큰 제사장으로 계시하는가? 그분으로부터 우리가 무엇을 바랄 수 있는가? 우리에게 필요한 것으로써 우리가 필히 그리스도께 고대해야 할 것은, 그분이 우리를 위해 완성하신 사역이 우리 안에서 실제가 되고 그분을 제사장으로 세운 무궁한 생명의 능력이 개인적인 경험이 되도록 하는 것이다. 우리는 "그가 영원히 계시므로 온전히 구원하실 수 있으시다(히 7:24-25)"는 것을 읽었다. 구원은 주관적이요 실험적인 일로서 그분이 주시는 마음의 평강과 거룩함 안에서 입증된다. 우리라는 존재, 즉 우리의 생명, 우리의 속사람, 우리의 마음, 우리의 뜻과 성정(性情)은 죄의 권세로부터 구출되어 속죄의 복된 경험을 맛보고 즐기게 된다. 바로 그 마음 안에서 우리는 그분의 구속의 능력을 발견한다. 우리 안에서 죄가 실질적 권세와 지배력으로써 그 자체를 들어냈던 것만큼 깊고 강하게 예수께서는 구속하는 은혜의 승리를 간증하신다.

하나님의 집을 다스리는 제사장이신 그리스도의 영단번의 사역은 우리를 인도하여 거기에 살게 한다. 그분은 하나님과 영혼을 서로간의 실제적인 화합과 일치와 교제 안으로 이끌어 이 일을 하신다. 성소의 섬기는 자로써 그분은 하나님과 더불어 하늘에서 이루어질 모든 것을 하시고, 새 언약의 중보로써 그분은 동일한 효과로 땅 위에서 이루어야할 모든 것을 내 마음 안에서 하신다. 이 두 기능은 한 분 대제사장 안에서 연합되었는데, 그분의 모든 활동 속에서 그분은 그분을 바라고 신뢰하는 영혼에게 두 기능을 연합시키신다. 하나님의 임재 안에 있는 모든 순간은 사람의 마음속에 상응하는 반응을 갖고 있다.

그러면 어떻게 이것이 이루어지는가? 그것은 예수 그리스도와 우리와의 연합으로 말미암아서이다. 예수는 둘째 아담으로서 새로운 인류의 머리이시다. 그분은 실제적 인성(人性)을 가졌으며 만유를 채우는 참된 신성(神性)의 능력을 갖고 계신 까닭에 머리가 되신다. 마치 아담이 사망으로 가는 우리의 앞서간 자인 고로 우리를 지배하며 끌고 가는 죄와 사망의 권세가 우리 안에 있듯이, 예수는 하나님의 임재로 가는 우리의 앞서가신 자이시어서 우리 안에서 역사하는 그분의 죽음과 부활생명의 신적 강력으로 우리를 아버지의 품으로 이끌어 올리신다. 그렇다, 예수께서는 자신이 앉아 계신 보좌의 권능 가운데서 자신의 신적 하늘 생명으로 아담과 죄가 역사하는 우리 존재의 깊은 곳에 들어와 우리를 하나님의 임재 가운데로 끌어올리는 일을 부단히 수행하심으로써 하나님의 하늘 임재를 여기 지상에서도 우리의 몫으로 만드신다.

그러면 왜 우리가 이것을 그토록 즐길 수 없는가? 그것을 충만히 향유하기 위해서는 무엇이 필요한가? 그리고 어떻게 예수께서는 참으로 우리에게 대제사장이 되시고 지성소 안에서의 실제적인 삶을 우리에게 주실 수 있는가? 실패의 큰 이유는 본 히브리서가 그렇게도 열렬히 논증하며 가르쳐 주는 영적 온전의 진리 즉 지성소로 가는 길에 대한 성령의 증거를 우리가 무시하는 데에 있다. 그러므로 우리가 필요로 하는 것은 성령 자신과 성령 안에 계신 예수를 기다리고 영접하며 능력 안에서 역사하시도록 신뢰하는 것이다. 크신 대제사장께서 영단번에 지성소에 들어가 보좌 위에 앉으셨을 때 "성령께서 능력으로 제자들의 마음에 오시매 그로 인해 하늘 대제사장이 임하시사 내주하는 구세주가 되셨고 그 자신이 가지고온 하나님의 임재와 사랑을 그들의 마음에 부으셨다"는 진리를 굳게 붙들자. 오순절 은사는 영광을 받으신 그리스도의 능력 안에서 보인 예수의 제사장적 능력의 불가결한 통로이다. 예수께서 우리와 함께 거하시게 하는 일상생활의 성령 충만 만이 하나님의 임재를 충만한 경험으로 우리 안에 존속시킨다. 예수는 저 멀리서 우리를 구원하는 외부의 제사장이 아니다. 아니, 둘째 아담으로서 그분이 우리 안에 계시지 않는다면 우리에게 그분은 어디에도 안 계신 것이다. 그분의 하늘 대제사장직의 진리가 그렇게도 빈번히 힘이 없는 까닭은 우리가 그분을 우리 위의 높은 하늘에서 역사하시는 외적 존재로 우러러보기 때문이다. 이 해악(害惡)의 치유는 하나님의 집을 다스리는 대제사장이 영화로워진 예수시며 성령 안에서 우리 안에 계시고 하늘에서 이루어진 모든 것을 성령으로 말미암아 여기 우리 안에서도 이루시는 분이라는 것을 아는데 있다.

그분은 하나님이 처소인 하나님의 집을 다스리는 제사장이시고 우리는 하나님의 집이다. 예수께서 하늘 위의 성소를 다스리는 것같이 그분은 순간순간 우리 내면 속의 성소도 다스리신다. 선물로 받았고 권리와 사유(思惟)에서 우리의 소유이신 하나님 집의 대제사장을 우리가 가졌으니 담대히 나아가자!

1. 큰 제사장을 소유함이여! 당신은 그리스도에 관하여 많은 것을 알고 있다. 그러나 당신은 그분의 중요하고도 포괄적인 사역이 당신을 하나님께 아주 가까이 이끄신다는 사실을 알고 있는가? 그분은 이일을 당신에게 해 주셨는가? 그렇지 않다면 그분께 간구하고 그렇게 해 주시도록 그분을 신뢰하라.

2. 내가 원하는 것은 예수 자신이다. 그분만이 나를 만족케 할 수 있다. 우리가 하나님께 가까이 갈 수 있는 것은 자비로운 예수께 대한 거룩한 믿음 안에서이며 우리를 형제라 부르시는 거룩하신 예수의 사랑 안에서이다. 하나님의 임재는 예수께 대한 신뢰와 사랑과 헌신으로 드려진 마음 안에서 실감한다.

3. 우리는 그러한 대제사장을 갖고 있다. 그렇다, 나는 그분을 갖고 있으며 그분의 모든 능력과 사랑 안에서 그분은 나의 것이다. 나는 그분께 그분의 일을 하시도록 나 자신을 양보한다.

85. 참 마음으로

10:22 우리가 마음의 뿌림을 받아 양심의 악을 깨닫고 몸을 맑은 물로 씻었으니 참 마음과 온전한 믿음으로 하나님께 나아가자

우리는 우리가 하나님께 가까이 나아갈 때 용기를 주는 새로운 예배의 네 가지 축복을 살펴보았다. 이제 우리는 하나님께 나아갈 때 하나님께서 요구하시는 네 가지 사항을 살펴볼 것이다. 이들 중 첫째는 참 마음(True Heart)이다.

사람의 본성에서 마음은 중심적인 능력이다. 마음의 어떠함이 그 사람의 어떠함이다. 마음의 소원과 선택, 사랑과 증오는 그가 현재 어떤 사람인가를 증거하고 어떤 사람이 될 것인가를 결정한다. 우리가 사람의 신체적 특성 즉 크기, 완력, 연령 및 습관을 그의 외모로 판단하듯이 마음은 그의 실제적 속사람의 특성을 나타내는데 하나님은 바로 그 마음의 숨은 사람을 보시는 것이다. 하나님께서는 그리스도 안에서 우리에게 하나님이 거하시는 은밀한 처소, 즉 하나님 임재의 내적 성소와 하나님의 마음으로 나아가는 길을 주셨는데 하나님께서 우리를 부르실 때는 제일 먼저 참 마음을 요구하신다. 우리의 가장 깊은 내적 존재는 필히 진리 안에서 그분께 드려지고 그분께 참(眞實)이 되어야 한다.

참된 종교는 마음 즉 내면적 생명의 문제이다. 사람이 하나님께 가까이 나아갈 수 있는 것은 그 마음의 소원이 하나님께 집중되고, 전심으로 하나님을 구하며, 하나님께 사랑을 드리고 생의 기쁨을 하나님 안에서 구할 때이다. 사람의 마음은 하나님과 하나님의 사랑을 즐거워할 수 있도록 특별히 창조되고 거기에 필요한 재능을 부여받았다. 하나님과 그 백성의 다툼은 저들의 마음이 하나님으로부터 돌아섰다는 증거였다. 제3장에서 우리는 하나님께서 사람의 강퍅해진 마음과 방황하는 마음과 믿지 않는 마음을 탓하시는 것을 듣는다. 지성소에 들어가는 첫 번째 필수 조건이 참 마음이라는 것은 더 말할 나위가 없다. 마음에게는 하나님을 믿는 믿음과 하나님의 거룩하심과 사랑과 뜻이 알려질 수 있다. 하나님께서는 마음 즉 참 마음 이하도 이상도 요구하지 않으신다.

『참』이란 단어의 의미를 우리는 그 『참』의 표상인 참 장막과 성소라는 용례에서 본다(히 8:2, 9:24). 첫 장막은 단지 참 장막의 모형이요 그림자였다. 거기에는 실로 종교적 봉사와 예배가 있었으나 실질적인 삶의 능력이 없었고 섬기는 자를 온전케 할 수도 없었다. 하늘에 있는 것들의 참 형상인 그 본질과 실재(實在)는 오직 그리스도로 말미암아 온 것이다. 하나님께서는 이제 참 성소와 상응하는 위치에 참 마음을 요구하고 계신다. 옛 언약은 단지 그림자였던 그 장막 안의 예배와 더불어 이스라엘의 마음을 바르게 할 수 없었다. 새 언약에서 하나님의 첫 약속은 "새 마음을 저희에게 주고 내 법을 저희 마음에 기록하리라"는 것이었다. 새 언약의 중보로써 무궁한 생명의 능력으로 우리 안에서 모든 것을 역사하시고 우리의 마음에 하나님의 법을 기록하도록 은혜와 진리가 충만한 그 아들을 주셨을 때 하나님은 참 마음으로 하나님께 나오라고 우리를 부르신다.

하나님께서는 마음을 구하신다. 슬프게도 얼마나 많은 신자들이 아직도 옛 언약의 예배로 하나님을 섬기고 있는가. 종교란 특정 시간과 활동의 일이다. 거기에는 성경을 읽고 기도하고 교회에 가는 시간들이 있다. 그러나 신자가 그 속박의 시간들로부터 자유를 얻자마자 얼마나 빨리 자연스럽고도 즐겁게 그 마음이 세상의 일로 돌아가는가! 그것은 종교적 행사에 얼마나 진실이 결여되어 있는가 하는 증거이지 참 마음으로 드리는 예배는 아닌 것이다. 그들은 자신의 삶과 생명과 사랑과 즐거움을 누리지만 최고의 선(善)을 하나님 안에서 찾지는 아니한다. 종교는 마음과 생명보다는 머리와 그 활동에 관한 일이고, 하나님께서 우리에게 주시는 성령의 뜻과 능력보다는 인간의 의지와 힘에 관한 일이다.

부르심은 "참마음으로 가까이 나아가자"이다. 내 마음이 부실하다는 두려움으로 뒤로 물러가지 않도록 하자. 참 마음을 얻는 길은 오직 믿는 바를 행(行)하는 것뿐이다. 하나님께서는 자녀로서의 새 마음을 당신에게 주셨는데 당신이 그것을 알 때 그것은 놀라운 선물이 될 것이다. 무시함과 불신앙과 불순종으로 인하여 그것은 점점 약해지고 메말랐지만 그럼에도 불구하고 그 박동은 아직도 느낄 수 있다. 히브리서는 엄숙한 경고에 복된 가르침을 더하며 그것을 깨우쳐 준다. 어느 손 마른 자에게 일어서라고 말씀하셨을 때처럼 그리스도는 당신에게 일어나 참 마음으로 들어오라고 부르신다. 당신이 주저하며 당신의 마음이 참인지를 알기 위해 속을 들여다보고 그것을 참되게 하기 위해 헛수고를 할 때 그분은 다시 네 손을 내밀라고 말씀하신다(마 12:13). 예수께서 손 마른 자에게 일어나라 말씀하셨을 때 그 사람은 예수의 눈과 음성에서 능력을 느꼈고 손을 앞으로 내민 것이다. 당신도 그렇게 해보라. 자신의 무기력함만을 그렇게도 안쓰러워 여기던 당신의 메마른 마음을 내밀고 들어 올려 뻗어보라. 내뻗으면 그것이 온전케 될 것이다. 그렇다, 들어오라는 부르심에 순종하는 그 행위 안에서 이미 참 마음을 가졌음이 증거 될 것이며, 또한 복되신 주를 순종하고 신뢰할 준비가 된 마음이자 모든 것을 포기하고 하나님 임재의 비밀 안에서 생명을 찾으려는 마음임이 증거 될 것이다. 그렇다, 하나님 집의 대제사장이시며 새 언약의 중보 되신 예수께서는 새 마음과 참 마음으로 하나님께 나아오라 부르신다.

최근 몇 년 동안 하나님께서는 하나님의 거룩함을 추구하도록 신자들을 깨우셨다. 지성소에서 거룩하신 자와의 완전한 교제의 삶을 따르도록 역사하신 것이다. 이 가르침에서 두 개의 단어가 자주 나오는데 그것은 성별(聖別)과 믿음이다. 이 단어들은 본문에 나온 참 마음과 온전한 믿음을 가리킨다. 참 마음은 곧 성별로써 온전히 하나님을 위해 살기를 바라는 것이며, 그것을 위해 기꺼이 모든 것을 포기하는 것이고, 무엇보다도 생명의 열쇠로서 마음을 하나님의 보호와 다스림에 내어드리는 것이다. 참된 종교는 내적 생명이며 성령의 능력 안에 있다. 하나님 사랑의 내적 성소 안에 들어가자. 그리하면 성령께서 우리의 사랑과 마음의 내적 성소 안에 들어오실 것이다. 참 마음의 축복을 갈망하고 받기 위해, 사모하며 준비되고 완전히 포기된 마음으로 가까이 나아가자.

1. 만약 당신이 자신의 구조를 들여다본다면 머리와 마음이 어떻게 생명과 활동의 양대 중심인가 하는 것을 보게 될 것이다. 많은 생각과 연구는 머리를 피곤하게 만든다. 강한 감정과 흥분은 마음에 영향을 끼친다. 하나님이 구하시는 것은 마음으로써 소욕과 애정과 의지의 능력이다. 머리와 마음은 동반자의 관계이다. 원하시는 것이 마음이기에 하나님께서는 마음이 필히

사람을 다스리고 이끌어야 한다는 사실을 우리에게 말씀하신다. 우리의 종교는 너무나도 듣고 읽고 생각하는 머리의 산물이다. 이것들이 우리를 오도하지 않도록 유의하자. 종종 그런 것들을 제쳐놓고 마음이 우위에 서도록 하자. 참 마음으로 나아가자.

2. 마음이 스스로에 대해 생각하고 말하는 바가 참이 되게 하고, 하나님을 믿고 하나님으로부터 받으며 하나님께 드린다고 고백하는 것이 참이 되게 하자.

3. 하나님이 거하시기 원하는 곳은 마음이다. 하나님께서 축복하시는 그 능력을 보이시기 원하시는 것은 마음의 상태에 달려있다. 하나님의 사랑과 즐거움이 알려지는 것은 마음에게 이다. 참 마음으로 하나님께 나아가자.

86. 온전한 믿음으로

10:22 우리가 마음의 뿌림을 받아 양심의 악을 깨닫고 몸을 맑은 물로 씻었으니 참 마음과 온전한 믿음으로 하나님께 나아가자

온전한 믿음(Fullness of Faith)이란 표현은 믿음의 온전한 확신(Full Assurance of Faith)이란 표현보다 더 정확한 번역일 뿐만 아니라 더한층 의미심장하다. 믿음의 온전한 확신은 단지 우리의 믿는 상태의 강도와 신실성을 가리킨다. 우리가 받아들이는 진리(眞理)는 아주 제한되고 결함이 있을 수 있으며, 그것에 대한 우리의 확신도 살아있는 마음의 이해라기보다는 머리의 의심없는 신뢰에 가까울 수 있다. 이 두 가지의 관점에서 볼 때 온전한 믿음은 우리가 필요로 하는 것 즉 하나님께서 그 온전 안에서 제공하는 모든 것을 객관적(客觀的)으로 받아들이는 믿음과, 온전 안에 있는 우리의 마음과 삶의 모든 능력을 주관적(主觀的)으로 받아들이는 믿음을 표현한다. 온전한 믿음 안에서 하나님께 가까이 나아가자.

하나님께서 예정하신 충만한 은총(恩寵)과 우리가 상속하기를 기다리는 충만

한 약속(約束)을 우리가 받기 위하여 실로 온전한 믿음의 필요성이 있다면 그것은 아래와 같은 연유에서다. 지성소 안에 계속 거할 수 있다는 것, 즉 가장 가까운 세상 친구보다도 더 실질적이고도 가깝게 지상(至上)의 하나님과 깨어짐이 없는 교제 가운데 살 수 있다는 말씀이 죄 된 인간에게 이른다. 그는 온전한 양심과 의심 없는 확신으로 하나님께 나아가며 하나님 얼굴의 가려지지 않은 빛 가운데서(고후 4:6) 항상 살기를 구할 수 있게 하는 그 능력 안에서 예수의 피가 그의 양심을 깨끗케 할 수 있다는 확신을 갖는다. 그는 지성소로부터 나오는 성령의 능력이 그의 걸음걸음에 쇠하거나 피로함이 없이 그리스도께서 하나님께 걸어 나간 그 길을 정확하게 걷게 해 주며 그에게 그 길이 새롭고 산 길이 되게 할 수 있다는 보증을 받는다. 이것이 우리가 부름 받은 온전한 믿음이다. 그러나 무엇보다도 본 히브리서에 계시된바 하나님과 사람으로, 주님과 앞서가신 자로, 멜기세덱으로, 성소의 섬기는 자와 새 언약의 중보로, 아니, 한 말로 요약하여 하나님의 집을 다스리는 우리의 대제사장으로 계시된 그 모든 영광 속의 예수를 바라보도록 우리는 부름 받은 것이다. 그리고 그 부르심은 그리스도를 바라봄으로써 그분께서 우리를 하나님께 이끌어 이 지상에서조차 하나님의 임재 안에 영원히 살게 하는 이 한 가지 복된 일을 우리를 위해 해 주시도록 구하라는 부르심인 것이다.

믿음은 언제나 불가능한 것을 다룬다. 믿음의 단 하나의 법칙이나 척도는 “하나님께는 모든 것이 가능하다”(마 19:26)라고 말씀하신 사실이다. 우리가 우리의 삶과 그 안의 실패를, 우리의 죄 됨과 연약함을, 그리고 우리 주위에 있는 풍파를 바라볼 때 우리는 온전한 믿음이 과연 우리를 위한 것이란 말인가 하는 생각이 든다. 우리가 감히 불완전의 와중에서 그런 완전(完全)을 바랄 수 있는가? 그것을 생각하거나 구하는 것이 다 허공을 치는 것은 아닌가? 영혼아, 그대가 하나님의 원수이었을 때 그 아들의 피로 그대를 구속한 하나님을 그대는 어떻게 생각하는가? 하나님께서 그대를 유념하시지 않으리라 보는가? 예수께서 당신의 죄의 저주를 지고 죽었을 때 무덤 속의 죽은 자로부터 하나님의 영광의 보좌로 그분을 살리신 하나님께서, 당신을 받으시고 휘장 안의 처소(處所)를 주실 수 없겠는가? 그것을 믿으라. 하나님은 그 일을 하시기 원하시고 그 일을 하실 수 있으시다. 하나님의 집과 하나님의 마음에는 지금 당장 당신을 위한 처소가 있다. 온전한 믿음으로 가까이 나아가자.

온전한 믿음으로 이 말은 또한 온전한 마음이 믿음을 갖고 그것으로 충만했을 때 발견되는 믿음의 충만한 척도를 가리키기도 한다. 우리는 마음속에서 영원한 진리의 영적 실재(實在)에 관한 산 이해를 갖는 것보다도 하나님께서 말씀하신 진리에 대한 머리로의 확신을 더 추구함으로써 얼마나 우리의 믿음이 연약에 빠지는지 모른다. 성령께서는 먼저 우리에게 참 마음을 갖기를 요구하시고 곧 이어 그것의 첫 번째 행사로써 온전한 믿음을 갖기를 바라신다. 말씀의 진리를 깊이 통찰하는 믿음이 있고, 그 진리 안에서 소망을 갖는 믿음이 있으며, 그 진리를 확고히 신뢰하는 믿음이 있을 뿐만 아니라, 그것을 개인적으로 영접하는 믿음이 있다. 또 포용하는 사랑의 믿음이 있고, 굳게 붙드는 의지의 믿음이 있으며, 모든 것을 포기하는 희생의 믿음이 있고, 자아(自我) 안에 있는 모든 소망을 포기하는 자기포기의 믿음이 있으며, 하나님만을 기다리는 안식의 믿음이 있다. 이 모든 것은 참 마음의 믿음, 즉 온전한 믿음 가운데 포함되어 있고, 그 가운데서 전인적(全人的) 존재가 하나님께서 그 뜻을 행하시도록 하나님께 항복하고 모든 것을 놓으며 자신을 하나님께 내어드린다. 온전한 믿음으로 하나님께 가까이 나아가자.

온전한 생각으로가 아니라 온전한 믿음으로 나아가자 하나님께서 당신에게 하시고자 하는 일은 초자연적인 것으로써 당신의 지각을 초월하는 것이다. 당신에게 채우고자 하는 것은 인간의 지식에 넘치는 하나님의 사랑이다(엡 3:18). 하나님은 우리가 이해할 수도 없을 뿐만 아니라 숨어 계신 분이시다. 성령은 바로 은밀한 가운데 인간의 이해를 초월하는 하나님의 역사하심과 그 임재하심이다. 모든 것을 머리로 이해하려 하지 마라. 가까이 나아감은 명석한 두뇌로써가 아니라 참 마음으로써 이다. 당신이 이해하는 것 훨씬 이상을 하나님이 하시도록 하나님께 맡기라.

온전한 느낌으로가 아니라 온전한 믿음으로 나아가라 당신이 열려진 지성소(至聖所)

에 이르러 그 안을 들여다 볼 때 "담대히 들어오라"고 당신을 부르시는 그룹(cherub) 사이에 계신 하나님의 음성을 들으라. 그리면 당신이 참으로 거기에 들어가 살기를 열망하고 주시할 때 "참 마음으로 가까이 나아오라"는 말씀이 다시 임하리라. 당신의 대답은 "오, 주여 나의 온 마음이자 주께서 주신 새 마음으로 나아가나이다"이어야 한다. 하나님의 임재 안에서 항상 하나님을 섬기는 삶을 살기 위하여 당신 자신을 복종시키라. 음성은 다시, "이제는 온전한 믿음으로 오늘 그리하라"고 하실 것이다. 그러면 당신은 하나님께서 주신 것을 영접한 것이며 당신은 하나님께서 구하시는 것을 드린 것이다. 하나님께서 당신의 복종을 받으심을 믿으라. 그리고 하나님의 집을 다스리는 대제사장이 당신의 내적 생명 안에 계시고 하나님 앞에 당신을 인도함을 믿으라. 그런데도 당신은 당신이 그렇게도 변화된 것이 별로 없다는 느낌을 이상히 여기리라. 당신은 현재의 당신이 당신의 옛 자아(自我)인 듯 느끼리라. 이제는 느낌으로가 아니라 온전한 믿음으로라는 음성을 들을 것이다. 우리가 구하거나 생각할 수 없는 것을 하시는 하나님을 바라보라. 하나님의 능력을 신뢰하라. 당신을 인도해 들이기 위해 보좌 위에 계신 예수를 바라보라. 승귀(昇貴)하신 자의 성령을 그분의 오순절(五旬節) 선물로서 간구하라. 이 모든 것은 당신에게 계시될 은혜의 신적이며 영적인 비밀이다. 느낌에서 해방되어 느낌이 없이 온전한 믿음으로 나아가고 하나님을 경외하는 빈손들은 믿음을 가지고 들어가라. 당신 자신을 그리스도 예수 안에서 하나님을 향하여 산 자요(롬 6:11) 그분의 임재와 사랑과 마음으로 이끌린 자로 여기라.

1. 믿음과 오래 참음으로 약속을 상속받은 자들을 본받는 자가 되라. 믿음은 그 선물을 받고 그 안에서 즐거워하며, 오래 참음은 온전한 즐거움을 기다리고, 그리하여 때가 이를 때 믿음이 약속을 상속함과 더불어 약속은 놀라운 경험이 된다. 믿음으로 즉시 지성소 안에 있는 당신의 처소를 얻고 내적 생명 안에 있는 성령께서 하나님의 능력으로 그것을 계시하기까지 기다리라. 그 축복을 당신이 상속하기까지 당신의 대제사장께서 지켜보실 것이다.

2. 온전한 전심(專心)으로 하나님의 온전한 구원을 충만히 받아들이는 것, 이것이 하나님께서 요구하시는 것이다.

3. 하늘에서 이루어진 것처럼 땅위에서도. 그리스도 안에 있는 온전한 은혜를 더 주시하면 주시할수록 내 안에서 온전한 믿음은 더 성장한다. "그의 충만한데서 받으니 은혜 위에 은혜러라"(요1:18).

4. 본 장 전체가 이 온전한 믿음이 무엇을 의미하는지를 보여주기 위해 할애되었다. 예수께서 우리를 위해 이루어준 하나님의 뜻과 사랑 안에서 사는 그 삶으로 우리가 들어가는 것이라는 본 장의 목적을 염두에 두고 계속해서 배워 나가자.

87. 마음에 뿌림을 받아

10:22 우리가 마음에 뿌림을 받아 양심의 악을 깨닫고 몸을 맑은 물로 씻었으니 참 마음과 온전한 믿음으로 하나님께 나아가자

19절에서 우리는 하나님께서 우리를 위해 준비하신 네 가지 고귀한 일 중의 하나로서 예수의 피로 말미암은 담력에 대하여 읽었다. 그것은 우리가 그것을 어떻게 보는가 하는 것과는 별도로 예수의 피가 주는 실제적인 의무와 권리를 천명한다. 열린 성소와 산 길과 대제사장은 피와 그 안에 있는 우리의 담력과 더불어 우리의 신뢰와 영접을 기다리는 하늘의 실재이다. 여기에 그 피에 대하여 두 번째로 언급되는데 하나님께서 우리에게 요구하는 필수적인 일 중의 하나로서 그 피가 우리에게 뿌려지는 것에 관한 것이다. 우리가 하나님께 가까이 나아가는 것은 피의 능력에 대한 개인적인 적용과 경험 안에 있다. 피에 관한 이 두 번째의 언급은 우리가 제9장에서 그 피의 이중적 뿌림에 관하여 읽은 것과 일치한다. 첫째로 그리스도는 하늘에 있는 것들을 정결케 하기 위하여 자기 피를 가지고 하늘에 들어가셨고, 시은좌(Mercy Seat) 위에 뿌리던 모형이 예시하던 것을 성취하셨다. 그 피는 하나님과 더불어 죄를 없애는 능력을 증거하

였다. 둘째로 우리는 그것이 우리의 양심을 정결케 하는 것을 읽는다. 하늘에서 큰 능력을 발휘한 피는 마찬가지의 큰 능력을 우리 마음 안에서 나타낸다. 그것은 우리로 하여금 신적이며 영원한 성결의 동참자가 되게 한다. 하늘에서 그 피의 능력은 무한하고 무량하며 영원하여 그리스도께 그러했듯이 우리에게도 하늘에 들어가는 담력을 주는 것임이 입증되었다. 영혼이 그 피의 하늘 능력을 믿고 그 안에서 즐거워하기를 배울 때 그것은 같은 능력을 마음속에서 구하고 받을 것이며, 예수께서 그 피로 우리를 씻길 때 우리는 하늘의 실재 안에서 믿음으로 악한 양심으로부터 정결케 되는 피 뿌림을 받은 마음을 갖는다는 것이 무엇인지를 알게 된다.

집과 그 안에 사는 사람들 사이와, 환경과 그 환경이 지탱하는 생명 사이에는 언제나 조화가 있는 법이다. 지성소와 거기에 들어갈 영혼 사이에는 필히 조화가 있어야 한다. 그 조화는 뿌려진 피와 더불어 시작되고 그 피 안에서 영구한 보장을 받는다. 항상 살아있는 피의 에너지는 아벨의 피보다 낫게 말하고 하늘을 우리에게 계속 열어 주며 같은 효과를 나의 마음에도 나타낸다. 피는 하나님으로부터 죄에 대한 생각을 가져가서 하나님은 죄를 영원히 기억치 않으신다. 그 피는 내 안에 있는 죄의 생각도 가져갔고, 나를 저주하는 악한 양심도 가져갔다. 피는 그것이 하늘에서 더 낫게 말하는 것을 또한 내 마음 안에서도 말하며, 나를 하늘 영역, 즉 생명의 새로운 상태와 하나님과의 교제로 이끌어 거기에서 죄가 끝나고 영혼은 하나님의 사랑을 풍성히 즐기게 한다.

하늘에 있는 피의 역사는 쉼이 없어서 그 피는 매 순간 하늘 아버지의 기쁨이 되고 구속받은 자의 노래가 된다. 당신이 지성소에 들어갈 때 거기에는 순간의 간격도 없이 계속 존속하는 그 피가 있다. 들어가는 영혼 안에서도 그 피는 역시 그러하다. 많은 사람의 믿음을 흔들리게 하는 난관은 바로 여기에 있다. 그들은 어떻게 사람이 이 일상생활 속의 걱정거리와 생업과 교우관계의 와중에 살면서 악한 양심으로부터 피 뿌림을 받은 마음을 매순간 간직할 수 있는지를 이해하지 못하는 것이다. 그들은 일단 피 뿌린 마음으로 들어갈 때 그들이 내적 성소 안에 있으며, 모든 것이 위의 세계의 능력 즉 무궁한 생명의 능력으로 역사한다는 것을 모르고 있다. 피 뿌린 마음은 지성소 안의 고무적이며 활력을 주는 공기를 숨 쉬고 성령을 호흡하며 부활생명의 능력을 즐긴다. 하늘 성소의 대제사장은 곧 우리 마음 속 새 언약의 중보가 되신다. 믿음이 예수를 신뢰할 때 그분은 하늘에서 하시는 모든 것을 매 순간 이 지상의 우리 마음 안에서도 하시는데 이는 뿌린 피가 언약의 피인 까닭이다.

그러면 악한 양심으로부터 피 뿌림을 받은 마음의 기쁨과 능력을 언제나 간증하는 신자가 그렇게도 적은 것은 무슨 연유인가? 답은 바로 이 진리를 이해하는 데에도 여타의 모든 진리에 있어서와 마찬가지로 믿음과 신실성의 정도에 따른 단계가 있다는 것이다. 이스라엘에게서 그것을 보라. 거기에는 세 개의 단계가 있었다. 바깥뜰에 들어간 이스라엘 사람들은 제단과 거기에 뿌려진 피를 보았고 그것이 그들에게 줄 수 있었던 용서의 확신을 받았다. 성소에 들어감을 허락 받은 제사장들은 놋제단에 뿌려진 피를 보았을 뿐만 아니라 그것을 그 자신에게도 뿌렸고 성소에 있는 금제단 위에 뿌려진 그 피를 볼 수도 있었다. 그는 피를 더 가까이 접촉할 수 있었고 더 가까이 들어갈 수 있었다. 대제사장의 경우 지성소에 가까이 나아감은 보다 더 완전하였는데 시은좌에 뿌릴 피를 가지고 그는 일 년 일차 휘장 안으로 들어갔던 것이다. 마찬가지로 세상에는 갈보리(Calvary)에서 죽은 그리스도를 믿되 그분의 하늘 삶이나 하나님께 가까이 나아감이나 타인을 위한 봉사는 별로 알지 못하는 바깥뜰 신자들이 있다. 이들보다 더 나은 단계로는 제사장으로서 하나님과 이웃들에게 봉사하며 살기 위해 부름 받은 신자들이 있다. 그들은 봉사를 위해 성별된 피의 능력을 더 잘 알지만 그들의 삶은 아직도 휘장밖에 있는 것이다. 그러나 그 다음에는 그리스도께서 피를 가지고 들어가신 것이 무슨 의미이며 무엇을 확보하였는지를 알고, 성령께서 피를 적용시키되 실로 사람의 내적 성소에 생명을 가져오고 하나님 임재의 충만하고 지속적인 기쁨 가운데에 거하게 하는 방향으로 적용시키는 것을 경험하는 신자들도 있다.

우리가 마음에 피 뿌림을 받아 양심의 악을 깨닫고 몸을 맑은 물로 씻었으니 참 마음과 온전한 믿음으로 하나님께 나아가자. 아아, 하나님께 완전히 나아감을 우리에게 주는 피의 능력을 믿지 않음으로써 어린양의 피를 욕되게 하지 않도록 하자. 하늘에서 쉼 없이 어린양의 피를 찬송하는 자들의 노래에 귀를 기울이자. 우리가 그 피를 신뢰하고 존중하며 기뻐할 때 우리는 하나님 임재의 하늘에 들어갈 것이다.

1. "염소와 송아지의 피보다 나은 예수의 피가 우리를 종의 영과 악한 양심으로부터 자유롭게 할 수 없고 또 하나님 앞에서의 온전하고 즐거운 확신을 우리에게 줄 수 없다면 어떤 점에서 그러한가? 실상 예수께서 온전케 하신 것을 우리는 우리의 마음과 양심 안에서 온전케 된 것으로 경험하고 즐길 수 있는 것이다. 당신이 만일 「예수께서 당신의 양심을 감화하여 당신을 깨끗하게 한 것」을 경험하기를 구하지 않고, 악한 양심으로부터 온전히 깨끗케 된 마음으로 살지 않는다면 당신은 당신의 구세주를 욕보이는 것이다."
   - Steinhoper

2. 참 마음은 피가 뿌려진 마음으로써 당신은 모든 것을 마음에 따라 보게 된다. 하나님께서는 외부로부터 우리를 위해 아무 것도 하실 수 없으시다. 오직 마음 안에 두실 수 있는 것으로만 일하신다. 대제사장 예수의 하늘에 계심과 역사하심은 그 사실이 우리의 마음 안에 계시되기 전에는 우리가 전혀 경험할 수 없다. 성령의 전체 사역은 마음 안에서 이루어진다. 참 마음 즉 피 뿌림 받은 마음으로, 그리고 계속 온전하게 그 피의 하늘 능력 아래 있는 가장 깊은 우리의 내면적 존재로써 하나님께 가까이 나아가자.

88. 우리의 몸을 씻었으니

10:22 우리가 마음의 뿌림을 받아 양심의 악을 깨닫고 몸을 맑은 물로 씻었으니 참 마음과 온전한 믿음으로 하나님께 나아가자

사람은 가시(可視)세계와 불가시(不可視)세계의 두 범주에 속한다. 그 구성에

있어서 물질적인 것과 영적인 것, 즉 몸과 영혼은 놀랍게 연합되었다. 타락에 있어서도 영혼과 몸이 다 죄와 사망의 권세 아래로 떨어졌고, 구속에 있어서도 죄와 사망으로부터의 해방은 양측 다를 위하여 제공되었다. 구속의 능력이 증명되는 것은 영혼의 내적 생명에서뿐만 아니라 몸에서도 마찬가지이다.

구약의 예배에서는 외형적인 것이 보다 현저하였다. 그것은 주로 개혁의 때까지 부과된 육적 의식(儀式)으로 구성되었다. 그것들은 얼마만큼의 진리를 가르쳤고 어느 정도의 영향력을 마음에 행사했지만 예배하는 자들을 온전케 할 수는 없었다. 내면적 생명의 신앙 즉 신령과 진정으로 하나님을 예배하는 것이 계시된 것은 오직 신약성경에 따른 것이었다. 그러나 아직도 우리는 내적 생명의 추구가 우리로 하여금 외적인 것을 경시하게 하지 않도록 유의해야 한다. 그리스도의 구원하는 능력이 필히 나타나야 하는 것은 영에 있어서와 마찬가지로 몸에 있어서이다. 주님께서 유대인의 씻음 중 하나를 채택하여 물로 받는 세례를 가르쳐 준 것은 이와 같은 견해를 가지셨음 에서였다. 마음으로 믿은 사람들은 몸으로 세례를 받기 위해 왔다. 그것은 모든 외적인 육의 생명이 그 모든 기능과 능력과 더불어 그리스도의 것이 되어야 한다는 표현이었던 것이다. "증거하는 이가 셋이니 성령과 물과 피라(요일 5:8)"고 요한이 기록한 것도 이러한 맥락에서였다. 능력 안의 피를 마음에 적용하시는 성령께서는 물로 씻은 몸을 소유하시며 주관하신다. 성경에 말씀과 물이 함께 나오는 것은(엡 5:26, 요 8:10,15:3) 말씀이 또한 우리의 모든 외적 삶을 다스려야 한다는 외향적 증거인 까닭이다.

이러한 맥락에서 "우리가 마음의 뿌림을 받아 양심의 악을 깨닫고, 몸을 맑은 물로 씻었으니"라는 두 표현이 여기에 함께 쓰인 것이다. 이러한 사상은 성막의 봉사에 관한 기록에서 저자가 얻은 것이다. 바깥뜰에는 오직 두 가지 기물 즉 번제단과 물두멍만을 볼 수 있었다. 전자에서는 제사장이 피를 받고 뿌렸으며 후자에서는 제사장이 성소에 들어가기 전에 물로 몸을 씻은 것이었다. 제사장들의 취임식에서 그들은 먼저 물로 씻고 그 다음에 피를 뿌렸다(출 29:4,20). 대속죄일에 대제사장도 피를 가지고 지성소에 들어가기 전에 먼저 씻어야 했다(레

16:4). 그래서 우리에게도 마음에 피 뿌림을 받아 양심의 악을 깨달았으면 필히 몸을 맑은 물로 씻어야 한다는 가르침을 준다. 나아감의 자유와 피가 주는 씻음은 말씀으로 말미암아 모든 행위가 씻음을 받는 삶에서만 누릴 수 있다. 마음과 성향에서뿐만 아니라 몸과 외부의 가시적 삶에서 모든 것은 깨끗해져야 한다. "여호와의 산에 오를 자 누구며 그 거룩한 곳에 설 자가 누군고? 곧 손이 깨끗하며 마음이 청결한 자로다"(시 24:3-4). 피가 뿌려진 마음, 맑은 물로 모든 더러움을 씻은 몸을 하나님께서는 함께 하나로 만드시어 아무도 그것을 나누지 못하게 하신다. 어떤 사람들은 상당히 진지하게 지성소에 들어가려고 하다가 실패하기도 하는데 그 이유는 그들이 손을 씻지 않았고 온전히 거룩하지 못한 것을 찾아내어 버릴 준비가 되어 있지 않았기 때문이다. "죄인들아, 손을 깨끗케 하라. 두 마음을 품은 자들아, 마음을 정결케 하라"(약 4:8). 말씀은 언제나 타당하다. 그리스도의 피는 영혼이 참 마음으로 모든 죄를 버릴 준비가 되었을 때 말로 다할 수 없는 영구적인 힘을 갖고 있다. 그렇지 아니하여 몸이 맑은 물로 씻어지지 않았을 때 피가 주는 온전한 양심은 즐거워할 수가 없는 것이다.

우리의 몸을 맑은 물로 씻었으니 우리가 지성소로 들어가는 것은 영적으로만이 아니라 몸도 함께 하는 것이다. 하나님의 임재하심은 우리가 몸 안에 있는 여기 지상에서이다. 육체 가운데 있는 우리들의 모든 삶은 하나님의 임재 안에 있어야 하는데 몸은 아주 특별한 성전이 되며 성령의 다스림에 따라 하나님은 몸에서 영광을 받으신다. 우리의 전체 즉 몸과 혼과 영은 성령의 능력 가운데서 제단 위의 거룩한 제물이 되고 하나님 앞에서 섬기는 산 제사가 된다. 몸으로써 우리는 지성소 안에서 살며 행한다. 우리의 먹는 것과 마시는 것, 우리의 잠자는 것과 옷 입는 것, 우리의 노동과 휴식 등은 우리가 아는 것보다 더 큰 영향을 우리의 영적 삶에 끼친다. 그런 것들은 종종 우리가 지속하고자 하는 하나님과의 교제를 간섭하고 깨뜨린다. 마음과 몸은 불가분하게 연합되어 있어서, 악한 양심으로부터 피 뿌림을 받은 마음은 맑은 물로 몸을 씻는 것을 필요로 한다.

그러므로 **세상에 임하실 때에 가라사대 오직 나를 위하여 한 몸을 예비하셨도다 하였으니** 그리스도의 이 말씀은 모든 제자들이 각자 받아들여야 한다. 그리스도 안에서 하나님이 예비한 그리스도의 몸을 하나님을 섬기도록 지켜보셨고 하나님이 예비한 우리의 몸을 또한 하나님께 드리도록 지켜보고 계시는 성령이 아니고서는 우리가 이 세상에서 살아가는 동안 우리 자신을 흠 없이 지키도록 도와주실 자가 없다. 그리스도처럼 우리도 역시 성령이 거하시는 몸을 갖고 있다. 그리스도처럼 우리도 또한 우리의 몸을 그 모든 지체와 모든 능력과 모든 행위와 더불어 하나님의 뜻을 행하고 제물로써 하나님께 드리며 하나님을 영화롭게 하기 위하여 양보하여야 한다. 그리스도께서 하셨듯이 우리도 하나님을 향하여 우리가 거룩하다는 것을 몸으로써 입증하지 않으면 아니 된다.

당신의 마음에 뿌려진 피는 하나님께서 예비하사 한 제물이 되기까지 전 생애를 통하여 하나님께 드려진 그리스도의 몸으로부터 온 것이다. 피 뿌림의 목적은 예수의 피가 뿌려진 그 마음이 생명이 된 당신의 몸을 그리스도께서 드린 것처럼 전적으로 하나님께 드리도록 하려는 것이다. 아아, 이 복된 진리를 깨우치고 그것을 전적으로 받아들이라. 악한 양심으로부터 피 뿌림을 받은 마음은 그럴 경우에 깨어지지 않는 경험이 될 것이며, 그 몸 안의 생명을 위해 항상 살아있는 동기와 능력이 되는 어린양의 피는 그리스도의 몸이 그러했듯이 우리의 몸도 거룩하여 하나님이 받으시는 제물이 되게 할 것이다.

1. 나는 우리와 하나님과의 교제가 점점 시들어 가는 가장 빈번한 원인 중의 하나가 자아를 기쁘게 하는 것 즉 몸의 요구를 만족시키도록 우리 자신을 허락하는 데 있다는 것을 깊이 믿게 되었다. 사탄이 낙원 안에서 정복한 것이 몸이었으며 사탄이 그리스도를 유혹하고 저항을 받은 것도 몸 안에서였음을 기억하라. 그리스도께서 온전케 되신 것도 그분이 굶주렸던 때와 같은 몸의 고난으로 말미암아서였다. 우리가 지성소에 거할 수 있는 것도 오직 자기 부인의 법이 몸에 엄격히 적용되었을 때이다.

2. 그리스도께서는 아주 특별하게 그분의 몸으로 말미암아 모든 점에서 우리와 같이 시험을 받으셨고 우리를 도우실 수 있으시다. 단호히 그리고 전적

으로 예수의 보호하심과 다스림 안에 우리의 몸을 맡기자.

3. "만약 미란다가 그 생명을 위하여 경주를 하고 있다면 그녀는 그것을 위하여 적절한 다이어트(節食)에 들어갔을 것이다. 그녀 앞에 놓인 경주가 거룩함과 하늘 성정을 위한 것일 때 그녀의 매일 매일의 다이어트는 그녀의 몸을 이 영적인 삶에 맞춘다는 그 한 목적을 갖고 있는 것이다."

89. 더 가까이 나아가자

10:22 우리가 마음에 뿌림을 받아 양심의 악을 깨닫고 몸을 맑은 물로 씻었으니 참 마음과 온전한 믿음으로 하나님께 나아가자

우리는 우리가 하나님께 더 가까이 나아가기 위한 동기와 격려의 말씀으로 새로운 네 가지 큰 축복에 대하여 살펴보았다. 그것들은 열린 지성소, 피로 말미암은 담력, 새롭고 산길, 그리고 하나님의 집을 섬기는 대 제사장이었다. 그리고 우리는 참된 성도의 네 가지 큰 특성 즉 참 마음, 온전한 믿음, 피 뿌린 마음, 그리고 씻은 몸을 고려해 보았다. 이제 우리는 열린 성소로부터 우리에게 오는 네 가지 권고, 특히 첫 번째의 가까이 나아가자는 권고의 말씀을 읽는다. 제 9장에서 그리스도의 지성소에 들어감과 그 피의 능력을 말함에 있어서, 그리고 현재의 본문을 해석함에 있어서, 다 같이 우리는 들어간다는 것이 무엇을 의미하며 그것을 위해 무엇이 필요한가를 설명할 많은 기회를 가진 바 있다. 그리고 하나님의 은혜로써 그 문을 열어놓고 진지한 마음을 가진 하나님의 자녀들이 들어간 후 아버지께서 그들을 위해 예비하신 집에 처소를 갖고 항상 살도록 하기 위해서는 아직도 가능한 한 단순한 방법으로 앞서 말한 것들을 다시 한 번 종합해 보는 것이 좋으리라 생각한다.

무엇보다도 먼저 나는 지성소에 있는 생명, 곧 하나님의 임재 안에 계속 거하는 생명이 가장 명확한 당신의 과제이며 당신에게 가능한 일이라는 것을 믿으라고 말하고 싶다. 이것이 우리에게 막연하고 불확실하게 보이는 한 우리의 히브리

서 연구는 헛수고가 되고 만다. 히브리서의 전체적 가르침은, 무궁한 생명의 능력 안에서 모든 역사를 행하시고 그럼으로써 온전히 구원하시는 그리스도의 놀라운 제사장직을 증거하며, 열린 휘장으로 말미암아 지성소로 들어가는 길을 열었을 뿐만 아니라 자기 피를 가지고 그리로 들어가셨음을 증거하고, 성소의 부리는 자와 언약의 중보로서 그분이 하늘 능력 안에서 보좌에 앉으셨음을 증명하는 한편, 그런 사실이 지성소가 우리를 위해 열린 것을 의미하는 것이 아니라면 그 모두가 아무런 의미도 없다는 것을 증거 하기 위한 것이었다. 우리는 지성소에 살도록 허락되었고 필히 거기서 살아야 하며, 살 수 있다. 만약 지성소에 실제적으로 들어가 거하는 것이 우리들을 위한 것이 아니라면 그러므로 형제들아 우리가 담력을 얻었으매 하나님께 나아가자(히 10:19-22)는 구절의 의미는 무엇인가? 그렇다, 사랑하는 형제들이여, 그것이 가능하다는 것을 믿으라.

먼저 그 문을 열어 놓으신 후 들어오라고 당신을 부르시는 하나님을 바라보며, 죄와 사망을 이기어 아무 것도 방해할 수 없는 담력을 당신에게 준 피를 바라보고, 당신을 거기에 인도하고 거하게 하시는 지고한 사랑의 전능자이시며 대제사장이신 그리스도를 바라보며, 그러한 삶이 당신을 위한 것이라는 것과 그것은 가능한 일이며 그것이 바로 당신이 할 일이고 하나님께서 거기에 당신을 부르신다는 것을 믿는 한편, 당신의 마음이 이 복된 안식 즉 하나님의 사랑의 집에 들어가기를 바라고 사모한다는 것을 말하라.

그 다음 단계는 그리스도께 대한 복종인데 그분으로 말미암아 우리는 하나님과의 지속적인 교제의 생명 안에 들어가게 된다. 이 복종은 본성과 자아의 생명을 전적으로 포기하는 것을 의미하고, 세상과 그 영으로부터의 전적인 분리를 말하며, 지극히 작은 것에 이르기까지 모든 면에서 내 삶을 다스리시는 하나님의 뜻을 전폭적으로 받아들이는 것을 뜻하는 것이다. 어떤 사람에게 있어서 이 복종은 그들이 해롭지 않은 것으로 생각하던 수많은 일들이 지금껏 육신과 사람의 뜻 안에 있었구나 하는 자책감으로 다가오기도 한다. 다른 사람들에게 그것은 어떤 하나의 미심쩍은 일이나 그들이 이길 희망도 없이 싸워온 죄에 대한 결별로 온다.

모든 것에 있어서의 복종은 그 영혼이 새 언약의 중보자인 예수께서 얼마나 참되고 얼마나 철저하게 모든 것을 떠 맡으셨는가를 보고, 하나님의 법 안에 있는 그분 자신의 기쁨을 우리 마음속에 심으며 하나님의 모든 뜻 안에 살기 위한 의지와 힘을 주시기 위해 일하실 때에만 가능하게 된다. 그러한 믿음은 신자 자신을 그리스도 앞에 세우도록 용기를 주며 "주님으로 말미암아 내 의지에 대한 죽음의 새롭고 산 길로 인도되고 하나님의 뜻 안에 있는 삶으로만 따라갈 준비가 되었사오니 주 앞에 내 모든 것을 포기하나이다"라고 말한다.

그러면 이 복종과 더불어 예수께서 이제 모든 것을 받으시고 떠맡으신다는 믿음이 온다. 복종으로 이끈 까닭에 그리스도의 능력 안에 있는 일반적인 믿음은 더욱 하나의 개인적인 전유물(專有物)이 된다. 나는 내가 나 자신을 지성소로 이끌거나 들어가게 할 수 없는 줄을 안다. 나는 예수를 보좌 위에 계신 제사장, 전능하시며 항상 살아 계신 제사장으로 믿고, 이제 이 순간에도 휘장 안으로 나를 이끄셔서 나를 그곳에서 돌보시며 거하게 하시고, 살아 계신 하나님 앞에서 오가며 그 하나님을 섬기게 하시는 분으로 믿는다. 그러한 삶이 얼마나 높고 불가능한 것으로 보이든지 간에, 나를 위해 자기 피로 지성소를 여신 그분은 나를 인도해 들이시며, 나의 크신 대제사장으로 보좌 위에 앉으신 그분은 하나님의 임재 가운데서 내가 살도록 하실 수 있으시고 그렇게 하시리라는 것을 나는 확신한다. 변화의 어떤 느낌이나 경험과는 별개로 나는 그분께서 나를 인도해 들이심을 믿으며 나는 "하나님, 감사합니다, 제가 지성소에 있나이다"라고 말한다. 온전한 믿음으로 하나님께 나아가자.

그런 뒤엔 끝까지 내 소망의 확신과 자랑을 굳게 잡고 지성소 안의 믿음의 삶을 따라간다. 나는 예수께서 새 언약의 모든 축복을 이루시고 경험토록 이끄시며 그 모든 약속을 상속토록 해 주실 것을 믿는다. 나는 하늘로부터 내 마음에 오신 성령께서 매일매일 내 믿음을 인 치시도록 주님을 바라본다. 그들의 주께서 보좌로 승천하셨을 때 제자들은 성령께서 오셔서 하나님 우편에 있는 예수의 영광을 그들의 마음에 증거하고 계시할 때까지 계속 기다리며 찬미하고 기도했다. 참으로 그들이 휘장 안에 들어간 것은 오순절이었는데 앞서가신 자께서 간절한 그들의 마음을 거기에 이끌어 주셨던 것이다. 전적인 복종과 단순한 믿음 안에서 휘장 안의 삶에 그 자신을 드리는 영혼은 마음속의 영원하신 오순절 성령의 능력 안에서 믿음은 경험이 되고 참으로 무상의 기쁨이 지속되는 것을 확실히 바랄 수 있다. 그러므로 형제들아 가까이 나아가자.

1. 지성소에 들어가기 위한 담력을 갖는 것은 히브리서 전반(前半)의 교리적 가르침의 요약이요, 하나님께 가까이 나아가는 것은 후반(後半)이 보여 주는 삶과 실천의 요약이다.

2. 그리스도께서 아버지 하나님의 임재 안으로 나를 이끌어 나에게 처소와 생명을 주는 그 축복을 감사하는 믿음은 단지 시작일 뿐이다. 천국을 개인적으로 경험하기 위하여 믿음은 필히 오순절 능력으로 천국을 우리에게 가져오는 성령을 의뢰하여야 한다. 이것이 올 때까지 믿음은 필히 인내로써 "그러므로 너희 담대함을 버리지 말라 너희에게 인내가 필요함은 하나님의 뜻을 행한 후에 약속을 받게 하려 함이라"는 가르침을 따라 그 약속을 받기까지 기다려야 한다.

90. 우리 믿는 도리의 소망

10:23 또 약속하신 이는 미쁘시니 우리가 믿는 도리의 소망을 움직이지 말고 굳게 잡아

우리가 앞서 가졌던 이 권고의 세 주요 단어는 굳게 잡음과 믿는 도리와 소망이다. 우리가 만약 우리 소망의 자랑을 움직이지 아니하고 끝까지 굳게 잡으면 그의 집이라. 온전한 소망을 향하여 열심을 다하라. 그리스도는 우리 믿는 도리의 대제사장이시다. 우리의 믿는 도리를 굳게 잡자. 더 좋은 소망으로 하나님께 가까이 가는 것이다. 이제 우리는 그리스도인의 완전(完全)이 무엇인지를 보게 되었는데 그리스도께서 인도하시는 하나님 임재 안의 완전한 삶에서 우리는 어느 때보다도 우리의 소망을 굳게 붙들 필요가 있다.

믿음과 소망은 항상 함께 간다. "믿음은 바라는 것들의 실상이다"(히 11:1).

믿음은 약속을 그 신적 실재 안에서 받아들이며 소망은 믿음이 받아들인 보화를 실험하고 마음에 그리면서 즐거워하는 가운데 앞으로 나아간다. 그런고로 여기에서는 '온전한 믿음으로 하나님께 나아가자'는 말씀 다음에 곧 '우리 믿는 도리의 소망을 굳게 붙들자'라는 말씀이 나온다. 지성소 안의 삶이며 하나님께 가까이 나아간 삶은 필히 무한한 소망으로 충만해야 한다.

이것의 이유를 보는 것은 그리 어렵지 않다. 지성소로 들어가는 것은 단지 참된 그리스도인의 삶을 시작하는 것에 불과하다. 우리가 거기에 거할 때 하나님께서는 능력 안에서 은혜의 역사를 시작하실 수가 있으시다. 거기에서 하나님의 거룩하심이 우리를 덮고 우리의 생명과 인격에 융화될 수 있다. 거기에서 참된 겸손과 온유와 하나님의 뜻에 대한 인종 안에서 하나님 경배하기를 배울 수 있는데 그러한 것은 단번에 오는 것이 아니며 예수께서도 그러하셨지만 그 안에서 성장하는 것이다. 거기에서 우리는 들으심을 얻는 기도를 드릴 수 있도록 거룩한 중재(仲裁)의 법을 배워야 한다. 거기에서 우리는 보좌에 앉으신 예수와의 친밀하고도 살아있는 만남으로써만 우리가 얻고 누릴 수 있는 성령의 충만을 항상 새로운 교제 가운데서 넘치게 받기 위하여 기다린다. 지성소에 들어가는 것은 단지 시작에 불과하다. 그것은 우리가 매 시간 하나님으로부터 모든 것을 받는 삶이 되고 하나님의 역사하심이 전부가 되는 삶이 된다. 바로 여기에서 우리는 무궁한 소망의 필요성을 갖는다. 들어간 후에 우리는 아마도 우리가 기대했던 것을 발견하지 못할지도 모른다. 빛과 기쁨과 능력이 즉시 오지 않을 수도 있다. 휘장 안에서의 그것은 고요한 믿음의 삶이며, 더 나아가 우리 자신을 바라보는 대신 하나님을 분명히 바라보며 하나님 안에서 소망을 갖는 믿음의 삶인 것이다. 믿음은 아직도 시험되는 것이며 하나님께서 더욱 축복해 주시기를 원하실 때 더욱 시험될 것이다. 소망은 믿음의 딸이요, 오고 있는 것을 보게 하기 위하여 믿음이 내보내는 전령이며 믿음에 힘과 조력자가 되는 것이다.

우리 소망의 믿는 도리를 굳게 붙들자 사람들은 언제나 그들이 소망하는 바를 마음으로부터 말한다. 우리도 역시 우리의 소망에 대하여 고백하고 나타내어야 한다. 고백은 소망을 강하게 하고, 우리가 말로 나타내는 것은 우리 자신에게 보다 더 명확하고 실질적인 것이 된다. 그것은 하나님을 영화롭게 한다. 그것은 우리들 주위의 사람들을 격려한다. 그것은 하나님과 사람들과 우리 자신에게 우리가 거기에 몰입했음을 보여준다. 믿는 도리의 소망을 움직이지 말자. 하나님께 더 가까이 나아가며 휘장 안에 더 들어가게 하는 더 좋은 소망으로 말미암아 우리는 굳게 붙들고 결코 흔들리지 않는 확신을 간증(干證)하도록 하자.

약속하신 이는 미쁘시니 본 히브리서의 약속이란 단어에 관한 참 조절을 연구하고, 하나님께서 그의 백성을 다루시는데 있어서 얼마나 그것이 큰 비중을 차지하는가를 보는 한편, 당신의 삶이 얼마나 그 약속에 대한 당신의 관계성에 달려 있는지를 배우라. 약속하신 자와 연결하여 약속들을 생각하고, 약속하신 자를 하나님으로서의 불변하는 미쁘심과 연결하여 생각하라. 그리하면 당신의 소망은 예수 그리스도 우리 주님으로 말미암아 하나님 안에서 하나의 자랑이 될 것이다. 약속하신 이는 미쁘시니. 이 말씀은 휘장 안의 삶의 근간(根幹)을 이룬다. 마치 하나님께서 그리스도를 보내시고 대제사장으로 세우시며 온전케 하시고 그분 안에서 말씀하시듯, 그리스도께서 지성소 안으로 우리를 이끌어 가는 대상도 하나님이시요, 하나님을 위하여 지금도 그리스도께서는 자신이 구속한 피조물로서 우리가 살도록 생명의 역사를 우리 안에서 친히 지속하는 것이다. 이것이 지성소에 인도되는 축복인데 그리스도께서는 우리를 하나님께 인도하셨다. 그럼으로써 우리는 이제 하나님을 영화롭게 하는 바른 위치와 영 안에 있다. 즉 하나님께서 그리스도 안에서 역사하셨던 그러한 생명을 친히 우리 안에서 자유롭게 계속 역사하시도록 한다는 것이다. 약속하신 이는 미쁘시다. 하나님께서는 우리의 지각을 초월하는 방법으로 생명과 사랑에 대한 그분의 약속과, 축복과 미쁘심에 대한 그분의 약속을 성취하신다. **약속하신 이는 미쁘시니 우리가 믿는 도리의 소망을 움직이지 말고 굳게 잡자**

독자여, 당신은 '온전한 믿음으로 하나님께 나아가자'는 부르심을 들었다. 그래서 순종하였는가? 그리고 예수께서 당신을 하나님의 임재 가운데 사는 삶으로 이끄신다는 것을 믿었는가? 또한 느낌이나 경험이 없는 가운데서와 위압적인 의심과 공포의 와중에서도 당신은 믿는 도리의 소망을 굳게 잡았는가? 귀 기울이며 바라보라, 약속하신 이는 미쁘시다! 이것이 당신의 반석이 되게 하라. 그리고 계속 말하라. "내 영혼아, 하나님을 찬양하며 하나님 안에서 소망을 가지라. 하나님이여 주는 나의 소망이시니이다. 내가 쉬임 없이 하나님을 바라며 하나님을 더욱 더 찬양하리이다." 이것이 당신이 하나님의 발밑에 참된 처소(處所)를 발견하고 거기서 절대적인 신뢰와 겸허 가운데 하나님의 역사하심을 기다리는 내적 성소의 축복이다. 피가 당신에게 주는 담력 안에서 하나님을 앙망하라. 성령께서 거하시며 역사하시는 참 마음으로 하나님을 앙망하라. 당신의 복되신 대제사장께서 자기 피를 뿌려주신 마음으로 하나님을 앙망하고 하나님께서 당신의 영혼 안에 자신의 하늘 역사를 이루실 것을 소망하라. 당신에게 있어서 하나님은 소망의 하나님 이상이 되게 하라. "소망의 하나님이 모든 기쁨과 평강을 믿음 안에서 너희에게 충만케 하사 성령의 능력으로 소망이 넘치게 하시기를 원하노라"(롬 15:13)고 말씀하신 하나님의 약속을 지키시도록 하나님께 요구하라. 무한히 미쁘신 하나님은 우리 소망의 하나님으로서 믿음 안에서 희락과 평강을 우리에게 채우신다. 성령의 능력으로 소망의 충만을 배우는 것이 하나님 임재의 비밀 안에 있는 우리의 생명이 되게 하자.

1. 온전한 믿음과 온전한 소망은 참 마음을 나타내는 두 가지 성향이다. 우리가 아무 것도 가진 것이 없으나 하나님께서 모든 것이 되시고 모든 것을 하실 것이기 때문에 우리는 그것을 바라고 받으며 전심으로 하나님을 앙망해야 한다.

2. 성령의 능력으로 말미암아 당신은 소망이 충만할 수 있다. 지성소 안의 소망의 삶이 얼마나 전적으로 우리 안에 거하시는 성령께 달려있는지를 보라. 이 삶을 살기 위해서는 우리가 성령으로 충만해져야 한다. 성령이 아니고는 우리가 한 순간도 지성소 안에 머물 수 없다. 성령에 의하여 우리는 항상 지성소 안에 거한다. 성령의 능력으로 말미암아 충만한 소망을 갖자.

91. 사랑과 선행

10:24 서로 돌아보아 사랑과 선행을 격려하며

우리는 하나님께 가까이 나아가는 온전한 믿음을 알아보았고 우리가 굳게 붙들어야 할 믿는 도리의 소망을 살펴보았다. 이제 같은 은혜의 세 번째 덕목에 이르렀는데 이는 '서로 돌아보아 사랑과 선행(善行)을 격려하며' 서로의 사랑과 관심을 간증하자는 것이다. 이 삼대 덕목은 본 히브리서 실용편의 소제목을 구성한다. 제 10편은 '온전한 믿음'이란 제목을 달 수 있고 제 11편(1-14)은 '소망의 인내'라 말할 수 있으며 제 12편은 '사랑과 선행'이라 부를 수 있다.

서로 돌아보자. 지성소에 들어가는 자는 영원한 사랑의 집에 들어가는 것이요, 거기서 그가 숨 쉬는 공기는 사랑이며, 거기서 그가 받을 수 있는 최상의 축복은 성령의 능력으로 하나님의 사랑이 부어진 마음이자 그 마음이 사랑 안에서 온전케 되는 것이다. 하나님의 집에서 어떻게 행해야 할지를 알기 위하여 기억할 것은 "그런즉 믿음, 소망, 사랑, 이 세 가지는 항상 있을 것인데 그 중의 제일은 사랑이라"(고전 13:13)는 말씀이다.

서로 돌아보자. 지성소에 들어가는 길을 구할 때 그 소망은 주로 우리 자신을 위한 것이다. 그리고 우리가 믿음 안에서 지성소에 들어갔을 때 할 일은 우리가 하나님 앞에 서서 우리를 위하여 해주시기로 약속하신 것을 하나님께 구하는 것이 전부인 것처럼 보인다. 그러나 우리는 곧 지성소와 어린양이 우리만을 위한 것이 아님을 알게 된다. 지성소에는 함께 하나님을 찬양하며 교제를 나누도록 다 같이 축복 받은 성도들이 있으며, 지성소 밖에는 거기에 들어오도록 우리가 도와야할 사람들 또한 있는 것이다. 우리에게 주어진바 하나님께 가까이 나아가는 길은 곧 하나님의 사랑 안으로 가는 길이며, 그리할 때 하나님의 사랑은 우리 마음 안으로 들어오고, 우리는 우리 주위에 있는 사람들을 위하여 전적으로 헌신하는 가운데 그리스도처럼 살도록 부름 받은 우리들 자신을 확인한다.

서로 돌아보자. 구속된 모든 사람들은 한 몸을 이룬다. 각자는 타자(他者)를 의존하며 각자는 타자의 복락을 위해 존재한다. 자기본위적인 정신을 가지고 하나님과 가장 가까이 교제하는 지성소에 들어갈 수 있다고 생각하는 자기기만을 주의하자. 그럴 수 없다. 예수가 열어놓으신 새롭고 산 길은 자아희생의 사랑의 길이다. 지성소에 들어가는 길은 제사장된 우리들이 그리스도의 영과 사랑을 채우는 길이며 나아가 하나님의 사랑을 이웃에게 베푸는 길이다.

서로 돌아보자. 예수를 깊이 생각하라고 말씀하신 성령께서는 이제 우리에게 서로를 돌아보라고 말씀하신다. 즉 시간을 내어 네 주위에 있는 형제들의 필요를 아는데 주의를 기울이라고 가르치신다. 당신 주위에 환경이 불우하고, 지식수준이 아주 낮으며, 보다 나은 삶을 얻을 수 있는 전망이 별로 없는 사람이 얼마나 많은지를 살펴보라. 그들을 위해 할 일이 하나 있는데, "우리 강한 자가 마땅히 연약한 자의 약점을 담당하고 자기를 기쁘게 하지 아니할 것이라"(롬 15:1)는 말씀과 같다. 그리스도께 대한 완전한 복종 안에 있는 삶의 축복이 무엇인가를 발견하는 자는 연약한 자와 피곤한 자에 대한 그리스도의 전령(傳令)이 되도록 자신을 그리스도께 드려야 한다.

서로 돌아보아 사랑과 선행을 격려하며 사랑과 선행은 교제를 나누는데 있어서 교회의 목표가 된다. 사랑을 방해하는 모든 것은 희생되고 제거되어야 한다. 사랑을 더하고 증거하며 타인에게 사랑을 격려할 수 있는 모든 것은 연구되고 수행되어야 한다.

선행 역시 사랑으로 이루어져야 한다. 교회가 그리스도에 의하여 구속된 것은 죄를 정결케 하고 악을 정복하며 거룩함과 선행을 회복하는 그리스도의 능력이 어떤 것인지를 세상에게 간증하기 위한 것이다. 모든 가능한 방법으로 서로 돌아보고 사랑과 선행을 격려하며 분발하도록 도와주자.

중요한 것은 지성소 안의 삶은 사랑의 삶이어야 한다는 점이다. 진실한 권고와 온전한 믿음으로 하나님께 나아가며 우리 믿는 도리의 소망을 굳게 붙들자는 것은 곧 사랑과 선행을 격려토록 서로 돌아보자는 것이다. 하나님은 사랑이시다. 본 히브리서가 계시하는바 하나님께서 그 아들 안에서 우리를 위해 하신 것은 바로 사랑인 것이다. 그리스도는 사랑이시다. 하나님의 거룩한 뜻 안에서 그리스도와 연합하기 전에 하나님께 가는 실질적인 길이 없듯이 사랑의 성령 안에서가 아니라면 하나님과의 진정한 친교(親交)는 있을 수 없다. 만약 우리가 그리스도 안에 있는 하나님의 사랑에 우리 자신을 양보하여 우리 이웃의 안녕과 기쁨을 위해 그 사랑이 채워지고 사용되지 않는다면 지성소에 들어간다는 것도 단지 하나의 망상에 불과한 것이다.

오, 성도여! 사랑이 무엇인지를 배우라! 말씀 안에서, 그리스도 안에서, 하나님 안에서 사랑을 배우라. 당신이 하나님을 존재하는 모든 것 안에 사시며 그것들이 감당할 수 있는 한 그 자신의 모든 축복과 온전을 분여하시는 가운데 그 자신의 존재와 영광을 향유하시는 모든 선의 영원하신 원천으로 볼 때, 당신은 사랑하지 않는 자는 하나님을 뵙지 못했다는 사실을(요일 4:8) 알게 될 것이다. 그러면 또한 당신은 전보다는 더욱 깊고 참되게 당신의 의지적인 어떤 노력도 사랑을 가져올 수 없고 사랑은 오직 위로부터 주어져야만 한다는 것을 깨닫게 될 것이다. 하나님께서 하나님의 사랑을 채워 주실 수 있기를 기다리신다는 것이 당신에겐 지성소의 소중한 기쁨과 아름다움의 하나가 될 것이다. 하나님은 우리에게 주신 성령으로 말미암아 우리의 마음속에 하나님의 사랑을 부으실 수 있으시다. 하나님께서는 믿음으로 말미암아 그리스도께서 우리 마음에 계시게 하시고 우리가 사랑 가운데서 뿌리가 박히고 터가 굳어져서 지식에 넘치는 그리스도의 사랑이 어떠함을 알고 갖게 된다는 것을(엡 3:17-18) 약속하셨다. 지성소의 이 분위기가 바로 사랑이다. 그 안에서 내가 사는 공기를 내가 숨 쉬듯이 하나님의 임재 안에 사는 영혼은 천국의 공기를 숨 쉴 수 있다. 약속은 우리에게 제공되었고 그 성취의 시간은 곧 올 것이며 그때 하나님의 사랑은 우리 안에서 온전케 되고 우리도 그 사랑 안에서 온전케 될 것이다. 오직 지성소 안에서만 이것이 가능하고 가장 확실하게 이루어진다. 온전한 믿음으로 하나님께 나아가며 서로 돌아보자. 하나님의 사랑을 전해주기 위해 우리가 다른 사람을 생각할 때 우리는 우리를 유념하시는 하나님을 발견할 수 있고 하나님의 지고한 사랑으로 우리 자신을 채울 수 있다.

1. 구원이 만인을 위한 것이라고 하는 것은 그리스도의 구원의 진수요 아름다움이며 영광인 것이다. 그것을 성령께서 주시는 대로 참으로 받아들이는 사람은 모든 사람을 위한 구원으로 받아들이고 그 자신 그것을 다른 사람과 함께 나누기 위해 애쓴다. 불의 세례는 대속하는 사랑의 세례로써 단순한 감정의 문제가 아니라 즉시 타인을 생각하고 염려하는 능력이다.

2. 우리 자신의 힘으로 타인을 사랑하고 모든 것을 그들에게 준다는 것이 얼마나 하기 어려운 일인가! 이타적 희생은 지성소 안에서 기다리던 실질적인 선물의 하나로써 오순절 성령의 능력 안에서 계시된 것이며, 우리 마음에 넘치게 부어진 하나님의 사랑으로써 그것이 바로 우리의 본성이 되는 까닭에 우리가 자발적으로 쉬지 않고 기꺼이 사랑할 수 있는 것이다.

92. 함께 모임

10:25 모이기를 폐하는 어떤 사람들의 습관과 같이하지 말고 오직 권하여 그 날이 가까움을 볼수록 더욱 그리하자

내면과 외면은 필히 동행해야 한다. 모든 사람에게 감추어진 영혼의 내적 삶이 있고 드러난 몸의 외적 삶이 있듯이 그리스도의 교회도 역시 같은 점을 갖고 있다. 교회의 모든 지체(肢體)는 한 몸이요, 내적인 일치는 필히 활동적인 실행에서 입증되어야 하고, 함께 모이는 데서 보여야 한다. 하나님의 성도들이 함께 모이는 것은 바로 그 원리적 특성과 신적 소명 안에 회합의 근거를 갖고 있는데, 하나님을 뵙기 위해 지성소에 들어간 모든 사람은 다 하나님의 백성을 만나기 위해 따뜻한 시선을 돌려야 한다. 구약시대의 장막은 만남의 성막(聖幕)이었는데, 하나님을 뵙는 것과 우리의 형제자매들을 만나는 것은 같이 필요한 것이기 때문이다. 히브리인들 가운데 어떤 사람들은 이미 함께 모이기를 그만두는 습관을 갖고 있었는데 그것은 뒤로 물러가는 위험한 증상 중의 하나였다. 그들은 신실해야 한다는 각자의 개인적인 의무에서뿐만 아니라 타인을 돌아보고 서로 권고해야 한다는 점에서 지적을 받는다. 방금 우리가 권면을 받은 믿음과 소망과 사랑을 행사하고

강화하기 위하여, 지성소 안의 삶을 충분히 체득하기 위하여, 모든 약자들을 돕고 위로하기 위하여, 그리고 성령과의 말씀의 교제를 배양하기 위하여, 우리가 함께 모이는 것은 대단히 값진 일이다. 우리의 지성소에 들어감과 관련된 권고의 말씀을 경청하자. **모이기를 폐하는 어떤 사람들의 습관과 같이하지 말자**

이 말씀의 취지를 바르게 이해코자 한다면 그 내용과의 연계성을 잊지 않아야 한다. 이 부분은 우리에게 지성소 안의 삶이 어떠해야 하는가를 가르치고 있는 것이다. 하나님께 가까이 나아간 자로서 우리는 우리 이웃에게도 가까이 나아가야 한다. 하나님을 만나는 것은 무한한 축복과 평강과 능력의 일이다. 우리 형제자매들을 만나는 것은 종종 어떤 이들이 차라리 모이기를 그만두는 게 낫다고 생각할 만큼 연약함과 혼란과 실패를 수반한다. 지성소 안의 삶이 어떻게 우리들의 모임의 의무와 능력을 지적하는지를 보기로 하자.

그것은 의무를 제시한다. 지성소는 영원한 사랑의 집이다. 거기에 거하는 것은 참 사랑이다. 지성소에서 흘러나와 나를 찾아내고 나를 그곳에 이끌어 준 것은 사랑이었다. 내가 영접되고 인도되어 간 곳은 영원한 사랑 안의 처소였다. 내 마음 안에 부어진 것은 사랑이었다. 내가 지성소에 들어감은 오직 희생의 길을 통해서이고 거기에 내가 거함은 오직 자아에 대하여 죽고 사랑으로 채움을 입은 자로써만 가능한 것이다. 사랑은 자신의 행복을 구하지 아니하고, 사랑은 자신을 내어주며, 오직 타인이 그 행복에 참여자가 되도록 살아간다. 사랑은 자신이 필요로 하며 받기를 바라는 것을 위해서 뿐만 아니라, 성도들과의 교제와 타인을 돕고 격려함에 있어서 줄 수 있는 도움을 위하여, 하나님 백성의 모임을 귀하게 여긴다.

사랑은 이것을 행할 뿐만 아니라 서로를 권고하라는 부가된 교훈을 순종한다. 사랑은 믿음에서 떨어져나갈 위험에 처한 사람들을 보살피고자 애쓴다. 사랑은 태만 가운데서 조심성 없이 자란 사람들을 염려한다. 참사랑은 창의성(創意性)의 원천으로써 소원해진 자들을 위해 단출하고도 친밀하며 보다 붙임성 있는 모임을 만드는 수단을 고안해 낸다. 사랑은 축복을 받거나 구원될 수 있는 하나님의 자녀들을 찾아 모을 수만 있다면 아주 구차스럽다거나 너무나도 어렵다는 것은 아무 것도 아닌 것으로 여긴다. 사랑은 하나님 사랑의 지성소에 살며, 타인(他人)으로 하여금 그 사랑을 알게 하는 한 가지 일을 위해 자신을 기꺼이 내어준다.

그러므로 지성소 안에서의 삶은 올바른 일을 하는 동기가 될 뿐만 아니라 능력도 된다. 그렇다, 성도들 가운데서 기도와 구변과 봉사에 능력을 갖게 되는 것은 지성소에 들어갔음을 간증하는 자들이 참으로 하나님께 나아가 하나님과의 교제의 능력을 증명할 때이다. 지성소는 매일 매일의 예배와 성별과 중재의 처소이고, 모임 안의 작은 무리라도 하나님 임재를 느끼게 하는 능력을 갖는 곳이다. 기도모임에서의 예배는 지성소의 은밀한 예배와 깊이 연결되어 이전에 그런 축복을 전혀 알지 못하던 자들에게도 축복이 될 수 있다. 하나님께서는 홀로 하나님께 나아갈 때보다 더욱 충만한 하나님의 사랑과 임재를 느낄 수 있는 영광을 그 모임이 갖도록 하나님이 구속한 자들의 교제를 축복하시기를 기뻐하신다. **그러므로 형제들아, 지성소에 들어갈 담력을 가지고 가까이 나아가자. 함께 모이는 것을 폐하지 말며 오직 권하여 그 날이 가까움을 볼수록 그리하자**

그날이 가까움을 볼수록 더욱 그리하자 저자는 의심의 여지없이 당시 다가오던 예루살렘의 심판을 내다보고 있었다. 우리는 얼마나 멀리 그리고 명확하게 예언적 미래상(未來像)이 계시되었는지 알지 못하며 그날이 주님 자신의 재림과 연계된 것인지도 알지 못한다. 심판의 날이 다가온다는 두려움이 이 호소의 동기였는데 이것이 냉담한 사람들만을 설득하려한 것이 아니라 특별히 신실한 신자들도 서로 돌아보게 하려했다는 것을 아는 것만으로도 족한 것이다. 그리스도인들은 세상이 처한 가공할 운명을 상기할 필요가 있으며, 우리의 일상생활에서 우리 주님의 다시 오심과 연계된 모든 영적 실재를 염두에 두는 것이 필요하다. 그러므로 타인을 돕고 구원하는 우리의 모든 노력은, 얼마나 때가 가까우며, 멸망하는 자들의 운명이 얼마나 가혹하고, 전심전력으로 일하도록 대속의 사랑을 아는 모든 자를 부르심이 얼마나 다급한가를 생각하는 역량에 달려있다. 지성소 안에서 우리는 경고의 말씀을 듣고 너무 늦기 전에 구원코자 하는 마음으로 우리의 발길을 재촉해야 한다.

1. 복음의 강렬하고도 실질적인 특성을 유의하라. 본 문단은(히 10:19-25) 단지 한 문장과 다름없다. 그것은 영적인 하늘의 비밀로 시작해서 우리들의 이웃에 대한 행동의 평이한 법칙으로 끝맺는다. 우리가 제7장으로부터 제10장까지의 온전에 대한 가르침으로 더 들어가면 들어갈수록 우리는 세상에 대한 하나의 축복이 되는 일에 더욱 더 적합하게 된다는 것을 확신하라.

2. 그리스도께서 그분의 고별강화(告別講話)를 그 제자들에게 말씀하실 때 그분이 가장 긴요하게 강조하신 것 중의 하나는 그들이 서로 사랑해야 한다는 것이었다. 그리스도는 아무리 연약하고 사악하다 하더라도 자신이 구속한 모든 자들을 너무나 사랑하는 나머지 우리가 그들을 사랑하는 길 이외에는 그분께 대한 우리의 참 사랑을 보일 수가 없다고까지 말씀하셨다. 실질적으로 지성소에 들어가는 믿음에 대한 증거는 겸손과 온유와 자아희생으로써 이것들로 말미암아 우리는 타인에 대한 우리의 염려를 말하고 생각하고 증명한다.

3. 이 마지막 열두 절 사이의 관계성을 주의 깊게 연구하고 본 서신에 살아있는 핵심적 일념을 명확히 파악하라.

| 네 번째 경고 (10:26-39)

짐짓 범죄하며 퇴보하는 자에 대하여

93. 짐짓 범하는 죄

10:26 우리가 진리를 아는 지식을 받은 후 짐짓 죄를 범한즉 다시 속죄하는 제사가 없고
10:27 오직 무서운 마음으로 심판을 기다리는 것과 대적하는 자를 소멸할 맹렬한 불만 있으리라

하나님의 백성들이 함께 모이는 것을 저버리는 자들을 말하는 가운데 저자는 그의 눈에 임박한 위험의 징조로 보이는 쓰라린 처지들 중의 하나를 언급한다. 신자의 교제를 태만히 하는 것은 곧 너무나도 위험한 무관심(無關心)의 징후이고 더 나아가 뒤로 물러감(退步)의 원인이 되는 것이다. 이 모든 것은 저자로 하여금 다시 경고를 발하게 하고, 외향적이며 명백히 이차적인 의무(함께 모임)의 태만이 어떻게 궁극적인 죄와 영원한 파멸로 가는 길을 여는가하는 것을 지적하게 한다. 저자는 이제 막 하늘 제사장과 하늘 성소와 거기에 이르는 길의 영광에 관한 해석을 마친 후 열린 성소가 우리를 부르는 그 삶에 대한 말을 시작하자마자 히브리인들의 상태를 생각하고는 이제껏 언급된 어느 경고보다도 심각한 경고의 종을 울리는 것이다. 앞서의 세 경고를 통하여 저자는 먼저 태만에 대하여 말하였고(히 2:1-4), 그 다음에 불신앙과 불순종을 말하였으며(히 3:1-4:13), 그 후 소망 없는 배도로 나아가는 나태에 관하여 말하였는데(히 5:13-6:19), 여기서는 하나님의 자비하심을 짓밟는 가공할 짐짓 죄를 범함과 그것이 필연적으로 가져올 두렵고도 확실한 형벌을 말한다. 죤 번연은 그의 꿈속에서 바로 천국의 문전으로부터 지옥으로 떨어지는 것을 보았다고 한다. 우리를 위

하여 문이 활짝 열린 것은 지성소만이 아니다. 자비의 문과 하늘의 문을 들어가기를 태만히 하거나 거절하는 자를 위하여 지옥의 문 역시 넓게 열려 있는 것이다. 이 말씀을 통하여 성령으로 말미암아 말씀하시는 분이 실로 하나님이심을 믿는 모든 사람은 지극히 경외하는 심정으로 그 경고를 경청하여야 할 것이다.

우리가 진리를 아는 지식을 받은 후 짐짓 죄를 범한즉 다시 속죄하는 제사가 없고 6장에서 우리는 한번 비췸을 얻고 하늘의 은사와 하나님의 선한 말씀을 맛보고 타락한 자들에 대한 말씀을 읽었는데, 여기서는 진리를 아는 지식을 받은 후 짐짓 죄를 범하는 사람들에 대한 경고의 말씀을 듣는다. 여기의 표현은 비췸을 얻고 진리를 맛본 것이 마음으로 한 것이기 보다는 머리로 했다는 것을 보여준다. 그들의 사려분별은 납득이 되었으며 머리를 통하여 그들의 소욕과 뜻은 영향을 입고 감동을 받았으나 그들의 마음 즉, 전체적 내적 생명은 참으로 거듭나지 못했으며 빼앗길 수 없는 영원한 생명을 결코 받지 못했던 것이다. 그리하여 거기에는 그들이 짐짓 죄를 지을 수 있는 가능성이 있는 한편 죄를 위한 한 제사에서 영원히 제외될 가능성도 있었던 것이다. 우리가 전에 보았듯이 구원의 참된 확신과 하나님 앞에서의 우리 마음의 확증은 오직 성령의 가르침 아래의 삶 안에서만, 그리고 하나님의 뜻에 순종하는 길을 걷는 것에 의해서만(요일 3:19-24) 가질 수 있는 것이다. 믿음의 참된 확신은 주님 되신 그리스도와의 산 교제와 그분께 대한 순종 가운데 주어지는 성령의 증거이다.

짐짓 죄를 범하면 물어보자, 무엇이 짐짓 범하는 죄인가? 언제 우리가 짐짓 죄를 범하는지를 어떻게 아는가? 답이 주어질 수 없고, 어느 것이 짐짓 짓는 죄이고 어느 것이 그렇지 않은지 선을 그을 수 있는 사람은 아무도 없다. 오직 보좌 위에 앉으신 자, 그 마음을 감찰하시는 자만이 판단할 수 있는 것이다. 그렇다면 우리가 어느 것이 짐짓 짓는 죄인 줄 알 수 없을 때 이 경고가 무슨 유익이 있을까? 실은 그렇기 때문에 이 경고가 대단히 유익한 것인데 그것은 우리에게 어느 죄든지 지어서는 아니 된다는 두려움을 갖게 하는 것으로써 결과적으로 짐짓 범하는 죄를 짓거나 그런 죄에 빠지지 않도록 해주는 것이다. 어떤 극단적인 범죄를 삼가는 한 자기는 안전하다는 생각을 가지고 짐짓 범하는 죄가 무엇인지 알고자 하는 자는 자기를 기만한다. 짐짓 죄를 범하는 것을 피하는 단 하나의 확실한 길은 모든 죄를 멀리하는 것뿐이다.

암초(暗礁)가 많은 해안의 두 항구 사이를 오고가는 배의 선장이 한번은 겁을 먹은 여객으로부터 "그 해안이 대단히 위험하지 않느냐"는 질문을 받았다. 대답은 대단히 위험하다는 것이었다. 그러면 두렵지 않느냐고 여객은 다시 물었다. 선장은 두렵지 않다고 했다. 우리의 길은 대단히 안전하니 걱정 말라는 것이었다. 그렇다면 험한 암초들이 그렇게도 많은데 어찌하여 안전하다는 것인가? 그것은 아주 간단했다. 그는 바다 쪽으로 깊숙이 나아가 그 암초들을 아주 멀리서 우회하며 지난다는 것이었다. 오, 신자들이여, 여기에 당신의 한 가지 안전이 있다. 하나님의 모든 뜻에 전적으로 순종하는 깊은 경지로 들어가 어떠한 죄든지 멀리하라, 그리하면 짐짓 짓는 죄로부터 자신을 지킬 것이다.

짐짓 죄를 범한즉 다시 속죄하는 제사가 없고 우리가 전에 가졌던(히 10:18) 같은 표현에 비하여 얼마나 가공스런 대조인가. 다시 속죄하는 제사가 없고. 앞에서는 이 말씀이 신자의 믿음과 삶의 기쁨인 구속복음의 영광을 말하는 복스러운 비밀로써 제공된 구원이 영원히 완성되었다는 의미였다. 여기서는 그것이 가장 심각한 죄와 그 가공할 운명에 대한 소름끼치는 계시로써 일단 제사가 거부되면 그 후 다시 죄를 위한 제사를 영원히 발견할 수 없다는 뜻이다. 짐짓 죄를 범하는 것이 얼마나 두려운 일인가!

다시 속죄하는 제사가 없고 오직 무서운 마음으로 심판을 기다리는 것과 대적하는 자를 소멸할 맹렬한 불만 있으리라 무서운 심판과 대적하는 자를 소멸하는 맹렬한 불은 하나님의 복음 속에 있는 것으로서 그것들은 복음의 최상의 가르침과 병행하는 것이요, 하나님께서 그 아들 안에서 우리에게 말씀하시는 것이다. 세상의 종교들, 그리고 슬프게도 오늘날 기독교의 가르침과 종교문학에서 성경이 계시하는 사랑의 하나님을 찬양하는 내용은 많으나 이러한 단어들은 제쳐놓았고 거부되었다. 그러나 이 단어들은 그대로 건재하는 것이며 그 이면에는 그 단어들이 의미하는 신적 실재도 그대로 있는 것이다. 우리가 전심으로 그것들을 믿으며 서로를 권고하는 것은 하나님의 도우심으로 그들 중의 어떤 이들을 우리가 구원하되 불로부터 건져내려 함이다.

1. 지성소에 들어간 모두는 눈을 돌려 자기들이 구출되어 나온 가공할 지옥 구덩이를 바라보자. 그리고 거기에 빠져 들어가는 많은 무리를 볼 때 지성소 안의 삶의 최고의 영광은 자기 피로 지성소를 열고 보좌 위에 앉으신 분이 그러했듯이 나가서 다른 사람들을 초청해 들이는 것임을 명심하자.

2. 당신이 은혜로 말미암아 그 심판과 불로부터 피하여 나왔다는 것을 안다 하더라도 시간을 내어 저들을 바라보자. 잠자는 자들의 짐을 당신 등에 지고 저들을 경고하고 구원하는데 당신을 사용토록 그리스도께 간구하라.

94. 삼위일체 하나님께 대한 죄

10:28 모세의 법을 폐한 자도 두 세 증인을 인하여 불쌍히 여김을 받지 못하고 죽었거든
10:29 하물며 하나님 아들을 밟고 자기를 거룩하게 한 언약의 피를 부정한 것으로 여기고 은혜의 성령을 욕되게 하는 자의 당연히 받을 형벌이 얼마나 더 중하겠느냐 너희는 생각하라
10:30 원수 갚는 것이 내게 있으니 내가 갚으리라 하시고 또 다시 주께서 그의 백성을 심판하리라 말씀하신 것을 우리가 아노니
10:31 살아 계신 하나님의 손에 빠져 들어가는 것이 무서울진저

히브리서는 보다 탁월한 신약의 영광을 우리 앞에 제시했다. 이스라엘은 결코 그럴 수 없었지만 우리는 하나님께 가까이 갈 수가 있는데 이는 실로 하나님께서 그 은혜를 더욱 넘치게 하셨던 까닭이다. 그러나 아무도 더 큰 은혜가 죄에 대한 엄정성을 낮추었거나 심판하는 불의 맹렬성을 희석시킨 것으로 생각하지 않도록 하자. 아니, 오히려 그 반대이다. 더 큰 특권은 더 큰 책임을 수반하고 실패했을 때 더 큰 심판을 자초한다. 다른 곳에서(히 2:2, 7:25) 우리는 신약이 축복에서뿐만 아니라 저주에서도 구약을 능가한다는 것을 보았다. 더욱 더 그리스도의 피가 깨끗케 하지 않겠느냐 라고 물었던 것처럼 저자는 다시 그 형벌이 얼마나 더 중하겠느냐라고 묻는다. 신약은 하나님의 사랑을 계시하는 반면에

그 사랑을 거절한 자들에게는 구약보다 훨씬 가공할 심판이 다가온다는 사실도 천명하는 것이다. 하나님이시여! 자비하심으로 우리 자신과 또 다른 사람들을 위하여 그것이 무엇을 의미하는지를 보여 주옵소서.

모세의 법을 폐한 자도 불쌍히 여김을 받지 못하고 죽었거든(이 가공할 단어들을 주목하라.) 하물며 신약 속의 은혜를 욕되게 하는 자의 당연히 받을 형벌이 얼마나 더 중하겠느냐 너희는 생각하라. 신약의 탁월한 위대성이 이제 형벌의 가공성의 크기로 표현되는 셈인데 마치 첫 번째 경고에서 구원의 위대성이 성 삼위(三位)께서 구원사역 안에 갖는 역할에 연결된 것처럼 여기에서도 형벌의 가공성이 그렇게 연결되고 있다. 아버지께서는 아들을 주셨는데 하나님의 아들을 밟은 자의 당연히 받을 형벌이 얼마나 더 중하겠는가. 아들은 자기 피를 주셨는데 여기에 자기를 거룩하게 한 언약의 피를 부정한 것으로 여긴 사람이 있다. 아버지와 아들은 성령을 주셨는데 그는 은혜의 성령을 욕되게 하였다. 모세의 법 아래서도 불쌍히 여김을 받지 못하고 죽었거든 하물며 그리스도를 거절하는 자의 운명이야말로 불쌍히 여김을 받지 못한 채 얼마나 중한 형벌을 받겠는가. 이 모든 것이 의미하는 바를 귀담아 들으라.

하나님 아들을 발로 밟은 자! 전에 악한 길을 떠나라고 타일렀지만 듣지 않는 방탕한 아들을 둔 한 늙은 아버지가 있었다. 어느 날 밤 그 아들이 다시 외출을 하려고 준비하고 있을 때 아버지는 간절히 다시 한 번 부탁한 뒤에 문 앞에 나가 서서 "아들아, 너를 내보내 줄 수가 없구나. 네가 나가려거든 이 애비 몸을 밟고 나가거라"고 말하였다. 아들은 아버지를 옆으로 밀어 제치려고 하였다. 노인은 넘어졌고 아들은 뛰쳐나가면서 아버지를 밟고 나갔다. 하나님의 아들인 예수 그리스도는 오셔서 죄인의 길을 막고 서계시며 죄인더러 악한 길에서 돌아서라고 간청하신다. 그분은 상하고 피 흘리는 자신의 몸을 그 길에 던져 놓으셨다. 그리하여 죄인은 자기가 하는 일이 무엇인지 유념하지 않을 때 그 몸을 밟고 넘어간다. 그는 하나님의 아들을 발로 밟는 것이다! 아들을 주신 아버지와 그 사랑에 이 어떤 죄를 짓는 것인가!

자기를 거룩하게 한 언약의 피를 부정한 것으로 여기고 아버지는 아들을 주셨다. 그리고 아들은 자기 피 곧 언약의 피이자 우리로 거룩함을 얻고 지성소와 하나님께 나아감을 얻게 하는 놀라운 특권의 그 피를 우리에게 주셨다. 하지만 죄인은 그것을 부정한 것으로 여긴다. 내가 들어가 몸을 씻고자 하는 물가에 와서 그것이 불결함을 알았을 때 나는 그것을 거절하고 그것을 내어버린다. 그리스도께서는 죄인을 불러 그의 피에 씻고 정결케 되라고 하신다. 죄인은 그것을 부정한 것으로 거절한다. 그렇다, 예수의 사랑을 말하는 그 피와 죄 사함과, 열린 하늘(天國)은 거절되고 버려진 것이다! 아, 이 어떤 죄인가! 황소와 염소의 피를 거절한 자도 불쌍히 여김을 받지 못하고 죽었거든 하물며 하나님 아들의 피를 욕되게 하는 자이랴!

은혜의 성령을 욕되게 하였다! 왕이나 아버지에게는 그 면전에서 문을 닫는 것보다 더 큰 모욕이 있을 수 없다. 나의 사악함에도 불구하고 사랑의 말씀이나 선물을 가지고 올 때 그들로부터 돌아서는 것이 바로 그들을 능멸하는 것이다. 성령은 은혜의 성령으로 오시어서 죄를 알게 하시고 죄인을 기도하게 만들며 예수께로 인도하신다. 문을 닫고 복종하기를 거절하며 그분이 아닌 세상의 영(靈)에 마음을 여는 것이 은혜의 성령을 욕되게 하는 것이다! 발에 밟힌 아들, 부정한 것으로 여겨진 피, 거절된 은혜의 성령, 슬프다 이 무슨 가공할 죄인가!

그러한 자들에게 다시는 죄를 위한 제사가 없다. 그리고 우리들 가운데와 주위에 하나님의 그리스도를 거절한 사람들에게도 역시 그러하다! 그들의 운명이 그렇다는 것이다! 원수 갚는 것이 내게 있으니 내가 갚으리라 하시고 또 다시 주께서 그의 백성을 심판하리라 말씀하신 것을 우리가 아노니. 성경을 믿고 하나님을 경배한다고 고백하되 바로 그 하나님을 모르는 사람이 얼마나 많은가. 그들은 그들 자신의 본능과 상상에 따라 그들을 위한 하나님의 우상(偶像)을 만들 뿐 의(義)와 사랑(Agape)이 그 성품 안에서 완벽한 조화를 이룬 거룩하신 자는 믿지 아니한다. 그들은 원수 갚는 것이 내게 있으니 내가 갚으리라 하셨다라는 말씀을 싫어한다. 아아, 우리가 그분을 성경대로 알기를 구하고 아직도 이 가공할 복수에 노출된 모든 사람을 위한 정열로 우리의 마음을 채우도록 하자.

살아 계신 하나님의 손에 빠져 들어가는 것이 무서울진저. 아직도 이 심판에 노출된 모든 사람에 대하여 사랑으로 생각하되, 그것이 우리 자신의 구속에 대하여는 감사로 우러나고, 위험에 처한 사람들에 대하여는 다함없는 긍휼을 가지며, 새로운 열정으로 그들의 구원을 간구하고, 그들에게 그들의 위험을 경고하며, 그들을 그리스도께로 인도하는 한 가지 일에 우리가 전심전력을 다할 때까지 깊이 생각하자.

1. 하나님의 말씀을 받아들임에 있어서, 그리스도 안의 영광스러운 구속을 하나님의 사랑이 제공한 그대로 다 상상하거나 이해할 수 없는 것처럼, 신적 계시 없이는 저 무서운 심판의 날을 하나님의 의로우심이 요구하는 것만큼 우리가 상상하거나 이해할 수 없다는 것을 기억하자. 하나는 하나님 사랑의 신비이고 다른 하나는 하나님 진노의 신비인데 둘 다 우리의 상상과 지식을 초월한다.

2. 그리스도의 피가 필요했던 것은 하나님의 심판과 진노하심에 대응하기 위한 것이었다. 그 피는 지나간 심판과 눈앞에 다가올 심판 사이에 서있다. 우리가 심판을 믿는 만큼 우리는 피를 귀히 여기고 우리가 피를 믿는 만큼 우리는 심판을 두려워할 것으로 여긴다.

95. 전날 (The Former Days)

10:32 전날에 너희가 빛을 받은 후에 고난의 큰 싸움에 참은 것을 생각하라
10:33 혹 비방과 환난으로써 사람에게 구경거리가 되고 혹 이런 형편에 있는 자들로 사귀는 자 되었으니
10:34 너희가 갇힌 자를 동정하고 너희 산업을 빼앗기는 것도 기쁘게 당한 것은 더 낫고 영구한 산업이 있는 줄 앎이라

바로 6장의 경우와 같이 엄중한 경고는 이제 격려와 권고로 바뀐다. 지금도 그때처럼 히브리인들은 전날, 즉 그들이 처음 비췸을 받았던 그 첫사랑의 때를 되새기게 된다. 앞서의 경우에서 그들은 하나님께서 불의치 아니 하사 그들의 행

위와 사랑을 잊지 않으신다는 말을 듣는데 여기서 그들은 이미 있었던 일들을 잊지 말도록 권고된다. 전날에 대한 회상의 부르심. 그 회상은 예수의 이름을 위하여 모든 것을 희생할 때 가졌던 기쁨을 불러오고, 지난날의 뒤로 물러감과 현재의 냉랭한 상태를 깨우쳐 주어 그들을 낮추며, 그들이 전에 차지했던 위치를 다시 얻는 욕구와 소망 가운데로 그들을 분발케 한다. 저자는 너희가 사람에게 구경거리가 되고 너희가 산업을 빼앗기는 것도 기쁘게 당할 뿐만 아니라 갇힌 자를 동정하는 가운데 큰 환난(患難)과 고난을 참아내던 전날을 생각하라고 촉구한다.

주님께 대한 믿음을 그렇게도 훌륭하게 간증했던 하나의 공동체가 핍박과 고난의 와중에서 불과 몇 년 사이에 바로 여기에 주어진 것 같은 경고를 들어야 할 만큼 멀리 뒤로 물러갔다는 것을 생각하는 것은 슬픈 일이다. 그리고 그런 일은 그렇게도 자주 일어나곤 했다. 어떤 경우에 있어서는 핍박이 중지되고 안일함이나 나태, 또는 세속적 번영의 정신이 득세하기도 했다. 다른 경우에 있어서는 핍박(逼迫)이 너무나 오래 지속되어 이 세상 모든 것을 버린 것으로 보였던 사람들이 그 시험의 강도와 기간으로 인하여 세상에 굴복해 버리는 일도 있었다. 히브리인들은 그러한 변절의 예(例)였을 뿐만 아니라 신자들이 잘 시작한 뒤에도 쇠약해지고 그들의 영혼이 의기소침해지는 경우의 많은 예였다. 히브리인들은 우리에게 본 히브리서가 그렇게도 강조하는 내용인 가장 좋은 시작도 끝까지 견디지 않는 한 쓸 데가 없다(히 3:14, 6:2, 12:3 참조)는 위험을 경고하는 등불이 되어준다. 히브리서가 가르치듯이 믿음은 하나님의 약속과 맹세에 따른 휘장 안의 소망 안에서, 그리고 하나님 우편에 앉으시어 무궁한 생명의 능력을 따라 영원한 언약의 보증이 되신 제사장 안에서 그 자체의 일관성을 갖고 있는 까닭에, 히브리인들은 우리가 끝까지 굳게 붙드는 믿음을 가져야 한다는 것을 기억하도록 우리를 부른다.

그들에게 지난날을 상기시키는 가운데 어떤 능력이 처음에 그들로 하여금 그렇게도 용감하게 참고 견디게 했는가를 가리키기 위해서 대단히 흥미로운 표현이 사용되고 있다. **너희가 갇힌 자를 동정하고 너희 산업을 빼앗기는 것도 기쁘게 당한 것**

은 더 낫고 영구한 산업이 있는 줄 앎이라 신자는 내세(來世)와 현세(現世)의 중간에 서있고 두 세상은 각각 자기가 가진 좋은 것을 신자에게 산업으로 제시한다. 끝없는 싸움 가운데서 이 두 세상은 주도권을 잡기 위해 경쟁한다. 내세는 한없는 만족과 그 자체의 영구한 존속으로 현세보다 무한히 더 가치 있는 장점을 갖고 있다. 현세는 만족을 줄 수 없고 또 세월 따라 지나가는 것으로써 내세와 현세는 서로 비교도 되지 않는다. 그러나 싸움에 있어서 현세는 막강하고 가공할 두 가지의 장점을 갖고 있다. 하나는 그것이 물리적으로 가깝게 있고 또한 가시적(可視的)이란 것과, 모든 감각을 통하여 우리에게 접근해 오고, 우리에게 미치는 그 영향이 자연적이며 수용하기 쉽고 지속적이라는 것이다. 또 하나는 우리의 마음이 이미 거기에 넘어가 세상의 영(spirit)이 그 안에 있다는 것이다. 그래서 이 세상의 산업들이 더 낫고 영구한 산업에 맞서서 실질적으로 이기는 위치에 있는 것이다.

너희가 갇힌 자를 동정하고 너희 산업을 빼앗기는 것도 기쁘게 당한 것은 더 낫고 영구한 산업이 있는 줄 앎이라 이 더 낫고 영구한 산업은 무엇인가? 그것은 하나님의 사랑과 은혜이다. 그것은 내면에 있는 영원한 생명이다. 그것은 우리 마음의 보화인 그리스도시다. 그것은 그리스도를 닮은 생명과 인격이다. 옛날의 이방인 도덕가들도 그 자신을 다스리는 자가 되는 것에 비하면 세상적인 산업이 아무 것도 아니라는 것을 터득한 고상한 사람에 관한 놀라운 이야기를 우리에게 말해준다. 그리스도인은 위로 하늘에서와 아래로 마음 안에서 그리스도께서 주시는 영원한 실체들 안에 있는 좋은 것들을 기뻐할 얼마나 큰 이유를 갖고 있는가? 세상은 당신에게서 개인적 자유나 세상의 좋은 것을 빼앗아 갈 수도 있다. 그러나 그것은 당신이 죄를 짓도록 강요하거나 그리스도 안에 살아계신 하나님으로부터 당신을 분리시킬 수는 없다. 당신의 마음속에 있는 하늘나라와 그 축복은 모든 희생을 특권으로 여기고, 모든 잃음을 얻음으로 만들며, 모든 고난을 중한 영광으로 바꾸는 기쁨으로 당신에게 채워줄 수 있다.

더 낫고 영구한 산업이 있는 줄을 알며 그것 때문에 산업을 빼앗기는 것을 기꺼이 당하고서도 그 중에 많은 사람들이 쇠약해지고 의기소침해져서 돌아섰다는 것은 가슴 아픈 일이다. 그리스도를 위하여 희생을 하며 비난을 참아내고서도 떨어져 나간다는 것이 가능하다는 이 가공스런 사실은 참으로 슬픈 일이다. 우리의 저자가 즉시 권고와 더불어 전날을 상기시키며 담대함을 버리지 말고 끝까지 인내할 것을 호소하는 것은 그리 놀라운 일이 아닌 것이다. 이제 엄중한 교훈을 배우자. 이세상의 합법적인 산업과 쾌락과 직업, 그리고 세상 학문과 문화는 끊임없이 그리고 교활하게 더 낫고 영구한 산업의 믿음을 파먹는다. 이런 것들의 영향은 우리가 아는 것보다 훨씬 큰데 그 까닭은 그것들이 가시적이며 가까이 있고 항상 활동적인 까닭이다. 믿음의 생활이자 지성소 안의 삶이며, 영원한 대제사장으로서 무궁한 생명의 능력 가운데서 모든 것을 역사하시는 그리스도의 능력 안에 있는 삶이 아니고는, 우리를 세상에 속한 것들의 힘으로부터 보호할 것이 없다. 항상 살아계신 분과 함께 함으로써만 우리도 계속 존속할 수 있고 끝 날까지 견딜 수 있는 것이다.

1. 예수 그리스도께 대한 첫사랑을 떠난 것을 부끄러움과 후회로 돌아보아야 할 독자가 있다면 그는 "전날을 기억하라"는 부르심을 듣는 게 좋다. 전날을 생각하라. 당신이 뒤로 물러간 사실을 피하지 말고 직면하라. 그것을 하나님께 고백하라. 그리고 회복과 구출이 있다는 확신 가운데 용기를 가지라. 예수를 신뢰하라.

2. **더 낫고 영구한 산업** 부자는 그의 돈을 센다. 그는 그것을 안전하게 지키고 늘리는데 시간과 머리를 쓴다. 이 세상의 산업이 우리를 유혹하지 못하게 하고, 돈의 위협이 우리를 떨게 하지 못하게 하는, 이 세상에 대한 항거(抗拒)의 능력은 우리의 하늘 보화에 대한 충만한 인식과 즐거움 가운데 있다. 시간을 내어 당신의 소유를 알아보고 당신이 가진 것과 기대하는 것의 재물조사를 실시하라. 그러면 세상이 제공하는 모든 것은 힘을 상실할 것이다.

96. 담대함과 인내(忍耐)

10:35 그러므로 너희 담대함을 버리지 말라 이것이 큰 상을 얻느니라
10:36 너희에게 인내가 필요함은 너희가 하나님의 뜻을 행한 후에 약속을 받기 위함이라

우리는 히브리서에 담대함이라는 단어가 여러 번 나오는 것을 알고 있다. "우리가 우리의 담대함을 견고히 잡으면(히 3:6). 은혜의 보좌 앞에 담대히 나아가자(히 4:16). 예수의 피를 힘입어 성소에 들어갈 담력을 얻었나니(히 10:16)." 하나님을 향한 담대함과 신뢰는 신앙생활의 가장 강인한 뿌리 중의 하나이다. 그것이 없이는 견디어 낼 힘도 없고 기도하는 가운데 은혜의 보좌로 나아갈 능력도 없으며 지성소에서 하나님과의 충만한 교제에 들어갈 자유도 없다. 히브리서는 히브리인들에게 담대함을 버리지 말도록 강조해 왔는데 이는 큰 상을 얻기 때문이다. 신앙생활의 활력과 기쁨에 있어서, 하나님과의 밝은 교제 가운데서, 그리고 세상과 죄와의 싸움에서 담대함의 보상은 실로 큰 것이다.

너희 담대함을 버리지 말라 내가 내 손에 어떤 것을 쥐고 있을 때 더 매력적인 것이 주어진다면 나는 쥐고 있는 것을 즉시 놓거나, 그 손으로 더 매력적인 것을 쥐려고 노력하면서 이미 잡고 있던 것을 점차 놓아버리게 된다. 우리가 담대함을 버리는 것은 항상 우리 마음속에 다른 어떤 것을 두는 까닭이다. 그것이 즉시 자복되고 정결케 되지 않는다면 그것은 마음속에만 일어나든지 행동으로 나타나든지 간에 하나의 죄가 될 수 있다. 그것은 그 자체로 합법적인 것일 수도 있지만 우리의 흥미와 애착 속에 너무 큰 자리를 차지하는 것일 수도 있다. 그것은 막연한 어떤 것이어서 별로 우려할 만한 것이 아닌 것처럼 보이기도 하지만 우리가 하나님의 얼굴을 앙망하는 완전한 자유를 어떻게든 앗아가는 것일 수도 있다. 그것은 염려나 두려움일 수도 있고, 자기 노력이거나 자아추구이거나 자기신뢰일 수도 있는데 하나님의 완전한 뜻 안에 있는 것이 아니면 하나님 앞에 우리가 담력을 갖는 것을 느슨하게 하고 그 다음엔 그것을 잃게 되기도 한다.

우리는 어떻게 하면 담력을 잃게 되느냐 하는 것을 필히 알아야 할뿐만 아니라 어떻게 하면 그것을 유지하고 강화시키는가도 알아야 한다. 이제 인용한 본

문이 그것을 말한다. 핵심 진리들 가운데 그 답이 있다. 우리가 체휼하실 수 있는 대제사장을 가지고 있으니 담대함으로 나아가자(히 4장). 예수의 피를 힘입어 성소에 들어갈 담력을 얻었으니 온전한 믿음으로 하나님께 나아가자(히 10장). 대제사장과 피, 이 둘은 우리 확신의 영원하고 변함없는 기초이다. 우리가 어느 때보다 담대함을 굳게 붙드는 것은 우리가 그리스도 예수를 깊이 생각하고 따르며, 그 피에 대한 지식과 믿음 안에서 우리가 성장하고, 피로 말미암아 우리가 하나님의 임재 가운데 들어갈 때이다. 참 마음으로 하나님께 나아가며, 하나님의 거룩하심과 신실하심 안에서 우리가 세상을 걷는다는 성실감을 갖고 우리 자신을 하나님의 빛 가운데 놓을 때, 우리는 세상에서 담대한 믿음이 가져오는 큰 보상을 언제나 받을 수 있는 것이다.

담대함을 버리지 말지니 이는 너희에게 인내가 필요함이라 한 순간이라도 당신은 담대함 없이 살 수 없는데 이는 생이 다하기까지 그것이 당신의 유일한 활력(活力)이 되는 까닭이다. 담대함을 버리지 말지니, 지속적인 믿음의 행사와 나날이 새롭게 되는 일에 인내가 없이는 당신이 약속을 상속할 수 없다는 것을 기억하라. 약속을 받는 믿음과 약속을 충분히 상속하는 믿음 사이에는, 하나님이 주시고자 하는 것을 내면적으로 소유하도록 당신을 합당하게 하고 온전케 하는 수년간의 시련과 훈련이 필요하다. 그 약속이 이 세상이나 오는 세상 어디에서 실행되든지 간에 당신에겐 인내(忍耐)가 필요하다. 그러므로 담대함을 버리지 말며 잠시라도 쉬지 말고 끝까지 그것을 굳게 붙들라. 당신은 인내를 필요로 한다. 제 6장에 믿음과 오래 참음으로 약속을 상속한 자들을 본받는 자 되라는 말씀이 있다. 이것이 본 서신의 가장 실질적인 교훈 중의 하나이다. 인내와 인종과 확고부동이 없는 믿음은 허사이다. 살아있고 구원하는 믿음의 유일한 증거는 그 담대함을 끝까지 굳게 지키는 것이다.

너희에게 인내가 필요함은 너희가 하나님의 뜻을 행한 후 약속을 받기 위함이라 뜻을 행하는 것은 약속을 받는 길이다. 뜻을 행하는 것은 우리가 인내로써 기다리는 동안 우리 마음에 간직된 한결 같은 일이어야 한다. 하나님께서 아브라함에게 약속을 해주신 것과 아브라함이 그것을 이루어 받은 것 사이에는 수년간의 믿음의 순종이 있었다. 그리고 새로운 순종의 삶은 새롭고 더 큰 축복으로 보상되었다. 하나님의 뜻을 행하는 것은 그의 믿음의 증거였고 인내를 소유한 증거였으며 그가 축복을 받는 길이었다. 그것은 복되신 주님께도 마찬가지였다. 아버지로부터 그분께 약속이 주어진 것과 부활과 승천으로 그분이 약속을 상속한 것 사이에 무엇이 있었던가? 거기엔 그분의 순종의 삶이 있었다. "하나님이여 보시옵소서, 내가 당신의 뜻을 행하러 왔나이다"(시 40:8). 살아 계신 그리스도께 신뢰를 두고 지성소에서 살기 위해 들어가는 모든 신자들은 하나님의 뜻을 행하는 것이 그들의 삶의 시작과 끝을 연결하는 선이 되어야 한다. 약속을 받는 믿음과 그것을 충분히 상속하는 경험 사이에는 우리에게도 역시 수년간의 기다림과 시련이 있을 수 있다. 이 일은 필히 믿음의 순종으로 구분되어지고 잘해내는 인내의 지속으로 나타나야 하는데 그렇지 않고는 우리가 결코 약속된 목적지에 도달할 수 없다. 우리가 만일 하나님의 뜻을 행하는 일에 마음을 다한다면 하나님께서도 우리가 약속을 상속하도록 예비하실 것이다. 참된 믿음의 확실한 증표와 휘장 안에서의 복된 삶과, 우리 안에 계신 순종자 즉 그리스도의 능력의 증거와, 하나님과의 교제의 축복은 하나님의 뜻을 행하는 것과 함께 온다. 하나님의 뜻을 행하는 것은 하나님과 그 임재로 가는 유일한 길이다. 그러므로 매일매시 하나님의 뜻을 행한 후 약속을 받기 위해 인내하라는 것을 표어로 삼자.

1. 우리는 우리 그리스도인의 삶에서 하나님의 뜻을 행하는 것을 존중하지 못했고 그것에 대하여 아주 잘못된 개념을 가지고 있었다. "내가 매 순간 하나님의 뜻을 행해야 한다는 것은 그런 생각에 우리 마음이 온전히 사로잡히는 데에 시간도 많이 걸리고 고통도 큰 반면 실제로 그것을 우리에게 기대하는 것도 아니다"라고 우리는 생각해 왔다. 하지만 예수 그리스도는 그렇게 사셨다. 우리의 인도자이신 그분은 우리에게 그것을 가르쳐 줄 것이다. 우리의 생명이신 그분은 우리 안에서 그 길을 살아주실 것이다. 우리의 대제사장이신 그분은 그의 성령으로 말미암아 이 새롭고 산 길 안에서 우리를 참으로 하나님께 인도할 것이다.

2. 담력과 용기와 용맹은 주요한 남성적 덕성이다. 인내는 정(靜)적인 은혜의 가장 우아한 여성적 덕성 중의 하나이다. 신자의 전 인격 안에서 이 두 가지는 필히 연합되어야 한다. 담대함을 버리지 말며 인내가 필요함도 잊지 말라. 하나님의 뜻을 행하기 시작하는데 담력이 필요하고 완수하는데 인내가 필요하다.

3. 믿는 자여, 담대함과 인내로써 하나님의 뜻을 행하는 것이 약속을 상속받는 길이라는 진리를 가슴 깊이 새기라.

97. 믿음이냐 퇴보냐

10:36 너희에게 인내가 필요함은 너희가 하나님의 뜻을 행한 후에 약속을 받기 위함이라
10:37 잠시 잠깐 후면 오실 이가 오시리니 지체하지 아니하시리라
10:38 오직 나의 의인은 믿음으로 말미암아 살리라 또한 뒤로 물러가면 내 마음이 저를 기뻐하지 아니하리라 하셨느니라
10:39 우리는 뒤로 물러가 침륜에 빠질 자가 아니요 오직 영혼을 구원함에 이르는 믿음을 가진 자니라

우리가 배워온 지성소 안의 삶이 어떠해야 하는지에 대한 요약에서(히 10:19-25) 서로 돌아보라는 권고 다음에 나온 마지막 말은 그날이 가까움을 볼수록 더욱 그리하자는 것이었다. 그런 뒤에 두려운 심판이 준비되어 있다는 사실과 살아 계신 하나님의 손에 빠져 들어가는 것이 무섭다는 경고가 왔다. 여기에서 경고는 다시 한 번 주의 오심이 멀지 않다는 지적과 함께 끝난다. 신자의 믿음은 보이지 않는 현재(現在)에서 살뿐만 아니라 장래, 특히 모든 원수가 발등상이 되기를 기다리며 지금 보좌에 앉아 계신 분이 자신을 기다리는 자들에게 두 번째 나타나실 그 장래(將來) 안에서도 산다. 우리의 믿음이 장래 안의 삶으로서 우리의 모든 삶이 영원의 능력 안에 있고 영원(永遠)이 그 영광을 나타내는 분의 능력 안에 있도록 하자.

본문의 말씀은 하박국으로부터 인용되었는데 갈라디아서와 로마서에도 마찬가지로 인용되었다. 그 선지자는 갈대아인들로부터 이스라엘이 압박을 받는 와중에서 그 환상(Vision)이 필히 성취된다는 말씀을 하나님으로부터 들은 것이

다. 백성은 두 부류의 사람들로 언급되었다. 한 부류에 대하여는 '그의 마음은 교만하며 그의 속에서 정직하지 못하니라'(합 2:4)고 하였고 다른 부류에 대하여는 '그러나 의인은 믿음으로 말미암아 살리라'(합 2:5)고 기록된 것이다. 우리의 저자는 히브리인들 중의 두 부류를 대조시키기 위하여 이 말씀을 사용한다. 한 쪽에는 바르지 못한 사람들이 있고 다른 한 쪽에는 믿음으로 사는 의로운 자들이 있다. 의로운 자는 고난의 와중에서 그 소망이 더디게 이뤄지는 동안에도 하나님을 신뢰하고 그 신뢰 안에서 살아간다. 그는 또한 믿음으로 살되 그가 신뢰하는 하나님은 어김없이 그러한 자를 구원해 주시는 것이다.

저자는 그 다음 장들의 주제로 삼기 위해 확정된 목적의 말씀을 도입한다. 제 3장과 제 4장에서는 이스라엘이 광야에서 멸망한 원인이 된 큰 죄는 불신앙이라 설명하였고, 우리도 하나님의 안식에 들어가려 한다면 바로 믿음이 필요하다는 것을 천명하였다. 제 4장에서는 저들의 조상들이 믿음으로 말미암아 약속을 상속했음을 지적한다. 저자는 본 히브리서 제 10장에서 히브리서 전체를 온전한 믿음으로 하나님께 가까이 나아가자라는 말로 요약한다. 그는 예수의 목표와 사역이 우리에게 무엇이 될 수 있는가를 해석한 뒤에 오직 믿음으로 말미암아 그 모든 것을 개인적으로 충만히 경험하며 즐거워할 수 있는 길을 우리에게 보이고자 했다. 그는 어떻게 구약시대의 성도들이 믿음으로 살고 믿음으로 극복했는지와 우리가 하나님의 크신 구원 능력과 하나님의 선하신 축복을 경험하려 할 때 어떻게 하나님께서 믿음만을 요구하시는가를 증명함으로써 그렇게 한다. 그는 오직 믿음만이 하나님의 도우심과 확실한 구원을 줄 수 있는 다양한 환경과 난관을 지적하되 거기에 수반하는 여러 가지 기질과 성향을 더불어 지적한다. 이 모든 것을 논증하기 위해 저자는 나의 의인은 믿음으로 살리라는 말씀을 가장 바람직한 주제로 삼은 것이다.

그것은 많은 사람들이 생각하는바 죄인이 믿음으로 의롭다함을 얻는다는 것보다 더 많은 것을 의미하고 의인이 믿음으로 영생을 소유한다는 것 보다 더 큰 것을 의미한다. 그것은 의인이 매일 믿음으로 살며 그의 전 생애가 믿음의 삶이 된다는 것을 의미하는데 이것이 바로 우리에게 필요한 교훈이다. 믿음으로 사는 의인은 하나님께서 내 마음이 저로 기뻐하지 아니하리라고 말씀 하시는 바 뒤로 물러가는 자와 대조된다. 뒤로 물러가는 한 가지 원인은 보이지 않는 것 안에 있는 믿음의 결핍으로써 보이는 것에 대한 마음의 항복이요, 보이는 것을 대항하는 싸움에서 그리스도 안에 있는 능력보다는 우리 자신의 힘을 더 신뢰하는 태도이다. 우리는 여기에서 다시 믿든지 뒤로 물러가든지 하는 것 외에 다른 대안이 없다는 것을 본다. 그리스도인의 삶에서 믿음의 충만 즉 항상 그리고 모든 일에 믿음의 삶을 사는 것 외에는 뒤로 물러가는데서 우리를 지켜줄 것이 없다. 뒤로 물러가는 것으로부터 안전을 바랄 수 있는 것은 오직 그리스도께서 우리 안에서 모든 것을 하시며 우리를 붙들도록 우리의 믿음이 우리 자신을 포기하는 때이고, 매 순간 믿음이 모든 싸움에서 우리의 삶을 그 영향아래 두는 때이다. 내가 구원의 확신을 원한다면, 모든 유혹에 대항할 만큼 강하기를 원한다면, 그리고 하나님의 마음이 기뻐하는 자로 하루하루를 살려한다면, 나는 믿음의 사람이라는 한 가지 사실을 필히 유념해야 한다.

우리 믿음의 목표가 되는 그리스도와 그 구속에 관하여 무엇이 우리 앞에 제시되었는가를 돌아봄으로써 놀라운 다음 장의 모든 복된 가르침을 읽어나가도록 우리 스스로를 예비하자. 그리스도는 하나님이 맹세로 세우신, 우리를 온전히 구원하실 수 있는 영원한 제사장이시다. 어찌 우리가 믿음 안에서 우리 자신 전부를 열어드리지 않겠는가. 우리는 보좌 위에 앉으셔서 제사장 되신 왕이시며, 우리를 위해 성소를 열어 놓으시고 우리를 거기에 인도하시는 성소의 섬기는 자를 가졌다. 어찌 믿음 안에서 강하여져 하나님께 영광을 돌리지 않겠는가. 우리는 한 제물로 그 자신과 우리를 영원히 온전케 하시고 하나님의 법을 살아있는 순종의 능력으로써 우리 마음에 기록하시는 새 언약의 중보자를 가졌다. 어찌 이 능하신 구세주가 우리 안에서 자신의 일을 완수하도록 허락하지 않겠는가. 우리는 지성소에 들어갔고, 믿음 안에서 하나님의 임재와 그 임재 안에 영생하는 생명을 우리의 몫으로 요구하였으며 그것이 우리에게 현실화하도록 하나님의 집을 다스리는 대제사장을 우리가 갖고 있는 까닭에 오직 믿음, 즉 우리가 하나님께 드릴 항상 있는 제사로써의 마음의 믿음을 가져야 한다는 것은 두말할 나위가 없다. 우리는 또한 "우리가 뒤로 물러가는 자가 아니요 영혼을 구원하는 믿음을 가진 자니라"고 말할 수 있는 것이다.

1. 교회내의 모든 냉랭함과 뒤로 물러감의 단 하나의 치료는 믿음의 설교이다. 믿음에 의한 거룩함, 믿음에 의한 서있음, 믿음으로 말미암은 하나님 능력의 보호, 믿음으로 말미암은 그리스도의 내주하심, 이런 것들이 그리스도인의 일용할 양식이어야 한다. 믿음에 의한 구원을 주로 죄 사함과 영접으로만 강조하는 설교는 필연적으로 연약한 신자들을 만들어 낸다. 믿음의 충만은 온전한 신자의 삶에 필수불가결한 것이다.

2. 믿든지 뒤로 물러가든지 오직 둘 중의 하나일 뿐이다. 이 말로 결론을 맺는 경고의 말씀을 되돌아보고 우리들 자신이나 다른 사람들을 위해 그 가공할 퇴보의 가능성을 두려워하자. 그리고 바로 하나님의 임재와 능력 안에서 우리들의 전체적 삶이 믿음의 충만 가운데 있기를 기도하는 한 마음으로 다음 장을 기대해 보자.

| 제 10편 (11:1-40)

온전한 믿음

98. 믿음 : 보이지 않는 것을 보는 감각

11:1 믿음은 바라는 것들의 실상이요 보지 못하는 것들의 증거니
11:2 선진들이 이로써 증거를 얻었느니라
11:3 믿음으로 모든 세계가 하나님의 말씀으로 지어진 줄을 우리가 아나니 보이는 것은 나타난 것으로 말미암아 된 것이 아니니라

앞 장은 엄중한 교훈으로 끝을 맺는데 그 내용은, 믿든지 뒤로 물러가든지 양자택일 외에 다른 선택이 없다는 것과 믿음 안에서 강건해 지는 것 외에 그리스도인을 위한 안전이나 힘이 따로 없다는 것, 그리고 믿음으로 아니하고는 하나님을 기쁘시게 하며 하나님의 임재 가운데 거할 길이 없다는 것이었다. **만약 누구든지 뒤로 물러가면 내 마음이 저를 기뻐하지 아니하리라(히 10:38)** 그러므로 본 서신에서 우리는 하나님께서 무엇을 하셨는가에 대한 가르침 다음에, 이제 그 능력과 축복을 우리가 누리기 위해서는 한 가지 일 즉 충만한 믿음이 필요하다고 말하는 것을 보게 된다. 그것은 어떻게 믿음이 모든 성도들의 삶과 하나님께서 그들을 위해 하신 모든 것의 열쇠가 되는지를 보여줄 것이다.

저자는 그 성격과 작용에 있어서 믿음이 참으로 무엇인가에 대한 일반적 서술로부터 시작한다. **믿음은 바라는 것들의 실상이요 보지 못하는 것들의 증거니** 믿음은 장래와 보이지 않는 세계의 영적 실재를 다루는 영혼의 영적 기능이다. 마치 우리가 가시적 우주(宇宙)와 교신하는 우리들의 감각을 가지고 있듯이 믿음은 영혼

이 영적 세계와 접촉하고 영향을 입는 영적인 감각이요 기관이다. 마치 시각과 청각이 감각대상의 실체 즉 빛이나 음향의 자극을 받을 때까지는 잠자는 능력이듯이 믿음도 그 자체로는 영원세계의 영감을 받는 가능성 또는 수용력에 지나지 않는 감각이다. 믿음은 보이지 않는 내용으로 채워지기를 바라는 하나의 빈 그릇이다. 믿음이 바라는 것의 실상이 되고, 그 바라는 것들이 영혼 안에 오는 기초가 되며, 보이지 않는 것들의 증거나 확신이 되는 한편, 그 초자연적 실존 자체를 증거하고 증명하는 설득력이 되는 것은 영원한 실재가 가까이 와서 그 능력을 행사할 때뿐이다. 잠자는 기능으로써 믿음은 이 통신을 수용하는 힘이고, 능동적인 능력으로써 믿음은 하나님의 보호하심에 의해 존재하는 어떤 것이다. 보이지 않는 하나님께서는 기선을 잡으시고 믿음을 일깨우시며 믿음은 영감을 받고 그것과의 영구적이고도 충만한 연합을 구한다.

그러므로 믿음은 타자(他者)의 말을 신뢰하는 것 그 이상이다. 말을 신뢰하는 것은 처음에는 아주 중요하나, 그 말은 필히 그것이 내포하고 있는 신적 진리와 그 말을 내보낸 살아있는 인격으로 인도하는 수단이 되어야 한다.

말씀을 믿음의 근거로 너무 독점적으로 다루는 것은 영적인 것보다는 지적인 믿음, 교회가 그렇게도 보편적으로 보여주듯이 하나님의 능력보다는 인간의 지혜와 이성(理性)의 힘에 더 치중하는 믿음으로 끌어가기 쉽다. 믿음은 단지 어떤 약속들만 다루는 것이 아니요 우리 주위의 보이지 않는 세계와의 끊임없는 영적 교제도 의미한다는 것을 우리는 깊이 음미할 필요가 있다. 호흡에 있어서 우리의 폐가, 또는 시각작용에 있어서 우리의 눈이 실제로 쉼 없이 우리 주위에 밀려오는 공기나 빛을 받아들이기 위해 부단히 열려 있듯이, 믿음이란 장래의 보이지 않는 일들이 가까운 현재의 일로, 그리고 살아있고도 능력 있는 일로 자체를 계시해 줄 때, 부단히 하늘을 지향하는 영적 감각 그것이다. 영적 생활에 있어서의 믿음은 필히 우리가 일상 생활을 하는 동안 숨 쉬고 보는 일처럼 자연스럽고도 쉼 없는 것이어야 한다.

선진들이 이로써 증거를 얻었느니라 아벨에 관하여 우리는 의로운 자라 하시는 증거를 얻었으니 하나님이 그 예물에 대하여 증거 하셨음을 읽는다. 그리고 에녹에 관하여는 '하나님을 기쁘시게 하는 자라 하는 증거를 받았느니라'고 한 것을 본다. 그리고 39절에서 전체적으로 이 사람들이 다 '믿음으로 말미암아 증거를 받았느니라'고 말하는 것을 듣는다. 믿음은 축복을 그 노력의 강도(强度)에 의뢰하지 않는다. 우리를 둘러싼 보이지 않는 영원세계는 모두 살아계신 하나님으로 충만해 있는데, 하나님은 하늘을 향하여 그 문을 여는 믿음에게 증거 해 주신다. 믿음은 굳세고 충만한 확신으로 자랄 수 있지만 그 확신을 자체 안에서가 아니라 하나님 안에서 발견한다는 사실을 바로 알라. 영원세계를 구하는 믿음은 하나님께서 만나주시고, 하나님께서 의롭다 하시며, 하나님 보시기에 하나님을 기쁘시게 하는 자라는 증거를 받는 것이다.

믿음으로 모든 세계가 하나님의 말씀으로 지어진 줄을 우리가 아나니 보이는 것은 나타난 것으로 말미암아 된 것이 아니니라 보이는 세계는 인간에게 있어서 하나님을 잊게 하는 커다란 유혹이다. 믿음은 전체적으로 우리가 하나님을 보는 눈이고 세부적으로는 하나님의 임재와 선하심을 투명한 계시로 조명하는 시각이다. 믿음으로 우리는 만유가 하나님에 의해 지어진 것을 이해하고, 믿음으로 우리는 만유 안에 있는 신성과 전능하심을 보며, 그래서 보이는 것은 나타나지 않은 것으로 말미암아 되었음을 안다. "창세로부터 그의 보이지 아니하는 것들 곧 그의 영원하신 능력과 신성이 분명히 보여 알게 되나니"(롬 1:20). 믿음은 하나님이 지으신 모든 것 속에 기록된 하나님의 말씀을 발견하고, 그 모든 것이 살아계신 하나님에 의해 충만한 것을 보며, 쇠하고 없어질 것들로 둘러싸여 있으나 오히려 그것이 영원 가운데에 서 있고, 그것이 불변하시는 하나님과 연합되어 있음을 배운다. 그럴 때 세상은 영원하신 하나님을 계시하는데 방해가 되기보다는 보조물이 된다. 믿음은 구하는 자에게 증거 하기를 기뻐하시는 하나님을 어디서나 뵈옵는 가운데 그 자체의 생명과 기쁨과 상존하는 힘을 발견한다.

1. 흔히 사람들은 믿음을 우리가 하늘의 것들을 붙드는, 그리고 그렇게 하는데도 잘 되지 않아서 우리를 지치게 하는 하나의 능력으로 생각한다. 아니

다, 믿음은 신적 차원에서 내 안에 놓아주는 실체이자 토대이며 그것이 내 안에 주는 실재의 증거이다. 태양 빛이 바로 태양 자체의 증거이자 증명이듯이 하나님의 빛도 역시 그러하다. 이것을 우리가 더 바라보면 바라볼수록 그 신적 차원이 우리에게 그 자체를 증거 할 것이라는 우리의 소망이 더 확실해지고 우리의 영은 더 온유하고 인내하며 겸손해져서 그것들의 자기 계시를 더욱 기다리게 된다.

2. 믿음을 견고케 하는 법칙들은 아주 간단하다. 보이지 않는 세계를 대할 때 당신을 정복한 후 점유하고 축복하고자 하는 실재의 신적 진리와 능력의 나라로 간주하라. 당신 안에 있는 믿음의 분량을 그 존재와 작용의 증거이며 보다 더 충만히 계시하기 위한 보증으로 수용하라. 말씀 안의 믿음에 대한 모든 계시를 믿음에 대한 갈망을 일깨우고 충만한 믿음의 소유로 가는 길을 보여주는 손가락으로 생각하라. 세상으로부터의 성별 안에서 마음을 열라. 묵상과 동경과 열망 속에서 보이지 않는 세계는 보이는 세계보다 더 실제적이고 가까이 있을 수 있다.

3. 사물의 입증된 본질에 참여할 수 없는 것이라면 아무 것도 어떤 것의 증거가 될 수 없다. 믿음과 영적 세계도 마찬가지이다.

99. 아벨 : 믿음의 제물

11:4 믿음으로 아벨은 가인보다 더 나은 제사를 하나님께 드림으로 의로운 자라 하시는 증거를 얻었으니 하나님이 그 예물에 대하여 증거하심이라 저가 죽었으나 그 믿음으로써 오히려 말하느니라

히브리서의 주요 단어들 중의 하나는 '제물'과 '제사'이다. 그리스도께서는 "그 자신을 제물로 하나님께 드렸다"(엡 5:2). "그리스도는 자신을 제물로 드림으로 말미암아 죄를 없이 하셨다." "저가 한 제물로 거룩하게 된 자들을 영원히 온전케 하셨느니라"(히 10:14). 그리스도께서 하늘 아버지를 기쁘시게 하고 죄를 없게 하며 높은 위엄의 보좌에 앉으실 수 있었던 그 생명의 내면적 정신과 능력은 그 자신의 몸을 제물로 드리신 것이었다. 우리 구원의 주로서 그리스도께서는

그분의 백성을 같은 자아 희생의 새롭고 살아있는 길로 인도하신다.

믿음의 길에 앞서 간 성도들 중에서 제일 첫 번째 사람이었고 믿음의 첫 열매였던 아벨(Abel)이 산 제물로 드려져야 했었다는 사실은 가장 주목할 만하고도 시사 하는 바가 큰 것이다. 성경이 제사로 표현하는 섭리는 믿음의 삶의 바로 그 근저에 놓여 있었다. 우리가 본 장에서 믿음이 무엇이며 어떻게 믿음 안에서 강하게 자랄 수 있는가를 배우려 한다면 바로 그 첫 단계에 해당하는 '믿음으로 아벨은 더 나은 제사를 드렸다'는 것을 잘 주목해야 한다.

우리는 아벨의 제사의 이중적 의미가 무엇이었는지를 이해해야만 한다. 한편으로 그것은 그가 한 순종의 생명을 하나님께 드리되 죽기까지 내어드린 것이었고 그럼으로써 바로 그 본질에서 죄의 형벌이 되는 죽음을 그 자신을 대신하여 지게 한 것이다. 그것은 죄에 대한 하나님의 의로우신 심판에 대한 긍정이었고 '피 흘림이 없은즉 죄 사함이 없다'는 섭리의 고백이었다. 그것은 믿음의 행위였다. 그는 그 제물이 열납된다는 것을 인식했고 그 제물과 더불어 그 자신도 역시 열납된다는 것을 인식하고 있었다. 다른 한편으로 그 제사는 하나님과 하나님을 섬기는 일에 그 자신을 내어주고 양보하는 것이었다. 아벨은 그것이 바로 참 제사의 그 본질과 정신에 입각한 어떤 것이라는 것을 알았고 그가 양을 드렸다 해도 자신을 드리지 않는다면 하나님을 기쁘시게 할 수 없었다는 것을 알았다. 아니, 그 제사는 이중적인 고백이었다. 속죄가 없이는 그 자신을 하나님께 드릴만한 가치가 없다는 것과 제사를 통하여 그 자신이 받으신바 되었음을 믿는 가운데, 그는 하나님께 대한 예배와 섬김에 자신을 드렸고, 자아에 대하여는 죽고 하나님을 향하여는 살기 위해 바로 그 죽음에 그 자신을 내어주었던 것이다. 그것은 마치 자신의 죽음이 그 진리를 확증하고 봉인한 것처럼, 믿음의 희생을 드린 그는 어린양의 죽음 안에서 그의 예배를 발견하였으며, 하나님께 가는 길을 찾기 위해 그 자신도 죽었던 것이다. 속죄(贖罪)의 제사는 언제나 양면을 가지고 있는데 어린양은 대속물이자 동시에 상징이었고 어린양의 죽음은 속죄와 동시에 성별(聖別)이었다.

믿음은 제사를 통하여 하나님께 나아가는데 우리는 그리스도 안에서 이 진리가 온전히 실체화(實體化)한 것을 본다. 저가 한 제물로 거룩하게 된 자들을 영원히 온전케 하셨느니라. 우리가 하나님께 나아가는 것과 하나님과 교제하는 것은 오직 그리스도께서 완성하신 사역 속에서만 가능하다. 우리는 그리스도의 피로 말미암아 담대함을 갖는다. 그리스도의 피는 양심을 깨끗케 하고 온전케 한다. 믿음의 첫째가는 역할은 그리스도의 희생과 순종과 의로움을 우리를 위해 열납된 것으로 여기는 것이고, 그것을 하나님 앞에서 견지하면서 성령으로부터 증거를 받는 한편 우리가 얼마나 하나님께 열납되는가를 경험하는 것이다. 그러나 동시에 희생제사 내면의 영적 중요성에 들어가서 그것이 호흡하는 정신과 성향에 동참하기 전에는 믿음이 그 일을 충분히 해낼 수 없다. 오직 그 사실 안에서 믿음은 가치를 갖는 것이다. 머리되신 자가 하나님께 나아간 자기희생의 법칙이 곧 각 지체의 법칙이라는 것을 믿음은 본다. 죄로부터와 죄 된 육신으로부터 구출되는 길은 오직 생명의 죽음을 통해서일 뿐이다. 믿음이 그리스도 안에 있는 진리의 아름다움과 능력을 볼 때 믿음은 그리스도의 높은 도덕적 영광 안에 그리스도와 하나 되기를 갈망하면서 그 믿음 자체가 하나님과 하나님의 거룩하심에 지속적으로 자신을 드리는 내적 자아희생의 뿌리가 되는데 이는 그것이 바로 대제사장 되신 그리스도와의 실질적이고도 살아있는 연합인 까닭이다. 그리스도는 우리의 머리인 까닭에 우리의 대속물이 되셨다. 믿음은 그분을 우리의 대속물로 아는데서 시작해서 만물의 머리되신 그분 안으로 나아가며, 특히 그분의 죽음과의 교제 가운데서 성장한다. 우리는 성경 전체에서 이 진리를 발견한다. 로마서 6장과 골로새서 3장에 "그의 죽으심은 죄에 대하여 단번에 죽으심이요 그의 살으심은 하나님께 대하여 살으심이니, 이와 같이 너희도 너희 자신을 죄에 대하여는 죽은 자요 그리스도 예수 안에서 하나님을 대하여는 산 자로 여기라"는 것이 나오고, 고린도후서 4장에는 "우리가 항상 예수 죽인 것을 몸에 짊어짐은 예수의 생명도 우리 몸에 나타나게 하려 함이라"라는 말씀이 나온다. 또한 갈라디아서 2장과 6장에 "그리스도로 말미암아 세상이 나를 대하여 십자가에 못박히고 내가 또한 세상을 대하여 그러하다"는 것이 나오고, 빌립보서 3장에는 "내가 그리스도와 그 부활의 권능과 그 고난에 참여함을 알려하여 그의 죽으심을 본받아 어찌하든지 죽은 자 가운데서 부활에 이르려

한다"고 하는 말씀이 있다. 이 모든 것은 자아희생의 내면적 정신과 성향이 성령에 의하여 우리 안에 나타나고 그분과의 진정한 교제가 있는 곳에서 날마다 호흡된다는 것을 가리킨다. 대속으로서의 그리스도의 죽음의 축복은 오직 교제로써의 그리스도의 죽음의 축복 안에서만 성취되는 것이다.

사랑하는 성도들이여, 우리가 아는 대로 히브리서의 큰 교훈은 지성소(至聖所)로 들어가는 길이 열려 있다는 것과 우리가 지속적으로 하나님의 임재 안에서 살며 거할 수 있다는 것이다. 그리고 이제 본 장은 하나님께 그렇게 가까이 나아가 거기 거하며 우리에게 제공된 완전한 구원을 누리는 능력이 오직 믿음에 의해서만 주어진다는 것을 가르쳐 주려는 것이다. 또한 믿음의 첫 번째 사람인 아벨은 바로 히브리서와 우리의 대제사장이신 그리스도께서 가르쳐 주신 바와 같이 하나님께 가는 길, 곧 믿음의 길이란 희생(犧牲)의 길이요 죽음(十字架)의 길이라는 것을 가르쳐 준다. 그리스도께서는 자아희생의 길을 통해 하나님께 들어가셨고 나는 믿음 안에서 그분을 영접하며, 하나님의 임재 안에 그분이 들어가신 것이 그분과의 연합 안에서 영원히 나의 것이 된다. 그리스도의 자아희생은 내 삶의 영(精神)과 능력이 되고 내 안에 있는 믿음의 삶은 그분과 나의 두 자아희생의 연합이 된다.

하나님께서는 "나를 보고 살자가 없으리라"(출 33:20) 말씀하셨다. 죽음, 즉 그리스도의 죽음과 그분 안에서 그분과 함께 하는 나의 죽음을 통하여 하나님께 가는 길이 있다. 이것이 새롭고 살아있는 길이요 지성소로 가는 길이다. 성령의 능력 안에서 그 길을 걸어가자. 큰 단순함과 겸손 가운데서 자아에 대하여 죽도록 우리 자신을 내어 드리며 우리의 연약함을 자백하는 가운데 그리스도 안에서 우리를 건져 주시도록 하나님을 앙망하자. 예수께서 아버지를 기쁘게 해드린 것같이 아버지를 기쁘게 해드리려는 하나의 소망으로 어린아이 같이 매어 달리고 참는 가운데 기다리자. 우리가 기다리며 인내로써 하나님의 뜻을 행할 때 하나님께서는 영단번의 그리스도의 죽음과 부활 가운데서 어떻게 우리가 우리의 믿음에 주어진 온전한 삶으로 들어갈 수 있는지를 보여주실 것이다.

1. 아벨은 그가 의로웠다는 증거를 그 자신이 갖고 있었다. 죄에 대한 하나님의 의로우신 심판에 복종했을 때, 그리고 희생으로 말미암은 죄로부터의 하나님의 의로우신 구출을 신뢰했을 때, 그는 하나님께서 보시기에 의로웠다. 죽어 가는 어린양을 보면서 그가 경배했을 때 그는 그 자신 안에 증거를 갖고 있었다. 어찌 우리인들 그것을 모를손가. 우리가 죽어 가는 어린양을 바라보면서 경배할 때 내가 의롭다는 증거가 성령으로부터 내게 온다.

2. 나의 전 존재가 성령의 증거로 충만할 때까지 측량할 수 없는 어린양의 피의 능력을 신뢰하자.

3. 죽어 가는 어린양을 내가 참회와 신뢰가운데서 더 응시하면 할수록 나는 그분의 희생의 정신이 더 내 안에 충만하여 그분의 형상이 이루어지기를 요구할 수 있다.

4. **보다 온전한 제사** 가인은 죽음과 피가 없이 제사를 드렸는데 이것이 세상의 영과 종교이다. 아벨과 천군 천사들에겐 어린양의 피가 모든 것이었다.

100. 에녹 : 믿음의 동행

11:5 믿음으로 에녹은 죽음을 보지 않고 옮기었으니 하나님이 저를 옮기심으로 다시 보이지 아니하니라 저는 옮기우기 전에 하나님을 기쁘시게 하는 자라 하는 증거를 받았느니라
11:6 믿음이 없이는 기쁘시게 못하나니 하나님께 나아가는 자는 반드시 그가 계신 것과 또한 그가 자기를 찾는 자들에게 상주시는 이심을 믿어야 할지니라

믿음의 제사(祭祀)는 믿음의 삶에 들어가는 문이고 그 주요 특성을 항상 유지한다. 믿음의 제사 다음에는 믿음의 동행이 따르는데 영원하고 지속적인 교제는 그리스도와 우리들의 자아희생의 열매이다. 아벨 다음에 에녹(Enoch)이 나왔다. 아벨은 죽음이 어떻게 생명의 문인지를 보여주었는데 그는 죽음에 자신을 내어줌으로써 죽음을 이긴 것이다. 에녹에게서 우리는 어떻게 생명이 죽음을 이기는가를 보는데 그는 죽음을 보지 않은 것이다. 아벨은 죽었으나 오히려

믿음으로 말하고 에녹은 항상 산 자로서 말한다. 아벨에게서 우리는 어떻게 죽음이 생명으로 인도하는가를 본다. 에녹에게서 우리는 결코 죽지 않는 생명이 있음을 본다. 아벨에게서 우리는 십자가에 못 박힌 그리스도를 보고, 피로 말미암아 열린 휘장 사이로 난 새롭고 산 길로 들어가는 담대함을 갖는다. 에녹에게서 우리는 영광 받으신 그리스도를 보고 지성소 안의 삶을 갖는다. 다시 말해 살아계신 하나님과 동행하는 것이다.

에녹과 연관하여 믿음에 대한 가르침이 셋이 있다. 첫째는 그 성격에 관한 것이다. **하나님께 나아가는 자는 반드시 그가 계신 것과 또한 그가 자기를 찾는 자들에게 상 주시는 이심을 믿어야 할지니라** 믿음은 우리가 보이지 아니하는 하나님의 임재와 특성, 즉 그가 계시다는 것과 그분께 나아오는 자들에게 상 주시는 분이심을 인식하는 영적 감각이다. 바램은 믿음의 뿌리로써 하나님께 대한 갈망이 없이는 하나님의 존재는 관심 밖의 일이 되고, 그분의 존재하심에 대한 지식도 영혼에게 아무런 유익을 주지 못한다. 믿음은 하나님을 찾고, 믿음은 하나님께서 계신 것을 믿으며, 믿음은 하나님을 향하여 마음을 열게 하고 믿음은 겸손 가운데 엎드리어 하나님께서 스스로를 계시해 주시기를 소망한다. 어떤 것에 있어서나 어느 곳에서나 하나님을 알고 하나님을 보는 것, 우리의 일상생활에서 하나님의 임재를 의식하여 언제나 동행하는 것, 이것이 사람의 참된 고귀함이요 이것이 믿음이 살아가는 삶이며 이것이 찢어진 휘장을 통하여 그리스도께서 이제 충만히 계시하는 축복이다. 믿음은 하나님과 함께 동행 할 수 있다. 하나님께 나아오는 자들은 필히 하나님께서 계신 것을 믿어야 한다. 그리고 또한 자기를 찾는 자들에게 상 주시는 이심을 믿어야 한다. 믿음은 하나님을 찾을 수 있다는 것을 믿고 하나님께서 자신을 보여주실 수 있으시며 보여주실 것을 믿는다. 믿음은 하나님께서 자기를 참으로 앙망하는 자들을 돌보심을 믿고 믿음은 하나님께서 자기를 찾아오는 사람들에게 줄 신적 보상을 가졌음을 믿는다. 하나님을 찾는 길이 때로는 어둡고 멀며 더딜 수도 있다. 믿음은 하나님을 사랑과 진리의 하나님으로 신뢰함으로써 그분을 영화롭게 한다. 하나님께서는 상주시고 축복하실 것이다. 이 보증된 확신의 깊은 평안이 하나님을 구하는 당신의 온갖 정성의 뿌리가 되게 하라.

우리가 갖는 두 번째 가르침은 믿음의 보상이 무엇일까 하는 점이다. **저는 옮기우기 전에 하나님을 기쁘시게 하는 자라 하는 증거를 받았느니라 믿음이 없이는 기쁘시게 못하나니** 하나님께서는 하나님 자신을 위하여 우리를 창조하셨다. 하나님을 기쁘시게 하고 하나님의 기쁨이 되는 한 가지 목적으로 우리는 지음이 되었고 그래서 그것은 우리의 운명(運命)인 것이다. 하나님은 완전한 선(善)이시다. 그러므로 하나님을 기쁘시게 하는 우리의 삶은 필히 선함과 완전한 축복의 삶이 되어야 한다. 타락한 상태에서이지만 우리는 믿음으로 하나님을 기쁘시게 해드린다. 믿음은 하나님께 대한 복종이다. 믿음은 하나님의 임재를 수긍하고 찾음으로써 하나님을 영화롭게 하고, 오직 하나님으로부터 모든 것을 기대하고 하나님께 의탁함으로써 하나님을 영화롭게 한다. 믿음은 하나님께 합당한 자리와 합당한 영광을 드리고, 믿음은 하나님의 뜻을 나의 뜻으로 구하며, 믿음은 하나님으로 하여금 뜻대로 행하시게 하여 그분이 우리의 모든 것이 되시게 한다. 믿음이 한량없이 하나님을 기쁘게 해드리는 것은 놀라운 일이 아니다. 만약 성도들이 이것을 믿기만 하면, 그리고 하나님께 가까이 나아가 지성소에 들어가는 것을 그들의 한결같은 배움으로 삼는다면, 그들은 믿음의 충만 가운데 하나님과 동행할 것이다.

그러면 믿음이 하나님을 기쁘시게 해드린다는 사실을 믿음이 안다는 세 번째 가르침으로 나가 보자. 에녹은 하나님을 기쁘시게 하는 자라 하는 증거를 받았다(히 7:2,4,39 참조). 이 증거가 온 것은 믿음에 의해서였다. 그것은 바로 강건한 믿음의 진수이다. 하나님께서는, 특히 신약성경에서는 절대로, 자기를 신뢰하는 영혼에게 증거를 주심이 없이 자신을 두시지 않는다. 주 예수님께서는 그분 자신이 승천하셨을 때 이루어진 하늘의 모든 것의 증거로써 하늘에 계신 아버지로부터 성령을 받아 보내시기로 약속하셨다. 찢어진 휘장과 열린 성소와 하나님의 임재 가운데 들어감과, 무궁한 생명의 능력 가운데 있는 제사장으로서 그리스도의 완전한 사역과 완성된 구원에 관하여 히브리서가 가르쳐온 모든 것은, 오순절 은사로 인하여 그 인침과 그 가치, 그 능력 및 그 실재를 우리들의 마음속에 갖게 되었다는 사실이다. 하나님의 임재, 그 아들 안에 있는 하나님의 기쁨, 그리고 이제 저들의 마음속에 부어진 하나님의 사랑이 그들의 일상생활 속의 경험이 되고 인식이 되도록 성령께서는 휘장 안의 지성소로부터 영원한 실재, 즉 사람들의 마음에 오는 하나님의 나라로써 강림하셨다. 그리고 지금도 또한 믿음은 성령을 구하고 성령을 받으며 성령께 복종하는 그들에게 그분의 충만한 내주하심과 증명하심 가운데에서 우리가 하나님을 기쁘시게 하는 자들이란 증거를 얻게 한다.

믿음으로 에녹은 하나님과 동행하였다. 아벨과 더불어 예수의 무한한 자기희생 가운데서 하나님께 가까이 나아간 형제여, 에녹과 더불어 하나님과 동행하기를 배우라. 하나님의 임재가 당신의 한 소원이 되게 하고, 하나님의 뜻이 당신의 한 선택이 되게 하며, 하나님의 도우심이 당신의 한 목마름이 되게 하고, 하나님의 형상이 당신의 한 소망이 되게 하라. 가장 보편적인 날이든 가장 어려운 날이든 간에 날마다 땅 위에 임한 하늘의 날들의 하루로서, 하나님과 함께 하는 날, 즉 믿음으로 시작하고 믿음으로 끝나는 날이 되게 하라. 하나님 아들 안에 있는 놀랍고도 완전하며 영원한 구속에 대한 히브리서의 모든 가르침이, 이 한가지의 결과, 즉 당신에게 하나님 안의 충만한 믿음에 거하도록 하고 당신을 하나님께 가까이 인도하며 하나님과 동행토록 하게 하는 결과를 낳게 하라. 그리하면 당신 역시 죽음을 보지 않는 것이 무엇이며 믿음으로 변화 받는 것이 무엇이고 하나님께서 데려 가심으로 보이지 않더라고 기록한 것이 무엇인지를 알게 될 것이다.

1. 예수께서는 세례 요한이 모든 선지자보다 크고 에녹보다도 크다 하셨다. 그리고 하늘나라의 가장 작은 자가 세례 요한보다도 크다 하셨다. 그러면 지금도 사람들이 하나님과 동행하는 것과 하나님을 기쁘시게 하는 자들이란 증거를 받는 것이 불가능하다고 보아야만 하는가? 슬프게도 오늘날의 교회가 그것을 거의 믿지 않는다.

2. 예수께서 하신 큰 사역 중의 하나는 뜻과 마음의 일치 안에서 우리를 하나님께 가까이 이끄는 것이다. 그리고 그분께서 하시는 것은 무궁한 생명의

능력 안에 있는 것이며 그분께서는 계속 거하시고 그분께서 주시는 것도 무궁히 존속한다. 우리는 하나님의 임재 안에 언제나 거할 수 있고 동행할 수 있다.

3. 믿음으로 보이지 않는 세계에 살 수 있고, 믿음으로 그리스도께서 그분의 크신 역사를 하게 하시며, 믿음으로 하나님의 임재하심이 이제 그 처소를 찾았음을 믿으며, 믿음으로 그 안식에 들어간다.

101. 노아 : 믿음의 사역

11:7 믿음으로 노아는 아직 보지 못하는 일에 경고하심을 받아 경외함으로 방주를 예비하여 그 집을 구원하였으니 이로 말미암아 세상을 정죄하고 믿음을 좇는 의의 후사가 되었느니라

아벨에게서 우리는 어떻게 죽음이 생명의 길을 여는지를 본다. 에녹에게서 우리는 어떻게 믿음이 죽음을 정복하는지를 본다. 노아(Noah)에게서 우리는 어떻게 믿음이 타인을 위해 하는 일로서 그들을 구원하는지를 본다. 피로 말미암아 지성소에 들어가는 길이 우리에게 열릴 때 우리는 사랑의 사역을 위하여 부르심을 받는다(10:19). 만약 아벨과 더불어 우리가 그리스도의 죽음과 자아의 죽음 안에서 하나님께 가까이 나아간다면(이것은 나무의 뿌리이다), 그리고 에녹과 함께 우리가 하나님의 임재와 기뻐하심 속에서 우리 자신을 하나님과 동행하게 한다면(이것은 그 뿌리에서 자라는 나무이다) 우리는 노아와 더불어 우리 이웃을 축복하고 구원하는 믿음의 역사를 이루어야 할 것이다(이것이 나무의 열매이다). 노아의 이야기 속에서 우리는 믿음의 모든 요소를 본다.

믿음으로 노아는 아직 보지 못하는 일에 경고하심을 받아 믿음은 언제나 장래의 일과 보이지 않는 일을 다룬다. 믿음은 하나님의 말씀과 의향(意向) 속에 살고, 세상이 볼 수 없는 것을 보며, 하나님의 빛에 비추어 만물과 미래를 내다본다. 하나님께서 그 가공할, 참으로 믿기 어려운 심판을 계시할 때에도 믿음은 단순히 그것을 믿는다. 믿음은 자신의 경험이나 본능을 믿지 아니하고 자신의 생각이나 바람을 신뢰하지 아니한다. 그것은 다가오는 심판의 상상하기 어려운 가공성을

믿는다. 아아, 당신이 사람들을 구원하며 살기 원한다면 세상에 임할 임박한 운명에 대하여 하나님께서 말씀하신 것을 믿으라.

경외함으로 예수께서 겟세마네 동산에서 죄와 죽음이 어떤 것이란 인식아래서 기도하실 때(히 5:7), 그 기도는 경외하는 가운데 드려졌다. 우리는 경건함과 두려움으로 하나님을 기쁘시게 섬길지니 우리 하나님은 소멸하는 불이심이니라(히 12:28)는 권고를 받는다. 살아계신 하나님의 손에 빠져 들어가는 것은 무서운 일이다. 얼마나 서글프게 그리고 반복적으로 히브리서가 불순종하는 자의 운명을 말하고 있는가. 이러한 말씀이 큰 동기가 되어 경외함으로 하나님의 경고를 청종하는 가운데 사람들에게 두려워함과 더불어 긍휼을 보이면서 그들을 불에서 건져내는 것은 실로 눈을 뜬 우리에게 합당한 일이다.

믿음으로 노아는 방주를 예비하여 믿음은 경외심을 낳고 경외심은 근면을 낳으며, 믿음은 다시 마음과 손을 구원의 역사로 인도하였다. 아무도 홍수가 온다는 것과 물로 세상이 멸망한다는 것을 알지 못하였다. 세상이 물에 잠길 때 방주(方舟)만이 피난처가 된다는 것을 그 누구도 몰랐다. 그러나 믿음은 하나님과의 교제 속에서 살고, 심판과 구원에 대한 하나님의 비밀을 알며, 그 믿음을 행사하기에 목숨을 포기하는 사람을 갖는다. 비웃음의 와중에서 그날이 오래 지연되는 가운데 모든 작업의 난관을 무릅쓰고 노아는 하나님의 말씀을 굳게 붙들었다. 하나님의 말씀을 순순히 경청하고 그것을 준행하기 위해 순종하는 가운데 자신의 온 마음과 생명을 내어 드리는 것, 이것이 믿음이다.

그 집을 구원하였으니 신자는 타자(他者)의 축복이 되기 위하여 하나님께 축복을 받는 자이다. 행함으로 온전케 된 노아의 믿음은 가족을 구원하였고 가족으로 인류를 구원하였으며 우리 모두의 조상이 되었다. 그의 설교는 별로 열매가 없는 것처럼 보였지만 하나님의 전체 교회는 그때로부터 생명을 그의 믿음에 빚지고 있다. 타자의 생명을 위하여 능력을 가졌다는 점에서도 사람은 하나님의 형상으로 창조되었다. 그 능력은 가족으로 시작되지만 훨씬 멀리까지 미친다. 믿음의 사람은 아벨과 더불어 한 제물 안에서 생명으로 나아갔고 에녹과 더불어 하나님과 동행하며, 하나님의 생명과 축복의 능력을 갖는다.

이 믿음으로 말미암아 세상을 정죄하고 불신자와 신자의 차이는, 불신자는 세상 사람으로서 여기 세상에 살고, 신자는 하나님의 사람으로서 하늘에서 산다는 것이다. 신자의 전체적 삶은 세상에 대한 하나의 저항이며 하나의 정죄이다. 아벨, 에녹, 노아, 세 사람 모두는 똑같이 세상이 하는 일을 정죄함으로써 세상으로부터 거부되고 경멸을 받았다. 하나님께서는 믿는 자녀들의 삶을 깨끗하고 밝게 하심으로써 세상 자체가 그들을 보고 정죄를 느끼게 하신다.

믿음을 좇는 의의 후사가 되었느니라 이 의(義)는 하나님과의 옳은 관계에 서있는 의요, 믿음의 뿌리와 능력이 되는 삶의 의로움이다. 의는 "각자에게 합당한 대우를 해주는 것이다"라고 정의된다. 이것이 하나님의 관점에서 보는 믿음인데, 믿음은 하나님께 하나님의 자리를 드리고 자기는 아무 것도 아니며 하나님만이 모든 것이 되신다는 것을 고백한다. 이 믿음을 의롭다 하시는 것이다.

방주와 그것이 가져온 구원에 관하여 노아가 보여준 믿음을 우리는 그리스도와 그분의 구원에 관련하여 보여주어야 한다. 열려진 성소는 피난처가 된 방주로서 그리스도께서는 모든 것을 완성하셨고 온전케 하셨다. 하지만 구원 얻을 모든 사람을 그 안에 모아들이는데 있어서 우리는 무엇을 하여야 하는가! 노아처럼 이 일을 위하여 우리의 목숨을 내어주자. 죄악 세상에 대한 하나님의 가공할 정죄를 경청하고 경외심을 갖자. 우리에게 주신 큰 구원의 무한한 능력을 믿되 거기에다 나눠줄 사랑을 더하자. 구속받은 자녀들 각자를 멸망하는 자들에 대한 사랑의 사도로 초대하는 하나님의 부르심을 믿고, 자신을 신뢰하는 모든 사람을 부요하게 쓰신다는 하나님의 부르심을 믿자. **믿음으로 노아는 방주를 예비하여 그 집을 구원하였으니** 이것은 더 이상 믿음에 관한 새로운 매력과 가치를 말하지 않는다. 믿음의 기도와 수고로, 그리스도 안에서의 자아에 대한 죽음으로, 그리고 하나님의 임재 가운데서의 동행으로서 우리의 마음은 열매를 맺을 수밖에 없는 사랑과 능력으로 채울 수 있다. 지성소의 보좌에 앉으신 주님으로부터 우리 안에 있는 하나님의 기쁨과 우리 주님의 내주하심에 대한 증인으로 오신 성령께서는, 특별히 이 시대의 그리스도의 증인으로 우리를 세우기 위해 능력을 주시고자 하신다. 믿음으로 지성소의 축복에 들어간 자는 아직도 밖에 있는 사람들을 지성소로 인도해야 한다. 이것이 당신을 믿음에 따른 의의 상속자로 만드는 믿음이다.

1. 아벨과 에녹과 노아는 그리스도의 모형이다. 아벨은 의로운 자로서 형제에게 죽임을 당했고 제물과 더불어 하나님께로 나아갔다. 에녹은 그 안에서 하나님이 기뻐하신 아들로서 땅 위에서 하나님과 동행하였고 하늘로 들림을 받았다. 노아는 구원을 준비함으로써 그의 백성들을 구하였고 세상을 정죄하였다.

2. 하나님께서 우리에게 주시는 것은 죽으시고 부활하사 구속주가 되시는 예수 자신이다. 하나님께서 우리에게 요구하시는 것은 믿음이다. 믿음은 우리를 그분과 동화(動化)한다. 죽음으로 말미암아 하나님께 나아가는 아벨의 축복에서 깨어지지 않는 에녹의 교제로 우리는 나아간다. 그리고 우리는 노아 축복의 비결로서 타인을 구원하는 자가 된다. 이 모두가 믿음으로 인해서이다.

102. 아브라함 : 믿음의 순종

11:8 믿음으로 아브라함은 부르심을 받았을 때에 순종하여 장래 기업으로 받을 땅에 나갈 새 갈 바를 알지 못하고 나갔으며
11:9 믿음으로 저가 외방에 있는 것 같이 약속하신 땅에 우거하여 동일한 약속을 유업으로 함께 받은 이삭과 야곱으로 더불어 장막에 거하였으니
11:10 이는 하나님의 경영하시고 지으실 터가 있는 성을 바랐음이니라

아담의 후손 중 아브라함(Abraham)처럼 인류의 대다수로부터 칭송을 듣는 사람은 없다. 유대인들과 기독교인들과 마호메트 교인들은 그를 믿음의 조상으로 우러러본다. 그리고 하나님은 그를 하나님의 친구로 높여주신다. 우리에게 믿음의 삶의 비밀이 무엇인가 하는 것을 말해줄 수 있는 사람이 있다면 그가 바로 이 믿음 안에서의 순종의 주인공인 아브라함이다. 우리의 히브리서는 기

나긴 고난 끝에 약속을 이루어 받은 아브라함을 특별한 예로 들어서(히 11:12-15), 믿음과 오래 참음으로 약속을 상속한 사람들을 본받으라 요구한다. 바울도 역시 믿음의 조상 아브라함이 가졌던 믿음의 발자취를 따라가는 자들을 언급한다(롬 4:12). 아브라함처럼 강한 믿음을 갖고 하나님께 영광을 돌리기로 마음의 목적을 정한 사람은 아브라함의 생애가 주는 교훈을 경청해야 할 것이다. 하나님께서는 실로 우리가 필요로 하며 우리의 손닿을 데 있는 바로 그 아브라함의 믿음을 우리에게 기대하고 계신다.

믿음으로 아브라함은 부르심을 받았을 때에 순종하여 장래 기업으로 받을 땅에 나갈 새 갈 바를 알지 못하고 나갔으며 하나님께서는 어떤 목적으로 아브라함을 그렇게 다루셨는가? 그리고 실질적인 진리에 있어서 무엇이 이 순종의 가치이고 축복인가? 우리가 하나님의 부르심의 신적 의미를 통찰할 때 하나님께서 우리에게 요구하시는 것이 무엇이며 우리의 믿음이 무엇을 필히 붙들어야 하는가 하는 것은 우리가 이해하는 것처럼 임의적인 것이 아니었다. 사람은 보이는 것과 보이지 않는 것 사이에 서있다. 사람의 죄와 타락은 하나님으로부터 세상(世上)으로 돌아선 데 있었다. 죄의 권세로부터 사람이 구속되는 것은 그가 세상을 포기하고 그의 온 마음을 하나님께 두는 데에서만 발견된다. "너는 너의 본토 친척 아비 집을 떠나 내가 네게 지시할 땅으로 가라"(창 12:1)는 부르심이 온 것은, 이러한 관점에서 그를 훈련시키고 하나님 자신 안에서 그의 생명과 행복을 찾게 하려는 것이었다. 하나님께서는 그의 모든 것을 하나님 안에서 발견토록 그를 가르치기 위해, 그가 집착하거나 신뢰할 수 있는 모든 것을 떠나 오직 하나님과만 함께 하기를 원하셨다. 아브라함의 순종은 믿음으로 말미암은 순종이었는데 그 믿음은 지정된 땅과 거기에 관련된 약속을 멀리서 볼뿐만 아니라 더 나아가 그 약속을 성취하시는 살아계신 하나님을 가까이에 본 믿음이었다. 하나님의 부르심은 언제나 약속을 수반하는 것으로서, 그 약속에 대한 참된 믿음은 언제나 그 부르심에 대한 순종을 동반한다. 순종은 바로 믿음의 진수이다. 믿음은 언제나 사람이 보지 못하는 것에 자신을 주고 그것을 그 마음과 전 존재 안에 받아들이는 능력이다. 하나님의 뜻을 받아들이지 아니하고는 하나님을 영접할 수 없다는 것은 바로 사물의 본질에 속한 문제이다.

믿음으로 아브라함은 순종하였다. 우리는 아들 자신이 온전해지시고 우리를 온전케 하셨으며 그를 순종하는 모든 자에게 구원의 근원이 되신 것이 순종으로, 즉 하나님의 뜻을 행함으로 된 것을 보았다. 순종이 바로 믿음의 생명이고 지성소로 들어가는 유일한 길이라는 것을 배우자. 즉각적이며 미루지 않고 기꺼이 행하는 순종이 우리의 마음에 가져야할 한 가지 일이다. 하나님의 뜻의 근본 원리 중의 하나이다. "세상에서 성별 되어 하나님께서 인도하시는 곳이면 어디든지 동행하기 위해 너희 자신을 드리라"는 하나님의 부르심 안에서 특별히 그 순종 자체를 간증하도록 하자.

그는 갈 바를 알지 못하고 나갔으며 떠나는 것과 모든 것을 버리는 것이 무엇인지 이해하지 못하겠다고 말하지 말라. 당신은 알 필요가 없다. 당신이 알아야 하는 것은 다른 것이다. 그것은 바로 당신을 주목하시고 인도하시며, 천국(天國)과 영원(永遠)에 합당한 인격을 당신 안에서 이루어 주시는 하나님을 당신이 가졌다는 귀중한 사실이다. 그러한 인격과 그 아들의 형상을 입음과 천국에 대한 적합성에 대한 하나의 큰 특징은 바로 하나님이 모든 것이 되시게 하는 하나님께 대한 절대적인 복종이다. 다만 순종하고 신뢰하기를 원하는 그 복종 가운데서 깊은 겸손(謙遜)은 첫 번째 필수 요소이다. 그러므로 어떤 일이 있어도 그리고 어떻게 해서든지 순종할 준비가 되었노라고 하나님께 말씀드리라. 하나님께서는 하나님과 그 뜻에 전적으로 드려진 영혼의 신뢰를 결코 실망시키지 않으신다.

믿음으로 저가 약속하신 땅에 우거하여 아브라함은 하란(Haran)을 떠났을 뿐만 아니라 가나안(Canaan)에 들어갔다. 그리고 더 나아가 그는 거기에 우거했고 거기에 체류했으며 거기에서 살았다. 그는 시작을 잘 했을 뿐만 아니라 믿음과 오래 참음으로 하나님의 약속(約束)을 상속하였던 것이다. 그것은 다시 한 번 인내에 대한 큰 교훈이 된다. 하나님께서 우리를 하나님 자신과의 친밀한 교제로 이끄시고, 우리로 말미암아 우리에게 관하여 사람들에게 말씀하시되, "하나님이 시험하였고 신뢰했던 친구들이며 오직 하나님을 영화롭게 하기 위하여 사는 사람들이라" 증거하실 때까지, 매일매일 우리의 삶이 순종과 믿음의 삶이 되어야 한다.

이는 하나님의 경영하시고 지으실 터가 있는 성을 바랐음이니라 믿음으로 그는 보이지 않는 것을 보았고 소망 가운데 그는 미래(未來) 속에서 살았다. 그는 하란에서처럼 가나안에서도 그곳에 마음을 크게 두지 아니하였는데 그의 마음은 하늘에 있었고 하나님과 함께 하고 있었던 것이다. 하물며 하나님께서 지으신 참 장막에 들어오도록 부르심을 받은 우리야말로 비록 어디로 가는지를 알지 못한다 하더라도 순종하여 나아가지 않으랴! 하나님과 함께 살기 위해 우리 자신을 세상과 세상의 영(靈)에서 온전히 분리시키되 그 아들처럼 시대적 산물에 대하여 죽어버리자. 교회나 신자들 안에 있는 세속적인 영은 치명적인 영적 질병으로써 믿음의 삶을 불가능하게 한다. 우리도 그것을 최악의 적으로 간주하고 장차 오는 하늘의 도성(都城)을 바라보는 나그네처럼 살자. 세상에 대하여 증거를 삼고 축복이 되도록 우리를 그분 자신과 그분과의 친밀한 교제와 하늘의 천사와 같은 순종으로 부르시는 하나님의 목소리를 청종하자. 그리고 우리에게 대해서도 "믿음으로 저가 순종하여 외방에 있는 것 같이 약속하신 땅에 우거하였으니 이는 하나님의 경영하시고 지으실 터가 있는 성을 바랐음이니라"고 말하도록 하자.

1. 아브라함에게서 어떻게 그 믿음의 전 생애가 초자연적이었는가 하는 것을 보라. 나라와 아들과 씨에 대한 하나님의 부르심과 약속은 모두 지각과 이성을 아주 초월하는 신비차원의 것이다. 믿음이 온전히 하나님의 능력을 의지하고 어떤 대가를 치르고서라도 하나님께 순종하는 것은, 오직 영혼이 하나님께서 우리를 위해 우리 안에서 우리로 말미암아 이루시는 실제의 초자연적 일을 확고히 바라볼 때이다.

2. 하나님께서는 아브라함과 개인적인 교제를 가지셨듯이 당신과도 개인적인 교제를 가지실 것이다. 하나님께서는 아브라함에게 모든 것이 되셨듯이 당신에게도 모든 것이 되실 것이다. 당신의 삶이 초자연적인 것이 되게 하고 신적 전능의 역사아래 온전한 무력(無力)이 고백되는 삶이 되게 하라. 하나님께서는 성령으로 말미암아 당신 안에 그분 자신의 생명을 이루고 계신다.

3. 약속의 땅에 우거하는 자가 되라. 하나님의 약속으로 우리에게 열린 삶 안에서 성령으로 말미암아 지성소 안에 거하는 자가 되라. 약속 안에 살라.

4. 그는 어디로 가는지도 모르고 나아갔다. 그리스도는 제사장이실 뿐만 아니라 선지자시요 스승이시요 인도자이시다. 그리스도께서 당신을 휘장 안으로 인도하며 전 생애를 통하여 당신을 새롭고 산 길로 이끄시도록 그분을 신뢰하라. 약속의 땅에서 믿음의 삶을 이루는 것은 지각을 초월하는 평강이요, 지식을 초월하는 사랑이고 우리가 생각할 수 있는 모든 것을 월등히 초월하여 역사하는 능력이다. 갈 바를 알지 못하더라도 우리는 나아가자.

103. 사라 : 신실하신 하나님 안의 믿음

11:11 믿음으로 사라 자신도 나이 늙어 단산하였으나 잉태하는 힘을 얻었으니 이는 약속하신 이를 미쁘신 줄 앎이라
11:12 이러므로 죽은 자와 방불한 한 사람으로 말미암아 하늘에 허다한 별과 또 해변의 무수한 모래와 같이 많이 생육하였느니라

믿음으로 사라(Sarah)는 이삭(Isaac)을 낳을 수 있는 능력을 받았다. 인간의 자연적 여건과 그 능력으로 판단하면 그녀는 아들을 낳을 희망이 없었다. 그러나 이삭의 출생은 하나님의 능력의 역사로서 하나님은 약속하셨고 친히 이루셨던 것이다. 사라는 약속자이신 하나님을 믿었기 때문에 그 약속을 믿었고, 믿음으로 그녀는 이삭의 어머니가 될 수 있는 능력을 받았으며 그 결과 죽은 자와 방불한 한 사람으로 말미암아 저 하늘에 허다한 별과 같이 많은 후손이 생육하게 되었다.

사람으로서는 불가능한 것을 보면서도 그녀의 믿음은 힘을 얻었는데 이는 그녀가 약속하신 자를 미쁘신 분으로 여겼기 때문이었다. 그녀는 약속을 바라보았고, 약속해 주신 분을 깊이 생각하였으며, 그분의 미쁘심을 붙들었다. 불변하는 하나님의 미쁘심은 그녀의 마음과 믿음의 닻이었던 것이다.

믿음의 삶과 믿음으로 말미암아 우리 안에서 일하시는 하나님의 역사(役事)에 관하여 사라가 우리에게 가르쳐주고 있는 교훈은 무엇인가? 죽은 자와 방불한 한 사람으로 말미암아 허다한 하늘의 별들과 같이 그 자손이 생육되었다. 하나님은 살아계신 하나님으로서 죽음 안에서 생명(生命)을 주시기를 기뻐하신다. 아담이 범죄 하였을 때 그와 더불어 온 인류는 죽었고 그 결과 그들은 낙원(樂園)의 생명인 하나님의 생명을 잃어버렸다. 하나님의 크신 역사는 그 잃어버린 생명을 회복시키는 것이다. 구약 성경 가운데 하나님께서는 이러한 사실을 이삭의 경우에서 보여 주셨는데, 그분께서 준비하시는 새 인류(人類)는 죽은 자와 방불한 자에게서 태어난 생명 즉 하나님 자신으로부터 나온 생명을 필히 가져야만 한다는 것을 말씀하셨던 것이다. 특별한 의미에서 이삭의 생명은 하나님이 주신 생명이었다. 신약 성경에서 하나님은 예수 그리스도의 기적적 출생으로 그것을 보여 주셨는데 하나님의 크신 능력은 베들레헴의 아기 안에서 신적 생명을 계시하신 것이다. 하나님께서 가르치시고자 하는 것은 "새 생명은 반드시 하나님으로부터 와야 한다"는 것이며, 홀로 하나님의 크신 능력만이 직접 그것을 이루시는 까닭에 그 외의 어떤 경우도 이 우주(宇宙) 안에서 다 헛되다는 사실이다. 우리의 믿음이 필히 하나님을 의지해야 하는 것은 바로 이 절대적 사실 때문인 것이다.

아담의 생명만큼이나 실제로, 이삭의 생명이나 그리스도의 생명은 전능하신 하나님의 능력에 의한 직접적인 역사였고, 우리 영혼 안의 신적 생명도 바로 하나님의 직접적인 역사하심이다. 그리고 또한 그것은 시작에 있어서만 신적 생명이요 그 후에는 우리가 우리 힘으로 안전하게 지키고 양육하며 온전에 이르게 해야 하는 그런 종류의 생명이 아니었다. 아니, 마치 한 나무가 그것이 싹튼 뿌리 위에서 매일 자라나듯이 우리의 영적 생명도 필히 매일매일 하나님과 그리스도 안에 서있어서 자라나야 한다. 신실한 신자들이 많은 기도와 종교적 노력에도 불구하고 그들의 영적 생명이 연약한데 머무르는 하나의 큰 이유는 홀로 하나님만이 하실 수 있는 일을 그들 자신이 하려고 하는데 있다. 성령을 우리 안에 거하게 하신 하나님께서 신적 능력 안에서 우리의 생명을 보존하시며 하나님 보시기에 좋은 것을 우리 안에서 이루신다는 것을 그들은 알지 못한다.

만약 그들이 이것을 바로 알았다면, 한 가지 그들의 할 일이 전적인 무력감(無力感)과 깊은 겸손과 의지함 안에서 복된 역사를 이루시도록 하나님을 기다리고 믿고 신뢰하는 것이었을 것이다.

이것이 사라가 우리에게 가르쳐 주는 것이다. 그녀는 하나님께서 약속하신 것이 무엇인지를 알았다. 25년이란 긴 세월동안 그녀는 하나님이 말씀하신 아들을 기다렸다. 때때로 그녀의 믿음은 아프게 시험을 받았으나 그녀는 곧 약속하신 분은 신실하시다는 이 한 가지 사실로 돌아오곤 했다. 그리고 때가 차니 하나님께서는 그분의 전능하신 소생 역사를 행하셨는데 곧 사라가 이삭과 먼 훗날 예수의 어머니가 되는 능력을 받은 것이다. 그리고 여러 세대 후에도 그녀의 간증하는 음성을 듣게 되는데 "하나님을 믿으라, 하나님은 미쁘시다, 그분은 살아계신 하나님이시다, 그분은 죽은 자에게 영원한 생명을 주신다"는 것이다.

히브리서의 가르침은 우리에게 살아계신 하나님과, 우리가 가고 있는 살아계신 하나님의 도성과, 살아계시되 영원히 살아계신 대제사장과, 그분이 우리 안에서 역사하시는 무궁한 생명의 능력과, 우리가 하나님의 임재 안에 나아가는 새롭고 산 길과, 마음에 기록된 생명의 성령의 법(롬 8:1)과, 휘장 안 곧 지성소 안의 영원한 생명에 관하여 말해준다. 히브리서가 계시하는 이 새롭고 놀라운 생명은 하나님께서 영혼 안에 역사하신 생명에 다름없다. 너무나도 자주 물어오는 질문이지만 왜 신자들이 보다 힘 있게 그 생명을 경험할 수 없는가를 묻는다면 답은 하나 뿐 이다. 그것은 우리가 하나님으로 하여금 그리스도 안에서 그 생명을 우리 안에 역사하시도록 하지 않는 까닭이며, 성령의 지속적인 내주하심과 역사하심을 믿지 않기 때문이다. 사라도 하갈(Hagar)을 아브라함에게 주어 약속된 아들을 구했을 때 실패했던 것처럼, 우리가 하나님 자신 이외에는 어느 누구에게도 맡기지 않으시는 일을 우리의 노력으로 행하려 함으로써 우리도 실패한다. 우리도 사라처럼 우리 자신이 고안한 길을 돌이켜 새롭고 산 길로 들어가자. 이는 본성과 자아(自我)에 대한 죽음의 길이고, 성령으로 말미암은 무궁한 생명의 길이며, 하나님만이 보존할 수 있는 생명에의 길이다.

믿음은 우리가 우리의 마음을 둔 목표를 우리의 존재 속으로 일치시키며, 그 목표에 우리 자신을 내어주고 그것과 하나가 되는 능력이다. 하나님은 그 아들 안에서 우리에게 말씀하셨다. 그 아들은 우리를 향하신 하나님의 크신 약속이고, 하나님께서 우리를 창조하고자 하시는 바의 증표이며 보증이시다. 그 약속을 바라보고 그 아들을 바라보며, 약속하시되 거짓말하실 수 없으신 미쁘신 자를 바라보자. 그리하면 하나님의 생명인 새 생명을 받고 그 생명을 나타내는 능력을 받을 것이다. 무엇보다도 사라가 새 생명을 성취할 전망(展望)에 관한한 죽었고 소망 없으며 구제 받을 수 없는 자로서 처신한 하나님 앞의 그 자리를 우리도 취하자. 그리하면 우리는 새 생명을 바라볼 수 있고 하나님께서는 하나님 자신의 일을 하실 것이다. 내 스스로 아무 것도 할 수 없다는 것은 항상 참 믿음의 자세였다. 하나님 앞에서 전적인 겸허(謙虛)로 낮아지되, 아무 것도 가진 것이 없고 아무 것도 아닌 자처럼 영혼의 깊은 겸손과 온유로서 그분께 경배하며 그분을 섬기고, 그분과 동행하며 그분의 발 앞에 죽은 듯 엎드리자. 그리하면 하나님께서는 "두려워 말라, 나는 산 자요 살려주는 자니라"고 말씀하실 것이다.

1. 이제 히브리서가 그리스도 안에서 계시한 놀라운 새 삶을 위해 하나님을 믿노라고 고백하면서 고개를 숙이라. 무궁한 생명의 능력으로 당신 안에서 그리스도를 계시하시도록 하나님을 신뢰하라.

2. 약속과 약속자이신 하나님을 바라보고, 당신에게 축복과 그리스도의 영원한 제사장직의 약속을 맹세로 확정하신 그 하나님의 신실하심을 새롭게 바라보면서 의심과 두려움을 극복하라.

3. 이러한 신뢰 안에서 깊은 무력감과 의존과 겸손의 위치를 찾으라. 하나님께서 모든 것이 되시도록 겸허하라. 당신 안에서 그 아들과 성령으로 말미암아 그 크신 역사를 이루시도록 살아계신 하나님께 당신 자신을 드리기만 하라.

4. 사라의 믿음의 온전한 축복은 이삭만이 아니라 별처럼 많은 자손들이었다. 당신에게도 마찬가지이다. 바로 하나님 자신으로부터 신적 생명을 채우

도록 당신 자신을 전적으로 내어드릴 때 그것은 한없는 축복으로 넘치리라. 복에 복을 더하고 자손에 자손을 더하실 것이다.

104. 믿음과 그 순례(巡禮)의 정신

11:13 이 사람들은 다 믿음을 따라 죽었으며 약속을 받지 못하였으되 그것들을 멀리서 보고 환영하며 또 땅에서는 외국인과 나그네로라 증거하였으니
11:14 이같이 말하는 자들은 본향 찾는 것을 나타냄이라
11:15 저희가 나온 바 본향을 생각하였더면 돌아갈 기회가 있었으려니와
11:16 저희가 이제는 더 나은 본향을 사모하니 곧 하늘에 있는 것이라 그러므로 하나님이 저희 하나님이라 일컬음 받으심을 부끄러워 아니하시고 저희를 위하여 한 성을 예비하셨느니라

하나님의 약속(約束)의 성취를 위해 구약시대 성도들을 준비시킨 믿음의 길에 대하여 여기에 주신 논증은 가장 교훈적인 것이다. 먼저 '그것들을 멀리서 보고'라는 말이 나오는데 믿음은 그들에게 보지 못하는 일들의 계시였다. 다음엔 '그것들을 환영하며'라는 말이 나오는데 그들은 기꺼이 환영하였고 영접하였으며 간직하는 가운데 그 약속의 후사들답게 살았다. 그 후 받는 문제가 나오는데 여기에는 구약 성도들이 약속을 받지 못하였다라고 언급된다. 우리가 이삭의 출생에서 본 것처럼 어떤 약속은 그들이 실제로 받은 바 있다. 그러나 그 전체적인 의미에서 그들은 약속을 받지 못하였는데 이것이 우리의 특권이 된 것이다. 보고, 환영하고, 받는 것은 믿음의 삶에서 큰 세 단계를 이룬다.

또 땅에서는 외국인과 나그네로라 증거하였으니 이것은 믿음이 증거 된 그들의 삶에 대한 설명이다. 믿음은 전 생애를 지배하는 능력이다. 우리로 하여금 본향을 향해 집을 떠나게 하는 것은 우리의 믿음이다. 사람이 횡재나 이권의 기회를 볼 때에도 이 믿음이 본향에 마음을 둔 그에게 외국인과 나그네의 정신을 견지하도록 한다. 마찬가지로 이들 성도들은 그들 자신의 나라를 찾는 자들이었고 떠나온 곳으로 돌아가려 하지 않음으로서 더 나은 본향 곧 하늘을 바랐다는 것을 증명하였다. 믿음은 그들로 하여금 외국인과 나그네가 되게 하였고 그들에게 하늘 축복을 확보해 주었다. **그러므로 하나님이 저희 하나님이라 일컬음 받으심을 부끄러워 아니하시고 저희를 위하여 한 성을 예비하였도다**

여기서 얻는 큰 교훈은 바로 믿음이 우리를 지상에서 외국인과 나그네가 되게 한다는 것이다. 그리스도께서도 그러하셨고 우리도 또한 그러할 일이다. 우리가 힘써 이 가르침을 받아들일 때 우리 마음에는 많은 질문이 떠오른다. 그것은 우리를 일상생활에서 뒤쳐지게 만드는 것은 아닌가? 모든 사람이 나그네의 정신으로 외국인이나 거류자로 산다면 세상은 어찌될 것인가? 우리는 과학이나 정치나 학문에 있어서 거기에 전력투구하는 사람들이 있기 때문에 그러한 문화가 성취되는 것을 보지 못하는가? 외지에 왔다가 돈을 벌어 고향으로 돌아가는 사람은 그 외지에 정착하기 위해 골몰하는 사람들이 갖는 관심을 갖지 아니한다. 참되고 강렬한 순례자의 정신은 실제로 모든 신자들에게 요구되는 의무인가? 다른 사람들은 무엇을 할 것이며, 나머지 세상은 하나님이 어떻게 하실 것인가? 이러한 의문에 대한 답을 먼저 들을 때까지 하나님이 우리에게 지시하시는 것을 미루는 것보다 더 간교한 시험이 되는 것은 없다. 그 명령에 순종한 결과로 무엇이 오든지 간에 우리는 만유(萬有)의 통치자이신 전지(全知)의 하나님께 모든 것을 맡길 수 있다. "이 사람은 어떻게 되겠삽나이까?"(요 21:21) 하는 질문에 대하여 그리스도의 대답은 "그것이 네게 무슨 상관이냐, 너는 나를 따르라"일뿐이었다. 우리가 예수의 제자라면 우리 각자는 할 수 있는 한 그분의 영을 충만히 소유토록 추구해야 한다. 우리가 새롭고 산 길로 인도를 받고 지성소 안에서 그분과 함께 살려면, 우리는 필히 그분처럼 세상에서 외국인과 나그네로 살아야 한다.

믿음은 하늘을 지향하는 마음을 준다. 하늘 부르심의 동참자로서 우리는 십자가를 참으시고 부끄러움을 개의치 아니한 예수를 바라본다. 세상으로부터의 분리는 믿음의 삶에 필수적이다. 아담의 타락은 이 가시적 세상의 권세와 영(靈) 아래로 떨어진 타락이었다. 그리스도께서는 이 사악한 현세로부터 우리를 건지시기 위해 자신을 주셨다. 우리가 살고 있는 세상, 소위 기독교화한 세상은 지금도 그리스도를 배척했던 그 때와 다를 바 없는 세상이다. 그리스도의 이름을 부르지만 보이는 것(可視世界)에 헌신하는 정신과, 쾌락과 부와 명예를 추구하는 것, 그리고 문화와 번영을 기뻐하고 자랑하는 것은 그리스도를 닮는 것과 하늘을 지향하는 정신에 전적으로 위배되는 것이다. 이것이 그렇게도 많은 사람들이 믿음 안에서 자라기를 구하지만 실패하는 원인이다. 그들은 세상을 버리지 않은 채 지성소 안에서 살고자 애쓴다. 아브라함과 그의 씨는 본향을 찾는 자들로서 살았고 더 좋은 나라, 즉 천국을 바라는 자들답게 살았다. 하나님의 보좌로부터 강림한 천국이 우리의 단 하나 소망이 되고, 우리가 이 값진 진주(眞珠)를 사기 위해 모든 것을 버리고 팔기까지, 우리의 믿음은 하나님의 능력 안에 설 수 없고 세상을 이길 수 없다. 만약 함께 하늘 부르심을 입은 자들처럼 살고, 그리스도의 동참자로서 나그네로 살며, 본향을 찾는 것을 증거하고 천국을 소망하는 자들처럼 사는 것이 우리의 소망이 아니라면, 하나님께서 우리의 하나님으로 호칭되는 것을 부끄럽게 여기시고 우리의 영혼은 하나님의 임재 가운데 걷는 기쁨을 맛보지 못할 것이다.

믿음처럼 마음을 살피는 것은 없다. 만약 우리가 히브리서의 모든 가르침을 믿는다고 한다면, 새롭고 산 길로 우리 주님을 따라가고 그분과 함께 지성소에 삶으로써 그것을 입증하자. 우리가 이 일에 전적으로 헌신할 때 우리의 믿음은 자라고, 우리는 믿음의 사람이 되며, 믿음으로 하늘나라에 들어감으로서 여기 세상에서는 나그네와 외국인으로 사는 것이 분명하게 될 것이다. 믿음의 눈은 더욱 밝아져 아마도 첫눈에, 수많은 사람들이 보지 못하는 지성소 안에서 무궁한 생명의 능력 가운데 거하는 약속과 실재와 가능성을 볼 것인데 이는 다 세상과 그 영에서 성별되고 자유로워진 삶인 것이다. 믿음의 담력은 어느 때보다도 강해질 것이고, 살아계신 하나님의 도성에 있는 생명에 관하여 그리스도 안에서 하나님이 우리에게 말씀하신 모든 것을 여기 땅 위에서 우리 자신의 것으로 구하고 받으며 굳게 붙들 것이다. 나아가 우리는 하나님과 그 아들의 능력이 곧 우리가 그 약속을 받는 보증이란 것을 아는 가운데, 인내로써 하나님의 뜻을 행하는데 힘써 나갈 것이다. 참 믿음은 하나님께서 약속하신 것을 의뢰하는데서 시작하지만 거기서 끝나지는 아니한다. 그것은 하나님의 말씀 안에서 환영한 모든 것을 하나님의 능력 안에서 실제로 소유하고 즐기는 데까지 우리를 인도한다. 하나님의 손은 믿음에 관하여 하나님께서 말씀하신 것을 친히 수행할 것이다.

1. 믿음의 세 단계를 유념하라. 필히 하나님께서 무엇을 약속하셨는지를 보아야 한다. 필히 그리스도께서 내 안에 주시고 유지하실 수 있는 복된 삶을 믿어야 한다. 성령의 밝혀주심을 위하여 기도하라(엡 1:14-20). 그런 후에 그 약속을 당신의 것으로 요구하고 환영하며 그 성취를 기대하라. 때가 되면 당신의 마음과 경험 속에 이것을 받으리라. 하나님께서 당신에게 약속하신 것은 무엇이나 당신의 경험으로 갖기를 기대해야 한다.

2. 약속은 언제나 하나님의 전능하심이 이루고자 하시는 사실의 표현이었다. 우리의 믿음은 항상 그 전능의 역사에 대한 소망의 표현이어야 한다.

105. 하나님의 능력을 믿는 믿음

11:17 아브라함은 시험을 받을 때에 믿음으로 이삭을 드렸으니 저는 약속을 받은 자로되 그 독생자를 드렸느니라
11:18 저에게 이미 말씀하시기를 네 자손이라 칭할 자는 이삭으로 말미암으리라 하셨으니
11:19 저가 하나님이 능히 죽은 자 가운데서 다시 살리실 줄로 생각한지라 비유컨대 죽은 자 가운데서 도로 받은 것이니라

아브라함의 믿음의 특성으로써 우리는 여기에서 다시 제물(祭物)이라는 무게 있는 단어를 보게 된다. 아벨도 제물을 드렸고 그리스도도 자신을 제물로 드렸으며 아브라함도 그의 독자를 제물로 드렸고 그렇게 함으로써 자신을 또한 드렸다. 하나님과의 어떤 의례(儀禮)나 다른 교제(交際)에 있어서 믿음의 삶은 항상 희생(犧牲)을 의미한다. 죄악 세상에 살면서 죄 된 본성을 벗어나 하나님께 가까이 나아가는 것은 다만 죄에 대하여 죽고 하나님 자신으로부터 새로운 생명을 받을 때, 다시 말해 죽은 자를 부활시키기 위하여 하나님께서 자신의 생명을 그 죽은 자에게 나누어 주실 때에만 가능하다. 하나님께 가는 길은 달리 없고 오직 우리 자신의 생명과, 생명만큼 귀한 것들을 죽음에 넘겨주는 것으로만 가능한 것이다.

이 희생은 믿음에 있어서만 가능하다. 약속을 보고 그것을 환영한 믿음과 하나님을 알되 살아계시며 생명을 주시는 하나님으로 아는 믿음, 그리고 하나님

이 말씀하신 것을 나에게 이루어 주는 하나님의 능력을 감히 간구하고 의뢰하는 믿음은 제단과 칼과 불을 향한 용기를 가진 믿음이다. 하나님께서 믿음의 길로 자신의 백성을 인도하시는 원대한 목적은 더 큰 희생을 위해 그들을 훈련시키기 위함이다. 아브라함이 그의 친척과 아비의 집을 떠났을 때 그것은 그가 사랑하는 모든 것을 희생했음을 의미한다. 그가 25년 동안이나 이삭을 기다리고 있었을 때 그것은 그 자신의 모든 생각과 소원을 희생한 것이다. 그러나 이 모든 것은 숭고한 희생인 자신의 외아들, 즉 약속의 아들을 죽음에 넘기는 것을 준비시키기 위한 것이었다.

여기에 기록된 가장 가혹한 시련(試鍊)의 와중에서 아브라함의 믿음에 힘과 승리를 준 것은 무엇이었는가? 그것은 죽은 자를 살려낼 수 있으신 전능하신 하나님 안에서의 믿음이었다. 이삭의 출생에 있어서 아브라함은 자신이 죽은 자와 방불했음에도 불구하고 생명을 주시는 분으로서 하나님 알기를 배웠던 것이다. 그는 그의 하나님을 '죽은 자를 살리시며 없는 것을 있는 것 같이 부르시는 하나님'(롬 4:17)으로 알았고 신뢰했다. 그러면 우리의 믿음에 있어서도 역시 모든 것을 이길 수 있는 힘이 되고, 우리를 위한 하나님의 살리시는 능력을 그만큼 위대하게 우리에게 보여주는 것은 무엇인가? 우리가 만일 같은 믿음을 갖고 같은 하나님을 경험하기 원한다면 우리는 필히 같은 희생을 드릴 수 있는 준비가 되어 있어야 한다는 것이다. 오늘의 가르침은 우리를 바로 신앙생활의 가장 깊은 뿌리로 인도한다. 우리가 자아(自我)에 대한 죽음으로 더 깊이 들어가려 하면 할수록 우리는 하나님의 크신 능력을 더 알고 온전한 신뢰의 온전한 축복을 더 알게 된다.

사라의 믿음에서 우리는 살아계시며 생명을 주시는 하나님 안에 있는 믿음의 의미와 그 능력이 무엇인가를 보았다. 그러나 저 모리아산 위의 아브라함은 더 깊이 우리를 이끌고 간다. 사라는 실제로 결핍된 능력을 공급하시는 하나님을 믿었고, 아브라함은 가버린 생명을 회복시키는 하나님을 믿었다. 사라는 자아의 죽음을 깊이 생각하기 전에 은혜와 미쁘심의 행위로서의 소생시키는 능력을 바라고 하나님을 기다린 영혼의 모형이다. 그녀에게 있어서 소생은 단지 자연적 연약의 결과로써 나타나는 죽은 상태를 해결하기 위해 온 것이다. 아브라함에게 있어서는 전혀 달랐다. 이삭, 즉 하나님께서 주신 생명은 놀라운 능력의 새로운 현시(顯示) 이전에 필히 제물로 드려져야 했다. 그 제물은 하나님께서 주신 생명마저도 아직 타락한 본성(本性)의 힘에 매어 있으며 오직 죽음으로 말미암아서만 죄와 사망 권세로부터 구출될 수 있고 그렇게 함으로써만 그 생명은 전적으로 하나님을 소유한 생명이 된다는 것을 가르치기 위한 것이었다. 첫 번째 것은 하나님에 의하여 소생되었으나 아직도 죄의 권세아래 있고, 두 번째 것은 죄에 대하여 죽고 영원세계의 온전한 삶에서 하나님을 향하여 살아 있는 것이다. 그것은 그리스도 예수 안에서, 그리고 그 십자가의 죽음과의 교제 안에서 그분과 같이 되는 모든 사람에게서, 일어날 일(復活)의 상징이었다.

우리는 신자의 삶에서 이것이 우리를 어디로 인도하는지를 본다. 그리스도께서 출생 안에서 그 생명을 아버지께로부터 받은 것처럼 우리도 우리의 중생(重生) 안에서 그 생명을 아버지께로부터 받는다. 그러나 그리스도 예수의 생명은 필히 그분이 아버지의 영광 가운데서 온전한 생명으로 들어가기 전에 제물로 드려져야만 했다. 우리들에게도 그것은 역시 마찬가지이다. 중생에서 하나님이 우리에게 주신 생명은 다만 우리로 하여금 그리스도의 죽음에 대한 온전하고 자의적인 일치를 깨닫고 당연시하며 수용하고 그 안에 들어가도록 준비시키기 위한 것이다. 아직도 자아(自我)에 관한 것이 얼마나 많이 있는지를 우리가 보게 됨에 따라 우리는 자아에 대한 죽음 안에 무엇이 함축되는지를 배우며 사모하기 시작한다. 그것은 어떤 선(善)을 행함에 있어서 우리가 전적으로 무능하다는 것에 대한 깊은 통찰을 의미한다. 그것은 기꺼이 그리고 진심으로 내가 아무 것도 아니요 아무 것도 할 수 없다는 것과 하나님께서 모든 것이 되시고 모든 것을 하신다는 것에 동의하는 것을 의미한다. 그것은 우리 자신의 일을 참으로 그치는 것과, 하나님 보시기에 좋은 대로 하나님을 위하여 뜻하시고 행하시는 성령에 의한 하나님의 직접적이고도 중단 없는 역사하심에 우리가 전적으로 항복하는 것을 의미한다. 그것은 사람이 자아에 대한 죽음 이외의 어떤 것으로도 만족할 수 없는바, 자기 목숨을 미워함이요 자아를 부인하는 것이다.

그것은 이 새롭고 산 길 안에서 주님을 따르기를 구하는 영혼의 삶이요, 죽은 자를 살리시는 살아계신 하나님 안에서의 믿음을 필요로 하는 영혼의 길이며, 그러한 믿음을 행사하기에 합당하게 될 영혼의 모습이다. 그것은 그 능력을 불러내는 믿음의 시련이요, 하나님의 능력을 간구하는 믿음의 요소이다. 아아, 만약 우리가 하나님 자신이 우리에게 주신 생명을 가져오라는 하나님의 부르심을 그 모든 축복의 경험과 더불어 알아듣기만 했다면, 그리고 그것을 가져가 저 골고다 십자가의 죽음에 넘기었다면, 얼마나 우리는 그분의 크신 소생 능력 안에서 그분을 배우고 알게 될 것인가! 어느 정도는 하나님을 따르고 더 많이는 사람을 따르는 어두운 믿음과 생명 대신에, 아브라함을 이끄셨던 하나님은 우리를 모리아산, 그 죽음의 장소로 데려가시고, 거기서 그 후로는 하나님의 크신 능력이 모든 것을 하신다는 확증을 우리에게 주실 것이며, 아울러 우리는 우리가 아무 것도 아니요 하나님이 우리의 생명이 되신다는 것 안에서 우리의 축복과 영생을 발견할 것이다.

믿는자여! 아브라함은 하나님이 능히 죽은 자 가운데서 다시 살리실 줄로 생각하고 이삭을 제물로 드렸다. 죽음의 장소로 나아가라. 거기서 죽은 자를 살리시고 죽음 안에서 생명을 주시는 하나님을 신뢰하며, 하나님의 영광을 볼 것을 믿으라.

1. 하나님 능력의 최고의 증거는 죽은 그리스도를 다시 살리신 것이다. 그리스도께서 하신 최고의 믿음의 행사는 죽음에서 자신의 영을 아버지의 손에 맡기신 것이다. 신자에게 있어서 가장 큰 믿음의 행사는 하나님께서 주신 목숨을, 내주하시는 성령으로 말미암아 소생케 해주신다는 믿음으로, 날마다 죽음에 넘기는 것이다.

2. 이삭이 출생하기 전에 아브라함은 약속에 관하여만 배워야 했다. 그 후 그는 이삭을 의지하는 위험에 처했는데 그럼으로써 이삭은 포기되어야 했던 것이다. 믿음으로 받은 하나님의 모든 선물은 우리의 신뢰가 되는 까닭에 더 큰 믿음 안에서 그것들은 하나님 앞에 포기되어야 하는 것이다.

3. 매일 매순간 우리의 전체 생명은, 전능하신 하나님이 우리 안에서 성령으로 말미암아 행하시는 역사이어야 한다.

106. 자녀를 축복하는 믿음

11:20 믿음으로 이삭은 장차 오는 일에 대하여 야곱과 에서에게 축복하였으며
11:21 믿음으로 야곱은 죽을 때에 요셉의 각 아들에게 축복하고 그 지팡이 머리에 의지하여 경배하였으며
11:22 믿음으로 요셉은 임종시에 이스라엘 자손들의 떠날 것을 말하고 또 자기 해골을 위하여 명하였으며
11:23 믿음으로 모세가 났을 때에 그 부모가 아름다운 아이임을 보고 석 달 동안 숨겨 임금의 명령을 무서워 아니하였으며

본 장에서나 성경 전체를 통하여 믿음이 얼마나 부모와 자녀들의 관계에 영향을 미치느냐 하는 것은 주목할 만한 일이다. 사실 부모의 생명은 자녀들에게 분여된다. 영적 세계에 있어서도 마찬가지이다. 하나님과의 믿음의 교제는 자녀에게까지 미치는 까닭에 강한 믿음의 사람은 그의 자녀들에게 축복이 된다. 우리는 노아와 아브라함과 사라에게서 하나님 안의 그들의 믿음이 얼마나 크게 그들의 자녀에게 영향을 끼쳤는지를 보았다. 그리고 여기에서 우리는 네 가지 예를 더 보게 된다.

믿음으로 이삭은 야곱과 에서에게 축복하였으며 자손들에 대한 이삭의 축복은 그의 아버지와 그 자신에게 준 하나님의 약속 안에 있는 자기 믿음의 증거였고 자손들에 대한 축복의 이전(移轉)이었다. 다가오는 미래에서 저들의 위치를 각자에게 정해주면서 믿음으로 야곱은 요셉의 아들들에게 축복하였다. 믿음으로 요셉은 임종시에 이스라엘 자손들의 떠날 것을 말했는데 "나는 죽으나 하나님이 너희를 권고하시고 너희를 이 땅에서 인도하여 내시리라"(창 50:24)고 했던 것이다. **믿음으로 모세가 났을 때에 그 부모가 아름다운 아이임을 보고 석 달 동안 숨겨** 그들이 알고 있던 운명 안에서 그들의 믿음은 이스라엘 자손들을 기다리는 가운데, 하나님의 자비 안에서 그의 백성을 돌아보며 그들에게 왕의 명령을 두려워하지 않는 용기를 주는 것이었다. 이 모든 경우에 믿음은 자손들을 향한 감추어진 영감이었고 축복의 근원이었다. 믿음은 결코 믿는 자 자신 안에 그 자체를 가둬놓지 않고 믿는 자의 가정과 자손에게 이전된다.

그러면 어떻게 믿는 부모가 오래 그리던 이 축복(祝福)을 그 자녀들을 위하여 확보할 수 있는가? 그 유일한 답은 오직 믿음으로만 가능하다는 것이다. 우리의 삶은 필히 믿음이 전부이어야 하는데 보지 못하는 것들이 우리의 삶이 되고, 보이지 않는 하나님께서 필히 우리의 생명이 되어야 한다. 축복과 능력은 하나님의 것인데 우리가 우리의 삶과 우리의 가정에 하나님을 더 많이 소유하면 할수록 우리 자녀들에겐 숨겨진 힘이 더 머물게 된다. 믿음은 단지 우리의 자녀들에게 언약의 약속이 있다는 것을 알고 기도로써 그것을 간구하는 것만을 의미하지 않는다. 그것도 하나의 믿음의 행사이며 큰 가치를 갖는다. 그러나 중요한 일은 생명인데 믿음은 우리의 삶 안에 하나님이 오실 길을 마련하고 하나님이 거하실 처소를 드린다. 그리고 때때로 소망이 멀어지고 약속이 실패한 것처럼 보일 때에도 믿음은 이것을 보다 철저하고 보다 담대하게 하나님을 신뢰하도록 하는 부르심으로 파악한다. 우리가 우리의 확신을 끝까지 굳게 붙들 때, 인내와 오래 참음으로 하나님께 영광을 돌리면서 우리가 믿음 안에 굳게 설 때, 우리는 우리가 이 약속을 상속한다는 것도 또한 알게 된다. "나는 너의 하나님이 되고 네 후손의 하나님도 되느니라"(창 17:7).

족장(族長)들로부터 우리는 자손을 축복하는 믿음이 성장하는 분위기와 토양이 무엇인지를 배운다. 그들은 약속의 땅에서 외국인과 나그네로 살았고 애굽에서도 역시 약속의 땅으로 돌아갈 것을 바라면서 외국인과 나그네로 살았다. 그들의 전 생애는 하나님 안의 소망이었고 하나님께서 하시고자 하는 그것이었다. 그들은 그들의 민족사(民族史)에서 얼마나 영광스럽게 하나님이 그 약속을 성취시킬 것인가를 증명하기 위하여 하나님이 붙든 사람들이었다. 그래서 그들은 하나님만을 의지해서 살아야 했다. 어느 누구도 동시에 두 장소에 존재할 수 없다는 것은 자연의 법칙이다. 이 법칙은 마음에 있어서도 적용된다. 하나님께서 아브라함과 그 후손을 그들의 나라에서 이끌어 내셨을 때 그것은 사람들을 떠나 하나님께 성별되는 그 약속의 땅이 그들에게 믿음의 훈련소가 되게 하려는 것이었다. 그들은 하나님과의 교제 안에 살기 위해 집과 가족과의 교제로부터 나온 것이다. 그들은 거기서 믿음으로 자손들을 축복하는 것을 배웠던 것이다.

세상으로부터의 분리와 하나님께로의 성별, 자아와 그 생명에 대한 거부, 순례의 길에서 아브라함을 본받음, 그리고 자기희생에 있어 그리스도를 본받는 것은 믿음의 생명이 충만한 약속의 땅으로 가는 유일한 길이다. 전적으로 하나님을 위해 사는 것, 하나님 안에 있기만을 바라는 것, 항상 하나님과 동행하는 것, 그리고 모든 일에 있어서 하나님께 듣는 것은 우리의 대제사장께서 인도하시는 내적 성소로 들어가는 새롭고 산 길이다. 약속의 땅과 족장들과의 관계는 성별된 삶과 순종과 믿음의 장소로써 지성소와 우리와의 관계와 같다. 그곳은 하나님께서 우리에게 말씀하신바 "너는 내가 네게 지시하고 내가 네게 복주는 땅으로 가라"고 하신 곳으로서 우리의 믿음이 자유롭게 자랄 수 있는 유일한 땅이고, 하나님이 우리 안에서 그분의 능력을 증명할 땅이며, 그럼으로써 우리도 그들처럼 하나님께서 하시는 일을 보여줄 수 있는 곳이기도 하다. 그리고 거기가 우리의 믿음이 우리 자손에게 충만한 축복으로 되는 곳이기도 하다.

우리가 축복할 수 있는 것은 오직 믿음으로써 이다. 하나님께서는 우리 자신의 집보다도 더 큰 누리에 우리를 복주시기 원하신다. 하나님은 그릇을 부르시되 그의 축복을 배가할 수 있는 빈 그릇을 널리 부르신다. 우리의 믿음이 하나님께 우리를 내어드리고 하나님께서 우리의 모든 것이 되시게 할 때 하나님은 유일한 축복의 샘이 되시고 그 축복은 넘치게 된다. 하나의 축복이 되고자 하는 신자들은 믿음의 사람이 되도록 하라. 자신 안에 아무 것도 갖지 않고 아무 것도 아닌 사람이 되어 자유로이 일하실 영역을 하나님께 드릴 때 축복은 부족함이 없게 되는 것이다. 아아, 하나님께서는 하나님 자신의 세계 안에 하나님께 속한 장소를 갖으시옵소서. 아직 그렇지 못할량이면 하나님 백성의 마음 안에, 아니, 독자들과 제 마음 안에 하나님의 그 처소를 갖으시옵소서! 하나님께서 모든 것이 되신다는 것을 믿음이 보고 동의하고 간증하게 하라. 그리하면 하나님은 당신과 당신의 이웃을 위해서 스스로 축복의 하나님 되심을 증명하실 것이다.

1. 부모이자 스승이 되며 사역자이자 사역에서의 축복의 비결이 되는 능력, 이것이 믿음이다. 믿음이 때때로 어떤 약속 안에만 있게 하지 말고 하나님이

우리 생애의 전부가 되시게 하는 거룩한 믿음의 습관을 가지라. 하나님이 당신의 생명이 되시며, 당신 안에 자신의 생명을 유지하고 나타내시는 하나님이 되시는 믿음을 가지라. 하나님께서 당신을 통하여 역사하시리라.

2. 하나님께서 그 목적을 이루시는 하나님 손 안의 도구가 되고 하나님께서 그분의 사랑을 채우는 그릇이 되는 것이 얼마나 큰 축복인가!

3. 당신 자신을 축복이 되는 통로로 여기기를 배우고 믿음과 사랑이 당신의 전 생애의 증표가 되게 하기를 배우라.

107. 모세와 믿음의 결단

11:24 믿음으로 모세는 장성하여 바로의 공주의 아들이라 칭함을 거절하고
11:25 도리어 하나님의 백성과 함께 고난 받기를 잠시 죄악의 낙을 누리는 것보다 더 좋아하고
11:26 그리스도를 위하여 받는 능욕을 애굽의 모든 보화보다 더 큰 재물로 여겼으니 이는 상 주심을 바라봄이라

우리는 모두 믿음으로 산다. 우리가 사랑하며 그 안에 사는 것이 우리가 믿는 것이다. 보이는 것과 일시적인 것을 신뢰하고 거기에 자신을 양보하는 사람은 세속적이며 육신적인 삶을 산다. 보이지 않는 것과 영원한 것을 바라보며 거기에 자신을 일체화하는 사람은 신성의 하늘에 속한 삶을 산다. 이 두 믿음 사이에는 항상 그 선택이 있다. 보이지 않는 것에 대한 결단이 보다 명확하고 신중하며 의지적일수록 하나님 안의 믿음은 더 강해지고 보상을 받게 된다. 올바른 선택을 하는데 있어서의 큰 어려움은, 에덴동산에서부터 보이고 느껴지는 일들이 얻은 승리에 의해 우리의 눈이 멀었고, 현재의 일들이 비록 우리가 그것들에게 작은 가치를 부여한다 하더라도 지속적인 가시성(可視性)과 쉬지 않는 유혹으로 우세한 힘을 갖는다는 사실 속에 있다. 믿음이 해야 하는 큰일은, 그리고 믿음의 성장과 힘을 위한 가장 좋은 수련은 보이지 않는 것을 선택하는 일이다.

이러한 선택에 있어서 모세는 놀랄 만한 예가 된다. 그 선택의 반대편에 무엇이 있었는지를 보라. 이쪽에는 육신(肉身)의 정욕, 즉 한창 때를 위한 죄의 쾌락

이 있었다. 안목(眼目)의 정욕, 즉 애굽의 부요가 있었다. 이 생(生)의 자랑, 즉 바로의 딸의 아들로 칭함을 받는 것도 있었다. 그리고 저쪽에는 오직 고난과 능욕을 받는 것이 있었다. 그러면 무엇이 모세로 하여금 현명한 선택을 하게 하였는가? 그는 하나님의 백성들과 함께 능욕을 받는 것이 자신의 분깃과 방패로서 하나님을 소유하는 것임을 보았던 것이다. 그는 마음을 하늘로 이끄는 그리스도의 영의 능력 안에서 그리스도의 능욕을 짊어졌다. 앞에 있는 즐거움을 위하여 십자가를 참으신 그리스도처럼 그는 상 주심을 바라보았다. 선민(選民)을 향한 하나님의 축복 안에 있는 믿음, 그리스도와의 영적 연합, 땅의 심판 후에 나타날 오는 세상(Ages to come)에 대한 확신, 이 모든 것이 결코 빼앗기지 아니할 좋은 것을 택하도록 그를 인도하고 그에게 힘을 주었던 것이다.

우리는 본 장을 히브리서 전체와 함께 살펴보고 그리스도의 인도 아래 있는 삶, 즉 하나님 임재의 지성소로 이끄는 그리스도와의 일치의 길인 새롭고 산 길 안에 있는 삶을 배운다. 우리는 우리가 어떻게 약속을 상속하고 하나님의 안식 속에 들어가는 믿음의 충만한 행사 안에서 강건하게 성장하며 살 수 있는지를 사모한다. 모세의 증거는 명확하다. 영 단번에 그리고 언제나, 어떤 대가를 치르고라도 보이지 않는 것, 즉 그 보상이 확실하고 큰 것을 선택함으로써 믿음을 보이는 것이다. 아브라함에게서 우리는 어떤 특별한 반대나 핍박이 없을 때에 이러한 선택을 한 것을 보았다. 우리의 존재가 고난과 능욕 속에 모든 것을 잃게 되는 위험을 만날 때 믿음이 주저하거나 정지하지 않는 것, 이것이 우리가 필히 염두에 두어야할 모세의 선택의 특성이다. 하나님의 백성들과 더불어 고난을 받고 그리스도의 능욕을 짊어지며 이것을 애굽의 모든 보화보다 더 큰 부요로 여기는 것, 이것이 믿음이 사람에게 해주는 것이고 이것이 믿음을 강하게 하는 영적 훈련이다. 믿음은 심판의 날이 끝나고 영광이 시작되는 관점에서 모든 것을 영원(永遠)의 빛에 비추어 판단하는데, 그때 참된 가치에 따라 모든 것을 보게 되고, 희생과 고난과 손실과 시험을 기쁜 결심과 굳은 의지와 강한 인격과 믿음의 승리를 가져오는 훈련으로 환영하게 된다.

여기에서 우리는 오늘날 믿음이 연약한 한 이유를 본다. 세상과의 분리가 없다는 것이다. 수많은 신자들이 끝없이 신앙을 고백하면서도 더 많은 쾌락과 명예와 부요를 추구한다. 그런 분위기 속에서 믿음은 질식한다. 세상이 그 예술과 문화와 번영과 더불어 종교적 고백을 많이 하고 있지만 그것이 바로 그리스도를 거절한 그 세상이란 것을 사람들은 믿지 않고 기억하지 않는다. 주와 같이 되려는 제자(弟子)는 그 주께서 세상에 속하지 않은 것같이 자기도 세상에 속하지 않아야 한다. 그는 바울처럼 "그러나 내게는 우리 주 예수 그리스도의 십자가 외에 자랑할 것이 없으니 그리스도로 말미암아 세상이 나를 대하여 십자가에 못 박히고 내가 또한 세상을 대하여 그러하니라"(갈 6:14)고 말하기를 주저하지 않아야 한다.

하나님의 나라에서 모세가 차지하고 있는 자리는 얼마나 놀라운가? 선지자로서, 중보자로서, 중재자로서, 그리고 온유함과 신실함에 있어서 그리스도의 모형으로서 모세보다 우위에 설 수 있는 하나님의 종은 별로 없다. 그러면 무엇이 그에게 이 자리를 주었는가? 단지 하나, 그리스도의 능욕을 위하여 모든 것을 포기하는 선택을 한 그것이다. 신자들이여, 당신은 하나님을 향하여 살고 모세처럼 하나님을 뵙기 위하여 하나님의 장막에 들어가려는가? 당신은 축복의 도구와 능력이 되고 믿음의 강자가 되려는가? 그렇다면 세상의 영(靈)에서 온전히 구별되기를 구하고 세상의 쾌락과 명예와 부요를 거절하며, 하나님 백성의 비천함과 그리스도의 능욕을 당신의 보화로 삼으라. 세상과 그 문화와 그 소유와 그 우정과의 관계성에서 무엇이 참된 그리스도와의 일치인가를 가르쳐 주도록 성령의 조명을 구하라. 어떤 인간적 표준에서 합법적이라고 하는 것을 판단하는데 유의하라. 그리스도께서만 당신에게 모든 것을 버리고 모든 것을 파는 것과, 당신 자신을 부인하고 십자가를 지는 것과, 그분을 따르는 것이 무엇인지를 가르칠 수 있으시다. 그리스도와의 일치를 위해 모든 것을 버릴 것으로 여기라. 모세와 같은 인격의 형성은 그리스도의 능욕을 지는데 있다. 이것이 능력과 축복으로 나가는 믿음의 확실한 길이다.

모세를 본받고 그리스도의 능욕을 당신의 부요로 삼으라, 그리하면 당신은 모세와 더불어 상 주심을 받을 것이다. 그러므로 우리는 그 능욕을 지고 그에게 나아가자!

1. 당신의 위험 요소가 어디에 있는지 아주 주의 깊게 살펴보라. 사람들과의 우정과 명예가 그것인가? 쾌락이 그것인가? 세상의 염려가 그것인가? 그것이 무엇이든지 간에 그것을 포기하라. 믿음 안에서 강할 수 있는 것은 세상이 아닌 영뿐이다.

2. 사람으로 하여금 모든 것을 참고 모든 것을 희생하게 하는 믿음은 무엇인가? 그것은 오직 사물(事物)의 진면목과 가치를 통찰하고 하나님께서 보시는 대로 그것들을 판단하는 눈이다. 그렇다, 차라리 우리는 하나님께서 모든 것 되심을 보고 피조물은 그것들이 우리를 하나님께로 인도하지 않는 한 아무 것도 아닌 것으로 여기자.

3. 당신 자신이 보이지 않는 분과의 고독과 교제 가운데 은거함으로서 믿음을 수련하라. 이 세상 학문과의 너무 자유로운 교제를 주의하라, 그 영(靈)이 당신 안에 침투하는 까닭이다. 세상은 하나님을 알지 못한다. 옳은 것을 선택하고 그 선택을 견지하라.

108. 이스라엘과 믿음에 의한 구속

11:27 믿음으로 애굽을 떠나 임금의 노함을 무서워 아니하고 곧 보이지 아니하는 자를 보는 것 같이 하여 참았으며
11:28 믿음으로 유월절과 피 뿌리는 예를 정하였으니 이는 장자를 멸하는 자로 저희를 건드리지 않게 하려 한 것이며
11:29 믿음으로 저희가 홍해를 육지 같이 건넜으나 애굽 사람들은 이것을 시험하다가 빠져 죽었으며
11:30 믿음으로 칠일 동안 여리고를 두루 다니매 성이 무너졌으며
11:31 믿음으로 기생 라합은 정탐꾼을 평안히 영접하였으므로 순종치 아니한 자와 함께 멸망치 아니하였도다

위의 구절들을 읽을 때 우리는 하나님께서 하시는 모든 구속 역사(役事)에 있어서 사람 편에서 할 일이란 처음도 믿음이요 마지막도 믿음이라는 사실을 출애굽으로부터 가나안에 들어가기까지의 이스라엘 역사로부터 다섯 가지의 예를 통하여 새롭게 확증하고 있음을 본다. 우리가 하나님의 계시를 전체적으로 보든지 개별적으로 보든지 간에 어디서나 하나님께서 요구하시는 한 가지 일, 즉 하나님을 기쁘시게 해드리는 한 가지 일과 하나님의 축복을 확보하는 한 가

지 일은 오직 믿음이란 사실을 우리는 발견한다. 믿음으로(by faith)라는 말을 다섯 번이나 반복하는 가운데서 우리는 아무리 환경이 바뀌고 의무가 달라진다 하더라도 인간의 모든 의무 중의 첫 번째 의무는 항상 보이지 않는 하나님을 믿는 것임을 깨닫게 된다. 마침내 우리는 한 가지 교훈을 배우게 되는데 하나님도 한 분이시요 구속함도 하나이듯이 하나님께와 그 구원으로 가는 길도 다만 하나님을 믿는 것 하나뿐이라는 사실을 배운다. 하나님의 유일무이한 주권이 절대적이며 우주적이고 확고한 것처럼 우리 마음속에서의 믿음의 주권도 역시 그래야 한다. 왜냐하면 믿음이 마음에서 최상의 자리에 섰을 때 그것은 하나님을 위한 길을 예비하고 하나님께서는 우주(宇宙) 안에서 하나님 되신 바대로 우리 안에서 하나님이 되시며, 자신의 속성 안에서 하나님 되신 그대로 우리에게 모든 것이 되어 주시는 까닭이다.

하나님의 영의 인도 아래 있던 이스라엘의 역사는 인생이 되신 그리스도의 삶의 실제적 모형이요 특성 그대로였다. 그 역사의 초두(初頭)에서 취한 예에서 우리는 놀랍게도 그리스도인의 삶의 주요한 단계를 예시하는 어떤 것을 본다. 믿음으로 모세는 뒤따라 올 왕의 분노를 두려워함이 없이 이스라엘 민족과 더불어 애굽(Egypt)을 떠났다. 그것은 언제나 첫 번째 단계로써 우리도 사탄이나 세상의 분노를 두려워하지 않고 애굽, 즉 우리가 태어난 땅을 나와 이 세상에 작별을 고하고 죄를 이별하는 것이다. 이것이 결정적으로 이루어지고 끈기 있게 이루어지는 것은 다름 아닌 믿음에 의한 것이다. 믿음은 모세에게 그랬던 것처럼 우리에게도 그러한 것을 할 수 있게 한다. 보이지 아니하는 자를 보는 것 같이 하여 참았으며. 여기에 믿음의 큰 능력이 있다. 믿음은 세상 사람들이 볼 수 없는 것을 보는 것이다. 믿음은 다른 사람들이 보고 행로를 선택하는 수만 가지 사물(事物) 가운데서 무한히 가치 있는 어떤 것, 즉 하나님을 보는 것이다. 믿음이 신자들로 하여금 세상 사람들과 달리 행동하게 하는 것은 크게 놀라운 일이 못된다. 믿음이 보는 모든 것 위에 영원(永遠)과 하나님의 밝은 빛은 빛나고 있다. 그렇게 장엄한 영감(靈感) 아래에서 믿음이 큰일들을 할 수 있다는 것은 백번 지당한 일인데 이는 믿음이 도와주시는 자요 능력이 되시는 하나님을 보기 때문이다.

여기에서 나는 어느 직업을 갖든지 사람의 눈이 실습에 의해 다른 사람이 볼 수 없는 것을 볼 수 있도록 훈련될 수 있는 것처럼, 믿음의 눈도 어디서나 하나님을 볼 수 있도록 훈련될 수 있다는 것을 모든 신자들에게 간곡히 말해주고 싶다. 마음에 그 사실이 충만할 때까지 하나님의 임재 가운데 거하라. 주위에 일어나는 모든 일 가운데서 하나님을 인식하라. 지고하신 하나님의 얼굴빛 가운데서 걷기를 구하라. 보이지 않는 하나님을 보는 것은 세상을 버리고 하나님의 뜻을 행하는 것을 쉽게 만든다.

믿음으로 이스라엘과 더불어 유월절과 피 뿌리는 예를 정하였으니 이는 장자를 멸하는 자로 저희를 건드리지 않게 하려한 것이며 믿음이 그 첫 번째 단계, 즉 애굽을 버리는 것을 위하여 준비가 되면 하나님께서는 하나님의 하늘 은총으로 믿음을 맞아주시고, 그 믿음은 피(寶血)의 보호 아래에서 온전한 안전과 안식(安息)을 발견한다. 이스라엘이 하나님의 말씀을 존중하고 양의 피를 신뢰하였다면 아아, 천 배나 더 우리는 어린양 예수의 피를 존중하고 그것이 우리에게 가져오는 영원한 구원을 믿고 구할 것이 아닌가. 우리는 죄와 사망을 정복하는 것에 있어서, 하늘을 여는 것에 있어서, 우리의 양심과 마음을 정결케 하고 온전케 하는 것에 있어서, 그리고 우리를 하나님께 가까이 인도하는 일에 있어서 그 피의 놀라운 능력에 대하여 가르침을 받았으니 모든 죄에서 우리를 깨끗케 하는 그 피의 능력에 우리의 전인적 존재(存在)를 열어드리자. 우리의 믿음이 보이지 않는 하나님 안에서 즐거워하고 하나님의 어린양의 보배로운 피를 즐거워하도록 하자.

믿음으로 저희가 홍해를 육지 같이 건넜으나 피를 뿌림에는 새로운 삶에 들어가는 문이 따라오는데 이는 극복할 수 없는 고난을 통하여 우리가 알지 못하는 길로 하나님의 인도를 받도록 굴복하는 것을 말한다. 믿음으로 저희는 한 번도 사람이 지난 적이 없는 길, 추격하는 자들이 따라올 수 없었던 길의 물 가운데를 통과하였다. 믿음은 하나님께서 인도하시는 길을 따라가는 까닭에 자연(自然)이 실패하는 곳에서 승리하는 것이다.

믿음으로 여리고 성이 무너졌으며 이스라엘 백성의 무력한 입장에서 볼 때 적이 의지하던 그 강력(强力)은 믿음의 힘 앞에서는 아무 쓸모가 없었다. 언제나 우리는 하나님께서 약속하신 안식을 소유하게 하실 때까지 조용한 인내와 인종으로써 하나님과 우리의 칠 일간, 즉 완성적(完成的) 시간의 주기를 기다리는 법을 배울 것인가. 우리는 불가능을 수행하는 하나님의 자녀이며 그것을 기다리고 받는 믿음의 삶으로 부르심을 입은 자녀이다. 믿음으로 그것을 간구하자. 우리의 삶이 하나님 안의 믿음이 되게 하자.

믿음으로 기생 라합은 정탐꾼을 평안히 영접하였으므로 순종치 아니한 자와 함께 멸망치 아니하였도다 믿음에 의한 구원은 이스라엘을 위한 것일 뿐만 아니라 이방인도 위한 것이다. 믿음으로 라합은 구원을 받았을 뿐만 아니라 예수의 조상 중의 하나가 되었고 믿음의 축복을 증명하는 허다한 사람들 중의 하나가 되었다. "하나님 안의 믿음을 가지라, 믿는 자에게는 모든 것이 가능하다"고 한 결 같이 저들은 우리를 부른다. 믿음이 우리의 모든 것이 되게 하라, 그리하면 하나님께서 우리의 모든 것이 되시리라. 하나님이 당신의 모든 것이 되게 하라, 그리하면 그분께서 모든 것을 하시리라.

믿음으로 이것이 우리 생애의 표어가 되게 하라. 모든 궁핍과 난국에 처할 때, 모든 소원과 기도에 있어서, 모든 일과 시험에 있어서, 우리 자신과 하나님의 모든 생각에 있어서, 살아계신 하나님 안에서 살아있는 믿음을 언제나 호흡하는 것이 우리가 구하는 한 가지 일이 되게 하라. 다시 한 번 말하거니와 하나님의 유일무이한 주권이 절대적이며 우주적이고 확실한 것처럼 우리 마음속의 믿음의 주권도 그러해야 한다. 우리는 우리가 믿음을 갖는 만큼 우리의 마음 안에 하나님을 모실 수가 있다. 그리고 하나님께서 모든 것이 되시며 우리에게도 모든 것이 되셔야 하는 까닭에 우리 안에 있는 믿음도 우리의 모든 것이 되어야 한다.

1. 구약시대의 성도들은 우리보다 빛을 적게 받았다. 그들이 그렇게 오늘의 많은 사람들보다 더욱 큰 믿음을 가진 것은 어찌된 일인가? 그 까닭은 우리는 우리의 머리와 이성(理性)이 빛을 붙들 때에야 우리가 가진 그 빛을 신뢰하지만 그들은 먼저 하나님께 자신을 던지고 하나님을 믿었기 때문이다. 오직

예수께서 계시한 온전한 삶으로 우리 자신을 드리자. 믿음은 그분께서 어떤 능력을 우리에게 주시는지를 볼 것이다.

2. 오직 순종 안에서 어떻게 믿음이 어디서나 역사할 수 있었는지를 유념하자. 애굽을 떠남과 피를 뿌림에 있어서, 홍해(紅海)를 건넘에 있어서, 여리고를 돌고 라합을 구출함에 있어서 믿음이 역사하고 승리한 것은 모두가 전적으로 순종 안에 있었다.

3. 믿음은 하나님의 뜻을 선택하고 그 뜻 안에 들어가며 그 뜻에 양보하는 의지의 능력이다. 당신이 믿음에 강하다면 하나님의 모든 뜻 안에서 온전하게 설 것이다.

109. 믿음과 그 성취의 능력

11:32 내가 무슨 말을 더하리요 기드온, 바락, 삼손, 입다와 다윗과 사무엘과 및 선지자들의 일을 말하려면 내게 시간이 부족하리로다
11:33 저희가 믿음으로 나라들을 이기기도 하며 의를 행하기도 하며 약속을 받기도 하며 사자들의 입을 막기도 하며
11:34 불의 세력을 멸하기도 하며 칼날을 피하기도 하며 연약한 가운데서 강하게 되기도 하며 전쟁에 용맹되어 이방 사람들의 진을 물리치기도 하며
11:35 여자들은 자기의 죽은 자를 부활로 받기도 하며 또 어떤 이들 은 더 좋은 부활을 얻고자 하여 악형을 받되 구차히 면하지 아니하였으며

가나안에 들어가면서 여리고성이 함락됨으로서 이스라엘 역사의 첫 번째 기간은 막을 내린다. 종전대로 논증하는 것은 너무나 많은 시간이 걸리므로 저자는 이제 사사(士師)들과 왕들과 선지자들 중에서 가장 뛰어난 몇 사람을 거명한 뒤 믿음이 할 수 있는 것과 믿음으로 고난 받는 것에 대한 놀라운 증거의 일반적 서술로 나아간다. 저자는 히브리인들의 마음에서 수건을 제거한 후, 성경의 역사(歷史)를 알고 있는 수많은 사람들이 끝내 보지 못하는 것이 바로 기록된 외향적(外向的) 사건들의 저변과 이면에 사활을 좌우하는 하나님 안의 믿음의 원리가 살아 있었다는 사실을 보여주려 한다. 역사는 한편으로 하나님을 신뢰한 사람들을 위하여 하나님께서 그들로 말미암아 행하신 일의 기록이고, 다른 한

편으로 자신의 백성을 인도하시는 하나님의 임재와 역사하심의 증표가 항상 그분이 주시는 믿음의 영(靈)이었음을 증거 한다. 행사하는 믿음은 내면에 있는 신적 생명의 발로이고 바라는 것들의 실상이요 보지 못하는 것들의 증거이다.

믿음의 위대한 성취를 언급하는 데에 저자는 세 개의 개별적인 삼중사역을 열거한다. 첫 번째로 우리는 믿음의 영웅들이 무엇을 성취했는가를 본다. 적과의 전투에서 그들은 민족들을 정복했고, 백성을 다스리며 악을 대항함에 있어서 그들은 의를 행하였으며, 하나님을 대함에 있어서 그들은 약속을 받았던 것이다. 두 번째로 들짐승과 자연계와 인간 폭력으로부터의 개인적인 구출이 전면에 부각된다. 그들은 사자들의 입을 막았고 불의 세력을 멸하기도 했으며 칼날의 위험을 피하기도 했다. 세 번째로 우리는 개인에게 능력을 주는 믿음의 경험들을 듣는데 연약한 가운데서 강하게도 되며 강해진 힘은 전쟁에서 이방사람들의 진을 파하는 것으로 변하기도 했다. 거기에 한 가지 일이 더해지는데 여자들은 자기의 죽은 자를 부활로 되돌려 받았다는 것이다. 믿음으로 여자들은 사망(死亡)의 권세를 극복했다. 믿음의 능력은 우리 안에서 역사하는 하나님의 능력인 까닭에 이 세상에 있는 어떤 힘도 그것을 당하지 못한다.

옛날의 영웅들과 영웅담(英雄譚)의 기록은(사사기의 내용을 가리킴: 역자 주) 우리가 그것들의 참된 의미를 주목할 때 가장 유익한 것이 된다. 감명 깊은 한 가지 일은, 하나님께서는 믿음에게 역경과 위험을 면제받게 되리라는 약속을 별로 해주시지 아니 하셨다는 것이다. 하나님께는 적이 오는 것을 막아주는 것이나 적을 이겨주는 것이 모두 손쉬운 일이다. 그러나 그렇게 해줄 경우 커다란 손실이 따라온다. 그렇게 도와주면 믿음은 자체를 행사하도록 부름 받을 필요가 없고, 사람은 자기의 하나님을 배우거나 자기가 하나님의 자녀라는 것을 결코 알지 못하게 된다는 것이다. 모든 시련은 두 가지 목적을 달성한다. 그것은 우리가 하나님을 바라보는 신뢰로 말미암아 하나님을 영화롭게 하는 기회를 우리에게 준다. 또한 그것은 하나님이 얼마나 신실하게 자녀들을 돌보시며, 얼마나 진실하게 자녀들을 위하여 그들 안에서 일하시는지를 보여줄 수 있는 기회를 하나님께 드린다. 자녀의 온 마음이 신뢰와 겸손과 믿음 속에서 아버지를 향하도록 이끄는 것은 시련 속에 있다. 하나님께서 그 자녀의 열린 마음 가운데 하나님 사랑의 모든 자비로움과 구원하는 능력을 드러낼 수 있는 것도 시련 속에 있다. 시련이 없이는 믿음의 수양도 없고 영적 인격(人格)의 성장도 없으며 하나님께 자기를 포기한 깊은 신뢰도 있을 수 없다. 크든 작든 모든 시련으로 말미암아 하나님을 찬양하자. 그것은 하나님께 면류관을 드릴 큰 기회를 우리에게 주고 우리에게 면류관을 주실 기회를 하나님께 드린다.

이스라엘의 역사에서 믿음의 성취를 생각할 때 떠오르는 또 다른 사실은 그것들이 얼마나 밀접하게 공중(公衆)의 복지와 하나님과 백성의 대의명분(大義名分)을 위한 헌신적인 삶에 관련하여 말씀되었는가 하는 것이다. 이기적인 것은 믿음의 죽음이다. "너희가 서로 영광을 취하니 어찌 나를 믿을 수 있느냐?"(요 5:44). 자신의 안락과 미덕(美德)을 위하여, 그리고 비록 전적으로 타인을 위하여서라지만 그런 구실로 능력을 소유하기 위하여 믿음의 강자가 되기를 구하는 한, 일단 우리가 그것을 얻을 경우 우리는 실패한다. 자아(自我)의 희생 가운데서 하나님의 능력 있는 도우심을 구해야할 필요성과 권리를 발견하는 것은 자신의 연약함 속에서 하나님과 다른 사람을 위하여 즉시 자기를 포기하는 영혼인 것이다. 기드온과 바락, 다윗과 사무엘 등 모두는 그들의 이름과 믿음이 전혀 알려지지 않았을 사람들이었지만 그들은 그들의 나라와 그 안에 있는 하나님의 대의(大義)를 위해 살았고 이스라엘 가운데서 하나님의 구속사역을 위한 도구로 쓰임 받도록 하나님께 선택되었기 때문에 알려진 사람들이다.

하나님께서 특별한 계시를 주시는 범위는 이제 이스라엘이 아니라 세계이다. 그 안에서 이루어야할 일에는 어떤 것이 있는가? 신자들과 이방인들 사이에, 교회와 선교회와 학교 안에, 절제와 청렴한 사역 안에, 여러 모양의 불평등과 세속성에 대한 싸움 가운데, 크고 작은 집단들 가운데에, 믿음의 영웅들이 민족들을 정복하고 의를 이루며 약속을 얻을 수 있는 어떤 여지(餘地)와 어떤 필요성이 있는가! 우리 각자는 이 싸움을 위하여 우리 자신을 하나님께 드리자. 그리고 우리가 그렇게 할 때에 싸움을 이기기 위하여 고난 없는 믿음이 없다는 것과, 그렇다 해도 확실히 고난이 아니라 믿음이 이길 수 있다는 이중적 교훈을 잘 기억하자. 이러한 점에서 우리는 우리 자신의 유익 안에서 믿음을 구하는 것을 그치고 하나님과 영혼들을 위한 믿음의 사역 안에서 우리 자신을 내어 드리자. 우리는 하나님과 하나님의 사랑 가운데서 우리 자신을 되돌려 받기 위해 우리 자신을 잃어야만 한다.

1. 그러므로 형제들아 우리가 지성소에 들어갈 담력을 얻었으니 온전한 믿음으로 가까이 나아가자. 지성소 안에서 하나님과 더불어 믿음의 삶을 살자, 그리하면 지상에서의 당신의 전 생애가 믿음의 한 생애가 될 것이다.

2. 당신 자신을 전부 하나님께 드리라. 그리하면 당신의 믿음은 하나님 자신을 전부 당신에게 주시도록 하나님께 요구할 자신을 가질 것이다.

3. 일상생활의 자질구레한 일들 가운데서도 큼직한 일들에서와 같이 믿음을 필요로 한다. 믿음은 사소한 것을 사소하게 보지 않는데 이는 아무리 사소해도 그 안에 하나님께서 계시지 않는 것은 없기 때문이다. 믿음은 하나님께서 명실공히 모든 것이 되시도록 그 자체를 하나님께 드린다.

4. 강한 믿음의 실질적 가치는 하나님을 위해 승리를 쟁취하며 다른 영혼들의 구원과 하나님 나라의 확장을 위해 사는 것임을 기억하라.

110. 믿음과 그 인내의 능력

11:36 또 어떤 이들은 희롱과 채찍질뿐 아니라 결박과 옥에 갇히는 시험도 받았으며
11:37 돌로 치는 것과 톱으로 켜는 것과 시험과 칼에 죽는 것을 당하고 양과 염소의 가죽을 입고 유리하여 궁핍과 환난과 학대를 받았으니
11:38 (이런 사람은 세상이 감당치 못하도다) 저희가 광야와 산중과 암혈과 토굴에 유리하였느니라

믿음은 이중의 승리를 갖고 있다. 한 경우에 있어서 그것은 적(敵)이나 역경(逆境)을 제거하거나 또는 파괴하는 방법으로 정복한다. 또 다른 경우에 있어서 믿음은 고난으로부터 구출되기보다는 고난을 견디어 내도록 받는 능력으로 그것

을 극복하고, 그 믿음의 정신이 세상 사람들이나 악령들이 할 수 있는 것 보다 크다는 것을 입증하게 한다. 믿음의 승리는 종종 위협적인 악행으로부터 구출을 받은 사람들과 마찬가지로 구출을 받지 못한 사람들에게서 훌륭하게 나타난다. 성공으로 보답 받은 믿음의 영웅들이 열거된 뒤에, 우리는 여기서 구출되지 못하는 고난(苦難)의 와중에서 세상이 위협하는 그 모든 고통을 초월하여 믿음을 입증한 사람들이 언급되는 것을 본다. 어떤 이들은 더 좋은 부활을 얻고자 하여 악형을 받되 믿음을 대가(代價)로 하여 그것을 구차히 면하려하지 아니하는 가운데, 믿음이 보는 영원한 영적 실재(實在)는 그렇게도 명확하고 가까운 것이어서 그들은 현재의 고난을 장차 나타날 영광과 족히 비교할 수 없는 것으로 여겼다. 믿음의 승리는 그 승리를 확보하기 위해 현재의 고난을 감수하는 만큼 나타난다. 압박 받는 자들의 승리는 종종 최상의 성취이기도 했다.

하나님께서는, 고귀한 순교자 군(群)의 인도자로서 세상에서 버림받고 멸시당한 남녀 간의 이 사람들 안에서, 세상의 모든 행복보다 더 하나님을 귀히 여기고 하나님의 뜻과 은총과 의로우심을 더 나은 것으로 여기는 믿음의 하늘같은 아름다움을 보신다. 믿음으로 그들은 그러한 하나님과 하나님의 기뻐하시는 것에 대한 안목(眼目)을 가질 수 있었고, 그 보는 바를 얻기 위해 기꺼이 모든 것을 희생할 수 있었다. 믿음으로 그들은 하늘의 상 주심을 확신하는 가운데 그들 앞에 놓인 즐거움을 위하여 세상의 모든 쾌락을 아무 것도 아닌 것으로 여길 수 있었다. 그것은 바르게 고난을 당하는, 드높고 고상한 믿음의 행사 중의 하나이다. 고난(苦難)으로 말미암아 오는 축복은 믿음이 얻을 수 있는 가장 부요한 보상이다.

하나님께서는 우리가 우리의 작은 시련(試鍊)들을 어떻게 견디어 낼 것인지를 배우게 하기 위하여 믿음으로 극심한 고통을 이겨낸 사람들의 예를 보여 주셨다. 극심한 고난 속에서의 그들의 믿음은 보편적인 고난 속에서의 우리의 믿음을 강하게 해줄 것임에 틀림없다. 이들 성도들의 발자취를 따라가고 더 나아가 우리 구원의 크신 주님의 발자취를 따라가는 것은 모든 신자에게 있어서 일상생활에서의 아주 작고 보편적인 시련 안에 있다. 오직 믿음으로 우리는 하나님의 영광이나 우리 자신의 복지를 위하여 크든 작든 간에 모든 고난을 바로 질 수 있게 된다.

그렇다, 오직 '믿음만으로'이다! 믿음은 하나님과 영원(永遠)의 빛 가운데서 짧은 고난으로 영원한 것을 얻고, 고난이 영혼을 해치는 데는 무능력한 대신 영혼을 깨끗케 하고 복되게 하는 데는 능력이 있음을 본다. 믿음은 고난을 허락하시되 그 불 가운데서 우리와 함께 하시는 분을 우리의 깨끗케 됨과 온전케 됨을 지켜보시며 정결케 하시는 자로 보고, 또 우리에게 힘을 주시고 위로하시며 도와주시는 자로 본다. 믿음은 하나님 아들의 인격(人格)을 닮은 인격의 형성과 어떤 대가를 치르고서라도 하나님의 뜻과 영광을 유지하는 것이 세상이 줄 수 있는 모든 것보다 더 탁월하다는 것을 본다. 믿음은 우리가 하나님의 거룩하심에 동참자가 되고, 하나님 어린양의 겸손과 연약과 온유함이 우리 안에 분여되는 가운데, 고난의 와중에서 우리도 그분처럼 온전케 되는 것이 곧 하늘의 정신이며, 이 보화를 얻기 위해서는 어느 대가도 너무 큰 것이 결코 없다는 것을 본다. 오직 믿음으로, 그리고 믿음으로 가장 확실하게, 우리는 심대한 고난의 와중에서 이기는 자(勝者) 이상이 될 수 있다.

우리는 고난의 세상에서 살고 있다. 그 고난이 바로 실족하게 하거나 버림받게 하는 대신 오히려 하나님을 신뢰하고 영화롭게 하는 특별한 초대라는 사실이 얼마나 큰 우리의 특권인가. 우리가 믿음의 선진(先進)들이 한 그 모든 일에 대하여 읽을 때 그 자신의 역경과 연약함을 생각해 보고 자신의 믿음은 결코 그 앞에 본보기로 제시된 사람들이 성취한 것에 미치지 못할 것으로 생각하는 사람이 적지 않다. 그렇게 중하고 심각한 고난이 없이 다만 작은 고난과 장애로써, 믿음의 수련 즉 하나님이 우리의 전부가 되시게 하는 복된 순례(巡禮)의 길에 하늘의 가르침을 갖는 다는 것과, 하나님의 뜻과 그 뜻에 대한 복종으로서 모든 것을 기꺼이 참아내는 것을 입증한다는 것이 이 어떤 특권인가. 믿음은 고난을 변형시켜 하나님의 사랑과, 예수의 임재와, 거룩함의 아름다움과, 하늘의 축복을 밝히 보게 한다.

우리가 세상과 육신의 영향 하에 살아가는 한, 이 모든 것은 실제성이나 가능성이 없는 아름다운 사상(思想)으로 비칠 뿐이다. 히브리서는 믿음을 따라 지성소로 들어간 사람들, 즉 하나님의 뜻과 예수의 순종과 자기희생과 죽음의 새롭고 산 길로 걸어가는 사람들에게 말하고 있다. 하나님께서 보시듯이 우리가 사물을 보며, 하나님의 빛에 비추어 고난을 깨닫는 것은, 우리가 하나님의 임재 안에 머물고, 세상 모든 것 위에 하나님의 거룩하심과 하나님의 뜻을 구할 때이다. 이것이 우리의 목표가 되게 하자. 오늘의 말씀은 "오직 믿음으로!"라는 하나의 교훈을 새롭게 확인해 준다. 하나님을 기쁘시게 해드리려거든, 죄와 세상을 이기려거든, 거룩하며 온전하기를 원하거든, 하늘과 영원(永遠)의 상속자로 살고자 하거든, 믿음의 사람으로 살며 하나님 안에서 즐거워하는 믿음의 영으로 모든 시험을 대하라. 그리하면 모든 시험이 당신으로 하여금 하나님의 복되신 임재를 더 만나도록 해 줄 것이며 그 임재에 더 가까이 인도받게 해 줄 것이다.

1. 구약에서는 번영이 약속되었다. 그러고도 믿음은 역경을 견딜 수 있었다. 신약에서는 애초부터 우리가 역경을 견디어야 한다고 가르치는데 십자가(十字架)는 우리 믿음의 상징이고 슬픔의 사람은(사 53:4) 우리의 주님이시다. 하물며 우리는 얼마나 더 잘 견딜 수 있어야 하겠는가.

2. 모든 고난 받는 자, 병석에 누었거나 어떤 십자가를 지고 고개 숙인 자는 모두, 고난 가운데서 우리가 믿음으로 하나님께 큰 영광을 돌릴 수 있으며, 그리스도의 몸의 사역 중 대단히 복된 부분을 성취함으로 말미암아 모범과 중재로서 타인에게 선생과 조력자가 될 수 있다는 것을 믿고 배우라.

111. 우리를 위한 더 좋은 일들

11:39 이 사람들이 다 믿음으로 말미암아 증거를 받았으나 약속을 받지 못하였으니
11:40 이는 하나님이 우리를 위하여 더 좋은 것을 예비하셨은즉 우리가 아니면 저희로 온전함을 이루지 못하게 하려 하심이니라

마지막 절들에서 우리는 제11장의 요약을 읽는다. 그것은 곧 옛 성도들이 기다렸으나 결코 볼 수 없었던 더 좋은 것과 완전한 그 무엇을 우리가 갖고 있다는 것이 바로 신약의 탁월성이라고 말한다. 우리는 그들이 갖고 있었던 것이 무엇이며 갖고 있지 않았던 것이 무엇인지를 들었다. 그들은 다 믿음으로 말미암아 증거를 받았으나 약속을 받지 못하였던 것이다. 거기에는 실로 그들이 이루어 받은 어떤 약속들도 있었다(히 6:15, 9:33). 그러나 더 좋은 언약의 더 좋은 약속인 예수 그리스도와, 그분의 구속하심과, 성령의 부어주심은 그들이 받지 못했던 것이다. 그들은 약속을 받지 못한 채 믿음 안에서 죽었으나 멀리서 그것을 바라보고 환영하였다. 그들은 지금 우리가 들어가는 특권을 얻은 것의 완전한 소유를 약속 안에서 보고 즐거워하였다.

그들은 약속을 받지 못하였으나 믿음으로 그것을 증명하였다(히 10:2-6). 그들에게 약속을 주시고 그 성취(成就)를 위하여 자신의 때를 기다리신 하나님은 그들이 믿음으로 하나님을 기쁘시게 하는 자라는 증거를 주셨다. 의로운 자였다고 아벨에게 주신 증거와 하나님을 기쁘시게 하는 자였다고 에녹에게 주신 증거는 또한 그들에게도 주었던 것이다. 하나님께서는 그들의 하나님이라 일컬음을 부끄럽게 생각하지 않으셨고 그것을 그들에게도 말씀하셨다. 계시의 명확성과 약속의 실제적 소유에 있어서는 그들과 우리들의 믿음 사이에 아주 다른 점이 있었지만, 보이지 않는 하나님께서 자신을 그들에게 계시하시고 그들의 하나님이 되셨다는 점에서는 그들이나 우리의 믿음이 하나였던 것이다.

이는 하나님이 우리를 위하여 더 좋은 것을 예비하셨은즉 우리가 아니면 저희로 온전함을 이루지 못하게 하려 하심이니라 여기의 더 좋은 것과 온전함이란 말은 새로운 세대, 즉 약속의 성취의 때를 특징짓는 단어들이다. 우리는 앞서 더 좋은 것 이란 단어가 열세 번 나왔다고 말한 바 있다. 그리스도는 더 좋은 이름을 얻으셨고, 더 좋은 소망을 우리에게 주셨으며, 더 좋은 약속으로 말미암아 세워진 더 좋은 언약의 보증이시고, 그분 안에서 우리는 더 좋은 나라와 더 좋은 실체를 갖는다. 하나님께서는 그들에게 선지자들로 말미암아 말씀하셨고 우리에게는 아들 안에서 말씀하셨다. 그들에게는 가나안의 안식이 주어졌고 우리에게는 하나님의 안식이 주어졌다. 그들의 대제사장은 죽는 사람이었고 우리의 대제사장은 무궁한 생명의 능력 안에 영원히 계신 분이다. 그들의 성소는 휘장과 더불어 땅 위에 있었고, 우리의 성소는 참 성소요 휘장이 열린 곳이다. 그들의 언약은 지속할 능력을 갖지 못한 옛 언약이었고 우리의 언약은 새 언약으로써 성령으로 새롭게 된 마음을 갖는다. 그들은 황소와 염소의 피를 가졌고 우리는 예수의 피를 가졌다. 그들의 피는 육체를 깨끗케 하는 것이요, 우리의 피는 악한 양심으로부터 마음을 깨끗케 하는 것이다. 그들의 제사는 아무 것도 온전케 못하는 제사였고, 우리의 제사는 영원히 온전케 된 제사이다. 그들의 제사는 지성소에 들어가는 길이 아직 열리지 않았음을 보여주었고, 우리의 제사는 새롭고 산 길 안에서 아버지의 임재와 사랑 안에 나아갈 수 있는 복된 경험을 준다. 하나님께서는 참으로 우리에게 더 좋은 것을 주셨던 것이다.

우리가 아니면 저희로 온전함을 이루지 못하게 하려 하심이니라 하나님께서 제공해 주신 더 좋은 일은 온전함이다. 온전함이란 단어는 히브리서에 열네 번 나온다(히 5:14). 율법은 아무 것도 온전케 할 수 없었다. 예수께서는 우리에게 분여할 참되고 새롭고 온전한 생명(永生)을 성취코자 순종과 고난으로 말미암아 자신의 인성(人性)과 뜻과 생명과 인격(人格)에서 온전케 되셨다. 영원히 온전케 되신 아들로서 대제사장 되신 그리스도는, 우리를 자신의 희생 안에서 영원히 온전케 하셨고, 이제 그 온전함을 분여하시는 가운데 우리를 하나님과의 실제적이며 내면적인 산 교제로 인도하신다. 그분은 우리의 믿음을 온전케 하시는 분으로 우리를 그분의 온전한 자로 만드시고 우리를 온전으로 나가게 한다. 그것은 지상(地上)의 우리 삶이, 하나님 보시기에 좋은 것을 우리 안에 이루며 하나님의 뜻을 행하는 선한 일에 하나님이 우리를 온전케 하시는 복된 경험임을 의미한다. **우리가 아니면 저희로 온전함을 이루지 못하게 하려 하심이라** 더 좋은 일, 곧 온전케 됨의 축복은 이제 우리에게 온 것이다.

독자 여러분이여, 옛 성도들은 다만 약속만을 가졌으나 우리는 약속된 것의 신적 실체를 갖는데, 그들에겐 장차 올 좋은 일이던 것을 온전히 이루어 받는 것이다. 약속은 그들로 하여금 놀라운 믿음의 삶을 살도록 하는데 충분한 것이었다. 단순한 약속이 저들을 그렇게도 분발하게 하였거든 하물며 무엇이 우리의 삶 안에 약속한 바를 얻는 것을 방해할 것인가? 구원의 소망보다 구원이 더 크고, 약속보다 신적 성취가 더 크듯이, 하나님께서 우리에게 제공해주신 더 좋고 더 온전한 것은 그 만큼 위대한 것이며, 기쁨과 거룩함과 하나님께 나아감과 우리의 생명 능력은 더 위대한 것이다. 그런데 정말 그러한가? 아니라면 이유는 단순하다. 저들이 약속을 받았을 때만큼 강렬하게 우리가 그 성취를 받아들이지 않기 때문이다. 히브리서는 이러한 사악함을 드러내고, 그리스도 안에서 하나님이 우리에게 주신 더 좋고 더 온전한 것의 영광을 보여주기 위하여 기록되었다. 어두웠던 날의 믿음의 영웅들에게 좀 더 귀를 기울이고 우리의 세속성(世俗性)과 태만에 스스로 부끄러워하자. 만약 우리가 히브리서의 영광스런 온전에의 진리와, 우리의 대제사장과 그 사역에 우리 자신을 양보하고 정진한다면, 우리를 온전히 구원코자 무궁한 생명의 능력으로 역사하시는 그분이 전에 알지 못한 더 좋고 온전한 것을 우리 안에 계시하실 것이다. 믿음으로 말미암아 모든 약속의 성취는 우리의 크신 대제사장의 보좌로부터 오신 오순절 성령의 능력 안에서 참이 될 것이다.

1. 그러므로 하늘의 부르심을 입은 거룩한 형제들아, 예수를 깊이 생각하라. 모든 것을 이루신 분은 그분이시고 지금도 역시 모든 것을 이루시는 분은 그분이시다. 지성소를 지성소가 되게 하시고 거기에 들어가는 문이 되시며 살아계신 하나님을 섬기도록 지성소의 생명이 되시고 지속적인 실재가 되시는 분은 예수 그리스도시다. 만약 당신이 휘장이 제거된 상태에서 살아가고 있다면 하나님께서는 당신에게도 어떤 더 좋은 것을 제공하셨음을 믿으라.

2. 예수께서는 우리 안에 거하시는 성령의 능력 안에서 이것을 행하신다. 그분은 믿음으로 말미암아 성령의 약속을 받도록 우리를 구속하셨다. 성령은 더 좋은 언약의 모든 것을 포함하는 축복이시다. 그분은 예수와 하늘과 무궁한 생명의 능력을 우리 안에 가져오시고 유지하신다.

3. 아브라함이 본토를 떠난 것과, 모세가 고난과 능욕을 선택한 것과, 이스라엘이 애굽을 떠난 것이 무엇을 의미하는지 하나님께서 계시해 주시기를 바란다. 우리가 모든 것을 버릴 준비가 되어 있으면 우리는 모든 것을 상속받을 수 있는 것이다.

| 제 11편 (12:1-13)

소망(所望)의 인내(忍耐)

112. 인내로서 경주하자

12:1 이러므로 우리에게 구름 같이 둘러싼 허다한 증인들이 있으니 모든 무거운 것과 얽매이기 쉬운 죄를 벗어버리고 인내로써 우리 앞에 당한 경주를 경주하며

히브리서는 조용히 머물러 있으면서 그리스도 도(道)의 초보 너머로 더 나아가지 않는 것이 그리스도인의 삶에서 가장 큰 위험 중의 하나라는 것을 우리에게 가르쳐 주었다. 그것은 신자를 불가불 뒤로 물러가게 하고 죄 가운데로 이끌어 간다. 히브리서가 믿음 다음으로 깨우쳐주고자 한 큰 덕목은 인내이다. 이는 처음 시작한 것을 끝까지 굳게 붙들고 부지런히 온전으로 나아가게 하는 견인(堅忍)과 오래 참음을 말한다. 그의 놀라운 화랑(畵廊)에서 무엇이 믿음의 충만인가를 그림으로 보여준 뒤에, 저자는 삶이 가져올 모든 시련과 낙담케 하고 나약하게 하는 시험의 관점에서 믿음이 그 지속성을 입증하고 상을 확보하는 인내로 우리를 초대한다. 참된 신앙은 일단 지성소 안으로 하나님께 나아갈 뿐만 아니라 거기에서 매일 새로워지는 삶이고, 새롭고 산 길로 들어가는 길 일 뿐만 아니라 그 안에 계속 거하며 걸어가는 삶이다. 그것은 인내로 경주하는 것이다. 우리는 영원한 생명의 능력이 우리 안에 들어와 우리를 소유하는 지성소 안의 삶이 어떤 것인지를 보았다. 이제 우리가 달려가는 경주로써 가시적인 증거 안

에 있는 그 삶을 돌아보고, 경주를 잘하며 면류관을 얻는 데에 필요한 것이 무엇인지를 배우자.

그러므로 우리에게 구름 같이 둘러싼 허다한 증인들을 바라보며 경주를 경주하자 인내로써 경주를 경주하는 것에 대한 첫 번째 격려는 우리를 둘러싼 구름 같은 증인들의 감화에 고개를 숙이고 그들의 믿음과 인내의 본을 따르라는 것이다. "믿음으로 말미암아 저들은 증거를 받았느니라"고 말하는 앞장에서 우리는 증거라는 단어를 다섯 번이나 보게 된다. 그 단어 자체는 그것이 영혼에게 가져오는 능력과 하나님의 선하신 기쁨의 증거가 된다. 그 단어들은 한 결 같이 아벨과 에녹과 노아와, 아브라함과 사라와, 모세와 여러 선지자들과 더불어 한 마음과 한 입으로 우리에게 "용기를 내고 두려워 말며 믿음 안에서 힘을 얻고 견디라"고 간증한다. 승리와 상(賞)은 확실하고 영광스럽다. 우리는 그들과 하나요, 그들은 우리와 함께 한다. 그들은 우리가 없이 온전케 될 수 없으며 그들이 시작한 것은 우리 안에서 온전해지도록 되어 있다. 모든 것이 어두웠던 때에 그들은 약속(約束)을 굳게 붙들었고, 끝까지 믿음을 굳게 붙잡도록 우리와 함께 간구하는 가운데 이제 빛은 충만히 온 것이다.

그러므로 우리도 그들처럼 모든 무거운 것과 얽매이기 쉬운 죄를 벗어버리자 여기에 두 번째 교훈이 있다. 경주와 관련된 우선적 고려사항 중의 하나는 방해가 되는 모든 것을 벗어버리는 것이다. 먹는 음식과 입는 옷에 있어서도 경주자가 경주를 완주(完走)하는 데에 절대로 필요한 것이 아닌 것들은 그것이 아무리 합법적이고 유쾌한 것이라 하더라도 단호하게 그 모든 것을 벗어버려야 한다. 자기희생, 자기부인, 포기, 벗어버림은 경주에 있어서 바로 제일의 필수사항들인 것이다. 슬프다, 오늘날 신자들의 삶을 이루고 있는 것은 대부분 경주하는 것과는 반대되는 것들이다. 오늘날 신앙상의 가르침과 실제적 삶에 있어서 큰 연구과제는 어떻게 양쪽 세계를 만족시키고 어떻게 세상이 제공하는 부와 쾌락과 명예를 즐기는가 하는 것이다. 많은 신자에게 있어서 그들의 회심(回心)이 정상적인 문을 통하여 이루어진 것이라지만 그 후의 그들의 삶은 어떤 의미에서든 그들의 영적 성장을 방해하는 모든 것을 벗어버리지 않는 상태이다. 그들은 "모든 것을 버리지 않는 자는 나의 제자가 될 수 없다"(눅 14:26)는 말씀을 결코 유념하지 않았다. 그러나 이것이 필수불가결한 것으로 우리가 부르심을 받은 까닭에 우리는 모든 무거운 것과 얽매이기 쉬운 죄를 벗어 버려야 하는 것이다. 그렇다, 모든 죄를 벗어버리되 아무리 작게 보이고 또 그것이 얼마나 우리들의 특별한 약점이 되든지 간에 절대 묵인해 주어서는 아니 된다. 우리가 경주를 하려면 죄는 필히 벗어버려야 한다. 그것은 거룩함과 온전함을 위한 경주이고 그것은 하나님의 뜻과 그분의 은총을 위한 경주인데 어찌 우리가 그렇게도 쉽사리 우리를 얽매이는 죄를 벗어버리지 않은 채 경주할 수 있다는 꿈을 꿀 수 있겠는가.

그러므로 우리 앞에 당한 경주를 경주하자 이것이 우리의 세 번째 교훈이지만, 경주는 목적과 의지의 집중을 의미하고 열성적이고도 단호한 노력을 의미한다. 그것은 경주자가 경주선상에 있는 동안에 한 가지 일에 전력투구(全力投球)하고, 있는 힘을 다하여 달리는 것을 의미한다. 그것은 상을 얻는다는 것이 모든 것을 하나로 묶는 그 소망을 위하여 경주하는 동안 만사를 잊어버리는 것을 의미한다. 그리스도인의 삶에서 경주는 전 생애를 의미하고, 하나님과 그 은총을 얻기 위하여 자신이 전적으로 복종하는 것과 모든 것을 벗어버림을 의미한다. 경주장에 들어가는 사람들은 "저들은 경주하고 우리는 굿이나 보고 떡이나 먹자"는 한가로운 구경꾼들과는 가는 길이 다른 사람들인 것이다.

인내로써 경주를 경주하자 너희가 경주를 잘하더니 누가 너희를 꾀더냐? 이것은 히브리인들이나 갈라디아인들에게 같이 해당되는 사실인데 실상 많은 사람들이 뒤로 물러갔던 것이다. 슬프다, 이것이 오늘날 믿는다고 하는 사람들의 대다수가 아니던가? 시작도 잘하였고 모든 것이 소망에 차 있다고 말하지만 오늘날 그들이 영원한 생명을 위한 경주를 잘 달리고 있다는 것은 전혀 사실이 아닐는지도 모른다. 우리들을 위해서나 우리가 구해주고자 애쓰는 사람들을 위해서나 이 가공할 운명에서 구출되는 것은, 오직 인내라는 말이 가르쳐 주는 의미를 깊이 배우는 것 외에 별 도리가 없다. 구름같이 둘러싼 증인들의 고무적인 감화를 받으며 무거운 것과 죄를 벗어버리고 경주장에 들어가 경주를 시작하되 필히 우리는 인내로서 끝까지 달려 나가자. 매일매일, 세상과 죄로부터 우리가 성별

(聖別)되는 것이 새로워야 하고, 모든 무거운 것과 모든 죄를 포기하는 것도 필히 새로워져야 한다. 매일매일 하나님을 위해 전적으로 살고자 하는 우리의 바람과 의지는 재확인되어야 한다. 매일매일 우리는 전심전력으로 은혜를 받기 위해 새롭게 하나님을 기다려야 하고, 믿음의 담대함과 견고한 목적으로 계속 하나님을 위한 경주해야 한다. 그러므로 우리도 인내로써 경주하자.

1. 경주에 있어서의 3대 성공 요소를 명확히 파악하라. 첫째는 자기 부인(自己否認)이니 방해하는 모든 것을 버리는 것이요, 둘째는 결심(決心)이니 온 마음을 일과 경주에 집중하는 것이요, 셋째는 인내(忍耐)이니 매일매일 새롭게 경주에 임하는 것이다.

2. 경주자를 계속 분투하도록 하는 것은 경주자의 마음이다. 그것이 상을 위한 것이든 즐거움을 위한 것이든 간에 그의 마음이 곧 추진력이다. 그리고 경주에서 우리의 마음을 매일매일 새롭고 밝게 유지시키는 힘은 오직 성령이시다.

3. **새롭고 산 길** 헌신과 신실(信實)과 힘의 관점에서 볼 때 경주는 새롭고 산 길의 다른 일면일 뿐이다.

113. 예수를 바라보자

12:2 믿음의 주요 또 온전케 하시는 이인 예수를 바라보자 저는 그 앞에 있는 즐거움을 위하여 십자가를 참으사 부끄러움을 개의치 아니하시더니 하나님 보좌 우편에 앉으셨느니라

활동적인 그리스도인과 명상적인 그리스도인의 삶은 때때로 상반되는 것처럼 보인다. 그러나 여기에서 우리는 그 둘의 완전한 조화를 본다. 경주하자는 것은 몸과 영혼에 요구하는 강렬한 힘의 행사이다. 예수를 바라보자는 것은 믿음과 경배 안에서 마음이 항상 예수께 고정된 영의 내면적 삶을 말하는데 거기서 예

수의 모범과 사랑으로부터 영적 감화와 힘을 얻는다. 예수를 바라보며 경주하자. 히브리서에서 예수께 대하여 배운 모든 것과 우리가 그분을 묵상한 믿음과 기쁨이 열매를 맺게 하되 인내와 견인(堅忍)으로 경주를 경주하자.

우리 믿음의 주요 온전케 하시는 이인 예수를 바라보자 예수는 우리 구원의 주요(히 2:10), 우리를 위하여 휘장 가운데 앞서가신 자로서 우리가 따라갈 발자취를 남겨 놓으셨다. 이것이 순종과 죽음으로 말미암아 생명과 하나님께 인도되는 새롭고 산 길이다. 그래서 예수는 우리 믿음의 주님이시다. 그분은 믿음의 길을 인도하시고, 스스로 그 길로 걸어가셨으며, 우리를 위해 그 길을 열어놓으시어 그 길 안에서 우리를 이끄신다. 구약의 성도들은 믿음의 본을 우리에게 주었지만 예수는 죽음으로 말미암아 부활과 지성소에 들어간 우리 믿음의 주님이시다. 그것이 하나님께서 우리에게 주신 더 좋고 온전한 일인 것이다.

예수는 믿음의 주요 믿음을 온전케 하시는 분이시다. 예수는 죽음의 어둠 속에서 그 영혼을 아버지의 손에 맡기실 때 가장 충만하게 믿음을 발휘함으로써 자신의 인격 안에서 믿음을 온전케 하셨다. 예수는 믿음으로 자신이 온전케 되셨을 때 그 믿음을 온전케 하셨고, 그 믿음이 하나님으로 하여금 모든 것이 되시게 하는 까닭에 믿음이 최고의 온전(穩全)이라는 것을 증명하셨다. 예수는 자신 안에서 우리를 온전케 함으로써 우리 믿음의 온전한 대상이 되셨을 때 믿음을 온전케 하셨다. 예수는 우리 믿음의 온전한 대상으로서 무궁한 생명의 능력으로 우리 안에서 역사하시며 영원히 살아계신 자이시기 때문에 또한 우리 안에서 믿음을 온전케 하셨다. 예수는 믿음을 온전케 하시는 자이시다. 온전한 자이시요 온전케 하시는 자이신 예수를 바라보는 믿음은 그리스도인의 온전함의 비결이다. 그분은 자신과 우리를 온전케 하셨을 뿐만 아니라 우리의 믿음도 온전케 하신다. 만사를 제치고 그분을 향한 믿음으로 나아가자. 그분은 그 믿음을 떠맡으시고 성령의 가장 복된 역사(役事)로 만드실 것이다. 예수를 바라보며 경주하자. 지상에서 그분은 우리 믿음의 주님이었고, 하늘 영광 안에서 그분은 믿음을 온전케 하시는 분이시다. 예수를 바라보자. 바라보는 데에 생명이 있고 능력이 있다. 바라보는 동안 우리도 저와 같은 형상으로 변하여 영광으로 영광에 이르는(고후 3:18) 신적 변형(變形)의 생명과 능력이 그분께 있는 것이다.

앞에 있는 즐거움을 위하여 십자가를 참으신 예수를 바라보며 경주하자 모세처럼 예수도 상 주심을 바라보셨다. 장차 올 것과 보이지 않는 것 속에 사신 믿음으로 그분은 고난과 죽음을 이기셨다. 그분이 살고 견디고 승리한 것은 믿음 안에서였다. **십자가를 참으사 부끄러움을 개의치 아니하시더니 하나님 보좌 우편에 앉으셨느니라** 지상에서 자신의 길을 가시고 영광 안에서 자신의 보좌에 앉으신 예수를 바라보자. 오직 자신이 걸어야했던 애수(哀愁)의 길에서 십자가를 참았을 때 예수는 우리 믿음의 주가 되셨다. 자기부정과 겸손, 순종과 죽음의 생애에서 예수는 희생하는 가운데, 세상을 저항하며 자아(自我)를 죽음에 넘기는 것 말고는 하나님께 가는 길이 없고, 타락한 본성에 대하여 죽는 것 외에는 그것으로부터 구출되는 길이 없다는 것을 우리에게 보여주셨다. 보좌 위에 앉으심으로 예수는 믿음을 온전케 하시는 이가 되셨다. 그분을 바라봄으로써 우리는 그분과 함께 죽는 것의 확실한 보상이 무엇이며, 우리의 신뢰와 영혼을 맡기도록 부르시는 그분의 하늘 능력과 영광이 무엇이며, 그분의 성령께서 우리 마음에 가져오실 하늘 생명이 무엇인지를 보게 된다. 보좌에 계신 예수를 생각할 때마다 그분을 그곳에 인도하고 우리 또한 그곳에 인도할 그 길을 생각하자. 시련의 길에 서셨던 그분을 생각할 때마다 흠모와 불변의 눈길로 그 보좌를 바라보자. 보좌에서 그분은 다스리시되 끊임없이 그분 자신의 영화로워진 생명과 완전하고 영원한 구원을 우리에게 분여하신다.

그렇다, 예수를 바라보며 경주하자. 자신이나 자신의 죄를 보지 말고 죄를 영원히 제거하신 예수를 바라보자. 강약 간에 우리의 믿음을 보지 말고 그 임재가 우리 믿음의 생명이 되는 예수를 바라보자. 세상이나 그 유혹을 보지 말고 '담대하라, 내가 세상을 이기었노라(요 16:33)'고 말씀하신 분을 바라보자. 사탄이나 그 위협을 보지 말고 사탄을 멸하신 그분을 바라보자. 적대우호(敵對友好) 지간에 사람들을 보지 말고 신인(神人)이자 임마누엘이시며, 우리의 형제이자 우리의 왕 되신 예수를 바라보자. 예수를 바라보되 오직 예수만을 바라보자!

항상 전심으로 그분을 바라보자. 시련 속에서나 번영 안에서도, 고독 속에서나 군중 속에서도, 신앙적 예배에서나 일상생활에서도 항상 그리고 오직 예수를 바라보자! 그분을 보는 것은 그분의 인품을 보는 것이며, 그분께서 하시는 말씀을 듣는 것이고, 그분이 명하시는 것을 행하는 것이며, 그분이 인도하는 대로 따라가는 것이고, 그분이 주시는 모든 것을 신뢰하는 것이다. 예수를 바라보고 그분의 사랑을 바라보되 그 사랑으로 당신의 마음이 불붙을 때까지 그리하자. 그분을 바라보되 그분과 나의 눈이 마주치고 그분께서 나를 지켜보시는 것을 내가 알 때까지 그리하자. 십자가의 사랑과 성령의 능력 안에서 그분을 바라보되 그분 자신이 나를 가까이에 이끌며 나의 믿음을 인도하고 온전케 하신다는 것을 확실히 알고 바라보자. 그분을 바라보되 저와 같은 형상(形狀)으로 화하여 영광에서 영광에 이르도록 바라보자. 예수를 바라보고 인내로써 경주하자.

1. 예수를 바라보라! 믿음의 눈으로 바라봄은 오직 그분에게만 우리의 구원이 있기 때문이요, 강한 바람의 눈으로 바라봄은 그분을 더 알기를 사모하는 까닭이며, 영혼을 드린 눈으로 바라봄은 오직 그분의 뜻을 기다리는 까닭이요, 기쁨의 눈으로 바라봄은 그분이 우리를 사랑하심을 우리가 아는 까닭이고, 경이와 칭송의 눈으로 바라봄은 그분이 곧 하나님 아버지의 영광의 광채(光彩)시며 우리의 주님이시요 우리의 하나님이신 까닭이다.

2. 그것을 다시 말해보자. 신자의 삶의 전체적 비결은 예수와의 개인적인 관계에 달려있다. 그분 자신이 나의 마음을 소유하고, 나를 의존과 애착으로 그분께 붙들어 매며, 믿고 사랑하게 하지 않는 한, 예수께서 하신 일과 하시는 일은 나의 구원이 될 수 없다.

3. 경주하자. 복음(福音)은 아주 실제적이다. 그것은 매일매일 필사적으로 경주하는 사람처럼 살며 조금이라도 경주에 방해가 되는 모든 것을 제쳐두는 것을 의미한다. 우리는 모든 것을 이 하나의 표준으로 판단할 수 있는데 그것이 경주에서 우리에게 도움이 된다.

114. 낙심(落心)하지 말라

12:3 너희가 피곤하여 낙심치 않기 위하여 죄인들의 이같이 자기에게 거역한 일을 참으신 자를 생각하라
12:4 너희가 죄와 싸우되 아직 피흘리기까지는 대항치 아니하고
12:5 또 아들들에게 권하는 것 같이 너희에게 권면하신 말씀을 잊었도다 일렀으되 내 아들아 주의 징계하
심을 경히 여기지 말며 그에게 꾸지람을 받을 때에 낙심하지 말라
12:6 주께서 그 사랑하시는 자를 징계하시고 그의 받으시는 아들마다 채찍질하심이니라 하였으니

저자가 아직도 계속해서 관심을 쏟는 것은 낙심과 타락의 위험이다. 본문에서 우리는 낙심치 말라는 말이 두 번 사용되고 낙심치 않도록 하는 길이 두 번 지적되었음을 본다. 이 말은 먼저 우리의 본(本)이시요 우리의 인도자 되시는 예수를 깊이 생각하라는 것과 관련되어 사용되었다. 다음으로 이 말은 모든 역경을 허락하시는 분은 바로 하나님이시라는 가르침과 더불어 사용되었다. 역경을 당하거든 필히 스스로 그렇게 역경을 당하신 예수를 앞서 가신 자로 바라보고, 그 시련을 허락하신 하나님을 우리의 아버지요 낙심치 않게 보호하시는 분으로 바라보라.

너희가 피곤하여 낙심치 않기 위하여 죄인들의 이같이 자기에게 거역한 일을 참으신 자를 생각하라 우리는 앞에서 예수께서 우리를 위하여 하신 일을 가리키는 말씀인 '우리의 믿는 도리의 사도시며 대제사장이신 예수를 깊이 생각하라'(히 3:1)는 권고를 받은 바 있다. 이것은 예수의 복종과 오래 참음 안에서 예수를 깊이 생각하라는 것이다. 예수께서 당신처럼 고난을 받았고 당신이 예수처럼 고난을 받는다는 생각은 용기와 인내를 줄 것이다. 예수를 깊이 생각하라. 그것은 고난 받는 것이 당신에게 얼마나 필요한 것인가를 생각나게 해 줄 것이다. 예수께서도 고난 없이 온전케 되실 수 없었다면 하물며 우리야 말해 무엇 하랴. 고난이 예수 안에서 그러한 축복을 이루었다면, 우리를 위하여 그분이 온전케 되신 그 우리, 고난을 통하여 영광으로 가는 길에 인도자로 하나님께서 그분을 주신 그 우리 안에서야 얼마나 확실하게 같은 축복을 이루랴. 우리가 그리스도 예수를 깊이 생각한다면 그리스도의 형상을 입은 인격에 있어서 가장 귀한 덕성 즉, 고난으로 말미암아 온전케 된 하나님의 어린양의 온유와 겸손과 친절과 인내와 복종 등 모두가 우리에게도 온다는 것을 우리는 확신할 수 있다. 고난 받으신 자이신 예수를 바라보는 것은, 그분은 체휼하신다는 위로를 가져오고, 그분은 승리하신

다는 용기를 가져오며, 우리와 그분에 대한 복된 일체감을 가져온다. 너희가 죄와 싸우되 아직 피 흘리기까지는 대항치 아니하고, 겟세마네 동산과 갈보리산상에서의 그분의 피 흘림을 생각하고 우리 자신이 받는 고난의 사소성(些少性)을 생각하는 것은 우리도 참고 끝까지 대항하도록 힘을 줄 것이다. 그리고 그 결과 우리는 결코 피곤케 되거나 낙담하게 되지 않을 것이다.

또 아들들에게 권하는 것 같이 너희에게 권면하신 말씀을 잊었도다 일렀으되 내 아들아 주의 징계하심을 경히 여기지 말라 잠언으로부터 인용된 이 말씀은(잠 3:11) 이중적인 위험을 경고한다. 한편으로 우리는 주님의 징계하심을 경히 여기고 그것을 별것 아닌 것으로 생각할 수도 있다. 우리는 그것을 모든 사람의 운명으로 여기고, 그것에 굴복하기에는 우리 자신이 아직도 건장하다고 보는 반면에 시간과 행운이 변화를 가져올 것으로 믿으며 인간의 지혜로써 그것을 견디려고 할지도 모른다. 우리는 그 속에 있는 하나님의 손을 인식하는데 실패하고, 우리는 그것을 참으로 하나님께로부터 오는 징계로 받아들이지 않으며, 그것이 가져오고자 하는 가르침과 축복을 놓친다. 내 아들아 주의 징계하심을 경히 여기지 말라.

또 한편으로 거기에는 다른 위험이 있는데 그것은 그에게 꾸지람을 받을 때에 낙심해 버린다는 것이다. 징계(懲戒)가 너무 무겁다거나, 받을 이유에 비할 때 지나치다거나, 견디기 어렵다는 태도로 낙담하거나 의기소침하지 말라. 당신이 일생을 그리스도인으로 사는 데 있어서 무엇보다도 당신의 담대함을 버리는 것과 참을성 없이 되는 것과 용기를 잃게 되는 것을 주의하라. 이런 상황의 원인이 되는 것은 종종 시련과 괴로움, 염려와 근심, 핍박과 비난 등이다. 살아가는 데서의 고난들이 결코 영혼에 있어서의 손실을 가져오지 않는다는 비결을, 그렇다, 차라리 항상 시련과 고난을 최상의 유익으로 바꾸는 비결을 오늘 배우라. 그 모든 고난을 자비로우신 하나님과 성자 예수께 연결시키라. 그것들을 당신에게 보내신 분은 하나님이시다. 하나님은 그것들을 예수께도 보내셨고 그것들로 인하여 예수를 온전케 하셨다. 하나님은 그것들을 똑같은 사랑으로 당신에게 보내시고 그것들을 당신의 최상의 유익으로 바꾸신다. 모든 내적 및 외적 고통과 모든 실망, 아픔과 심기불편, 시험과 어두움과 고독을 좋은 기회로 삼되,

자아(自我)에 대하여 죽고, 자기부인(自己否認)과 고난의 길을 걸으신 당신의 주님과의 충만한 교제로 들어가는 참된 기회와 복된 삶의 계기로 생각하여 두 손으로 받으라.

주께서 그 사랑하시는 자를 징계하시고 그의 받으시는 아들마다 채찍질하심이니라 하였으니 고난은 징계를 위한 것이다. 그리고 징계는 하나님께서 의로우신 부성애(父性愛)의 증표로써 사랑으로 주시는 것이다. 우리는 시련과 고난이 가득한 세상에서 살고 있다. 사람들은 고해(苦海)라고도 부른다. 수많은 하나님의 자녀들이 전적으로 헌신하고 하나님과 긴밀히 교제하며 온전함으로 나아가기에는 그들의 주위환경이 너무나 좋지 않다고 불평하고 있다. 그들은 의무로서 마땅히 해야 하는 일거리와 곤경들, 생활의 염려와 고통이 온전히 성별된 삶을 사는 것을 불가능하게 한다고 피력한다. 하나님께서 그들로 하여금 하나님 말씀의 심오한 의미를 배우게 해주시기를 바란다. 모든 시련은 세상 사랑을 떠나 하나님께 와서 하나님을 신뢰하고 하나님의 사랑을 믿으라는 부르심으로 하나님께서 주시는 것이다. 모든 시련에서 하나님은 이길 힘을 주시고 축복하신다. 크고 작은 모든 시련에서 무엇보다도 먼저 그 안에 있는 하나님의 손을 발견하라는 진리를 받아들이라. 그리고 즉시 '모든 것을 아시는 하나님께서 이 시련이 내게 오도록 하였구나'라고 말한 뒤, '하나님께로부터 오는 것을 환영하고, 나의 첫 번째 관심이 그 시련 속에서 하나님께 영광을 돌리는 것이다'라고 말하라. 그리하면 하나님은 그것을 축복으로 바꾸어 주실 것이다. 이 사실은 확실해질 것이고 그럴 때 믿음으로 그 진리 안에서 즐거워하자.

예수 그리스도로 말미암아 하나님께서 우리에게 제공해 주신 구원과, 지성소(至聖所)로 들어가는 새롭고 산길 안의 복된 삶은 우리를 사랑하신 그분으로 말미암아 모든 시련의 와중에서 우리가 이기는 자 이상이 되게 할 수 있는 능력을 갖고 있다. "하나님께서는 당신으로 하여금 하나님의 신성(神性)에 동참자가 되게 하는 것 외에 다른 뜻이 없으며, 우리 주님 예수 그리스도의 아버지께서는 마치 당신 자신의 능력으로 당신이 성취할 수 있도록 당신에게 맡길 때처럼 당신이 원하는바 모든 선한 것과 생명과 구원을 절대로 거절하실 수 없으시다"는 위대하고 오류 없는 진리를 굳게 믿고, 그리스도 안에서 하나님의 무궁한 사랑의 손 안에 당신 자신을 온전히 포기하라.

1. 예수를 깊이 생각하라. 그리스도인들이 "그들의 눈을 매일매일 변함없이 예수께 고정시키지 않는 한 참된 그리스도인의 삶을 살 수 없다"고 하시는 하나님의 말씀을 이해할 수만 있다면 얼마나 좋으랴! 예수를 바라보지 않는다면 믿음의 경주에 있어서 한 발짝도 안전할 수 없는 것이다.

2. 예수를 깊이 생각하라. 그러나 예수를 항상 바라본다는 것은 실제로 가능한 일인가? 그것이 너무나 긴장되고 비 자연스런 삶은 아닌가? 사람으로는 할 수 없으되 하나님께는 모든 것이 가능하다. 그리고 믿는 자에게도 모든 것이 가능하다. 믿음으로 말이다.

3. 하지만 그런 믿음이 가능할까? 하나님을 찬양할지니 진실로 그것이 가능하다. 이것이 더 높은 그리스도인의 삶의 공개된 비결인데 예수께서는 자신을 계시함으로써 숨을 쉬거나 눈으로 보는 것을 잊지 않듯 그분을 잊지 않게 하시고 성령으로 그 영혼을 소유하시되 그 영혼 안에 거하심으로서 믿음으로 하여금 위에 계신 그분께 나아가는 것을 결코 잊지 않게 하신다. 주여, 주님을 우리에게 계시하소서! 수고와 실패의 와중에서라도 믿음의 개별적인 활동 안에서 예수를 깊이 생각하기 시작하고 거기에 자신을 드리는 영혼이 인도함을 받아 때가 이르면 성령께서 마음 가운데 예수를 바라보는 것이 한결같고 아주 자연스러운 일이 되게 하는 이 깊은 축복을 얻게 될 것이다.

115. 징계(懲戒)와 거룩함

12:7 너희가 참음은 징계를 받기 위함이라 하나님이 아들과 같이 너희를 대우하시나니 어찌 아비가 징계하지 않는 아들이 있으리요

12:8 징계는 다 받는 것이거늘 너희에게 없으면 사생자요 참 아들이 아니니라
12:9 또 우리 육체의 아버지가 우리를 징계하여도 공경하였거든 하물며 모든 영의 아버지께 더욱 복종하여 살려하지 않겠느냐
12:10 저희는 잠시 자기의 뜻대로 우리를 징계하였거니와 오직 하나님은 우리의 유익을 위하여 그의 거룩하심에 참례케 하시느니라

우리는 고난(苦難)이 가득한 세상에 살고 있다. 많은 사람들의 일상생활의 대부분은 작은 시련들과 고민거리로 구성되어 있다. 앙칼진 말투, 매정한 판단, 예상하지 못했던 어떤 사람으로부터의 무시나 배은망덕, 종업원의 부주의, 남편이나 아내의 불합리한 기질, 타인의 태만이나 부실로 인한 손실, 욕구에 대한 실망, 우리를 괴롭히는 사고 등 일상생활의 이 모든 것들은 종종 순교자(殉教者)들의 믿음을 핍박하던 시대보다도 훨씬 더 큰 시험과 위험을 가지고 다가온다. 그런 것들은 자질구레하고 자주 반복되며 갑자기 나타남으로써 우리가 미처 알아차리기도 전에 우리의 신앙적 삶을 기습하고 넘어지게 한다. 만약 기독교가 성공적이 되려 한다면, 만약 그리스도에 의해 온전히 구원되고자 한다면, 고난이 낙담과 패배를 가져오지 못하게 하고 그 고난을 전화위복으로 바꿀 수 있는 충분하고도 효험 있는 준비가 있어야 한다.

만약 믿음이 우리로 하여금 환난 속에서도 즐거워하게 하고, 연약함 가운데서도 자랑하게 하며, 해를 받지 아니하면서 시련을 통과하게 해줄 수 있다면 그것이야말로 고난의 세상에서 사람이 필요로 하는 신앙이다. 이러한 비결, 즉 방해하던 것에서 도움을 얻으며 적을 친구로 만드는 비결을 가진 자는 하나님께서 창조하시고자 하는 그리스도인이 되는 과정에 있는 사람이다.

하나님께서는 그러한 것을 예비하셨다. 우선 하나님은 고난 받는 자들의 머리로 그 아들을 주시어서 고난과 하나님의 사랑, 고난과 죄에 대한 승리, 고난과 인격(人格)의 완성, 그리고 고난과 영광의 관계가 얼마나 밀접한가를 보여주신다. 그 위에 하나님은 그 아들을 주시되 동정할 수 있으며 어떻게 고난 받는가를 가르쳐 줄 수 있고 고난으로 말미암아 죄를 정복함으로서 그 자신의 생명과 힘을 우리에게 불어넣어 줄 수 있는 자로서 우리에게 주셨다. 그리고 그런 의미에서 그분은 우리의 아버지로 오시어서 그분의 하늘빛을 우리의 역경 위에 비추시며 우리에게 우리의 몫의 고난이 갖고 있는 교훈을 가르쳐 주신다. 그것은

이런 것이다. 곧 징계는 아버지께서 주시는 연단의 일부이고 아들 된 증표중의 하나이다. 징계에 대한 복종은 참된 자녀다운 인격을 형성하고 증명한다. 하나님의 징계는 우리를 하나님의 거룩하심에 동참자로 만든다. 이 세 가지 사항이 어떻게 여기에 제시되었는가를 보라.

징계는 아버지가 주시는 연단의 필요부분이다. **너희가 참음은 징계를 받기 위함이라** 모든 고난은 신적 입장에서 주는 징계이다. **하나님이 아들과 같이 너희를 대우하시나니 어찌 아비가 징계하지 않는 아들이 있으리요** 우리 자신의 자녀 된 입장과 부모 된 입장을 미루어 보더라도 어떤 형태의 훈계, 징계, 책망이든 가르침의 불가결한 부분이고, 자녀에게 그것이 필요할 때 아버지는 그것을 유보할 수 없는 것이다. 하나님의 뜻이나 사물(事物)의 본성에 있어서 죄와 고난은 함께 가고, 사랑마저도 죄를 제거하는 더 큰 선하심을 위해 고난의 원인이 된다. 하나님의 자녀라면 고난은 징계요 곧 사랑의 징계라는 교훈을 배우자. "이제 확실히 알았습니다. 대소 간에 모든 시련을 곧 하나님 사랑의 전령으로 바라보겠습니다"라고 말할 수 있을 때까지 이 교훈을 충분히 배우기 위하여 우리는 애써야 한다. 고난이 사람들로 부터나 당신 자신으로 부터나 또는 보다 직접적으로 위로부터 오거나 간에 고난을 하나님의 명령으로 대한다면 당신은 고난을 지고 그것으로부터 축복을 얻는데 바른 태도를 갖고 있는 것이다.

징계에 대한 복종은 참된 자녀다운 정신을 형성하고 증명한다. **또 우리 육체의 아버지가 우리를 징계하여도 공경하였거든 하물며 모든 영의 아버지께 더욱 복종하여 살려하지 않겠느냐** 하나님의 뜻으로 고난 받기 위해 하나님의 어린양이 이 세상에 오셨을 때 그것은 곧 사랑의 온전한 뜻에 절대 복종하는 것이 피조물(被造物)과 자녀로서의 입장이라는 사실을 우리에게 가르치려는 것이었다. 생명을 소유할 가치가 있게 만드는 것은 그 생명을 하나님께 드리는 것이라는 것을 보여주는 한편, 겸손과 인종(忍從)은 하나님이 기뻐하시는, 하나님께 가는 확실하고 유일한 길임을 증명하기 위해 예수께서 오셨다. 하나님께 대한 인간적인 어떤 신앙이나 예배도 하나님께 열납 될 수 없지만 하나님 아들의 생명과 정신에 대한 일치를 하나님은 신앙 안에서 찾으신다. 우리는 예수와 같은 마음을 가졌을 때만 하나님을 기쁘시게 할 수 있다. 아아, 하나님의 자녀들이여, 고난 속에 있는 놀라운 특권, 즉 예수께서 그리하셨듯이 당신의 의지를 하나님께 포기하는 특권, 하나님의 지혜와 선하심을 찬미하는 특권, 그리고 자녀의 정신과 자녀의 입장인 경외하며 복종하는 것 안에 깊이 들어가는 그 특권을 배우라. 징계는 아들 됨의 한 증표이다. **너희에게 징계가 없으면 사생자요 참 아들이 아니니라** 고난은 그 자체가 아들 됨의 증표는 아니다. 원수나 범죄자는 고초를 겪고 종마저도 아들이 받듯 징계를 받는다. 그러나 아들인 자에게는 징계가 그 입장(立場)을 생각하게 하고, 아들로서의 정신과 아들로서 갖는 소망 안에서 아들에게 주어진 유산의 이 부분을 감수하도록 깨우쳐 주며, 그것이 점점 더 하나님께 그를 이끌어 그 가까이에 그를 지킨다는 확신을 갖게 하는 것이다.

징계는 우리를 하나님의 거룩하심에 대한 동참자로 만든다. **하나님은 우리의 유익을 위하여 그의 거룩하심에 참례케 하시느니라** 이 어떤 고난과 징계에 대한 새로운 조명인가! **거룩하게 하시는 자와 거룩함을 입는 자가 하나에서 난지라** 우리는 지성소로 들어가는 길을 갖고 있다. 그 뜻 안에서 우리는 거룩함을 얻었다. 예수는 자기 피로 백성을 거룩하게 하셨다. 그리고 이제 고난이 오는데, 하나님께서 우리의 내면세계를 여시고 우리의 소망을 깨우치며, 예수께서 주시는 그 거룩한 내면세계의 동참자로 우리를 만드시되 하나님의 임재 안에 우리가 들어가는 그 거룩하심의 동참자로 만드신다면, 어찌 우리가 그 고난을 환영하지 않으랴. 그렇다, 고난이 우리를 하나님의 뜻과 사랑에 복종시킴으로 말미암아 하나님의 거룩하심을 우리의 것으로 해준다면 그 고난을 환영함이 합당한 것이다.

1. 무엇이 우리에게 고난을 달게 받도록 가르쳐 주는가? 거룩함 위에 세워진 마음이다. 하나님께 있어서 고난이란 우리를 거룩하게 함을 의미한다. 고난이 가져오는 거룩함을 환영하지 않고는 아무도 고난을 달게 받을 수 없다.

2. "하나님께 대하여 최고의 믿음과 온전한 내어드림을 행사할 수 있는 것이 최선의 상태이다."

3. “내부와 외부의 모든 고난을 자아(自我)에 대한 죽음과 자기를 부인하신 당신의 주님과의 교제에 들어가는 참된 기회로써 두 손으로 받으라.”

116. 그러나 후에는

12:11 무릇 징계가 당시에는 즐거워 보이지 않고 슬퍼 보이나 후에 그로 말미암아 연단한 자에게는 의의 평강한 열매를 맺나니
12:12 그러므로 피곤한 손과 연약한 무릎을 일으켜 세우고
12:13 너희 발을 위하여 곧은길을 만들어 저는 다리로 하여금 어그러지지 않고 고침을 받게 하라

우리가 하나님의 거룩하심에 참여하도록 하나님은 우리의 유익을 위하여 징계하신다. 이 말씀은 역경에 대하여 말하고자 하는 모든 것의 요약이었다. 고난은 하나님의 사자(使者)로서 우리를 인도하되 어떤 장소나 위치가 아니라, 지성소와 거기 계시는 지극히 거룩하신 하나님과의 교제를 위한 적합성(適合性)과 내면적 연합으로 들어가는 생명과 그 경험으로 인도한다. 고난이 그렇게도 자주 환영받지 못하고 거부되지만 하나님의 종들 가운데서 이것보다 더 찬사를 받아야 할 것이 없다. 성스럽고 바람직한 모든 것과 더불어 이 말씀은 우리에게 역경은 하나의 축복이란 사실을 깨닫고 믿으라고 한다. 하지만 징계는 고통을 가져온다는 사실도 이 말씀은 잊지 않는다. 어느 옛 성도가 약속들 중의 하나에 대하여 말한 바와 같이 고난은 참으로 복되지만 그러나 거기엔 가시가 있는 것이 사실이다.

그러므로 히브리서 저자는 계속하여 ‘무릇 징계가 당시에는 즐거워 보이지 않고 슬퍼 보이나 후에 그로 말미암아 연단한 자에게는 의의 평강한 열매를 맺나니’라고 말한다. 현재적인 것과 감각으로 판단하는 육신에 있어서 고난은 확실히 때때로 가공할 만큼 슬픈 것이다. 하지만 미래와 보이지 않는 것 속에 사는 믿음은 구원만이 아니라 구원이 가져오는 하늘 축복을 확신하는 가운데서 즐거워한다.

당시에는, 그러나 후에는. 이 두 표현은 시간(時間)과 영원(永遠) 사이의 보이는 것과 보이지 않는 것, 슬픔과 기쁨, 감각과 믿음, 타락과 완전을 지향한 전

진에 관한 큰 대조를 함축하고 있다. '당시에는'이란 말에 이끌려 그것의 만족을 구하느라 모든 것을 희생하는 것은 죄요 어리석은 짓이며 우리가 본성으로 그 안에 사는 사망 그것이다. 그러나 '후에는'은 영원세계에 균형을 맞추는 것이요 모든 것을 판단하는 기준으로써, 이스라엘 족장들도 밟았던 길이요 그리스도께서도 그 앞에 있는 즐거움을 위하여 십자가(十字架)를 참았을 때 우리에게 가르치신 것이고, 온갖 시련 속에서 믿음이 우리에게 교훈할 수 있는 것이기도 하다. 의(義)의 평강한 열매인 그 후에와 더불어 영원세계의 빛과 그 보상은 우리의 시련이 극에 달할 때에도 잔잔히 빛나며 그 시련 하나하나를 영구한 추수(秋收)의 씨앗으로 만들고 현세에서도 우리가 그 열매를 따도록 해준다. 그러면 "내 형제들아 너희가 여러 시험을 만나거든 그것을 기쁜 일로 여기라"(약 1:2)고 하는 말씀의 빛이 밝아온다. "근심하는 자 같으나 항상 기뻐하고"(고후 6:10)라고 바울이 그 자신에 대하여 말한 의미에 비추어 우리는 이것을 읽는다. 태풍이 산더미 같은 파도로 대양(大洋)을 휩쓸고 지나갈 때에도 바다의 바닥 깊숙히에는 모든 것이 고요하고 조용할 뿐 풍랑은 단지 표면에만 있을 뿐이다. 마찬가지로 영원세계로부터 오는 기쁨은 극심한 역경의 와중에서도 영혼을 온전한 평강 속에 지킬 수 있다. '당시에는'은 곧 살아있는 믿음의 그러나 '후에는'에 삼킨바 된 것이다.

이제 여기에는 히브리인들로 하여금 하나님의 사랑과 하나님의 축복에 관한 말씀에 힘을 얻음으로써 낙담과 절망을 벗어나와 예수께서 우리를 하나님께 인도하는 경주를 위해 그들 자신의 허리띠를 졸라매도록 하는 부르심이 있다. 그러므로 피곤한 손과 연약한 무릎을 일으켜 세우고 너희 발을 위하여 곧은길을 만들라 저자는 용기를 가지고 경주를 위하여 허리띠를 졸라매라 하는데 그것이 없이는 결코 상을 얻지 못하는 까닭이다. 피곤한 손과 무릎을 일으켜 세우고 당신의 발을 위한 곧은길을 들어선 뒤, 혼신의 힘으로 분발하여 당신의 눈을 다시 한 번 예수께 두고 그분이 도우시는 믿음으로 그분을 따라 인고(忍苦)의 길을 걸어가라. 당신이 당신의 시련을 당신의 낙담에 대한 구실로 생각했을 때 당신이 저지른 실수를 보고 그 시련들이 단지 하나님의 사랑의 증거이며 하나님의 은혜의 수단이고 하나님의 아들의 증표라는 하나님의 말씀을 받아들이라. 그것을 신자로서의 성숙함과 온전함의 일부로써 받아들이라. 경주의 준비가 된 사람처럼 일어서서 굳게 서라.

저는 다리로 하여금 어그러지지 않고 고침을 받게 하라 만약 다리를 저는 사람이 그 절망적인 상태에 그대로 있을 때 그는 악화일로를 걸을 것이며 무릎은 완전히 파골(破骨)이 되어 고침을 받는다는 것은 더욱 멀어질 것이다. 그들이 손과 무릎을 일으켜 세우고 심기일전하여 곧은길로 들어설 때 저는 것은 고침을 받을 것이고 믿음의 용기는 새 힘을 얻을 것이며 예수 안의 믿음은 온전한 건강을 회복해 줄 것이다. 그렇다, 예수 안에 있는 믿음에는 옛 사람에게 말한바 "발과 발목이 곧 힘을 얻고 뛰어 서서 걸으며 그들과 함께 성전으로 들어가면서 걷기도 하고 뛰기도 하며 하나님을 찬미하니"(행 3:7-8)라는 축복이 지금도 오는 것이다.

고침을 받게 하라 독자 중에 이생의 염려와 고통이 그 자신을 방해하여 그의 삶이 마땅히 그래야 할 수준의 것으로 느끼지 못하고, 인도자인 예수께서 경주했을 것처럼 경주를 하기에는 반밖에 소망이 없는 듯이 느끼는 사람이 있다면 그는 이 말씀에서 그에게 필요한 교훈을 배울 일이다. 그는 용기를 갖고 심기일전해야 한다. 피곤한 손과 연약한 무릎을 일으켜 세우고 곧은길을 걸으며 예수께서 걸어가신 그 길로 담대하게 들어가라. 당신 자신을 내어드리고 복종하며 전적으로 그리고 영원히 그분의 것이 되도록 성별하라. 이것이 첫 단계이다. 그런 후에 예수의 이름으로, 하나님께서 그 아들 안에서 이 복된 서신 속에 완전한 구원과 온전한 구세주에 관하여 말씀하신 그 모든 믿음으로 일어나 그 길을 걸어가라, 그리하면 고침을 받는 것이 무엇인지 알게 될 것이다. 기뻐 뛰며 하나님을 찬양하라. 당신 또한 성전의 지성소에 들어가 크신 능력으로 당신을 지키시는 하나님을 찬양하고 하나님과 더불어 거할 수 있으리라. 풀이 죽은 그리스도인들이여! 치유가 있으니 그것을 선택하고 그것을 취하라. 예수를 바라보며 일어나서 경주를 경주하라.

1. **그러나 후에는** 소망이 언제나 사용하는 이 중한 말은 아직은 감추어져 있으나 확실히 오고 있는 것을 가리킨다. 소망의 인내에 대한 부분은(히 12:1)

『인내』란 단어로 시작되었고 여기 이 풍부한 소망스러움의 말, 그러나 '후에는'으로 끝난다.

2. 하나님의 뜻에 대한 절대적 복종의 상태와 하나님의 무궁한 사랑 안의 꾸밈없는 믿음의 상태는 영혼이 할 수 있는 최상의 온전함이다. 우리가 하나님께 더 가까이 가는데 도움을 주도록 하늘의 가치표준으로 모든 것을 판단하는 가운데 어린아이의 단순함으로 이것을 구하라.

3. **일으켜 세우고** 늘어진 손과 절거나 관절이 빠진 다리나 마비된 무릎을 불평하는 사람은 "내가 네게 말하노니, 일어나 걸으라"는 예수의 말씀을 들으라.

| 다섯 번째 경고 (12:14-19)

하나님의 아들을 배척함에 대하여

117. 거룩함을 좇으라

12:14 모든 사람으로 더불어 화평함과 거룩함을 좇으라 이것이 없이는 아무도 주를 보지 못하리라

환난 가운데의 인내에 대한 부분은 끝났고 이제 사랑과 선행(善行)에 대한 주제가 남아있다. 저자는 제 13장의 내용을 여기서 시작하다 말고 거룩함을 추구하던 수많은 사람들이 실패하고 타락했다는 생각이 난 듯 마지막 경고로 들어간다. 이 경고를 끝낸 후 저자는 다시 제13장의 주제로 돌아가는 것이다.

모든 사람으로 더불어 화평함과 거룩함을 좇으라 나와 내 이웃과의 관계는 나와 하나님과의 관계와 가장 밀접한 것이다. 산상수훈(山上垂訓)에서 우리는 긍휼과 청결이 서로 연이어 나오는 것을 본다. "긍휼히 여기는 자는 복이 있나니"(마 5:7). "마음이 청결한 자는 복이 있나니"(마 5:8). "오직 위로부터 난 지혜는 첫째 성결하고 다음에 화평하고"(약 3:17). 사람들과 화평하지 못할 때 하나님과의 화평은 누릴 수 없다. 바울은 "할 수 있거든 너희로서는 모든 사람으로 더불어 평화하라"(롬 12:18)고 썼다. 지성소에 거하라는 앞서의 말씀에서 우리는 어떻게 믿음에 대한 부르심이 있었는지 기억하는데 가까이 나아가자라는 말씀 다음에 즉시 서로 돌아보아 사랑과 선행을 격려하라고 했던 것이다.

거룩함을 좇으라 문자적으로는 거룩함을 이루라는 뜻이다. 거룩함은 하나님의 최상의 영광이요 그러므로 거룩함을 이루는 것은 하나님과의 교제에 이끌리는 것이요 하나님의 거룩하심에 참여하는 것이다. 그것은 우리의 품성과 인격 속에 하나님이 거하시는 하늘과 거룩의 영을 받아들이는 것이다. 거룩함을 좇으라 이것이 없이는 아무도 주를 보지 못하리라. 거룩함을 이루는 것은 영적인 준비로써 주를 만날 수 있는 내면적 수용력(受容力)이고 그분과 함께 집에 거하는 것이다. 이 말씀이 나오는 본 히브리서의 내용은 우리가 거룩함을 찾아가는 길에 있어서 최상의 교훈이 된다.

거룩하게 하는 자와 거룩함을 입은 자들이 하나에서 난지라 거룩하게 하는 자는 예수시다. '너희는 하나님께로부터 나서 그리스도 예수 안에 있고 예수는 하나님께로서 나와서 우리에게 거룩함이 되셨으니'(고전 1:30). 우리의 거룩함은 살아계신 예수시다. 우리가 이 땅 위에 사셨던 그 순종하사 하나님의 뜻을 준행하시고 오직 하나님께 자신을 드리신 삶 안으로 더 들어가면 들어갈수록, 더욱 더 그러한 그분의 삶이 우리 안에 거하고 우리는 더욱 거룩하게 된다. 거룩함은 자아의 상실이요 그리스도의 영과 형상(形狀)으로 옷 입는 것이다.

"하나님이여, 내가 하나님의 뜻을 행하러 왔나이다"라고 예수께서는 말씀하셨다(요 4:34). **'그 뜻 안에서 우리가 거룩함을 얻었노라'**(히 10:10), **'저가 한 제물로 거룩하게 한 자들을 영원히 온전케 하셨느니라'**(히 10:14). 우리가 예수의 희생은 하나님의 뜻에 대한 그분의 온전한 복종의 결정적 행동이고 모든 것을 그 뜻과 일치시켜 포기한 것이며, 내가 거룩하게 된 것이 바로 그분께서 하나님의 뜻을 행하신 것 안에 있다는 진리 안에 더 깊이 들어가면 들어갈수록 그 진리는 내 생명 안에 더 들어오고, 거룩함이란 바로 하나님의 뜻이 내 삶의 동력이 되어서 내 스스로 하나님의 뜻 가운데서 실제로 사는 것이라는 사실을 더욱 명확히 깨닫게 된다. 예수께서 하나님의 뜻을 행하심과 그 안에서 나를 거룩하게 하신 것은 나를 그 사실 안에 이끌어 영원히 그 안에 심어놓은 것이다. 내가 이 사실과의 살아있는 연합 안에 살며 그것을 행하고 그 안에서 즐거워할 때 그 거룩한 뜻은 나의 거룩함이 된다. 예수께서 영광을 받으신 것은 하나님의 뜻을 행하고 그로 말미암아 하나님을 영화롭게 한 까닭이다. 성령강림으로 말미암아 예수께서 내 마음에 보내신 하늘 생명은 하나님의 뜻이 언제나 온전히 이루어지는 생명이다. 하나님의 뜻 안에 사는 것이 곧 거룩케 하심(聖化)을 바로 따라가는 것이다.

지성소에 들어가도록 담력을 갖고 하나님께 더 가까이 나아가자. 우리가 거하도록 이끌려 간 지성소와 우리의 특성이 되어야할 거룩함은 아주 긴밀하게 관련되어 있다. 하나님께서 그 거룩함 가운데 거하시는 지성소에는 믿음으로 들어간 거룩한 자의 처소가 있다. 거기는 거룩함을 입는 우리와, 거룩하게 하시는 아들과, 우리를 거룩하게 하신 그 뜻과, 거룩하신 하나님의 임재가 있어서 이 모두가 능력 안에서 만나는 처소인 것이다. 지성소에 들어가 예배하는 것이 무엇이며, 세상과 그 교제로부터 자신을 성별함이 무엇이고, 거룩하신 자와 계속 교제함이 무엇인지 알지 못하는 자에게는 거룩하게 되기 위해 드리는 기도나 모든 노력이 헛수고일 뿐이다. 거룩함은 지성소 안에서 하나님과 함께 거하는 것 말고는 어디에도 없는 까닭이다. 거룩하게 하시는 그 아들과 연합되고 사랑하고 행함으로서 우리는 거룩하신 그 뜻과 연합되는 것이며, 지성소에 계신 하나님 자신과의 연합이 이뤄질 때 그 안에 거룩의 능력이 있는 것이다.

그 다음엔 네 번째 고려사항이 나오는데 성자(聖子), 성지(聖旨), 성부(聖父)의 임재 다음의 성부의 징계가 그것이다. **오직 하나님은 우리의 유익을 위하여 그의 거룩하심에 참예케 하시느니라** 거룩함을 추구함에 있어서 우리가 도움을 구하는 것이 영적인 일일뿐만 아니라 하나님의 섭리 안에서 만나는 모든 것이 협력하여 선을 이룬다는 점에서 하나님은 복되시다. 거기에는 시련이나 난관, 또 실망이나 고민이 아니라 우리를 거룩하게 하시는 하나님이 택하신 도구가 있을 뿐이다. 예수 안에, 하나님의 뜻 안에, 그리고 지성소 안에 있는 우리의 생명은 우리의 몸 안에와 이 세상에 있는 우리의 생명과 전혀 하나이다. 하나님께서 고난으로 말미암아 그 아들을 온전케 하심이 합당하듯이, 하나님께서는 우리 일상생활의 작은 십자가(十字架)들로 말미암아 우리의 의지로부터 우리를 자유케 하고, 세상으로부터 우리를 끌어내며, 우리에게 예수의 본(本)과 정신을 깨닫게 해주신다.

거룩함을 좇으라, 하늘과 땅에 있는 모든 것이 당신의 그 일을 도와줄 것이다.

모든 사람으로 더불어 화평함과 거룩함을 좇으라 이것이 없이는 아무도 주를 보지 못하리라

주를 본다는 것은 주를 사랑하기를 배운 영혼에게 얼마나 큰 축복이며 영광인가! 마치 신부(新婦)가 사랑하는 신랑(新郎)을 만나 그와 연합하기 위해 아름답게 단장할 때처럼, 우리도 거룩한 옷을 입고 아름다운 거룩함 가운데(계 19:8) 우리 주님을 만나도록 우리를 부르시고 있는 것이다. 기도 가운데서 온 마음을 다하여 "주여, 주께서 오실 때 내가 예비된 자로 발견될 수 있도록 나를 거룩하게 하소서!" 라고 간구하라.

1. 이 거룩함은 믿음으로 의롭다함(稱義)을 얻는 것처럼 믿음에 의한 것이다. 둘 다 그리스도와의 연합에서 얻는다. 나의 평강과 그분의 능력은 영구한 믿음의 관습으로 말미암은 무궁한 연합 안에서 발견된다.

2. **좇으라!** 이것은 빌립보서 3:12-14에 나오는 것과 같은 단어이다. 나아감을 이해하고자 한다면 목표를 향하여 나아가 보라. 거룩함을 추구하고 성부와 성자와 성지(聖旨)와의 교제를 추구하는 것, 이것을 경주라고 부른다.

118. 하나님의 은혜에 이르지 못함

12:15 너희는 돌아보아 하나님 은혜에 이르지 못하는 자가 있는가 두려워하고 또 쓴 뿌리가 나서 괴롭게 하고 많은 사람이 이로 말미암아 더러움을 입을까 두려워하고
12:16 음행하는 자와 혹 한 그릇 식물을 위하여 장자의 명분을 판 에서와 같이 망령된 자가 있을까 두려워하라
12:17 너희의 아는 바와 같이 저가 그 후에 축복을 기업으로 받으려고 눈물을 흘리며 구하되 버린 바가 되어 회개할 기회를 얻지 못하였느니라

'형제들아 너희가 삼가 혹 너희 중에 누가 믿지 아니하는 악심(惡心)을 품을까 염려하라'는 말씀은 3장에 있는 경고였다. 4장에는 '너희 중에 혹 미치지 못할 자가 있을까 깊이 생각하라'는 경고가 있다. 그리고 10장에는 서로 돌아보아 피차에 권면하라는 말씀이 있다. 여기에 같은 내용이 있는데 그러한 자가 있는가

두려워하라(실질적으로 감독하라)는 것이며, 각자는 자기뿐만이 아니라 그 형제들도 돌아볼 것이요, 성실성의 결여로 말미암아 하나님의 은혜에 미치지 못하는 자가 없도록 하라는 것이다. 우리는 다시 히브리서가 우리에게 간절히 경고하고 있는 바 큰 위험이 있음을 본다. 그것은 모든 지역교회들이 고통을 겪는 가공할 신앙상태인 것이다. 잠시 신실한 신자답게 고백(告白)을 하지만 하나님의 은혜에 이르지 못함으로써 마치 이스라엘처럼 애굽을 떠났으나 약속된 안식(安息)에는 들어가지 못하는 사람이 많이 있다. 저들은 처음에 하나님의 은혜를 받았지만 헛되이 받아 결코 그것을 붙잡지도 못하고 그것에 붙들리지도 않았던 것이다. 마치 갈라디아 사람들이 종교와 의식에 대한 온갖 열심을 가지고도 '너희는 은혜에서 떨어진 자로다'(갈 4:4)라는 말을 들은 것처럼 저들도 그랬던 것이다. 인내로써 경주를 경주하는 것도 없었고, 거룩함이나 그것을 성실히 추구하는 노력도 없었으며, 그 결과 그리스도인의 삶의 기쁨과 능력과 열매도 없었던 것이다. 하나님의 은혜에 이르지 못하는 자가 있는가 두려워하자.

이 은혜에 미치지 못하는 증표와 원인으로써 세 가지 일이 언급되었다. **쓴 뿌리가 나서 괴롭게 하고 많은 사람이 이로 말미암아 더러움을 입을까 두려워하고** 쓴 뿌리는 잘못된 행실과 교리로 문제를 만들고 타인을 미궁(迷宮) 속으로 끌어가는 사람을 말할 수도 있다. 또는 그것이 많은 사람을 더럽힌 교리적 오류 자체나 어떤 형태의 사상이나 행동일 수도 있다. 주의하라, 돌아보라, 바라보라는 것과 같은 말로 미루어 볼 때 세상의 영이나, 현세적인 일에 너무 큰 흥미를 갖고 있는 것이나, 신앙적 차이점에서 오는 갈등이나, 하나님의 말씀과 성령에 따르기보다는 육신적인 일에 더 이끌리는 것이나, 죄에 양보하는 것 등등이 바로 쓴 뿌리일 수도 있다.

음행하는 자가 없도록 여기에 특별한 죄가 언급된다. 일반적으로 각 교회는 이 죄를 경계하지 아니하면 안 되는데 그러한 죄가 발견될 때까지 기다릴 것이 아니라 주의 깊게 살피고 모든 예방책을 강구하여 그러한 일이 없도록 하여야 한다. 그리스도인은 필히 크든 작든 죄를 너그럽게 봐주지 않는 높은 도덕적 풍조(風調)를 교계 내에 견지해야 한다. 모든 교인에게 있어서 그리고 젊은 신자들 중에서 그것은 생명과 입술과 마음의 순결의 증거가 되어야 한다. 그리고 죄에 빠진 모든 사람에게는 복음의 능력 안에서 사랑의 도움을 줄 수 있는 길을 찾아야 한다. 음행하는 자가 없도록 말이다.

혹 한 그릇 식물을 위하여 장자의 명분을 판 에서와 같이 망령된 자가 있을까 하여 우리는 믿음이 "항상 보이는 것으로부터의 분리"라는 것을 보았다. 아브라함과 이삭과 야곱은 장차 오는 하늘 도성(都城)과 하늘 축복의 상속자가 되기 위해 모든 것을 희생하였다. 에서(Esau)는 현세(現世) 가운데 살았고, 순간적인 만족을 위하여 그의 축복과 하나님의 약속과 장래의 유산을 저버렸다. 그리고 마찬가지로 신자라고 부르지만 역시 망령된 자가 세상에는 많이 있다. 그들의 영이나 삶에 신성하거나 거룩한 것이라고는 아무 것도 없다. 그들은 세상의 소유(所有)와 쾌락(快樂)의 현재에 몰입해 있다. 그들에게 거룩함을 추구하라고 말하는 것은 하나의 조롱거리를 주는 것에 불과하다. 그런 사람들을 생각하고 그들을 위하여 슬퍼하며 기도하고 수고하자. 당신들 중에 에서와 같이 망령된 자가 없도록 두려워하라.

너희의 아는 바와 같이 저가 그 후에 축복을 기업으로 받으려고 눈물을 흘리며 구하되 버린 바가 되어 회개할 기회를 얻지 못하였느니라 우리는 믿음에서의 그 후에를 기억한다. 여기 세속화(世俗化)에서의 그 후에와 얼마나 대조가 되는가? 현재와 그 쾌락을 위하여 하늘이 주신 장자권(長子權)과 하나님의 약속과 장래의 유산을 무시한 것이다. 그리고 그것이 너무 늦었을 때 마음은 이미 시들고 의지의 힘과 믿음의 능력은 상실되어, 더 좋은 것에 대한 생각이 깨어나지만 슬프게도 모든 게 너무 늦었음을 발견할 뿐이다! 일단 집주인이 일어나 문을 닫은 뒤에는 많은 사람이 들어가기를 구하되 결코 들어갈 수가 없다는 사실을 기억하라! 그 후에 상속하기를 바라지만 그는 거절당하였던 것이다!

너희는 돌아보아 하나님의 은혜에 이르지 못하는 자가 있는가 두려워하고 그리스도인의 삶이, 다시 말해 우리가 달리는 영원한 생명의 경주가, 얼마나 엄숙한 일인가! 얼마나 위험한 것들이 우리를 둘러싸고 있는가! 우리가 매일 쓰는 것들과 우리가 날마다 먹는 것들이 우리를 파멸로 이끌 수도 있다. 에서가 장자권을 잃은 것은 먹는 문제였다. 아담과 그 후손들이 장자권을 잃은 것도 먹는 것 때문이었다. 광야에서 사탄이 예수를 시험하였을 때 예수께서 우리를 위해 하늘을 되찾아 준 것도 먹는 것을 거절한 일이었다. 우리들의 집에서, 우리들의 몸에서, 우리들의 나날의 일상용품 가운데서 편히 즐기고 싶은 유혹과 나태한 가운데 조용히 머물고 싶은 유혹은 언제나 우리 주위를 맴돌고 또 우리 안에 있다. 우리가 은혜에 미치지 못하는 자가 되지 않도록 유의하자. 우리 주위에 나약해져서 세상으로 돌아가는 사람이 있는지를 정신 차려 살펴보고 그들을 위해 염려하는 것을 우리의 의무요 특권으로 생각하자. 우리 주위의 사람들과 우리 형제들의 구원자가 되기 위하여 믿음과 사랑 안에서 능력을 주시도록 하나님의 은혜를 간절히 기원하자. 다른 사람들에게 말하거나 영향을 미치는데 무기력함을 느낄 때는 우리를 사용하여 얼마라도 구원하시도록 하나님 앞에 엎드리어 눈물로 간구하자. 하나님은 우리에게 성령과 사랑으로 채워주실 수 있으시다.

1. 주의 깊게 바라보라. 이 말은 감독이나 관리자와 같은 단어이다. 누구라도 그러지 않도록 우리는 모두 서로를 돌아보아야 한다. 우리는 참으로 그리스도인들의 신앙상태를 염두에 두고 있는가? 우리는 참으로 무엇이 이루어질 수 있는지를 깊이 생각하기 위해 주의 깊게 그리고 애정을 기울여 주위를 둘러보고 있는가? 예수를 깊이 생각하라! 서로를 돌아보라! 이 두 명령은 불가분의 것이다.

2. 나중에 그는 버린 바가 되었다! 아아, 나의 형제여, 만약 당신이 하나님의 은혜로 이 위험에서 벗어났다면 간절히 원하건대 그러한 위험가운데 있는 자들을 생각하고 그 가공할 운명(運命)으로부터 저들을 구원하기 위해 하나님께서 당신에게 원하시는 것이면 무엇이든지 하겠노라고 하나님께 말씀드리라.

119. 시내산이 아니라 시온산이다

12:18 너희의 이른 곳은 만질만한 불붙는 산과 흑운과 흑암과 폭풍과
12:19 나팔소리와 말하는 소리가 아니라 그 소리를 듣는 자들은 더 말씀하지 아니하시기를 구하였으니
12:20 이는 짐승이라도 산에 이르거든 돌로 침을 당하리라 하신 명을 저희가 견디지 못함이라
12:21 그 보이는 바가 이렇듯이 무섭기로 모세도 이르되 내가 심히 두렵고 떨린다 하였으나

성화(聖化)의 길을 따르라는 부르심과, 하나님의 은혜에 미치지 못하는 것이나 장자권의 축복을 멸시하는 것에 관한 경고에 대한 확인으로써 우리는 신자로서의 우리의 참된 위치가 무엇이며 우리가 동참하게 된 축복의 충만이 무엇인가를 살펴보게 되었다. 이것은 먼저 대조(對照)의 방법으로 우리에게 제시되었는데 우리는 시내산(히 12:18-21), 즉 율법을 받을 때의 이스라엘의 위치와 상태(狀態)에 이른 것이 아니라는 것이다. 그런 다음 우리는 이제 우리가 나아갈 수 있는 놀라운 삶이 무엇인가를 듣는데 곧 우리는 시온산에 이르렀다(히 12:22-24)는 것이다. 우리의 참된 위치와 특권을 실감하게 하고 거룩함을 추구하는 일에 마음을 쓰게 하며, 하나님의 은혜에 미치지 못하는 데서 우리를 지켜주는 것은 오직 살아있는 믿음뿐이다.

히브리서 전체는 우리에게 하나님께서 사람을 다루신은 것은 언제나 두 시대(時代)의 원리에 기초를 두고 계신다는 것을 가르쳐주는데, 하나는 준비와 연약과 실패의 시대요, 다른 하나는 성취와 온전과 생명과 능력, 즉 무궁한 생명의 능력의 시대라는 것이다. 히브리서는 또한 우리가 새로운 세대(世代) 안에 우리의 위치를 갖고 있지만 마치 히브리사람들처럼 우리도 무관심과 불신앙으로 말미암아 더 좋은 언약의 능력과 생명에 대한 경험을 갖지 못한 채 옛 시대에 살 수도 있다고 가르친다. 그 결과 옛 세대 이스라엘의 모든 연약과 죄가 아직도 기독교 신자들에게 반복되어 영원한 구속이 무엇인지 알지도 못하며 그 결과 그 안에서 살아가지 못하고 있다. 우리는 이들 두 세대의 차이점을 '너희는 만질만한 산에 이른 것이 아니요 시온산에 이른 것이다'라는 암시적인 단어들에서 발견할 수 있다. "이것은 비유니 이 여자들은 두 언약이라 하나는 시내산으로부터 종을 낳은 자니 곧 지금 있는 예루살렘과 같은 데라. 그러나 위에 있는 예루살렘은 자유자니 곧 우리의 어머니라"(갈 4:22-26). 그리스도인의 전체적 삶의 비결

은 두 체계(體系)간의 차이를 올바르게 이해하는데 달려 있는데 하나는 종(從)과 두려움의 영을 가진 체계요, 다른 하나는 담력과 자유함을 가진 체계이다.

너희의 이른 곳은 만질만한 산이 아니요 두려움과 공포의 산이요 가까이 오면 죽으리라는 금령 때문에 나아갈 수 없는 산인지라 그 소리를 듣는 자들은 더 말씀하지 아니하시기를 구하였으니 그 언약의 중보자도 이르되 심히 두렵고 떨린다고 한 것이라 이 모든 것은 율법이 무엇을 하는가에 대한 상징으로써 율법은 진노를 이루고 두려움과 죽음을 가져옴을 말한다. 율법은 우리가 이룰 수 없는 것을 요구하고 위협과 더불어 수고와 준행을 촉구하지만, 하나님의 뜻에 대한 사랑이나 그 뜻을 행할 수 있는 능력은 주지 못한다. 율법은 단지 죄를 찾아내고 저주하며 자책감과 자기 저주만을 가져올 뿐이다. 로마서 제7장을 읽고 성령이 없이 율법만이 언급된 그곳에서 율법이 드러내는 무능과 사악함을 보라. 로마서 제8장을 읽고 그리스도 예수 안에 있는 생명의 성령과 더불어 오는 자유와 평강, 생명과 사랑, 기쁨과 힘이 어떠한 것인지도 살펴보라.

너희는 만질만한 산에 이른 것이 아니라 어찌하여 이것을 그리스도인들에게 말할 필요가 있었는가? 만약 시내산이 그렇게도 무섭다면 누가 거기에 거하기를 바랄 수 있겠는가? 누군들 그곳을 떠나라 부르시는 하나님의 첫 번째 메시지를 즐겨 받들지 않겠는가? 말하기도 이상한 얘기지만 각성한 영혼은 항상 율법의 요구를 성취함으로써만이 시내산을 달랠 수 있다고 생각하는 위험에 빠진다. 하나님의 은혜는 너무 놀랍고 하나님께서 시내산의 요구를 충족시킨 그 길은 참으로 하늘 차원의 것이며 인간의 이해를 초월하는 것이기에 인간의 마음이 구원을 갈망하기 시작할 때는 항상 노력으로 구원을 받으려고 한다. 그리고 우리가 예수를 믿은 이후에도 우리는 항상 하나님의 요구를 만족시키기 위하여 우리가 할 수 있는 것을 찾으려는 경향이 있다. 시내산을 떠나 시온산으로 오라는 부르심 안에서 하나님은 죄에 대한 값없고 온전한 용서를 우리에게 주실 뿐만 아니라, 마음에 기록된 법과, 새로운 순종을 위한 성령의 능력과, 하나님의 임재 가운데 들어갈 수 있는 적성과, 하나님과의 끊어지지 않는 교제 안에 거하는 것도 주신다는 것을 우리는 알아야 한다.

너희의 이른 곳은 시내산이 아니라 이것은 경주에서 용기를 잃고 의기소침해질 위험 속에 있는 모든 그리스도인들이 필요로 하는 말씀이다. 당신은 율법 아래 있지 아니하다. 당신이 선을 행하려 할 때 악이 당신과 함께 하는 것에 대한 당신의 불평은 당신이 아직도 율법 아래 있어 율법을 지키려고 노력한다는 것을 입증한다. 그것은 모두 헛수고인 것이다. 당신은 필히 어떻게 시내산의 그림자를 전적으로 벗어나서 시온산에 올 것인지를 보여주도록 성령의 가르침을 구해야 한다. 아아, 하나님께서 그 아들 안에서 당신에게 무엇을 말씀하시는지를 이해하고자 애쓰라. 그리스도는 당신의 생명이 되셔야 한다. 무궁한 생명의 능력 안에서 그리스도는 당신을 하나님께 인도하는 대제사장이시요, 신적 실재 안에서 당신의 내면 가장 깊숙이 법을 두시는 언약의 중재자이시며, 당신의 새로운 생명의 법으로써 그분 자신을 계시하도록 그분의 보좌로부터 성령을 보내시는 제사장 되신 왕이시다. 너희의 이른 곳은 시내산이 아니라. 그 두려움과 공포는 믿음과 신뢰로 바뀌었다. 와서 믿음으로 살라, 그리하면 그리스도께서 당신의 생명이 되시리라.

1. 어떤 말씀이나 진리의 의미를 연구함에 있어서 비슷하게 보이기 때문에 서로 다른 사물을 혼동할 우려가 있을 경우에는 참이 아닌 것이 무엇인지를 먼저 찾아내는 것이 종종 아주 도움이 된다. 율법에 의한 구원에는 참된 구원처럼 보임으로써 많은 사람들이 그 모든 삶에서 길을 잃게 하는 것들이 많다. 그러므로 너희가 이르지 않았다는 말이 무엇을 의미하는지를 잘 아는 것은 무한한 중요성을 갖는다. 그리스도께서 당신을 이끌고 간 장소는 절대 시내산은 아니다. 나는 시내산과 아무런 상관이 없음을 이제 말하라.

2. 사람이 이해하는 시내산은 하나님께서 도와주시는 가운데 나 자신의 노력에 의하고 나 자신의 선행에 의한 생명을 의미함과 더불어, 자아가 하기 힘든 것을 하나님의 은혜가 보충해주는 식의 자아의 종교적인 생명을 의미한다. 하나님께서 생각하는 시내산은 죄와 진노와 저주의 산이고, 그리스도의 길을 예비하기 위한 자아의 죽음과 끝을 의미한다. 시내산은 멀리 시온산과 그리스도를 가리킨다. 시온산에서 하나님은 모든 것을 하신다.

120. 너희는 시온산에 이르렀다

12:22 그러나 너희가 이른 곳은 시온산과 살아 계신 하나님의 도성인 하늘의 예루살렘과 천만 천사와
12:23 하늘에 기록한 장자들의 총회와 교회와 만민의 심판자이신 하나님과 및 온전케 된 의인의 영들과
12:24 새 언약의 중보이신 예수와 및 아벨의 피보다 더 낫게 말하는 뿌린 피니라

너희는 시온산에 이르렀다 기차로 여행하는 사람은 종종 자기가 이미 도착한 줄도 모른 채 한 장소에 도착하는 경우가 있다. 안내원이나 친구는 그에게 이 사실을 말해주어야 한다. 때때로 그것은 그가 그 여행이 더 길 것이라고 생각했기 때문이다. 우리 안에는 우리의 노력과 성취(成就)에 의하여나 우리의 됨됨이와 느끼는 것에 의하여 우리가 구원된다는 생각이 깊이 박혀 있어서 그렇지 않다는 깨우침을 계속 필요로 한다. 당신이 생각하는 순간 당신은 진실로 시온산에 와 있는 것이다! 자, 시온산 위를 걸으며 그 주위를 돌아보자. 고상한 아름다움과 온 땅의 기쁨은 시온산이다. 하나님께서는 시온의 궁전 안에 하나의 처소로써 그 자신을 알게 하셨다! 본문에 나오는 칠중(七重)의 영광을 깊이 생각하자. 그리고 하나님께서 우리 안에 계신 성령의 능력으로 우리가 시온산에 이르렀다는 것과, 거기서 우리가 처소를 갖게 하셨다는 것과, 시온산은 영적 실재 안에 있는 우리의 처소라는 것과, 거기 하늘나라의 능력이 우리 안에서 역사한다는 이 모든 것이 무슨 뜻인지를 계시해 주시도록 기도하자.

1. 너희가 이른 곳은 시온산과 살아 계신 하나님의 도성인 하늘의 예루살렘과

계시록에 나와 있는 하늘 예루살렘의 설명을(계 21:1, 22:1) 읽어보고 "보라, 하나님의 장막이 사람들과 함께 있으매 저희와 함께 거하시리니 저희는 하나님의 백성이 되고 하나님은 친히 저희와 함께 계셔서 저희 하나님이 되시리라. 주 하나님 곧 전능하신 이와 어린양이 그 성전이심이라. 하나님과 어린양의 보좌가 거기 있어 그의 종들이 그를 섬기며 그들이 하나님의 얼굴을 보리라"는 음성을 들어보라. 이것이 예수께서 휘장을 열고 당신을 인도해온 그 영광이다. 성령께서는 당신을 그 산 길의 능력과 경험 안에서 살게 하신다. 이것이 아브라함이 바라본, 그 지으실 터가 있는 도성이다. 당신은 거기에 이르렀다. 당신은 이제 이 도성의 시민이다. 당신이 바로 그 도성의 중심인 지성소, 즉 하나님의 임재 안에 인도되었기 때문에 당신은 그 도성 안에서 살 수 있는 것이다.

2. 그리고 천만 천사와

이들은 하나님의 보좌 주위에 서 있어서 하나님의 뜻을 이루는 자들이다. 이들로 말미암아 하나님의 능력은 대자연계(大自然界) 안에서 역사한다. 이들은 구원 얻은 후사(後嗣)들을 섬기라고 보내심을 받은 자들이다. 이들의 경배와 순종과 더불어 우리는 이제 하늘에서 이루어진 것처럼 땅에서도 하늘 아버지의 뜻을 행하면서 교제 안에 살아갈 수 있다. 너희는 시온산에 이르렀다.

3. 하늘에 기록한 장자들의 총회와 교회와

이것은 하늘에 기록되었으나 아직 불러 모아지지 않은 지상의 교회이다. 그들은 하나님의 모든 피조물(被造物) 중에서 창조의 첫째 자리를 차지하도록 처음 나신 자의 형상(形狀)을 가진 자로 운명 지워진 장자들이다(골 1:15, 약 1:18). 우리들이 우리의 이 장자권을 멸시하지 않도록 간구하자. 지상의 모든 하나님의 성도들과 살아있는 연합 가운데서 하나님의 장자(長子)들답게 살아가자.

4. 만민의 심판자이신 하나님과

우리는 하나님의 도성에 거하시는 살아계신 하나님에게만 이른 것이 아니라 만민(萬民)의 심판자 되신 하나님께도 이르렀다. 우리의 구속은 우리를 죄로부터 구원해 주심으로 말미암아 우리는 이미 우리의 심판자 되신 분의 집에 들어오게 된 것이다.

5. 온전케 된 의인의 영들과

이들은 하늘에 있는 성도들이다. 땅 위에도 온전케 되었다고 불린 자들이 있지만(히 5:14) 이들은 그리스도처럼 온전케 된 자들이다. 이들 영들은 우리도 허락받은 복된 교제 안에서 몸의 구속을 기다린다.

6. 새 언약의 중보이신 예수와

모세는 시내산 언약의 중보자였고 예수는 더 좋은 약속으로 맺어진 더 좋은 언약의 중보자였다. 우리가 살펴본(히 8:6-13) 언약은 특별히 우리의 마음과 관계가 있고, 하나님과의 교제를 가질 수 있는 우리의 적성(適性)과 관계가 있으며,

하나님의 뜻과 온전히 융화하는 의지와 생명에 관계가 있다. 시온산에서 우리는 예수께 나아왔는데 그분은 성령의 능력 가운데서 우리 안에 사시며 자신의 구원 사역을 수행하신다.

7. 아벨의 피보다 더 낫게 말하는 뿌린 피니라

이 어떤 하늘의 비밀인가! 하나님의 도성에서 살아계신 자 예수를 우리의 생명으로 소유하는 것 외에, 우리는 거기서 그분의 죽음의 표상인 뿌려진 피를 보는데 그 피는 우리를 위해 뿌려진 까닭에 매 순간 우리에게 호소한다. 그것은 아벨의 피처럼 분노를 말하는 피가 아니라 속죄와 영원한 구속(救贖)을 말하는 피 이다. 우리는 땅위에 흘려졌을 뿐만 아니라 하늘에도 뿌려져서 우리의 담대함과 씻음과 성결이 된 피에 이르렀다. 또한 우리는 우리 안에서 하늘 능력으로 말하되 우리를 위하여 하나님께 화평을 말하고 하나님을 위하여 우리에게 사랑을 말하는 피에 온 것이다.

그리스도인이여, 이 모든 것에 당신은 이르렀다. 하나님과 함께 살기 위하여 당신이 지성소(至聖所)의 하나님께 나아온 것처럼, 당신은 이 모든 것과 더불어 살기 위하여 그 가운데에 온 것이다. 하나님께서는 성령으로 말미암아 당신을 거기에 인도하셨고, 성령으로 말미암아 그것을 당신 마음 안에 계시하실 것이며, 그로 인하여 당신은 하나님이 은혜로 주신 것들을 알게 될 것이다. "너는 하늘의 예루살렘에 이르렀으니 들어와 거기서 살지니라"는 부르심을 들을 때에 계속 잠을 자는 사람이 어디 있겠는가? 다른 선택은 없다. 아직도 시내산의 명에 아래 살고자 할 것인가? 누가 그 대가가 너무 크다고 해서, 그리고 세상을 사랑한다 해서, 아브라함과 모세와 더불어 믿음으로 하나님의 도성에 나아와 살기를 거절하겠는가? 하나님께서는 우리가 거절하는 것을 금하신다. 하나님의 도성인 시온이 그 하늘 영광과 그 지성(至聖)의 아름다움과 그 영원한 생명의 능력으로 더불어 우리의 거처가 되게 하자. 예수께서 우리를 위해 들어가시어 하늘 문을 여셨을 때 강림하신 성령께서는 바로 하늘의 생명과 빛을 우리 마음에 가져오시고 그것을 모두 경험토록 우리를 인도하신다.

1. 구원은 우리를 하나님의 도성과 성도들의 교제와 상호화합과 도움의 사회적 삶으로 이끌어 준다. 예수 그리스도로 말미암아 타인의 복락에서 우리의 기쁨을 발견하는 것이 신앙의 핵심이고 시온산에 거하는 상태이다.

2. 나는 하늘로부터 새 예루살렘이 내려오는 것을 보았다. 그것은 오순절의 한 부분을 차지했다. 성령의 능력 안에서 하늘나라는 기도하는 제자들의 마음속으로 지상에 임하였다. 너희가 이른 곳은 시온산이라는 것이 하나의 아름다운 상상 이상이 될 수 있는 것은 오직 성령의 능력에 의해서이다.

3. 성령께서는 예수의 모든 사역과 영광을 우리 마음 안의 내적 생명이 되게 하신다. "너희는 이르렀다"와 같은, 우리에게는 너무 높은 모든 말씀들이 성령의 숨은 내적 가르침 안에서 보다 굳게 믿어지도록 하라. 성령께서는 우리의 머리가 이해하는 것을 초월하여 우리의 마음 안에서 역사하실 것이다.

121. 하나님은 소멸하는 불이시다

12:25 너희는 삼가 말하신 자를 거역하지 말라 땅에서 경고하신 자를 거역한 저희가 피하지 못하였거든 하물며 하늘로 좇아 경고하신 자를 배반하는 우리일까 보냐
12:26 그 때에는 그 소리가 땅을 진동하였거니와 이제는 약속하여 가라사대 내가 또 한번 땅만 아니라 하늘도 진동하리라 하셨느니라
12:27 이 또 한번이라 하심은 진동치 아니하는 것을 영존케 하기 위하여 진동할 것들 곧 만든 것들의 변동될 것을 나타내심이니라
12:28 그러므로 우리가 진동치 못할 나라를 받았은즉 은혜를 받자 이로 말미암아 경건함과 두려움으로 하나님을 기쁘시게 섬길지니
12:29 우리 하나님은 소멸하는 불이심이니라

너희는 삼가 말하신 자를 거역하지 말라 저자는 저들이 은혜(恩惠)에 이르지 못한 채 시내산에 머물며 그곳에서 멸망하게 될 위험에 대한 염려로 가득 차 있다. 그러므로 그는 세 번째로 (히 2:2, 10:26 참조) 히브리인들에게 옛 언약 아래에서보다 새 언약 아래에서의 죄에 대한 형벌(刑罰)이 얼마나 더 가공한 가를 깨닫게 하고자 애쓴다. 율법 아래에서의 형벌의 확실성과 확고성은 우리가 초래한 위험에 대한 무서운 경고를 우리에게 준다. 더 큰 특권은 더 큰 책임을 수반하는 까닭에 이 특권들에 대한 무시는 더 큰 형벌을 가져오는 것이다. "땅에서

경고하신 자를 거역한 저희가 피하지 못하였거든 하물며 하늘로 좇아 경고하신 자를 배반하는 우리일까 보냐!" 시내산(Mt. Sinai)의 공포보다는 시온산에서 말씀하시는 분을 거절하는 자들에 대한 심판이 훨씬 엄중하다. 시내산 형벌의 공포보다 한층 더 준엄한 이 시온산(Mt. Zion)의 가공할 심판에 대한 경고가 우리 마음을 분발케 하여 그 놀라운 축복을 받아들이게 하여야 할 일이다. **그 때에는 그 소리가 땅을 진동하였거니와 이제는 약속하여 가라사대 내가 또 한 번 땅만 아니라 하늘도 진동하리라 하셨느니라 이 또 한 번이라 하심은 진동치 아니하는 것을 영존케 하기 위하여 진동할 것들 곧 만든 것들의 변동될 것을 나타내심이니라** 그 마지막 진동에 진동치 아니할 것들과 터(基礎)를 가진 도성(都城)만이 남게 하기 위하여 모든 피조물이 진동할 것이다. 그날에 시온산 외에 아무 것도 서지 못할 것이로되 시온산과 거기에 사는 자들은 결코 진동하지 아니할 것이다.

그러므로 우리가 진동치 못할 나라를 받았은즉 오직 하나 진동하지 않는 것이 있는데 그것은 하나님의 나라로서 영적 세계이며 하나님의 뜻이 이루어지고 하나님의 사랑이 계시되는 곳이다. 우리는 믿음으로 그 나라를 우리 마음에 받았다. "하나님의 나라는 볼 수 있게 임하는 것이 아니요 또 여기 있다 저기 있다고도 못하리니 하나님의 나라는 너희 안에 있느니라"(눅 17:21). 우리가 진동하고 남아나지 못할 것 중에서 믿음으로 흔들리지 않는 나라를 더 알고 소유하면 할수록, 그 나라는 더욱 튼튼하게 안정되어서 우리들로 하여금 진동하지 않고 넘어짐이 없이 서게 해줄 것이다.

그러므로 우리가 진동치 못할 나라를 받았은즉 은혜를 받자 이로 말미암아 경건함과 두려움으로 하나님을 기쁘시게 섬길지니 은혜를 받자. 필요할 때마다 은혜의 보좌에서(히 4:16) 약속하신 은혜를 받고 실감하며 항상 굳게 붙들자. 이로 말미암아 하나님을 기쁘시게 섬길지니. 우리는 살아계신 하나님을 섬기기 위해 피로 말미암아 죽은 행실에서 씻음을 받았다. 우리가 지성소에 들어가고 하나님께 가까이 나아감은 하나님의 성전에서 주야로 하나님을 섬기게 하려 함이요, 하나님을 섬김으로 우리의 섬김이 하나님을 기쁘시게 한다는 증거를 받기 위함이다. 그것이 아니고는 어느 것도 우리의 마음이나 하나님의 마음을 만족시킬 수 없다. 그러나 이것은 은혜가 참으로 효력을 가져오는 것으로써 곧 용서하거나 영접하거나 허물을 덮어주기만 하는 것이 아니라 우리가 하나님을 기쁘시게 섬길 수 있도록 해주는 것이다. 이것을 위하여 은혜와 믿음을 갖자. 믿음이 없이는 하나님을 기쁘시게 하지 못한다.

경건함과 두려움으로 하나님을 기쁘시게 섬길지니 우리 하나님은 소멸하는 불이심이니라 예수는 하나님을 경외함으로 들으심을 얻었다. 노아는 경외함으로 경고하심을 받았다. 예수의 아버지이시며 노아의 하나님 되신 분은 우리의 하나님이신 고로 단연코 경건한 마음으로 하나님을 섬기는 것이 우리에겐 합당한 것이다. 그것은 우리 안에 있는 은혜의 확실한 열매 중의 하나이다. 노아와 그리스도께서 다루어야 했던 죄와 심판의 가공할 실제성은 아직도 우리 주위에 상존한다. 하나님의 거룩하심과 영화로우심, 죄의 권세와 저주, 우리 자신의 전적인 약함과 우리 주위에 있는 군중의 가공할 위해성(危害性) 등은 모든 신자들로 하여금 경건과 두려움으로 하나님을 섬기도록 부른다.

우리 하나님은 소멸하는 불이심이니라 시내산의 붙는 불과 흑운과 흑암은 하나님께서 그 아들을 거절한 자에게 상응하는 심판을 쏟으실 때 보게 될 실상(實狀)의 그림자이다. 그분의 거룩하심은 불인데 하나님 본성(本性)의 영원한 법칙을 따라 모든 사악한 것을 소멸하신다. 하나님의 사랑도 불인데 역시 사랑의 승리를 방해하거나 거절하는 모든 것을 불태우고 파괴한다.

불은 축복이 될 수도 있고 저주가 될 수도 있다. 그 불이 나를 친구로 대하든가 원수로 대하든가 하는 것은 그것에 대한 나의 관계성에 달려있다. 하나님의 불은, 그것이 정결케 하러 올 때, 제물(祭物)을 불살라 그것을 하늘의 빛의 본질로 바꿀 때, 성령과 불로 세례를 줄 때, 우리의 존재를 사랑의 불꽃으로 변형시킬 때 자기 하나님을 소멸하는 불로 알았던 사람들을 축복하였다. 그러나 소돔과 고모라 사람들처럼 끝내 진노와 심판하심 가운데 버려져 하나님의 불이 그 위에 떨어지는 자는 화가 있는 것이다. 아아, 믿음의 충만 가운데서 모든 신자들이 임박한 심판을 보고 두려워하며 그리스도의 열정으로 감동하여 다른 사람들을 경고하고 불 가운데서 건져내기 위해 헌신할 수 있기를 바란다. 우리 하나님은 소멸하는 불이심이니라!

1. 나는 우리 주위에서 그렇게도 많은 사람의 절박한 운명(運命)이 다가오는데 그들을 깨우치거나 구원(救援)할 길이 없는 상황을 볼 때보다 더 사람이 그 무능을 절감하는 경우를 알지 못한다. 우리의 단 하나의 소망은 구원하는 크신 능력을 가지신 자의 발밑에 우리 자신을 계속 맡겨두고 그분의 열심과 사랑의 불이 우리 안에서 타기를 기다리는 것이다.

2. **경건함과 두려움** "하나님처럼 선하시기 때문에 그리스도는 그처럼 위대하시고, 사랑 받는 것이 그분의 신격(神格)에 속하는 만큼 그것은 두려워해야 할 그분의 위대하심에 속한다. 이 경건한 두려움은 하늘의 하나님 앞에서의 가장 정당한 예배이다. 지금 받는 사랑을 초월하여 그분께서 사랑을 받아야 하는 만큼, 지금 느끼는 두려움을 초월하여 우리는 그분을 두려워해야 한다. 그리고 주님을 두려워하지 않는 영혼들은 결코 주님을 사랑할 수 없다는 것을 주님께서 나에게 보여주신 것을 나는 잘 안다." - [시냇가에 심은 나무]

| 제 12편 (13:1-25)

사랑과 선행(善行)에 대하여

122. 사랑에 관하여

13:1 형제 사랑하기를 계속하고
13:2 손님 대접하기를 잊지 말라 이로써 부지중에 천사들을 대접한 이들이 있었느니라
13:3 자기도 함께 갇힌 것 같이 갇힌 자를 생각하고 자기도 몸을 가졌은즉 학대받는 자를 생각하라
13:4 모든 사람은 혼인을 귀히 여기고 침소를 더럽히지 않게 하라 음행 하는 자들과 간음하는 자들을 하나님이 심판하시리라

지성소의 문 앞에서 우리는 들어오라는 초대의 말씀과 더불어(히 10:19-25) 믿음, 소망, 사랑이라는 세 덕목을 들었다. 믿음이 우리를 인도해 들어가는 삶은 제11장에 제시되었고 소망과 그 인내의 삶은 제12장(1-13)에 나타나 있다. 이제 우리는 사랑과 선행의 삶에 대한 말씀을 제 13장에서 듣는다. 저자는 사랑의 삶의 네 가지 주요 특성을 지적함으로써 논증을 시작한다. 이것은 형제애, 친절, 갇힌 자와 학대받는 자에 대한 동정, 그리고 부부애(夫婦愛) 등이다.

형제 사랑하기를 계속하고 히브리서에는 하나님과 그리스도에 대하여 사용된 사랑이란 단어가 없다. 히브리서의 전체적 가르침이 바로 하나님 사랑의 계시이기 때문이다. 성도들 간의 서로 사랑함과 염려에 대하여는 몇 차례 언급이 되었다. 지성소에 들어가는 자는 거기에서 하나님의 사랑을 발견한다. 그가 받는 생명과 축복은 바로 마음에 부어진 하나님의 성품과 하나님의 사랑이다. 거기서 형제를 얻지 못하는 사람은 하나님의 임재나 하나님의 사랑 가운데 참으로 들어갈 수 없다. 하나님의 사랑과 하나님 안에서의 기쁨은 형제에 대한 사랑 안에서

만 입증될 수 있기 때문이다. 시온산 위에는 하나님의 도성이 있고 하나님께서는 자녀들 가운데 거하시기 위해 거처를 정하시는데 우리가 동일한 하늘의 시민들과 하나님의 축복을 함께 하지 않는 한 결코 그 축복에 참여할 수 없다.

본문의 계명은 어떻게 사랑이 냉랭함을 극복하는가를 보여주고, 슬프게도 그것이 얼마나 교회에 결여되어 있을 수 있는가 하는 것을 우리에게 상기시킨다. 슬프다, 얼마나 불화와 분열과 냉담과 태만 가운데서, 또 가혹한 판단과 불쾌한 생각으로 그리스도의 교회가 하나님의 사랑으로부터 태어났음을 보여주지 못하며, 교회의 전 존재가 사랑의 새 계명을 따라 형제를 사랑함으로써 하나님께 대한 사랑을 간증하도록 하시는 하나님의 은혜로 성립된다는 것을 보여주지 못하고 있는가! 만약 우리가 히브리서를 헛되이 배우지 않고, 그 서신이 계시하는 영원한 구속의 능력을 맛보았다면 사랑의 삶을 살도록 우리 자신을 내어드려야 한다. 형제자매가 아무리 연약하고 잘못이 많으며 눈에 거슬려도 우리에겐 그리스도께서 보여주신 깊은 참 사랑의 대상이어야 한다. 겸손과 온유, 친절과 배려 가운데서 그 사랑을 나타내고 그로 인하여 그들을 염려하며 그들을 위로하자. 살아계신 하나님의 도성은 사랑의 누리요, 우리가 더 사랑할수록 안개는 더 걷히고 우리의 영혼은 해맑은 아름다움 속에서 그 사실을 볼 것이다. "제일은 사랑이라, 사랑 안에 거하는 자는 하나님 안에 거하고 하나님께서도 그 안에 거하시느니라"(요일 4:16).

손님 대접하기를 잊지 말라 이로써 부지중에 천사들을 대접한 이들이 있었느니라 사랑은 필히 그 자체를 행위로써 입증해야 한다. 우리 주님께서 "내가 나그네 되었을 때에 너희가 나를 돌아보았고"라고 하신 말씀은 친한 자들에게 뿐만 아니라 단지 신자의 명분만을 가진 사람들에게까지 보여주는 환대(歡待)의 신성함과 복됨을 가르쳐 준다. 부요와 사치의 증가에 따라 나그네를 대접하는 순박성이 자주 상실된다는 것은 너무나 슬픈 일이다. 성경은 행동의 규범들을 우리에게 정해주는 대신 다만 사랑의 법을 우리에게 보여준다. 성경은 모든 가치(價値)나 공덕(功德)은 별문제로 치고 우리를 지성소에 들어간 자요 시온산에 이른 자로 언급하면서 그렇게도 값없이 놀라운 사랑을 받고 하나님의 집에 영접된 이상 당연히 나그네와 가난한 자에게 우리의 집을 열어야 한다는 것을 말해준다. 지성소는 온전한 사랑의 처소이므로 거기에 들어가는 자는 사랑 안에 살 것이다. 우리는 종종 아는 것 이상을 행함으로써 때때로 천사들을 대접하거나 심지어는 "너희를 영접하는 자는 곧 나를 영접하는 것이다"라는 말씀처럼 우리가 선대하는 사람들의 주님을 대접할 수도 있다는 영적 비밀을 기억하자.

자기도 함께 갇힌 것 같이 갇힌 자를 생각하고 자기도 몸을 가졌은즉 학대받는 자를 생각하라 우리는 몸의 지체 하나가 고통을 받으면 모든 지체가 같이 고통을 받는다는 것을 잘 안다. 본문 말씀은 지상에서의 친밀하고도 실제적인, 예수와 그분의 몸과의 사랑의 연합을 가리킨다. 이 동정의 공감은 육체적인 면과 영적인 면에 있어서 다 같이 민감하고 실제적이며 또 필수적이다. 우리는 우리 자신이 고난을 받을 때와 같이 갇힌 자들과 학대받는 자들을 동정하여야 한다. 하나님의 집과 사랑 안의 삶에 들어간 자는 그만큼 사랑하기를 배울 일이다.

모든 사람은 혼인을 귀히 여기고 침소를 더럽히지 않게 하라 음행하는 자들과 간음하는 자들을 하나님이 심판하시리라 이웃이란 넓은 범주로부터 우리는 이제 내적 영역으로 들어간다. 결혼은 하나님이 정하신 것이요, 교회에 대한 그리스도의 사랑의 모형이다. 슬프다, 얼마나 그 거룩한 연합이 오용되고 더럽혀졌던가! 기독교는 결혼을 격하(格下)의 밑바닥으로부터 끌어 올려 그로 인해 이뤄지는 복된 가정과 교회 내의 모범을 창출해 내었다. 사랑, 그리스도 안에 있는 하나님의 사랑만이 가정을 순전하고 거룩하게 지킬 수 있다.

당신은 살아계신 하나님의 도성에 이르렀다. 그 삶이 사랑의 삶이 되게 하라. 지성소 밖에 있는 자에게는 이 요구가 너무 높고 여유가 없으며 불가능한 것처럼 보인다. 하나님은 모든 것을 하시는 고로 하나님의 안식에 들어간 자에게는 사랑이 오히려 기쁨이 된다. 무궁한 생명의 능력으로 우리를 하나님께 이끌어 하나님 생명 안에 들어가게 하는 하나님의 대제사장으로 예수를 영접한 자에게는 온전한 믿음 안에서 사랑하는 것이 그냥 그의 본성이 된다. 예수께서 중보되신 언약은 새 마음에 사랑의 법을 기록하였고 우리에게 사랑의 정신을 준다.

1. 히브리서의 전반부는 예수의 하늘 영광과 그분께서 우리를 이끌어 들이시는 하늘 성소(聖所)의 영광에 대하여 우리의 눈을 열어 주었다. 후반부는 우리가 어떻게 이 땅 위에서 그 하늘 삶을 살 수 있는가를 보여준다. 사람이 하늘에서 살면 살수록 그는 더욱 땅 위에서 살기에 적합한 자가 된다.

2. 사랑은 우리가 하늘로부터 받는 새로운 성품이고 매일매일 하늘로부터 새로워지는 성향이다. 성령의 열매는 사랑이다. 하늘로부터 성령이 부어졌을 때 사랑은 마음을 채웠다. 우리 자신의 의지로 이들 사랑의 계명을 이루려고 하는 것을 주의하라. 언제나 어떤 환경에서도 모든 사람을 사랑할 수 있는 것은 오직 하나님께로부터 온 것이다.

3. 우리가 이른 곳은 율법과 노력, 긴장과 실패의 삶인 시내산이 아니다. 오히려 우리들은 성령 안에 있고 예수의 능력 안에 있으며, 기쁨과 힘과 온전한 사랑 안에서 시온산에 이른 것이다.

123. 거짓 부요와 참된 부요

13:5 돈을 사랑치 말고 있는 바를 족한 줄로 알라 그가 친히 말씀하시기를 내가 과연 너희를 버리지 아니하고 과연 너희를 떠나지 아니하리라 하셨느니라
13:6 그러므로 우리가 담대히 가로되 주는 나를 돕는 자시니 내가 무서워 아니하겠노라 사람이 내게 어찌하리요 하노라

그리스도 안에서 하나님께 가까이 나아간 신자들이 배워야 할 첫 번째 의무는 자기와 다른 신자와의 관계가 어떠하며, 얼마나 그의 삶이 사랑의 삶이 되느냐 하는 것이다. 두 번째 문제는 세상과 그 재물(財物)에 대한 관계이다. 외부 세계는 신자를 사방에서 둘러싸고 있어서 그는 매 순간 그것과 접촉하며 살아간다. 결코 중단 없는 간청으로 세상은 신자의 염려와 관심과 애착을 요구한다. 세상은 그것이 제공하는 쾌락과 고통의 위협으로 신자를 유혹하며 신자의 생사(生死)를 한 손에 쥐고 있는 양 나온다. 하나님의 임재와 지선(至善)의 빛으로 투명해야 될 세상은 죄가 들어와 사람들의 눈을 멀게 하였고 사람으로부터 하나님을 감추는 휘장이 되어 버렸다. 경주를 경주하는 그리스도인이 가장 주의

깊게 살펴보아야 할 우선적인 일들의 하나는 합법적인 생활용품과 흥밋거리와 쾌락으로 신자를 계속 뒤로 물러가게 하며 그렇게도 자주 상을 잃게 하는 세상의 힘인 것이다.

돈에서 우리는 세상이 줄 수 있는 모든 것의 구체적인 체현(體現)을 본다. 그러므로 돈을 사랑하는 데서 우리는 바로 그 세상의 영을 갖는다. 본문은 돈에 대한 사랑에서 자유롭게 되라고 말한다. 시험은 돈을 가진 부자에게나 돈을 벌려고 애쓰는 사람 둘 다에게 부지중 다가온다. 유혹하는 자는 바로 광명의 천사처럼(고후 11:14) 오는 것이다. 돈 그 자체에는 죄가 없다. 그것이 하나님의 좋은 선물이 아닌가? 돈을 소유했음이 정직한 노동과 근면과 선견, 그리고 극기(克己)와 알뜰살림의 증거일 수도 있으며 우리의 일에 대한 하나님의 축복의 표시일 수도 있고 타인을 돕고 사회를 유익하게 하는 능력의 도구일 수도 있다. 빈곤은 종종 태만과 죄의 징조가 아니던가? 사람이 세상을 이기기만 한다면 돈은 하나님의 목적을 이루는 하나의 큰 수단이 될 수도 있다.

성경은 이 모든 것을 알고 가르친다. 지금도 성경은 그 목소리를 높이어 "돈을 사랑함이 일만 악의 뿌리가 되나니(딤전 6:9-18) 탐욕을 삼가라"고 경고한다. 이 죄를 따라가는 길과 들어가는 문이 너무나 교활하고, 이 죄가 아주 진실한 듯한 덕(德)의 허울을 쓰는 핑계가 아주 다양하며 그럴듯해서, 세상적으로 번영이 찾아오는 그리스도인은 언제나 그것을 경계를 할 필요가 있다. 이 올무로부터 빠져나오는 자는 오직 참으로 하나님의 나라를 구하는 사람이고, 자신과 그리스도와의 최대한의 일치를 사모하는 사람이며, 무엇을 어떻게 소유할 것인가를 예수로부터 배우기를 구하는 사람이요, 예수의 처분에 따라 명목만이 아닌 실제적인 삶에서 그분이 가진 모든 것을 붙드는 사람이다. **있는 바를 족한 줄로 알라** 여기에 그리스도인의 안전이 있다. 산상수훈(山上垂訓)에서 주께서 가르치신 것을 잘 배우고 당신 안에 있는 그분의 성령으로부터 그 정신을 호흡하라. 하늘에 있는 보화인 하나님 안에서와 선행 안에서의 부요가 마음을 채우게 하고, 하나님의 사랑과 뜻과 거룩한 인격의 하늘 부요 안에서 사는 삶의 축복과 그리스도를 닮은 덕행의 삶이 마음을 채우게 하라. 그리하면 우리는 어떤 운명에서든 만족할 것이며, 만족함 안에서 돈에 대한 염려와 돈에 대한 사랑으로부터의 안전책을 발견할 것이다.

그가 친히 말씀하시기를 내가 과연 너희를 버리지 아니하고 과연 너희를 떠나지 아니하리라 하셨느니라 그렇다, 하나님께서 그 영혼의 보화가 될 때 그 영혼은 그가 가진 땅의 것에도 만족할 것이다. 세상이 줄 수 있는 모든 것을 초월하여 그 영혼이 설 수 있게 하는 것은 하나님의 은총과 가까이 계심에 대한 의식(意識)이다. 일상생활의 업무와 염려의 와중에서 믿음의 삶을 영위하는 참다운 그리스도인의 길을 걷기 위하여 우리는 더 좋고 영구적인 소유로써의 하나님의 임재를 필요로 한다. 우리의 지상의 삶과 하늘의 삶은 우리가 아는 것보다 더 밀접하게 연관되어 있다. 이 땅 위의 일에 너무 많이 관심을 갖거나 집착하는 것은 불가피하게 하나님께 대한 우리의 믿음을 약화시킨다. 하나님과의 참다운 교제는 즉시 세상적인 일에 대한 우리의 관계를 올바르게 정립시킨다. 우리의 믿음이 '그가 친히 말씀하시기를 내가 과연 너희를 버리지 아니하고 과연 너희를 떠나지 아니하리라 하셨느니'라고 하신 약속을 배우고 그것으로 양식을 삼도록 하자. 그 성취를 굳게 붙든 믿음은 세상(世上)을 극복할 것이다.

그러므로 우리가 담대히 가로되 주는 나를 돕는 자시니 내가 무서워 아니하겠노라 사람이 내게 어찌 하리요 하노라 하나님의 약속은 항상 답을 요구한다. 과연 너희를 떠나지 아니하리라는 말씀에 큰 용기를 가지고 우리는 전심으로 주는 나를 돕는 자시니 내가 무서워 아니하겠노라고 화답해야 한다. 이 말씀을 크게 말하며 그것들이 우리의 것이라는 것을 우리가 느낄 때까지 반복하자. 그것이 일시적인 필요인지 또는 우리의 각양 영적 소요에 관한 것인지 간에 우리는 종종 의기소침하고 두려워하도록 유혹을 받는다. 본문에 나온 하나님의 약속은 시련의 때를 위한 것이다. 때때로 모든 것은 아주 어둡게 비치고, 우리가 울부짖으나 응답은 오지 아니하며, 하나님께서는 거의 우리를 잊으신 것처럼 보이기도 한다. 충만한 믿음 안에서 "큰 용기로 참을성 있게 기다리라"는 허다한 증인(證人)들의 음성이 우리 마음에 들어와서 우리로 하여금 그가 친히 말씀하시기를 내가 과연 너희를 떠나지 아니하리라, 약속하신 자는 미쁘시니 우리 믿는 도리의 소망을 움직이지 말고 굳게 잡자라고 말하게 하자. 우리는 또 주는 나를 돕는 자시니 내가 무서워 아니하겠노라고 담대히 말해야 한다.

돈에 대한 사랑으로부터 해방되어, 있는 바를 족한 줄 알고, 그분께서 친히 말씀하신 바를 굳게 붙들며, 큰 용기로써 주는 나의 돕는 자시라고 응답하라. 이것이 지성소(至聖所)에 들어간 사람이 일상생활의 염려와 필요의 와중에서 살 수 있는 삶인 것이다.

1. "내가 결코 너를 떠나지 아니하리라"는 약속은 처음에 야곱에게 주어졌고, 다음에 여호수아에게 주어졌으며, 다시 솔로몬에게, 그리고 그 후에는 이스라엘에게 주어졌다. 그것은 어떻게 모든 구약의 약속들을 우리가 전유(專有)할 수 있는지를 가르쳐 준다. 일상생활 속의 우리들은 하나님께 있어서 구약시대 에 하나님이 그 목적의 성취를 의존했던 사람들만큼 깊은 관심의 대상이다. 내주하시되 방해받지 않는 하나님의 임재를 우리는 일상생활에서 크게 필요로 한다. 그것은 그리스도 안에서 이중으로 밝혀지고 확증된 큰 축복이다.

2. 하나님께서 말씀하셨기에 우리도 그렇게 말한다. 영원하신 하나님께서 말씀하신 것을 우리가 듣고 사람에게 말할 때 우리는 응답으로 말할 것을 알 것이며 큰 용기로써 그것을 말할 것이다.

3. 족한 줄 알라. 이것이 돈에 대한 사랑을 정복하고 하나님의 약속과 영원하신 임재 안의 믿음을 위해 마음을 여는 능력이다.

124. 예수는 영원히 동일하시다

13:7 하나님의 말씀을 너희에게 이르고 너희를 인도하던 자들을 생각하며 저희 행실의 종말을 주의하여 보고 저희 믿음을 본받으라
13:8 예수 그리스도는 어제나 오늘이나 영원토록 동일하시니라

너희를 인도하던 자들을 생각하며 저희 믿음을 본받으라 저희는 얼마동안 그들과 함께 있었으나 이미 다른 곳으로 갔던가, 혹은 하늘로 부르심을 받은 선생들을 가리키는 것 같다. 히브리인들은 저들의 삶이 가져온 과제가 무엇이고 그 결과가 무엇이며 저들이 남긴 인상이 무엇인지를 생각해보고 자기들의 삶을 가져온 능력으로써 저들의 믿음을 본받도록 깨우침을 받는다. 인도자들의 가르침보다도 그들의 거룩한 삶과 분명한 믿음이 지적되는 교회는 행복하다. 성도들이 그 인도자들의 믿음을 본받고 재현(再現)하며 살아가는 교회는 행복하다.

우리는 7장에서 죽음으로 인하여 타인에게 승계되는 제사장들의 직임과 예수의 불변하는 제사장 직분이 대조되어 있음을 기억한다. 그들을 가르쳤지만 이제 그들을 남겨놓고 떠난 사람들의 손실감에서 예수 그리스도는 어제나 오늘이나 영원토록 동일하시니라는 말씀이 여기에 제시되는 것 같다. 사랑 받는 선생으로서 큰 가치를 지닌 사람들의 오고감은 있을 수 있다. 그러나 예수 안에는 변함이 없는 까닭에 우리는 결코 예수를 잃지 않는다. **예수 그리스도는 어제나 오늘이나 영원토록 동일하시니라** 주위의 교회 안에서 모든 것이 변한다 할지라도 그리고 우리 안의 영적인 삶에서 모든 것이 변한다 할지라도 예수는 결코 변함없이 영원히 동일하시다. 우리의 믿음이 이것을 깨닫고 굳게 잡으며 영원히 동일하신 그분에게 머물 때 그 믿음은 그분의 불변하심에 참여할 것이며, 그분처럼 우리의 믿음은 변하지 않고 영원히 동일하다는 것을 알게 될 것이다.

히브리서 전체를 통하여 우리는, 그리스도인들의 큰 결점이 일관성과 확실한 전진(前進)이 없이 끝까지 견디지 못하며 항상 믿음 안에 거하지 못하는 것임을 자주 보아왔다. 옛 언약에서의 이스라엘처럼 그들도 언약 안에 머무르지 않았다. 새 언약의 큰 특성은 그리스도의 구속과 영원한 제사장직의 놀라운 온전함으로서 뒤로 물러가는 것에 종지부를 찍을 수 있다는 것이다. 새 생명은 더 이상 가변적이거나 간헐적인 것이 아니요, 그 도량이나 능력이나 휘장 안에 내린 닻이 무궁한 생명의 능력을 따른 대제사장 예수의 쉬지 않는 활동으로서 우리를 위하여 하늘과 우리의 마음속에 하나님과의 자유롭고 영원한 교제를 유지하는 것이다. 다시 말하지만 그렇게도 많은 젊고도 성실한 그리스도인들이 이 불변하는 삶을 결코 얻지 못하는 까닭은 그들이 예수를 바로 알지 못하기 때문이다. 그들은 히브리서가 완전(完全)을 향해 앞으로 전진 하는 사람들에게 영원히 살아서 항상 기도하시며 매 순간 자기를 의뢰하는 영혼을 바라보고 지켜주시는 영원하신 제사장으로 예수를 계시한 것같이 그분을 알고 믿지 못한다. 예수 그리스도는 어제나 오늘이나 영원토록 동일하신 까닭에 그분께서 어느 날 어느 때를 위해 하신 일은 그분이 매일 매시간 하시는 일이란 것을 모르고 있다.

어제 예수 그리스도의 모든 것은 오늘 예수 그리스도의 모든 것이다. 대 영원(永遠)의 과거에서 아버지의 기쁨의 대상으로서 그리고 아버지의 생명과 사랑의 지참자(持參者)이며 분여자로서 어제의 그분의 모든 것은 오늘 그분의 모든 것이 되신다. 온유하고 친절하며 체휼하는 마음으로 사신 그 지상 생애 속의 어제의 그분은 오늘의 그분이시다. 보좌 위에 앉으시며 자신의 영(Spirit)을 보내시고, 자신의 교회를 대표하여 교회 안에서 크신 일을 행하시며, 믿는 영혼들에게 말할 수 없는 기쁨으로 자신을 계시하시되, 이것을 읽는 당신을 만나시고 축복하시는 그분의 과거의 모든 것은 오늘 그분의 모든 것이다. 그분의 어떠하심의 모든 것은 오늘 당신에게 그 어떠하심의 모든 것이 되신다. 당신이 오늘보다 더 나았던 어제를 항상 뒤돌아보는 단 하나의 이유는 새로운 계시와 어제 받은 은혜의 더 큰 경험을 매일매일 주시고자 기다리고 계신 이 예수를 몰랐거나 신뢰하는데 실패했기 때문이다.

예수는 어제도 오늘도 그리고 영원히 동일하시다 그렇다, 지금까지 그분 자신의 모든 것은 바로 지금 이 순간부터 그리고 영원히 동일한 그분 자신이시다. 그리고 영원히 그분의 전체 실존은 지금 이 순간 당신을 위한 그분의 전체 실존이시다. 그 영광의 충만한 계시 안에서 오늘 이후로 당신의 것이 될 그분과 그분 사랑과의 연합의 무한한 긴밀성 안에서 그분을 생각하며 영원히 그분 실존의 모든 것은 오늘 그분 실존의 모든 것이라고 믿음으로 말하라. 외적인 계시에서는 변화와 전진이 있을 수 있으나 예수 그리스도 안에서는 결코 변함이 없다. 영원(永遠)에서 그분 되심의 모든 것은 지금도 당신에게 그분 되심의 모든 것이어서 오늘 그리고 영원히 동일하신 것이다. 예수 그리스도는 어제나 오늘이나 영원토록 동일하시다란 말씀은 교회와 우리 주위 환경의 모든 변화의 와중에서 또는 우리 내면의 마음 안에서 그 어느 것도 빼앗아 갈 수 없는 힘이 되고 기쁨이 된다.

바로 오늘이다! 성령께서도 오늘이라 말씀하셨다! 그렇다, 오늘 이 불변하는 예수를 당신의 생명으로 요구하고 신뢰하라. 그분의 불변성은 그 사실을 양식으로 삼는 믿음 속에 들어가서 믿음에게 그 특성을 분여하고, 변함없이 그분께 매어 달리는 영혼에게 그 귀한 성품을 분여할 것이다. 당신 자신이나 느낌이나 재능을 믿지 말고 변치 않으시는 예수를 바라보라. 우리의 속사람(inner man)을 강건케 하시는 성령의 능력 안에서 이 변함없으신 그리스도는 믿음으로 마음 가운데 거하신다. 보좌 위에 계신 영원불변의 그리스도 예수를 경배하는 믿음으로 말미암아 내재(內在)하사 구세주 되시며 변함없이 현존하시는 예수를 즐거워하라. 당신의 믿음에 따라 그것은 당신의 몫이 될 것이다. 성령께서도 오늘이라 말씀하고 계신다.

1. 예수 그리스도는 영원히 동일하시다. 예수께서 자기 피를 주시고 부활하사 하늘에 들어간 그 능력은 매순간 우리 안에서 그분이 역사하시는 바로 그 능력이다. 우리가 그것을 경험하지 못하는 것은 단순히 우리의 불신앙 때문이다. 경배하고 영접하고 경험하기 원할진대 우리의 마음, 즉 우리의 내적 생명의 감추어진 깊은 곳을 열어 드리자.

2. 예수 그리스도는 항상 동일하시다. 그리스도가 내 생명인 까닭에 내 생명 역시 영원히 동일하다.

3. 성령께서 이 변함없는 구세주를 우리의 생명으로 계시하시도록 성령의 가르침을 간구하고 영혼의 고요함 가운데 내면으로 돌아가자. 우리 안에 있는 그리스도의 생명으로 말미암지 않고는 그리스도에 대한 참된 지식이 올 수 없다.

4. 거룩하신 예수께서 어제나 오늘이나 영원히 동일하듯이 그분의 소생케 하심도 동일하며, 타락한 인간 안에 계셔서 거룩케 하시는 한 분 성령도 항상 하나의 동일한 능력 안에서 역사하신다.

125. 영문(營門) 밖으로 나아가자

13:9 여러 가지 다른 교훈에 끌리지 말라 마음은 은혜로써 굳게 함이 아름답고 식물로써 할 것이 아니니 식물로 말미암아 행한 자는 유익을 얻지 못하였느니라
13:10 우리에게 제단이 있는데 그 위에 있는 제물은 장막에서 섬기는 자들이 이 제단에서 먹을 권이 없나니
13:11 이는 죄를 위한 짐승의 피는 대제사장이 가지고 성소에 들어가고 그 육체는 영문 밖에서 불사름이니라
13:12 그러므로 예수도 자기 피로써 백성을 거룩케 하려고 성문 밖에서 고난을 받으셨느니라
13:13 그런즉 우리는 그 능욕을 지고 영문 밖으로 그에게 나아가자
13:14 우리가 여기는 영구한 도성이 없고 오직 장차 올 것을 찾나니

히브리 그리스도인들 중 다수가 아직도 성전과 그 의식(儀式)에 집착해 있었다. 그리고 그들 중에는 음식과 필요시 제물을 먹는 문제에 있어서 율법에 순종할 것을 가르치는 선생들도 있었다. 저자는 이 이단적 가르침에 대하여 경고하는 것이다. **마음은 은혜로써 굳게 함이 아름답고 식물로써 할 것이 아니니** 외적인 계율(戒律)의 준수로 내적 생명을 유지할 수 없다. 마음을 굳게 함은 은혜의 보좌로부터 오는 은혜, 오직 그 은혜에 의해서만 되어져야 한다. 우리는 하나님께서 기뻐하시는 제사를 드리도록 은혜를 받자라는 말씀을 읽는다. 그리스도께서 성령에 의하여 우리 안에 소유하시고 분여하시며 역사하시는 모든 것, 이것이 마음을 굳게 하고 타락으로부터 지켜주는 하늘의 은혜인 것이다.

히브리 신자들은 옛 제사와의 교제로 돌아가서는 안 되는 일이었다. 우리에게 제단이 있는데 그 위에 있는 제물은 장막에서 섬기는 자들이 이 제단에서 먹을 권이 없나니. 우리의 제단은 십자가요, 레위 계통의 제사장은 십자가가 주는 것에 참여할 수 없는데 이는 구약과 신약의 예배의 차원이 전혀 다른 까닭이다. 구약시대의 제사장직은 십자가의 제사에 분깃이 없었고 신약의 예배도 구약시대의 제사에 분깃을 갖고 있지 않다. 또한 대제사장이 그 피를 가지고 지성소에 들어갔던 속죄제마저도 먹지 않고 영문(營門) 밖에서 불사른 것이다(출 29:14).

그것은 먹는 문제가 아니요, 영문 밖에서 그 몸을 불사른다는 의미를 이해하는 문제이다. 우리는 이것을 예수 안에서 보게 될 것이다. 만약 당신이 그것을 바로 이해한다면 속죄제는 당신을 화려한 세상에서의 분리와 버림받음으로 인도할 것이다. **그러므로 예수도 자기 피로써 백성을 거룩케 하려고 성문 밖에서 고난을 받으셨느니라** 실로 우리의 죄로 삼아진 사람 예수는 도성(都城) 밖으로 버려진 것이다. **그런즉 우리는 그 능욕을 지고 영문 밖으로 그에게 나아가자** 이제 우리는 예수께 속하고, 그러므로 예수를 버린 자들에게 버림받는 것도 두려워할 일이 아니다. 우리는 여기에 영구한 도성이 없는 까닭에 장차 올 것을 찾는다.

영문 밖 세 번이나 나타나는 이 표현은 우리에게 주안점(主眼點)을 제공한다. 인간은 항상 자신의 신앙과 그 즐거움을 어떤 외부적인 것에서 찾으려고 한다. 그러나 그것은 오직 예수와의 교제 안에서만 발견될 뿐이다. 그분의 죽음은 우리의 죄를 위한 대속일 뿐만 아니라, 더 풍성하고 더 좋은 것으로 들어가는 유일한 문인 것이다. 그것은 길이요 능력이며 예수와의 교제의 산 길로써, 그분처럼 자아희생과 세상에서의 성별, 그리고 죄에 대한 죽음 안에서 우리로 하여금 하나님께 나아가도록 한다. 그분의 죽음과 생명은, 심지어 그분처럼까지도, 그 능욕을 지고 세상에 대하여 십자가에 못 박히기 위하여 영문(營門) 밖으로 나갈 수 있도록 우리를 이끌어 주는 능력으로써 우리 안에서 역사한다.

이것을 바로 이해하기 위하여 속죄일에 드려진 속죄제의 두 가지 특성을 살펴보기로 하자. 피는 지성소로 가져갔고 몸은 영문 밖에서 불살랐다. 마찬가지로 그리스도의 피는 하늘로 가져가서, 우리가 그 하늘에 들어가는 능력이 되었고 그곳이 우리의 처소라는 증표가 되었다. 그 결과 가까이 나아가고 들어가자는 부르심이 선포된다. 그러나 그리스도의 몸은 영문 밖으로 끌려갔고 그곳 역시 우리의 처소(處所)라는 증거가 되었다. 하늘은 그리스도를 받았고 그분 안에 있는 우리를 받음으로서 우리는 그 하늘에 속한다. 세상은 그분과 우리를 영문 밖으로 추방하였고 그럼으로 우리는 그곳에 속한다. 하늘에서 우리는 그분의 영광을 함께 나누고 지상에서 우리는 그분의 능욕을 함께 진다. **그런즉 우리는 그 능욕을 지고 영문 밖으로 그에게 나아가자**

도성으로서의 영(營)은 로마와 그 이방종교가 아니다. 오히려 그것은 하나님을 섬겼던 예루살렘과 그 종교 그 계시를 말한다. 그 도성에서 유대인들의 자기의(自己義)와 외식(外飾)을 책망함으로써 예수는 저들로부터 배척을 받으셨다. 우리가 필히 벗어나야 하는 것은 비종교계가 아니라 종교계요, 예수 곧 십자가의 자기희생 정신과 일치되지 않는 모든 것이어야 한다. **나아가자** 이는 조만간 같은 진영(陣營)의 정신을 갖게 되는 이 교단으로부터 저 교단으로 가자는 것이 아니다. 우리는 그분께 나아가야 한다. 더 가까운 교제로, 십자가를 지신 그분과 더욱 전적인 일치로, 그리고 그분의 온유와 인내와 사랑의 정신으로 나아가야 한다. 우리의 능욕(凌辱)을 뒤에 남는 자들에게 떠넘기지 말고 우리가 몸소 지고 나아가자.

나아가자 앞서 본 서신의 요약(제 10장)에서는 그 주제가 들어가자였고, 이곳에서는 나아가자이다. 이 두 어구는 히브리서의 모든 가르침을 한데 묶고 그리스도인의 삶의 모든 필요를 요약한다. 그리스도의 구속 능력 안에서 신자에게는 두 장소가 지정되었는데 예배를 위해서는 휘장(揮帳) 안이, 증거를 위해서는 영문(營門) 밖이 그것이다. 두 곳에서 다 신자는 그리스도의 보호를 받는다. 휘장 안의 정신으로 더 깊이 들어가면 갈수록 신자는 더욱 영문 밖을 실감할 수 있다. 휘장 안으로 더 깊이 들어가면 갈수록 그는 더욱 교파(敎派)와 파벌(派閥)의 정신으로부터 멀어짐을 느낀다. 신자가 그 능욕을 지고 더욱 더 예수께 나아가면 갈수록 그는 더욱 더 그분으로 말미암아 그분의 영광에 들어가는 길을 발견할 것이다. 두 곳에서 모두 히브리서가 그렇게도 강조한 담대함이 발견되는데 하나는 하나님 앞에서 그리스도를 바라며 그분과의 하나 됨을 요구하는 담대함이요, 다른 하나는 세상 앞에서 그리스도와 하나 된 자로서 그분을 간증하는 담대함인 것이다. 그러므로 그에게 나아가자.

1. 세상에서 분리되어 하나님께 성별되는 것, 이것이 그리스도인의 삶의 부정적이며 긍정적인 면으로써 불가분하게 그리고 가장 복되게 서로 관련되어 있다. 우리가 그분과 함께 죽으면 우리는 그분과 함께 살 것이다.

2. 오늘날 소위 기독교계(基督教界)라는 것이 그리스도를 배척한 바로 그 때의 세상과 동일하다는 엄숙한 진리를 깨닫도록 하나님께서 그 눈을 열어 주시는 백성은 참으로 복되다. 우리는 세상에 대하여 예수께서 가지셨던 것과 같은 관계를 가질 일이다.

3. 배척당하신 그리스도는 영광을 받으신 그리스도시다. 성령께서 하늘로부터 그분을 계시하시기까지는 제자들도 그분을 증거 할 수 없었다. 하물며 그분을 보지 못한 우리야말로 같은 오순절 생명의 충만 안에서 우리 안에 그분을 계시하는 성령이 없이 어찌 진리와 능력 안에 계신 그분을 알 수 있으랴.

126. 찬미의 제사(祭祀)

13:15 이러므로 우리가 예수로 말미암아 항상 찬미의 제사를 하나님께 드리자 이는 그 이름을 증거하는 입술의 열매니라
13:16 오직 선을 행함과 서로 나눠주기를 잊지 말라 이같은 제사는 하나님이 기뻐하시느니라
13:17 너희를 인도하는 자들에게 순종하고 복종하라 저희는 너희 영혼을 위하여 경성하기를 자기가 회계할 자인 것같이 하느니라 저희로 하여금 즐거움으로 이것을 하게 하고 근심으로 하게 말라 그렇지 않으면 너희에게 유익이 없느니라
13:18 우리를 위하여 기도하라 우리가 모든 일에 선하게 행하려 하므로 우리에게 선한 양심이 있는 줄을 확신하노니
13:19 내가 더 속히 너희에게 돌아가기를 위하여 너희 기도함을 더욱 원하노라

앞 절에서 보았지만 히브리인들은 위험스럽게도 옛 제사(祭祀)로 돌아가면서 그들의 종교적 생활을 강화하는 방향으로 끌려가고 있었다. 그들은 구약의 속죄 제사가 그리스도의 모형으로써 그 제물은 어느 것도 먹을 수 없고 오직 영문 밖에서 불살라졌다는 사실을 들었다. 그리스도와의 교제는 다른 차원에서 구해야 한다. 그리스도께서는 자기 피로 우리를 거룩케 하시고 우리를 지성소 안으로 인도하시며, 자신의 모범과 자신의 삶으로 우리를 영문(營門) 밖으로 인도하신다. 이것이 그리스도의 제사와의 참된 교제이다. 저자는 이제 우리가 동참할 수 있는 제사가 무엇인가를 우리에게 소상히 말해준다. 예수와 그분의 한 제사와의 교제에 있어서 우리는 찬미의 제사, 사랑과 선행의 제사, 겸손과 기도의 제사를 드릴 수 있다.

이러므로 우리가 예수로 말미암아 항상 찬미의 제사를 하나님께 드리자 이는 그 이름을 증거하는 입술의 열매니라 호세아서는 우리에게 "하나님께서 이스라엘의 불법을 사하셨을 때 그들이 입술의 열매의 제사를 하나님께 드릴 것이라"(호 14:2)고 말한다. 이것이 하나님께서 구하시는 제사요 크게 기뻐하시는 제사이다. 우리는 그분의 이름을 간증하는 입술의 열매를 계속하여 드릴 수 있다. 구변(口辯)은 사람의 가장 놀라운 재능의 하나요, 그 자신을 나타내고 투자하는 능력이다. 그리스도께서는 전적으로 그분 자신을 위하여 우리를 구속하셨기 때문에 우리의 입술은 그분께 속한 것이고 그럼으로써 그분께서는 우리가 언제나 그분을 말하며 계속 찬미하기를 요구하신다. 우리 자신을 위하여, 그분을 위하여, 우리에게서 듣는 자를 위하여 그것은 활기찬 그리스도인의 삶에서 빼놓을 수 없는 한 가지 요소이다. 우리가 만약 제사장들이 계속하여 이러한 제사를 드리는 것처럼 하지 않는다면 휘장 안에 지속적인 기쁨의 삶은 있을 수 없다.

오직 선을 행함과 서로 나눠주기를 잊지 말라 그리스도께서는 그분께서 이 땅위에 계실 경우 우리가 그분께 해드려야 할 것을 가난한 자와 불우한 자들에게 해 주도록 저들을 우리 그리스도인의 교제 가운데와 주위의 세상에 주셨다. 그리스도인으로서 우리는 지성소 안에서 하나님과 동행하는 것과 하나님을 찬미하고 시인하는 입술을 조화하는 삶을 배우도록 하자. 또한 예수의 영이 우리 안에 계심을 증거하며 우리가 실제적으로 그분의 자기희생 정신과 교제하는 가운데서 걷고 있다는 것을 간증하도록, 사랑과 친절, 그리고 그리스도인의 도움의 손길을 배우도록 하자. 그리고 모든 사랑과 친절의 삶을 하나님께 대한 제사로 그분의 발 앞에 가져가자. **이 같은 제사는 하나님이 기뻐하신다** 그것들은 하나님께 가장 감미로운 향기보다 더 좋은 향기가 된다. 그리고 우리가 믿음 안에서 참으로 하나님께 드릴 때 그것들은 우리가 하나님을 기쁘시게 해드리는 자라는 확신을 우리 마음에 심어준다.

너희를 인도하는 자들에게 순종하고 복종하라 사람에게 하는 순종과 복종도 주님을 위한 것이라면 하나님을 기쁘시게 해드리는 자기희생의 요소가 된다. 신약에서는 하나님과 사람 사이를 중재하기 위하여 더 이상 우리가 제사장 계급제도를 갖고 있지 아니하는 대신 하나님의 모든 성도가 제사장이 된다. 하지만 우리는 사도행전과 서신서들이 그렇게도 전적으로 가르치는바 은사와 성별됨과 의무와 권위를 가진, 하나님께서 임명하신 성직(聖職)이 있음을 본다. 이것은 단순한 인간적인 제정이 아니라 성령에 의한 그리스도의 임명으로써, 그리스도께서도 성령으로 말미암아 하나님의 집을 맡은 대제사장으로서의 직임을 행하신다. 그러한 인도자는 하나님의 성도들 위에 군림하는 상전(上典)은 아니다. 그렇지만 자기에게 합당한 존경을 받는 것이 당연하다. 교회 안에서 가르치는 자와 가르침을 받는 자 사이의 관계는 아주 중요하며 가르치는 자와 배우는 자의 능력은 화합과 사랑의 정신에 좌우되는 까닭에 만약 우리가 어려움을 겪지 아니하려 한다면 그리스도인의 삶의 이 요소를 아주 주의 깊게 다룰 필요가 있다. 순종과 복종은 잊어서는 아니 되는 단어인데 이는 저희가 너희 영혼을 위하여 경성하기를 자기가 회계할 자인 것같이 하기 때문이다.

우리를 위하여 기도하라 내가 더 속히 너희에게 돌아가기를 위하여 너희 기도함을 더욱 원하노라 기도 역시 우리가 드릴 수 있는 제사로서 예수께서도 겟세마네 동산에서 그 자신 기도와 간구를 드렸다. 저자도 바울이 가졌던 바로 그 정신으로 기도를 부탁할 뿐만 아니라 교회의 중재로 그 자신이 속히 성도들을 만날 것을 믿었던 것이다. 지성소 안에서의 우리의 삶은 참으로 이기적인 사치가 아니어야 하기 때문에 거기에서 우리가 해야 할 일은 자기부인과 자기희생을 필요로 하는 일이다. 하나님의 종들과 모든 하나님의 성도들을 위하여 많이 기도하는 가운데, 기도로써 하나님과 함께 할 때보다 더 큰 기적이 믿음으로 말미암아 역사할 수 있는 경우가 있을 수 없다는 것을 밝히 깨닫자.

그리스도인이여, 당신은 제사장이다! 당신은 지성소에 들어갈 권한을 갖고 있다! 그리스도는 그 자신의 희생의 피를 가지고 들어 가셨다. 당신 자신의 희생을 가지고 들어가되 하나님께 대한 찬미와 그 이름에 대한 증거와, 자선과 덕행과, 주 안에서 당신을 인도하는 자들에 대한 순종과 복종, 그리고 기도와 중보의 간구로 들어갈 것이며 예수로 말미암아 이러한 제사를 계속 드리도록 하자.

1. 하나님께서는 그 아들로 말미암아, 즉 그 아들 안에 계신 하나님으로서만 피조물과 교통할 수 있으시다. 우리도 또한 자력 봉사로는 하나님께 갈 수 없지만 예수 그리스도로 말미암아 즉 우리가 그 하나님 아들 안에 있고 그 아들이 우리 안에 있음으로서만 하나님께 나아갈 수 있다. 하나님께서는 어느 것 안에서도 기뻐하실 수 없으시되 오직 그 아들의 완전한 형상(形狀) 안에서만 기뻐하신다. 믿음으로 그분 안에 거하고 그분으로 말미암아 하나님이 기뻐하시는 제사를 계속 드리자. 크신 대제사장으로서 그분은 그분의 성령으로 말미암아 우리 안에서 역사하신다.

2. 그리스도로 말미암아 찬미(讚美)의 제사를 드리자. 그분이 주시는 기쁨 안에서 우리는 계속 하나님께 찬미할 수 있는 것이다.

3. 자기희생은 이 지상에서의 그리스도의 삶의 능력이요 영광이었다. 그분의 생애처럼 우리의 모든 삶도 역시 희생의 생애, 즉 찬미와 고백, 사랑과 덕행, 겸손과 복종, 기도와 중보의 제사의 삶이 되는 것이 얼마나 큰 특권인가.

127. 평강의 하나님과 그 역사(役事)

13:20 양의 큰 목자이신 우리 주 예수를 영원한 언약의 피로 죽은 자 가운데서 이끌어 내신 평강의 하나님이
13:21 모든 선한 일에 너희를 온전케 하시기를 원하노라

그리스도의 모든 실존(實存)과 역사(役事) 안에서 우리에게 말씀하시는 분은 하나님이시라는 말로 히브리서는 시작하였다. 그리스도의 크신 역사는 우리를 하나님께 인도하는 것이다. 그분의 죽음과 피, 그분의 승천과 보좌에 앉으심은 한 가지 큰 일, 즉 우리를 하나님께 가까이 나아가게 하며 하나님의 임재 안에서 살게 하는 것을 의미한다. 그러면 그 목적은 과연 무엇인가? 그것은 하나님께서 우리를 소유하시고 온전케 하시며 우리 안에서 하나님이 보시기에 좋은 일을 행하시게 하는 것이다. 아무도 지성소에 들어가는 것이 신앙의 종점이라고 생각하지 말라, 그것은 단지 참된 그리스도인의 삶의 시작인 것이다. 그것은

우리를 올바른 위치와 올바른 입장에 인도함으로서, 이제 하나님은 거기에서 그분의 신적 능력으로 우리 안에 그 자신의 능력을 나타내시고, 우리를 충만한 진리 안에서 그리스도와 하나 되게 하시며, 우리 안에 그리스도의 형상(形狀)을 이루시고 계신다.

이제 우리는 히브리서의 종점에 와 있다. 저자는 그의 모든 가르침을 이 아름다운 두 절의 마지막 기도 속에 함축시킨다. 그 안에서 저자는 그의 독자들을 하나님께 위탁하는데 하나님의 이름에 대한 언급은 그가 하나님의 역사에 대해 이제껏 말한 모든 것을 상기시킨다. 두 절 중의 앞 절은 우리를 하나님 자신에게 이끌기 위해 하나님이 우리를 위해 하신 모든 것을 요약한다. 그 기도문의 둘째 절에서 저자는 하나님께서 목적하신 바를 우리 안에서 이루실 것을 믿을 수 있다는 모든 약속과 더불어 우리가 그분께 합당하게 살 수 있음을 천명한다. 저자는 하나님께서 우리 안에서 하실 일의 근거와 보증으로써 우리를 위해 하신 일을 지적한다. 히브리서는 그리스도 안에 있는 하나님을 우리에게 계시하였고, 또한 그리스도 안에서 우리를 위해 하나님이 하신 일처럼 놀랍고 힘 있고 완전하게 하나님의 크신 일이 그리스도로 말미암아 성령에 의하여 우리 안에서 이루어지리라는 확신의 삶으로 우리를 이끌어 간다. 하나님께 가까이 나아오라는 부르심을 귀담아 들은 신자는, 자기가 하나님께 인도되었음을 기억하고, 이제 하나님께서 하나님 안에서 그리스도를 계시하며 완전케 하신 것처럼 철저하게 하나님의 뜻을 행하는 일에 우리 각자를 온전케 하신다는 것도 기억하자. 하나님께서 우리 안에서 하실 일의 보증으로 그리스도 안에서 하신 일을 우리가 더 사모하면 사모할수록 우리의 믿음은 더 큰 확신으로 그것을 수용하며 기대한다. 그리고 우리의 소망이 하나님께서 우리 안에서 행하실 놀라운 일에 고착되면 고착될수록 우리의 마음은 우리의 소망과 기쁨으로 하나님을 예찬하는 가운데 하나님께 고착된다.

평강의 하나님 이것은 우리가 하나님께 나아가고 하나님을 신뢰하도록 초대된 이름이다. 평강은 적의(敵意), 전쟁, 염려 및 불안의 반의어이다. 모든 것이 완성되고 온전케 된 곳에 평강과 안식이 있다. 하나님께서는 우리가 하나님의 안식에 들어가고, 하나님께서 우리 안에서 하나님의 일을 온전히 이루시기까지 하나님을 신뢰하도록 하는 증표로써 지성소를 우리 앞에 열어 놓으셨다. 모든 지각에 뛰어난 하나님의 평강은 이제 그리스도 예수로 말미암아 우리 마음과 생각을 지킬 수 있다. 모든 염려와 두려움과 고립(孤立)의 종막으로써 평강은 이미 선포되었고, 평강의 하나님은 이제 우리 안에서 자신의 일을 하시기를 기다리고 계신다.

양의 큰 목자이신 우리 주 예수를 영원한 언약의 피로 죽은 자 가운데서 이끌어 내신 평강의 하나님이 히브리서는 어디에서나 직접적으로 그리스도의 부활(復活)을 말하지 않았다. 그것이 불필요하기 때문이다. 히브리서의 모든 가르침은 십자가상의 죽음으로 자기 피를 흘린 그리스도께서 이제 하늘에 살아 계신다는 사실을 기초로 하고 있는 것이다. 그리스도의 죽으심은 오직 부활생명으로 나가는 문(門)인 까닭에, 우리의 구원이 그분의 죽음 안에 있지 않고 부활 안에 있다는 사실을 우리가 배우지 못했다면, 우리는 히브리서를 헛되이 공부했고 참다운 그리스도인으로 살고자 하는 우리의 시도도 헛될 수밖에 없다. 그렇기 때문에 이제 우리가 신뢰하도록 초대받는 평강의 하나님은 양의 큰 목자이시며 양들을 위해 그 목숨을 주신 예수를 죽음에서 일으키신 하나님으로 말해지고 있는 것이다. 성경은 부활(復活)을 항상 하나님의 크신 능력 중 가장 위대한 것으로 말하는데, 부활의 하나님이야말로 그 부활이 우리 안에서도 이루어질 것을 우리가 신뢰하는 하나님이 되셔야 한다. 하나님께서는 그리스도를 그 양을 지키고 기르시는 목자로 일으키셨고, 그로 말미암아 하나님 자신의 원대한 일을 이루어 나가신다.

영원한 언약의 피로 우리는 히브리서에서 그 피가 어떻게 죄의 대속과 하늘 문의 열림과 모든 마음속 죄의식의 청결과 결부되어 언급되었는지를 알고 있다. 그 피 흘림이 없었다면 그리스도는 결코 죽음으로부터 부활하지 못했을 것이다. 그 피, 죄의 대속이 이루어진 뒤에야 인간과 맺을 수 있었던 그 영원한 언약의 피 안에서 하나님께서는 그리스도를 죽음으로부터 일으키신 것이다. 언약을 인친 것도 그 피였고, 더 나아가 완전한 용서와 마음에 기록된 법과 하나님과의 직접적인 교제에 대한 언약의 축복을 우리에게 확보해준 것도 피였다. 죄와 사망과 지옥(地獄)을 정복한 것도 그 피였고, 하늘 문을 열어주며 하늘 삶의 수용과 경험을 위해 죄인들의 마음을 씻어준 것도 그 피였다. 따라서 부활 능력의 비밀인 그 피를 뿌림 받은 자로서 우리는, 우리 안에서 역사하시는 부활의 하나님을 신뢰하도록 부르심을 받은 것이다.

언약의 피로 예수를 죽은 자 가운데서 일으키신 평강의 하나님은 하나님의 뜻을 이루는 모든 선행(善行)에 당신을 온전케 하신다. 사망을 이기고 부활하여 하늘 오른편에 앉기까지 하나님의 뜻을 행하는 고난으로 말미암아 그 아들을 온전케 하신 하나님은, 아아, 영혼이여, 바로 같은 능력으로 당신 안에서 같은 일을 하시기를 기다리고 계신다. 그리스도 안에서 당신을 위하여 하나님이 하신 일은 모두 이제 하나님께서 날마다 당신 안에서 하실 것을 위한 것이다. 그분의 속죄사역의 경이와 당신을 지성소로 받아들임에 대하여 당신이 배운 모든 것은, 하나님께서 당신을 완전히 소유하시고 당신 안에서 그분의 일을 완수하시도록, 당신이 담대하게 하나님을 신뢰하며 앙망하게 하려는 것이다. 하나님께서 모든 선한 일에 우리를 온전케 하신다는 평안하고 놀라운 확신 안에서 하나님께 더 가까이 나아가며 지성소에 들어가자.

1. 평강은 안식이다. 평강의 하나님을 아는 것은 하나님의 안식에 들어가는 것이다. 그리고 영혼이 하나님께서 안식하신 그 안식 안에서 쉬기까지는 하나님께서 더 높은 차원의 온전한 역사를 행하실 수 없으시다.

2. 우리를 위한 아버지(聖父)와 아들(聖子)의 사역은 우리 안에서 역사하시는 성령의 사역 안에서 완결된다. 모든 객관적인 계시는 주관적인 경험을 위한 것으로써, 하나님께서 보여주기 원하시는 것은 그 자녀의 마음 안에서 역사하시는 하나님의 크신 능력이다. 그리스도 안에 있는 구속의 능력이 증명되는 것은 하나님께서 우리에게 이루어 주시는 것 안에 있다.

3. 믿음으로. 언제나 이 말은 우리의 표어가 되어야 한다. 그리스도 안에서 하나님이 우리를 위하여 하신 모든 것을 보고 영접하고 그 안에 거하는 믿음은, 그리스도 안에서 성령으로 말미암아 그 모두가 우리 안에 참(實在)이 되게 하시는 하나님의 미쁘심과 능력을 의지한다.

4. 그리스도께서 타락한 인간 본성을 떠맡으셨을 때 하나님이 그리스도 안에서 성령으로 말미암아 그것을 구속하시고 소생시키고 영화롭게 하신 것처럼, 오직 우리의 영혼과 몸 안에 참으로 거하시며 역사하시는 그 성령만이 그리스도의 인성(人性) 안에서 하셨던 것과 같은 방법으로 우리를 그 구속과 부활의 능력에 동참자가 되게 하신다.

128. 인내로써 경주하자

13:20 양의 큰 목자이신 우리 주 예수를 영원한 언약의 피로 죽은 자 가운데서 이끌어 내신 평강의 하나님이
13:21 모든 선한 일에 너희를 온전케 하사 자기 뜻을 행하게 하시고 그 앞에 즐거운 것을 예수 그리스도로 말미암아 우리 속에 이루시기를 원하노라 영광이 그에게 세세무궁토록 있을 지어다 아멘

앞서의 강해에서 우리는 이 놀라운 기도의 두 절 사이에 있는 고리가 무엇인지 살펴보았다. 그리스도 안의 구속 안에서 하나님이 하신 모든 일은 실로 하나님께서 우리 마음에 이루시기 원하는 것을 위한 것이었다. 그 구속에 대하여 하나님이 알려주신 모든 것은 하나님을 신뢰하고 하나님께 우리 자신을 내어드리도록 우리를 이끄심으로써, 객관적인 하늘(天上)에서의 구속을 이룬 그 능력으로 말미암아 주관적인 내면적 구속을 우리 안에 이루어 주시려는 것이다. 하늘 아버지께서는 낙원에서 잃어버린 사람을 다시 찾으시기를 원하시는 까닭에 하나님의 형상(形狀)과 하나님의 속성(屬性)이 우리 안에서 회복되기를 바라신다. 그리스도께서 지상에서와 하늘에서 이루신 모든 것은, 하나님의 오른편에 그분이 앉는 것까지도 하나님께서 우리 안에 천국이 이루어지는 것을 보시기까지는 하나님의 마음을 만족시킬 수 없다. 거기에 그 아들이 증명한 참된 능력과 영광이 있다.

평강의 하나님이 하나님의 뜻을 행하도록 모든 선한 일에 너희를 온전케 하시기를 원하노라 이것이 바로 하나님께서 하신 모든 일의 목적이다. 하나님이신 성자께서 필히 우리의 구속주가 되셔야 했다는 것, 성육신(成肉身)과 대속과 부활과 승귀(昇貴)등의 엄청난 기적이 일어나야 했다는 것, 그리고 하나님의 성령이 하늘로부터 부어져야 했다는 것, 이 모든 것은 한 마디로 우리가 필히 하나님의 뜻을 행하도록 인도되는 것을 위한 것이었다. 하나님과 피조물간의 전체적인 관계는 이 한 가지 일, 즉 하나님의 뜻을 행할 수 있느냐에 달려 있고, 그것이 없이는 하나님과의 참다운 교제도 있을 수 없다. "보시옵소서. 내가 하나님의 뜻을 행하러 왔나이다"라고 말씀하셨듯이 예수께서 사람이 되신 것은 바로 이것을 위함이었다. 예수께서 우리를 구속하신 것도 바로 이것으로 말미암은 것이었다. 언약의 중보자로서 예수께서 우리의 마음에 주의 법을 기록하신 것도 우리가 하늘에서처럼 땅 위에서도 하나님의 뜻을 행하도록 하는 능력의 동참자가 되게 하려는 것이다. 예수께서 하늘에 사시는 것은 오직 이것을 위한 것이요, 우리가 하나님의 뜻을 행하는 것이야말로 그리스도께서 이루신 사역이 성공한 유일한 증거요 척도이다. 이것이 없이는 그분의 사역이나 우리의 신앙도 모두 허사인 것이다.

평강의 하나님이 모든 선한 일에 너희를 온전케 하사 자기 뜻을 행하게 하시고 하나님의 뜻을 행하는 것은 전적으로 하나님께서 우리를 그럴 수 있도록 변화시켜 주시느냐에 달려 있다. 하나님께서 그리스도를 온전케 하시고 그분 안에서 구속을 이루신 것처럼 참으로 하나님께서는 그 뜻을 행하도록 반드시 우리를 온전케 하신다. 하나님께서 첫 번째 일을 하신 것만큼 확실히 하나님은 두 번째 일도 행하신다. 여기에 사용된 온전케란 단어는 그 목적을 이루기 위하여 어떤 것을 바른 위치나 여건 속에 두는 것이며 그것을 조절하고 필요한 것을 갖추어 주며 완전히 적성에 맞게 해주는 일이다. "하나님이 모든 선한 일에 너희를 온전케 하사"라는 기도문은 하나님의 일하심이 일반적으로 우리가 할 수 있게 하거나 우리에게 능력을 부여함으로써 그 능력의 사용이나 적용을 우리에게 맡기는 것만이 아니라, 하나님께서 우리가 해야 하는 선한 일의 각각에 우리를 온전케 하사 우리 자신이 그것을 할 수 있게 하시는 것임을 가르쳐 준다. 그것은 "아들은 스스로 아무 것도 할 수 없노라"(요 5:19)고 말했을 때 예수께서 의미하셨던 것처럼 성부(聖父)께 대한 절대적인 의탁으로 우리를 부른다. 그것은 하나님께서 영단번에 그리스도 안에서 총체적 구원을 이루셨을 때처럼, 우리 안에서 작은 일들을 이루실 때에도 매 순간 모든 것을 하나님께 양보하고 하나님을 의뢰하도록 우리를 자아에 대한 절망과 겸손 가운데로 이끌어 준다. 하나님께는 작거나 중요치 않은 일이 없다. 크든 작든 모든 일에 하나님은 항상 전부가 되신다.

그 앞에 즐거운 것을 예수 그리스도로 말미암아 우리 속에 이루시기를 원하노라 여기에 우리는 하나님께서 어떻게 우리 안에서 모든 선한 일을 온전케 하시는지에 대한 설명을 보는데, 그것은 바로 하나님께서 예수 그리스도로 말미암아 우리 안에서 역사하신다는 것이다. 하나님 안의 세 격위(格位)는 나눌 수 없고 구별할 수 없게 하나이시다. 성부께서는 성자와 성령으로 말미암아 역사하신다. 우리의 제사장이시며 왕이신 예수께서 승천하셨을 때, 그분께서는 그 자신의 하늘에 있는 구속의 능력과 생명이신 성령을 우리 안에 내주하시도록 성부로부터 받아 보내주셨다. 그 후 성령의 내면적 생명의 다스림이 땅 위에서 시작되었는데, 이는 마음 안에 거하시는 예수 그리스도로 말미암아 하나님께서 보시기에 좋은 것을 사람 안에서 이루시는 것이다. 그렇게 되면 예수 그리스도께서 이루신 사역의 열매가 증명되는데, 그것은 땅 위의 사람이 하나님의 뜻(聖旨)을 참으로 행하는 것이고 하나님 보시기에 좋은 일을 하는 것이다. 이것은 하나님 자신이 예수 그리스도로 말미암아 사람 안에서 그 모든 것을 이루시는 연고이다.

이 작별의 기도에서 우리는 이중적인 교훈을 배운다. 그것은 하나님께서 하실 일에 대한 약속이다. 하나님께서는 우리를 온전케 하시는데, 모든 선한 일에 하나님의 뜻을 행하도록, 다시 말해 하나님 자신이 하나님 보시기에 좋은 것을 예수 그리스도로 말미암아 우리 안에 이루실 수 있도록 우리로 하여금 바른 위치에 서게 하시며, 우리에게 바른 마음의 상태를 주시는 것이다. 하나님께서 하시고자 기다리고 계신 일이 무엇인가를 진리 안에서 우리가 알 때까지 본문의 말씀을 읽도록 하자. 그러면 기도는 우리를 또 다른 기도와 믿음으로 부르는 부르심이 된다. 우리의 마음을 하나님께 대한 믿음 안에 고정시키고 하나님께서 그리스도로 말미암아 우리를 위해 하신 일에 매어두자. 하나님께서 그리스도로 말미암아 우리 안에서 아주 확실하고 능하게 하실 일에 대하여 믿음 안에서 우리의 생각을 고정시키자. 그리스도 안에서 하나님께서 하신 일은 다만 우리 안에서 하나님께서 하실 일의 시작이며 약속이고 보증일 뿐이다. 이 믿음이 우리의 소망을 일깨워 이 약속의 기도의 진리를 실제적으로 경험하는 것이 아니고는 만족하지 않도록 하자. 깊은 신뢰와 겸손으로 하나님께서 그 일을 하시기를 기다리는 가운데, 우리의 믿음이 기도로써 그것을 바로 우리 자신의 것으로 간구하고 수용하며 소유하도록 하자. 그리고 히브리서의 가르침의 모든 사상(思想)이 주를 사모하는 복종의 복된 행동 가운데서 그 절정에 달하도록 하자. 아아, 평강의 하나님이시여! 여기에 제가 있사오니 하나님이 원하시는 것을 행하시옵소서!

1. 하나님께서는 우리 안에서 일하신다. 경이와 경배 가운데 위를 바라보라. 마음의 평온과 온유 가운데 내면으로 돌아가 시간을 갖고 성령의 역사에 자신을 드리라. 그리고 당신의 마음을 참으로 살아계신 하나님이 일하시는 영역으로 간주하라.

2. 기도하고 기도하며 기도하라! 히브리서의 축복인 구속의 능력은 반드시 위로부터 와야 한다. 그것은 확실히 하나님을 향하여 열리고 갈망하는 마음에 온다.

3. 당신 자신을 온전케 하라. 하나님께서 당신 안에서 하실 일을 하시도록 당신 자신을 하나님께 복종하며 신뢰와 겸손과 믿음 안에서 온전히 드리라. 방해하는 것은 종종 오해나 곤경이다. 하나님께서는 일순간에 올바른 관계나 위치로 당신을 회복시키실 수 있으시다.

4. 길은 오직 목적지에 이르게 할 때 좋은 것이다. 전체적인 복음은 하나님의 지선(至善)을 향한 하나의 길일뿐이다. 우리 마음 안에 거처를 정하신 하나님께서는 하나님 보시기에 좋은 일을 하시되 우리로 하여금 하나님의 뜻을 행하게 하신다.

129. 하나님께 영광이

13:21 모든 선한 일에 너희를 온전케 하사 자기 뜻을 행하게 하시고 그 앞에 즐거운 것을 예수 그리스도로 말미암아 우리 속에 이루시기를 원하노라 영광이 그에게 세세무궁토록 있을지어다 아멘

영광이 그에게 세세무궁토록 있을지어다 저자의 마음이 찬미로 넘치는 것은 놀라운 일이 아니다. 글을 마감하는 기도에서 그는 그리스도 안에서 하나님이 이루시고 이제 우리 안에서 역사하시고자 하는 모든 영광을 요약하였다. 그는 그 아들 안에서 자신을 계시하시고 우리의 완전한 구원을 위하여 우리 안에서 자신을 계시하시기 원하시는 하나님의 축복을 독자들에게 선포하였고 그의 온 영혼이 놀라움과 기쁨으로 경배하는 가운데 인사를 보낸다. 예수를 죽은 자 가운데서 일으키시고 우리 안에서도 그 크신 사역을 하시고자 가까이 오시는 하나님의 모습이 "영광이 세세무궁토록 그에게 있을 지어다" 하는 노래를 가져온다. 구속하는 은혜의 비밀을 연구하고 찬미하며 소유하기를 배우고 그 은혜를 말할 때마다 "하나님께 영광이 있을지어다"를 외칠 수 있기를 바란다.

그에게가 하나님을 가리키는지 그리스도를 가리키는지는 확실치 않다. 저자의 전체적 기도는 하나님께 드려지고 하나님의 영광스런 사역을 말하는 것처럼 보인다. 그러나 그것은 큰 문제가 아니다. 성경에서는 같은 찬미가 아버지께 드려질 때처럼 아들에게도 드려진다(딤후 4:13, 벧후 3:18, 계 1:6). 보좌는 하나님의 보좌이며 또한 어린양의 보좌이다. 아버지께 드려지는 모든 영광은 아들을 통하여 드려지고 아들은 거기에 참여한다. "그에게 영광이 있을지어다"라고 우리가 말할 때 그것은 그리스도 예수 안에서 하나님께 드려지는 것이다. 이 찬미의 말씀을 빼고 보면 히브리서에 무엇인가가 빠진 것처럼 느껴진다. 하나님의 성전에서 중요한 일은 거기 거하시는 하나님을 찬양하고 영광을 돌리는 것이다. 히브리서는 우리에게 지성소로 들어가는 길을 열어 놓았다. 히브리서는 우리에게 하나님께서 우리를 위하여 그 오른편에 앉게 하신 제사장의 영광과, 항상 이기는 피와, 그분이 우리를 다스리고 우리 안에서 역사하시는 것과, 하나님을 즐거워하고 섬기도록 우리를 하나님의 임재 가운데로 인도하는 문에 대해 말해 주었다. 그것은 우리가 필히 드려야 하는 지속적인 찬미의 제사도 말해 주었다.

그러고도 저자는 지금껏 찬미의 노래를 부르지 않았다. 그러나 하나님께서 우리를 위해 하신 모든 일을 돌아보고 하나님께서 우리 안에서 하실 모든 일을 향해 나가라고 우리를 부르면서 저자는 마침내 영광이 그에게 세세무궁토록 있을지어다 하는 찬미의 노래를 부른다. 하늘의 기쁨은 "저들이 밤낮 쉬임없이 하나님과 어린양을 경배하며 찬미하더라"는 말씀 속에 있는데 만약 우리가 참으로 시온산에 이르고 하나님 자신의 임재 안에 들어갔다면 우리의 삶이 언제나 영광이 그에게 세세무궁토록 있을지어다 하는 찬미의 영 안에 있게 하자! 자연히 그 입에서 터져 나오는 찬미를 배우지 못한 사람은 그의 하나님을 바로 알지 못하고 온전한 구원의 기쁨을 모르는 사람이다.

만약 우리가 하늘에서와 같이 땅에서도 하나님께 영광을 돌리는 삶의 비결을 배우고자 한다면 그것은 필히 이 송영(頌詠)의 기도에서 언급되는 믿음과 경험 안에서 그것을 찾아야 한다. 이 찬미는 저자의 마음속에 있는 것의 표출인데 우리의 마음속에서도 역시 그러해야 한다. 우리가 우리의 제사장 되신 왕과, 그분의 깨끗하게 하며 구원하는 피와, 그 피로 인친 새 언약과, 하나님의 성령을 생명의 법으로 받은 새 마음과, 그 모든 것을 행하신 하나님 자신을 더 응시하면 할수록 우리는 더욱 엎드려 경배하며 '영광이 그에게 세세무궁토록 있을지어다'라고 찬미하고 싶은 마음을 느낄 것이다. 그러나 특히 우리가 이 큰 구원의 결과인 '모든 선한 일에 너희를 온전케 하사 자기 뜻을 행하게 하시고' 하는 약속을 요구하고 실감하며 그 약속에 우리 자신을 양보할 때 우리의 마음은 말할 수 없는 기쁨과 표현할 수 없는 찬미로 충만하여 '하나님께 영광이 세세무궁토록 있을지어다' 하는 부르짖음 가운데서 안식을 찾을 것이다.

나는 많은 사람들이 난관에 부딪치는 곳이 여기라는 것을 안다. 약속은 너무나 차원이 높고, "하나님께서 모든 선한 일에 그들을 온전케 하신다"는 경험은 불가능해 보이며, 이미 드리던 찬미마저도 그들이 하나님의 일을 생각했을 때는 사라진다는 것이다. 그러한 일에 대하여 한 마디만 해보자. 단지 이 위대한 우주(宇宙)를 바라보라. 그 모든 것, 해와 달과 별들과, 드높은 산맥과 광대한 대양을 만드신 하나님은 모든 풀잎 하나까지도 돌아보시고 그것에게 생명과 아름다움을 주신다. 하나님께는 가장 광대한 것이나 가장 미세한 것이 일반이어서 그 전체와 각각의 세부 사항을 하나로 돌보신다. 마찬가지로 그리스도 안에서 큰 구속을 이루신 하나님은 같은 능력과 사랑 안에서 매 순간마다 모든 경우를 막론하고 각 영혼 안에서 그 구원을 이루시고 계신다. 하나님께서는 반만 이루시고 나머지 반을 우리에게 맡기시지 않았다. 하나님께서는 모든 것이 되시며 그 진리 안에서 모든 것을 하신다.

그리스도를 죽은 자 가운데서 일으키신 평강의 하나님은 자신이 보시기에 좋은 모든 선한 일을 당신 안에서 이루셔야 하고 또 이루실 것이다. 하나님은 그리스도 안에서 시작하신 일을 당신 안에서 끝내신다. 위대한 예술가는 가장 작은 일들에 참여한다. 하나님께서 그리스도를 머리로서 온전케 하셨을 때 그분은 몸의 각 지체를 온전케 하는 일을 시작하신 것이다. 하나님께서는 홀로 우리 안에서 이 일을 하신다. 성령은 내적 생명으로써 우리 마음에 보내어졌고, 그리스도는 우리 마음에 내주하시며, 하나님께서는 우리 안에서 역사하시는데 '하나님께 영광이 세세무궁토록 있을지어다' 하는 찬미가 나오는 것은 이것이 믿어지고 어느 정도 경험되는 때이다.

형제들아, 피로 말미암은 담대함을 가지고 하나님의 임재에 나아가며 거기 거하자. 하나님이 하신 일로 인하여 하나님을 찬양하자. 영(Spirit)의 온유함 가운데서 그리스도 예수로 말미암아 우리 안에서 역사하시는 하나님을 찬양하자. 깊은 겸손 가운데서 하나님께 우리 자신을 드림으로써 그리스도께서 우리 안에 거하심이 우리의 눈에 보이기까지 그리스도로 충만의 은총을 받자. 그리고 하나님의 사랑의 불길이 끝없이 "하나님께 영광이 세세무궁토록 있을지어다"라고 외치면서 하늘로 타오르도록 하자!

1. 하늘에서와 같이 땅에서도. 하나님께서 그리스도로 말미암아 하늘에서 하신 것은 하나님께서 내 마음속에서 하실 것의 보증이다. 내가 이것을 내 마음에 받아들일 때 하나님의 뜻은 하늘에서와 같이 내 마음, 즉 이 땅에서 이루어지는데 이는 하나님 자신이 그것을 하시는 까닭이다. 그리고 하늘에서와 같이 내 마음에서도 찬미는 끝나지 않을 것이다.

2. 내 마음, 즉 하나님이 계셔서 그분의 사역과 영광을 계시하는 성전은 그 전체가 성령의 감추어진 능력 안에 있다.

3. 하나님께 영원히 영광이 있을지어다. 주님 예수여! 제단 가의 대제사장이시며 성소의 섬기는 자이신 주님, 아버지의 영광을 위하여 불이 영원히 피어오르고 찬송이 영원히 끝나지 않음은 주님의 돌보심 때문임을 고백하나이다.

130. 고별사(告別辭)

13:22 형제들아 내가 너희를 권하노니 권면의 말을 용납하라 내가 간단히 너희에게 썼느니라
13:23 우리 형제 디모데가 놓인 것을 너희가 알라 그가 속히 오면 내가 저와 함께 가서 너희를 보리라
13:24 너희를 인도하는 자와 및 모든 성도에게 문안하라 이달리야에서 온 자들도 너희에게 문안하느니라
13:25 은혜가 너희 모든 사람에게 있을지어다

이 마지막 절들은 무의식중에 우리가 바울에게 듣고 있는 것 같은 느낌을 가질 만큼 전적으로 바울의 마음을 나타낸다. 디모데에 대한 말씀 및 그의 석방과 그와 동행코자 하는 희망에 대한 언급, 교회 인도자들과 모든 성도에 대한 인사 및 이태리로부터 온 성도들로부터의 인사, 그리고 마지막 기도 등 모두는 우리가 바울 서신에서 보는 것들을 생각나게 한다.

형제들아 내가 너희를 권하노니 권면의 말을 용납하라 저자는 필을 놓기 전에 그가 저들에게 보낸 권면을 참고 복종하고 용납토록 하는 권면의 말을 한 마디 더한다. 그가 사용하는 말들은 훈계와 책망(히 12:5)과 격려(히 6:18)의 의미를 다 가지고 있다. 히브리서는 이 두 가지 요소를 가장 훌륭하게 결합시킨 책이다. 다섯 개의 경고와 기타 권면의 부분에서 그 어조는 다분히 충직한 책망의 어조였고 죄를 책망하는 관점과 더불어 위기감을 깨우치고 회개를 강조하기 위한 것이었다. 동시에 모든 것은 믿음과 소망을 전적으로 고무하고자 함이었고 하나님의 말씀과 그리스도의 능력 안에 있는 강력한 격려를 지적함으로써 확고 부동성을 강조하려던 것이었다.

우리에게도 역시 이 마지막 구절은 권면의 말씀을 받고 거기에 너희 자신을 양

보하라고 말한다. 권면은 실로 본 서신의 중요한 특성이다. 그것은 우리 자신 전부를 하늘로부터 오신 하나님 아들에게 드리도록, 그리고 그분께서 우리 안에서 역사하여 주시는 하늘 삶을 살도록, 아주 실제적이고도 개인적인 호소를 주고 있다. 우리는 그것의 주제를 한번 이상 사용된 단어 중 네 단어로 종합할 수 있다.

유의하라! 그 어조는 태만과 나태, 불순종과 이중 심리, 불신앙과 배도(背道)의 위험에 대한 엄중한 경고 중의 하나이다. 죄와 위험에 대한 그 폭로를 수긍하자. 하나님께 대한 전적인 헌신과 예수께 대한 온전한 일치의 부족에 머무르는 것과 또 그리스도와 하늘의 영이 없이 구원과 천국을 소유하려는 이기적인 욕망의 발로에 불과한 초보(初步)에 배부른 것이 자신을 기만하여 우리도 이스라엘처럼 애굽과 가나안 사이에서 멸망하지 않도록 유의하자.

힘써 전진하라! 성도들의 삶의 참된 목적이 무엇인가 하는 그 가르침을 받아들이자. 우리는 하나님의 안식에 들어가 거하기에 합당한 열심을 내어야 한다. 우리는 생명을 위해 경주하는 사람들처럼 힘써 온전한데 나아가야 한다. 하나님의 뜻에 대한 온전한 순종과 전적인 자아희생의 길에서 예수를 따라가기 위하여 예수를 우리의 인도자와 앞서가신 자로 삼자. 우리는 그리스도와 함께 지성소에 들어가 하나님의 임재를 우리의 집으로 삼고 그분과의 교제를 우리의 매일의 삶이요 우리의 으뜸가는 기쁨으로 누리려 한다. 우리는 옛 성도들을 따라서 우리의 집을 떠나 하늘나라를 찾는 순례자(巡禮者)의 정신으로 살고자 한다. 그렇다, 우리는 하늘의 예루살렘에 이른 성도들처럼 살고자 한다. 우리는 온전히 그리스도와 하나가 되어 그분의 능욕을 지고 그분께 나아가고자 한다. 힘써 전진하자. 달려 나가자. 들어가자. 앞으로 가자. 이것이 권면이 주는 의미이다.

예수를 깊이 생각하라. 우리는 신자의 삶에서 만연하는 모든 연약과 위험에 대하여 히브리서가 제공하는 한 가지 확실하고도 효과적인 치료책을 알고 있다. 우리는 "너희가 예수를 바로 알지 못한다"는 말을 들어왔다. 회심시에 충분했던 지식은 성화와 온전에는 부족하다. 당신은 예수를 더 잘 알아야 한다. 하나님으로써와 사람으로서 예수를 깊이 생각하고, 그분의 긍휼 안에서와 그분의 순종 안에서, 그리고 그분의 고난 속에서와 그분의 피 안에서 예수를 깊이 생각하며, 보좌 위의 영광(榮光)과 하늘의 열림과, 또 하나님께 인도하며 하늘의 법과 영을 생명으로 마시게 하는 것 안에서 예수를 깊이 생각하라! 당신의 손으로 하늘에 닿을 수 없듯이 당신 자신으로는 하늘 삶을 살 수 없다. 그러나 하나님께서는 성령의 은사와 더불어 그 아들의 복음을 증거하시고 그것을 가능케 하신다. 제사장 되신 왕께서는 보좌로 승천하시어 그 백성들의 마음 안에 성령을 보내셨고 성령과 더불어 그 자신이 저들 안에 거하고자 다시 오셨는데 이는 저들도 그분의 하늘 생명의 능력 안에서 그분과 함께 살도록 하려 함이다. 예수를 깊이 생각하라. 그리하면 당신은 그리스도께서 당신 안에 사심으로써 그분과 더불어 하늘 백성들 가운데 살 수 있다는 것을 보게 될 것이다.

믿음으로! 이 말은 모든 것의 열쇠이다. 온전한 믿음 안에서 우리는 모든 약속을 상속할 수 있다! 믿음은 경외심을 갖고 유의한다. 믿음은 순종하며 모든 것을 버리고 그 땅에 들어가도록 힘써 나아간다. 믿음은 예수를 바라보고 담대함을 굳게 잡아 하나님을 지향하며 영문 밖으로 나아간다. 믿음은 그리스도 안에서 어떻게 하나님께서 자신의 뜻을 이루셨는가를 보고 이 하나님께서 우리 안에서도 똑같이 하나님 보시기에 좋은 것을 이루실 것과 모든 역경과 모든 적을 정복할 것을 본다. 믿음으로 우리는 모든 것을 상속받고 이제라도 "영광이 영원히 주께 있을지어다" 하는 찬양을 돌릴 수 있다.

1. 히브리서 전체를 뒤돌아보고 그 가르침을 다 파악했는지 따져보는 일은 아주 유익하다는 것을 당신은 알게 될 것이다. 그런 뒤에 하나님 생명의 영화로운 계시에 충만히 이르도록 그 가르침을 당신 생애의 한 보화로 삼았음을 말한다면 당신은 복되다.

2. 지성소는 히브리서의 표제이다. 나는 당신이 어떻게 그것이 그 중심 사상을 표현하는지를 보았으리라 생각한다. 예수께서 들어가신 곳은 영적 생명의 나라이고 당신을 위해 그 길을 여셨으며 "들어오라" 당신을 부르신다. 당신

은 들어갔는가? 당신은 그곳에 사는가? 당신은 매일 예수의 성령 안에서 마시며, 거룩한 인도자이신 예수, 겸손 가운데 순종하신 그 예수와 완전히 일치되도록 당신 자신을 하나님께 드리는가? 아아, 예수의 하늘 대제사장직과 당신의 처소로서의 하늘 성소를 충분히 경험하지 못한 채 세월만 보내지 않기를 바란다.

3. 사랑하는 독자들이여, 이 히브리서가 그처럼 놀랍게 계시한 모든 은혜가 오늘 그리고 영원히 때를 따라 여러분 모두에게 있기를 기원한다. 한 사람도 빠짐없이 독자 여러분 모두에게! 아멘!